Illustrierte Geschichte der Kreuzzüge

Illustrierte Geschichte der Kreuzzüge

Herausgegeben
von Jonathan Riley-Smith

Übersetzt
von Christian Rochow

Campus Verlag
Frankfurt/New York

Die Originalausgabe »The Oxford Illustrated History of the Crusades«
erschien zuerst 1995 auf Englisch bei Oxford University Press.
This translation of »The Oxford Illustrated History of the Crusades«
originally published in English in 1995 is published by arrangement
with Oxford University Press.
Copyright © Oxford University Press 1995

Die Deutsche Bibliothek - CIP-Einheitsaufnahme

Illustrierte Geschichte der Kreuzzüge /
hrsg. von Jonathan Riley-Smith. Übers. von Christian Rochow. -
Frankfurt/Main ; New York : Campus Verlag, 1999
Einheitssacht.: The Oxford history of the crusades <dt.>
ISBN 3-593-36017-9

Das Werk einschließlich aller seiner Teile ist urheberrechtlich geschützt.
Jede Verwertung ist ohne Zustimmung des Verlags unzulässig. Das gilt
insbesondere für Vervielfältigungen, Übersetzungen, Mikroverfilmungen
und die Einspeicherung und Verarbeitung in elektronischen Systemen.
Copyright © 1999 Campus Verlag GmbH, Frankfurt/Main
Umschlaggestaltung: Atelier Warminski, Büdingen
Umschlagmotiv: »Das Eingreifen des heiligen Jacob in der Schlacht
von Clavijo« (Museo Lázaro Galdiano, Madrid)
Typografie & Herstellung: Julia Walch, Bad Soden
Druck und Bindung: Druckhaus Beltz, Hemsbach
Gedruckt auf säurefreiem und chlorfrei gebleichtem Papier.
Printed in Germany

INHALT

VORWORT
8

1
DIE KREUZZUGSBEWEGUNG UND DIE HISTORIKER
Jonathan Riley-Smith
9

2
URSPRÜNGE
Marcus Bull
22

3
DIE KREUZZUGSBEWEGUNG 1096 BIS 1274
Simon Lloyd
46

4
DIE MENTALITÄT DER ORIENTKREUZFAHRER
1095 BIS 1300
Jonathan Riley-Smith
83

5
KREUZZUGSLIEDER
Michael Routledge
110

6
DER LATEINISCHE ORIENT 1098 BIS 1291
Jonathan Phillips
134

7
DIE KUNST IM LATEINISCHEN ORIENT 1098 BIS 1291
Jaroslav Folda
167

8
DIE ARCHITEKTUR IM LATEINISCHEN ORIENT
1098 BIS 1571
Denys Pringle
188

9
DIE RITTERORDEN 1120 BIS 1312
Alan Forey
214

10
DER ISLAM UND DIE KREUZZÜGE 1096 BIS 1699
Robert Irwin
251

11
DIE KREUZZUGSBEWEGUNG 1274 BIS 1700
Norman Housley
299

12
DER LATEINISCHE ORIENT 1291 BIS 1669
Peter Edbury
338

13
DIE RITTERORDEN 1312 BIS 1798
Anthony Luttrell
373

14
**DAS BILD DER KREUZZÜGE
IM 19. UND 20. JAHRHUNDERT**
Elizabeth Siberry
418

15
**DIE RENAISSANCE UND DAS WEITERLEBEN
DER KREUZZUGSBEWEGUNG**
Jonathan Riley-Smith
442

ZEITTAFEL
449

KARTEN
457

WEITERFÜHRENDE LITERATUR
466

BILDNACHWEISE
473

REGISTER
475

VORWORT

Dieses Buch, dessen Originalausgabe in der Reihe der *Oxford Illustrated Histories* erschien, enthält – mit einer Ausnahme – nur Beiträge britischer Forscher. Zu verdanken ist dies dem Aufschwung, den die britische Kreuzzugsforschung in den letzten Jahrzehnten genommen hat: Zu Beginn der fünfziger Jahre gab es höchstens ein halbes Dutzend Experten, von denen nur zwei Hochschullehrer für Geschichtswissenschaft waren. 1990 hingegen lehrten an 29 geschichtswissenschaftlichen Fakultäten britischer Universitäten und Colleges Personen, die zugleich der *Society for the Study of the Crusades* angehörten – eine Zunahme der Forschungstätigkeit, die ohne das große Interesse der Öffentlichkeit, ohne die lange Geschichte der Orientfaszination, ohne das Ansehen der britischen Johanniterambulanz, die sich vom mittelalterlichen Johanniterorden herleitet, und ohne den anhaltenden Erfolg der *Geschichte der Kreuzzüge* von Sir Steven Runciman nicht denkbar wäre.

Der vorliegende Band stützt sich auf die neueren Ergebnisse und Tendenzen in der Kreuzzugsforschung, über die in Kapitel 1 ein Überblick gegeben wird. Beschrieben werden die Konzepte der Kreuzzugsapologeten und -propagandisten, der Lyriker und Dichter, aber auch die Mentalität der Kreuzfahrer und die Reaktionen der Muslime auf den Heiligen Krieg der Christen. Eingehend werden die institutionellen Entwicklungen untersucht, die das Überleben der Kreuzzugsbewegung ermöglichten. Mehrere Kapitel sind den lateinischen Staaten des östlichen Mittelmeerraums gewidmet, die als Folge der Kreuzzüge entstanden. Weitere Kapitel stellen die bemerkenswerte bildende Kunst und Architektur der Kreuzfahrer vor, und andere schließlich verfolgen die Geschichte der Ritterorden. Auch die Geschichte der späteren Kreuzzüge und der Entwicklung der Ritterorden zwischen dem 16. und 18. Jahrhundert wird gebührend berücksichtigt. Am Schluss wagen wir eine erste Annäherung an ein bisher kaum behandeltes Thema: das Weiterleben der Kreuzzugskonzeption und der damit verbundenen Vorstellungswelten im 19. und 20. Jahrhundert.

Jonathan Riley-Smith
Croxton, Cambridgeshire
April 1994

I
DIE KREUZZUGSBEWEGUNG UND DIE HISTORIKER

JONATHAN RILEY-SMITH

Im November 1095 trat unter dem Vorsitz Papst Urbans II. ein Konzil in Clermont zusammen. Am 27. November, nach Abschluss der Versammlung, zogen die Teilnehmer gemeinsam mit einigen Laien aus der Umgebung auf ein Feld außerhalb der Stadt. Dort beschwor der Papst in einer Predigt die fränkischen Ritter, das Gelübde für einen Feldzug in den Osten abzulegen, der zwei Zielen dienen sollte: die Christen vom Joch der islamischen Herrschaft zu befreien und das Heilige Grab, die Grabstätte Christi in Jerusalem, der muslimischen Kontrolle zu entreißen. Sogleich nach der Predigt trat der Bischof von Le Puy, Adhémar von Monteil, der Papst Urban auf diesem Feldzug vertreten sollte, nach vorne und nahm als erster das Kreuz, während aus der Menge der Ruf erscholl: »Gott will es!«

Obwohl die Augenzeugenberichte über die Versammlung und die Predigt des Papstes erst später niedergeschrieben wurden, weshalb auch schon der Widerschein des folgenden Triumphes auf sie fällt, vermitteln sie den Eindruck einer bewussten Inszenierung – einer zweifellos riskanten, wenn man die Unwägbarkeiten bedenkt, die mit der Organisation einer Veranstaltung unter freiem Himmel zu Beginn des Winters verbunden waren –, bei der die Handlungen der führenden Akteure und die Zurufe der Menge schon im Voraus festgelegt worden waren. Schon den Auftakt der Kreuzzugsbewegung prägte jene Melodramatik, die später typisch für sie werden sollte. Der Papst muss gewusst haben, wie er die Gefühle der Waffenträger in Wallung bringen konnte, entstammte er doch selbst der Klasse, die er mit seiner Predigt aufstacheln wollte.

Er hatte sich – sechzigjährig – auf eine Reise eingelassen, die ihn ein ganzes Jahr durch das südliche und zentrale Frankreich führte. Schon seit mehreren Jahren wohl hegte er den Plan, mit einer Heerschar dem Byzantinischen Reich zu Hilfe zu kommen. In Piacenza war dieser Plan im März erörtert worden, als im Verlauf einer Versammlung ein Hilfsappell des byzantinischen Kaisers Alexios verlesen worden war, der um Unterstützung gegen die Türken bat, die seit etwa zwanzig Jahren immer wieder in Kleinasien einfielen und schon fast den Bosporus erreicht hatten. Als Papst Urban sich dann auf seine Reise nach Frankreich begab, muss er seine Pläne mit Bischof Adhémar von Le Puy und mit Raimund IV. von Saint-Gilles, dem Grafen von Toulouse, den er als Oberbefehlshaber der Streitmacht gewinnen wollte, besprochen haben. Diese Treffen können nicht im Geheimen stattgefunden haben. Nach einer burgundischen Überlieferung wurden »die ersten Gelübde für einen Zug nach Jerusalem« bereits von 36 Bischöfen in Autun abgelegt, die einige Zeit zuvor im Jahre 1095 getagt hatten. Eine andere Überlieferung besagt, der Wanderprediger Peter der Einsiedler von Amiens habe schon vor der Versammlung von Clermont etwas Ähnliches wie einen Kreuzzug gefordert. Über Peter, der wohl stets zur Prahlerei neigte, kursierten Geschichten, wonach bei seiner Reise nach Jerusalem der Patriarch an ihn appelliert habe, ja sogar Christus ihm in einer Vision erschienen sei und er schließlich den Papst während einer Audienz überredet habe, ein Heer zur Befreiung Jerusalems auszusenden. Ihren Ursprung scheinen diese Geschichten in Lothringen zu haben, in der Gegend der Abtei von Neumoustier, wo Peter nach dem Ende des Kreuzzugs lebte. Auf jeden Fall aber muss es viele Gespräche und einige vorbereitende Planungen gegeben haben, ehe der Papst Clermont erreichte.

Papst Urban scheint nach seinem Aufruf das Kreuz überall dort in Frankreich gepredigt zu haben, wohin er kam. Schon im Frühjahr des folgenden Jahres versammelten sich die Krieger zu jenem Feldzug, der später als Erster Kreuzzug (1096 bis 1102) bezeichnet wurde. Sein Höhepunkt war die Eroberung Jerusalems am 15. Juli 1099 –, eine Leistung, die den Zeitgenossen umso größer erschien, als zwei Jahre später die Armeen einer dritten Kreuzfahrerwelle von den Türken in Kleinasien vernichtend geschlagen wurden.

Jerusalem konnte für sich allein nicht gehalten werden; seine Eroberung zog unvermeidlich die Errichtung westlicher Ansiedlungen in der Levante nach sich. (Man bezeichnet sie mit dem Sammelnamen Lateinischer Orient.) Diese gerieten bald unter Druck: Zu ihrer Hilfe mussten Entsatzheere geschickt und Orden mit militärischen Zielsetzungen gegründet werden. Weitere Kreuzzüge fanden 1107 bis 1108 – dieser endete allerdings schon im Vorfeld mit einer gescheiterten Invasion in das Byzantinische Reich –, 1120 bis 1125, 1128 bis 1129, 1139 bis 1140 sowie 1147 bis 1149 statt; die letztgenannte militärische Expedition wurde als Zweiter Kreuzzug bekannt. Zu dieser Zeit hatte sich die Bewegung auch nach Spanien ausgebreitet; schon Papst Urban II. hatte die christliche Reconquista des muslimisch beherrschten Landes mit der Befreiung Jerusalems verglichen. In Spanien wurde 1114, 1118 und 1122 zum Kreuzzug aufgerufen. Papst Calixtus II. schlug 1122 einen Zweifrontenkrieg vor, bei dem christliche Heere gleichzeitig in Spanien und im Orient operieren sollten. Papst Eugen III. erweiterte 1147 die Kreuzzugsidee seines Vorgängers Calixtus, indem er einen Kreuzzug gegen die Wenden, die nordöstlich der Grenzen des Deutschen Reiches lebten, autorisierte und gleichzeitig Kreuzfahrer zum Waffendienst in Spanien und in Asien aufforderte. Der Zweite Kreuzzug wurde zu einem Fiasko, und obwohl es in Spanien vor 1187 noch drei weitere Kreuzzüge gab – einen in Nordeuropa und eine Reihe von Expeditionen nach Palästina (wobei besonders jene von 1177 erwähnenswert ist) –, stellten die folgenden dreißig Jahre in vieler Hinsicht einen Tiefpunkt der Bewegung dar.

Erst die Bestürzung aber, die Europa angesichts der Nachrichten vom muslimischen Sieg bei Hattin und der anschließenden Eroberung Jerusalems und fast ganz Palästinas durch Saladin erfasste, gab den Ereignissen eine Wendung. Im Dritten Kreuzzug (1189 bis 1192) und im Deutschen Kreuzzug (1197 bis 1198) wurde der größte Teil der Küste zurückgewonnen und damit das Überleben der lateinischen Ansiedlungen für längere Zeit gesichert. Während des 13. Jahrhunderts ergriff die Kreuzzugsbegeisterung alle Schichten der Gesellschaft. Die Gefühle der Massen fanden ihren Ausdruck im Kinderkreuzzug (1212) und im Schäferkreuzzug (1251). Militärische Expeditionen in den Orient erfolgten 1202 bis 1204 (der Vierte Kreuzzug, der nach Konstantinopel abgelenkt wurde, das die Kreuzfahrer, zusammen mit einem großen Teil Griechenlands, eroberten), 1217 bis 1229 (der Fünfte Kreuzzug, der mit der vertraglichen Rückgewinnung Jerusalems durch den exkommunizierten Kaiser Friedrich II. endete), 1239 bis 1241, 1248 bis 1254 (der erste Kreuzzug König Ludwigs IX. des Heiligen von Frankreich, ausgelöst durch den endgültigen Verlust Jerusalems im Jahre 1244), 1269 bis 1272 (Ludwigs zweiter Kreuzzug) sowie 1287 bis 1290. Kreuzfahrerarmeen fielen 1218 und 1249 in Ägypten und 1270 in Tunesien ein.

DIE LETZTE GROSSE MUSLIMISCHE OFFENSIVE. Die Belagerung Wiens durch die osmanischen Türken Anfang September 1683: Muslimische Feldlager schließen die Stadt ein, ein Netz von Sturmgräben schiebt sich gegen die Befestigungsanlagen vor. Gezeichnet 1687 von Daniel Suttinger, einem Festungsbaumeister, der die Belagerungsanlagen untersucht hatte, nachdem die Türken vertrieben waren. Das Vordringen der Osmanen in das Herz Europas führte zur Gründung der letzten großen Kreuzzugsliga, die danach große Teile des Balkans für die Christenheit zurückeroberte.

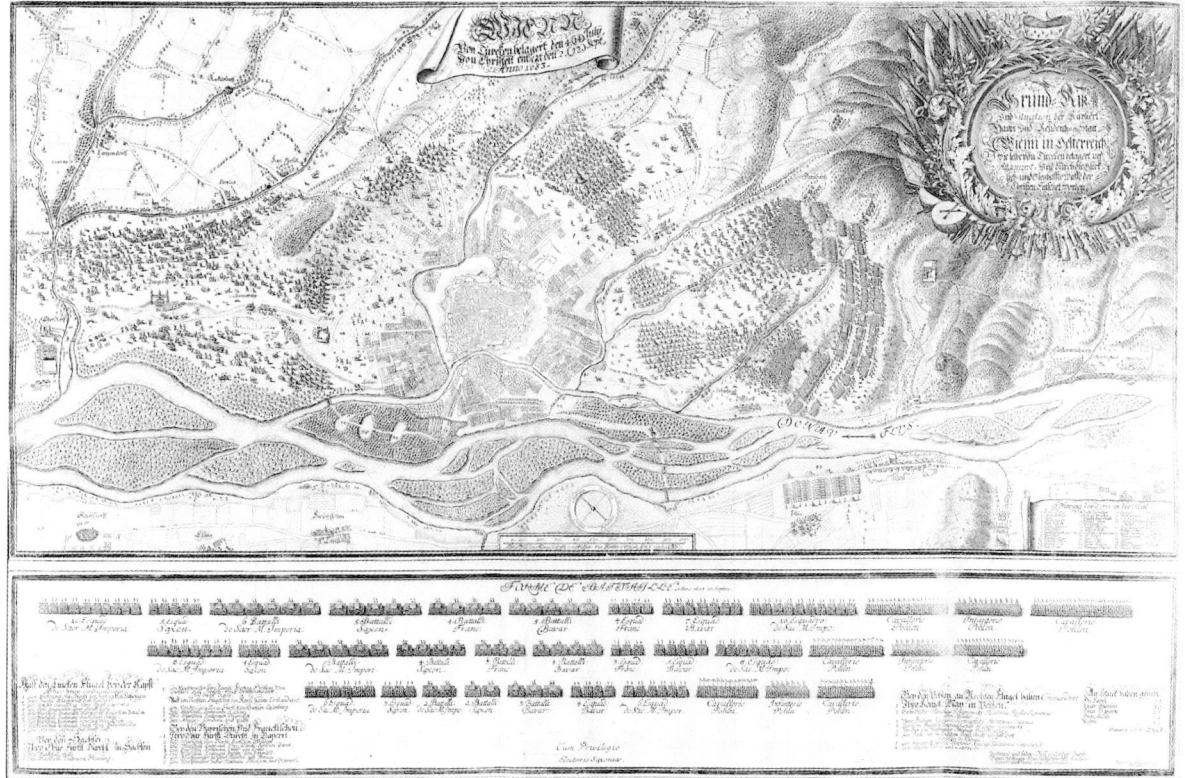

Auch in Spanien lebten zwischen 1187 und 1260 die Kreuzzüge wieder auf und griffen kurzzeitig auf Afrika über; Höhepunkte waren der Sieg von Las Navas de Tolosa (1212) und die Eroberungen von Valencia (1232 bis 53), Córdoba (1236) und Sevilla (1248). In Spanien fand die Kreuzzugsbewegung im frühen 14. Jahrhundert und von 1482–92 ihre Fortsetzung, als mit der Rückeroberung Granadas die gesamte Halbinsel wieder unter christliche Herrschaft kam. Sie griff auf Nordafrika über, wo bis Tripolis im Osten christliche Brückenköpfe entstanden.

Im Ostseeraum fanden zwischen 1193 und 1230 Kreuzzüge zur Unterstützung der christlichen Mission in Livland statt, die in der Folgezeit vom Deutschen Orden weitergeführt wurden. In Preußen führte der Deutsche Orden von 1245 bis in die ersten Jahre des 15. Jahrhunderts einen »ständigen Kreuzzug«. Auch in Estland, Finnland und Polen fanden Kreuzzüge statt. Von 1199 an gab es Kreuzzüge gegen die politischen Gegner des Papsttums in Italien – zu einer beständigen Plage wurden sie hier zwischen 1255 und 1378 –, in Deutschland und Aragonien. Nach 1380 kam es in Flandern und Spanien infolge des Kirchenschismas zu Kreuzzügen. Der erste Kreuzzug gegen Häretiker, der Albigenserkreuzzug, fand von 1209 bis 1229 in Südwestfrankreich statt, andere betrafen Bosnien, Deutschland, Italien und Böhmen, wo vor allem der Kreuzzug gegen die Hussiten von 1420 bis 1431 erwähnenswert ist. Weitere Kreuzzüge richteten sich 1231 und 1239 gegen die Griechen, die Konstantinopel zurückzuerobern suchten, ab 1241 gegen die Mongolen, seit dem 13. Jahrhundert gegen die orthodoxen Russen in Nordeuropa sowie noch im 16. Jahrhundert gegen das protestantische England (die Armada von 1588).

Aber der Hauptschauplatz blieb der Orient. Der Verlust Akkons und der letzten christlichen Vorposten in Palästina und Syrien im Jahre 1291 erzeugte eine neue Welle der Kreuzzugsbegeisterung, die in den Volkskreuzzügen der Jahre 1309 und 1320 kulminierte. Militärische Expeditionen segelten regelmäßig in das östliche Mittelmeer. Auf einen Zug nach Mahdia in Nordafrika (1390) folgten, unter dem Eindruck der wachsenden Bedrohung Europas durch die osmanischen Türken, Vorstöße in den Balkan – die Kreuzzüge von Nikopolis (1396) und Warna (1444), die ein katastrophales Ende nahmen–, auch wenn es 1456 gelang, den türkischen Vormarsch vorübergehend in Belgrad aufzuhalten. 1332 entstand eine neue Form der Bewegung: eine Allianz von interessierten Mächten, die sich zu einer Kreuzzugsliga zusammenschlossen. Es gab danach viele solcher Ligen; am erfolgreichsten waren die Bündnisse, die 1344 Smyrna eroberten, 1571 in der Seeschlacht von Lepanto siegten und zwischen 1684 und 1697 einen großen Teil des Balkans von den Türken zurückeroberten. Daneben fanden weiterhin konventionelle Kreuzzüge nach Nordafrika statt (1535, 1541 und 1578). Vom späten 16. Jahrhundert an kam die Kreuzzugsbewegung jedoch zum Erliegen, wenn auch die Johanniter mit ihrem Ordensstaat Malta als Ritterorden weiterbestanden, bis die Insel 1798 an Napoleon fiel.

Die Kreuzzugsbewegung erfasste alle Länder Europas, berührte beinahe alle Bereiche des Lebens – die Kirche und das religiöse Denken, die Politik, die Wirtschaft, die Gesellschaft – und brachte auch ihre eigene Literatur hervor. Sie hatte einen anhaltenden Einfluss auf den Westteil der islamischen Welt und auf die Ostseeregion. Auch wenn sie bis vor kurzem zu-

KREUZZUGSHISTORIKER. Zwei große Männer des goldenen Zeitalters der Kreuzzugsforschung. *Oben:* Gustave Schlumberger (1844 bis 1920), der Begründer der Münz- und Siegelerforschung für die lateinischen Staaten des Orients. *Rechts:* Louis de Mas Latrie (1815 bis 1898); auf seiner Arbeit fußen alle späteren Geschichtswerke über das lateinische Zypern.

meist noch als etwas Exotisches oder Nebensächliches angesehen wurde, hat es doch nie an Historikern gefehlt, die sich für die Kreuzzugsbewegung interessiert haben. Die Grundlagen der modernen Geschichtswissenschaft entstanden in der zweiten Hälfte des 19. Jahrhunderts. Diesem goldenen Zeitalter, das mit dem Ausbruch des Ersten Weltkrieges sein Ende fand, folgte eine Phase der Konsolidierung; die mehrbändige geschichtliche Darstellung von Steven Runciman und die Werke des von Kenneth Setton geleiteten amerikanischen Gelehrtenteams (die »Wisconsin History«), die Mitte der fünfziger Jahre abgeschlossen war beziehungsweise die in Teilen vorlagen, konnten jedenfalls nur in einem vergleichsweise stabilen Umfeld geplant werden.

Zu Beginn der fünfziger Jahre gab es jedoch auch Hinweise, dass neuer Schwung in die Erforschung der Kreuzzüge kam. Erste Anzeichen einer verstärkten Anstrengung zeigten sich zuerst im Studium des Lateinischen Orients mit den Arbeiten des französischen Historikers Jean Richard und des israelischen Joshua Prawer. Richard und Prawer beschritten neue Wege in der Erforschung der Institutionen, wobei sie ihre umfangreiche Kenntnis der Entwicklungen außerhalb des Lateinischen Orients nutzten; dank der Berücksichtigung von Quellenmaterial, namentlich von Urkunden und Gesetzen, und dank ihrer analytischen Fähigkeiten überragten ihre Arbeiten die eher nüchtern-prosaischen Leistungen ihrer Vorgänger um ein Beträchtliches. Wenn auch langfristig hierin ihre größte Leistung lag, so stieß doch seinerzeit ein anderer Aspekt ihrer Forschungen auf besonderes Interesse. Ein Problem, das alle Historiker betraf, die sich mit der Geschichte des Königreiches Jerusalem, des bedeutendsten Kreuzfahrerstaates, befassten, hing mit der wichtigsten Quelle zusammen, den sogenannten *Assises de Jérusalem*, einer Sammlung von Rechtstexten aus dem 13. Jahrhundert. Diese beschrieben ein

Staatswesen, in dem zum Zeitpunkt der Landnahme um 1100 eine Art »reiner« Feudalismus – vorausgesetzt, dass es so etwas je gegeben hat – eingeführt worden war, der, in archaischer und versteinerter Form, anderthalb Jahrhunderte überdauert hatte. Der französische Gelehrte Maurice Grandclaude hatte in den zwanziger Jahren unseres Jahrhunderts das Material gesichtet und ihm Hinweise auf Gesetze entnommen, die er aufgrund verschiedener Indizien in das 12. Jahrhundert datierte. Seine Schlussfolgerungen waren fast vollständig ignoriert worden, doch mithilfe seines Beweismaterials konnten Richard und Prawer die Geschichte des Königreichs Jerusalem praktisch neu schreiben, da offenkundig wurde, dass der versteinerte Feudalstaat der Rechtstexte des 13. Jahrhunderts nicht der Realität des 12. und auch nicht der des folgenden Jahrhunderts entsprach. Die Gesetzbücher erschienen immer weniger als verlässliche Quellen denn als kluge, doch tendenziöse politische Traktate, die im Verlaufe eines Verfassungskampfes entstanden waren, der in Palästina in den Jahrzehnten vor ihrer Zusammenstellung getobt hatte. Damit begann auch das Königreich Jerusalem trotz seiner Eigentümlichkeiten »normaler« zu wirken, erlebte es doch politische und verfassungsmäßige Entwicklungen, wie sie auch anderswo anzutreffen sind.

Die »verfassungsorientierte« Annäherung an die Geschichte Jerusalems, die Richard und Prawer eingeführt hatten, behielt für etwa zwanzig Jahre die Oberhand. Mitte der siebziger Jahre setzte sich allmählich eine andere Betrachtungsweise der Politik des Lateinischen Orients durch, deren Pionier Hans E. Mayer war. In mancher Hinsicht war dies eine Entwicklung, die jener vergleichbar ist, die in den dreißiger Jahren zu einer Neuorientierung der Geschichtsschreibung über das englische Mittelalter geführt hatte: Nicht eine übergreifende »verfassungsorientierte« Perspektive, sondern die Frage, wie Herrschaft im konkreten Einzelfall, das heißt in der Praxis ausgeübt wurde, bestimmte nun im zunehmenden Maße die Forschung. Diese Neuorientierung war Ausdruck einer veränderten Einstellung, die sich auch in anderen Zweigen der Geschichtsschreibung abzeichnete: sie spiegelte die wachsenden Zweifel an der überkommenen Vorstellung wider, dass allein zentralisierte Staaten erfolgreich sein könnten, und bewies zugleich das neu erwachte Interesse für dezentralisierte Gesellschaften. Die Aufmerksamkeit neuerer Arbeiten galt dabei vor allem jenen häufig unscheinbaren, doch subtilen und effektiven Wegen, die das Königtum beschritt, um seine Macht auszuüben und zu behaupten – teils sich der fragmentierten feudalen Strukturen des Königreichs bedienend, teils diese dominierend.

Unterdessen gab es auch Fortschritte in der Erforschung der Kreuzzugsideologie. Ein Grund für das wachsende Interesse der Wissenschaftler für diesen Aspekt waren Weiterentwicklungen in anderen Disziplinen. In den Jahren des Zweiten Weltkriegs hatte die Konfliktpsychologie große Fortschritte gemacht, und das Wissen um die Auswirkungen von Stress auf Individuen und Gruppen begann sich in der Gesellschaft zu verbreiten. Da es immer schwerer wurde, das Verhalten der Menschen im Krieg in den alten holzschnitthaften Begriffen von Heldentum und Grausamkeit zu verstehen, erwies sich nun auch das Verhalten der Kreuzfahrer als ein interessantes Problem. Auch die Theorien, die der Vorstellung eines gerechten Krieges zugrunde lagen, wurden intensiver durchdacht. Die Nürnberger Prozesse, die von der

Überzeugung getragen waren, dass es Verbrechen gegen die Menschlichkeit gab, hatten das Interesse am Naturrecht neu belebt, und die Debatten, ob Befehlen bedingungslos zu gehorchen sei, hatten Fragen aufgeworfen, die mit einem der Hauptkriterien eines gerechten Kriegs – dem Vorhandensein einer legitimen Herrschaft – zusammenhängen. Die Doktrin der nuklearen Abschreckung und das Prinzip der Verhältnismäßigkeit der Mittel rückten ein anderes Kriterium des gerechten Krieges – die rechte Absicht – in den Vordergrund.

Doch während intellektuelle Entwicklungen vielleicht zu einem besseren Verständnis der Kreuzfahrer führen mochten, besagten die meisten Erklärungen, warum so viele Männer und Frauen sich an der Kreuzzugsbewegung beteiligt hatten, doch immer noch, dass es ihnen an Einsicht und Bildung gefehlt habe oder dass sie materiellen Gewinn erstrebt hätten. Gerade die letztgenannte Erklärung fand mächtigen Rückhalt in der klugen, aber doch unzureichend belegten Hypothese, dass die Kreuzzüge das Resultat von familiären Strategien zur Sicherung des ökonomischen Überlebens gewesen seien. Noch Runciman konnte seine Geschichte im Ton moralischer Entrüstung schließen:

»Die Triumphe der Kreuzzugsbewegung waren die Triumphe des Glaubens. Aber Glaube ohne einsichtsvolle Klugheit ist ein gefährliches Ding ... In der langen Folge von Zusammenwirken und Verschmelzung zwischen Morgenland und Abendland, aus welcher unsere Zivilisation erwachsen ist, waren die Kreuzzüge eine tragische und zerstörerische Episode ... So viel Mut und so wenig Ehre, so viel Hingabe und so wenig Verständnis! Hohe Ideale wurden von Grausamkeit und Habgier besudelt; Ausdauer und Leidensfähigkeit von blinder und engstirniger Selbstgerechtigkeit; und der Heilige Krieg selbst war nicht mehr denn ein einziger langer Akt der Unduldsamkeit im Namen Gottes, welche die Sünde wider den Heiligen Geist ist.« (Übersetzung von Peter de Mendelsohn)

In der Tat fiel es schwer, ernst zu nehmenden Männern und Frauen eine derartig abstoßende Ideologie wie die der Kreuzzüge zuzusprechen; da war es leichter zu glauben, sie seien zu einfältig gewesen, um ihr Tun zu verstehen, oder ihnen zu unterstellen, der Wunsch nach Land oder Beute habe sie getrieben, was auch immer sie selbst erklärt haben mochten. Freilich hätte sich die letztgenannte Erklärung nur schwer erhärten lassen, da allgemein bekannt war, welche Kosten die mittelalterliche Kriegsführung verursachte, und zudem bereits eine Vielzahl von Quellen gedruckt vorlag – auch wenn diese nicht unbedingt rezipiert worden waren –, die eindrucksvoll verdeutlichten, welche finanziellen Opfer die Männer und ihre Familien bringen mussten, um an einem Kreuzzug teilzunehmen.

Mit anderen Worten: Die Historiker waren blind gegenüber den Fakten und dem Beweismaterial, weil sie vor ideologisch motivierter Gewalt einen Abscheu hatten und sich nicht vorstellen konnten, dass sie wirklich einen überzeugenden Anreiz darstellen konnte. Wie alle anderen hatten sie vergessen, wie intellektuell respektabel die christliche Theorie der gerechten Gewalt war. Niemand schien darauf vorbereitet, dass sie in den sechziger Jahren in der südamerikanischen Befreiungstheologie wieder aufleben sollte, die auch einen militanten Flügel besaß, der den Einsatz von Gewalt, in diesem Fall der Rebellion, als einen Akt der Nächstenliebe rechtfertigte, der den Absichten Christi in Bezug auf die Menschheit entsprach und deshalb ein moralisches Gebot war. Die Historiker, deren Forschungsgebiet die Kreuzzüge

KREUZZUGSROMANTIK. Räume in einem neuen Flügel des Schlosses von Versailles wurden 1839 mit Kreuzzugsdarstellungen geschmückt. Als König Louis Philippe den Adelsfamilien mit Kreuzfahrerahnen gestattete, hier ihre Wappen anzubringen, entwickelte sich ein reger Markt für gefälschte Urkunden, mit denen die Familien ihre Kreuzfahrervergangenheit nachweisen wollten.

waren, entdeckten plötzlich, dass es ernst zu nehmende und fromme Zeitgenossen gab, die ideologische Positionen vertraten, die jenen der mittelalterlichen Apologeten, die sie untersuchten, sehr nahe kamen. Mit dieser Entdeckung wurde die fundamentale Schwäche der Argumente zu Gunsten einer generell materialistischen Motivation der Kreuzzüge und die Dürftigkeit der Beweise, auf die sich diese Hypothese gestützt hatte, offenkundig. Die abenteuerlustigen jüngeren Söhne mussten schließlich die Bühne verlassen; nur wenige Historiker glauben heute noch, dass sie eine Rolle gespielt haben.

Da die Historiker nun anerkannten, dass viele, vielleicht die Mehrzahl der Kreuzfahrer aus anderen, auch idealistischen Motiven gehandelt hatten, mussten sie sich der Kreuzzugsideologie stellen und sie zu begreifen versuchen. Zunächst zeigte sich das neue Interesse an der Ideologie bei Untersuchungen, die der Motivation der Armen gewidmet waren, die eine bedeutsame Gruppe in den ersten Kreuzzügen bildeten und sich auch im 13. und 14. Jahrhundert immer wieder bei Volksaufständen bemerkbar machten. Doch das Interesse an den armen Kreuzfahrern – auch dies ein Beispiel für die Faszination, die Massenbewegungen auf die Forschung der fünfziger und sechziger Jahre ausübten – erlahmte rasch, als deutlich wurde, dass man nur sehr wenig über sie würde erfahren können. Die meisten Arbeiten konzentrierten sich daher auf das, was als Beweismaterial vorlag: auf die Abstraktionen der Intellektuellen, Kirchenrechtler und Theologen, auf die hybriden Begriffe und Vorurteile der Adligen und Ritter sowie auf die Argumente der Päpste und Prediger, die zwischen den vorgenannten Gruppen vermittelten. Es liegt in der Natur geistiger Arbeit, dass die Vermehrung des Wissens und die Schulung des Verstandes ebenso viele neue Fragen aufwirft, wie beantwortet werden können; beim Studium der Kreuzzüge aber dauerte es nicht lange, bis die große Frage wieder auftauchte, die einige Zeit vergessen schien – die Frage nämlich: Was war überhaupt ein Kreuzzug?

Zweifellos ist ein Kreuzzug nicht leicht zu definieren. Die Kreuzzugsbewegung dauerte lange Zeit an, die Meinungen und die Politik änderten sich; so war beispielsweise die Gründung von Kreuzzugsligen ein Versuch, die Bewegung an die durch den Aufstieg der Nationalstaaten geschaffene Situation anzupassen. Die Kreuzzüge erfassten Männer und Frauen aus allen Regionen Westeuropas und aus allen sozialen Klassen. Und sie sprachen zugleich die Intellektuellen und die einfachen Menschen an, so dass wir vor einem breiten Spektrum von Ideen stehen: von den raffiniertesten bis zu den primitivsten, von den Gipfeln der Moraltheologie bis in die Niederungen antisemitischer Blutrünstigkeit. Diese unterschiedlichen Ideen beeinflussten sich zudem wechselseitig. Da die Teilnahme an einem Kreuzzug freiwillig war, mussten Päpste und Prediger die Theologie in populärer Form vermitteln. Es war nicht ungewöhnlich, dass sich populäre Vorstellungen an die offizielle Predigt der Kirche anlehnten. Beispielsweise sollten Kreuzzüge stets defensiv ausgerichtet sein – da die Christen keine Bekehrungskriege führen durften –, doch auf der untersten Ebene nahmen die Menschen das Christentum als eine kraftstrotzende Religion wahr. Immer wieder drangen missionarische Elemente in die Kreuzzugsidee und -propaganda ein.

Einigkeit herrschte unter den Historikern darüber, dass ein Kreuzzug ein Heiliger Krieg war, den der Papst um Christi willen ausrief und dessen Kämpfer, oder zumindest ein großer Teil von ihnen, bestimmte Gelübde ablegten und bestimmte weltliche und geistliche Privilegien genossen, insbesondere den Sündenablass. Doch wie sah der Status eines Kreuzzugs aus, der nicht in das Heilige Land führte? Vom Papst initiierte Kreuzzüge, deren Kämpfer Gelübde ablegten und in den Genuss von Privilegien und Ablässen kamen, wurden nicht nur im Orient, sondern auch in Europa ausgefochten; sie richteten sich nicht nur gegen Anhänger des Islam, sondern auch gegen Heiden, Ketzer, Schismatiker, ja selbst gegen Katholiken, die sich der päpstlichen Herrschaft widersetzten. Doch handelte es sich dabei wirklich um Kreuzzüge? Oder waren alle diese Kreuzzüge, die nicht in den Orient führten, Perversionen – oder zumindest Verdrehungen – eines ursprünglichen Ideals, das eine besondere Bewertung erfahren muss? Obwohl sich viele Historiker ohne nähere Begründung für die eine oder andere Alternative entschieden, bleibt die Frage doch wesentlich. Einmal weil die Pluralisten (die den Kreuzzugsbegriff weit fassen) eine Vielzahl von Quellen berücksichtigen, die die Traditionalisten (mit enger Auffassung des Kreuzzugsbegriffs) beiseite lassen. Und zum andern, weil die Politik des Papsttums gegenüber der Kreuzzugsbewegung ein anderes Aussehen annimmt, wenn man meint, dass die Päpste die Strategie verfolgten, verschiedene Kriegsschauplätze zu eröffnen, die, wenn sie auch nicht gleiches Gewicht besaßen – denn niemand bezweifelt, dass die Kreuzzüge in den Orient das höchste Prestige besaßen und den Maßstab für alle weiteren Kreuzzugsunternehmungen darstellten –, so doch zumindest von ähnlicher Qualität waren. Das vielleicht einzige Verfahren, um bei der Lösung dieses Problems voranzukommen, bestand darin, eine andere, täuschend einfache Frage zu stellen: Wie beurteilten die Zeitgenossen die Kreuzzüge? Kreuzzüge wurden vom Papst ins Leben gerufen, und unzweifelhaft haben die Päpste, zumindest offiziell, keinen großen Unterschied zwischen der Wertigkeit der verschiedenen Kriegsschauplätze gemacht. Strittig ist jedoch, inwieweit die öffentliche Meinung der Christenheit ihnen darin folgte, denn das Beweismaterial selbst lässt verschiedene Schlüsse zu. Es gab kritische Äußerungen über Kreuzzüge, die nicht in den Orient führten, doch insgesamt waren es nur vereinzelte Strukturen, und es lässt sich kaum abschätzen, wie repräsentativ diese Äußerungen waren. Auch finden sich gelegentlich Berichte führender Kirchenmänner, wie etwa des Kardinals und Kanonikers Hostiensis oder Matthew Paris', eines Mönchs des Klosters St. Albans, über die unwillige Aufnahme solcher Kreuzzugspredigten. Doch welches Gewicht darf man solchen Äußerungen beimessen? Und wie lässt sich dies mit der großen Zahl von Männern und Frauen vereinbaren, die das Kreuz für derartige Feldzüge nahmen? Was soll man von Beschreibungen halten, wie sie etwa Jakob von Vitry hinterließ, der vom obsessiven Interesse der heiligen Maria von Oignies am Albigenserkreuzzug berichtet? Maria hatte Visionen, in denen Christus seine Sorge um die Ausbreitung der Ketzerei im Languedoc mit ihr teilte, und »obwohl sie so fern war, sah sie die Engel jauchzen und die Seelen der toten (Kreuzfahrer) ohne Aufenthalt im Fegefeuer in die himmlische Herrlichkeit geleiten«. Ihr Eifer war so groß, dass sie sich kaum zurückhalten konnte, selbst die Reise in das südwestliche Frankreich anzutreten.

1953 zeigte Giles Constable, dass die Heere des Zweiten Kreuzzugs, die im Orient, in Spanien und östlich der Elbe kämpften, von den Zeitgenossen als Teile eines einzigen Aufgebots betrachtet wurden. Zehn Jahre später jedoch warf Hans Mayer die Frage auf, ob die alternativen Kreuzzüge überhaupt als genuiner Ausdruck der Kreuzzugsbewegung anzusehen seien. Er räumte zwar ein, dass Päpste und Kirchenrechtler sie wohl als echte Kreuzzüge bewertet hätten, doch sah er darin nur einen diplomatischen Vorwand. In seinem Buch *Die Kreuzzüge* von 1965 definierte er den Kreuzzug eng als »einen Krieg, der darauf abzielte, die christliche Herrschaft über das Heilige Grab in Jerusalem wiederzugewinnen oder zu erhalten, das heißt ein Krieg mit einem fest umrissenen Ziel, das sich geographisch genau eingrenzen lässt«. Vier Jahre später sprach sich Helmut Roscher zugunsten der weiter gefaßten Definition aus, wie

1977 auch Jonathan Riley-Smith; 1983 war diese Frage bei der ersten Tagung der *Society for the Study of the Crusades and the Latin East* Gegenstand einer heißen Debatte. Elizabeth Siberry konnte nachweisen, dass die Kritiker der alternativen Kreuzzugspraxis des 12. und 13. Jahrhunderts weniger repräsentativ waren, als man bisher angenommen hatte; Norman Housley, der führende Verteidiger der weiter gefassten Definition, legte eine umfassende Studie über die politischen Kreuzzüge in Italien vor und zeigte, wie sehr sie in die Gesamtbewegung integriert waren. Housley veröffentlichte auch die erste Untersuchung zur Kreuzzugsbewegung im 14. Jahrhundert und die erste Gesamtdarstellung der Geschichte der späteren Kreuzzüge aus pluralistischer Sicht.

Beweisen wollten die Pluralisten zunächst, dass ungeachtet aller Begleitumstände die Päpste wie die Masse der Gläubigen bei der Bewertung der Kreuzzüge keine Unterscheidung trafen. Mit wachsendem Selbstvertrauen begannen sie jedoch einzuräumen, dass die Unterschiede zwischen den verschiedenen Formen der Bewegung ebenso wichtig waren wie ihre Ähnlichkeiten. So entwickelte der Deutsche Orden an der Ostseeküste im 13. und 14. Jahrhundert das Modell des »ständigen Kreuzzugs«, der keiner besonderen und wiederholten Erklärung des Papstes mehr bedurfte. Auf der Iberischen Halbinsel stand das Kreuzzugswesen viel stärker als anderswo unter der Kontrolle der Könige, insbesondere der Herrscher Kastiliens.

Zur gleichen Zeit, als solche Definitionsfragen debattiert wurden, blickte eine wachsende Schar von Historikern nach Westen. Teils mag das Interesse an den europäischen Kriegsschauplätzen dabei eine Rolle gespielt haben, doch zwei andere Faktoren waren wichtiger: Zunächst einmal die Erkenntnis, dass reiche Quellensammlungen – auch für das viel untersuchte 11. und 12. Jahrhundert – noch nicht genutzt worden waren. Die europäischen Archive der Ritterorden waren zugunsten der orientalischen vernachlässigt worden, trotz der Tatsache, dass die streitbaren Konvente der Templer, Hospitaliter und Deutschherren im Orient – wie auch die späteren Ordensstaaten in Rhodos, Preußen und Malta – für ihren Unterhalt auf die Versorgung mit Geld, Material und Menschen aus Westeuropa angewiesen waren, wo sich stets auch die Mehrzahl der Ordensbrüder aufhielt. Jede Würdigung des religiösen Lebens der Orden musste berücksichtigen, dass nicht der Kriegs- oder Krankenpflegedienst in Palästina oder Rhodos die Norm war, sondern die Verwaltung der Güter und das Klosterleben in den europäischen Ordensniederlassungen, Prioreien und Provinzverwaltungen, wo viele Ordensbrüder ihre Erfüllung fanden. So ist das Auftreten einer Gruppe von Historikern – unter ihnen Alan Forey, Michael Gervers und Anne-Marie Legras – nicht verwunderlich, deren Hauptinteresse den westlichen Besitzungen der Orden galt. Dann gab es noch das äußerst umfangreiche Material über Kreuzfahrer in Urkunden und offiziellen Registern, das übersehen worden war, bis Giles Constable die Aufmerksamkeit darauf lenkte. Wenigstens ein Drittel der Teilnehmer am Ersten Kreuzzug, die man bisher identifizieren konnte, sind nicht in den Berichten über diesen Kriegszug, sondern allein in Urkunden erwähnt.

Der zweite wichtige Faktor war das wachsende Interesse an der Motivation der Kreuzfahrer. Es kann gar nicht deutlich genug betont werden, dass die Kreuzzüge für die Teilnehmer mühselige, verwirrende, Furcht einflößende, gefahrenträchtige und teure Unternehmungen waren, weshalb die Jahrhunderte währende Begeisterung für sie nicht leicht zu erklären ist. Die Kreuzzüge entstanden aus der Reformbewegung des 11. Jahrhunderts, die Kräfte freisetzte, die – wie auch immer die Situation im Orient sich entwickelt hätte – wohl in Befreiungskriegen zum Ausbruch gekommen wären. Die Rekrutierung der Teilnehmer erfolgte sicherlich über die Glaubensverkündigung; die Organisation der Kreuzzugspredigten und der Inhalt der einzelnen Predigten – soweit sie sich erhalten haben – sind jetzt Gegenstand eingehender Untersuchungen. Doch mögen auch viele Kreuzfahrer für ihre Ideale gekämpft haben, so waren diese Ideale doch gewiss nicht die gleichen, die den hohen Klerus bewegten. Was die Adligen und Ritter antrieb und wonach sie strebten, das ist zu einer wichtigen Forschungsfrage geworden. Wissenschaftler wie Marcus Bell, Simon Lloyd, James Powell, Jonathan Riley-Smith und Christopher Tyerman haben erste Orientierungsmarken für die künftige Forschung gesetzt. Wie wir noch sehen werden, spielten in der Frühphase der Bewegung die Einstellung der Familien, und insbesondere der Frauen aus der eigenen Verwandtschaftsgruppe, eine wichtige Rolle; im späteren 13. Jahrhundert waren die auf lokaler Ebene wirksamen Herrschaftsbande, die stets von Einfluss gewesen waren, offenbar noch entscheidender. Der volkstümliche Glaube, der den Bedürfnissen einer aus weit verzweigten Familienverbänden bestehenden Gesellschaft angepasst worden war, übte zunächst wohl den meisten Einfluss aus; doch um 1300 war der Volksglaube bereits von ritterlichen Vorstellungen durchdrungen.

Den Veränderungen in der Ausrichtung des Forschungsinteresses entsprach eine massive Ausweitung des zeitlichen Rahmens der Untersuchungen. Runciman behandelte den Zeitraum nach 1291 noch auf vierzig Seiten am Ende seines dritten Bandes und schloss mit dem Tode Papst Pius II. 1464 in Ancona. In der letzten englischen Ausgabe seiner *Kreuzzüge* widmete Mayer nur eine von 288 Seiten den Geschehnissen nach 1291. Neuere Forschungsarbeiten aber wählten die Jahre 1521, 1560, 1580, 1588 oder gar erst 1798 als Schlusspunkt. Diese Entwicklung ist vor allem auf Kenneth Setton zurückzuführen. Sein Buch *The Papacy and the Levant* behandelte die Jahrhunderte zwischen der Plünderung Konstantinopels (1204) und der Schlacht von Lepanto (1571) und gab der Forschung einen ersten Einblick in das umfangreiche Quellenmaterial für die späteren Kreuzzüge. Es gibt nun keinen Zweifel mehr, dass die Kreuzzugsbewegung im 14. Jahrhundert noch beinahe so mächtig war wie im 13. Jahrhundert und deshalb von einem Niedergang nicht die Rede sein kann. Noch überraschendere Ergebnisse aber erbrachte die Beschäftigung mit dem 16. Jahrhundert. Historiker der frühen Neuzeit hatten gelegentlich den zähen Kampf der Spanier um Nordafrika als Kreuzzug bezeichnet, auch wenn sie diesen Begriff eher nachlässig verwendeten. Setton zeigte nun, dass es sich in der Tat um einen Kreuzzug gehandelt hatte. Er schrieb einen Folgeband über das 17. Jahrhundert, so dass die Forschung jetzt einen Zugang zum Material vor allem italienischer Archive für die Zeit bis 1700 hat. Verbunden mit der Geschichte der spanischen Kreuzzüge im Mittelmeerraum war jene des Ordensstaates der Hospitaliter auf Malta, den Kaiser Karl V. als einen Vorposten schuf, um die Schiffahrtsroute von Konstantinopel nach Nordafrika zu blockieren. Die Kataloge der Archive der Ordensritter in La Valletta sind gedruckt

DIE ANHALTENDE RELEVANZ DES KREUZZUGSWESENS. Erste Seite aus dem Traktat des Humbert von Romans *De praedicatione sanctae crucis*, in dem der erfahrene Ablassprediger praktische Hinweise für seine Berufskollegen gibt. Die Abhandlung entstand 1265/1266; der hier abgebildete Druck wurde aber erst 1490 in Nürnberg hergestellt.

worden; sie erschließen die Quellen für die Geschichte eines bemerkenswerten kleinen Staates, des letzten Überlebenden der Kreuzzugsbewegung, der erst 1798 verlosch. Es besteht kein Zweifel, dass es bald eine beträchtliche Zahl fundierter Studien über Jahrhunderte der Kreuzzugsbewegung geben wird, die bislang praktisch ignoriert wurden.

Vor vierzig Jahren beschrieb man die Kreuzzüge vorrangig als groß angelegte Expeditionen in den Orient oder befasste sich mit den Siedlungen der Kreuzfahrer in Syrien und Palästina. Das Interesse der meisten Historiker galt der Zeit vor 1291, weil sie glaubten, dass die Kreuzzugsbewegung danach in die Phase ihres endgültigen Niedergangs eintrat. Mittlerweile ist der Kreuzzugsbegriff so weit ausgedehnt worden, dass er nunmehr sieben Jahrhunderte und viele verschiedene Schauplätze umfasst. Vorherrschend waren das Interesse an der Wirtschaftsgeschichte, an Vor- und Frühgeschichte des Kolonialismus und an der Militärgeschichte. Jetzt liegt der Schwerpunkt auf der Religions-, der Rechts- und Sozialgeschichte, und zunehmendes Interesse finden auch die Ursachen und Motivationen der Kreuzzugsbewegung.

2
URSPRÜNGE

MARCUS BULL

»Für seinen Blutdurst hatte es in neuerer Zeit nichts Vergleichbares gegeben. Er war so groß, dass Menschen, die als grausam galten, noch milde wirkten, wenn sie Tiere schlachteten, gegen ihn, wenn er Menschen tötete. Denn er fällte kein Urteil, dass seine Opfer eines Verbrechens schuldig geworden waren, und richtete sie dann mit dem Schwert hin, was ein alltägliches Vorkommnis ist. Vielmehr metzelte er sie hin und quälte sie mit entsetzlichen Folterungen. Wenn er seine Gefangenen, wer immer sie waren, zu Lösegeldzahlungen zwang, ließ er sie an den Hoden aufhängen – manchmal tat er dies mit seinen eigenen Händen –, wobei häufig das Gewicht zu schwer war, so dass der Körper zerriss und die Eingeweide hinausquollen. Andere wurden an den Daumen oder den Geschlechtsteilen aufgehängt und ein Gewicht an ihren Schultern befestigt. Er pflegte unter ihnen auf und ab zu gehen, und wenn er von ihnen nicht erpressen konnte, was nicht in ihrer Macht stand, ihm zu geben, dann prügelte er sie unausgesetzt und immer wieder, bis sie alles versprachen, was er wünschte, oder an der Folter starben. Niemand kennt die Zahl all derer, die in seinen Kerkern an Hunger, Krankheiten und körperlicher Misshandlung starben, als sie so in ihren Ketten schmachteten.«

Diese farbige Schilderung aus dem Jahr 1115 verdanken wir Guibert von Nogent, dem Abt eines kleinen Klosters in der Nähe von Laon im Nordosten Frankreichs. Ihr Gegenstand war ein bekannter ortsansässiger Adliger namens Thomas von Marle. Mit der zitierten Passage sind Guiberts Berichte über diesen Mann nicht erschöpft: Es gibt noch mehr derartige Schilderungen, allesamt eine Mischung aus rechtschaffener Entrüstung und einer Faszination, die schreckensgeweiteten Auges zwischen dem harsch Realistischen und dem anatomisch Widernatürlichen schwankt.

Was den Ersten Kreuzzug betrifft, so ist diese Beschreibung wegen der Karrieren der beiden beteiligten Männer von beträchtlichem Interesse. Guibert war der Autor einer langen Chronik dieses Unternehmens. Die geringe Anzahl der Manuskripte, die erhalten ist, lässt den Schluss zu, dass die Chronik Guiberts nicht so populär war wie die Geschichtswerke anderer Zeitgenossen. Gleichwohl ist sie für moderne Historiker eine wertvolle Quelle, nicht zuletzt weil Guibert die Fakten – die er aus zweiter Hand hatte – aufzubereiten suchte, indem er die Erfahrungen der Kreuzfahrer in gelehrten theologischen Begriffen erläuterte. Thomas dagegen hatte selbst am Ersten Kreuzzug teilgenommen. Dabei hatte er sich einen sehr guten Ruf erworben, den Guibert ins Gegenteil zu verkehren suchte, indem er behauptete, Thomas habe Pilgern bei ihrer Wallfahrt nach Jerusalem aufgelauert.

BEAUGENCY in der Nähe von Blois. Vom Beginn des 11. Jahrhunderts an stieg die Zahl der Befestigungsanlagen in Europa erheblich. Zur Zeit des Ersten Kreuzzuges ersetzten Steinbauten die Holz- und Lehmkonstruktionen. Beaugency ist ein frühes Beispiel für die Fähigkeit der Hausteinarchitektur, die Macht der militärischen Eliten der Gesellschaft zu verkörpern und nach außen zu demonstrieren.

Das Geschick wollte es, dass Thomas häufig als der archetypische europäische Raubritter des 11. und 12. Jahrhunderts dargestellt wurde, als Musterbeispiel jener ungezügelten sozialen Bedrohung, die immer dann gedieh, wenn die Regierungen schwach waren und die Moralpredigten der Kirche missachtet wurden. Diese Darstellung ist ungerecht. Thomas' Probleme waren mehr dynastischer als psychischer Art: Von einem feindlich gesinnten Vater und einer Stiefmutter in die Rolle des Opfers gedrängt, musste er sich die Herrschaft über Burgen, Ländereien und Privilegien erkämpfen, die er für sein rechtmäßiges Erbteil hielt. Man könnte sogar behaupten, dass sein energisches Regiment keineswegs eine Bedrohung der Gesellschaft war, sondern vielmehr in einer Region Frankreichs, in der der Streit zwischen verschiedenen Jurisdiktionen – der königlichen, bischöflichen und gräflichen – ein Potential für Unordnung bildete, ein bestimmtes Maß an Stabilität garantierte. Liest man Guiberts Porträt als eine Reportage, dann ist sie zweifellos tendenziös und überzeichnet. Die wahre Bedeutung des Textes liegt in seiner Übertreibung, weil diese implizit die Normen des üblichen Verhaltens offen legt, an dem berüchtigte Untaten zu messen waren. Wenn er Thomas anschwärzen wollte, konnte Guibert ihn nicht einfach als brutal schildern; seine Brutalität musste exzessiv sein, und Thomas musste sie ohne Unterschied gegen jedermann anwenden. Anders gesagt: Thomas und Guibert, zwei Männer, die auf ihre Art eng mit dem Kreuzzug verbunden waren, lebten in einer Gesellschaft, in der Gewalt tief verwurzelt und für sich genommen nicht bemerkenswert war.

Hier liegt vielleicht die größte mentale Umstellung, auf die sich ein moderner Forscher einlassen muss, wenn er sich dem Hochmittelalter zuwendet. Die Gewalt war überall und wirkte vielfältig auf das Alltagsleben ein. Rechtsstreitigkeiten beispielsweise wurden oftmals durch Zweikämpfe oder durch qualvolle und lebensgefährliche Gottesgerichte entschieden. Zur Zeit des Ersten Kreuzzugs wurde es üblich, überführte Schwerverbrecher an Leib und Leben zu strafen, während früher größeres Gewicht auf die Entschädigung des Opfers oder seiner Familie gelegt worden war. Fehden unter Blutsverwandten und zwischen verschiedenen Sippen gab es häufig. Selten handelte es sich um eng begrenzte Kampfhandlungen unter Adligen, meist hatten sie weit reichende Auswirkungen, da sich die rohe, aber effektive ökonomische Kriegsführung in der Regel gegen die Besitztümer der Gegner richtete, und das hieß gegen ihre Bauern, ihren Viehbestand, ihren Ernteertrag und gegen ihre Gehöfte. Die Brutalität war so allgegenwärtig, dass sie rituelle Formen annahm. Um 1100 beispielsweise betete ein Ritter aus der Gascogne im Kloster von Sorde, dass Gott ihm den Mörder seines Bruders in die Hände geben möge. Das auserkorene Opfer wurde aus dem Hinterhalt überfallen, sein Gesicht wurde grauenvoll entstellt, Hände und Füße wurden ihm abgeschlagen und er wurde kastriert. Auf diese Weise wurden sein Ansehen, seine Kampffähigkeit und seine dynastischen Aussichten auf immer vernichtet. Aus Dankbarkeit für die göttliche Hilfe, auf die der Ritter den Erfolg seines Rachebegehrens zurückführte, überlieferte er die blutverschmierte Rüstung und die Waffen seines Feindes den Mönchen von Sorde als fromme Stiftung. Die Mönche nahmen die Gabe an.

Dieses Beispiel ist eine kleine, doch bezeichnende Illustration für die Unfähigkeit der mittelalterlichen Kirche, sich von der Gewalt der sie umgebenden Welt zu distanzieren. Die Historiker glaubten früher, die Kirche sei in den frühchristlichen Jahrhunderten pazifistisch gewesen, dann aber zunehmend von den jeweiligen gesellschaftlichen Wertvorstellungen beeinflusst worden; ein Prozess, der in der Zeit der Kreuzzüge seinen Höhepunkt erreicht habe. Doch die sich ändernden Einstellungen so linear zu umreißen ist unrealistisch, da zu jeder Zeit die Einzelpersonen und Institutionen ihre Haltung zur Gewalt variieren konnten. Die Reaktionen hingen vom Kontext ab. Das entscheidende Element beim Verhältnis der mittelalterlichen

Welt zur Gewalt war die Wahlmöglichkeit. Die Laien wussten dies instinktiv, wenn es darum ging, Verhaltensweisen zu bewerten. War beispielsweise ein Ritter eng genug mit einem anderen verwandt, um zu Recht in eine Blutfehde, sei es als Angreifer oder als potenzielles Opfer, hineingezogen zu werden? Wurde der Waffendienst bei einem geplanten Feldzug von der vertraglichen Verpflichtung, die ein Vasall gegenüber seinem Lehnsherrn eingegangen war, gedeckt? Sollte ein bestimmtes Vergehen mit der Hinrichtung des Verbrechers bestraft werden und war seine Schuld von einer kompetenten Autorität festgestellt worden? Wie aussichtslos musste die Lage eines Ritters in der Schlacht, wie verzweifelt der Zustand einer belagerten Stadt sein, bevor man sich ergeben durfte, ohne seine Ehre zu verlieren? Die Liste derartiger Fragen ließe sich leicht erweitern, weil die Reaktionen auf Gewalttaten von Werturteilen bestimmt wurden, die von einer Vielzahl von Variablen abhingen.

Die Kirche begegnete der Gewalt im Wesentlichen auf dieselbe Weise, wenn sie auch durch ihren angesammelten Wissensschatz und ihr fast ungebrochenes Monopol über das geschriebene Wort imstande war, selbstbewusster als die Laien zu argumentieren. Die Kirche war in der Lage, allen Fragen, die die Gewalt aufwarf, mit einem bestimmten Maß an Systematisierung und Konsequenz zu begegnen. Sie hatte aus dem Römischen Recht, dem Alten und dem Neuen Testament sowie aus der Patristik – namentlich vom heiligen Augustinus (354 bis 430), dem Bischof von Hippo – verschiedene Termini ererbt, mit deren Hilfe sie Gewaltfälle analysieren und über ihre Eigenschaften ein Urteil abgeben konnte. Üblich war die Ansicht – die Augustinus zugesprochen und in späteren Jahrhunderten verfeinert wurde –, dass die moralische Rechtmäßigkeit einer Tat nicht allein aufgrund der Betrachtung des isolierten physischen Ereignisses beurteilt werden könne; die Bewertung der Gewalt hing vielmehr in größerem oder geringerem Ausmaß von der geistigen Haltung der Täter, von ihren Zielen und der Kompetenz der einzelnen Person oder Körperschaft ab, welche die Tat autorisiert hatte.

Unter dem Vorzeichen dieser beträchtlichen ideologischen Flexibilität konnte sich die Kirche aktiv an einem Mehrfrontenkrieg beteiligen, darunter auch in den Gebieten, wo die lateinische Christenheit in direkten Kontakt mit der islamischen Welt kam. Die zweite Hälfte des 11. Jahrhunderts war eine Zeit der Expansion der lateinischen Christenheit. Auf der Iberischen Halbinsel lernten die kleinen christlichen Staaten des Nordens, die politischen Schwächen des muslimischen Al-Andalus auszunutzen. Die Einnahme Toledos, das im Jahre 1085 durch König Alfons VI. von León und Kastilien zurückerobert wurde, war der größte Erfolg; damit gehörte die einstige Hauptstadt des westgotischen Königreichs, die im 8. Jahrhundert von den Arabern und Berbern zerstört worden war, wieder zum christlichen Herrschaftsbereich. Auf Sizilien verdrängten normannische Kriegsherren, die sich bereits zur bestimmenden Macht auf dem süditalienischen Festland aufgeschwungen hatten, zwischen 1061 und 1091 die islamischen Machthaber. Grundsätzlich begrüßten die Päpste diese Expansionen. Allerdings war ihr Beitrag für die Erfolge der Christen nicht entscheidend, da sie die Kämpfer lediglich ermutigen und darauf hoffen konnten, dass ihre Macht ausreiche, um die schwierige Aufgabe der Reorganisation der Kirche in den eroberten Gebieten zu überwachen. Aber die Erfahrung aus den Ereignissen in Spanien und Sizilien war wichtig, weil sie zeigte, dass die höchsten kirchlichen Autoritäten schon zwei Generationen vor dem Ersten Kreuzzug die Überzeugung fassten, dass der Westen in einen gemeinsamen, zutiefst religiös gefärbten Kampf eingetreten sei. Allen Kriegsschauplätzen im Mittelmeerraum war, ungeachtet ihrer Besonderheiten, gemeinsam, dass ehemals christliches Land der Herrschaft der Ungläubigen entrissen wurde. Es war daher nur eine Frage der Zeit, bis sich das Interesse der Kirche dem Heiligen Land zuwandte, das im 7. Jahrhundert von den Arabern überrannt worden war.

Hierbei muss zwischen den politisch verantwortlichen leitenden Männern der Kirche, die eines Tages schließlich den Ersten Kreuzzug ins Leben riefen, und den Laien unterschieden werden, die sich ihm freiwillig anschlossen. Das Bild eines den gesamten Mittelmeerraum erfassenden Kampfes konnte nur jenen Institutionen, insbesondere dem Papsttum, vorschweben, die über die nötigen Informationsquellen, den geographischen Zugriff und das Verständnis für die lange historische Tradition verfügten, um die Christenheit und ihre (tatsächliche oder nur in der Einbildung vorhandene) Bedrohung insgesamt zu überblicken. Dieser Aspekt muss besonders betont werden, da die Kreuzzugsterminologie häufig unterschiedslos auf alle kriegerischen Auseinandersetzungen zwischen Christen und Muslimen in den Jahrzehnten vor 1095 angewandt wird. Dabei wird unterstellt, dass der Erste Kreuzzug der letzte und bedeutendste in einer Reihe von Kriegen des 11. Jahrhunderts gewesen sei, die bereits Kreuzzugscharakter gehabt – genauer gesagt: »Probeläufe« gewesen – seien, und die Europäer mit den wesentlichen Charakteristika eines Kreuzzugs vertraut gemacht hätten. Diese Ansicht ist aber nicht haltbar. Es gibt eine Vielzahl von Beweisen, die erkennen lassen, dass die Menschen den Kreuzzugsaufruf Urbans II. von 1095/1096 als eine Art Schock für das kommunale System ansahen: Er wurde gerade deshalb als so wirksam empfunden, weil er sich von allen vorherigen Unternehmungen unterschied. Wenn zeitgenössische Kommentatoren über die Anziehungskraft des Kreuzzugs nachdachten, so argumentierten sie nur selten in dem Sinne, dass es sich um die Fortführung und Ausweitung eines notwendigen antimuslimischen Kampfes handelte. Selbst wenn sie dies taten, blickten sie dabei eher auf die ferne und mythologisierte Zeit Karls des Großen (er starb 814) und sein Fränkisches Reich zurück als auf die zeitlich so viel näher liegenden Ereignisse in Spanien und Sizilien.

Bemerkenswert ist, dass die Reaktion der Westeuropäer auf den Ersten Kreuzzug nicht von einem tief verwurzelten Hass auf den Islam und alles Muslimische bestimmt war. Gewiss gab es plumpe Stereotype und Missverständnisse: Man hielt die Muslime für Götzen anbetende Polytheisten, und ungeheure Legenden über das Leben des Propheten Mohammed waren im Umlauf. Doch derartige Vorstellungen vereinigten sich nicht zu einem fest gefügten Kanon von Vorurteilen, der die Menschen dazu hätte bewegen können, sich von ihren Wohnstätten und Familien loszureißen, um sich auf einen gefährlichen und kostspieligen Kampf in fernen Weltgegenden einzulassen. Wer von den ersten Kreuzfahrern schon frühere Erfahrungen im Umgang mit der islamischen Welt besaß, hatte sie mit viel größerer Wahrscheinlichkeit während einer unbewaffneten Pilgerreise nach Jerusalem, nicht aber auf dem Schlachtfeld erworben. Die meisten hatten freilich noch niemals einen Muslim gesehen. Bezeichnend sind

BEWAFFNETE KRIEGER im Spanien des 11. Jahrhunderts. In den letzten dreißig Jahren vor dem Ersten Kreuzzug vermehrten und verstärkten sich die bewaffneten Auseinandersetzungen zwischen Muslimen und lateinischen Christen. Die Kämpfe in Spanien und Sizilien waren zwar noch keine Kreuzzüge, bereiteten sie aber insofern vor, als sie zur Herausbildung einer militanten und offensiven Religionspolitik innerhalb des Papsttums beitrugen.

die Irritationen, die die Kreuzfahrer empfanden, als ihre Feinde ihnen mit der Zeit besser vertraut wurden. Sie waren von der Kampfkraft der Türken derart beeindruckt, dass sie darüber spekulierten, ob ihre hartnäckigen Gegner nicht vielleicht entfernte Verwandte seien, eine Art verlorener Stamm, der Jahrhunderte zuvor von seiner Einwanderung nach Europa und dem Anschluss an die christliche Kultur abgelenkt worden sei. Das war kein leeres Kompliment zu einer Zeit, als der Glauben vorherrschte, Charaktereigenschaften würden durch Blutsbande vererbt, und als Geschichten über die Abstammung der Völker von biblischen oder mythischen Vorfahren ein zentrales Element des unter den Menschen Europas verbreiteten Gefühls ihrer historischen Identität, ihrer »Schicksalsgemeinschaft«, bildeten.

Heutzutage ist die Auffassung verbreitet, die Kreuzzüge seien große, von religiösem Fanatismus inspirierte Glaubenskriege gewesen. Diese Wahrnehmung hängt mit der modernen

Einstellung gegenüber religiöser Diskriminierung zusammen, die sich auch in den Reaktionen auf zeitgenössische politische Konflikte im Nahen Osten und anderswo zeigt. Was jedoch den Ersten Kreuzzug betrifft, so ist diese Perspektive sehr fragwürdig. Die Kreuzzugsforschung beschäftigte sich in den vergangenen Jahrzehnten in gleichem Maße mit den Ideen und Institutionen im Westen wie mit den Ereignissen im Osten. Früher glaubte man, die Kreuzzüge hätten am Rande der historischen Entwicklung Westeuropas gestanden: als eine Reihe recht exotischer, von Irrationalität geprägter Episoden von begrenzter Signifikanz. Das Studium der Kreuzzüge wurde zudem weitgehend von Forschern bestimmt, deren eigentliches Spezialgebiet die christlich-orientalische oder die islamische Kultur war, was dazu führte, dass ihre Schlussfolgerungen häufig überspitzt waren. Heute bemühen sich die Mediävisten mehr darum, die Kreuzzüge in die allgemeine Geschichte der abendländischen Zivilisation einzuordnen. Ein wichtiges Element dabei ist die Bestimmung derjenigen Züge der religiösen, kulturellen und sozialen Erfahrungen, die den überbordenden Enthusiasmus der Westeuropäer für die Kreuzzüge zu erklären vermögen.

Weshalb aber fand der Erste Kreuzzug im Europa des späten 11. Jahrhunderts statt, warum war er gerade hier möglich? Eine Grundbedingung war die tief greifende Militarisierung der europäischen Gesellschaft, ein Charakteristikum, das sich in Jahrhunderten entwickelt hatte. Die politischen Einheiten, die aus der langen und leidvollen Auflösung des Weströmischen Reichs hervorgegangen waren, wurden von aristokratischen Geschlechtern beherrscht, die ihren Reichtum und ihre Macht aus dem Grundbesitz bezogen und ihren Status durch die Führerschaft im Krieg bekundeten. Das Leben im mittelalterlichen Europa war unweigerlich dadurch geprägt, dass den Herrschenden die nötigen Ressourcen, die Regierungserfahrung und die Kommunikationsmittel fehlten, um ihren Führungsanspruch allein aus eigener Kraft durchzusetzen. Gelang ihnen die Verständigung mit den herrschenden Eliten, die das Land fest im Griff hatten, so war schon viel erreicht. Die ideale Lösung war, dass die Zentralgewalt (in der Regel der König) und die Territorialherren sich auf ein gemeinsames Ziel verständigten, so dass sich ihre Zusammenarbeit und die Verfolgung der jeweiligen Eigeninteressen harmonisch ergänzten. Die Struktur der europäischen Gesellschaft am Vorabend des Ersten Kreuzzugs war eine ferne Hinterlassenschaft jener Zeit, als letztmals eine solche Verständigung zwischen dem Zentrum und den Regionen in umfassender Weise versucht worden war. Im 8. und frühen 9. Jahrhundert hatten die karolingischen Könige, die damals den westeuropäischen Kontinent dominierten, ein politisches System entwickelt, das die fränkische Gesellschaft zu zahlreichen Expansionskriegen im südlichen Gallien, in Italien, Spanien und Mitteleuropa zu mobilisieren vermochte. Teils weil geeignete Opfer immer seltener wurden, teils aber auch, weil Westeuropa unter den Angriffen der Wikinger und Araber gezwungen war, seiner Selbstverteidigung größere Beachtung zu schenken, brachen diese Wellen einer gelenkten Aggression im Verlauf des 9. Jahrhunderts in sich zusammen. Heftige Auseinandersetzungen unter Mitgliedern der karolingischen Herrscherfamilie verschärften die Probleme in Westeuropa zusätzlich. Eine Folge war, dass sich die Bande der Loyalität und der gemeinsamen Zielsetzung lockerten, die die Könige und die regionalen Kriegerdynastien ehedem verbunden hatten. In bestimmter Hinsicht kehrte das politische Leben wieder zu seinem Ausgangspunkt zurück, als sich die Macht einmal mehr in den Händen ökonomisch und militärisch dominanter Geschlechter konzentrierte. Ein weiteres wichtiges Erbstück der Karolingerzeit aber war, dass die adligen Machthaber – die »Fürsten« im Sinne von »Herrschenden« – die fortbestehenden Institutionen der öffentlichen Verwaltung weiterführen und nutzen konnten, auch wenn sie oft nur noch dem Namen nach eine zentrale Funktion ausübten.

Seit den fünfziger Jahren entwickelten Historiker die These, wonach die Zersplitterung der königlichen Macht im 9. und 10. Jahrhundert nur das Vorspiel zu noch schwerwiegenderen Veränderungen gewesen sei, die sich um das Jahr 1000 vollzogen hätten. Da sich dieses Erklärungsmodell – französische Mediävisten sprechen dabei von der *mutation féodale*, der Transformation des Feudalismus – zur orthodoxen Lehrmeinung verfestigt hat, sei es hier kurz umrissen. Nach Ansicht der »Mutationisten« gerieten von der Mitte des 10. Jahrhunderts an auch die großen regionalen Blöcke, die aus dem fränkischen Staatswesen hervorgegangen waren, unter den Druck zentrifugaler Kräfte. Diese gingen von kleinen Kriegsherren aus, die, häufig als Statthalter der Fürsten, in ihren jeweiligen Ortschaften eine herausragende Stellung erworben hatten. Die lokalen Herren, die in kleinerem Maßstab das frühere Muster der Fragmentierung wiederholten, gründeten ihren Erfolg auf eine Kombination ihrer ökonomischen Macht, die sie als Landbesitzer innehatten, und ihrer Herrschaftsrechte vor Ort, die das Gerichtswesen und die militärische Organisation ihrer Macht unterstellten. Die Bauern sahen sich dabei immer größeren Belastungen durch steigende Pachtsummen und eine Zunahme der Frondienste ausgesetzt. Die Herrschaftssitze verloren den Charakter von Versammlungsorten für die freie Bevölkerung des zugehörigen Gebiets und wurden zu Instrumenten privater Adelsmacht; Zutritt zu ihnen erlangte vorrangig, wer in ein Lehnsverhältnis zum jeweiligen Herren eintrat. Ein unübersehbares Zeichen für den Machtgewinn der lokalen Herren war die Verbreitung von Burgen, insbesondere in den Jahren nach 1000. Diese anfänglich aus Holz, später zunehmend aus Stein errichteten Bauten veranschaulichten das politische Phänomen, dass die Macht in weiten Teilen des ehemaligen Fränkischen Reichs zersplittert, das heißt auf kleine und kleinste Herrschaftsgebilde übergegangen war.

In jüngster Zeit ist diese orthodoxe Auffassung von den Gelehrten in Frage gestellt worden. Das Modell der »Mutationisten«, so wurde vorgebracht, hänge von einer Interpretation der Vorgänge im 9. und 10. Jahrhundert ab, die einerseits zu vereinfacht sei, weil sie eine unrealistisch klare Unterscheidung zwischen öffentlichen und privaten Institutionen treffe, und andererseits zu negativ ausfalle, weil sie die späten Karolinger (der letzte französische König dieses Geschlechts starb 987) früher zu untätiger Machtlosigkeit verdamme, als dies der Quellenlage entspricht. Unbestreitbar ist aber auch, dass die ökonomische und soziale Lage der Landbevölkerung sehr verschieden war. Einige sanken unter dem Druck übermächtiger Herren zu Leibeigenen herab, doch andere konnten die Rechte an ihrem Land und damit eine relative Unabhängigkeit behaupten. Selbst das Schicksal der Fürsten war unterschiedlich: Einige, wie etwa die Herzöge der Normandie und Aquitaniens oder die Grafen von Flandern und von Barcelona, setzten sich gegen die kleinen Burgenbesitzer in harten Kämpfen durch. Vielleicht war die Transformation, die sich um das Jahr 1000 vollzogen haben soll, sogar nur eine optische Täuschung. Die Urkunden, die die Übertragung von Ländern und Privilegien festhalten und die zu unseren wichtigsten Quellen gehören, verlieren im Laufe des 11. Jahrhunderts immer mehr ihren formalistischen Charakter und werden immer weitschweifiger. Dieser offenkundige Bruch mit der Tradition wird häufig als ein Symptom für den Übergang von einem öffentlichen und systematischen Rechtswesen zu einem privaten, von Fall zu Fall entscheidenden verstanden – ein Prozess mit weit reichenden sozialen und politischen Auswirkungen. Falls sich jedoch der Wandel der Dokumente auch durch andere Faktoren erklären lässt – vielleicht verdeckte der altertümliche Stil der Urkunden über Jahrzehnte gesellschaftliche Veränderungen, um schließlich aufgegeben zu werden, weil er einer expandierenden und zunehmend komplexer werdenden Welt nicht mehr angemessen war –, dann muss die These der »Mutationisten« modifiziert werden.

Ganz allgemein zeigt sich, dass sich die Erforschung des den Kreuzzügen unmittelbar vorausgehenden Zeitraums verändert. In den letzten Jahren waren die Forscher, die sich mit dem 9. und 10. Jahrhundert befassen, kühner als ihre auf das 11. Jahrhundert spezialisierten Kollegen, wenn es darum ging, ihre Grundannahmen zu überprüfen und das Faktenmaterial neu zu interpretieren. Die Wirkung könnte mit einem Fluss verglichen werden, dessen steigende Fluten gegen die Deiche drücken.

Noch ist es zu früh, um eine Voraussage zu treffen, welche Folgen neue Forschungsergebnisse für unser Verständnis der Ursprünge des Ersten Kreuzzugs haben werden. Und selbst wenn man einräumt, dass eine Revision wünschenswert ist, erscheint es doch ziemlich sicher, dass die Historiker ihr traditionelles Interesse an einem zentralen Aspekt der Gesellschaft des 11. Jahrhunderts – nämlich ihr Interesse an der Vorherrschaft des Rittertums – nicht werden aufgeben müssen. Aufschlussreich ist in diesem Zusammenhang die Terminologie der Chroniken und Urkunden. Im 11. Jahrhundert setzte sich die Bezeichnung *miles* (Plur. *milites*) für den Krieger mehr und mehr durch. Im klassischen Latein bezeichnete dieser Begriff vornehmlich den Fußsoldaten, der das Rückgrat der römischen Legionen bildete; in einer bezeichnenden Änderung der Wortassoziation wurde jener Begriff nun jedoch ausschließlich auf Kämpfer zu Pferde angewandt. Dabei nahm *miles* auch neue soziale Konnotationen an, da der Reitersoldat die Fähigkeit besitzen musste, die hohen Kosten für Reittier, Rüstung und Waffen aufzubringen, was entweder durch den Rückgriff auf den Ertragsüberschuss großer Ländereien geschehen konnte oder aber, indem man sich in den ehrenvollen Dienst eines reichen Herren begab. Im Zusammenhang mit dieser Entwicklung veränderte sich auch die Technik der Reiterkriegsführung. Zur Zeit des Ersten Kreuzzugs trugen die Ritter gewöhnlich eine schwere Lanze, die unter dem Arm eingelegt wurde und ein gutes Stück über den Kopf des Pferdes hervorragte. Diese Waffe war in mehrfacher Hinsicht bedeutsam. Eine Linie von Reitern konnte mit ihr einen Angriff vortragen, der den vollen Schwung von Reiter und Pferd ausnutzte. Der effektive Einsatz erforderte rigoroses Training und Zusammenarbeit, was wiederum die Solidarität der Gruppe förderte. Darüber hinaus hatte die schwere Lanze symbolischen Wert: Sie war zwar nicht die einzige Waffe des Ritters, doch als Ausrüstungsstück, das

EIN RITTER AUF EINEM RELIEF DES 12. JAHRHUNDERTS. Die meisten der wichtigen Ausrüstungsgegenstände eines Ritters sind dargestellt, aber nicht die Lanze. Die Sporen deuten an, dass die Ritter vor allem zu Pferde kämpften, doch konnten sie auch als Fußsoldaten operieren. Die meisten Ritter des Ersten Kreuzzuges waren dazu gezwungen, nachdem ihre Pferde umgekommen waren.

am eindeutigsten und exklusivsten für den Reiterkampf geeignet war, verkündete sie den besonderen Rang ihres Trägers. Die Dominanz der schweren Reiterei auf dem Schlachtfeld war somit zugleich eine Ursache wie auch eine Folge des erweiterten sozialen und ökonomischen Status der Ritter.

Zwei wichtige Bemerkungen sind hier jedoch angebracht. Erstens sind anachronistische und ungebührlich romantische Assoziationen zu vermeiden, will man den Entwicklungsstand betrachten, den die Ritterschaft am Ende des 11. Jahrhunderts erreicht hat. Das mittelalterliche Ritterwesen lässt an betörende Bilder von chevaleresker Tapferkeit und höfischen Sitten denken, an das Verhalten und den prachtvollen Stil einer internationalen Gemeinschaft von Rittern, deren Interessen und Gruppenbewusstsein eine wichtige kulturelle Macht darstellten, die die Grenzen von Sprache, Reichtum und Status überschritt. Doch das voll entwickelte Rittertum war erst eine Erscheinung des 12. Jahrhunderts und der folgenden Zeit. Im Jahre 1095 stand es erst in seinen Anfängen. Es gab noch keine Wappen: ein wichtiger Gesichtspunkt, wenn man die Rolle von Bildern bei der Vermittlung von Wissen in einer weitgehend illiteraten Gesellschaft berücksichtigt. Die volkstümliche Verbreitung ritterlicher Werte durch das Lied steckte noch in ihren Anfängen. Und es gab noch keine eindeutig festgelegten Riten für den Ritterschlag, um ein verbindliches Ethos für alle Ritter festzuschreiben. Bezeichnenderweise sahen sich Grundherren und Fürsten nur ungern als *milites* ohne ergänzende großartige Adjektive bezeichnet, was deutlich macht, dass sie sich zwar als Teil einer militarisierten Gesellschaft begriffen, es aber zu vermeiden suchten, sich gänzlich mit ihren Waffenbrüdern von minderem Status zu identifizieren, deren Großeltern und Urgroßeltern vielfach noch Bauern gewesen waren. Große Herren und einfache *milites* teilten eine gemeinsame Kultur der kriegerischen Härte, der Ehre und der Reitkunst. Darin lag ein möglicher Zusammenhalt, der sich auch den Kreuzfahrern als nützlich erwies, als sie sich enormem physischen und mentalen Druck ausgesetzt sahen. Trotzdem war der Erste Kreuzzug kein ritterliches Unternehmen jener Art, wie es sich spätere Generationen vorgestellt haben.

Zweitens bedeutete die Vorherrschaft der berittenen Krieger innerhalb der Gesellschaft keinen Widerspruch zu einem möglichen Beitrag anderer Personengruppen in Kriegszeiten. Da die militärische Organisation des Westens, wie die der meisten anderen vorindustriellen Gesellschaften, eng mit weiter reichenden ökonomischen und administrativen Strukturen verknüpft war, konnte man nicht einfach eine größere Reiterarmee aus ihrem kulturellen und sozialen Milieu herauslösen und erwarten, dass sie in voller Unabhängigkeit operieren könnte. Armeen benötigten die Dienste von Stallknechten, Dienern, Schmieden, Waffenmeistern und Köchen, die alle auch in der Lage sein mussten, in den Kampf einzugreifen, wenn dies erforderlich war. Es gab Fußsoldaten, die auf das Bogenschießen und den Nahkampf spezialisiert waren. Nur wenige mittelalterliche Armeen operierten ohne Frauen, die den verschiedenen Bedürfnissen der Soldaten nachkamen. Und selbst Geistliche waren beteiligt, um den Krie-

DIE MILITARISIERUNG DER GESELLSCHAFT *(oben)*: Bewaffnete Ritter zu Pferde in einer italienischen Handschrift des 11. Jahrhunderts. Zur Zeit des Ersten Kreuzzuges bildeten bewaffnete Krieger die Eliteeinheiten der westeuropäischen Armeen, und sie beherrschten auch das gesellschaftliche und ökonomische Leben.

PAPST URBAN II. AUF SEINEM WEG NACH CLERMONT *(unten)*: Der Papst *(links)* weiht am 25. Oktober 1095, drei Wochen vor der Eröffnung des Konzils von Clermont, den Hochaltar der neuen Abteikirche von Cluny. Neben ihm sieht man die Mitglieder des Gefolges, das ihn auf seiner Reise durch Frankreich begleitete, darunter sechs hohe Kirchenfürsten. Rechts neben dem Altar steht Abt Hugo von Cluny, begleitet von seinen Mönchen.

bruno. eodem die ipso monasterio uidente papa tria intrib;
pmis cancellis sacrauerut alta-
ria. Tunc papa int sacdo mis-
sasq; agendo. p alia salutis hor-
tat uita. cord epis & cardinalibus
multoq; ppsonis. huiscemodi
sermonem habuit ad plm.

tutelamq; commendauit. nisi
deo et beato Petro eiusq; uica-
rio. romanis scilicet pontifiab;
quoy numero uel ordini diuina
me dignatio licet indignum as-
sociauit. me olim monachum
priorem q; monasterii huius sub
domno ac uenerabili hugone

gern die Sakramente zu spenden und für den Erfolg ihrer Unternehmungen zu beten. Das alles ist wichtig, will man die breite Resonanz auf die erste Kreuzzugspredigt verstehen. Als Papst Urban II. nach Truppen rief, um Jerusalem zu befreien, war es unmöglich, die nichtritterlichen Teilnehmer auszuschließen, auch wenn er, wie seine überlieferten Erklärungen zeigen, zuerst an die *milites* gedacht hatte und es vermeiden wollte, dass das Kreuzzugsheer durch allzu viele Nichtkombattanten belastet würde. Dass vorrangig die *milites* zur Zielgruppe erkoren wurden, hatte seinen Grund darin, dass sie die besten Krieger waren, die der Westen aufbieten konnte, und zugleich das unverzichtbare Herzstück, um das ein schlagkräftiges Heer geschart werden konnte.

Dem Aufruf zum Ersten Kreuzzug gingen in der Kirche Westeuropas seit Mitte des 11. Jahrhunderts Umwälzungen voraus. Nach 1040 hatte eine Gruppe von Reformern, zunächst mit Hilfe des deutschen Kaisers Heinrichs III. und dann in Opposition zu seinem Sohn Heinrich IV., die Kontrolle über das Papsttum erlangt. Diese Institution erschien ihnen als geeignetes Instrument, um die Missbräuche innerhalb der Kirche abzustellen. Der Versuch, das Zentrum der Macht zu erobern, war ein scheinbar nahe liegender Schritt, lief jedoch dem üblichen Muster kirchlicher Selbsterneuerung zuwider. Im Zuge ihrer historischen Entwicklung hatte sich die Kirchenhierarchie als Hemmschuh gegen die Kräfte des Wandels verstanden, deren Ursprung sie bezeichnenderweise an der Basis sah. Diese Haltung ist oftmals zu Unrecht als dogmatischer und unerschütterlicher Traditionalismus verspottet worden, hatte ihre Wurzeln in Wahrheit aber tief im kirchlichen Selbstverständnis. Die Katholiken glauben, dass ihre Kirche keine willkürlich »zusammengefügte« Körperschaft ist, keine Institution, die durch menschliche Initiative oder gar als Ergebnis einer mehr zufälligen historischen Entwicklung entstanden ist. Vielmehr begreifen sie die Kirche als »apostolisch«, das heißt in direkter und unvermeidlicher Folge Gottes Absichten gegenüber den Menschen entsprungen, die Christus den Aposteln mitteilte, die ihr Wissen wiederum den Geistlichen späterer Generationen überlieferten. Angesichts dieses Glaubens ist die kirchliche Zurückhaltung gegenüber zu umfassenden, zu raschen Veränderungen wohl verständlich, ja als eine vernünftige Leitung der von Gott gestifteten Einrichtung zu rechtfertigen. Wenn jedoch die Kräfte des Wandels auch Elemente innerhalb der Kirchenhierarchie einschließen, dann kann ihr Einfluss sehr groß werden. Und genau das geschah in der zweiten Hälfte des 11. Jahrhunderts.

Das Programm der Reformer wird häufig als Gregorianische Reform bezeichnet, nach einem seiner energischsten und wortgewaltigsten Befürworter, Papst Gregor VII. (1073 bis 1085). Diese Reform fand auf zwei komplementären Ebenen statt. Die Gregorianer wandten sich zum einen bestimmten Aspekten des Erscheinungsbildes der Kirche zu: der Moral – und besonders dem Sexualverhalten – des Klerus; den erzieherischen Fähigkeiten der Geistlichen

---

DIE MACHT DER HEILIGEN: Der heilige Benedikt von Nursia heilt einen Aussätzigen. Benedikt war ein Abt des 6. Jahrhunderts, dessen Ordensregel zum Vorbild für die Klosterorganisation in ganz Westeuropa wurde.

und ihrer Eignung zur Erfüllung ihrer sakramentalen, liturgischen und seelsorgerischen Aufgaben; sowie der Einmischung von Laien in die kirchlichen Geschäfte, etwa bei der Entscheidung über Berufungen in kirchliche Ämter. So weit waren die Ziele der Reformer im wesentlichen kultischer Art: Sie wollten die Kirche reinigen, damit sie ihrer Aufgabe als Medium des religiösen Rituals entsprechen konnten. Zum anderen waren die Ziele der Gregorianer jedoch auch organisatorischer Art. Wie bei den weltlichen Regierungen erwuchs ein ständiges Problem daraus, das Handeln auf der zentralen, den regionalen und den lokalen Ebenen

PETRUS stürzt den Magier Simon, der ihm die Gabe des Heiligen Geistes abkaufen wollte. Das Relief bezieht sich auf die Erzählung in der Apostelgeschichte 8, 18–24. Die Reformbewegung des 11. Jahrhunderts griff die Praxis der Simonie – den kirchlichen Ämterverkauf – scharf an, um den Einfluss der Laien auf die Kirche zurückzudrängen. Obwohl sie die Abgrenzung betonte, entwickelte sie dennoch ein besonderes Interesse an der Frage, welche Rollen Laien zu Recht in einer christlichen Gesellschaft spielen konnten.

DIE SÜNDHAFTIGKEIT DER LAIEN. In diesem Zeitraum wurden sehr wenige Laien, abgesehen von einigen Königinnen und Königen, als Heilige anerkannt. Eine der Ausnahmen war Gerald von Aurillac (9. Jahrhundert), ein Graf aus dem zentralen Frankreich. Bezeichnend war, dass man ihm eine Lebensführung zuschrieb, die von mönchischen Verhaltensmustern bestimmt war.

in Einklang zu bringen. Zur besseren Koordination der kirchlichen Maßnahmen wurden päpstliche Legaten mit Aufsichts- und Disziplinarvollmachten eingesetzt, Konzile organisiert, die regelmäßig die führenden Männer der Kirche versammelten, ein erweitertes und besser geordnetes Korpus des kanonischen (kirchlichen) Rechts geschaffen sowie die richterliche Gewalt des Papstes betont. Die reifen Früchte dieser Verwaltungsreformen wurden erst im 12. und 13. Jahrhundert geerntet. Doch bereits in den neunziger Jahren des 11. Jahrhunderts war ein wichtiger und dauerhafter Anfang gemacht. Papst Urban II. konnte sich, als er den Ersten Kreuzzug ins Leben rief, auf die Fähigkeiten, den Enthusiasmus und die kommunikativen Fertigkeiten zahlreicher Kleriker und religiöser Gemeinschaften stützen, auf die kollektive Hilfe einer Körperschaft, die bereits für päpstliche Initiativen empfänglich war.

Freilich hätten die Kreuzzugsprediger ihren Atem verschwendet, wären nicht viele Europäer bereit gewesen, auf etwas einzugehen, was als freiwilliges Unternehmen deklariert wurde. Der Kreuzzug wurde als fromme Tat, als Pilgerschaft angepriesen, und darin lag seine Attraktivität. Die religiöse Kultur des mittelalterlichen Europa mag einem modernen Betrachter seltsam erscheinen: Man sollte nicht vergessen, dass vieles von dem, was heute für spezifisch katholisch gehalten wird, ein Produkt der Gegenreformation ist. Das Thema ist zudem unerschöpflich. Gleichwohl lassen sich einige Elemente herausgreifen, die die Attraktivität der Kreuzzüge erklären können. Ein Grundzug des religiösen Gefühls äußerte sich darin, dass die Menschen sich vor der Sünde fürchteten und von der Angst vor ihren Folgen umgetrieben wurden. Kein Aspekt des menschlichen Verhaltens und der sozialen Interaktion war gegen die Sünde gefeit, und nur wer sein Leben freiwillig in strikt geregelter und sozial atypischer Umgebung verbrachte – zölibatär lebende Geistliche, Eremiten, Mönche und Non-

DER KRIEG GEGEN DIE SÜNDE: die Klosterkirche Saint-Benoît-sur-Loire (Fleury). Klöster wie Fleury gelangten durch Stiftungen von Laien, insbesondere von Angehörigen der militärischen Klassen, zu Reichtum. Die Kriegsleute wollten von der Heiligkeit der Mönche und ihren Fürbitten profitieren.

nen –, konnte hoffen, einige der so zahlreichen Fallstricke, die im alltäglichen Leben ausgelegt waren, zu umgehen. Die Laien respektierten und förderten die klösterlichen Gemeinschaften, weil Moral als eine Funktion des äußeren Betragens betrachtet wurde. Um das Jahr 1100 aber verbreitete sich die Vorstellung, dass die innere Disposition das Zeichen wahrer Frömmigkeit sei. Doch die Taten sprachen – im geistlichen Sinne – weiterhin mindestens ebenso laut wie die Gedanken und die Worte.

Eine solche Betonung des äußeren Handelns – die sowohl in der Definition, was sündhaft sei, wie in den Bußen, die Sündern auferlegt wurden, zum Ausdruck kam – könnte allzu mechanistisch erscheinen, berücksichtigte man nicht die Einschränkungen, denen die Menschen in ihrem Leben unterworfen waren. Eine genaue Beobachtung des Verhaltens war vollkommen natürlich in einem gesellschaftlichen Umfeld, wo praktisch jeder in fest gefügten, einer ständigen Selbstprüfung unterliegenden Gruppen lebte, die wenig oder keine Privatsphäre boten. Da die Menschen so eng zusammenlebten, mussten sich die Gemeinschaften einem strengen Verhaltenskodex unterwerfen, indem sie sich der Macht der Konvention bedienten, um Normen festzusetzen: ein Vorgehen, das von dem Glauben bestärkt wurde, dass abweichendes Verhalten die Solidarität innerhalb der Gruppe gefährde. Sünden galten als Störfaktor für das Gleichgewicht von Gemeinschaften, die als Abbild einer Welt im Kleinen galten. Der soziale Zusammenhalt wurde durch zweierlei aufrechterhalten: Die Übeltäter wurden durch Isolation, öffentliche Missbilligung und ritualisierte Bestrafung der Schande ausgesetzt; gleichzeitig wurde ihnen ein Gefühl ihrer Schuld vermittelt – eine Reaktion, bei der sich vor allem die Mönche hervortaten, die der Frömmigkeit des 11. Jahrhunderts die Richtung vorgaben. Die Aufrufe zum Ersten Kreuzzug erfolgten mithin zu einer Zeit, als viele Laien für den Druck der Gemeinschaft empfänglich, mit ihren eigenen Verhaltensfehlern beschäftigt und überzeugt waren, dass ihr spirituelles Wohl von ihrem eigenen frommen Handeln abhing.

Ein weiterer bemerkenswerter Zug der religiösen Kultur des Mittelalters ist ihre Bindung an spezifische Orte. Ähnlich wie die Gelehrten allegorische und moralische Auslegungen von Bibelstellen vornahmen und doch von der Faktentreue der darin geschilderten Ereignisse überzeugt waren, so vermischten die Menschen aus allen sozialen Schichten instinktiv religiöse Abstraktionen und physische Wahrnehmungen. Diese Geisteshaltung zeigte sich besonders deutlich im Falle der Tausende von Reliquienschreinen der Heiligen, die über die gesamte westliche Christenheit verstreut waren: Dort konnte das – in menschliche Gestalt gebannte und zugänglich gemachte – Christentum gesehen, gerochen, gehört und berührt werden. Die Heiligen waren ein zentrales Element der Frömmigkeit des 11. Jahrhunderts und erfüllten viele nützliche Funktionen. Sie gestatteten der Kirche den heiklen Akt, der sündigen Bevölkerung die Möglichkeit der Erlösung vorzuführen und doch zugleich die rigorosen Zugangsbedingungen ins Himmelreich zu bekräftigen. Da die Heiligen ehedem selbst sterblich gewesen waren und daher über Einsicht in menschliche Unzulänglichkeiten verfügten, konnten sie als die geeigneten Fürsprecher vor dem göttlichen Gericht auftreten. Auf Erden verströmten ihre physischen Überreste und die Dinge, die mit ihrem Leben in Beziehung standen, eine *virtus*, eine wohltätige spirituelle Macht, auf die die Gläubigen vertrauen konnten. In der Theorie war dem Wirken der Heiligen keine geographische Grenze gesetzt; gleichwohl war der Glaube tief verwurzelt, dass sich ihre *virtus* an den Stätten konzentrierte, wo ihre Reliquien verwahrt und ihr Andenken in ritueller Form weitergegeben wurde. In Analogie dazu wurde die enge Beziehung zwischen Idee und Örtlichkeit auch auf Jesus Christus übertragen. Eine Pilgerreise zu den Orten, wo er gelebt hatte, gestorben und begraben worden war, galt als höchst verdienstvolle religiöse Unternehmung. Aufgrund verbesserter Verkehrsverbindungen in Mitteleuropa und der zunehmenden Schifffahrt der Italiener im Mittelmeerraum konnten im 11. Jahrhundert mehr Westeuropäer denn je zuvor ihr Verlangen nach einer Pilgerfahrt ins Heilige Land stillen. Es ist daher kein Wunder, dass sich Papst Urban II. 1095 in seiner Predigt zu Clermont, die den Auftakt zum Ersten Kreuzzug bildete, wie Berichte überliefern, ausdrücklich auf die Tradition der Pilgerfahrten bezog. Viele, sagte er, seien im Orient gewesen oder seien mit Personen bekannt, die dort waren. Wie uns berichtet wird, führte Urban auch die abschreckende Geschichte an, die Türken hätten die heiligen Stätten entweiht. Ob sie der Wahrheit entsprach oder nicht, sie übte eine starke, stimulierende Wirkung aus, da sie der gewohnten Identifikation von frommer Observanz mit einem bestimmten geographischen Ort entsprach.

Die vielen überlieferten Berichte über Wunder, die sich an Reliquienschreinen vollzogen, bieten wertvollen Aufschluss über die religiöse Erfahrungswelt jener Zeit, als Urban seinen Appell verkündete. Als Illustration mag eine Geschichte dienen, die sich am Schrein des heiligen Winnoc im Kloster von Bergues in Nordostfrankreich zugetragen haben soll. Zu bedenken ist, dass wir es hier mit einer literarischen Form, dem *miraculum*, zu tun haben, die nach einer feststehenden Gattungstypologie aufgebaut ist. Das bedeutet, dass sich die Ereignisse wahrscheinlich nicht genau so zugetragen haben, wie sie beschrieben werden, obwohl den Beschreibungen ein gewisser faktischer Kern zugrunde liegen mag. Das eigentlich Interessante dieser Geschichte ist, dass die idealisierte Abbildung der Realität Rückschlüsse auf die realen Einstellungen und Verhaltensweisen zulässt. Die Erzählung ist die Folgende: Es war Pfingsten und viele Menschen begaben sich zur Klosterkirche, Einheimische und Fremde, die vom Ruf des heiligen Winnoc angezogen wurden. Als sich die Gläubigen eines Tages im Kirchenschiff drängten, um zum Schrein zu gelangen, blieb ein kleines blindes Mädchen, das eine Art Maskottchen der versammelten Menge geworden war, im Hintergrund allein zurück. Sie wurde dann von Hand zu Hand über die Köpfe der drängenden Menge nach vorne gereicht, bis sie dahin gelangte, wo einige Reliquien des Heiligen in einem tragbaren Schrein ausgestellt waren. Die Menschen blickten gen Himmel und beteten, dass Gott auf Fürsprache des Heiligen dem Mädchen sein Augenlicht zurückgeben möge. Sie würden, so fügten sie hinzu, die Kirche fleißiger besuchen, wenn sie ein solches Zeichen empfingen. Plötzlich verfiel das Mädchen in konvulsivische Zuckungen und seine Augenhöhlen begannen zu bluten. Kurze Zeit darauf rief sie aus, dass sie wieder sehen könne.

DIE FOLGEN DER SÜNDE: Ein Engel schließt die Verdammten, darunter Könige und Kleriker, in der Hölle ein *(links)*. Die Nacktheit der Verdammten deutet an, dass das Sexualverhalten, das die Kirche einzugrenzen versuchte, als eine der Hauptquellen für die Sünde betrachtet wurde. Der Himmel werde, so glaubte man, nach dem Jüngsten Gericht von Menschen bevölkert sein, die keinerlei sexuelle Begierden hätten.

DIE FOLGEN DER SÜNDE: Die Qualen der Verdammten *(rechts)*. Die Erwartung einer ewigen Bestrafung, deren Qualen über alles hinausgingen, was man auf Erden erlebt hatte, war weit verbreitet und versetzte viele Menschen in Furcht. Der Glaube an die physische Realität der Höllenqualen unterstützte die Vorstellung, dass auch Bußakte, wie Pilgerfahrten oder Kreuzzüge, ein Moment des Leidens und der Qual beinhalten müssten.

DAS JÜNGSTE GERICHT: Das Erwachen der Toten am Tag des Gerichts *(nebenstehend)*. Man glaubte, über die Menschheit werde in zwei Stufen geurteilt: Auf eine vorläufige Entscheidung nach dem Tod des Einzelnen folgen am Tag des Gerichts die Auferstehung im Fleische und das endgültige Urteil. Der Glaube, dass die Handlungen im Diesseits ihre Auswirkungen auf das letzte Urteil haben würden, war der Angelpunkt der Kreuzzugsideologie.

Manche Züge dieser Geschichte entsprechen der religiösen Kultur, die die Kreuzzugsbegeisterung auslöste. Von besonderem Interesse sind die Handlungen der versammelten Menge, weil in ihnen der gemeinschaftliche Charakter der Andacht deutlich wird. Zentrale Figur war natürlich das blinde Mädchen, aber die Gruppe war in kritischen Momenten voll beteiligt: als sie das Mädchen auswählte, um ihm besondere Aufmerksamkeit zu widmen; als sie sich zusammenfand, um es ganz der *virtus* des Heiligen auszusetzen; und schließlich in der kollektiven Bitte um die Hilfe Winnocs. Jene Szene innerhalb der Kirche diente dazu, die Solidarität innerhalb der lokalen Bevölkerung zu festigen und gleichzeitig eine neue Gruppenidentität zwischen dieser und den aus weiter Entfernung herbeigeeilten Pilgern zu stiften. Die Mönche ihrerseits blieben keineswegs passiv. Die überlieferte Geschichte beschreibt zwar einen spontanen Ausbruch von Frömmigkeit auf Seiten der Laien, man darf aber annehmen, dass die Mönche ihn bis zu einem bestimmten Grad anregten, wenn nicht gar regelrecht inszenierten. Wenn man bedenkt, wo und wann sich jene Ereignisse abspielten, findet man weitere Anzeichen, dass die Mönche von Bergues es sich zur Aufgabe machten, Bedingungen zu schaffen, die die religiösen Impulse der Bevölkerung zu stimulieren und lenken vermochten.

Dass das Tragreliquiar zur Schau gestellt wurde, als sich das Wunder ereignete, verstärkt diesen Eindruck: Die Erregung war immer weiter aufgebaut worden, bis sie im kritischen Moment ausbrach. Erreichte die Begeisterung einmal ihren Höhepunkt, konnte sie aufrechterhalten und in ein kollektives Glaubensbekenntnis umgelenkt werden, indem man sich der zu jener Zeit ganz gewöhnlichen Tendenz bediente, auf Bewegtheit und Erregung mit Gefühlsausbrüchen zu reagieren. Der Autor der Geschichte verstand die Stimmung der Menschen sehr gut; er stellt einen interessanten Vergleich an, wenn er beschreibt, wie die lauten und undisziplinierten Gebete der Laien mit dem geordneten Gesang der Mönche aus dem Chor der Kirche zu einer Einheit verschmolzen. Hier zeigt sich die Kirche des 11. Jahrhunderts im Kleinen: Laienschaft und Kleriker wirken in einem Verhältnis der wechselseitigen Verstärkung zusammen. Jede Gruppe hat ihre besondere Rolle (die hier durch die räumliche Trennung zwischen Kirchenschiff und Chor symbolisiert wird), aber innerhalb des einheitsstiftenden Kontexts der rituellen Andachtsübung, die auf einen Punkt (den Reliquienschrein, den Heiligen) zulief und darauf abzielte, die Begeisterung der Gemeinschaft zu wecken und aufrechtzuerhalten.

Vielleicht wirkt es zunächst störend, dass die Menge versprach, andächtiger zu werden, falls ein Wunder geschähe. Zum einen handelt es sich dabei um einen Gattungstopos: Der Autor zwängte den längeren Vorgang, in dem der Kultus des Winnoc seine Reputation ausweiten und das Andachtsverhalten der lokalen Gemeinschaft tiefer beeinflussen konnte, in eine erzählerisch darstellbare Folge von Ursache und Wirkung. Doch dem Verweis auf das Versprechen der Menge liegt auch ein tieferes Verständnis für das Gefühl der Laien zugrunde. Guibert von Nogent erzählt beispielsweise die Geschichte einiger Ritter, die eine Gruppe von Klerikern aus Laon herausforderten, eine wundersame Heilung von der heiligen Jungfrau Maria zu erflehen. Die Geistlichen zögerten, weil der Nutznießer des Wunders, ein stummer Jugendlicher, ein hoffnungsloser Fall zu sein schien. Doch die heilige Jungfrau gewährte Hilfe, der Jüngling begann zu sprechen und die tief bewegten Ritter gestanden ihren Fehler ein. Indem er diese Episode erzählte, wollte Guibert die Jungfrau rühmen und zugleich einen Beweis für die Echtheit ihrer in Laon bewahrten Reliquien vorlegen. Doch wie der Autor der Wundergeschichte aus Bergues macht auch er implizit die Sorge der Geistlichen deutlich, dass die Frömmigkeit der Laien auf die Idee eines Quidproquo fixiert sei. Man fürchtete, die Gläubigen seien geneigt, die Intensität ihres religiösen Eifers jeweils danach zu bemessen, inwieweit ihre materiellen Sorgen, ihre Ängste, ja selbst ihre Neugier, durch den Kontakt mit der institutionalisierten Religion berücksichtigt wurden.

Diese Befürchtungen, die wir implizit bei Guibert und dem Autor der Legende von Bergues erkennen können, hat Kritiker zu der Annahme verleitet, die Laienfrömmigkeit des Mittelalters sei oberflächlich und buchstabengläubig gewesen, nichts anderes als eine im Zuge der kulturellen Entwicklung erworbene Ausdrucksform grundlegender psychischer und sozialer Regungen. Doch diese Interpretation kann mit Recht bezweifelt werden. Jene Kritiker machen den Fehler, anachronistische Normen für richtiges religiöses Verhalten festzusetzen, indem sie die Andachtsformen gläubiger Menschen in den konfessionell pluralistischen Gesellschaften

DIE GOLDENE MADONNA von Clermont-Ferrand: Abbildung einer berühmten Marienstatue aus dem 10. Jahrhundert, die nicht erhalten ist. Objekte religiöser Kunst gaben der enthusiastischen Anbetung der Geistlichen und Laien einen Bezugspunkt. Sie waren keine Konzession der Kleriker an die Bedürfnisse der Laien, sondern wurden für das Gemeinschaftsgefühl aller Gläubigen geschaffen.

der Zeit nach der Reformation zugrunde legen. Andere wieder meinen, die Menschen des Mittelalters seien in der Tat zu tiefen religiösen Regungen fähig gewesen, hätten aber hartnäckig am heidnischen Überbleibseln aus der vorchristlichen Zeit festgehalten – an Zaubersprüchen, Talismanen, Hexerei, Weissagungen und so weiter –, die die religiösen Bedürfnisse unmittelbar befriedigten und mehr Glauben fanden als das, was die Kirche zu bieten hatte. Hier liegt der Fehler darin, dass die Fähigkeit der Kirche, den Menschen ihre Glaubensüberzeugungen zu vermitteln und diese zum verbindlichen Maßstab ihres Handelns zu machen, falsch eingeschätzt wird. Die Menschen des 11. Jahrhunderts waren keine Ausnahme – wie den Menschen zu allen Zeiten gelang es auch ihnen nur selten, ihr ganzes Leben in gleichmäßig frommer Hingabe zu verbringen: Krankheiten, der Beginn des Alters, Veränderungen im persönlichen Status und häusliche oder die Gemeinschaft betreffende Krisensituationen haben in religiösen Systemen verschiedener Epochen regelmäßig zu verstärkten Andachtsübungen geführt. Das ist normal. Entscheidend ist das ganz Elementare eines religiösen Gefühls, das von den allermeisten Menschen geteilt wird und und einen verlässlichen kulturellen Bezugspunkt bildet. Legt man diese Norm zugrunde, dann war die westeuropäische Gesellschaft am Vorabend des Ersten Kreuzzuges überwiegend christlich geprägt.

DIE HEILIGE RADEGUNDE, eine Königin des 6. Jahrhunderts, heilt eine blinde Frau. Die Macht der Heiligen wirkte über ihren Tod hinaus, an sie konnten die Gläubigen sich wenden. Die Heilung körperlicher Gebrechen und Krankheiten war die begehrteste Offenbarung der *virtus* des jeweiligen Heiligen. Die Hilfe, die der Heilige im Diesseits gewährte, nahm zudem seine Fürbittfunktion am Tage des Jüngsten Gerichts vorweg.

Die Sensibilisierung der Kleriker für die angesprochene religiöse Mentalität eines »do, ut des« lässt sich aber auch als ein Zeichen kirchlicher Stärke interpretieren, weil die von den Gläubigen in der Legende von Bergues erwartete »Belohnung« im Grunde nur eine Abwandlung jenes Prinzips war, das die kirchlichen Autoritäten überall verkündeten: der Vorstellung nämlich, dass das Verhältnis zwischen der diesseitigen und der jenseitigen Welt durch das Prinzip von Ursache und Wirkung bestimmt sei. Zur Zeit des Ersten Kreuzzuges lehrte die Kirche, dass sich Sünden, zumindest in der Theorie, durch Akte der Buße wieder gutmachen ließen. Den Laien wurde in der Regel die Buße auferlegt, eine Zeit lang sexuelle Abstinenz zu üben oder sich bestimmter Speisen zu enthalten. Bußen bedeuteten einen Einschnitt ins alltägliche Leben: Büßern war beispielsweise das Tragen von Waffen untersagt. Allerdings begann sich die Vorstellung von »Buße« zu ändern, da immer mehr Menschen daran zweifelten, ob einfache Sterbliche sich durch eigene kleine Anstrengungen von ihrer Sündhaftigkeit befreien konnten, ohne dass Gott ihnen in seiner unendlichen Barmherzigkeit zu Hilfe kam. Die Vorstellung, die heutzutage die Lehre der katholischen Kirche bestimmt – dass nämlich die Buße nur einen symbolischen Akt darstellt, mittels dessen der Sünder seine Zerknirschung (*contricio*) bezeugt, nachdem ihm durch das Sakrament bereits Absolution erteilt und seine Sünden vergeben wurden –, war zu jener Zeit noch unbekannt. In den letzten Jahren des 11. Jahrhunderts herrschte noch immer die Überzeugung vor, dass aktive Bußfertigkeit genügt, um die Sünden auszulöschen.

Dies erklärt nicht zuletzt die Anziehungskraft, die vom Ersten Kreuzzug ausging. Papst Urban II. stellte ihn als ein so aufwendiges, langwieriges, emotional und physisch gleichermaßen anstrengendes Unternehmen dar, dass der Kreuzzug wohl eine ausreichende Buße zur Reinigung von allen Sünden war, die jemand, der sich zur Teilnahme entschloss, beichten konnte. Urban wusste, wie seine Zuhörer dachten. Geboren als Sohn eines kleinen Adligen in der Champagne hatte er seine kirchliche Laufbahn an der Kathedrale von Reims begonnen, war daraufhin in die große burgundische Abtei von Cluny eingetreten, ehe er an den päpstlichen Hof gelangte. Er verstand den Widerspruch, der das religiöse Gefühl der Laien beherrschte, sehr gut. Die Laien legten umfassend Zeugnis vom Bewusstsein ihrer Sündhaftigkeit ab: Sie unternahmen Pilgerreisen oder ließen Mönchen und Nonnen fromme Stiftungen zukommen, weil jene dem unerreichbaren Ideal eines Lebens frei von Sünde am nächsten kamen. Gleichzeitig aber bedeutete ihre unvermeidliche Verwicklung in weltliche Belange, dass sie niemals all die zeitaufwendigen, den normalen Gang des Lebens unterbrechenden Bußen auf sich nehmen konnten, die notwendig gewesen wären, wenn sie mit der ständig wachsenden Liste ih-

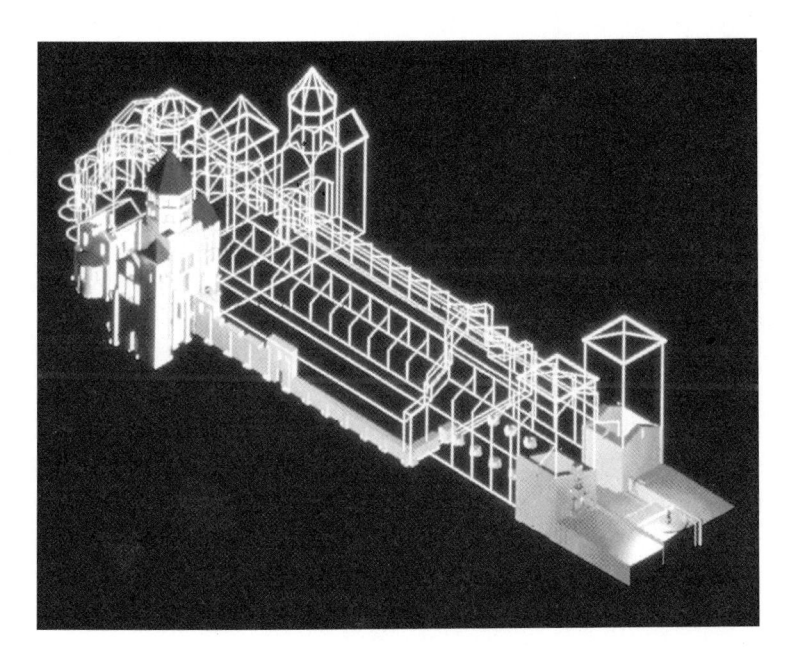

DIE ABTEIKIRCHE VON CLUNY (Cluny III) in Südburgund. Zur Zeit des Ersten Kreuzzuges war die dritte Abteikirche von Cluny im Bau, damals die größte Kirche Westeuropas, wie das dem Status einer der angesehensten Mönchsgemeinschaften der lateinischen Christenheit entsprach. Papst Urban II., der selbst in Cluny Mönch gewesen war, weihte die Kirche während seines Frankreichaufenthalts.

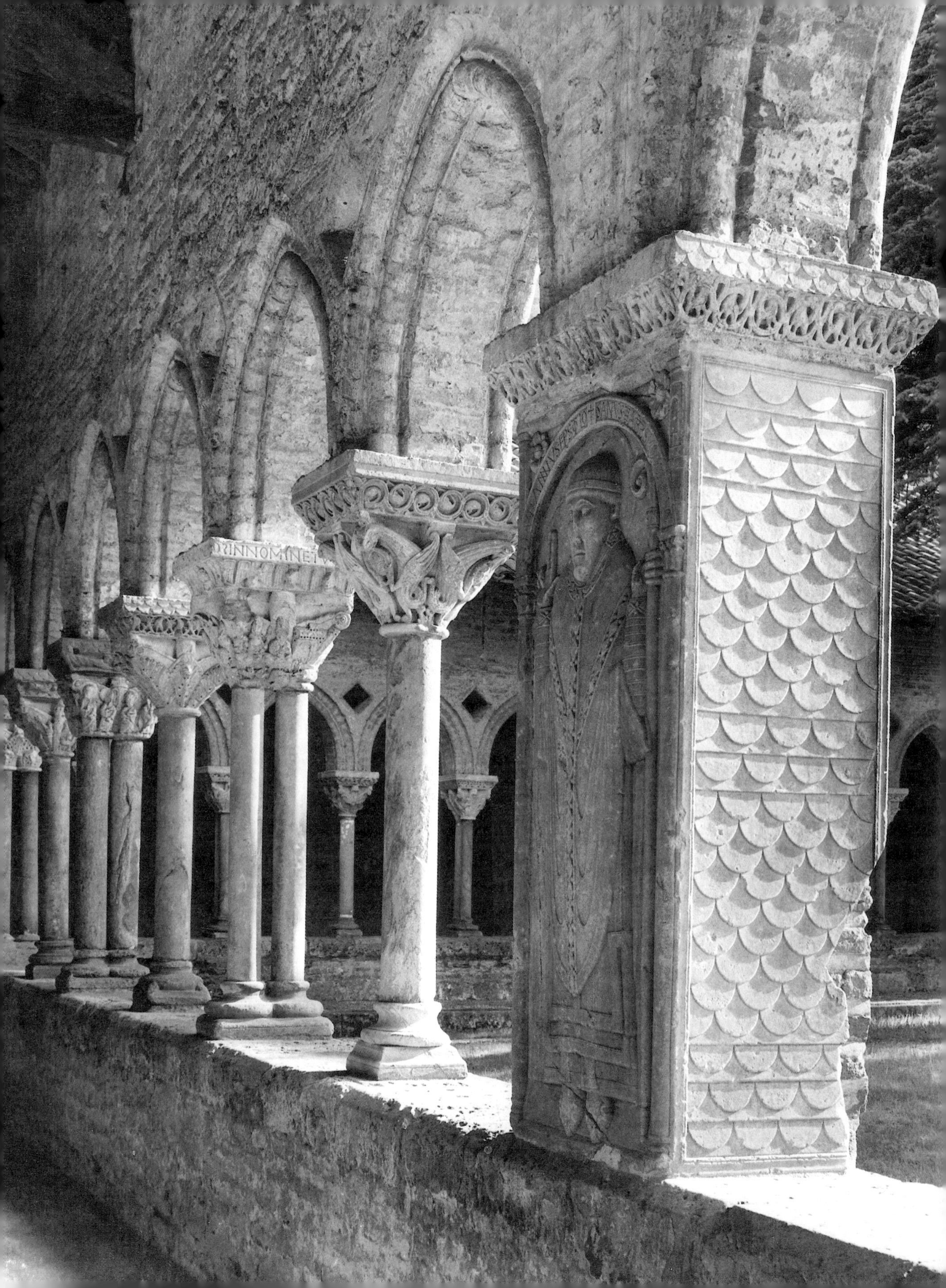

rer Missetaten hätten Schritt halten wollen. Der Aufruf zum Kreuzzug durchschnitt den gordischen Knoten. Hier nun endlich fand sich eine spirituell wirkungsvolle Aktivität speziell für Laien und namentlich für die Kriegereliten, deren Sünden besonders zahlreich und schwer waren. Die Laien konnten nun hoffen, wie Guibert von Nogent scharfsinnig bemerkte, ihr Seelenheil zu erlangen, ohne ihr gewohntes Habit abzulegen, indem sie ihre Energien auf Ziele richteten, die ihnen dank ihrer gewohnten Lebensweise vertraut waren.

Eine Botschaft, die in solche Begriffe gefasst war, musste elektrisierend wirken. Die Wirkung wurde durch die Reise noch verdoppelt, die Urban II. vom Herbst des Jahres 1095 bis zum Sommer 1096 durch den Süden und Westen Frankreichs führte. Der Papst – eine imposante und autoritätsheischende Erscheinung – kam durch Gegenden, die oft jahrzehntelang keinen König gesehen hatten, und zog die Aufmerksamkeit der Gläubigen auf sich, indem er Kirchen und Altäre weihte und die Gemeinden, die er besuchte, mit einem aufwendigen liturgischen Zeremoniell ehrte. (Darin zeigt sich wiederum die enge Verbindung zwischen dem Ritual und der religiösen Begeisterung der Gemeinden.) In den größeren Städten nahm der Papst vorübergehend Quartier, um die umliegende Gegend zu bereisen: so unter anderem in Limoges, in Poitiers (sogar zweimal), in Angers und in Tours, in Saintes und Bordeaux. Von besonderer Bedeutung waren diese Städte, weil sie gewissermaßen Ansammlungen prestigeträchtiger Kirchen darstellten, die schon seit langem als religiöser Mittelpunkt und Versammlungsort der Gläubigen der Umgebung dienten. Diese Kirchen – aber auch jene der ländlichen Gebiete – waren nun die Zentren der Rekrutierung für den Kreuzzug. In den Gebieten, die von der päpstlichen Reiseroute nicht berührt wurden, bemühten sich andere Männer der Kirche, das Interesse für den Kreuzzug zu wecken. Eine wichtige Rolle bei der Rekrutierung von Freiwilligen spielten offensichtlich die Mönche: Viele der erhaltenen Urkunden belegen, dass sich abreisende Kreuzfahrer an die Klöster wandten, um geistlichen Beistand und materielle Hilfe zu erlangen. Am stärksten war die Kreuzzugsbegeisterung in Frankreich, in Italien und im westlichen Deutschland, doch nur wenige Gebiete der westlichen Christenheit blieben völlig unberührt von ihr. Wie ein Historiker zutreffend sagte, war im Westen »ein Nerv der Begeisterung« getroffen worden. Der augenfällige Beweis dafür sind die Zehntausende von Menschen, die sich im Frühjahr und Herbst des Jahres 1096 mit dem einen Ziel auf den Weg machten: Jerusalem zu befreien.

MOISSAC, eine Abtei im Südwesten Frankreichs, die Urban II. während seiner Frankreichreise besuchte. Klöster wie Moissac, die häufig die größten und angesehensten religiösen Einrichtungen in ihrer Gegend waren und bei den Laien Respekt und Unterstützung genossen, spielten eine wichtige Rolle bei der Verbreitung des Kreuzzugsaufrufs.

3
DIE KREUZZUGSBEWEGUNG 1096 BIS 1274

SIMON LLOYD

Nach dem Konzil von Clermont und seinem Aufruf zum Kreuzzug (siehe Kapitel 1) blieb Papst Urban II. zum September des Jahres 1096 in Frankreich. Die Vorbereitung des Kriegszugs in den Orient war nicht der einzige Grund für seinen verlängerten Aufenthalt, doch war es dem Papst natürlich ein Anliegen, bei den ersten Schritten des geplanten Unternehmens, das ja weitgehend seine eigene Schöpfung war, führend und leitend mitzuwirken. Er korrespondierte mit Bischof Adhémar von Le Puy, den er zum päpstlichen Legaten bei der Armee ernannt hatte, und mit Raimund IV., dem Grafen von Toulouse und vorgesehenen weltlichen Anführer, mit dem er 1096 wenigstens zweimal zusammentraf. Er veranlasste verschiedene Geistliche, in Frankreich das Kreuz zu predigen, und übernahm, wie wir gesehen haben, selbst die Führung, als er auf seiner ausgedehnten Rundreise durch Süd-, Mittel- und Westfrankreich überall zum Kreuzzug aufrief. Er sandte auch Briefe und Delegationen aus, um auch jenseits der Grenzen Frankreichs die Reaktion auf seine Kreuzzugspredigten zu kontrollieren.

Nach Urbans Vorstellung sollte das Kreuzzugsheer vorrangig aus Rittern und anderen Wehrfähigen bestehen, um seine militärische Schlagkraft sicherzustellen. Als sich jedoch die Nachricht von seinem Aufruf in Clermont in ganz Europa verbreitete, nahmen Männer und Frauen aller Stände und Berufe das Kreuz. Urban hatte die Kontrolle über die Zuammensetzung der Heere verloren. Eine unmittelbare Folge davon waren die entsetzlichen Gewalttaten, die in Nordfrankreich und im Rheinland gegen die Juden verübt wurden – die ersten in einer langen Reihe von Pogromen und anderen antisemitischen Übergriffen, die sich auch in den folgenden Generationen immer wieder im unmittelbaren Zusammenhang mit den Kreuzzügen ereigneten. Viele, aber keineswegs alle Verantwortlichen stammten aus eben jenen sozialen Gruppen, die Urban vom Kreuzzug hatte ausschließen wollen – vor allem die Armen aus Stadt und Land, die sich zu Banden zusammenrotteten.

Diese Banden, die von Männern wie Peter dem Einsiedler und Walther Habenichts *(Sans-Avoir)* geführt wurden, waren die Ersten, die sich formierten und noch im Frühjahr 1096 loszogen. In ihrer Gesamtheit werden diese Gruppen traditionell als der Volkskreuzzug bezeichnet, in Wahrheit aber handelte es sich im Wesentlichen um einzelne, voneinander unab-

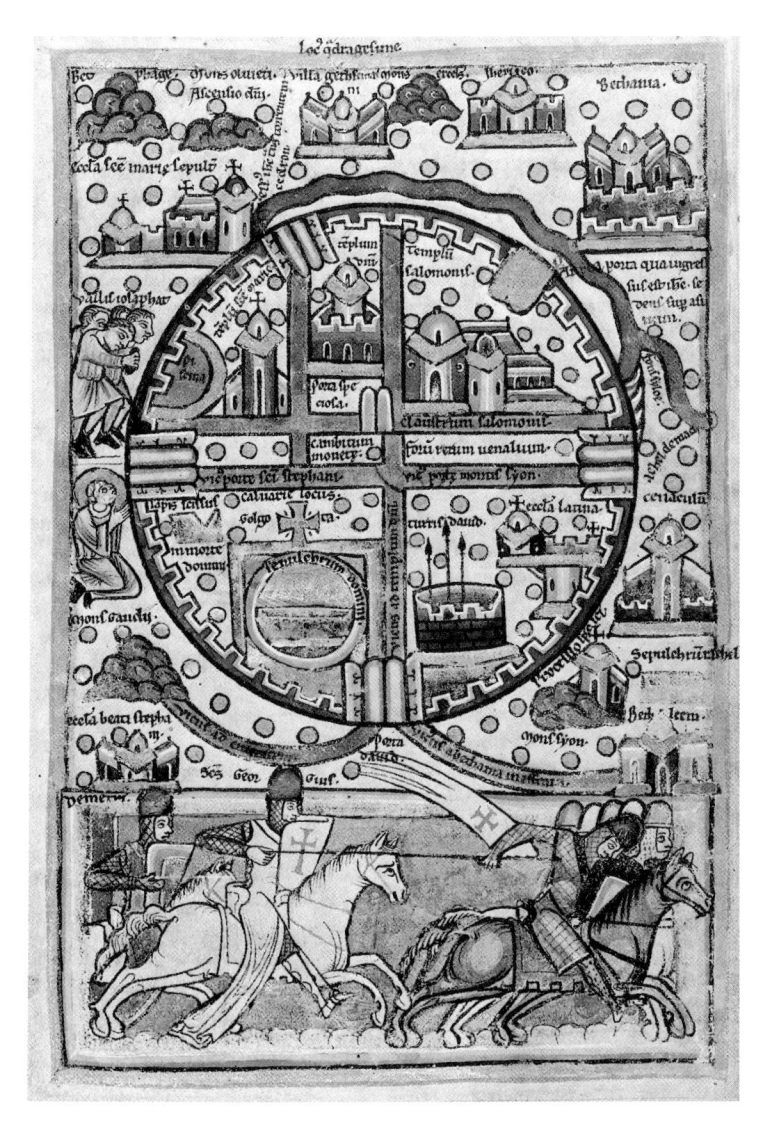

DER STARK ABSTRAHIERTE PLAN von Jerusalem und seiner Umgebung, etwa 1170 entstanden, ist eine von vielen vergleichbaren Darstellungen der Heiligen Stadt, die bezeugen, welche wichtige Rolle die heiligen Stätten im religiösen Bewusstsein der damaligen Westeuropäer einnahmen. Die abgebildete Darstellung ist dadurch besonders interessant, dass sie unten Kreuzzugsritter als Verteidiger der heiligen Stätten zeigt, die Muslime von dannen jagen.

hängige Gruppen, vorwiegend aus der armen Bevölkerung, denen es an Nahrungsmitteln und Ausrüstung mangelte, auch wenn sich bei einigen Ritter befanden, die gelegentlich sogar die Führung übernahmen. Diese Menschen waren vor allem aus Nordfrankreich, den Niederlanden, dem Rheinland und aus Sachsen herbeigeströmt und versuchten, Konstantinopel zu erreichen; aber viele kamen nicht einmal so weit. Die Spur der Verwüstung, die diese Scharen auf der Suche nach Nahrungsmitteln hinterließen, ihre fehlende Disziplin und schiere Brutalität mussten die Obrigkeiten jener Länder, die sie durchzogen, alarmieren – vor allem die byzantinische. Viele der Krieger fielen in den unvermeidlichen Kämpfen. Jene, die nach Konstantinopel gelangten, wurden im August 1096 eilig über den Bosporus verschifft, worauf sie sich in zwei Gruppen spalteten. Die eine versuchte Nikaia zu erobern, scheiterte aber, weil sie von den seldschukischen Türken umzingelt und aufgerieben wurde; die andere wurde im Oktober in der Nähe von Civetot in einen Hinterhalt gelockt und niedergemacht. Die Überlebenden flüchteten zurück nach Konstantinopel, wo sie sich der »zweiten Welle« der Kreuzfahrer anschlossen.

Diese, das eigentliche Rückgrat des Feldzugs, bestand aus getrennt operierenden Verbänden unter der Führung von jeweils einem oder mehreren der großen Landesherren. Sie waren die schlagkräftigen militärischen Einheiten, auf die Urban und der byzantinische Kaiser Alexios gehofft hatten. Die wichtigsten Kontingente standen unter der Führung von Graf Raimund IV. von Toulouse, der das zahlenmäßig stärkste befehligte; unter Gottfried von Bouillon, dem Herzog von Niederlothringen, und seinem Bruder Balduin von Boulogne; unter Hugo, Graf von Vermandois; unter Herzog Robert von der Normandie und seinem Vetter, dem Grafen Robert von Flandern sowie seinem Schwager, dem Grafen Stefan von Blois; und unter der Führung Bohemunds von Tarent und seines Neffen Tankred, die den Befehl über das Kontingent der süditalienischen Normannen führten. Gottfried, Bohemund, Balduin und Raimund sollten die ersten Fürsten des Königreichs Jerusalem, des Fürstentums Antiochia, der Grafschaften Edessa und Tripolis werden. Sie brachen im Spätsommer des Jahres 1096 in den Orient auf und sammelten ihre Truppen bis zum Beginn des folgenden Jahres in Konstantinopel. Ihr ausgedehnter Feldzug sollte nach über zwei Jahren ein erfolgreiches Ende finden, als Jerusalem am 15. Juli 1099 in die Hände der Kreuzfahrer fiel. Entgegen aller Wahrscheinlichkeit und den schrecklichen Leiden und Entbehrungen zum Trotz – besonders während der sich entsetzlich in die Länge ziehenden Belagerung von Antiochia in den Jahren 1097 und 1098 – war es schließlich doch gelungen, die heiligen Stätten zu befreien. Es überrascht nicht, dass viele Zeitgenossen das Ereignis als ein Wunder betrachteten.

Die erstaunliche Leistung des Kreuzfahrerheers war teilweise für den Aufbruch der »dritten Welle«, den sogenannten Kreuzzug von 1101, verantwortlich, doch hätte niemand in diesen Jahren voraussehen können, dass sich die Bewegung, die Urban in Gang gesetzt hatte, am Ende lediglich als der *Erste Kreuzzug* herausstellen sollte; und noch weniger ließ sich voraussehen, dass Kreuzzüge auch anderswohin als in das Heilige Land führen und gegen ande-

CHRISTUS AM KREUZ, auf einem südfranzösischen Reliquiar *(oben)*. Der Kreuzzug war wie die Pilgerfahrten an die Vergegenwärtigung der Stätten der heilsgeschichtlichen Ereignisse gebunden. Jerusalem genoss als Ort der Kreuzigung und Auferstehung besonderen Vorrang; Kreuzigungsdarstellungen waren für eine Gesellschaft, die weitgehend aus Analphabeten bestand, eine wichtige Inspirationsquelle.

DIE LOGISTIK DER KREUZZÜGE *(unten)*, vor allem jener, die in den Orient führten, war kompliziert. Diese Miniatur aus der Mitte des 13. Jahrhunderts, die David zeigt, der seinen Brüdern Vorräte mitgibt, vermittelt eine gute Vorstellung von den Gepäckwagen, die die Heere des 13. Jahrhunderts begleiteten. Die beiden Wagen sind mit Helmen, Kettenpanzern, Schilden und Provianttaschen beladen. An den Geländern oberhalb der Räder hängen ein Wasserkrug, ein Helm und Kochtöpfe.

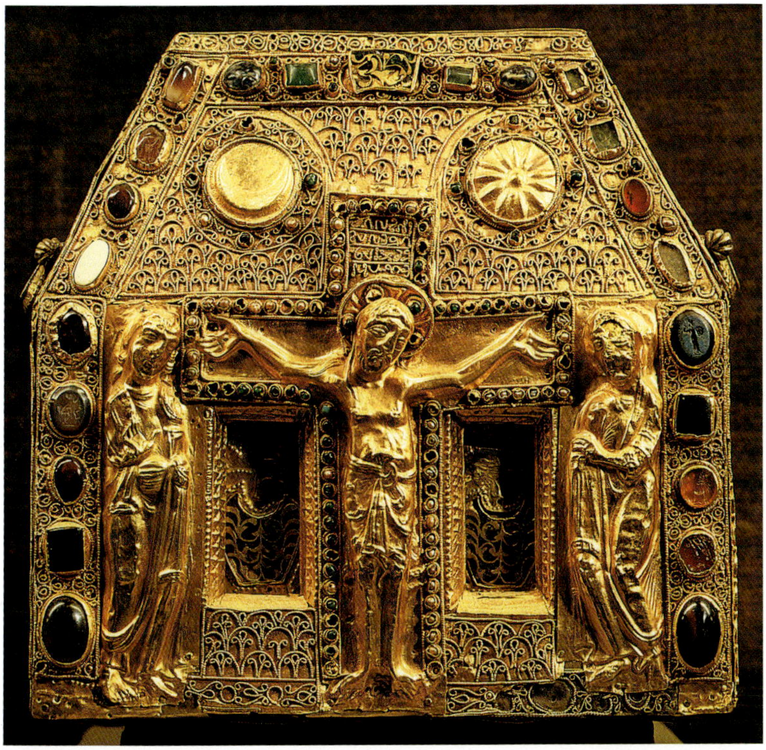

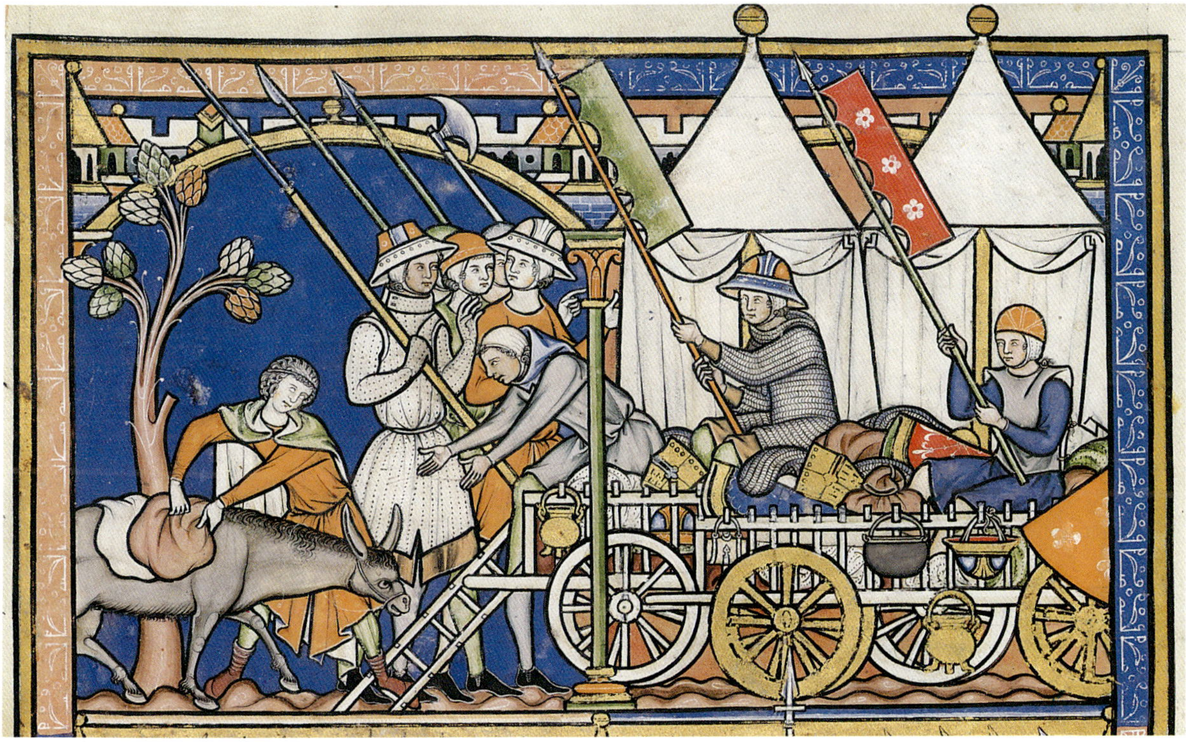

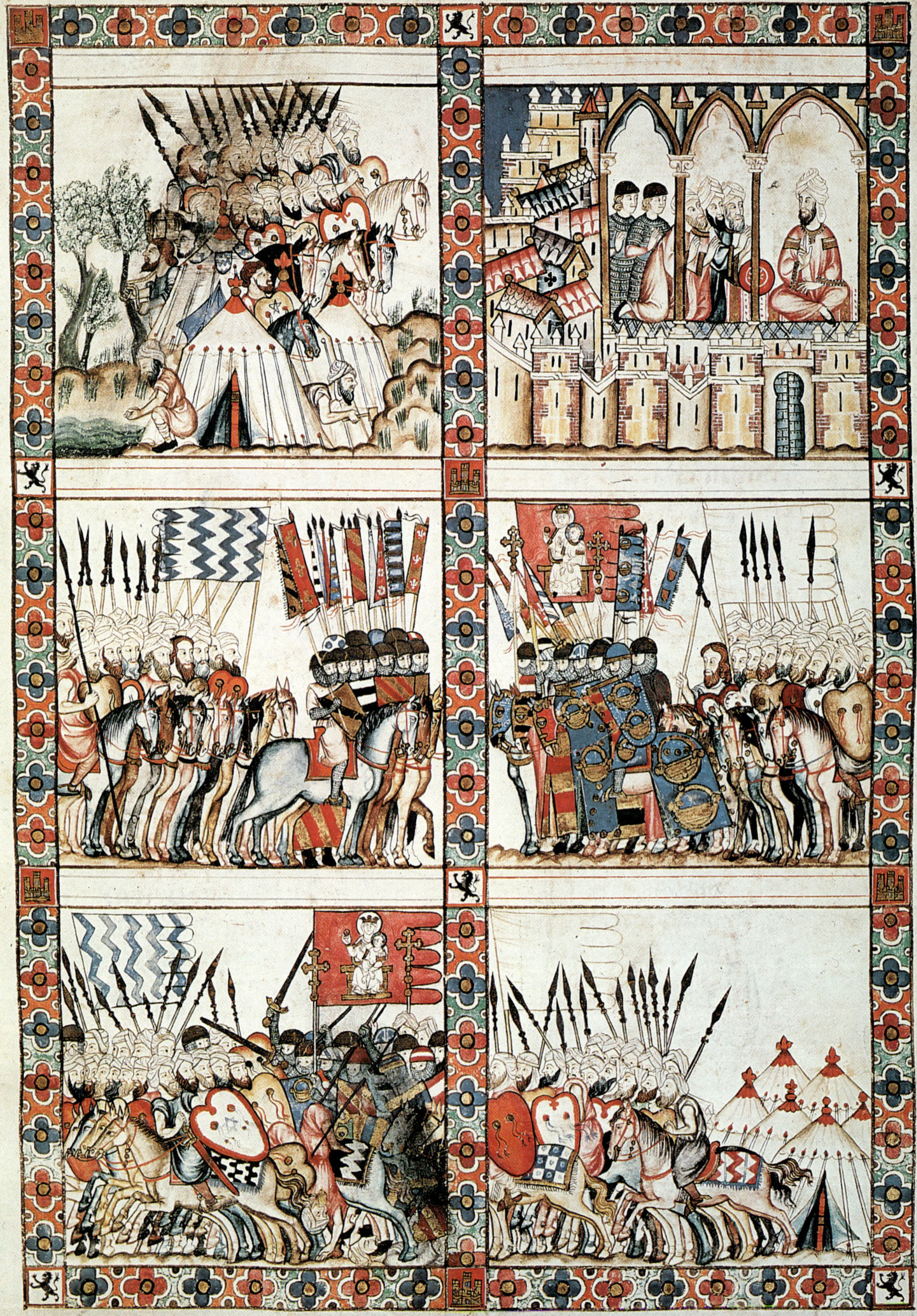

re Gegner als die Muslime gerichtet sein würden – kurz gesagt, dass sich die Kreuzzugsbewegung zu einer der wichtigsten Komponenten und einem der bestimmenden Merkmale der spätmittelalterlichen Kultur Westeuropas entwickeln würde.

Was die Kreuzzüge in den lateinischen Osten betrifft, so waren es im Wesentlichen die politischen Umstände, denen sich die Siedler im Heiligen Land nach 1099 ausgesetzt sahen, die die Aussendung weiterer Heere zu ihrer Unterstützung erforderlich machten. Für das 12. und 13. Jahrhundert wurde es zur Regel, dass Rückschläge im Orient Hilferufe an den Westen zur Folge hatten, die dann von den Päpsten in der Form von Kreuzzugsappellen unterstützt wurden, selbst wenn nicht alle Hilfeleistungen die Form eines Kreuzzugs annahmen und auch der lateinische Osten in seinen Hilfegesuchen nicht immer einen Kreuzzug forderte. Dies trifft auf die meisten der größeren, üblicherweise bezifferten Kreuzzugsunternehmungen, aber auch auf eine Vielzahl kleinerer und weniger bekannter Expeditionen zu, bei denen es sich, wie die moderne Forschung nachweisen konnte, ebenso um Kreuzzüge gehandelt hat wie bei ihren berühmteren Verwandten. (Damit ist die traditionelle Nummerierung heute anachronistisch.) Die für die lateinischen Siedlungen im Osten immer prekärer werdende Situation hatte zur Folge, dass jede Generation des 12. und 13. Jahrhunderts zumindest einen Kreuzzug erlebte – auch wenn diesem nicht immer an die Allgemeinheit gerichtete Appelle zugrunde lagen. Zunächst ging es um den Erhalt der lateinischen Siedlungen, später dann, seit dem Verlust Edessas an den muslimischen Atabeg Zangi im Jahre 1144 und der Eroberung Jerusalems durch Saladin, um ihre Rückeroberung. Auch die Kreuzzüge, die zur Unterstützung des Lateinischen Kaiserreichs von Konstantinopel (1204 bis 1261) erklärt wurden, das im Zuge des berüchtigten Vierten Kreuzzuges geschaffen worden war, der mit der Plünderung der byzantinischen Hauptstadt endete, fügen sich in dieses Schema. Doch letztere richteten sich in erster Linie gegen die Byzantiner, die ihre Hauptstadt in Nikäa hatten und von dort aus versuchten, die 1204 verlorenen Gebiete zurückzuerobern.

Zu beachten ist auch eine Veränderung der Kreuzzugsstrategie und der Routen, auf denen man in den Orient gelangete – mit erheblichen logistischen Folgen. Der Erste Kreuzzug wählte den Landweg durch das Byzantinische Reich nach Palästina. Dies taten auch die Truppen des Zweiten Kreuzzugs (1147 bis 1149), die unter der Führung König Ludwigs VII. von Frankreich und des deutschen Königs Konrads III. in den Orient zogen. Die Streitmacht Kaiser Friedrichs I. Barbarossa jedoch war, auf dem Dritten Kreuzzug (1189 bis 1192), die letzte Armee, die einen solchen Versuch unternahm. Die Entscheidung, die die beiden anderen Anführer des Dritten Kreuzzuges, König Richard I. Löwenherz von England und König

DIE SPANISCHE RECONQUISTA, die sich über viele Jahrhunderte hinzog, erfuhr von dem gegen die Muslime erklärten Kreuzzug neue Impulse. Die lebensvollen Szenen verdeutlichen einige Unterschiede in der Kriegstechnik beider Seiten, insbesondere in der Art der Rüstungen, in der Bewaffnung und in der Form der Schilde.

DIE ENTBEHRUNGSREICHE BELAGERUNG von Antiochia (Oktober 1097-Juni 1098) war die kritische Probe für die Armeen des Ersten Kreuzzuges *(links)*. Die Darstellung, ein Beispiel der Schule der Miniaturmalerei von Akkon kurz vor der muslimischen Eroberung von 1291, gibt die Stärke der Befestigungsanlagen Antiochias, und damit die Hauptursache für die lange Dauer der Belagerung, bemerkenswert gut wieder.

SALADINS SIEG über die Streitmacht des Königreichs Jerusalem in der Schlacht von Hattin (4. Juli 1187) war eine Katastrophe, die das Königreich ohne jede Verteidigung ließ *(unten)*. Diese Darstellung ist besonders interessant, weil Matthew Paris in ihr den Verlust des Wahren Kreuzes zum entscheidenden Ereignis macht: Saladin entreißt König Guido die kostbare Reliquie.

Philipp II. August von Frankreich, trafen, sollte die Zukunft gehören: nämlich zu Schiff über das Mittelmeer ins Heilige Land zu gelangen. Die Idee, Ägypten zum Ziel eines Kreuzzugs zu machen, anstatt Feldzüge im lateinischen Orient abzuhalten, wurde ebenfalls zur Zeit des Dritten Kreuzzuges geboren. Ein nahe liegender Gedanke, angesichts des Reichtums und der politischen Bedeutung Ägyptens innerhalb des von Saladin begründeten Aiyubidischen Reiches. Konnte man Ägypten schwächen oder gar erobern, dann ließ sich auch die lateinische Herrschaft im Orient leichter wieder errichten.

Der erste Kreuzzug, der sich offenbar dieses Ziel setzte, war der Vierte (1202 bis 1204), doch wurde er nach Konstantinopel umgelenkt. Die Vorhut des Fünften Kreuzzugs (1217 bis 1229) ging erstmals in Ägypten, bei Damiette, an Land, aber das Verderben ereilte die Kreuzfahrer, als sie den Nil aufwärts nach Kairo zogen. Das gleiche Schicksal traf den ersten Kreuzzug (1248 bis 1254) König Ludwigs IX. (des »Heiligen«) von Frankreich. Während seines zweiten Kreuzzugs, dem Letzten der großen internationalen Kreuzzüge in den Orient vor 1300, starb der König 1270 bei der Belagerung von Tunis.

Einige weitere Kreuzzugsunternehmungen des 13. Jahrhunderts führten auf dem Seeweg direkt ins Heilige Land, aber Kreuzzüge waren, wie oben schon erwähnt, nicht unbedingt an dieses Ziel gebunden. Besonders hervorzuheben ist, dass zur gleichen Zeit (1096), als die ersten Kreuzfahrer auf dem Weg nach Jerusalem waren, Urban II. katalanischen Adligen, die das Kreuz für den Feldzug in den Osten genommen hatten, die Erlaubnis gab, ja sie geradezu bedrängte, ihr Gelübde in Spanien zu erfüllen. Als Gegenleistung für die Hilfe, die sie der Kirche von Tarragona leisteten, wurde ihnen die Vergebung ihrer Sünden versprochen. Schon von Anfang an also wurde der Kreuzzug vom Papst als Mittel eingesetzt, um an beiden Enden des Mittelmeerraums gegen die Muslime vorzugehen. Angesichts dieses Präzedenzfalls überrascht es nicht, dass Spanien sich nach dem Ersten Kreuzzug rasch als Schauplatz für Kreuzzugsunternehmen etablierte, angefangen mit jenen von 1114 und 1118. Durch eine Serie von Kreuzzügen in dieser und der Folgezeit veränderten sich der Charakter und die Geschwindigkeit der Reconquista von Grund auf.

Nicht überraschen kann, dass das Mittel des Kreuzzugs bald auch gegen andere Völker an den Außengrenzen der westlichen Christenheit eingesetzt wurde. Bemerkenswert war vor allem seine Ausweitung auf die Kämpfe zwischen den Deutschen und den heidnischen Slawen an der Nord- und Ostgrenze des deutschen Siedlungsgebiets. Erstmals erhob Papst Eugen III. 1147 einen Krieg der Sachsen mit den Wenden offiziell in den Rang eines Kreuzzugs, obwohl die Kreuzzugsrhetorik schon 1108 eingesetzt worden war, als es galt, für einen solchen Krieg Freiwillige zu gewinnen. Mit dem Vordringen nach Osten wurden in immer weiteren Gebieten jenseits der Elbe und innerhalb des Baltikums Kreuzzüge erklärt: in Pommern, Ostpreußen und Livland, in Estland, Litauen und Finnland. Südlich davon mussten 1241 die Polen und Ungarn die Hauptlast des plötzlichen, verheerenden Einfalls der Mongolen tragen, gegen die sich noch im gleichen Jahr der Erste einer Reihe von Kreuzzügen richtete. Die Einstellung zu den Mongolen änderte sich jedoch im weiteren Verlauf des 13. Jahrhunderts, als sich die Aussicht auf ein gemeinsames Bündnis gegen die Muslime abzeichnete.

Zwei weitere Formen des Kreuzzuges müssen noch berücksichtigt werden. Beide waren schon zu ihrer Zeit umstritten. Die erste war die Anwendung von Gewaltmitteln gegen politische Gegner des Papstes innerhalb der westlichen Christenheit mit dem Ziel, diese von der Macht zu verdrängen. Vielleicht war Innozenz II. der erste, als er 1135 im Verlauf seines erbitterten Kampfes mit Roger II., dem Normannenkönig Siziliens, einen solchen Kreuzzug proklamierte. Die Beweislage ist nicht eindeutig, doch äußert sich hier eine Denkrichtung und Handlungsweise, die ihre Wurzeln in den heiligen Kriegen hatte, die die Reformpäpste des späteren 11. Jahrhunderts gegen ihre Feinde, insbesondere Kaiser Heinrich IV., ausgerufen hatten. Wie auch immer – es ist unstritten, dass der erste Kreuzzug dieser Art 1199 von Innozenz III. gegen Markward von Anweiler und seine Anhänger auf Sizilien erklärt wurde, die sich der päpstlichen Politik in Italien widersetzten. Nachdem ein Präzedenzfall geschaffen war, konnten andere »politische Kreuzzüge« folgen. In England beispielsweise wurde 1216/1217 ein Kreuzzug sowohl gegen die englischen Rebellen, die König Johann zur Gewährung der *Magna Charta* gezwungen hatten, und ihre französischen Verbündeten unter Führung Ludwigs von Frankreich erklärt, der Ende 1215 als Gegenkönig gegen Johann aufgestellt worden war. Wie Sizilien stand auch England damals unter der Lehnshoheit des Papstes, da sich Johann 1213 dem Papst unterworfen hatte und dessen Vasall geworden war. Das päpstliche Eingreifen ließ sich mithin als eine Maßnahme gegen rebellische Untervasallen rechtfertigen. Doch die wichtigsten Kreuzzüge dieser Art, zumindest was die politischen

LUDWIG IX. DER HEILIGE VON FRANKREICH engagierte sich mehr als alle anderen Könige der Christenheit für die Idee des Kreuzzugs. Er starb während seines zweiten Kreuzzuges vor Tunis (25. August 1270), bei dem Letzten der großen internationalen Kreuzzüge. Ludwigs Tod markierte somit das Ende einer Ära in der Geschichte der Kreuzzüge. Dargestellt ist hier die Einschiffung des toten Königs in Tunis.

KAISER FRIEDRICH I. BARBAROSSA ertrank auf dem Dritten Kreuzzug, bevor er das Heilige Land erreicht hatte. Die Darstellung zeigt den Kaiser als Kreuzfahrer; Propst Heinrich von Schäftlarn überreicht ihm ein Exemplar der *Geschichte des Ersten Kreuzzuges* von Robert von Reims, damit er den ersten Kreuzfahrern nacheiferte. Die Inschrift ruft den Kaiser zum Kampf gegen die Muslime auf.

DIE SCHLACHT VON LAS NAVAS DE TOLOSA (17. Juli 1212) war der wichtigste Sieg in der gesamten christlichen Reconquista Spaniens. Er bestätigte die territorialen Gewinne des 11. und 12. Jahrhunderts und machte den Weg nach Granada frei, wenn die Stadt auch erst 1492 fiel. Während der Schlacht erbeutete Alfons VIII. von Kastilien, der christliche Oberbefehlshaber, das abgebildete Schlachtbanner.

Auswirkungen betraf, richteten sich gegen die Staufenkaiser in Deutschland und Italien. Der Kampf mit Kaiser Friedrich II. war nach Einschätzung des Papstes so kritisch geworden, dass er erstmals 1239 einen Kreuzzug gegen ihn erklärte. Zu diesem Zeitpunkt beherrschte Friedrich ganz Süditalien und Sizilien und hatte zudem unlängst die norditalienischen Verbündeten des Papstes geschlagen. Zu Beginn des Jahres 1240 bedrohte er Rom. Nach Friedrichs Tod im Jahre 1250 wurden gegen seine Nachfolger weitere Kreuzzüge erklärt, bis 1268 Konradin, der letzte Spross des verhassten Geschlechts, gefangen genommen und hingerichtet wurde.

Der Zeitraum von 1199 bis 1240 ist ein wichtiger Abschnitt in der Geschichte der Kreuzzugsbewegung, weil damals in den päpstlichen Kreisen alle Hemmungen fielen, Kreuzzüge gegen politische Gegner zu erklären. Und noch in einer anderen Hinsicht kam es zu einer Ausweitung, da Kreuzzüge nunmehr auch gegen Häretiker geführt wurden. Diese Art von Unternehmen hatte sich ebenfalls seit längerem angekündigt, vor allem unter Innozenz III., jenem Papst, der 1208 schließlich einen Kreuzzug gegen die Katharer erklärte, eine häretische Bewegung, die zu jener Zeit im Süden Frankreichs weit verbreitet war. Der berüchtigte Albigenserkreuzzug, der zwar diese Häresie nicht vollständig ausrotten konnte, aber viel vom kulturellen, sozialen und politischen Gefüge des Languedoc zerstörte, flammte während der folgenden zwanzig Jahre immer wieder auf. Ein weiteres Mal erleichterte ein geschaffener Präzedenzfall Kreuzzüge gegen andere Ketzer, so 1232 in Deutschland gegen die friesischen Stedinger sowie 1227 und 1234 gegen die Bogomilen in Bosnien.

Insgesamt lässt sich, was die Anwendung von Kreuzzügen betrifft, ein deutlicher Entwicklungsprozess von der Zeit des Ersten Kreuzzugs an feststellen. Für Urban II. machte es keinen Unterschied, ob in Spanien oder in der Levante christliche Menschen und christliche Stätten aus der Hand der Muslime zu retten waren: beides erschien ihm als gleichermaßen verdienstvoll und in beiden Fällen auch betrachtete er den Kreuzzug als geeignetes Mittel. Seine Nachfolger verfeinerten die Logik dieser Position und weiteten den Kreuzzug auch auf andere Gegner der Kirche aus. Die geographische Ausdehnung des Zweiten Kreuzzugs mag dies illustrieren: Kreuzzugsoperationen fanden gleichzeitig an allen Grenzen der westlichen Christenheit statt, in Spanien und Portugal, im nordöstlichen Europa und in Syrien. Unter Innozenz III. kam es zu einem weiteren Durchbruch, als Kreuzzüge nun erstmals auch gegen Häretiker und gegen die politischen Feinde des Papstes ausgerufen wurden. Beide Gruppen ließen sich als Unterdrücker der Christenheit und der Mutter Kirche darstellen; in den päpstlichen Bullen, die Kreuzzugsaufrufe gegen die Stauferkaiser oder die Katharer enthalten, finden sich vielfach die gleichen Muster der Rechtfertigung, die gleiche Gesinnung und die gleiche Bildlichkeit wie in den Aufrufen, die sich gegen Muslime, Slawen oder Mongolen richteten. Die Feinde im Innern stellten in gleicher Weise eine Bedrohung dar wie die Feinde von außen; ja die Päpste und ihre Gefolgsleute wurden nicht müde zu betonen, dass sie sogar noch gefährlicher seien. Deshalb auch wurden die Kreuzzüge gegen diese Feinde als noch notwendiger angesehen als die Kreuzzüge ins Heilige Land. Der Kreuzzug, die mächtigste Waffe im großen Arsenal des Papsttums, wurde in zunehmendem Maße zu einem Instrument, das von den Päpsten immer dann gegen ihre Feinde eingesetzt wurde, wenn es ihnen geeignet und nützlich erschien. Dies war die herrschende Realität Mitte des 13. Jahrhunderts, auch wenn zu betonen ist, dass keineswegs alle Zeitgenossen mit dieser Entwicklung einverstanden waren. Die päpstliche Politik war eines, die öffentliche Meinung ein anderes.

Wenn sich die Ziele der Kreuzzüge in Raum und Zeit veränderten, sie gegen verschiedene Gegner an verschiedenen Orten eingesetzt werden konnten, dann waren sie auch, als Institution betrachtet, veränderlich in Bezug auf ihren Inhalt, ihr Wesen und ihren Apparat. Das zeigt sich deutlich an den spirituellen und den weltlichen Privilegien der Kreuzfahrer; aber auch in der Art und Weise, wie Kreuzzüge gepredigt und wie für sie geworben, wie sie finanziert und organisiert wurden, ist eine bedeutsame Entwicklung spürbar. Am Ende unseres Zeitraums war das Kreuzzugswesen zu einem gut organisierten, komplexen Geschäft geworden, zum »Geschäft des Kreuzes«, wie es zu jener Zeit genannt wurde. Einige wichtige Aspekte dieser Entwicklung werden im Folgenden behandelt.

WERBUNG UND PREDIGT

Das Herzstück der Kreuzzugswerbung war die päpstliche Proklamation der Unternehmung, da allein die Päpste die erforderliche Autorität besaßen, einen Kreuzzug auszurufen und den Kreuzfahrern die versprochenen spirituellen und materiellen Privilegien zu gewähren. Die Proklamation allein reichte jedoch selten aus, um Männer und Frauen dazu zu bewegen, das Kreuz zu nehmen. Zusätzliche Maßnahmen waren erforderlich. Glaubt man einem Bericht über das Konzil von Clermont, so wies Urban II. die versammelten Prälaten an, in allen Kirchen ihrer Diözesen zu verkünden, was er erklärt hatte, und das Kreuz zu predigen. Der Papst selbst verkündete den Kreuzzug allerorten auf seiner Reise durch Frankreich und beauftragte zahlreiche Gesandte, an verschiedenen Orten das Kreuz zu predigen. Unklar jedoch ist, ob sich Urbans Hoffnungen in der Praxis erfüllten, zumal es den Prälaten an den nötigen Mitteln fehlte, den Aufruf zum Kreuzzug überall in ihrer Diözese bekannt zu machen: Die kirchlichen Verwaltungsstrukturen waren noch primitiv, und das Fehlen einer formellen, mit der päpstlichen Autorität versehenen Kreuzzugsbulle erschwerte die Sache noch zusätzlich. Auch das Predigtwesen stand noch in seinen Anfängen; die meisten Geistlichen waren das Predigen nicht gewohnt. Doch der Erste Kreuzzug bildete ein – wenn auch noch rudimentäres – Modell, das sich im Laufe des 12. und 13. Jahrhunderts weiter ausbauen und verbessern ließ, als man sich darum bemühte, den Aufrufen zum Kreuzzug eine größere Resonanz zu verschaffen. Das wichtigste Instrument aber blieb die Verbreitung der päpstlichen Proklamationen und die Predigt in den Gemeinden.

Keine formelle Bulle leitete den Ersten Kreuzzug ein; darin stellt er eine Ausnahme dar, wurden doch die meisten anderen Kreuzzüge in einer Enzyklika erklärt, deren grundlegende

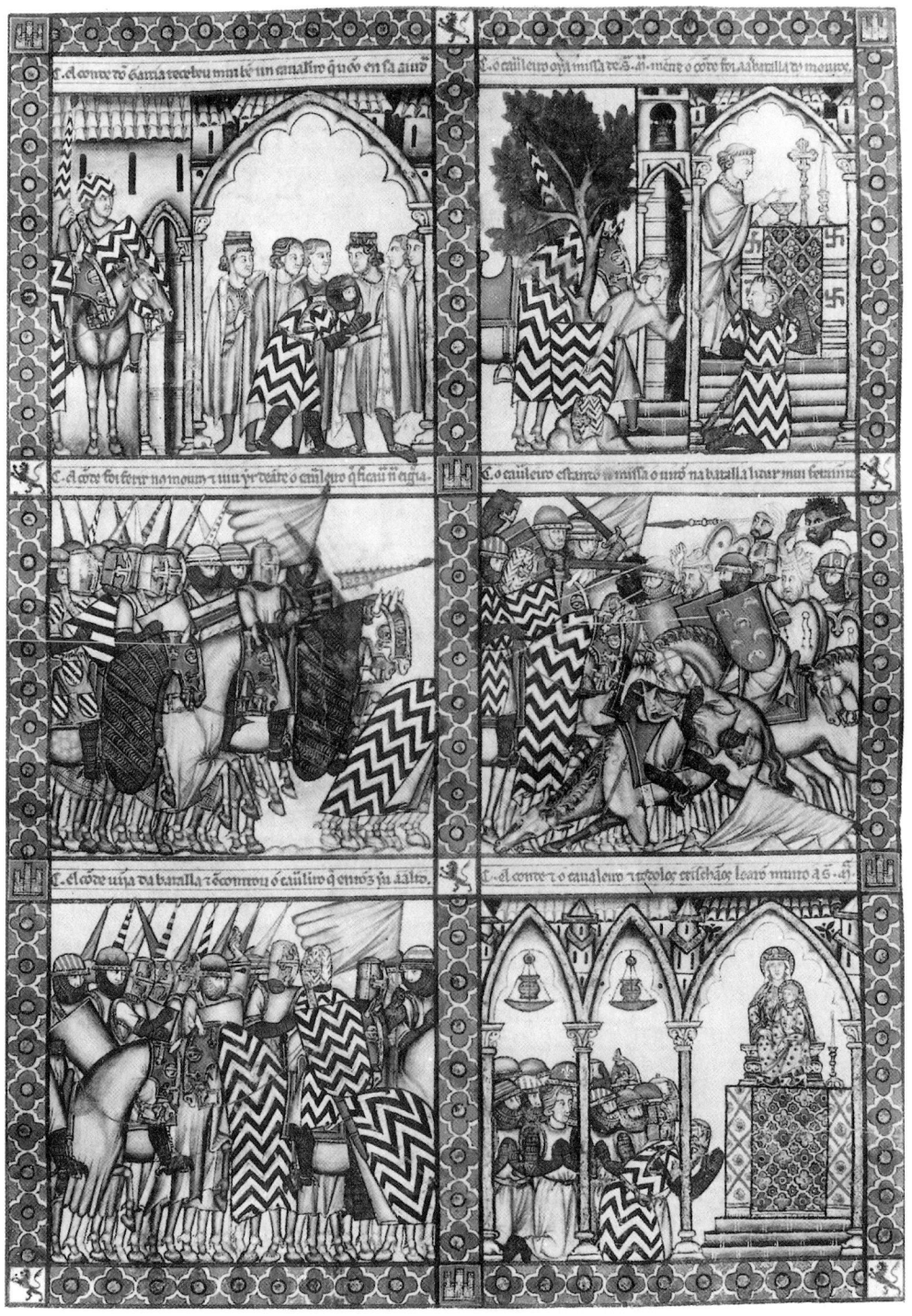

SZENEN AUS EINER SCHLACHT der spanischen Reconqista in einem Werk, das für Alfons X. den Weisen von Kastilien (1252 bis 1284) hergestellt wurde, der selbst ein berühmter Kreuzritter war. Die Segnung der Truppen vor der Schlacht und die Danksagung an die Gottesmutter nach errungenem Sieg bezeugen den religiösen Charakter der Reconquista.

URBAN II. PREDIGT den Ersten Kreuzzug *(oben rechts)* und weist auf das Leiden des Herrn in Jerusalem hin *(oben links)*. Die heiligen Stätten werden von den Muslimen geschändet, die als Götzendiener dargestellt sind *(unten rechts)*, während ein Pilger oder Kreuzfahrer dem Heiligen Grab seine Verehrung erweist *(unten links)*; Bezugspunkt ist dabei die darüber befindliche Kreuzigungsdarstellung.

Form schließlich mit der Erklärung *Quantum praedecessores* (1145) für den Zweiten Kreuzzug gefunden war: Ein einleitender erzählender Abschnitt begründete, warum ein Kreuzzug notwendig war. Darauf folgten der Aufruf, das Kreuz zu nehmen, und schließlich eine Auflistung der Privilegien für die Kreuzfahrer. Aus den Briefen des heiligen Bernhard von Clairvaux, der beauftragt wurde, den Kreuzzug zu predigen, und aus weiteren Quellen wird deutlich, dass die Bulle veröffentlicht werden sollte, doch scheint in der Praxis die Verbreitung eher dem Zufall überlassen worden zu sein. Erst unter dem Pontifikat Alexanders III. wurde der Versuch unternommen, Kreuzzugsbullen systematisch auf lokaler Ebene zu verbreiten, vor allem durch ein direktes Mandat an die örtlichen Prälaten. 1181 verpflichtete der Papst alle Prälaten, dafür Sorge zu tragen, dass seine Kreuzzugsbulle *Cor nostrum* in allen Kirchen verlesen und die Kreuzfahrerprivilegien bekannt gemacht würden. Wahrscheinlich ließ man zu diesem Zweck Abschriften des Briefes in den örtlichen bischöflichen Kanzleien anfertigen, die dann an die einzelnen Kirchen der jeweiligen Diözese verteilt wurden. Das wurde jedenfalls im 13. Jahrhundert zum üblichen Verfahren. In einigen wenigen Fällen können wir genau die Abfolge der Verwaltungsschritte verfolgen, die von der päpstlichen Kurie zu den Erzbischöfen der Kirchenprovinzen, weiter zu ihren Weihbischöfen und hinunter bis auf die Ebene der Gemeindepriester führten. Der ganze Vorgang belegt sowohl die wachsende Komplexität der kirchlichen Verwaltungsstrukturen (wobei wahrscheinlich die zunehmende Verbreitung der Lesefähigkeit für das kirchliche Regiment nutzbar gemacht wurde) als auch die fortschreitende Errichtung einer zentralisierten Kirche unter der alleinigen Herrschaft des Papstes. Anders als noch im Jahre 1095 konnten die lokalen Prälaten nun viel reibungs- und problemloser darauf verpflichtet werden, für den Kreuzzug – wie auch in anderen kirchlichen Angelegenheiten – tätig zu werden. Gleiches gilt auch für die Kreuzzugspredigt.

Zwei Formen der Predigt lassen sich nach Anlass, Publikum und Zweck unterscheiden. Da gab es zunächst die Predigt vor Versammlungen der Kirche oder des Staates, wofür das Konzil von Clermont der Prototyp war. Spätere Beispiele dieser Art sind die Predigt Innozenz' III. auf dem vierten Laterankonzil (1215) und die Predigten Innozenz' IV. beziehungsweise Gregors X., gerichtet an die versammelten Würdenträger des ersten beziehungsweise zweiten Konzils von Lyon (1245 und 1274). Zu den berühmtesten Beispielen für eine Kreuzzugspredigt vor weltlichen Würdenträgern zählen die dramatischen Predigten, die der heilige Bernhard 1146 in Vézelay vor Ludwig VII. und den versammelten französischen Territorialherren sowie zu Weihnachten desselben Jahres auf dem Hoftag des deutschen Königs Konrads III. hielt. Es wurde für die Kreuzzugsprediger zur Normalität, derartige Gelegenheiten zu nutzen, aber sie erschienen auch bei mehr dem Vergnügen dienenden Zusammenkünften wie etwa bei Turnieren, weil man sich hier der Gelübde anwesender wichtiger Personen versichern und so der Werbekampagne größere Publizität verleihen konnte. Seit dem Zweiten Kreuzzug wurde bei solchen Gelegenheiten auch häufig das Kreuzzugsgelübde eines Fürsten bekannt gemacht. Oftmals handelte es sich um schon Wochen und Monate im Voraus geplante Inszenierungen, wobei dem Zufall wenig oder kein Spielraum gelassen wurde. Die Sitzung des *Parlement*, die im März 1267 in Paris stattfand, ist dafür ein gutes Beispiel. Dort legte Ludwig IX. (der »Heilige«) sein zweites Kreuzzugsgelübde ab, dem sich sogleich drei seiner Söhne und weitere Adlige des Hofes anschlossen. Bei dieser Gelegenheit wurden auch Reliquien der Leidensgeschichte des Herrn öffentlich präsentiert – denn König Ludwig hatte den Papst bereits im September des Vorjahres von seinen Plänen unterrichtet.

Predigten dieses Typs richteten sich an die höchsten Spitzen der Gesellschaft; ihnen muss man die alltäglichen, unspektakulären Predigten gegenüberstellen. Dort zeigt sich der wirkliche Fortschritt, der seit Clermont erzielt worden war. Bis ins späte 12. Jahrhundert deutet alles darauf hin, dass sich das lokale Predigen des Kreuzzugs zufällig und ungesteuert vollzog und es an einer zentralen Koordination fehlte. Der große Sprung nach vorn ereignete sich unter Innozenz III. Bereits 1198, für den Vierten Kreuzzug, wurden ein neues allgemeines Exekutivamt für das Kreuzzugsgeschäft eingerichtet und einer oder mehrere Beamte für die Umsetzung der Kreuzzugspropaganda und für andere Aufgaben in bestimmten Kirchenprovinzen ernannt. Auch unabhängige Prediger wie der berühmte Fulko von Neuilly stimmten sich mit ihnen ab. Für den Fünften Kreuzzug wurde 1213 eine komplexe Struktur geschaffen. Für nahezu jede Provinz richtete man eine Exekutivbehörde ein, die die Befugnisse eines päpstlichen Legaten besaß und den Auftrag hatte, die Werbung für den Kreuzzug zu koordinieren. Ihr waren die Abgesandten verantwortlich, die in die einzelnen Diözesen und Erzdiakonate der jeweiligen Provinz geschickt wurden. Außerdem erließ man erstmals Richtlinien, wie das Kreuz gepredigt werden sollte. Diesen allumfassenden Apparat nutzte man später nie wieder, obwohl er für Kampagnen in einzelnen Gebieten, etwa in England, musterhaft wurde. Innozenz' Nachfolger verfuhren stattdessen pragmatischer und spontaner, zum Teil auch veranlasst durch die politischen Umstände im Abendland. Dennoch kann kein Zweifel bestehen, dass nach dem Pontifikat Innozenz' III. die vor Ort betriebene Werbung für den Kreuzzug kohärenter und intensiver arbeitete als zuvor.

Die zweite wichtige Entwicklung betraf die Prediger selbst. Jeder Geistliche, ob Kleriker oder Mönch, konnte aufgerufen werden, das Kreuz zu predigen, obwohl die einfachen Gemeindepfarrer das anscheinend selten taten. Dies gilt für das 12. Jahrhundert ebenso wie noch für das 13. Jahrhundert, allerdings mit zwei wichtigen Einschränkungen. Zunächst einmal wurde das Predigen der Legaten, Prälaten und anderen Würdenträger des päpstlichen Hofs nach dem Ersten Kreuzzug tendenziell eingeschränkt: auf die im Vorigen schon erwähnten inszenierten Anlässe sowie auf den Beginn von Kreuzzugskampagnen in einzelnen Provinzen oder Diözesen. Die Mehrzahl der Predigeraufgaben ging mehr und mehr auf die neu geschaffenen Bettelorden der Franziskaner und Dominikaner über, sobald diese in den zwanziger und dreißiger Jahren des 13. Jahrhunderts in der ganzen westlichen Christenheit Verbreitung fanden. Seit dieser Zeit trugen sie die Hauptlast der Predigt vor Ort. Sie eigneten sich hervorragend für dieses Amt, da sie aufgrund ihrer apostolischen Mission professionelle Prediger waren, die anders als die zurückgezogen lebenden Mönche des traditionellen Klosterwesens regelmäßig zu der Bevölkerung sprachen. Zudem waren sie in der Technik des Predigens gut ausgebildet, und da ihre Ordenshäuser über den ganzen Okzident verteilt waren, verfügten sie über ein Netzwerk von Zentren, von denen aus das Predigen in den einzelnen Gemeinden leicht durchzuführen war.

Nach dem Dritten Kreuzzug wurde die Predigttätigkeit vor Ort im Voraus geplant, um eine flächendeckende Wirkung zu erzielen, die Ressourcen voll auszunutzen und unnötige doppelte Anstrengungen zu vermeiden. Gelegentlich traten politische Probleme auf, die die Sachlage verkomplizierten, doch Predigtoffensiven waren selten ein Ergebnis des Zufalls. Einzelne Personen wurden abgesandt, um das Kreuz an bestimmten Orten oder in einem festgelegten Gebiet zu predigen. Um dabei systematisch vorzugehen, war die Planung der Reiserouten erforderlich. Die erste gut dokumentierte Reise dieser Art führte 1188 Balduin von Ford, den Erzbischof von Canterbury, nach Wales. Große Reisen wie diese wurden im 13. Jahrhundert selten, teils aufgrund der Reorganisation unter Innozenz III., teils auch, weil den einzelnen Predigern ein kleineres Gebiet zugewiesen werden konnte, als mehr Personal, insbesondere die Bettelmönche, zur Verfügung stand. In der Regel war im späteren 13. Jahrhundert ein Mönch für die Predigt in höchstens zwei Erzdiakonaten verantwortlich, aber auch dann musste er einer festgelegten Route folgen, um das ganze Gebiet systematisch zu erfassen. Seine Predigttätigkeit konzentrierte sich grundsätzlich auf die städtischen Zentren und, in ländlichen Gebieten, auf die größeren Dörfer. Das war angesichts der Konzentration der Bevölkerung und der begrenzten Zahl verfügbarer Prediger vernünftig. Diese suchten Plätze auf, wo ein gutes Ergebnis zu erwarten war. Bei ihren Obliegenheiten standen ihnen die welt-

FULKO VON NEUILLY (gestorben 1202) war einer der mitreißendsten aller Kreuzzugsprediger. Papst Innozenz III. berief ihn, um für den Vierten Kreuzzug zu werben. Die Darstellung zeigt Fulko bei der Kreuzzugspredigt in Nordfrankreich.

lichen Kleriker zur Seite, die im Voraus darüber informiert wurden, wann und an welchem Ort der Mönch zu predigen gedachte. Man drohte mit Kirchenstrafen, um die Ortsgeistlichen und ihre Pfarrkinder zur Teilnahme an der Predigt zu veranlassen. Neben der Peitsche wurde den Teilnehmern als Zuckerbrot aber auch ein partieller Sündenablass versprochen. Möglich wurde das unter Innozenz III. Bis zum Ende des 13. Jahrhunderts sollte die Frist, für die eine Vergebung der Sünden gewährt wurde, auf ein Jahr und vierzig Tage ansteigen.

Den Bemühungen, die Predigttätigkeit vor Ort zu intensivieren, entsprachen Entwicklungen in der Gestaltung der Kreuzzugspredigten. Die Mehrzahl der Themen, die Päpste, Bischöfe und Mönche gleichermaßen verwandten, waren sich – was nicht überraschen kann – seit Clermont gleich geblieben. Vom späteren 12. Jahrhundert an entwickelte sich die Predigt jedoch entscheidend weiter, vor allem auch die volkstümliche. Eine bemerkenswerte Zunahme verzeichnete auch die Produktion von Hilfsmitteln für Prediger, die regelmäßig zum Volk sprachen: Sammlungen von modellhaften Predigten, Handbücher zu Themen, Exempelsammlungen und so fort. Namentlich die Kreuzzugspredigt wurde von dieser Entwicklung entscheidend geprägt. Am beliebtesten war jene Kompilation, die der Dominikaner Humbert von Romans etwa 1266 bis 1268 zusammenstellte: ein erschöpfender Abriss, der in einem dicht gedrängten Werk all jene Materialien und Argumente vereinte, die Humbert, der früher selbst als Kreuzzugsprediger gewirkt hatte, für besonders nützlich hielt. Mit diesem Material waren die Prediger des 13. Jahrhunderts wesentlich besser als ihre Vorgänger für ihre Aufgabe gerüstet. Auch in dieser Hinsicht war die Kreuzzugswerbung professioneller geworden.

Das Resultat der verschiedenen hier skizzierten Entwicklungen war, dass die Kirche im ausgehenden 13. Jahrhundert über die nötigen Mittel verfügte, um den Kreuzzugsaufruf in allen Teilen des Okzidents zu verbreiten, indem sie dafür sorgte, dass die Kreuzzugsbullen und die in ihnen enthaltenen Privilegien öffentlich bekannt gegeben und besser ausgebildete Prediger entsandt wurden, um den Kreuzzug allerorten zu verkündigen. Nur wenigen konnte daher verschlossen bleiben, wie die Kirche über die Kreuzzüge jeweils dachte. Dies unterstreicht den Entwicklungsstand der Kirche des 13. Jahrhunderts und spiegelt zugleich die Autorität und die Macht der päpstlichen Monarchie wider. Doch selbst auf dem Höhepunkt ihrer Macht unter Innozenz III. hatte die Kirche nicht alle Dinge im Griff. Beispielsweise klinkten sich nach 1095 eine Reihe unabhängiger Prediger, häufig von chiliastischer Tendenz, in die Kreuzzugsbewegung ein. Eine Folge davon waren die Banden armer Menschen im Ersten Kreuzzug, aber auch der sogenannte Kinderkreuzzug von 1212 oder der Schäferkreuzzug von 1251. Die Grenzen der päpstlichen Herrschaft zeigten sich auch in den Schwierigkeiten, denen die Päpste beim Versuch begegneten, Frieden innerhalb Westeuropas zu stiften – eine entscheidende Voraussetzung, sollte ihrer Werbung für den Kreuzzug Erfolg beschieden sein. Seit den siebziger Jahren des 12. Jahrhunderts versuchten beispielsweise mehrere Päpste, im Interesse des lateinischen Ostens Frieden zwischen den Königen von England und Frankreich herzustellen, allerdings ohne großen Erfolg. Die Fürsten wollten nur dann einen Kreuzzug unternehmen, wann und wie es ihnen passte.

DIE TEILNEHMER UND IHRE REKRUTIERUNG

Einer Darstellung des Konzils von Clermont zufolge versuchte Urban II. nachdrücklich, die Alten und Kranken, die Frauen, Kleriker und Mönche davon abzubringen, das Kreuzzugsgelübde abzulegen – eine Aussage, die auch von seinen erhaltenen Briefen bestätigt wird. Urban wusste, dass von Nichtkämpfern, wie groß auch ihr Eifer sein mochte, keine effektive Hilfe für die Christen des Orients ausgehen konnte, sondern nur von den militärischen Ständen der Gesellschaft. Die Kriegsführung war Sache der Krieger, da machte auch der Heilige Krieg keine Ausnahme, und andere soziale Gruppen sollten sich von ihm fern halten. Überdies hatten solche Menschen andere vorrangige Verpflichtungen und Verantwortlichkeiten, die sie für die Teilnahme am Kreuzzug disqualifizierten. Beispielsweise konnte die Seelsorge in einer Gemeinde gefährdet sein, wenn ein Priester sich dem Kreuzzug anschloss, während die Mönche durch ihr Gelübde auf den spirituellen, nicht den weltlichen Kampf zugunsten aller verpflichtet waren – wobei auch nicht vergessen werden darf, dass Geistlichen das Waffentragen verboten war. Die Päpste des 12. Jahrhunderts blieben der Ansicht Urbans treu, konnten sich aber damit nicht durchsetzen. Viele Nichtkämpfer nahmen das Kreuz und zogen los, vor allem ins Heilige Land, was immense Probleme verursachte. Insbesondere im Hinblick auf die Verpflegung stellten sie eine Belastung dar; sie verschärften auf dem Weg in den Orient den Nahrungsmangel, wenn sie ihn nicht sogar verursachten, und waren mit verantwortlich für die darauf folgende sprunghafte Verteuerung der Nahrungsmittel. Auch für die Disziplin und Ordnung des Heers stellten sie ein großes Problem dar und trugen nicht unwesentlich zu den aufkommenden Spannungen mit den Byzantinern, den vermeintlichen Verbündeten der Kreuzfahrer, bei. Und stets verbrauchten sie Ressourcen, die sonst für andere, die für das Unternehmen von größerem Nutzen waren, zur Verfügung gestanden hätten.

All dies wird klar aus den Augenzeugenberichten vom Ersten und Zweiten Kreuzzug; und die gewonnene Erfahrung veranlasste die Monarchen, die sich an die Spitze des Dritten Kreuzzugs setzten, die Teilnahme einer zu großen Zahl von Nichtkämpfern zu unterbinden. Doch weder sie noch die späteren Anführer von Kreuzzügen hatten damit einen durchschlagenden Erfolg; die Privilegien der Kreuzfahrer und die Verlockung der heiligen Stätten waren so groß, dass die Kreuzzüge, zumindest in den lateinischen Orient, auch weiterhin einen gewaltigen Reiz auf alle Volksschichten ausübten. Darin zeigten sich neuerlich die Grenzen, an die die päpstliche Macht in der Praxis stieß, zumal wenn wir den scharfen Kurswechsel der päpstlichen Politik hinsichtlich der Kreuzzugsgelübde berücksichtigen, der unter Innozenz III. vorgenommen wurde.

Während des 12. Jahrhunderts wachten die Päpste im Allgemeinen streng über die persönliche Erfüllung von Gelübden und ließen einen Aufschub, eine Änderung oder eine Auflösung nur unter bestimmten Umständen zu, beispielsweise wenn die betreffende Person gebrechlich, krank oder zu arm war, um ihr Gelübde zu erfüllen. Ansonsten erwartete man, unter der Androhung von Kirchenstrafen, dass jedermann pflichtgetreu sein Gelübde erfüllte. Doch 1213 verkündete Innozenz III. einen radikalen Kurswechsel im Zusammenhang mit der Rekrutierung von Teilnehmern für den Fünften Kreuzzug. Angesichts der praktischen Probleme, die die Anwesenheit einer großen Anzahl von Nichtkämpfern auf dem Schlachtfeld hervorrief, ordnete der Papst an, dass jeder, mit Ausnahme der Mönche, das Kreuz nehmen durfte. Doch zugleich erließ er die Bestimmung, dass Gelübde nun aufgehoben, aufgeschoben oder umgewandelt werden konnten, wie immer es geeignet erschien. Seine Nachfolger suchten aus dieser Entscheidung Kapital zu schlagen, und Mitte des 13. Jahrhunderts hatte es sich eingebürgert, Gelübde gegen Geldzahlungen aufzulösen. Das Prinzip bestand darin, im Austausch für die Ablösung des Kreuzzugsgelübdes Geldmittel zu erhalten. Jeder konnte nun das Kreuz nehmen, gleichgültig welchen Wert er oder sie auf dem Schlachtfeld haben würde; die große Mehrzahl wurde indes dazu gedrängt – ja sogar gezwungen –, ihre Gelübde wieder

IM 11. JAHRHUNDERT
brach sich die Anschauung Bahn, dass die Gesellschaft aus drei sich gegenseitig stützenden Ständen, Lehrstand, Wehrstand und Nährstand, bestehe, wie das hier dargestellt ist. Diese Vorstellung lag auch der päpstlichen Rekrutierungspolitik für die Kreuzzüge zugrunde. Die Menschen, deren Aufgaben das Gebet und die Arbeit waren, sollten zu Hause bleiben, ihre Beiträge für die Kämpfer aus Gebeten beziehungsweise den Früchten ihrer Arbeit bestehen.

zurückzunehmen. Die eingetriebenen Geldsummen wurden dann darauf verwandt, diejenigen zu unterstützen, die für den Krieg am besten geeignet waren. Auch das war eine Entwicklung, die erst einsetzen konnte, als die Kirchenverwaltung ein bestimmtes Maß an Effizienz und Stärke erreicht hatte und die im Umlauf befindliche Geldmenge sich durch das anhaltende Wachstum der europäischen Wirtschaft ausreichend vermehrt hatte.

Die besten Voraussetzungen für einen Feldzug im Zeichen des Kreuzes hatten natürlich die Angehörigen der mit dem Kriegswesen verbundenen Stände: die Ritter und die Adligen (nach rein militärischen Begriffen: die schwere Kavallerie) sowie ihre taktischen Hilfstruppen. Zu Letzteren gehörten die Schildknappen, teils beritten, teils zu Fuß, die Armbrustschützen, Belagerungstechniker und so weiter. Manch andere, die den nichtmilitärischen Schichten der Gesellschaft entstammten, wurden für spezifische Aufgaben benötigt: beispielsweise Geistliche, um die Sakramente zu spenden und – soweit sie lesen und schreiben konnten – die anfallenden Verwaltungsaufgaben zu bewältigen, oder auch Kaufleute, die für die Versorgung der Armee zuständig waren. Aber es scheint festzustehen, dass mit dem Fortgang der Zeit solche Individuen, ebenso wie Feldscher, Stallburschen und andere Dienstgrade, immer häufiger dem Haushalt eines am Kreuzzug teilnehmenden Adligen angehörten. Auch Seeleute waren wichtig, falls der betreffende Feldzug den Transport der Truppe per Schiff vorsah. Doch das Kernstück der Kreuzfahrerheere bildeten in dieser Zeit, ob im Orient oder anderswo, ohne Zweifel die Ritter; um sie herum, und zu ihrer Unterstützung, wurden die anderen Ränge aufgeboten. Ebenfalls ist klar, dass – angesichts der bestehenden ökonomischen, sozialen und politischen Verhältnisse – Angehörige des Herrenstandes die Führung übernahmen und andere Folge leisten mussten; deshalb ist hier eine Darstellung ihrer Rekrutierung für ein Kreuzzugsunternehmen angebracht.

Notwendig ist einerseits die Unterscheidung zwischen der Motivation und den ideologischen Kräften, die am Werk waren, und den Vorgängen andererseits, die bei der Rekrutierung von Bedeutung waren. Der Kreuzzug bestimmte bald die kulturellen Wertvorstellungen der abendländischen Ritterschaft, so dass die Teilnahme an einem solchen Unternehmen weithin als ein wesentlicher Teil des idealen ritterlichen Verhaltens angesehen wurde. Dies galt für alle Angehörigen dieses Standes, doch ungeachtet dessen nahm immer nur eine Minderheit aus jeder Generation an einem Kreuzzug teil. Wenn man individuellen Eifer und individuelle Begeisterung – beziehungsweise ihr Fehlen – einmal beiseite lässt, deutet doch vieles darauf hin, dass die konkrete Zusammensetzung jeder Streitmacht weitgehend von der Wirkung der sozialen und politischen Struktur abhing, jenem Medium, durch das der Kreuzzugsaufruf erging. Aufgrund des hierarchischen Aufbaus der Gesellschaft mit ihrer starken Konzentration von Reichtum und Macht an der Spitze waren die Beziehungen der Vasallen zu ihren Lehnsherrn von besonderer Bedeutung. Wenn ein König oder ein bedeutender Fürst das Kreuz nahm, dann schlossen sich ihm viele Menschen aus seinem Gefolge an, teils wegen des Drucks, den er ausüben, teils wegen der Anreize, die er bieten konnte. Das Dilemma, in das mancher geraten konnte, zeigt vielleicht am anschaulichsten der Bericht, den Johann von Joinville von einer Diskussion zweier Ritter Ludwigs IX. am Vorabend seines Kreuzzugsgelübdes im Jahre 1267 überliefert. Der eine meinte: »Wenn wir das Kreuz nicht nehmen, verlieren wir die Gunst des Königs; wenn wir es nehmen, verlieren wir die Gunst Gottes, weil wir es ja nicht um seinetwillen ergreifen, sondern aus Furcht, dem König zu missfallen.« Johann von Joinville verrät, dass auch er selbst hart bedrängt wurde, das Gelübde abzulegen. Kleinere Herren übten naturgemäß einen geringeren Druck aus, doch grundsätzlich waren auch hier die gleichen Mechanismen am Werk. Es gibt seit dem Ersten Kreuzzug unzählige Beispiele, dass ein Graf oder Bischof oder ein anderer adliger Grundherr das Kreuz nahm und sein Gefolge sich ihm unmittelbar anschloss. Ebenso konnten aber auch die Kreuzzugsabsichten eines Menschen daran scheitern, dass sein Herr ihm befahl, ihm zu Hause zu Diensten zu sein. Das konnte sogar bis zu dem ausdrücklichen Verbot führen, ein Kreuzzugsgelübde abzulegen. Ein berühmtes Beispiel dafür ist Abt Samson von Bury Saint Edmunds, dem König Heinrich II. von England 1188 im Interesse von König und Reich untersagte, das Kreuz zu nehmen.

Auch Verwandtschaftsbande spielten in der gesamten Geschichte der Kreuzzugsbewegung bei der Rekrutierung eine wichtige Rolle, teilweise weil die Menschen daran gewöhnt waren, von ihren Verwandten Hilfe zu erhalten. So war es bei allen Kreuzzügen üblich, dass Söhne ihre Väter begleiteten, Brüder ihre Brüder und Neffen ihre Onkel, doch sollte man diesem

Verhaltensmuster keine übertriebene Bedeutung zuschreiben. Erkennbar ist auch, dass Familien sich kollektiv mit der Aussicht auf einen Kreuzzug befassten; gemeinsam wurde die Entscheidung getroffen, wer, wenn überhaupt, am Kreuzzug teilnehmen und wer zu Hause bleiben sollte. Es ist gewiss kein Zufall, dass Kaiser Friedrich Barbarossa auf dem Dritten Kreuzzug von einem seiner Söhne begleitet wurde, während ein anderer, der spätere Kaiser Heinrich VI., zu Hause die Regierungsgeschäfte führte; und Familienkonferenzen müssen der Entscheidung vorausgegangen sein, wer von den Brüdern, Söhnen und Neffen Ludwigs IX. den König auf seinen beiden Kreuzzügen begleitete. In einigen Fällen führte der Entschluss, an einem Kreuzzug teilzunehmen, zu Familienstreitigkeiten: ein berühmtes Beispiel ist die wütende Reaktion des englischen Königs Heinrichs II. auf die Kreuzzugsgelübde, die 1183 sein ältester Sohn und Erbe Heinrich und 1187 dessen jüngerer Bruder Richard Löwenherz ohne Rücksprache mit dem Vater abgelegt hatten.

Ob und inwieweit entferntere Verwandtschaftsbande bei der Rekrutierung eine Rolle spielten, ist nicht leicht einzuschätzen, besonders wenn man über Vetternschaften ersten und zweiten Grades hinausgeht; dennoch lässt sich immer wieder beobachten, dass Mitglieder weitläufiger Familienverbände gemeinsam an Kreuzzügen teilnahmen. Es ist unwahrscheinlich, dass dies immer oder ausschließlich aus bloßem Zufall geschah und nicht vielmehr das Ergebnis eines zuvor gefassten Entschlusses war, gemeinsam auf den Kreuzzug zu ziehen. Johann von Joinville etwa berichtet nicht ausdrücklich, dass er sich vor seinem Kreuzzugsgelübde mit seinem Vetter Johann, dem Grafen von Saarbrücken und Herrn von Apremont, beraten habe,

IN DEN RANDZEICHNUNGEN des Luttrell-Psalters findet sich die Darstellung des Zweikampfes zwischen einem angemessen schurkisch blickenden Sarazenen und einem christlichen Ritter. Das englische Königswappen auf dem Schild des Ritters verdeutlicht, dass der legendäre Zweikampf zwischen Richard I. Löwenherz und Saladin während des Dritten Kreuzzuges gemeint ist.

DIESE SCHÖNFARBIGE STRICHZEICHNUNG, die gegen 1250 in England entstand und einen Kreuzfahrer zeigt, der seine Huldigung darbringt, kann durchaus König Heinrich III. von England darstellen, der in diesem Jahr das Kreuz nahm. Das Bild gibt gut wieder, wie zu jener Zeit das Ideal des Kriegsdienstes für Gott und Kirche die ritterlichen Werte ganz Europas durchdrang.

doch lässt der Umstand, dass sie gemeinsam ein Schiff für die Überfahrt bei König Ludwigs IX. erstem Kreuzzug mieteten, diesen Schluss zu. Johann von Joinville erwähnt in seinem Bericht jedenfalls ausdrücklich ihrer beider Verwandtschaft.

Auch die lokale oder regionale Zusammengehörigkeit hatte einen Einfluss auf den Eintritt in das Kreuzfahrerheer. Am deutlichsten zeigt sich das wohl in den Kontingenten, die einzelne Städte und Marktflecken stellten: Aufgrund der sozialen und politischen Strukturen städtischer Gemeinwesen waren ihre Mitglieder besonders darin geübt, kollektiv zu handeln. Doch lokale und regionale Bande beeinflussten auch die Ritterschaft, wenn auch nicht immer klar zu bestimmen ist, welches ihre genaue Funktion war, da diese Bande teilweise aus Verwandtschafts- oder Vasallenverhältnissen stammten, die innerhalb der fraglichen regionalen Gesellschaft herrschten. Gottfried von Villehardouin, Teilnehmer und Chronist des Vierten Kreuzzugs, verrät jedenfalls, welche Bedeutung diese Bande in der zeitgenössischen Wahrnehmung besaßen: Er listet die Teilnehmer aus Nordfrankreich nach ihrer politisch-geographischen Zugehörigkeit auf. Zunächst nennt er die Kreuzfahrer aus der Champagne, die sich der Führung des Grafen Thibaut anschlossen, danach die Teilnehmer aus Blois und der Gegend von Chartres unter der Führung des Grafen Ludwig von Blois, danach die aus der Ile de France, aus Flandern und so fort. Gottfried von Villehardouin deutet bei jedem Kontingent eine Anzahl interner Verwandtschaftsbeziehungen an; die moderne Forschung zu den von dem Chronisten erwähnten Personen hat sogar noch weitere Verbindungen innerhalb dieser Truppen aufzeigen können. Eine Kombination verschiedenartiger Beziehungen verband die Ritterschaft der jeweiligen Regionen fest miteinander: Verwandtschaftsverbindungen und Vasallenverhältnisse sowie die lockereren, aber nicht weniger bedeutsamen Bande von Freundschaft, Nachbarschaft und Bekanntschaft, von gemeinsamem Erfahrungshintergrund und gleicher politischer Einstellung. Wo die Quellen sichere Schlüsse zulassen, erkennen wir auch in anderen Kreuzzugstruppen dieses Muster. Kurz gesagt pflegten auf dem Kreuzzug, wie auch bei anderen Unternehmungen, die Männer aus einer bestimmten regionalen Gesellschaft und mit gleichen regionalen Loyalitäten gemeinsam als Gruppe zu handeln. Das zeigt sich auch bei der Aufstellung der Truppen in der Schlacht: 1270 in Tunis etwa führte Karl, König von Sizilien, Graf von Anjou und der Provence, die Truppen der Italiener, der Provençalen und aus Anjou ins Feld, während die Ritter aus Navarra, der Champagne und Burgund unter Thibaut dienten, dem König von Navarra und Grafen von der Champagne. Manchmal wurde die unterschiedliche Zugehörigkeit innerhalb des Heeres auch visuell zum Ausdruck gebracht. So wurde etwa 1188 beim Dritten Kreuzzug bestimmt, dass die Untergebenen Philipps II. von Frankreich rote, die Heinrichs II. von England weiße und die des Grafen von Flandern grüne Kreuze tragen sollten.

Man muss jedoch auch andere Faktoren berücksichtigen, wenn man erklären will, warum sich manche Ritter aus einer bestimmten regionalen Gesellschaft, ob sie nun Freiherren waren oder ob sie dem Gefolge eines Lehnsherrn angehörten, einem Kreuzzug anschlossen und andere nicht. Einige waren aus unterschiedlichen Gründen – spiritueller oder irdischer Natur – dem Kreuzzugswesen gegenüber skeptisch eingestellt. Andere waren mit ebensolcher Entschiedenheit von der Kreuzzugsidee begeistert: jene vor allem, die mehr als einmal an einem Kreuzzug teilnahmen oder wiederholt ein Kreuzzugsgelübde ablegten. Für sie war das Kreuzzugswesen offenkundig mit ihren spirituellen Idealen und ihren ritterlichen Werten vereinbar gewesen. Für andere wieder war es eine dynastische Tradition, an einem Kreuzzug teilzunehmen, die häufig noch durch andere, beispielsweise durch eheliche Verbindungen erworbene, Traditionen verstärkt wurde. Sobald einmal Vorbilder geschaffen waren, wirkte auf jene Menschen der Drang, sich einem Kreuzzug anzuschließen, tiefer, mächtiger und zwingender. Doch konnte man dem Gewicht der Tradition widerstehen wie auch allen anderen als Motivation wirksamen Einflüssen. Die Verpflichtung eines Einzelnen für einen Kreuzzug erfolgte niemals allein aus freien Stücken, trotzdem hing es letztlich von jedem Einzelnen ab, ob er dem Aufruf folgte oder nicht, der sich insgesamt an die Gruppe der ihm Gleichgestellten richtete.

DIE FINANZIERUNG

Kriege können die Gesellschaften und Einzelpersonen, die sich auf sie einlassen, sehr teuer zu stehen kommen. Darin waren die Kreuzzüge keine Ausnahme. Leider lassen sich die Gesamtsummen, die für jeden einzelnen Kreuzzug aufgewendet wurden, nicht genau beziffern, da detaillierte Aufzeichnungen fehlen. Doch erlauben es die vorhandenen Daten vor allem für einige Kreuzzüge des 13. Jahrhunderts, zumindest ungefähr die Höhe der finanziellen Belastung einzuschätzen, die diese Feldzüge bedeuteten.

Wahrscheinlich am besten dokumentiert ist der erste Kreuzzug Ludwigs IX., für den der König – wie die französische Regierung im 14. Jahrhundert schätzte – 1 537 570 *livres tournois* zwischen 1248 und seiner Rückkehr nach Frankreich im Jahre 1254 verbrauchte. Aufgelistet sind dabei die Summen des königlichen Haushalts für Proviantierung und Bekleidung, der Sold der Ritter, Armbrustschützen und Schildknappen, die Kosten für die Ersetzung und den Neuankauf von Pferden, Maultieren und Kamelen, für die Anmietung und Verproviantierung der Schiffe, für Geschenke und Darlehen an die Kreuzfahrer, das Lösegeld, das der König nach seiner Gefangennahme durch die Muslime im April 1250 bezahlen musste, die Kosten für Befestigungsanlagen im Heiligen Land und so weiter. Diese Summe entspricht mehr als dem Sechsfachen der üblichen Jahreseinnahmen des Königs in Höhe von 250 000 *livres*. Trotzdem kann es sich dabei nicht um die Gesamtaufwendungen gehandelt haben, da Ludwig außerdem schätzungsweise etwa 55 Prozent der Kreuzfahrer in seinem Gefolge über Verträge, Geschenke und Darlehen subventionierte. Auch sind darin die »versteckten Kosten« nicht berücksichtigt, etwa die großen Summen für den Neubau des Hafens von Aigues Mortes, der speziell für die Einschiffung ausersehen wurde, oder die Schulden, die Ludwig vor seiner Abreise gemacht hatte, als er sein Reich zu befrieden und stabilisieren suchte. Eine Zahl von annähernd drei Millionen *livres*, was dem Zwölffachen seines üblichen Jahresbudgets entsprach, kommt den tatsächlichen Kosten vermutlich näher.

Was immer die exakte Summe gewesen sein mag, auch in ihr sind natürlich noch nicht die individuellen Aufwendungen der großen Territorialherren – wie Alfons von Poitiers oder Karl von Anjou – und der kleineren Ritter wie Johannes von Joinville und ihrer Gefolgsleute berücksichtigt. Die Gesamtkosten jenes Kreuzzugs lagen für das Königreich Frankreich weit höher, als die Aufstellungen über die Ausgaben, die der König bei diesem Feldzug hatte, zeigen. So ist es kein Wunder, dass die Finanzierung für die Kreuzfahrer, gleich welcher sozialen Herkunft, stets eine Quelle der Sorge war. Und Kreuzzüge waren keine Unternehmungen, die sich von selbst trugen. Obwohl sich zuweilen durch Beutemachen und Plünderungen große Einkünfte erzielen ließen, vermochten diese doch kaum einmal die Aufwendungen und Verluste auszugleichen.

Es war während der Vorbereitung für jeden Kreuzfahrer enorm wichtig, Geld aufzutreiben, um über ein angemessenes, verwertbares Vermögen zu verfügen. Die Hilfsmittel, auf die die Kreuzfahrer zurückgreifen konnten, hingen natürlich von den individuellen Umständen ab. Trotzdem lassen sich bestimmte Verhaltensmuster ausmachen. Falls ein Kreuzfahrer über

Ersparnisse verfügte, setzte er sie ein, doch die ritterliche Gesellschaft neigte im Allgemeinen nicht zur Sparsamkeit. Allerdings weiß man, dass einzelne Personen sofort ihre Ausgaben einschränkten, als sie das Kreuzzugsgelübde ablegten. Nahe liegend war auch, dass man Schulden einforderte oder Streitigkeiten mit anderen Landeigentümern beilegte, um den eigenen Grundbesitz abzusichern und zusätzlich Geld einzunehmen. Von den kirchlichen Institutionen erhoffte der Kreuzfahrer geistliche Unterstützung und Fürbitten. Umstritten ist in der neueren Forschung auch noch die Frage, welche Rolle die Familie eines Kreuzfahrers, seine Bekanntschaften und Lehnsherren bei der Finanzierung des Kreuzzuges spielten. Wie der Kreuzfahrer in seinem sozialen Umfeld nach Begleitern für seine Reise Ausschau hielt, so konnte er von diesen auch ein bestimmtes Maß an finanzieller Hilfe in Form von Darlehen oder freiwilligen Geschenken erwarten. Dafür gibt es zahllose Beispiele. Was für die Ritter und Adligen galt, traf auch auf die Mitglieder anderer sozialer Schichten zu. Beispielsweise stellten städtische Brüderschaften und Gilden Geld für ihre Mitglieder bereit, die zu einem Kreuzzug aufbrachen. Wie wir noch erfahren werden, gab es auch vertragliche Dienstverpflichtungen für den Kreuzzug. Die Herren bezahlten Ritter für ihre Dienste auf dem Feldzug und verminderten so deren finanzielle Belastung, auch wenn diese trotzdem noch beträchtlich blieb.

Doch von Anfang an war vor allem die Verwertung von Rechten und materiellen Gütern die sicherste Möglichkeit, Geld in ausreichender Menge zu beschaffen. Zunächst einmal konnten Rohprodukte, Vieh und bewegliche Habe verkauft werden. Bauholz war beispielsweise eine Ware, die häufig verkauft wurde, um rasch Geld aufzutreiben. Als Graf Richard von Cornwall 1236 das Kreuz nahm, gehörte zu seinen ersten Schritten das Abholzen und Verkaufen seiner Wälder. Von Alphons von Poitiers weiß man beispielsweise, dass er eine beträchtliche Summe aus Holzverkäufen erlöste, um 1270 an seinem zweiten Kreuzzug teilnehmen zu können. Die Herren konnten auch Geld gewinnen, wenn sie ihren Leibeigenen erlaubten, sich freizukaufen, wofür wiederum die Maßnahmen des Alphons von Poitiers ein Beispiel sind, oder indem sie Rechte und Privilegien an Städte verkauften, die unter ihrer Gerichtsbarkeit standen. Graf Hugo von St.-Pol etwa schuf im März und April 1202 drei – möglicherweise sogar vier – städtische Kommunen auf seinem Grund, um hierdurch Geld für die Teilnahme am Vierten Kreuzzug zu erhalten. Um die Rechte der Gerichtsbarkeit ging es auch in einem anderen spektakulären Fall, als König Richard I. Löwenherz 1189 die Huldigungspflicht des Königs von Schottland lockerte und ihm einige Burgen gegen die hohe Summe von 10 000 Mark überließ.

Anders jedoch stand es um den Verkauf von Land, insbesondere des Erbgutes. Im Allgemeinen suchte man ihn zu vermeiden, waren doch die langfristigen Interessen der Familie und der Nachkommenschaft betroffen. Manchmal aber wurde aus unterschiedlichen Gründen auch zu diesem Mittel gegriffen. So verkaufte – zwei frühe Beispiele – Gottfried von Bouillon die Grafschaft Verdun, um Geld für den Ersten Kreuzzug aufzutreiben, und der Vicomte von Bourges veräußerte die Stadt und Grafschaft an König Philipp I. von Frankreich, um seine Teilnahme am Kreuzzug von 1101 zu finanzieren. Fast 150 Jahre später ermöglichte der französische König Ludwig IX. Johann, dem Grafen von Maçon, die Teilnahme am Kreuzzug, indem er ihm seine Grafschaft für 10 000 *livres tournois* abkaufte. Üblicher jedoch war schon seit 1095 das Verfahren, Geld zu leihen, wobei im Allgemeinen der Landbesitz die Sicherheit bildete. Am verbreitetsten war die Verpfändung (dabei wurden dem Kreditgeber die Einkünfte aus dem verpfändeten Landbesitz ausbezahlt). In den ersten hundert Jahren der Kreuzzüge waren es offenbar hauptsächlich Klöster, die Kreuzfahrern auf diesem Wege zu Bargeld verhalfen, doch gab es auch andere Kreditgeber, etwa Mitglieder aus der Familie des Kreuzfahrers. So verpfändete Herzog Robert von der Normandie im Jahr 1096, als er sich dem Ersten Kreuzzug anschloss, sein gesamtes Herzogtum für 10 000 Mark an seinen Bruder, König Wilhelm II. Rufus von England. Auch der Lehnsherr des betreffenden Kreuzfahrers oder Kaufleute, die mit dem Kreuzzug zu tun hatten, konnten als Kreditgeber in Erscheinung treten. Nach den vorliegenden Quellen aber dominierten die Klöster als Kreditgeber, obwohl dies ein schiefes Bild sein könnte, das durch die einseitige Überlieferung nur bestimmter Dokumente entsteht.

Für das 13. Jahrhundert jedenfalls stellen sich die Dinge völlig anders dar. Da kirchliche Körperschaften vergleichsweise wohlhabend waren, finden wir sie auch weiterhin als Kreditgeber für Kreuzfahrer – wie auch für andere Personen. Aufgrund des ökonomischen Wachstums und der sozialen Entwicklung standen allerdings zunehmend auch andere potenzielle Kreditgeber zur Verfügung. Das führte dazu, dass der Anteil von Kreditvereinbarungen stieg, an denen Kaufleute, Großgrundbesitzer, Lehnsherren und Verwandte von Kreuzfahrern, ja sogar einfache Ritter beteiligt waren. Kurz, jeder war als Kreditgeber willkommen, der bereit war, sich auf ein solches Geschäft mit einem Kreuzfahrer einzulassen. Die Gesellschaft und ihre Ökonomie veränderten sich – und damit unvermeidlich auch dieser Aspekt des Kreuzzugswesens.

Die vielleicht wichtigste Neuerung bei der Kreuzzugsfinanzierung war, dass weltliche oder kirchliche Steuern aufkamen, die speziell für die Kreuzzüge erhoben wurden. Schon die ersten Kreuzzüge hatten gezeigt, wie kostspielig solche Unternehmungen in der Praxis waren: Die Erhebung spezieller Steuern zu ihrer Finanzierung war nur eine Reaktion auf diese Erfahrung. Nicht weniger wichtig für diese Entwicklung waren aber auch eine veränderte Sicht der Rolle des Staates und eine Ausweitung des institutionellen Gefüges sowohl in den weltlichen Staaten wie in der päpstlichen Monarchie, die damit einhergehende Zentralisierung und Verbesserung des Verwaltungsapparats – eine Voraussetzung zur Eintreibung der Kreuzzugssteuern – und nicht zuletzt auch der Wandel der Kreuzzugsideologie.

Die weltliche Besteuerung ging dabei päpstlichen Maßnahmen voraus. Die großen Herren, die sich auf den Kreuzzug begaben, beriefen sich auf die feudale Konvention, dass Vasallen in Fällen der Not ihren Herren beistehen mussten. Natürlich gab es Widerstand gegen die Auffassung, dass ein Lehnsherr diesen Beistand mit Fug und Recht erzwingen konnten – dem stand die Auffassung entgegen, dass sich der Lehnsherr um freiwilligen Beistand bemühen musste –, aber zumindest in Frankreich hatte sich am Ende des 12. Jahrhunderts ein solcher Rechtsanspruch durchgesetzt. Das Gleiche galt auch für die Besteuerung von Stadtbewohnern und Bauern, die auf dem Land des Grundherren wohnten, aber zu ihm in keinem Lehnsverhältnis standen. So ließ etwa Ludwig IX. 274 000 *livres tournois* für seinen ersten Kreuzzug von den Städten auf dem Gebiet der französischen Krone erheben. Als Souveräne konnten die Könige ausnahmsweise, wenn die jeweiligen politischen Umstände dies zuließen, höhere Abgaben von allen ihren Untertanen fordern. Die erste königliche Steuer dieser Art wurde wohl 1146 von Ludwig VII. von Frankreich erhoben, aber dies ist nicht schlüssig belegt. Die Ursprünge einer allgemeinen Kreuzzugsbesteuerung liegen wahrscheinlich eher in den Maßnahmen, die Ludwig VII. von Frankreich und Heinrich II. von England 1166 ergriffen, als sie, um Geld für den Zug in das Heilige Land aufzutreiben, in ihren Herrschaftsgebieten eine Steuer erhoben, die vom individuellen Einkommen und Besitz abhing. 1185 folgte in Frankreich und England eine gestaffelte Steuer auf Einkommen und bewegliche Güter, auch sie zugunsten des Heiligen Landes.

Die erste allgemeine, an einen Kreuzzug gebundene Steuer war der berühmte Saladin-Zehnte (1188), der als Beitrag zur Finanzierung des Dritten Kreuzzugs diente. Er wurde wiederum in beiden Königreichen erhoben, aber diesmal mit einem wesentlich höheren Satz, nämlich zehn Prozent des Jahreseinkommens und des Werts der beweglichen Güter. Steuerpflichtig waren alle Untertanen, ob weltlichen oder geistlichen Standes; ausgenommen waren nur Kreuzfahrer, denen auch der Zehnte von jenen ihrer Vasallen zustand, die nicht am Kreuzzug teilnahmen. Die erzielten Einnahmen waren sehr groß; ein Chronist schätzte, dass sie sich in England allein auf 70 000 Pfund beliefen, was aber wahrscheinlich übertrieben ist. In Frankreich setzte politischer Widerstand den Einnahmen König Philipps II. offenbar Grenzen. Der König musste sogar geloben, dass weder er noch seine Nachfolger jemals wieder eine solche Steuer erheben würden. Offenkundig taten sie das auch nicht. Trotzdem war der Beitrag dieser Steuer zur Finanzierung des Dritten Kreuzzugs beträchtlich. Gelegentliche Besteuerungen dieser Art gab es auch noch im 13. Jahrhundert in einigen Staaten, so den Zwanzigsten, der in England 1270 erhoben wurde, um den Kreuzzug des Prinzen Eduard zu unterstützen, doch niemals wieder mit einem so hohen Steuersatz wie im Falle des Saladin-Zehnten; und im Allgemeinen waren solche Abgaben auch freiwillig, so dass sie eher wie Spenden und weniger wie Steuern wirkten.

Anders bei der päpstlichen Besteuerung der gesamten Kirche. Einzelne Kirchen und Geistliche sahen sich von Anfang an Forderungen nach Geld für den Kreuzzug ausgesetzt. Wilhelm II. Rufus beispielsweise plünderte 1096 die englische Geistlichkeit aus, um seinem Bruder die 10 000 Mark für die Verpfändung der Normandie zu bezahlen. Doch erst 1199 verpflichtete Papst Innozenz III. den gesamten Klerus, ein Vierzigstel seiner Jahreseinkünfte für den Vierten Kreuzzug an Rom abzuführen. Er versprach, dass damit kein Präzedenzfall geschaffen werde, was natürlich nicht zutraf; sogar der Steuersatz stieg. Für den Fünften Kreuzzug 1215 wurde ein Zwanzigstel auf drei Jahre erhoben und 1245, nach dem endgültigen Verlust Jerusalems, noch einmal der gleiche Satz, der in Frankreich und England bald durch einen Zehnten abgelöst wurde. 1263 folgte ein Hundertstel auf fünf Jahre – was einem Zwanzigstel für ein Jahr entsprach – und 1274 ein Zehnter auf sechs Jahre. Diese Steuern waren allgemein verbindlich – trotz der wachsenden Zahl von Freistellungen – und für den Kreuzzug ins Heilige Land bestimmt; andere Steuern waren lokal gebunden und dienten zur Finanzierung anderer Unternehmungen, so die Steuern, die 1209 und 1226 in Frankreich für den Albigenserkreuzzug erhoben wurden.

Die Erhebung und Eintreibung dieser Steuern war eine komplizierte Angelegenheit und erforderte ein ganzes System von Steuereinnehmern, deren Aktionen – und Einkünfte – peinlich überwacht wurden. Das System erreichte 1274 den Gipfel seiner Entfaltung, als Papst Gregor X., der dabei auf den Leistungen seiner Vorgänger Innozenz' III. und Honorius' III. aufbauen konnte, die gesamte Christenheit in 26 Besteuerungsgebiete einteilte, diesen stand jeweils ein Generalsteuereinnehmer vor, der seinerseits die untergeordneten Steuereinnehmer ernannte. Zur gleichen Zeit war auch die Selbsteinschätzung der Steuerpflichtigen, die Innozenz III. 1199 vorgesehen hatte, durch die Einschätzung von außen abgelöst worden, so dass die Möglichkeit des Betrugs durch eine vorsätzliche Unterbewertung der eigenen Güter und Einkünfte verringert wurde. Anfangs wurde das eingenommene Geld vor Ort an Kreuzfahrer ausgezahlt oder direkt ins Heilige Land geschickt, um dort an die Kreuzfahrer verteilt zu werden, die sich im Felde befanden; aber schon in den vierziger Jahren des 13. Jahrhunderts war die Verteilung stärker zentralisiert, und die Päpste ließen das Geld einzelnen Heerführern aushändigen. Die erzielten Summen waren immens, sofern nicht ungünstige politische Umstände die Steuereintreibung behinderten. Für den ersten Kreuzzug Ludwigs IX. wurden beispielsweise fast eine Million *livres tournois* von der französischen Kirche eingenommen. Damit war der König immerhin für die ersten vier Jahre dieses Waffengangs zahlungsfähig. Es überrascht nicht, dass sich der Klerus während des gesamten 13. Jahrhunderts oftmals bitter über diese Zwangsbesteuerung beklagte. Das System war tatsächlich effektiv, auch wenn Fälle von Betrug und Veruntreuung bei einer so weit reichenden Aktion nicht auszuschließen waren.

Zu diesen Geldsummen kamen weitere hinzu: private Spenden oder Legate für den Kreuzzug; die Münzen, die die Gläubigen für das Heilige Land in die Sammelkästen warfen, die, seit Innozenz III. 1199 diesen Brauch eingeführt hatte, in allen Kirchen aufgestellt waren; und schließlich noch die Geldsummen, die aus dem Freikauf vom Kreuzzugsgelübde, das den Gläubigen als Buße für eine weit gefächerte Liste von Vergehen auferlegt werden konnte, erlöst wurden. Bedeutender waren jedoch die Einnahmen aus der Auflösung der freiwilligen Kreuzzugsgelübde, auf die wir oben bereits eingegangen sind. Insgesamt kamen so immense Summen zusammen, wie aus der Größe der Beihilfen zu ersehen ist, die einzelne Kreuzfahrer aus diesem Schatz erhielten. Und diese Kreuzfahrer rekrutierten sich seit dem 13. Jahrhundert hauptsächlich aus den wehrfähigen Schichten der Bevölkerung. Die Entwicklung der päpstlichen Kreuzzugsfinanzierung, die zur Unterstützung der Kreuzritter eingerichtet wurde, war nur die praktische Folge der verbreiteten Vorstellung, dass alle anderen sozialen Gruppen ihren Beitrag für jene leisten sollten, die ihr Leben für die Christenheit wagten, denn die Kreuzfahrer kämpften für das Wohl der Kirche und damit letztlich für das Heil aller Gläubigen.

PRAKTISCHE FRAGEN

Die beschriebene Erschließung externer Geldmittel linderte zwar eine der größten Sorgen der Kreuzfahrer, aber es blieben die realen praktischen Probleme, denen alle Armeen ausgesetzt sind: Transport, Verproviantierung, Nachschub, militärische Disziplin, Befehlsstruktur und Organisation, um nur die Fragen beiseite zu lassen, die sich unmittelbar aus der Begegnung mit dem Feind ergaben, also Strategie und Taktik bei militärischen Operationen, Feindaufklärung und so weiter. Bei den großen Kreuzzügen im Orient, die uns hier hauptsächlich interessieren, weil die überlieferten Quellen hier umfangreicher sind als bei anderen Kreuzzügen, machten sich solche Probleme besonders bemerkbar. Das lag zum einen an den großen Entfernungen, die es zu bewältigen galt, und der langen Dauer der einzelnen Feldzüge – im 13. Jahrhundert bis zu sechs Jahre –, zum anderen aber an den Schwierigkeiten, die der internationale Charakter derartiger Unternehmungen mit sich brachte. Schwierig war es, Truppenteile mit verschiedenen Sprachen und Sitten, verschiedenen militärischen Traditionen und Kampftechniken zu einem effektiven Verband zusammenzustellen, zumal sie häufig von stolzen und streitlustigen Befehlshabern geführt wurden, die untereinander zerstritten waren. Diese Truppen brachten ihre überkommenen Vorurteile mit, so wie häufig auch politische Animositäten, die in den Heimatländern der Kreuzfahrer herrschten, auf den Kreuzzug übergriffen. Ein Beispiel dafür ist die hartnäckige Rivalität, die auf dem Dritten Kreuzzug zwischen

1199 ERGRIFF INNOZENZ III. zwei wichtige Initiativen, um die finanzielle Basis der Kreuzzüge zu vergrößern. Zum einen wurde von der Geistlichkeit eine Kreuzzugssteuer erhoben. Zum andern wurde angeordnet, dass in jeder Kirche der gesamten westlichen Christenheit ein Spendenkasten aufgestellt werden sollte, in dem die Gläubigen ihre Gaben für das Heilige Land niederlegen konnten. Der abgebildete Kasten aus Climping (Sussex) ist aus dieser Zeit erhalten geblieben.

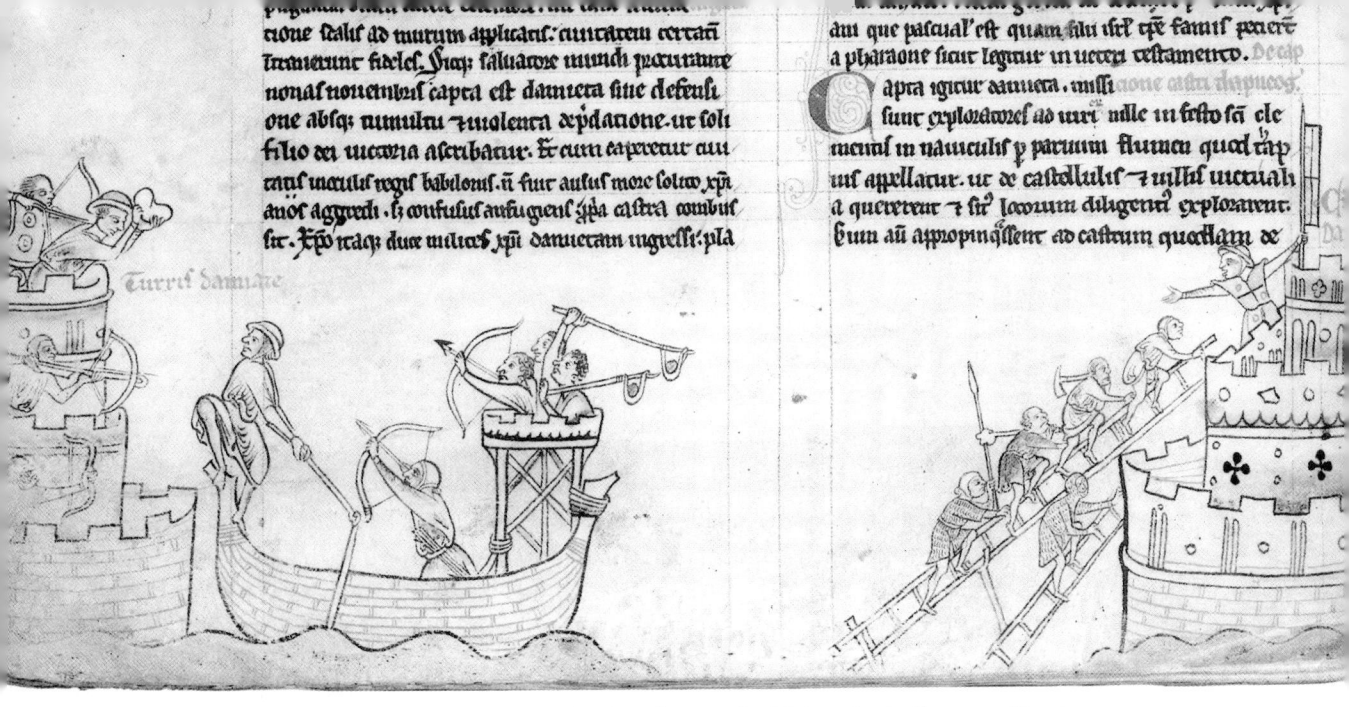

DIE LANGE, MÜHSELIGE BELAGERUNG von Damiette begann im Mai 1218, als die ersten Kontingente des Fünften Kreuzzugs in Ägypten anlangten, und endete erst im November 1219, als die Stadt in die Hände der Kreuzfahrer fiel. Die dargestellte Episode zeigt einen Angriff auf den Kettenturm.

Richard I. Löwenherz und Philipp II. August von Frankreich herrschte, und das damit verbundene gespannte Verhältnis zwischen ihren beiden Heeren. Wenn man diese Probleme berücksichtigt, werden die Erfolge des Ersten Kreuzzuges noch erstaunlicher.

Manche dieser Probleme erwiesen sich als kaum lösbar, andere, obwohl lösbar, wurden, wie stets in der menschlichen Geschichte, trotzdem nicht gelöst oder nur einmal bewältigt, ohne dass die erworbenen Erfahrungen jedoch an die folgende Generation weitergegeben wurden, obwohl einige Kreuzzugteilnehmer diesen Versuch durchaus unternahmen. So zum Beispiel Odo von Deuil, der französische Chronist des Zweiten Kreuzzuges, der mit seinem Werk ausdrücklich die Absicht verband, künftigen Generationen von Kreuzfahrern eine Anleitung zu geben: Er hoffte, sie könnten aus den begangenen Fehlern lernen. So erklären sich viele seiner praktischen Ratschläge, etwa welche Route man wählen sollte oder welche Wagen für den Transport von Gütern. Spätestens seit der Zeit Innozenz' III. versuchten auch die Päpste, Nutzen aus älteren Erfahrungen und Ratschlägen zu ziehen, wenn es galt, einen Kreuzzug vorzubereiten und durchzuführen. Die bekanntesten Empfehlungen sind die Denkschriften, die Gregor X. bei Vorbereitung des Zweiten Konzils von Lyon (1274) überreicht wurden, das zusammengerufen worden war, um über einen neuen internationalen Kreuzzug zur Befreiung des Heiligen Landes zu beraten.

Sobald die Kreuzfahrer den Kriegsschauplatz erreicht hatten, mussten sie aber, trotz allen vorher ausgearbeiteten Strategien, selbständig handeln und auf die wechselnden Umstände reagieren. Soweit ihr Geschick in ihren eigenen Händen lag, kam gleichwohl der vorbereitenden Planung große Bedeutung zu, und hier ist auch vom Ersten Kreuzzug an ein bestimmter Fortschritt erkennbar; er war teils das Ergebnis eines Lernens aus Erfahrungen, teils aber auch von Veränderungen in der abendländischen Praxis der Kriegsführung – die dann spezifisch an die Situation des Kreuzzugs angepasst wurden – und nicht zuletzt auch das Resultat der verfeinerten Regierungskunst und zunehmenden Komplexität der Verwaltung im Abendland, was eine genauere Planung und Vorbereitung der Kreuzzüge durch ihre Führer und Teilnehmer möglich machte.

Es scheint – zumindest ist nichts Gegenteiliges überliefert –, als hätten die Anführer des Ersten Kreuzzuges nur wenig im Voraus geplant. Zwar stimmten sie sich wohl miteinander ab und legten Konstantinopel als Anlauf- und Ausgangspunkt fest, doch scheinen sie in der wichtigen Frage, wie der Nachschub zu organisieren sei, wenn sie ihre Heimatländer erst einmal verlassen hatten, keine Vorabmaßnahmen getroffen zu haben. Aufschlussreich sind in dieser Hinsicht die Zusammenstöße, zu denen es auf byzantinischem Territorium kam, und der Umstand, dass eine Vereinbarung über die Einrichtung von Märkten zur Versorgung der Kreuzfahrer wie über die Frage des sicheren Geleits, das ihnen gewährt werden solle, mit Kaiser Alexios erst geschlossen wurde, als das Heer bereits in Konstantinopel weilte. Es gibt auch keinen Hinweis darauf, dass diejenigen, die über die Adria setzten, die Verschiffung von verschiedenen Häfen aus im Vorhinein arrangiert hätten; und die Ereignisse des Kreuzzugs selbst belegen eindeutig, dass vor der Abreise keine formale Befehlsstruktur geschaffen worden war.

Vom Zweiten Kreuzzug an finden sich deutliche Anzeichen für eine Weiterentwicklung, und später lässt sich ein recht klares Muster erkennen. Was den Transport zu Schiff betrifft, so findet sich der erste Hinweis darauf, dass ein ganzes Heer das Mittelmeer auf dem Seeweg überqueren könnte, in den Verhandlungen zwischen Ludwig VII. von Frankreich und Roger II. von Sizilien in den Jahren 1146 und 1147, wobei der normannische Herrscher anbot, seine Flotte zur Verfügung zu stellen und für den Nachschub der Lebensmittel zu sorgen. Schließlich aber entschied Ludwig, sich dem deutschen König Konrad III. auf dem Landweg anzuschließen. Beim Dritten Kreuzzug war geplant, dass die englischen und französischen Truppen unter Richard Löwenherz und Philipp II. von Südfrankreich aus in See stechen sollten. Richard stellte in England, der Normandie, der Bretagne und in Poitou eine beträchtliche Flotte zusammen, die 1190 aufbrach, um den König in Marseille zu treffen. Dieses Treffen schlug fehl, doch schließlich vereinigte sich diese Flotte mit Schiffen, die in italienischen Häfen angeheuert worden waren, um Richards Streitmacht in den Orient überzusetzen. Ungefähr zweihundert Schiffe verließen im April 1191 den Hafen von Messina, wo sie überwintert hatten. Richards Rivale Philipp II. August schloss den ersten Kontrakt über die Verschiffung einer Kreuzfahrerstreitmacht ab, der uns überliefert ist. Im Februar 1190 mietete er für 5 850 Mark genuesische Schiffe für den Transport von 650 Rittern, 1 300 Schildknappen und 1 300 Pferden, von Proviant für acht Monate vom Tag der Abreise an, sowie von Wein für vier Monate. Später wählten alle Kreuzzüge in den Orient den Seeweg, wobei mit einem oder mehreren der Mittelmeerhäfen im Voraus Schiffahrtskontrakte abgeschlossen wurden; Pisa, Genua, Venedig und Marseille teilten sich dabei den Löwenanteil.

Die Entbehrungen und Härten, die die erste Generation der Kreuzfahrer erlitten hatte, dazu die Leiden, die das Heer Friedrichs I. Barbarossa auf dem Dritten Kreuzzug in Kleinasien erfuhr, trugen zweifellos zu dieser bedeutsamen Entwicklung bei. Wichtig aber war auch, dass Ägypten nun zum Ziel der Kreuzzüge in den Orient wurde und der Landweg durch Anatolien nach 1204, als sich die feindlichen Byzantiner in Nikaia festsetzen konnten, versperrt war. Trotzdem wurde die Verlegung des Kreuzzuges auf dem Seewege und damit die auf Ägypten ausgerichtete Strategie nur durch bedeutsame Veränderungen möglich, die sich zu dieser Zeit in der Mittelmeerschifffahrt vollzogen. Nun ließen sich Schiffsreisen über die ganze Weite des Mittelmeeres durchführen, da die abendländische Marine dieses Meer beherrschte und zudem die Größe, Ladekapazität und Manövrierfähigkeit der Schiffe verbessert worden war. Probleme, die bei der Verschiffung großer Truppenverbände auftreten, konnten auch durch technische Fortschritte überwunden werden. Ein besonders dringliches Problem stellte der Transport von Pferden dar, da ein Heer, dessen Kerntruppe aus Rittern bestand, ohne sie so geschwächt werden konnte, dass es praktisch nutzlos war. Der Venezianische Kreuzzug von 1123 scheint der erste gewesen zu sein, bei dem Pferde direkt ins Heilige Land verschifft wurden; in der Zeit des Dritten Kreuzzugs war das bereits zur gängigen Praxis geworden. Doch wie schon oben erwähnt, darf man keinen stetigen Erfahrungszuwachs bei der Durchführung eines Kreuzzugs unterstellen. Obwohl etwa Ludwig IX. beabsichtigt hatte, in Ägypten zu landen, war seine Flotte im Jahre 1248 für dieses Vorhaben äußerst schlecht gerüstet, da sie überwiegend aus Segelschiffen bestand, die lange bevor sie das Ufer erreichten auf Grund liefen, so dass die Ritter an Land waten mussten. Ruderboote waren vonnöten, wie schon Kaiser Friedrich II. richtig erkannt hatte, als er 1224 noch den – später aufgegebenen – Plan verfolgte, auf seinem Kreuzzug zunächst Ägypten anzugreifen.

Was den Nachschub angeht, so hatten offenbar sowohl Ludwig VII. als auch Konrad III. aus den Erfahrungen des Ersten Kreuzzugs gelernt. Auf jeden Fall versuchten sie beide, noch vor ihrer Abreise von den Herrschern, deren Länder sie durchqueren würden, das Privileg für die Versorgung mit Nahrungsmitteln und für sicheres Geleit zu erlangen. 1146 schickte Ludwig in dieser Angelegenheit Briefe an König Roger II. von Sizilien – der Seeweg war zu diesem Zeitpunkt noch eine Option –, an den byzantinischen Kaiser Manuel I. Komnenos, an den deutschen König Konrad sowie an König Géza von Ungarn. Ludwig und Konrad setzten auch, da beide Heere den gleichen Weg hatten, verschiedene Aufbruchstermine fest, um den Nachschub zu erleichtern und besser Disziplin halten zu können; ihre Truppen sollten sich erst in Konstantinopel vereinen.

Der Wechsel auf den Seeweg veränderte die Dinge drastisch. Erhaltene Verträge zeigen, dass in der Regel die Schiffseigentümer Nahrungsmittel und Wein (beziehungsweise Trinkwasser) für die zu transportierenden Truppen auf eine vertraglich festgelegte Zeit – meist mehrere Monate – von der Einschiffung an zu liefern hatten. Zuweilen wurden auch weitere Verbrauchsgüter und Futter für die Pferde berücksichtigt. Zusätzlich legten die Anführer von Kreuzfahrerheeren und die großen Herren in ihrem Gefolge im Voraus Nahrungsmittelvorräte an, die sie zu dem vorgesehenen Einschiffungshafen schickten oder, wie Richard Löwenherz, auf ei-

AIGUES MORTES war einer der wenigen Orte am Mittelmeer mit einem natürlichen Hafenbecken, der sich im 13. Jahrhundert unter direkter Herrschaft der französischen Krone befand. Hier gründete Ludwig der Heilige eine neue Stadt, speziell für die Einschiffung seines Kreuzzugs von 1248. Sie wurde weitgehend aus Holz errichtet. Die Mauern und Türme sind im Wesentlichen das Werk seines Sohnes Philipps III.

genen Schiffen in den Orient transportierten: Man weiß, dass große Mengen an Schinken, Bohnen, Käse, Mehl, Zwieback, eingelegtem Fleisch, Wein, Sirup und anderen Verbrauchsgütern zur Ladung gehörten, als seine Flotte 1190 in See stach. Ludwig IX. legte nicht nur ein Versorgungslager in Aigues Mortes an, sondern ließ vor seinem ersten Kreuzzug vorab auch große Mengen an Wein und Lebensmitteln auf Zypern sammeln. In einer berühmten Passage seiner Chronik berichtet Johann von Joinville bewundernd über Berge von Weinfässern und Hügel von Weizen und Gerste. Natürlich wurden auch militärische Ausrüstungsgegenstände in großer Zahl verschifft. Die fragmentarischen Berichte teilen Einzelheiten über den Ankauf von Armbrüsten und Bolzen, Pfeilen und Bogen, von Panzerhemden, Hufeisen, Pfosten, Balken und anderen Dingen mit, und die Berichte der Chronisten belegen, dass noch weiteres Material auf dem Feldzug mitgeführt wurde. Die Kreuzfahrer konnten natürlich auch darauf hoffen, Lebensmittel, Waffen, Pferde und andere Bedarfsartikel im Heiligen Land zu kaufen, aber erhaltene Berichte verdeutlichen, wie kostspielig das werden konnte, da mit der Landung eines Heeres derartige Güter stark im Preis stiegen.

Falls gar Ägypten das Bestimmungsland war, dann musste so viel Material wie möglich aus dem Abendland mitgenommen werden. Es war sinnvoll, dass die Heeresführer eine zentrale Planung hatten und ihre Truppen beispielsweise mit allem ausrüsteten, was sie für eine Belagerung benötigten, und dass auch die einzelnen Kontingente mitnahmen, was sie konnten. Johann von Joinville berichtet, wie er 1248 in Begleitung des Grafen von Saarbrücken und 18 Rittern die Saône und Rhône hinab nach Marseille reiste, wobei sie ihre schweren Streitrösser am Ufer entlang führten und die Vorräte und Ausrüstungsgegenstände, die auf Boote verladen waren, nicht aus den Augen ließen. Schließlich mussten die Kreuzfahrer noch so viel Bargeld wie möglich mitnehmen, um die Kosten zu bestreiten, die sie während des Feldzugs unvermeidlich haben würden. Wichtig war das vor allem für die Anführer, da man von ihnen erwartete, dass sie zumindest einen Teil der Bedürfnisse ihrer Gefolgsleute übernahmen. Zudem war Geld auch entscheidend, um die Truppenstärke aufrechtzuerhalten. So nahm etwa Richard Löwenherz auf dem Dritten Kreuzzug jene Kreuzfahrer in seine bezahlten Dienste, die ihre eigenen Mittel verbraucht hatten. Auch für die innere Disziplin eines Kreuzfahrerheers konnte Geld ein entscheidender Faktor sein.

Organisation, Befehlsstruktur und Disziplin waren stets kritische Fragen, insbesondere bei den großen, internationalen Kreuzzügen, bei denen Kontingente aus dem gesamten Abendland zusammenkamen. Die kleinsten Einheiten, das heißt die Gefolgschaften der einzelnen Ritter und Adligen, besaßen ihre eigene Struktur und Disziplin; das Problem war, aus diesen Einheiten eine größere Abteilung zu bilden und über alle Trennlinien hinweg eine feste Befehlsstruktur zu errichten, die die Truppe zu einer geschlossenen Armee machte. Die Rivalitäten zwischen den Anführern des Ersten Kreuzzugs und zwischen den Königen, die den Zweiten und Dritten Kreuzzug geführt hatten, zeigten die Notwendigkeit eines allseits anerkannten Oberbefehlshabers, der vor der Abfahrt oder spätestens bei der Ankunft im Orient feststehen musste. Den ersten Versuch in dieser Richtung gab es beim Vierten Kreuzzug, als zunächst Thibaut von Champagne und nach dessen Tod Bonifatius von Montferrat zum Oberbefehlshaber ernannt wurden. Wenn ein Kreuzzug einen Anführer von Format besaß, trat das Problem nicht auf. Ludwig IX. beispielsweise war der unbestrittene Befehlshaber seiner beiden Kreuzzüge. Aber dass ein Oberbefehlshaber akzeptiert wurde, reichte häufig noch nicht aus, um Zusammenhalt und Disziplin zu gewährleisten. Teilweise als Reaktion auf dieses Problem setzten die Kreuzzugsführer vor der Abreise formale Verträge auf, in denen die genauen Dienstpflichten bei diesem Unternehmen in rechtlich bindender Form aufgeführt wurden. Vielleicht gab es solche Verträge schon im 12. Jahrhundert, doch sind sie nicht erhalten. Im 13. Jahrhundert wurden sie jedenfalls üblich, wie bei anderen Kriegszügen auch. Die Entwicklung erreichte ihren Höhepunkt mit den Kreuzzügen Ludwigs IX., zumal im Waffengang des Jahres 1270, der von der Spitze herab mittels Verträgen organisiert wurde. Was Ludwigs persönliches Gefolge betraf, so waren etwa 400 Ritter durch Vertrag an ihn gebunden. Für die Dienste einer genau bestimmten Anzahl von Rittern, die der Vertragsnehmer zu stellen versprach, garantierte Ludwig Geld, Transportmittel und in einigen Fällen auch die Verpflegung. Ludwig schloss auch Verträge mit den Führern von Truppenteilen, so mit Alphons von Poitiers, Guy von Flandern, Robert von Artois und Eduard von England, in denen diese sich verpflichteten, die ausbedungene Zahl von Rittern zu stellen. Sie wiederum schlossen Unterverträge, von denen einige erhalten sind. So zeigt sich hier insgesamt das Bild eines großen internationalen Kreuzzugs, der vollständig durch Verträge geregelt war, sowohl in Transport- als auch in Personalfragen. Die praktische Durchführung eines Kreuzzugs hatte sich somit seit der Zeit des Ersten Kreuzzugs entscheidend verändert.

EINIGE AUSWIRKUNGEN

Eine Bewegung wie die der Kreuzzüge, die sich so ausbreitete und intensivierte, dass sie zu einer facettenreichen und höchst komplexen Erscheinung wurde, musste notwendigerweise tief greifende Wirkungen auf ihre Zeit haben. Tatsächlich waren die Folgen der Kreuzzugsbewegungen fast überall zu spüren; kaum ein Bereich der damaligen abendländischen Welt, lässt man ihre unmittelbaren Nachbarn einmal beiseite, der nicht direkt oder indirekt in der einen oder anderen Weise von ihr betroffen oder beeinflusst wurde. Auf der weltgeschichtli-

IN DIESEM VERTRAG vom 20. Juli 1270 verpflichten sich zwei englische Ritter, Payn de Chaworth und Robert Tybetot, Eduard von England mit jeweils fünf Rittern auf seinem Kreuzzug zu dienen. Ihnen werden dafür freie Passage und Trinkwasser und ein Lohn von 100 Mark pro Ritter zugesagt. Der Vertrag ist mit den beiden Rittersiegeln versehen. Zu dieser Zeit war es üblich geworden, Dienstverpflichtungen vertraglich festzuschreiben.

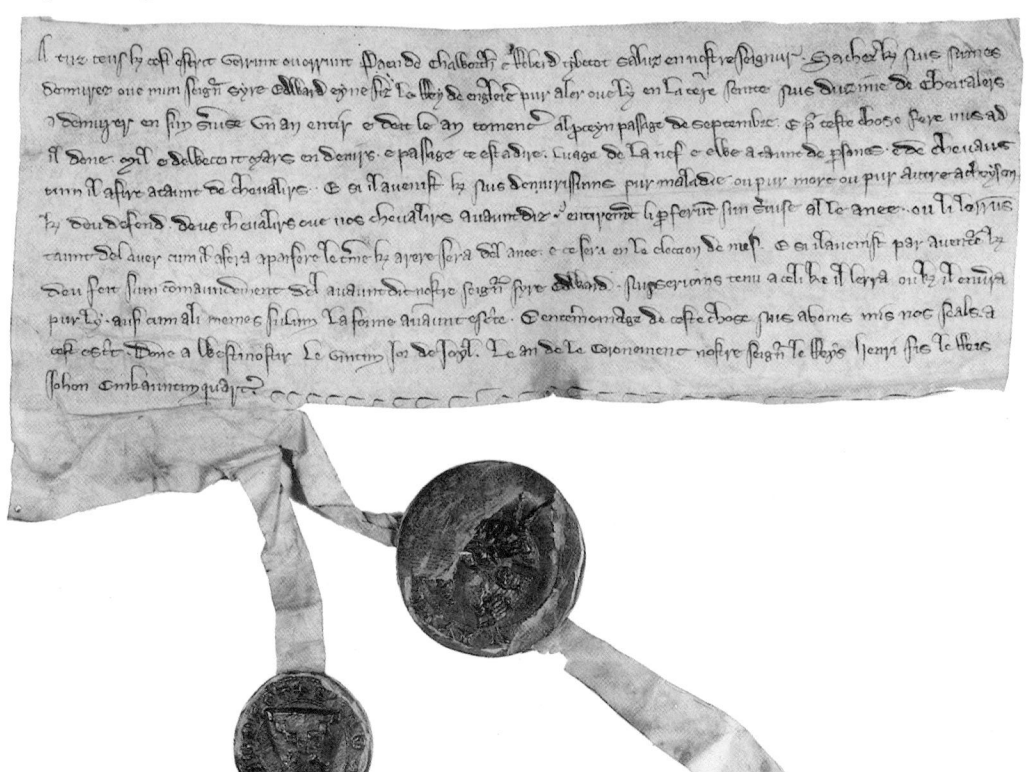

chen Bühne spielten die Kreuzzüge eine wichtige Rolle, gaben sie doch der politischen und kulturellen Landkarte ein neues Gesicht – denn sie bildeten eine wichtige Voraussetzung für die fortschreitende Expansion der lateinischen Christenheit, für das Entstehen neuer, römisch geprägter Staaten in Nordosteuropa, auf der iberischen Halbinsel und natürlich im Orient, wenn auch einigen dieser Staaten nur eine kurze Existenz beschieden war. Auch im Abendland selbst hatten die Kreuzzüge großen Anteil daran, dass wichtige politische Entwicklungen vorangetrieben, ja entschieden wurden, so vor allem der Sieg des Papsttums über die Stauferkaiser, die mit seiner Vernichtung gedroht hatten. Das Schicksal der verschiedenen Teile des Stauferreichs wurde zu einem der wichtigsten Themen der internationalen Politik im späteren 13. Jahrhundert und weit darüber hinaus. Und obwohl der Albigenserkreuzzug die Häresie der Katharer nicht zerschlagen konnte – dazu war er ein zu ungeschlachtes Mittel –, beeinflusste er doch drastisch die Politik und Kultur Südfrankreichs, wovon in erster Linie die französische Krone profitierte. Zum ersten Mal wurde – eine unmittelbare Folge dieses Kreuzzuges – die Macht des französischen Königs bis auf das Languedoc und die Küste des Mittelmeeres ausgeweitet. Durch die Ausrufung von Kreuzzügen suchte das Papsttum seinem Anspruch, die Christenheit zu lenken, Realität zu verleihen, wobei es der Verwirklichung dieses Traums unter Innozenz III. am nächsten kam.

Die Kreuzzüge trugen ebenso dazu bei, das Selbstverständnis der Europäer zu verändern; sie förderten die Erkenntnis, dass alle Europäer eine gemeinsame Identität haben, die in einer gemeinsamen kulturellen Tradition – die freilich lokale Unterschiede aufweist – verwurzelt ist. Da die abendländische christliche Kultur das kennzeichnende gemeinsame Merkmal war, tat sich ein tiefer Spalt zwischen den christlichen Westeuropäern und der übrigen Menschheit auf, der seiner Konzeption nach im Wesentlichen religiös fundiert war. Betrachtet man die Kreuzzüge in diesem Sinne als einen umfassenden ideologischen Krieg, so lässt sich sagen, dass sie den fremdenfeindlichen Zug innerhalb der abendländischen Kultur, der bisher relativ latent geblieben war, dramatisch verstärkten und die exklusive Sicht der Welt zusätzlich nährten, wonach die Überlegenheit der christlich-abendländischen Kultur eine ausgemachte Sache war. Im Zusammenhang damit stand ein drastischer Wandel der christlich-jüdischen Beziehungen im Abendland: Die Pogrome von 1096 bezeugen eine neue, feindselige Haltung, die sich bald fest im Herzen der abendländischen Kultur verankerte. Darüber hinaus bewirkte das Kreuzzugswesen, als Idee und als Praxis, die Durchsetzung ritterlicher Werte und trug damit stark zu einem neuen Selbstverständnis der Ritterstandes bei – ein Selbstverständnis, das die kulturelle Distanz dieses Standes von anderen sozialen Schichten scharf akzentuierte.

Die Auswirkungen des Kreuzzugswesens auf das Alltagsleben finden sich überall, wir können hier nur ein paar Aspekte herausgreifen. Im vorangehenden Überblick ist deutlich geworden, dass in dem Maße, wie sich die Kreuzzugsbewegung ausweitete, immer mehr Westeuropäer direkt betroffen waren. Mitte des 13. Jahrhunderts beispielsweise kann es nur wenige Männer und Frauen des Laienstandes gegeben haben, die im Verlauf ihres Lebens nicht wenigstens eine, wahrscheinlich aber mehrere Kreuzzugspredigten gehört hatten; und als die Möglichkeit, ein einmal geleistetes Gelübde wieder abzulösen, eingeführt worden war, nahmen die Menschen in ständig wachsender Zahl das Kreuz. Mit der Ausweitung der Kreuzzugssteuern und der anderen Verfahren der Geldeinnahme blieben immer weniger Menschen von Eingriffen in ihr Hab und Gut verschont, ob sie nun Bauern, Stadtbewohner oder Kleriker waren. Das Verlangen der Kreuzfahrer nach Bargeld bot jenen, die ihren Besitz in einem bestimmten Gebiet ausbauen wollten, günstige Gelegenheiten, weil sich für Käufer die Bedingungen auf dem Grundstücksmarkt deutlich verbesserten, wenn ein Kreuzzug ausgerufen war. Ebenso vergrößerte das Bedürfnis der Kreuzfahrerheere nach Schiffen und Nachschub den Wohlstand der italienischen Küstenstädte, wie ihnen auch die Errichtung lateinischer Siedlungen im Orient die Möglichkeit bot, ihre Handelsaktivitäten auszuweiten. Der Bedarf an Waffen, Nahrungsmitteln und anderen Gütern sorgte in den Heimatländern der Kreuzfahrer für einen zeitweiligen Anstieg der Nachfrage nach einer Vielzahl von Waren, wenn sich auch unmöglich bestimmen lässt, ob der ökonomische Anreiz, der aus den Aufwendungen für einen Kreuzzug resultierte, auch die Störungen auszugleichen vermochte, die ein Kreuzzug im wirtschaftlichen Leben verursachte.

Das sind nur einige der bedeutsamen und offenkundigen Auswirkungen der Kreuzzugsbewegung zu dieser Zeit, womit aber noch nichts darüber gesagt ist, welchen Einfluss sie auf den Kreuzfahrer selbst, seine Familie und seine Vasallen hatte. Und doch übte sie vermutlich auf dieser persönlichen, menschlichen Ebene die mächtigste und tiefgreifendste Wirkung. Wie in allen Kriegen kehrten auch von den Kreuzzügen viele Teilnehmer mit tiefen körperlichen oder seelischen Narben zurück, wenn sie denn überhaupt zurückkamen; jedenfalls war das Leben dieser Menschen für immer von ihren Erfahrungen geprägt. Und das Gleiche gilt letztlich auch für die Frauen und Kinder der Kreuzfahrer und für alle, die aus dem einen oder anderen Grund eng in ihr Schicksal einbezogen waren. Wie groß die Auswirkungen der Kreuzzüge auf dieser grundlegenden Ebene waren, das beginnt die moderne Forschung erst jetzt langsam zu verstehen.

4
DIE MENTALITÄT DER ORIENTKREUZFAHRER 1095 BIS 1300

JONATHAN RILEY-SMITH

Die Kreuzzüge zogen Männer und Frauen aus allen Schichten in ihren Bann. Ein Zeitgenosse führte die Beteiligung der Massen am Ersten Kreuzzug auf die allgemeine Unordnung, auf eine Epidemie der Mutterkornvergiftung, die ganz Westeuropa heimsuchte, sowie auf wirtschaftliches Elend zurück. Er beschrieb den Aufmarsch dieser Menschen wie einen Zug von Auswanderern, wobei viele der armen Reisenden »von ihren Frauen, Kindern und ihrer häuslichen Habe niedergedrückt« wurden. Papst Urban war dagegen gewesen, dass sich ungeeignete Männer und Frauen einer militärischen Expedition anschlossen. Er hatte, wie er 1097 schrieb, »die Seelen der Ritter wachrütteln« wollen. Doch weil er den Kreuzzug als eine Pilgerfahrt gepredigt hatte, als eine fromme Tätigkeit, die allen offen stand, war es für ihn und seine Nachfolger schwierig, solche unerwünschten Teilnehmer abzuhalten – selbst nachdem Innozenz III. mit dem Ablass der Kreuzzugsgelübde eine Lösung gefunden hatte. Am Ende erwiesen sich die Kosten einer möglichen Teilnahme als wirksameres Hinderungsmittel als offizielle Zurückweisungen. Bei den Kreuzfahrerheeren, die auf dem Landweg in den Orient zogen, scheint es eine große Zahl von Armen gegeben zu haben, doch sobald die Armeen den Seeweg wählten, konnten sich viele der Armen eine Überfahrt nicht mehr leisten. Obwohl es immer noch einige gab, die, wie wir schon gesehen haben, den Anführern Schwierigkeiten machten, ging ihre Zahl doch zurück, während die von ihnen initiierten Unternehmungen – der Kinderkreuzzug von 1212, der Volkskreuzzug von 1309 und die Schäferkreuzzüge von 1251 und 1320 –, mit denen sie vielleicht auch auf ihren Ausschluss von den kriegerischen Expeditionen reagierten, die ohnehin einen immer professionelleren Charakter annahmen, niemals über die Grenzen Westeuropas hinaus gelangten.

Es ist bedauerlich, dass fast keine Quellen existieren, aus denen sich die Gedanken und Gefühle der breiten Bevölkerungsmassen erschließen lassen. Wenn wir uns den besser ausgerüsteten Kreuzfahrern zuwenden, den Kaufleuten, Handwerkern und selbständigen Bauern, finden wir ab und an erhellende Hinweise. So ließ beispielsweise im Dezember 1219 Barzella Merxadrus, ein Bürger Bolognas, sein Testament aufsetzen, als er schwer krank im Feldlager vor Damiette lag. Er ernannte seine Frau Guiletta zur Erbin seiner Besitztümer sowie der ihm zustehenden Kriegsbeute und versuchte sicherzustellen, dass sie ihren Platz in dem Zelt behalten durfte, das sie mit anderen Kreuzfahrern geteilt hatten. Doch solche Einblicke sind selten; gut aus den Quellen unterrichtet sind wir nur über die Gefühle und Wahrnehmungen der Land besitzenden Adligen und Ritter. Die Wohlhabenderen unter ihnen waren prominent genug, um häufig in den Berichten erwähnt zu werden. Sie mussten ihren sozialen Status aufrechterhalten und daher auch während des Kreuzzuges die Kosten ihres Haushalts auf dem Kreuzzug tragen. Da sie Besitz zu Geld machen konnten, hinterließen sie eine Reihe von Urkunden, die häufig wertvolle Informationen über ihre Gedankenwelt enthalten.

Die Kreuzfahrer »nahmen das Kreuz«, das heißt, sie legten ein bestimmtes Gelübde ab, häufig bei emotional aufgerührten öffentlichen Versammlungen unter dem Einfluss von Predigern, deren Aufgabe es war, ihre Zuhörer in einen Begeisterungstaumel zu versetzen. Man hat vermutet, dass im dritten Viertel des 12. Jahrhunderts die Kreuznahme und der Ritus der Darreichung der Pilgersymbole Beutel und Stab zu einer einzigen Zeremonie zusammengefallen waren. Vielleicht trifft das zu, anfänglich jedenfalls waren beide Rituale getrennt. Ludwig VII. durchlief sie an zwei verschiedenen Orten und Zeitpunkten, als er sich auf den Zweiten Kreuzzug vorbereitete. Am 31. März 1146 legte er zusammen mit Angehörigen des Hochadels vor einer großen Versammlung sein Kreuzzugsgelübde in Vézelay in einer halb privaten Zeremonie ab, bei der dem König ein Kreuz gereicht wurde, das der Papst gesandt hatte. Anschließend trat er mit dem Prediger, dem heiligen Bernhard von Clairvaux, vor die öffentliche Versammlung und stand neben ihm mit dem Kreuz auf der Plattform, offensichtlich um die Zuhörerschaft zu ermutigen. Bernhards Predigt erweckte eine dermaßen große Begeisterung, dass der Packen an Stoffkreuzen, der zur Verteilung bereit stand, aufgebraucht wurde

DIE KREUZNAHME. Ein Kreuzfahrer empfängt das Kreuz von einem Bischof; Beutel und Pilgerstab hat er bereits erhalten. Die beiden getrennten Zeremonien der Kreuznahme und des Empfangens der Pilgersymbole flossen im späteren 12. Jahrhundert zusammen.

und Bernhard sein Mönchshabit in Fetzen reißen musste, um so für Nachschub zu sorgen. Erst über ein Jahr später, am 11. Juni 1147, empfing der König zu St. Denis aus den Händen des Papstes die Symbole der Pilgerschaft: den Beutel und die Oriflamme, das Schlachtbanner der französischen Krone, welches bei dieser Gelegenheit wahrscheinlich die Stelle des Pilgerstabs vertrat.

Diese Vorgehensweise wurde in den frühen Jahrzehnten der Kreuzzugsbewegung überall geübt. Nachdem Adlige oder Ritter das Kreuz genommen hatten, schlossen sie private Vereinbarungen, um vom ortsansässigen Bischof, Abt oder Prior Beutel und Stab sowie den Segen zu empfangen, der später als zusätzliche rituelle Handlung erwähnt ist. Die zweite zeremonielle Handlung war manchmal mit einer finanziellen Vereinbarung oder einer Spende an die betreffende religiöse Gemeinschaft verbunden. So spendete beispielsweise am 22. Mai 1096 Fulko von Châteaurenard im Kapitelhaus von Lérins der Abtei einen großen Teil seiner Besitztümer. Der Abt, der ihm den Kreuzzug als Buße auferlegt hatte, reichte ihm ein Tuch (statt der Pilgertasche), einen Stab und gab ihm auch ein Maultier. Zeremonien dieser Art mag es noch lange gegeben haben, nachdem die beiden Rituale zusammengelegt worden waren. So erhielt Johann von Joinville 1248 von dem Abt von Cheminon die Symbole der Pilgerschaft.

Urban führte das Kreuz als ein sichtbares Symbol für das abgelegte Gelübde ein und bezog es auf die Gebote Christi: »Und wer verlasset Häuser oder Brüder oder Schwester oder Vater oder Mutter oder Weib oder Kinder oder Äcker um meines Namens willen, der wird's hundertfältig nehmen und das ewige Leben ererben« (Matthäus 19, 29). Oder: »Will mir jemand nachfolgen, der verleugne sich selbst und nehme sein Kreuz auf sich und folge mir« (Matthäus 16, 24 und ähnlich Lukas 14, 27). Aus Syrien schrieben die Führer des Kreuzzugs an ihn: »Du, der du uns durch deine Predigten dazu vermocht hast, unsere Länder zu verlassen und alles, was in ihnen ist, und uns befohlen hast, unsere Kreuze zu nehmen und Christus zu folgen.«

Manche Menschen reagierten hysterisch, indem sie ihre Körper mit Kreuzen brandmarkten, aber schon der Anblick der üblichen Stoffkreuze muss beeindruckend genug gewesen sein. Eine Skulptur des frühen 12. Jahrhunderts aus der Priorei von Belval in Lothringen zeigt einen Kreuzfahrer, der auf seiner Brust ein Kreuz trägt, das aus fünf Zentimeter breiten Stoffstreifen besteht und etwa 15 Zentimeter lang und 15 Zentimeter breit gewesen sein muss. Sehr bald unterschieden sich die einzelnen Kreuzfahrerkontingente dadurch, dass sie Kreuze von verschiedener Form und Farbe wählten – diese Praxis scheint in den späten vierziger Jahren des 12. Jahrhunderts für die Teilnehmer der Wendenkreuzzüge eingeführt worden zu sein, die als Abzeichen ein Kreuz über einer Kugel trugen. Es wurde bereits oben erwähnt, dass bei einer vorbereitenden Versammlung für den Dritten Kreuzzug festgelegt wurde, dass die Teilnehmer aus Frankreich rote, die englischen weiße und die Teilnehmer aus Flandern grüne Kreuze tragen sollten.

Von den Kreuzfahrern wurde verlangt, dass sie ihre Kreuze stets auf ihrer Kleidung trugen, bis sie nach erfülltem Gelübde in die Heimat zurückkehrten. 1123 wandten sich die Bischöfe auf dem Ersten Laterankonzil gegen jene, »die ihr Kreuz abgelegt hatten«, ohne die

Reise angetreten zu haben. Ein Kreuzfahrer sollte also allzeit als solcher erkennbar sein, denn die Führer des Ersten Kreuzzugs waren überzeugt, dass es ein Reservoir zusätzlicher Kräfte im Abendland gebe, das sich mobilisieren ließe, wenn die Kirche die »Bummelanten« zwingen würde, ihre Gelübde zu erfüllen. Forderungen dieser Art gab es in der gesamten Geschichte der Kreuzzüge, und periodisch wurden Versuche unternommen, festzustellen, wie groß das Reservoir der »falschen Kreuzfahrer« eigentlich war. Aber es war allemal leichter, gegen jene zu schimpfen, die sich nach dem Gelübde eines Anderen besonnen hatten, als sie dazu zu bringen, ihr Versprechen doch noch einzulösen.

Ein weiterer Grund, warum es wichtig war, genau zu wissen, wer das Kreuz genommen hatte, waren die besonderen Rechte, die die Kreuzfahrer genossen. Zunächst herrschte Verwirrung, selbst unter der hohen Geistlichkeit, über zumindest eines der Privilegien, die ihnen auf dem Konzil von Clermont zugebilligt worden waren: das Versprechen der Kirche, ihre Familien und ihr Eigentum zu schützen, solange sie sich auf dem Kreuzzug befanden. Hugo II. von Le Puiset, der das Kreuz für den Kreuzzug von 1107 genommen hatte, fühlte sich bedroht, weil Graf Rotrou von Mortagne – der übrigens am Ersten Kreuzzug teilgenommen hatte – eine Burg auf einem Gutshof, der zur Grafschaft Hugos gehörte, hatte schleifen lassen. Hugos Bischof, Ivo von Chartres, überstellte den Fall an ein weltliches Gericht, obwohl er einer der führenden Kirchenrechtler seiner Zeit war. Gewalttätigkeiten folgten und Hugo wandte sich an den Papst, der den Streit schlichtete. Ivo betonte, dass sich die Kirchenleute nicht einigen konnten, was zu tun war, weil »dieses Gesetz, welches die Güter der Ritter schützt, die nach Jerusalem gehen, neu war. Sie wussten nicht, ob sich der Schutz nur auf die Besitztümer der Kreuzfahrer oder auch auf ihre Befestigungsanlagen erstreckte.«

Im 13. Jahrhundert jedoch waren die Privilegien dann klar definiert und gaben so den Kreuzfahrern einen rechtlichen Vorteil. Sie umfassten neben dem Sündenablass (darüber unten mehr) und dem Schutzversprechen den Aufschub feudaler Dienstleistungen bis zur Rückkehr, ebenso auch einen Aufschub bei Prozessen oder alternativ eine beschleunigte Erledigung noch vor der Abfahrt. Ebenso umfassten sie ein Moratorium bei der Rückzahlung von Schulden und der Zahlung von Zinsen sowie die Freistellung von Steuern und Abgaben. Ein Geistlicher durfte seine Pfründe in Abwesenheit genießen, ein Ritter Lehnsgüter oder unveräußerlichen Besitz verkaufen oder verpfänden, um Geld aufzutreiben. Exkommunizierte wurden wieder in den Schoß der Kirche aufgenommen. Kreuzfahrern wurde die Erlaubnis erteilt, mit Exkommunizierten umzugehen, und sie waren von den Folgen eines Interdikts befreit. Das Kreuzzugsgelübde konnte ein anderes, noch nicht erfülltes Gelübde ersetzen. Dem Kreuzfahrer stand das Recht auf einen persönlichen Beichtvater mit weit reichenden Vollmachten zur Erteilung der Absolution zu.

Kreuzfahrer waren offenkundig hoch angesehen. Es gibt zwar keine Untersuchungen, wie die Teilnahme an einem so prestigeträchtigen Unternehmen ihren sozialen Status beeinflusste, es kann aber kaum einen Zweifel daran geben, dass die Annahme des Titels *Jerosolimitanus* ihnen in ihrer Nachbarschaft und sogar auf internationaler Ebene Ehre brachte. Als Bohemund von Tarent 1106 durch Frankreich reiste, glich das einem Triumphzug, der seinen Höhe-

EIN KREUZFAHRER UND SEINE FRAU. Skulptur des frühen 12. Jahrhunderts aus dem Kreuzgang der Priorei Belval in Lothringen. Der Kreuzfahrer ist als Pilger gekleidet, mit Beutel und Stab. Er trägt auf seiner Brust das Stoffkreuz, das er erst ablegen durfte, wenn sein Gelübde erfüllt war.

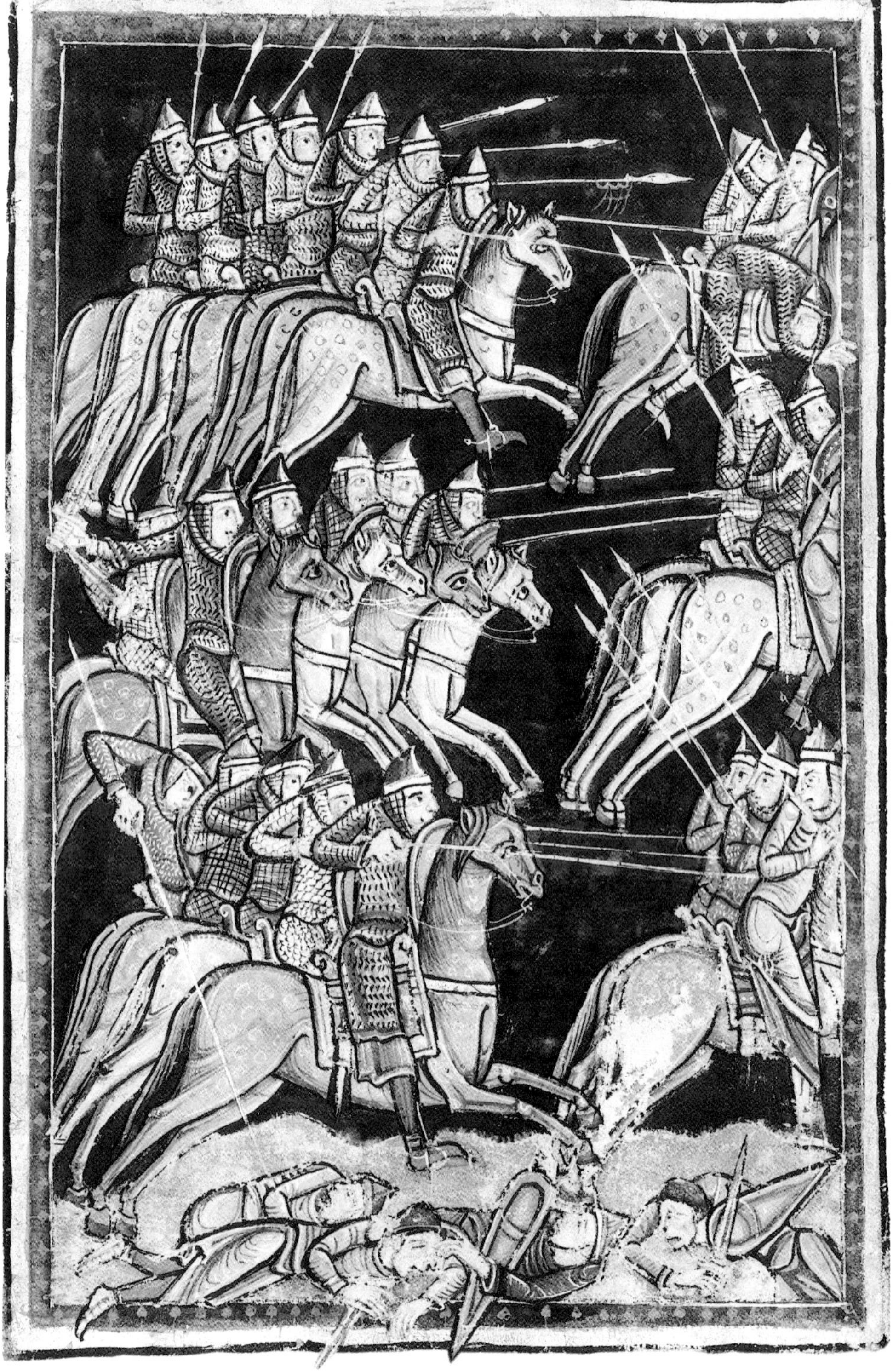

punkt in der Vermählung mit der Tochter des französischen Königs in der Kathedrale von Chartres fand. Viele Angehörige des französischen Adels begehrten ihn als Paten für ihre Kinder. Vor großem Publikum erzählte er von seinen Abenteuern, und seine Erfahrungen als Gefangener der Muslime wurden in die *Miracula* des heiligen Leonhard aufgenommen, dessen Reliquienschrein er ostentativ besuchte. Noch zwei oder drei Generationen nach dem Ersten Kreuzzug waren die Familien auf Vorfahren stolz, die an diesem Feldzug teilgenommen hatten.

Doch auch Schmähung konnte die unangenehme Folge einer Kreuzzugsteilnahme sein. Keine andere Gruppe von Menschen zog im hohen Mittelalter so starke Kritik auf sich wie die Kreuzfahrer. Die Ursache war, dass ein Scheitern in einem Krieg, der auf Gottes eigenes Geheiß geführt wurde, nicht auf ihn zurückgeführt werden konnte, sondern nur, wie schon im Alten Testament, auf die Unwürdigkeit seiner Diener, in diesem Fall also der Streiter Christi. Da es ideologisch notwendig war, ihnen die Schuld an jedem gescheiterten Unternehmen zuzuschreiben, sahen sich die Kreuzfahrer seit den Katastrophen von 1101 zu Hause einer Unmenge von Schmähungen ausgesetzt.

Aber unabhängig davon, ob ein Kreuzzug nun ein Erfolg oder ein Fehlschlag war: Jeder Kreuzfahrer riskierte sein Leben, eine schwere Verwundung oder seinen finanziellen Ruin, und Befürchtungen umdüstern die Urkunden, die vor der Abreise abgefasst wurden. 1096 schenkte Stefan von Blois der Abtei von Marmoutier einen Wald, »damit Gott, auf Fürsprache des heiligen Martin und seiner Mönche, mir Verzeihung gewähren möge für all meine Vergehen, mich geleite auf meiner Reise aus meinem Heimatland, mich gesund und wohlbehalten zurückkehren lasse und über meiner Frau Adela und unseren Kindern wache«. Er und viele andere fanden Trost in dem Wissen, dass man für sie zu Hause Fürbittgebete sprach. Nach der Aussage solcher Fürsprecher, was immer das für die Glaubwürdigkeit besagen will, blieb Ranulf von Chester, als er 1220 bei der Rückkehr von Damiette mit seinem Schiff in einen Sturm geriet und Gefahr lief, Schiffbruch zu erleiden, bis zur Mitternachtsstunde unbewegt. Erst dann ergriff er Maßnahmen, weil zu dieser Stunde »meine Mönche und andere Kleriker, die meine Vorfahren und ich an verschiedenen Plätzen eingesetzt haben, aufstehen und die Messe feiern und meiner in ihren Gebeten gedenken«.

Die Sorge Stephans von Blois um die Sicherheit seiner Familie, die er zurückließ, klingt in vielen Urkunden an, trotz des Schutzversprechens der Kirche. Häufig liest man, dass Papst Urban gehofft habe, die Kampfeslust der Waffenträger von Westeuropa abzulenken, und dass in dieser Hinsicht der Kreuzzug ein Instrument des inneren Friedens war. Doch jedem musste deutlich bewusst sein, dass die Abwesenheit der führenden Magnaten vom Schauplatz genau den gegenteiligen Effekt haben würde, und vielleicht wurde auch aus diesem Grunde die Kreuzzugspropaganda auf den Kirchenkonzilen von erneuten Friedensdekreten begleitet. Flandern hatte schwer zu leiden, während Graf Robert am Ersten Kreuzzug teilnahm. Als

DAS GEMETZEL DES KRIEGES. Eine Schlachtszene aus dem »Englischen Leben des heiligen Edmund«, um 1135. Es gibt viele Hinweise darauf, dass die Kreuzfahrer häufig ängstlich und eingeschüchtert waren.

Guy von Rochefort 1102 in seine Burgvogtei zurückkehrte, wurde ihm ein Katalog von Beschwerden präsentiert: während seiner Abwesenheit »hatte kaum irgend jemand zur Verantwortung gezogen« werden können. 1128 schloss Balduin von Vern d'Anjou ein ausführliches Abkommen mit seinem Bruder Rual »betreffs seines Landes, aller seiner Besitztümer, seiner Ehefrau und seiner einzigen Tochter«. Rual versprach, immer treu mit den beiden Frauen zu verfahren, niemals die Hand nach Eigentum auszustrecken, auf das sie ein Recht hatten, und ihnen gegen jeden Gegner »bis zur kriegerischen Auseiandersetzung« beizustehen. Die Vereinbarung, aus der klar die Bedrohung spricht, die ein jüngerer, wahrscheinlich unverheirateter Bruder für die Ehefrau und die Tochter eines Kreuzfahrers bedeutete, und ebenso klar das Bedürfnis, sich dagegen abzusichern, wurde von zehn Männern bezeugt und von Balduins unmittelbarem Lehnsherrn verbürgt.

Auch im 13. Jahrhundert und sogar in England, wo die Krone den Schutz über das Eigentum der Kreuzfahrer übernommen hatte, konnten die Erfahrungen der Angehörigen, insbesondere der weiblichen, die zurückgelassen wurden, mehrere Jahre lang die Güter verwalten und die Familien unterhalten mussten, mit raubgierigen Nachbarn und prozesssüchtigen Verwandten furchtbar sein. Die Rechtsaufzeichnungen enthüllen ein niederdrückendes Inventar von Untaten aller Art, die sie über sich ergehen lassen mussten. William Trussels Frau wurde sechs Monate nach seiner Abreise zum Dritten Kreuzzug im Jahr 1190 ermordet und ihr Körper in eine Mergelgrube geworfen. Peter Duffields Frau wurde erwürgt, während er am Fünften Kreuzzug teilnahm, und als Ralph Hodeng heimkam, musste er feststellen, dass seine Tochter und Erbin an einen seiner Bauern verheiratet worden war. Es ist also kein Wunder, dass sich die Kreuzfahrer sicherer fühlten, wenn sie selbst Vorsichtsmaßnahmen trafen. So gab beispielsweise Geoffrey von Le Louet 1120 seine Frau gegen Bezahlung in die Obhut der Nonnen von Le Ronceray d'Angers und versprach sogar, die Summe als eine Beitrittsgabe zu erhöhen, falls sie selbst Nonne werden wollte. Zur selben Zeit vertraute Fulko von Le Plessis-Macé den Nonnen seine Tochter an: Falls er nicht zurückkehrte, sollten sie ihr erlauben, »nach ihrem eigenen Willen und dem ihrer Brüder und anderer Freunde« entweder zu heiraten oder Nonne zu werden. Für den Fall, dass sie sich entschließen sollte, nicht in die klösterliche Gemeinschaft einzutreten, versprach er den Nonnen eine seiner Nichten als Laienschwester und gelobte, für deren Aussteuer zu sorgen. Eine sehr anrührende Vereinbarung traf ein Teilnehmer des Zweiten Kreuzzugs, Hugo Rufus von Champallement, der einen siechen und behinderten Bruder namens Guy hatte. Hugo übertrug den Mönchen von Corbigny Besitztümer, aus deren Ertrag Guy eine Rente in Geld und Naturalien ausgezahlt werden sollte, die zu festgesetzten Terminen jedes Jahr fällig wurde. Falls Guy stürbe, verpflichteten sich die Mönche, ihn auf ihrem Kirchhof zu beerdigen.

Genauso lebenswichtig für die Interessen der Kreuzfahrer waren die Vorkehrungen, die sie für die Verwaltung ihres Besitzes angesichts einer so lange dauernden Abwesenheit trafen. Schon zu Zeiten des Ersten Kreuzzugs scheint man von einem drei Jahre dauernden Feldzug ausgegangen zu sein, und auch Fulko von Le Plessis-Macé zog 1120 für seine Kreuzzugsteilnahme drei Jahre in Betracht. Für die Verwaltung des Besitzes konnte man auf Familienmitglieder (in der Regel den ältesten Sohn, aber auch einen Bruder), Nachbarn oder Vasallen zurückgreifen. So vertraute Gerald von Landerron, ein Teilnehmer des Ersten Kreuzzugs, seine Burgen und seine Söhne seinem Bruder Auger an, dem Prior von St. Pierre de La Réole. Dieser versprach, »die Söhne aufzuziehen, bis die Zeit gekommen ist, dass ich selbst sie zu Rittern schlage«. Durchaus üblich war es auch, der Ehefrau oder der Mutter die Verwaltung zu übertragen, es gab aber auch Fälle, wo offenkundig kein Familienmitglied als geeignet angesehen wurde, diese Aufgaben zu übernehmen: Guy von Bré gab 1101 sein Land und seine Tochter in die Obhut eines Nachbarn, Olivier von Lastours, dessen Vater und Onkel an dem Kreuzzug von 1096 bis 1099 teilgenommen hatten. Olivier heiratete später seine Schutzbefohlene. Geoffrey von Issoudon vertraute seine Burg einem seiner Vasallen an, und ein weiterer früher Kreuzfahrer namens Hugo von Gallardon seine Burg und seine Tochter seinen Rittern. Ab dem späten 12. Jahrhundert ernannten englische Kreuzfahrer Bevollmächtigte, die ihre Interessen wahrnehmen sollten.

Die Kreuzfahrer wussten, dass sie sich auf ein äußerst kostspieliges Unternehmen einließen – wie kostspielig, haben wir oben bereits gezeigt. Es gibt nur sehr wenige Hinweise darauf, dass die ersten Kreuzfahrer nach den hohen Kosten und den Entbehrungen des Feldzugs reich heimkehrten. Dafür brachten sie aber sicherlich Reliquien nach Hause, mit denen sie die Kirchen Westeuropas füllten. Von Guy von Rochefort liest man, er sei 1102 »in Ruhm und Fülle« heimgekehrt, was immer damit gemeint sein mag. Ein Ritter namens Grimald, der auf der Heimreise an Cluny vorbeikam, wurde dort *confrater*, machte ein Testament zugunsten der Abtei und schenkte ihr eine Unze Gold. Hadwig von Chiny, die ihren Mann Dodo von Cons-la-Grandville auf dem Kreuzzug begleitet hatte, schenkte der Kirche St. Hubert-en-Ardenne einen kompletten Satz von Gewändern aus kostbarem Stoff sowie einen Abendmahlskelch aus Gold, der neun Unzen wog und mit Juwelen besetzt war. Doch sind das die einzigen bekannten Hinweise auf Reichtümer, die auf den frühen Feldzügen möglicherweise erlangt worden waren. Und es ist auch unwahrscheinlich, dass noch eine größere Zahl dergleichen Hinweise gefunden wird, wenn man die Ausgaben für die Rückreise bedenkt und die Schwierigkeiten, größere Mengen von Edelmetall oder anderen kostbaren Materialien über so große Entfernungen zu transportieren.

Andererseits mussten die Rückkehrer und ihre Familien ihre Pfänder einlösen und ihre Schulden bezahlen. Das dringende Bedürfnis nach Geld führte einige Kreuzfahrer, und manchmal auch ihre Verwandten, dazu, mit allen ihnen zur Verfügung stehenden Mitteln den Schaden zu verringern. Als Fulko I. von Matheflon im Jahr 1100 aus dem Orient zurückkehrte, versuchte er einen Zoll auf eine Brücke zu erheben, die er hatte errichten lassen, sowie eine Abgabe auf Schweine. Zudem wendete er geschickt einen alten Streit mit den Nonnen des Klosters Le Ronceray d'Angers zu seinem Vorteil. Zu Beginn des 11. Jahrhunderts hatte die Gräfin Hildegard von Anjou das Dorf Seiches-sur-le-Loir den Nonnen übertragen. Daraufhin wurde die Burg Matheflon in diesem Pfarrbezirk gebaut und innerhalb ihrer Umwallung wurde eine Kirche aus Holz errichtet. Doch nachdem die Bevölkerung gewachsen war, kamen Fulko und das Kloster Le Ronceray überein, an ihrer Stelle eine Kirche aus Stein zu bauen. Die Kirche wurde errichtet und Fulko hatte gegen einen beträchtlichen Geldbetrag zugesagt, seinen Anteil des Zehnten zu überlassen und den Unterhalt eines Priesters zu bezahlen. Er hatte jedoch sein Versprechen nicht gehalten, sondern den Zehnten einbehalten, so dass er und das Kloster im Streit waren, als er zum Ersten Kreuzzug aufbrach. Während er in der Ferne weilte, erkannte sein Sohn Hugo, dass die Nonnen einen begründeten Rechtsanspruch hatten und überließ ihnen den Zehnten für einen neu vereinbarten, höheren Betrag, den er zurückzugeben versprach, falls Fulko mit seiner Handlungsweise nicht einverstanden sein sollte. Als Fulko zurückkam, wollte er die Vereinbarung annullieren oder gab das zumindest vor, denn er ließ sich schließlich überreden, die Vereinbarung gegen die Zahlung einer noch größeren Summe zu bestätigen.

Fulkos Anteil an dem Zehnten des Dorfes Seiches war die Nonnen teuer zu stehen gekommen. Vielleicht verfolgten sie deshalb in einem ähnlich gelagerten Fall eine harte Linie. Ein gewisser Geoffrey Le Râle hatte die Abgaben der Mühle von Seiches an Le Ronceray verkauft, als er Geld für seine Kreuzzugsteilnahme auftreiben musste. Bei seiner Rückkehr entschloss er sich, die Mühle zu verkaufen, angeblich um seine Schulden zu bezahlen. Er wollte,

EINE RELIQUIE DES WAHREN KREUZES *(ganz links)*. Dieses Stück brachte der Kreuzfahrer Berthold von Sperberseck 1129 nach Europa. Es hatte Gerald von Schaffhausen gehört, einem Teilnehmer des Ersten Kreuzzuges, der Schatzmeister des Heiligen Grabes in Jerusalem war.

SPOLIEN. Das Beutemachen und die Beschaffung von Nahrungsmitteln waren stets Bestandteil der Kreuzzüge. Als der Vierte Kreuzzug 1204 Konstantinopel plünderte, das Schatzhaus Europas, wurden Beutestücke als Zeichen des Triumphs nach Hause gesandt. Der Markusdom in Venedig besitzt viele spektakuläre Stücke aus jener Beute, die dem Apostel zum Geschenk gemacht wurden.

DIE MADONNA NIKOPEIA *(Mitte)*, eine Ikone aus dem 10. Jahrhundert, die mit Email und Edelsteinen geschmückt ist.

EIN BYZANTINISCHER MESSKELCH aus dem 11. Jahrhundert *(rechts)*.

dass ihre Abgaben mit verkauft würden, weil das ihren Wert erhöht hätte, und geriet mit der Äbtissin von Le Ronceray in Streit, als sie sich weigerte, an dieser Transaktion teilzunehmen. Geoffrey bemächtigte sich der Mühle, wurde aber vor das Gericht der Äbtissin gebracht, wo er sich schuldig bekennen und eine Geldbuße bezahlen musste.

Je mehr man über die Situation der Kreuzfahrer, das Unangenehme, die Gefahren und hohen Kosten des Unternehmens nachdenkt, umso erstaunlicher wird ihre Motivation. Was glaubten sie zu tun? Und warum erhöhten Katastrophen, von denen man hätte erwarten können, dass sie Zynismus, Gleichgültigkeit oder Verzweiflung wecken würden, nur noch ihren Enthusiasmus? Wie war ihre Mentalität beschaffen?

In den letzten sechzig Jahren wurde die Theologie der christlichen Gewaltausübung intensiv erforscht. Dabei wurde die Art und Weise, wie sie auf intellektueller Ebene zu der Vorstellung eines christlichen heiligen Krieges überhaupt und zur Kreuzzugsideologie im Besonderen beitrug, leidlich klar. Die Reaktionen von Männern und Frauen auf den Kreuzzugsaufruf werden als Antworten auf die Popularisierung jener Ideologie kenntlich. Die Prediger

DAS ZIEL DER FRÜHEN ORIENTKREUZFAHRER. Die Ädikula in der Jerusalemer Grabeskirche. Das kleine Gebäude unter der Kuppel der Rotunde umhüllt die Überreste der Grabhöhle, die die Ägypter im Jahr 1009 verwüstet hatten.

PILGERSCHAFT. Ein Pilger des frühen 12. Jahrhunderts auf seinem Heimweg. Wandgemälde in der Nikolauskirche von Tavant, Frankreich. Der Pilger ist bärtig und schäbig gekleidet. Der Beutel hängt über seiner Schulter. In der Rechten hält er den Pilgerstab, in der Linken den Palmwedel, den er aus Jerusalem mitgebracht hat.

vermittelten sie in einer Form, die einen Bezug zu den religiösen Alltagsbedürfnissen der möglichen Kreuzfahrer herstellte. Doch selbst vor dem Hintergrund der Geschichte der Theorien zur christlichen Gewaltausübung waren die Kreuzzüge eine überraschende Entwicklung. Der Erste Kreuzzug war der Höhepunkt einer Woge, die zur Verehrung des Heiligen Grabes ins Heilige Land führte und schon während des gesamten 11. Jahrhunderts große Pilgerscharen nach Jerusalem gebracht hatte. Er unterschied sich aber von diesen Pilgerfahrten nicht nur durch seine Größe, sondern vor allem dadurch, dass er zugleich auch ein Krieg war. Zwei Brüder aus der Provence, Gottfried und Guy von Signes, nahmen das Kreuz, »einerseits wegen der Würde der Pilgerschaft und andererseits, um mit der Hilfe Gottes die Besudelungen durch die Heiden zu beseitigen und den maßlosen Wahnsinn, durch den schon unzählige Christen mit barbarischer Wut bedrückt, gefangen genommen und getötet wurden«. Und im Limousin erklärte Aimery Brunus: »Ich gedachte meiner Sünden und ersehnte, mit den Christen die Muslime zu bekämpfen und das Grab unseres Herrn zu besuchen, das in Jerusalem ist.«

Eine Pilgerfahrt ist ein Akt der Buße und der Andacht, der eine geistige Einstellung fordert, die eigentlich der eines Kriegers genau entgegengesetzt ist. Die Absichten der Pilger des 11. Jahrhunderts, die den Klassen der Waffenträger entstammten und sicherlich mit Glanz und Gloria reisten, waren im Allgemeinen ganz friedlich gewesen. Die Kreuzfahrer wollten jedoch, dass der Krieg ein integraler Bestandteil ihrer Bußübungen sein sollte. Nach offizieller Beschreibung war der Kreuzzug ein Ausdruck ihrer Nächstenliebe zu ihren christlichen Brüdern und Schwestern und ihrer Liebe zu Gott; die Teilnahme galt als ein »wahres Opfer« des eigenen Selbst. Trotz der häufig pompösen Aufmachung war der Kreuzzug gleichermaßen Andachtsübung und Krieg. Der Begriff eines andächtigen Krieges verweist auf eine Form des Kriegsdiensts, die mit einem Gebet verglichen werden konnte.

Indem Papst Urban den Ersten Kreuzzug predigte, hatte er einen revolutionären Appell erlassen. Die Vorstellung, dass einen Krieg führen Buße tun heißen konnte, hat sich offenbar in den siebziger und achtziger Jahren des 11. Jahrhunderts aus einem Dialog zwischen Papst Gregor VII. und einem Kreis von Reformtheologen entwickelt, die sich um seine Gönnerin Mathilde von Tuszien gesammelt hatten. Urban nahm diese Idee auf, die zuvor nicht ihresgleichen hatte, und machte sie intellektuell nachvollziehbar, indem er den Krieg mit der Pilgerfahrt nach Jerusalem verband. Der Verfasser der Chronik von Monte Cassino, wahrscheinlich ein Beamter der Kurie, der den Papst auf seiner Reise nach Frankreich begleitet hatte, beschrieb dessen Initiative als einen seelsorgerischen Schachzug, der Waffenträgern die Möglichkeit geben sollte, zu ihrem Seelenheil beizutragen, indem sie sich einer schweren Bußleistung unterzogen, ohne aber ihren kriegerischen Beruf aufgeben oder den demütigenden Statusverlust in Kauf nehmen zu müssen, der mit einer Pilgerfahrt ohne Waffen, Ausrüstung und Pferde verbunden war. Ein Kommentar, der den Kreuzzug als einen Dienst beschreibt, der bewusst entwickelt wurde, damit Adlige und Ritter ihre Waffen nicht nur zum Nutzen, sondern auch aus Frömmigkeit einsetzen konnten, findet sich in Guiberts von Nogent berühmter, oben schon erwähnter Aussage: »Gott hat in unserer Zeit heilige Kriege gestiftet, damit der Ritterstand und die Menge, welche ihm folgt, … einen neuen Weg zu ihrer Erlösung finden. Denn sie sind nicht gezwungen, das weltliche Leben vollständig fahren zu lassen, indem sie das klösterliche Leben oder ein geistliches Amt wählen, wie es früher der Fall war, sondern sie können sich in bestimmtem Maß Gottes Gnade erwerben, während sie ihrem eigenen Beruf folgen, mit der Freiheit und in dem Habit, das sie gewöhnt sind.«

Zweifellos sprach das die Menschen an. Brunet von Treuil hatte in das Kloster von Aureil eintreten wollen, doch jetzt änderte er seine Meinung. Offenbar erblickte er in dem Kreuzzug eine Möglichkeit, sein Verlangen nach einem gottgefälligeren Leben zu verwirklichen, ohne die Welt verlassen zu müssen. Er überredete den Konvent, ihm den Ertrag aus der Besitzung, die er dem Kloster für seinen Beitritt gestiftet hatte, für den Ankauf einer Rüstung zur Verfügung zu stellen; ein junger Verwandter nahm seine Stelle in der klösterlichen Gemeinschaft ein. Ein ähnlicher Fall war vielleicht Odo Bevin aus der Nähe von Châteaudun, der in einen langwierigen Streit über Besitzfragen mit der Abtei von Marmoutier verwickelt war. Odo wurde krank und unterrichtete den örtlichen Prior davon, dass er in das Kloster eintreten wollte. Als Stiftung für seinen Eintritt wollte er auf seine Besitzansprüche verzichten. Doch als der Prior aus Marmoutier zurückkehrte, war Odo genesen und erklärte, dass er lieber nach Jerusalem ziehen wolle. Der normannische Ritter Tankred war über die Widersprüche besorgt, die ein Leben, wie er es führte, für einen Christen mit sich brachte. Sein Verstand war »gespalten, er wusste nicht, ob er dem Evangelium oder der Welt folgen sollte«. Er fand seinen guten Mut wieder, »als im Namen Christi zu den Waffen gerufen wurde, [was] … ihn unermesslich begeisterte«.

Der Begriff eines heiligen Kriegs war so radikal, dass es überrascht, dass offensichtlich niemand aus der hohen Geistlichkeit gegen ihn protestierte. Wäre der Erste Kreuzzug gescheitert, wäre sicherlich Kritik an der Verbindung von Krieg und Pilgerschaft laut geworden,

DAS BEDÜRFNIS NACH DEN KIRCHLICHEN SAKRAMENTEN während des Krieges *(links).* Ein voll bewaffneter Krieger empfängt das Abendmahl von einem Priester. Detail von einer aus dem 13. Jahrhundert stammenden Tür der Kathedrale von Reims. Vor jedem Kriegseinsatz legten die Kreuzfahrer die Beichte ab und empfingen das Abendmahl.

DAS MARTYRIUM *(unten).* Die Kreuzzugspropaganda beschrieb Kreuzfahrer, die während des Feldzuges starben, oftmals als Märtyrer, obwohl die Kirche dieser Konzeption niemals voll zustimmte und die Namen dieser Männer niemals allein ob ihres Martyriums in den Heiligenkalendern auftauchten. Auf dieser Darstellung des Todes von Kaiser Friedrich I. Barbarossa, der auf dem Dritten Kreuzzug im Fluss Salef ertrank, fliegt die Seele des toten Kaisers direkt in den Himmel.

GÖTTLICHER BEISTAND. Der Wendepunkt des Ersten Kreuzzugs war der Sieg bei Antiochia am 28. Juni 1098, der nach Meinung vieler Kreuzfahrer mit Hilfe einer Armee von Engeln, Heiligen und den Seelen der toten Kreuzfahrer unter der Führung des heiligen Georg zustande gekommen war. Nicht viel später wurde die Schlacht über dem Portal der Georgskirche von Fordington in Dorset auf einem Relief dargestellt.

aber der Erfolg bestätigte sowohl den Teilnehmern als auch den Beobachtern, dass das Unternehmen wirklich eine Manifestation des göttlichen Willens war. »Gott hat wahrlich seine Wunder von einst wiederholt«, schrieb Papst Paschalis II. Eines der beeindruckendsten Merkmale der Briefe von Kreuzfahrern und der Augenzeugenberichte ist das wachsende Gefühl des Erstaunens, welches die Armee erfasste, als sie 1097 Syrien durchquerte, nach Antiochia und schließlich sogar nach Jerusalem vorstieß: Den Himmel erleuchteten tatsächliche Omina – Kometen, Morgenröten, Meteore –, die Nächte wurden von Erscheinungen Christi, der Heiligen oder der Geister verstorbener Kreuzfahrer heimgesucht, die zu den Lebenden zurückkehrten, um ihnen die Echtheit bestimmter Reliquien oder die Gewissheit des himmlischen Lohns zu verkünden. Die Kreuzfahrer gewannen die Überzeugung, dass ihr siegreiches Vordringen sich nur durch Gottes physisches Eingreifen erklären ließ und dass Gott die Verbindung des heiligen Krieges mit Buße und Pilgerschaft billigte. Die Augenzeugenberichte verwendeten Ausdrücke für den Kreuzzug, die bislang nur für die mönchische Lebensweise üblich waren – die Ritterschaft Christi, der Weg des Kreuzes, das himmlische Jerusalem, der geistliche Krieg – und die meisten dieser Begriffe wurden von Kommentatoren aufgegriffen und zugespitzt, die vor allem den Bußcharakter des Kreuzzugs betonten und unterstrichen, auf wie einzigartige Weise er die Billigung Gottes gefunden hatte. Die Schwäche der althergebrachten Theologie gegenüber all dieser Begeisterung zeigt sich in einem Brief Sigeberts von Gembloux aus dem Jahr 1103. Sigebert, immer ein Gegner radikaler Neuerungen, griff darin die Idee eines Bußkriegs an, die in einem Brief des Papstes Paschalis II. an Robert von Flandern zum Ausdruck gekommen war. Obwohl er den Brief des Papstes zitierte, der sich ausdrücklich auf die Rückkehr Roberts von seiner Teilnahme an der Befreiung Jerusalems bezog, erwähnte er den Kreuzzug mit keinem Wort.

Indem 1096 der Krieg als Andachtsübung gepredigt wurde und in der Art, wie viele Gläubige darauf reagierten, vollzog Westeuropa eine radikale Wendung und die Kreuzfahrer machten sich auf einen Weg ins Ungewisse. In Kapitel 2 haben wir erfahren, dass sie ihn gingen, weil sie überzeugt waren, dass die Anstrengungen und die Leiden zu ihrem Besten sein würden und auch zu dem ihrer Verwandten: Im Jahre 1100 wollte Herbert von Thouars, der den Bischof von Poitiers aufsuchte, um das »Pilgerkleid« zu empfangen, die Versicherung haben, dass seine Entbehrungen der Seele seines verstorbenen Vaters helfen könnten. Das Konzil von Clermont und Papst Urban II. hatten die Wohltaten, welche diese Bußhandlung bringen konnte, in dem Ablass der Sünden zusammengefasst. Wie wir gesehen haben, scheint Urban eine verbindliche Aussage beabsichtigt zu haben, nach der die Buße, der sich die Kreuzfahrer unterzögen, so schwer wäre, dass sie für völlige Vergebung ausreichte und Gott nicht nur die Strafe für noch nicht gebeichtete und verbüßte Sünden erstattete, sondern auch jeden Sündenrest tilgte, für den frühere Bußen nicht ausgereicht hätten.

Man gewinnt jedoch den Eindruck, dass in den Jahren, die auf den Ersten Kreuzzug folgten, nach all den Anstrengungen, die mit der Befreiung Jerusalems verbunden waren, die Kreuzzugsidee in einem großen Teil Europas wieder einschlief und erst 44 Jahre später mit der Kampagne zum Zweiten Kreuzzug wieder erwachte. Für Kreuzzüge in den Orient wurde zwar 1106/1107, 1120, 1128 und 1139 gepredigt, für Kreuzzüge nach Spanien 1114, 1118 und 1122, doch einen regelmäßigen und konstanten Widerhall fanden diese Aufrufe nur in Flandern und in einem schmalen Gebietsstreifen, der vom nördlichen Poitou, durch Anjou in das Gebiet von Chartres, die südliche Normandie und die Ile de France verlief. Nur in diesen Gegenden blieben die Kreuzzugstraditionen lebendig. Anderswo schlossen sich die Menschen nur in Einzelfällen und sporadisch oder auch gar nicht den Kreuzzügen an.

Aus dem Limousin, wo die Reaktion auf den Appell zur Teilnahme am Ersten Kreuzzug sehr stark gewesen war, ist zwischen 1102 und 1146 offenbar kein einziger Kreuzfahrer hervorgegangen. Das heißt nicht, dass das Interesse am Heiligen Grab geschwunden wäre – im frühen 12. Jahrhundert sind aus dieser Region die Namen vieler Jerusalempilger überliefert –, wohl aber, dass sich die aus dem 11. Jahrhundert stammende Sitte der friedlichen Pilgerfahrt wieder durchsetzte. Das gleiche gilt für die Champagne, die ebenfalls sehr viele Teilnehmer am Ersten Kreuzzug gestellt hatte. Auch hier lässt sich kein einziger Kreuzfahrer in den Jahren zwischen 1102 und 1146 finden, während Pilgerfahrten nach Jerusalem begeisterten Zuspruch fanden. Zu den vielen Pilgern hohen Standes gehörte beispielsweise Graf Hugo von Troyes, der vier Jahre (1104 bis 1108) in Jerusalem blieb, 1114 und 1125 wieder ins Heilige Land zog und schließlich dem Templerorden beitrat. Auch in der Provence gab es in diesem Zeitraum keine Kreuzfahrer, obwohl dort 1096 die Beteiligung groß gewesen war und viele Menschen in jenen Jahren ins Heilige Land pilgerten, insbesondere Mitglieder des Hochadels aus der Gegend von Marseille.

Ein ähnliches Bild ergibt sich, wenn man von der geographischen Verteilung zu den Familien übergeht. Da viele der frühen Kreuzfahrer verwandtschaftlich verbunden waren, läge die Vermutung nahe, dass durch die Teilnahme an den Feldzügen von 1096 und 1101 Familientraditionen der Kreuzzugsbeteiligung gestiftet worden wären. Viele Menschen, die für den Zweiten Kreuzzug das Gelübde ablegten, folgten damit auch willentlich den Fußstapfen ihrer Väter und Großväter. Aber in vielen der Familien, in denen es 1096 eine Konzentration von Kreuzfahrern gegeben hatte, gab es bis 1146 kaum Nachfolger. Die Bernards aus Bré im Limousin stellten vier Mitglieder beim Ersten Kreuzzug und wieder vier Mitglieder beim Zweiten, keinen jedoch in den Jahren zwischen diesen beiden Feldzügen. Von den Nachkommen des Grafen Wilhelm Tête-Hardi von Burgund spielten mehrere eine prominente Rolle im Ersten Kreuzzug und sieben eine herausragende im Zweiten, doch nur ein einziges Mitglied aus dieser Familie scheint zwischen 1102 und 1146 an einem Kreuzzugsunternehmen teilgenommen zu haben. Es scheint, dass in dieser Sippe der Eifer von 1096 erst 1146 wieder zum Leben erwachte.

Offenkundig war für viele Waffenträger des frühen 12. Jahrhunderts der Erste Kreuzzug eine einmalige Anstrengung gewesen; Sie glaubten, dass die Chance einer so einzigartigen, auch einzigartig verdienstvollen Bußtat niemals wiederkehren würde. Nach 1102 kehrten sie zu den traditionellen Handlungen der Frömmigkeit zurück. Für die Zeit zwischen 1149 und 1187 könnte die Forschung ein ähnliches Bild ergeben, so dass möglicherweise die Geschichte des Kreuzzugswesens als Geschichte einer etablierten Institution eigentlich erst mit dem Dritten Kreuzzug anhebt.

Auf jeden Fall machen die Verhältnisse zwischen 1102 und 1146 verständlich, wieso der heilige Bernhard von Clairvaux den Zweiten Kreuzzug als eine besondere Gelegenheit der geistlichen Errettung präsentieren konnte, die jenen offen stehe, die das Kreuz nähmen: »[Gott] selbst begibt sich in die Lage der Bedürftigkeit oder gibt vor, in einer solchen zu sein, während er die ganze Zeit euch in eurer Bedürftigkeit helfen will. Er möchte als Schuldner erscheinen, damit er jene, die für ihn kämpfen, belohnen kann: mit der Vergebung ihrer Sünden und mit ewigem Ruhm. Und darum habe ich euch ein gesegnetes Geschlecht genannt, ihr, die ihr in einer Zeit betroffen seid, die so reich ist an Vergebung, und in einem Jahr lebt, das dem Herrn so wohlgefällig ist, fürwahr einem Jubeljahr.« Bernhard malte die Sündenvergebung in glänzenden rhetorischen Farben aus: »Nehmt das Zeichen des Kreuzes und ihr werdet in gleichem Maße, in dem ihr zerknirschten Herzens all eure Sünden bereut, der Vergebung teilhaftig werden. Der Stoff [des Stoffkreuzes] ist nicht viel wert, so man ihn verkauft; am Körper eines

DAS GEISTLICHE RECHT UND DIE KREUZZÜGE. Mitte des 13. Jahrhunderts setzte sich der heilige Thomas von Aquin mit der besorgten Frage der Kreuzfahrer auseinander, zu welchem Zeitpunkt ihre Ablässe wirksam würden. Das im 15. Jahrhundert entstandene Gemälde des Justus van Gent stützte sich auf eine ältere Vorlage.

Gläubigen getragen aber bringt er das Königreich Gottes ein.« Doch Bernhards Interpretation war voreilig: Nur zögerlich akzeptierte das Papsttum eine neue Bußtheologie, welche Sünden aufhebende Bußen als unmöglich ansah. Sie wurde endgültig erst fünfzig Jahre später von Papst Innozenz III. eingeführt. Unter Innozenz war der Ablass nicht länger die Bestätigung für eine die Sünde aufhebende Bußhandlung, sondern eine Garantie der Gnade, Barmherzigkeit und Liebe Gottes, die Buße so zu behandeln, als könnte sie die Sünde aufwiegen. Man übertreibt wohl nicht, wenn man sagt, dass die Theorie der Sündenvergebung erst im 13. Jahrhundert fertig entwickelt war, als sie in eine Form gebracht war, die die Menschen verstehen konnten, auch wenn es diesbezüglich immer noch einige Verwirrung gab und der heilige

Thomas von Aquin besorgte Fragen beantworten musste, wann genau die Sündenvergebung eintrete.

Doch zunächst einmal erkannten die Menschen, die sich in eine Welt der Sünde verstrickt meinten, aus der es keinen Ausweg gab, dass der Kreuzzug ihnen die Chance für einen Neubeginn bot. Die Urkunden über Stiftungen, die sie hinterließen, sind im Ton der Buße und Demut verfasst. Noch mehr im Ton der Selbsterniedrigung sind die Dokumente gehalten, in denen Grundherren auf Besitztümer oder Rechte verzichteten, die sie Kirchenangehörigen vorenthalten oder mit Gewalt entrissen hatten. Als Pilger waren sie natürlich darauf bedacht, keine Menschen, und schon gar nicht religiöse Gemeinschaften, hinter sich zurückzulassen, die einen Groll gegen sie hegten oder Klagen gegen sie vorzubringen hatten. Im Jahre 1101 betrat Odo I. von Burgund, begleitet von vielen seiner bedeutendsten Vasallen, das Kapitel von St. Benigne in Dijon: »Vor dem Kreis der Mönche, denen von vielen Mitgliedern ihres Gesindes aufgewartet wurde, bereute ich das Unrecht, was ich bisher zu begehen pflegte. Ich erkannte meine Fehler und erbat, nachdem ich um Barmherzigkeit gefleht hatte, die Absolution. Und ich versprach, falls es mir beschieden sein sollte zurückzukehren, Besserung für die Zukunft.« Odo veranstaltete wahrscheinlich noch eine weitere melodramatische Zeremonie in Gevrey-Chambertin, bei der er auf Ansprüche verzichtete, die er zu Unrecht gegenüber den dortigen Cluniazensern erhoben hatte.

Die Vorbereitungen zu einem Kreuzzug fanden stets in einer Atmosphäre der Bußfertigkeit statt. Zur Zeit des Zweiten Kreuzzugs lief das Gerücht um, König Ludwig VII. von Frankreich habe entweder als Sühne für den Tod der Menschen, die bei einem Angriff auf Vitry im Jahre 1144 in einer Kirche verbrannten, oder aber als Sühne wegen seiner Weigerung, den neuen Erzbischof von Bourges anzuerkennen, das Kreuz genommen. Der deutsche König Konrad III. schloss sich dem Kreuzzug nach einer Predigt an, in der ihn der heilige Bernhard an das Jüngste Gericht mahnte. Philipp von Gloucester tat das Gelübde offenbar nach einer Krankheit, die ihn während einer Blutfehde befallen hatte, und Humbert von Beaujeu, nachdem Visionen ihn ermahnt hatten, seinen Lebenswandel zu ändern. Die Sprache der Bußfertigkeit erreichte ihren Höhepunkt, als das abendländische Christentum 1187 von der Schreckensnachricht erschüttert wurde, dass Saladin Jerusalem erobert habe. Das päpstliche Sendschreiben *Audita tremendi*, das den Dritten Kreuzzug proklamierte, legte den Ton fest: »Es obliegt uns allen, unsere Sünden zu bedenken und sie durch freiwillige Züchtigungen wieder gutzumachen und uns in Buße und Werken der Frömmigkeit unserem Herrn zuzuwenden. Wir sollten zunächst bei uns wieder gutmachen, worin wir fehlten, und dann unsere Aufmerksamkeit der Tücke und Bosheit des Feindes zuwenden.« Der Brief beschrieb im weiteren den Kreuzzug als »Gelegenheit zur Reue und zu guten Taten«. Nach dem Vorbild dieses Schreibens wurde der Kreuzzug überall in der Sprache der Buße gepredigt. Da überrascht es nicht, dass sechzig Jahre später König Ludwig IX. von Frankreich in seinem Verlangen als Kreuzfahrer, niemanden mit einem Groll in der Heimat zurückzulassen, Mönche als Untersuchungsrichter einsetzte, die Beschwerden über königliche Beamte sammeln und über sie entscheiden sollten, und dass Johann von Joinville, der ebenfalls an diesem Kreuzzug teilnahm, eine Gerichtstagung anberaumte, damit dort alle Klagen vorgebracht werden konnten, die seine Vasallen gegen ihn haben mochten. Zu jener Zeit stand jedoch ein anderes Element im Vordergrund.

Er kam prachtvoller als alle anderen an, denn seine Galeere war unterhalb und oberhalb der Wasserlinie mit seinem Wappenschild bemalt: golden auf rotem Grund. Er hatte mindestens 300 Ruderer in seiner Galeere, von denen jeder einen Schild mit seinem Wappen führte, und an jedem Schild war ein Fähnlein befestigt, auf dem sein Wappen in Gold abgebildet war. Als er sich näherte, schien es, als ob die Galeere flöge, als die Ruderer sie vorwärts schoben, und es schien, als blitzte und donnerte es bei dem Geräusch der Wimpel und Zimbeln, der Trommeln und sarazenischen Hörner.

So beschreibt Johann von Joinville den ritterlichen Prunk, mit dem Johann von Ibelin, der Graf von Jaffa, in Ägypten ankam. Die Päpste hatten versucht, Pomp und Luxus einzudämmen – die Schreiben, die den Zweiten und den Dritten Kreuzzug proklamierten, hatten strikte Aufwandsbeschränkungen enthalten –, aber die Herausbildung des ritterlichen Wesens, in dem sich eine eher weltlich als kirchlich orientierte Christlichkeit mit kriegerischen und aristokratischen Zügen vermischte, verstärkte naturgemäß Tendenzen wie den Wunsch nach Ehre und Ruhm, die schon von Anfang an in der Kreuzzugsbewegung vorhanden waren. Wenigstens seit der Zeit des Vierten Kreuzzugs war ein solches Unterfangen eine ritterliche Aventüre, die höchste Leistung ritterlichen Dienstes; die enthusiastischsten Kreuzfahrer waren zugleich Muster der Ritterlichkeit. Zur selben Zeit wurde das Kreuzzugswesen zu einem normalen Bestandteil des europäischen Lebens, es wurde mit weltlichen Idealen koloriert. Die Balance des Kreuzzugs als eine Mischung aus heiligem Krieg und ritterlichem Unternehmen verschob sich.

Natürlich können die Kreuzzüge schon immer stärker auf das Weltliche orientiert gewesen sein, als es uns die Quellen verraten. Die meisten Darstellungen des Ersten, Zweiten und Dritten Kreuzzugs stammen von Klerikern. Erst im 13. Jahrhundert, als der Kreuzfahrerzyklus, *Le chevalier du Cygne*, mit seiner Verbindung von Kreuzfahrerwesen und Magie in den Kanon der Ritterromane aufgenommen wurde, fanden die Ritter – Gottfried von Villehardouin, Robert von Cléry, Conon von Béthune, Thibaut von Champagne, Johann von Joinville – in Vers und Prosa zu einer eigenen, unverwechselbaren Stimme. Drei Faktoren hatten zu einer Stärkung der ritterlichen Elemente beigetragen. Das erste war die mit der Kreuzzugsbewegung zusammenhängende Praxis, dass Waffenträger zeitweilig im Orient dienten, und zwar nicht als Kreuzfahrer, sondern als weltliche Ritter. Die Tradition, Zeit dafür zu opfern, bei der Verteidigung der heiligen Stätten oder von christlichen Vorposten mitzuhelfen, begann 1099 mit Galdemar Carpenel von Dargoire und Wilhelm V. von Montpellier, erreichte mit der Laufbahn des Gottfried von Sergines im fortgeschrittenen 13. Jahrhundert ihren Höhepunkt und galt im 16. Jahrhundert noch bei den Johannitern auf Rhodos. In einem Text, der spätestens aus den zwanziger Jahren des 12. Jahrhunderts stammt, wird bereits der einige Jahre dauernde Aufenthalt des Grafen Karls des Guten von Flandern im Heiligen Land sehr früh in einer ritterlich geprägten Sprache dargestellt, die schon fast an das 14. Jahrhundert denken lässt: als *prouesse*, das heißt Heldentat, im Dienste Gottes. Als Ritter gegürtet ging Karl nach Jerusalem »und führte dort kraftvoll die Waffen gegen die heidnischen Feinde unseres Glaubens ... für Christus unseren Herrn und ... weihte ihm die ersten Früchte seiner Leiden und Taten«.

Der zweite Faktor war die zunehmende Bedeutung, die das Lehnsverhältnis bei der Rekrutierung von Kreuzfahrern spielte. In Kapitel 3 wurden die feinen und komplexen Beziehungen zwischen der Kreuzzugsmotivation und den verschiedenen Formen von Abhängigkeit und Zusammengehörigkeit beschrieben. Selbstverständlich war das Lehnsverhältnis immer eine wichtige Motivation der Teilnehmer gewesen, aber die Reaktion auf die ersten Kreuzzugsaufrufe konzentrierte sich auf bestimmte Familien samt ihren zugehörigen Vasallen. In der Zeit des Ersten Kreuzzugs gab es Gruppenbildungen von Kreuzfahrern bei Familien des Adels, der Burgherren und des Ritterstandes im Limousin, in Flandern, Lothringen, der Provence, der Ile de France, der Normandie und in Burgund. Herausragende Beispiele waren das Grafengeschlecht von Burgund und die Burgherrenfamilie der Montlhéry in der Ile de France. Von den fünf Söhnen des Grafen Wilhelm Tête-Hardi von Burgund waren drei Kreuzfahrer und ein vierter predigte als Papst Calixtus II. den Kreuzzug von 1120 bis 1124. Auch ein Enkel und eine Enkelin nahmen am Kreuzzug teil. Drei Angehörige des Hauses der Montlhéry schlossen sich dem Ersten Kreuzzug an, dazu eine erstaunliche Menge von Mitgliedern verwandter Familien: Die Familie Cahumont-en-Vexin stellte vier, St. Valéry drei, die Familien Broyes, Le Bourcq de Rethel und Le Puiset jeweils zwei und die Curtenay und die Pont-Echanfrey einen Teilnehmer. Insgesamt brachten die zwei Generationen dieses Sippenverbands, die zu jener Zeit erwachsen waren, dreiundzwanzig Kreuzfahrer und Siedler hervor, die alle eng untereinander verwandt waren und von denen sechs im Orient größere Bedeutung erlangten. Wir können eine Kette der Kreuzzugsbegeisterung nachzeichnen, die sich durch Nordfrankreich erstreckte und weit darüber hinaus: Entfernter miteinander verwandt waren drei Kreuzfahrer aus der Familie der Grafen von Boulogne, zu denen auch Gottfried von Bouillon aus Lothringen gehörte, und acht aus der Familie der Hauteville in Süditalien.

Die Hingabe der Familien an die Kreuzzüge zeigt sich in ihrer Reaktion auf die Kostenfrage. Wenn es darum ging, Geld aufzutreiben, trugen diese Familien gemeinsam die Last, die aus der Veräußerung ihrer Ländereien erwuchs. Wie sich zeigen lässt, wählten viele ein kluges Verhalten, indem sie sich von Besitztümern trennten, etwa von Kirchen oder Abgaben, bei denen ihr Recht ohnehin mit dem Voranschreiten der Reformbewegung zunehmend in Frage gestellt wurde. Es muss Versammlungen der Sippen gegeben haben, bei denen entschieden wurde, ob sich Besitztümer retten ließen, und, wenn veräußert werden musste, welcher Besitz verkauft oder verpfändet werden sollte. In einem Dokument aus der Bretagne liegt uns die Aufzeichnung einer solchen Familienkonferenz vor: Der Kreuzfahrer Thibaut von Ploasme unterrichtete seinen Bruder Wilhelm, dass er sein Erbteil verkaufen müsse, wenn man ihm nicht finanziell hülfe. Wilhelm wünschte nicht, dass Thibauts Anteil am Erbbesitz verloren ging, also trieb er Geld auf, indem er Teile seines Anteils an einer bereits verpfändeten Mühle verkaufte. Andere familiäre Vereinbarungen aus früher Zeit sind kompliziert genug, um die Vermutung zuzulassen, dass zuvor ebenfalls Verhandlungen stattgefunden hatten.

DIE FOLGEN DER SÜNDE. Teufel und Verdammte auf dem Tympanon der Kathedrale von Autun. Diese von Gislebertus im zweiten Viertel des 12. Jahrhundert geschaffenen Reliefs verdeutlichen stärker, als Worte es vermöchten, die Angst vieler Kreuzfahrer vor einer ewigen Bestrafung aufgrund ihrer Sünden.

JERUSALEM ALS BEINHAUS. Männer und Frauen, darunter auch ältere Kreuzfahrer, kamen nach Jerusalem, um hier ihre Tage zu beschließen. Die Beinhäuser in der Ruine der Johanniter-Begräbniskirche von Acheldamach (12. Jahrhundert), direkt außerhalb Jerusalems gelegen, sind immer noch mit den Gebeinen frommer Christen gefüllt.

Hugo von Chaumont-sur-Loire verpfändete seine Herrschaft Amboise 1096 an seinen Vetter Robert von Rochecorbon und erhielt zusätzlich eine beträchtliche Summe Bargeld von seinem Onkel mütterlicherseits. Der süditalienische Normanne Tankred wurde von seinem Vormund unterstützt und brauchte deshalb sein Erbteil nicht zu verkaufen. Savaric von Vergy kaufte das Lehen seines Neffen und verpfändete es dann, um das Geld für den Kaufpreis aufzubringen. Bevor Fantin und sein Sohn Gottfried aus Thouars aufbrachen, überließ Fantin seiner Frau und Gottfried einigen Landbesitz. Letzterer verkaufte seinen Anteil dann an die Mutter.

Es lassen sich einige Momente bestimmen, die erklären können, warum es manchen Sippen vorbestimmt war, so stark auf den Kreuzzugsappell zu reagieren: eine Familientradition der Pilgerschaft nach Jerusalem, die Anhängerschaft an die Klosterreform von Cluny und das Reformpapsttum sowie die Verehrung bestimmter Heiliger. Die weiblichen Angehörigen dieser Familienverbände scheinen die Botschaft in die Familien weitergetragen zu haben, in die sie einheirateten. Von vier Schwestern aus dem Haus der Grafen von Burgund hatten drei einen der frühen Kreuzfahrer zum Gatten, die vierte war die Mutter eines Kreuzfahrers. Obwohl es in dem Familienclan der Le Puiset wahrscheinlich eigenständige Traditionen gab, war seine Stammmutter eine von vier Schwestern aus der Familie der Montlhéry; alle vier waren die Ehefrauen oder Mütter von Kreuzfahrern, und das galt auch für ihre Töchter.

Im 13. Jahrhundert scheint jedoch dem Vasallenverhältnis unter den Motiven für eine Teilnahme die größte Bedeutung zugekommen zu sein. Die Familienbande waren natürlich immer noch wichtig, und Traditionen der Kreuzzugsteilnahme, die von Generation zu Generation weitergegeben wurden, übten einen starken Druck auf jene Familienmitglieder aus, die geeignet waren, das Kreuz zu nehmen. Dennoch besaßen in einem Zeitalter, als die feudalen Bande ihre größte Stärke erreichten, Lehnsherrschaft und Vasallenstatus einen noch größeren potenziellen Einfluss – häufig auch auf einer regionalen Ebene. Diese Tatsache beeinflusste auch das Christusbild, das die Kreuzzugspropaganda vermittelte, die immer auf die sozialen Werte des Publikums einging, an das sie sich wandte. Wenn Christus zuvor in der Regel als ein Vater beschrieben worden war, der sein Erbteil verloren hatte und sich an seine Söhne wandte, um es wiederzugewinnen, so wurde er jetzt häufiger als ein König oder Herrscher präsentiert, der den Dienst seiner Untertanen einforderte. Das Bild von Christus als Herrscher findet sich, wie wir sehen werden, schon in einem Lied aus der Zeit des Zweiten Kreuzzugs, doch gegen 1200 herrschte es dann vor.

Der Herrscher ist betrübt über den Verlust seines Erbteils. Er will seine Freunde prüfen und erfahren, ob seine Vasallen ihm treu sind. Wenn jemand ein Lehen seines Lehnsherrn innehat und ihn im Stich lässt, wenn er angegriffen wird und sein Erbe verliert, so sollte jener Vasall von Rechts wegen sein Lehen verlieren. Ihr habt euren Körper, eure Seele und alles, was euer ist, von dem höchsten Herrscher. Heute fordert er euch auf, zu seiner Hilfe in die Schlacht zu eilen, und obwohl ihr an ihn nicht durch Lehnsrechte gebunden seid, bietet er euch so viele und so große Belohnungen, nämlich die Vergebung all eurer Sünden, wie viel Strafen und Bußen ihr auch verdient hättet, dass es euch geziemt, aus freiem Willen zu ihm zu eilen.

Der dritte Faktor war die Popularität des Kreuzzugsgedankens auf anderen Kriegsschauplätzen. Begeisterte Kreuzfahrer waren häufig gewillt, an verschiedenen Fronten zu dienen: Leopold VI. von Österreich zog auf Kreuzzüge nach Spanien und ins Languedoc, er kämpfte im Dritten und Fünften Kreuzzug und legte das Gelübde für den Vierten ab; der französische Ritter Peter Pillart schloss sich beiden Orientkreuzzügen Ludwigs IX. an, aber auch dem Kreuzzug Karls von Anjou in Süditalien. Im 14. Jahrhundert hatte sich bei den Adligen, die auf einen Kreuzzug gingen, die Haltung durchgesetzt, dass der genaue Bestimmungsort ihres Kampfeinsatzes nur von sekundärer Bedeutung war. Entscheidend war, die Feinde Christi zu bekämpfen; zuweilen zeigten sie »eine ausgesprochene Gleichgültigkeit der Frage gegenüber, wo und gegen wen sie kämpfen sollten«. Aus nahe liegenden Gründen hatten nicht alle Kriegsschauplätze teil an der mit Jerusalem verbundenen Tradition der zur Buße unternommenen Pilgerfahrt, obwohl es zu Beginn des 13. Jahrhunderts den Versuch des Führers der Ostseekreuzzüge gab, einen Kult der Jungfrau in Riga zu begründen und den Mythos zu stiften, dass ihr Erbteil, parallel zu dem Christi in Palästina, in Livland auf dem Spiel stände. Im Laufe der Zeit verschob sich das Ziel der Kreuzzugsbewegung: Nicht mehr die Befreiung oder Verteidigung Jerusalems (und die Hilfe für das Heilige Land) standen im Vordergrund, sondern ganz allgemein die Verteidigung der Christenheit. Der Kampf zugunsten der christlichen Republik, wie die Christenheit oft bezeichnet wurde, nahm den Charakter eines Verteidigungskrieges für ein Gemeinwesen an, während die Vorstellung des heiligen Krieges zurücktrat. Die Haltung der Kreuzfahrer, die im 14. Jahrhundert an Feldzügen in Nordafrika oder Europa teilnahmen, war davon bestimmt, Gott durch die Demonstration von *prouesse* zu dienen, während die Idee der Buße kaum noch eine Rolle spielte.

REMINISZENZEN AN JERUSALEM. Die Kapelle des Heiligen Grabes in der Kathedrale von Winchester. Unter einem großen Christus befinden sich Darstellungen der Kreuzabnahme und Grablegung. Die Kapelle wurde wahrscheinlich gegen 1227 mit den Fresken geschmückt, als Bischof Peter von Les Roches seinen Kreuzzug antrat. In dieser Kapelle könnten sich englische Kreuzfahrer vor ihrer Abreise zum Gebet versammelt haben.

Vielleicht trug der große Skandal des Kreuzzugswesens in der Zeit nach 1291, nämlich der Sturz der Templer (siehe Kapitel 9), zur teilweisen Säkularisierung der Bewegung bei. Die lange Liste der Anklagen, die gegen sie erhoben wurden, begann mit Punkten, die sich auf ihre angebliche Verleugnung der Göttlichkeit Christi, der Kreuzigung und des Symbols des Kreuzes bezogen. Sie wurden beschuldigt, dass bei ihren Aufnahmezeremonien auf das Kreuz gespuckt, getreten und uriniert wurde. In jeder christlichen Gesellschaft wären das schwere Verbrechen gewesen, für die Theorie und die Traditionen des Kreuzzugs aber, für die die Autorität Christi und das Bild des Kreuzes ganz zentral waren, bedeuteten diese Beschuldigungen eine besonders furchtbare Belastung. Die Anklagen wurden von der französischen Regierung weithin verbreitet; der Öffentlichkeit präsentierte sich das abstoßende Bild eines hoch angesehenen Ordens, der beanspruchte, die Ideale der Kreuzzugsbewegung in einer durch Ordensregeln festgelegten Form zu verkörpern, und der gleichzeitig auf blasphemische Weise zentrale Glaubenssätze verleugnete. Es ist unmöglich, den Schaden genau zu ermessen, den jene Anklagen der Bewegung zufügten, doch unbestreitbar, dass er groß gewesen sein muss. Als die Kreuzzüge im 13. Jahrhundert institutionalisiert und zu einer konventionellen Option für die Ritter wurden, verloren sie notwendigerweise an Radikalität. Die weltlichen Ideale des Rittertums trugen das Ihre dazu bei, indem sie die revolutionären Ideale verwässerten, die 1095 verkündet worden waren. Das Konzept des Krieges als einer Buße und frommen Übung blieb im Hintergrund freilich erhalten und wurde, wenn auch in immer dekorativerer Weise, von den Johanniterrittern auf Malta selbst im 18. Jahrhundert noch aufrechterhalten. Aber es hatte der konventionelleren Vorstellung eines Militärdienstes für Gott seinen Platz abtreten müssen. Die Idee eines zur Buße unternommenen Kriegs, eine der radikalsten Gedankenbildungen Europas, war zu unbequem, um sich auf Dauer einen Platz in der Theologie und der Praxis der christlich gerechtfertigten Gewaltausübung verschaffen zu können.

5
KREUZZUGSLIEDER

MICHAEL ROUTLEDGE

Die Literatur einer Epoche spiegelt deren vorrangige Anliegen wider, andernfalls wird sie nicht populär. Im Mittelalter bedeuten jedoch die Worte »Literatur« und »populär« nicht dasselbe wie heute. Die Lieder des Ersten und Zweiten Weltkrieges beispielsweise konnten so populär werden, weil es Formen der massenhaften Verbreitung gab: Während des Ersten Weltkrieges sorgten Notenblätter, die einen hohen Alphabetisierungsgrad und zusätzlich eine große Zahl von Menschen, die Noten lesen konnten, voraussetzten, sowie die *music halls* dafür, dass ein Lied wie »It's a long Way to Tipperary« in relativ kurzer Zeit Millionen von Menschen erreichen konnte. Im Zweiten Weltkrieg ging die Verbreitung derartigen Materials über Grammophon und Radio noch weiter und erfolgte fast auf einen Schlag. Doch würde man derartige Erzeugnisse, bei all ihrer Popularität, kaum als Literatur bezeichnen. Andererseits würde niemand ernsthaft den Literaturanspruch der Gedichte Wilfried Owens oder Rupert Brookes oder von Romanen wie *Im Westen nichts Neues*, *Le silence de la mer* oder *For Whom the Bell Tolls* bestreiten, obwohl diese Texte weit geringere Verbreitung fanden.

Im Mittelalter jedoch bedeutete der geringe Alphabetisierungsgrad zugleich geringe Verbreitung. Das heißt, die Literatur spiegelte die Interessen und Beschäftigungen der alphabetisierten Schichten wider, von denen und für die Literatur verfasst wurde. »Populär« heißt nicht volkstümlich, sondern populär an den aristokratischen Höfen, und »Literatur« bezeichnet alles, was ein schreibkundiger Mensch für ein zuhörendes Publikum aufschrieb. Daneben gab es noch eine andere Form von Texten: lateinische Schriften, bestimmt für die hoch gebildeten Sekretäre und Schreiber eines Hofs. Weder diese Schriften noch andere »offizielle« Formen wie Annalen, Historien oder Chroniken sind das Thema dieses Kapitels. Wir haben es hier mit dem zu tun, was die Leute hörten, was ihnen vorgeführt wurde, was sie vornehmlich als Unterhaltung empfanden, wenn auch mögliche andere Funktionen, etwa Lehre, Ermahnung und Propaganda, nicht unberücksichtigt bleiben werden.

Der Zeitraum der ersten vier Kreuzzüge fällt in Frankreich und Deutschland mit der Herausbildung einer reichen Literatur in der Volkssprache zusammen, die in der Tat auch die Kreuzzüge widerspiegelt. Der Zeitraum wurde, nicht unberechtigt zumindest für den Bereich

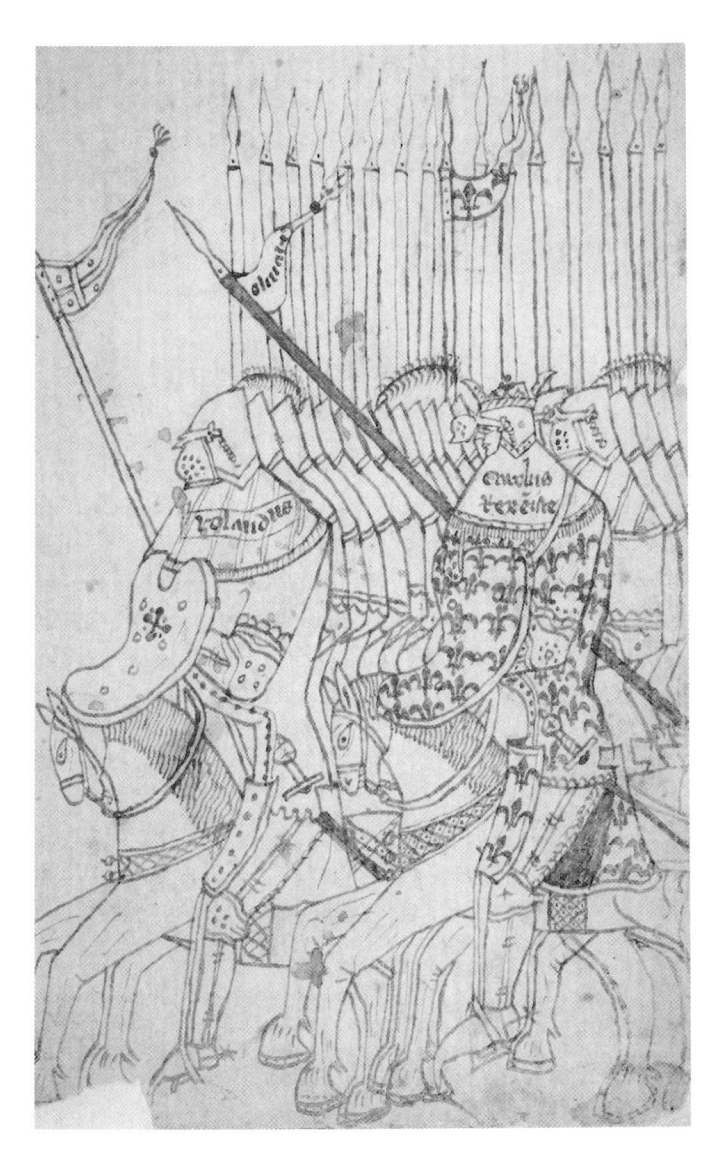

DIESE DARSTELLUNG KARLS DES GROSSEN UND ROLANDS, die gegen die Sarazenen in die Schlacht ziehen, stammt aus einem Manuskript des *Roman d'Arles*, das Betran Boysset von Arles im 14. Jahrhundert anfertigte. Die Qualität der Zeichnung mag damit zusammenhängen, dass Boysset von Beruf Landvermesser war.

der Literatur, als die »Renaissance des 12. Jahrhunderts« bezeichnet. In Frankreich und Deutschland werden die großen Traditionen der Epik begründet: *La Chanson de Roland* (»Das Rolandslied«), das älteste Epos in französischer Sprache, stammt fast sicher aus der Zeit des Ersten Kreuzzuges. Von *La Chanson d'Antioche* (»Das Antiochia-Lied«), einer Darstellung der Belagerung Antiochias im Jahr 1098, existieren Versionen in Altfranzösisch und Provenzalisch, der Literatursprache des französischen Südens. *La Canso de la Crozada contra'ls eretges d'Albiges* (»Lied vom Albigenserkreuzzug«) berichtet in provenzalischen Versen vom sogenannten Albigenserkreuzzug. Außerdem gibt es die konventionelleren historischen Darstellungen der Kreuzzüge von Robert de Cléry und Geoffrey de Villehardouin.

Die frühen französischen Versepen waren als *chansons de geste* bekannt (von lateinisch gesta: »verrichtete Taten«, ausgeweitet auf die Taten eines Helden oder einer Gruppe oder Sippe). Inwieweit diese *chansons* die Kreuzzüge widerspiegeln, ist etwas umstritten. Die Handlung des frühesten und bekanntesten, des Rolandsliedes, basiert auf einem realen historischen Ereignis, auch wenn dessen Details im Dunklen liegen: Im Jahr 778 kehrten die Truppen Karls des Großen von einem erfolgreichen Spanienfeldzug zurück, als sie bei Roncesvalles in den Pyrenäen entweder (nach einem christlichen Chronisten aus dem 9. Jahrhundert) von marodierenden Basken oder aber (nach dem arabischen Chronisten Ibn al-Athir aus dem 13. Jahrhundert) von Muslimen aus Saragossa angegriffen wurden. Dabei wurde die Nachhut des fränkischen Heeres, zu der Eggihard, der Seneschal, Anselm, der Führer der königlichen Leibwache, und Roland, der Herzog der bretonischen Mark, gehörten, vollständig vernichtet. Aufgrund des zeitlichen Abstands und der Nebelwolken der Propaganda ist es für uns unmöglich zu bestimmen, ob Muslime tatsächlich an dem Kampf beteiligt waren und ob es sich bei dieser Schlacht um mehr als ein kleineres Scharmützel handelte. Unbestreitbar hingegen ist, dass das Ereignis im 11. Jahrhundert eine überraschende Veränderung seiner Dimension erfahren hatte: Die Darstellung im Rolandslied machte aus ihm eine größere Auseinandersetzung zwischen dem Reich Karls des Großen und den Kräften des Islam, die in der Eroberung Spaniens und der erzwungenen Taufe der Bürger von Saragossa gipfelte:

Der Kaiser hat Saragossa eingenommen. Von tausend Franken lässt man die Stadt, die Synagogen und Moscheen durchsuchen. Mit eisernen Hämmern und mit Äxten zertrümmern sie die Bilder Muhameds und alle Götzenbilder. Weder Zauberei noch Trug sollen übrig bleiben. Der König [Karl] glaubt an Gott, ihm will er dienen. Seine Bischöfe segnen das Wasser, und sie führen die Heiden bis hin in die Taufkapelle. Ist einer, der sich dem Willen Karls widersetzt, lässt er ihn gefangen nehmen oder verbrennen oder erschlagen. Mehr denn hunderttausend wurden zu wahren Christen getauft, nicht aber die Königin [von Saragossa]. Als Gefangene soll sie in das holde Frankreich geführt werden. So will es der König. Durch Liebe soll sie sich bekehren [das heißt freiwillig].
(Verse 3660–3674; Übersetzung nach Hans-Wilhelm Klein)

Das *Rolandslied* erwähnt den Kreuzzug nicht. Zudem wurde mit Überzeugung behauptet, das Bild des Islam sei in diesem Text absichtlich verzeichnet und besitze keine Ähnlichkeit mit dem, was ein Dichter des 11. Jahrhunderts von den Muslimen in Spanien oder Palästina gewusst habe. Trotzdem findet die Darstellung der Muslime als Ungeheuer und Götzenanbeter, wie sie das *Rolandslied* bietet, ein Echo in weiteren Werken, die wir noch betrachten werden. Und darüber hinaus scheint die Annahme plausibel, dass sich der Dichter der besonderen propagandistischen Wirkung seines Epos durchaus bewusst war. Dennoch lässt es sich nicht bestreiten, dass *spezifische* Anspielungen auf die Kreuzzüge nach Palästina in der altfranzösischen Epik selten sind.

Es existiert jedoch eine Form der volkssprachlichen Dichtung, in der die Kreuzzüge von der Mitte des 12. Jahrhunderts an zum Thema werden: die »Kreuzzugslieder«. Aus der Zeit des Ersten Kreuzzugs kennt man sie noch nicht – allerdings sind aus dieser Periode ohnehin kaum volkssprachliche Texte überliefert. Die frühesten Kreuzzugslieder stehen mit dem Zwei-

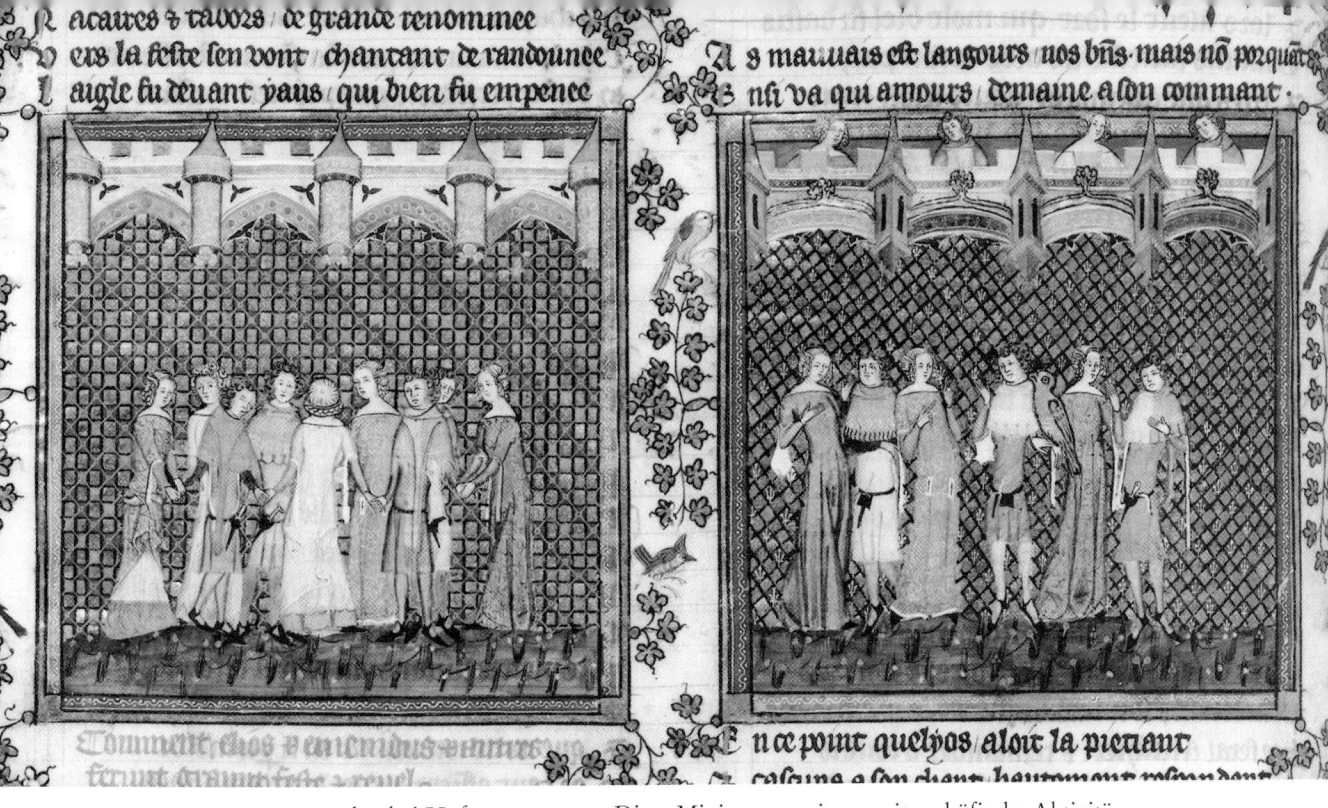

KREUZZUGSLIEDER wurden bei Hofe vorgetragen. Diese Miniaturen zeigen weitere höfische Aktivitäten: Einige Höflinge tanzen eine Carole, andere führen galante Gespräche; ein Dame hält einen Falken auf der Faust.

ten Kreuzzug oder der spanischen Reconquista in Beziehung und sind in provenzalischer und altfranzösischer Sprache abgefasst. In der Forschung herrscht keine Einigkeit in der Frage, was ein Kreuzzugslied ausmacht. Es ist wahr, dass Lieder, in denen der Kreuzzug das einzige Thema ist, vergleichsweise selten sind. Hingegen sind viele Lieder erhalten, in denen der Kreuzzug als Thema, als Allegorie oder als Ableitung aus einer anderen Vorstellung eine Rolle spielt, nämlich etwa hundert provenzalische, etwa vierzig französische, dreißig deutsche, ein spanisches und zwei italienische. In voller Kenntnis des Definitionsproblems nennen wir hier »Kreuzzugslieder« all jene Lieder, die Kreuzzüge erwähnen, gleichgültig, ob diese in den Orient, nach Spanien, Frankreich oder Italien führten.

Die Kreuzzugslieder als eine Gattung zu bezeichnen ist wenig hilfreich. Die Dichter brachten Anspielungen auf die Kreuzzüge in einer Vielfalt poetischer Formen unter. Unter den frühesten Liedern, die von den provenzalischen Troubadouren Marcabru und Cercamon stammen, finden sich *sirventes* – Lieder mit moralischen, politischen und persönlichen Stellungnahmen – und eine Form der *pastorela* – ein Lied, in dem der Dichter eine Jungfrau trifft, die um ihren abwesenden Geliebten klagt. Zu den späteren Beispielen gehören höfische Liebeslieder wie »A vous, amant, plus k'a nulle autre gent« (1188/1191) des Chastelain von Couci und fast alle deutschen Kreuzzugslieder, Totenklagen auf gefallene Helden wie der *planh* des Gaucelm Faidit auf Richard Löwenherz von England (1199), panegyrische Gedichte wie Rutebeufs »Complainte de monseigneur Joffroi de Sergines« (1255/1256) und Streitgedichte wie »L'autrier fui en paradis« des Mönchs von Montaudon (1194). Es gibt also keinen Beweis dafür, dass die Dichter neue Formen oder Gattungen entwickelten, um von den Kreuzzügen zu sprechen; die Kreuzzüge waren lediglich Thema und Inspirationsquelle.

Die Anzahl der Lieder aus der Zeit des Zweiten Kreuzzugs ist klein: ein französisches und vielleicht zehn provenzalische. Sie und die Lieder der folgenden Jahrzehnte handeln genauso häufig von Expeditionen nach Spanien wie von Zügen ins Heilige Land. Dass nach 1160 die Anzahl und Popularität der Troubadoure und ihrer nordfranzösischen Entsprechung, der *trouvères*, zunahm, hatte auch zur Folge, dass der Dritte und Vierte Kreuzzug häufiger in Liedern reflektiert wurden. Auch die meisten Kreuzzugslieder der deutschen *Minnesänger* beziehen sich auf jene Feldzüge. In Südfrankreich gibt es – oft vorsichtig-indirekte – Anspielungen auf den Albigenserkreuzzug. Die Feldzüge des 13. Jahrhunderts erscheinen in einem nicht abreißenden Strom von hauptsächlich französischen und deutschen Liedern.

DIESE FIGUREN auf einem Hochzeitskästchen stellen wahrscheinlich *jongleurs* dar, berufsmäßige Spielleute, die Instrumente spielten und Akrobaten- und Jongleurskunststücke machten, aber auch zur Verbreitung der Lieder der Troubadoure, trouvères und Minnesänger beitrugen.

Wenn unsere Ausgangsbemerkung zutrifft, dann ist die Frage fast überflüssig, warum sich die Kreuzzüge so häufig in Liedern widerspiegeln, zumal einige der Dichter zu den führenden Kreuzfahrern gehörten. Es gibt Lieder von so bedeutenden Führern wie Thibaut IV. von Champagne oder Folquet, der zur Zeit der Albigenserkreuzzüge Bischof von Toulouse war, sowie von so bedeutenden Magnaten wie Conon de Béthune oder Guy von Coucy. Darüber hinaus hingen viele Poeten für ihren Lebensunterhalt, zumindest teilweise, von der Förderung prominenter Kreuzfahrer ab. Der Troubadour Raimbaut de Vaqueiras erinnert beispielsweise in einem »Brieflied« seinen Gönner Bonifacius von Montferrat an ihm erwiesene Freundlichkeiten: »Ich preise Gott, dass er mir half, in euch einen so guten Herrn zu finden. Du hast mich so erhoben, mir Waffen gegeben, mir viel Gutes getan und mich aus der Niedrigkeit zur Höhe erhoben, aus dem Nichts, das ich war, einen hoch geschätzten Ritter gemacht, der bei Hof beliebt ist und von den Damen gelobt wird« (»Valen Marques, senher de Montferrat«, Vers 5–10). Raimbaut erinnert im weiteren daran, wie Bonifacius und er bei der Belagerung Konstantinopels mitkämpften, mahnt seinen Gönner aber auch, dass man von Erinnerungen allein nicht leben könne:

Mit dir habe ich manch starke Burg belagert, manch mächtige Zitadelle und manch schönen Palast, der dem Kaiser, dem König oder dem Emir gehörte, und den erhabenen Laskaris und den Protostrator in Petrion belagert, und viele andere Fürsten. Mit dir verfolgte ich den Kaiser der Rhomäer nach Philopation, als du dich entschlossest, einen anderen an seiner Statt zu krönen. Doch wenn du mir nicht reichlich lohnst, wird es scheinen, als wäre ich nie mit dir gezogen oder als hätte ich dir nicht so sehr gedient, wie ich dich hier erinnere. Und du weißt, Herr Marquis, dass ich die Wahrheit spreche!

(ebd., Verse 31–43)

Ähnlich pflegen sich auch Gedichte, die Helden des Kreuzzugs preisen, ebenso sehr auf deren Großzügigkeit als Gönner wie auf ihre kriegerischen Leistungen zu beziehen. Ein fiktionales Streitgespräch zwischen Gott und dem zum Mönch gewordenen Troubadour, dem Mönch von Montaudon, bietet ein gutes Beispiel. Gott fragt den Mönch, warum er nicht die Hilfe König Richards suche:

Mönch, du handeltest falsch, dass du nicht so schnell wie möglich zu dem König eiltest, der Oléron gefangen hält, der ein so guter Freund von dir war. Darum war er im Recht, meine ich, die Freundschaft mit dir abzubrechen. Oh, wie viele gute Mark Silber hat er in Geschenken an dich verschwendet! Denn er hat dich aus dem Schmutz erhoben.

Herr, ich wäre zu ihm geeilt, würde ich nicht dir damit die Schuld geben: denn du ließest es zu, dass er gefangen wurde. Wenn das Sarazenenschiff – vergaßest du, wie es segelt? – jemals nach Akkon kommt, werden dort viele verruchte Türken sein. Der Mann ist ein Narr, der sich auf einen Streit mit dir einlässt! (»L'autrier fui en Paradis«, Verse 33–48)

Das Gedicht spielt auf die Gefangennahme des Richard Löwenherz bei seiner Heimkehr aus Akkon im Jahre 1192 durch Herzog Leopold von Österreich an. Eine ähnliche Idee, im gleichen scherzhaften Ton gehalten, findet sich in dem Gedicht »La Pauvreté« (»Über seine Armut«, 1270) des Pariser Dichters Rutebeuf: »Der Tod hat mir großen Schaden zugefügt, und auch du, guter König, hast mir auf zwei Reisen gute Leute abwendig gemacht, und die Pilgerschaft ins ferne Tunis, diesen barbarischen Ort, und die verruchten, gottlosen Leute dort.« (Verse 19–24). Rutebeufs Klage richtet sich dagegen, dass der Kreuzzug König Ludwigs IX. ihn der Leute beraubt hat, die ihm sonst finanzielle Unterstützung gewährten.

Gönner und Dichter standen gleichermaßen in Berührung mit den Ereignissen. Es gibt aber noch andere Gründe für die Rolle, die die Kreuzfahrer in der höfischen Dichtung dieser Epoche spielten. Diese Dichtung preist jene Werte und Tugenden, die die Aristokratie für sich beanspruchte – Tugenden, die sie ihrer Einschätzung nach von den anderen gesellschaftlichen Schichten abhoben. Da es eine enge Verbindung zwischen dem Begriff des Adels und der Frage der Lehnshoheit gab, können wir manche dieser Tugenden als feudale bezeichnen. Dazu gehören die Hingabe an den Souverän und die Akzeptanz der feudalen Pflichten des *auxilium* (der bewaffneten Hilfeleistung im Falle eines feindlichen Angriffs) und des *consilium* (des Rates und der Rechtsvollstreckung). Der Kreuzzug wird von den Dichtern häufig in Begriffe gefasst, die diese Pflichten zum Ausdruck bringen. Das Heilige Land wird als Gottes rechtmäßiges Territorium angesehen, das von Marodeuren usurpiert wurde. Seine Vasallen müssen daher alles tun, um es ihm zurückzugewinnen. Wenn sie das nicht tun, verstoßen sie gegen ihre Vasallenpflicht: »... verdammt muss der werden, der seinen Herrn in der Stunde der Not verlässt ...« (»Vos qui ameis«, Verse 11–12), erklärt ein anonymes Lied, das gegen 1189 ent-

DIE VIER SARGFIGUREN in der Abtei von Fontevrault stellen Mitglieder der mächtigen Dynastie Anjou dar: Heinrich II., Eleonore von Aquitanien, Richard I. und Isabella von Angoulême. Es passt, dass Eleonore, die Enkelin des ältesten bekannten Troubadours, Wilhelms IX. von Aquitanien, die selbst eine Förderin der Dichter war, bei der Lektüre eines Buches dargestellt ist.

stand. Das früheste französische Kreuzzugslied, eine Komposition von circa 1145/1146, stellt die Verhältnisse in ein noch klareres Licht:

Chevalier, mult estes guariz,
Quant Deu a vus fait sa clamur
Des Turs e des Amoraviz
Ki li unt fait tels deshenors.
Cher a tort unt ses fieuz saiziz;
Bien en devums aveir dolur,
Cher la fud Deu primes servi
E reconnu pur segnuur.
    (Verse 1–8)

Ritter, ihr seid wahrlich vom Glück begünstigt, dass Gott seinen Hilfeaufruf gegen die Türken und die Almorawiden erschallen ließ, die so ehrlose Taten gegen ihn begangen haben. Sie haben sich ungerechterweise seiner Lehnsgüter bemächtigt; wir müssen das fürwahr beklagen, da dort Gott zuerst gefolgt und er als Herrscher anerkannt wurde.

Die Botschaft wird in den Begriffen eines feudalen Gefolgschaftsverhältnisses eingehämmert, mit Bildern, die Gott als *seigneur* und die Ritter als Vasallen beschreiben, die ihm die Art von Hilfe schulden, zu der sie auch ihrem Souverän verpflichtet sind. Der Refrain des Liedes verspricht denen, die den König begleiten, das Paradies.

DIE SARGFIGUR RICHARDS I. LÖWENHERZ. Richard förderte wie seine Mutter und seine Brüder Heinrich und Gottfried eine Anzahl von Dichtern, darunter den Mönch von Montaudon, der Richards Gefangenschaft beklagte, und Gaucelm Faidit, der ihn aufforderte, das Gelübde der Fahrt nach Palästina zu erfüllen.

Ki ore irat od Loovis
Ja mar d'enfern n'avrat pouur,
Char s'alme en iert en Pareis
Od les angles nostre Segnor
                (Verse 9–12)

Wer jetzt König Ludwig begleitet, braucht vor der Hölle keine Furcht zu haben, denn seine Seele wird mit den Engeln unseres Herrn im Paradies weilen.

Die Ritter werden an ihre Waffenkunst und an ihre Schuld Christus gegenüber erinnert: »Ritter, bedenkt es gut, ihr, die ihr eurer Waffenkunst wegen geachtet werdet, gebt eure Körper dem zum Geschenk, der für euch am Kreuze starb« (Verse 17–20). Ludwig VII. wird als Vorbild hingestellt, als ein Mann, der auf Reichtum, Macht und Länder verzichtet, als wollte er die Welt aufgeben, um das Leben eines Heiligen zu führen. Die Erinnerung an Christi Wunden und seine Leidensgeschichte ist nicht bloß eine fromme Reminiszenz, sondern soll in den Zuhörern das glühende Verlangen wecken, an Gottes Feinden verdiente Rache zu üben: »Nun ruft er euch, weil die Kanaaniter und die verruchten Gefolgsleute Zangis ihm viele Bosheiten zugefügt haben: gebt ihnen jetzt ihren verdienten Lohn!« (Verse 41–44). Der kriegerische Konflikt wird als Turnier zwischen Himmel und Hölle dargestellt: Gott ruft seine Freunde in seine Mannschaft, er hat den Zeitpunkt und den Ort – Edessa – des Turniers anberaumt, die Erlösung wird der Preis sein und Gottes Rache wird durch die Hände der Kreuzfahrer vollzogen werden. Die Zuhörer werden daran erinnert, wie Moses das Rote Meer teilte und der Pharao und die Seinen ertranken. Das ist einer von mehreren Fällen, bei denen in Kreuzzugsliedern die Muslime mit den Anhängern der Pharaos gleichgesetzt werden.

In mehreren Kreuzzugsliedern wird der Kreuzzug als eine Gelegenheit dargestellt, bei der Ritter und Edelleute demonstrieren können, dass sie die Fähigkeiten, die ihren Stand von anderen unterscheiden, nicht nur besitzen, sondern in ihnen auch brillieren:

Gott! So lange sind wir wegen einer Nichtigkeit tapfer gewesen, nun aber wird offenbar werden, wer wirklich tapfer ist, wenn wir gehen werden, die schmerzliche Schmach zu rächen, über die jedermann aufgebracht und beschämt sein muss. Denn verloren ging zu unserer Zeit der heilige Ort, wo Gott für uns einen angstvollen Tod erlitt. Wenn wir unsere Todfeinde dort bleiben lassen, wird unser Leben auf immer mit Schande bedeckt sein.

Gott wird in seinem heiligen Erbland belagert. Nun wird dort offenbar werden, wie jene ihm helfen werden, die er aus dem finsteren Gefängnis schnellte, als er an das Kreuz, das jetzt die Türken besitzen, geschlagen wurde. Verwünscht seien alle diejenigen, die zurückbleiben, wenn sie nicht Armut oder Alter oder eine Krankheit (als Hinderungsgrund) haben! Denn die, welche gesund und jung und reich sind, können nicht ohne Schande (zu Hause) bleiben.
                (Conon de Béthune, »Ahi! amours, com dure deparie«, Verse 25–40; Übersetzung nach Dietmar Rieger; mit anderer Strophenfolge: Strophe VI und III).

Die ritterlichen und adligen Klassen, an die diese Lieder gerichtet sind (häufig beginnen sie mit den Worten *chevalier*, *seigneur* oder *baron*), müssen um jeden Preis Schande, Nichtstun und Feigheit vermeiden. Solche Einlassungen sind nicht nur ein passendes Thema für ein

Kreuzzugslied, sie entsprechen auch genau einer wichtigen poetologischen Forderung. Die mittelalterlichen Dichter und Gelehrten hatten gelernt, dass die beiden wichtigsten Funktionen der Rhetorik der Lobpreis und der Tadel seien. Sie waren auch ausgebildet, in dialektischen Mustern zu denken und zu argumentieren. Die Ideologie des Kreuzzugs ließ sich genau in diese Struktur einpassen: Wer dem Aufruf Folge leistete, war zu preisen, wer nicht, hatte Tadel verdient.

Alle Feiglinge werden hier bleiben, jene, die weder Gott noch Tugend, noch Liebe, noch Wert lieben. Jeder sagt: »Aber was wird mit meiner Frau? Ich will meine Freunde um keinen Preis verlassen.« Solche Leute sind wahrlich in eine närrische Denkweise verfallen, denn es gibt in Wahrheit keinen anderen Freund als jenen, der um unsertwillen an das wahre Kreuz geschlagen wurde.

Nun werden jene tapferen Krieger, die Gott und die Ehre dieser Welt lieben, aufbrechen, weil sie aus Weisheit zu Gott gehen wollen; die Rotznasen aber und die Aschfahlen werden zurückbleiben. Blind sind jene, da habe ich keinen Zweifel, die sich weigern, einmal nur in ihrem Leben Gott zu helfen, und um eines so geringen Dinges willen den Ruhm der Welt verlieren.
(Thibaut de Champagne, »Seigneurs, sachiez, qui or ne s'en ira«, Verse 8–21).

Der Troubadour Marcabru beherrscht diese Technik meisterhaft:

Denn der Herr, der alles, was ist, kennt und alles weiß, was sein wird und was jemals war, versprach uns dort eines Kaisers Ehre und Ruhm. Und die Schönheit derer, die zum Waschhaus gehen werden, wisst ihr, wie sie sein wird? Größer als die des Morgensterns; vorausgesetzt, dass wir das Unrecht rächen, das Gott hier und auch dort gegen Damaskus angetan wird.

Dem Geschlechte Kains nahe, des ersten verräterischen Menschen, gibt es hier viele, von denen nicht einer Gott Ehre erweist. Wir werden sehen, wer ihm ein herzlicher Freund sein wird. Denn mit der Wunderkraft des Waschhauses wird Jesus in unserer Mitte sein und wir werden die Schurken, die an Vorzeichen und Omina glauben, in die Flucht schlagen!

Jene lüsternen Weinbläser, Essensdränger, Ofenhocker, Wegelungerer werden auf dem Platz der Feiglinge bleiben. Gott will die Mutigen und Gesunden in seinem Waschhaus auf die Probe stellen. Jene anderen werden die Häuser hüten und sie werden einen starken Gegner finden, weswegen ich sie zu ihrer Schande verjage.
(Marcabru, »Pax in nomine Domini«, Verse 28–54; Übersetzung nach Dietmar Rieger)

Das »Waschhaus«, von dem Marcabru spricht, ist eine Allegorie für den Kreuzzug in Spanien. Dieses um 1149 entstandene Lied ist eines der frühesten und berühmtesten unter den Kreuzzugsliedern. Es drückt deutlicher als jedes andere die Verbindung aus, die die Poeten zwischen den sozialen Werten der *cortezia* (höfisches Verhalten) und den Kreuzzügen als einem moralischen Prüfstein herstellten. Dass einige Barone es versäumen, das spanische Kreuzzugsvorhaben zu unterstützen, betrachtet Marcabru als symptomatisches Zeichen für einen Verlust an *joven*, was wörtlich »Jugendlicher« oder »Jugend« bedeutet, aber nicht nur altersmäßig gemeint ist. Der Begriff umfasst eine ganze Reihe von spezifischen Eigenschaften wie Großmut, jugendliche Tatkraft und Hingabe, die Marcabru und andere Autoren mit ihrer Modellvorstellung des jungen Ritters oder des Lehnsherrn verbinden. Jene, die ihre Unterstützung verweigern, sind »gebrochen, niedergeschlagen, müde der *proeza*; sie lieben nicht Freu-

MARCABRU war einer der erfindungsreichsten und originellsten der frühen Troubadoure. Seine Invektive gegen jene, die nicht nach dem Gesetz der *cortezia* lebten, auch hinsichtlich der Kreuzzugsbeteiligung, ist bösartig und bedient sich häufig einer bewusst derben Sprache *(links)*.

KÖNIG RICHARD ist hier in einer Pose dargestellt, die sein Engagement für den Kreuzzug verdeutlicht: In der einen Hand hält er die Kirche, in der anderen das Schwert, mit dem er sie verteidigt. Diese heroische Konzeption findet sich auch in den Klagegedichten, die Gaucelm Faidit und Peirol anlässlich seines Todes verfassten *(rechts)*.

de noch Lust« (ebd., Verse 62–63). *Proeza* bezeichnet Tapferkeit und kriegerische Fähigkeiten, hat aber auch die Konnotation von Begeisterung und ehrenvollem Streben nach Ruhm. Marcabru erwartet derartige Eigenschaften von den Magnaten und ihrem engeren Gefolge. In seinen Liedern kultiviert er das Image eines strengen Moralisten, der Trägheit und Schwäche des Fleisches geißelt, aber auch jede Aufweichung der Hierarchien. Er erschafft das Idealbild des energischen, asketischen Magnaten, der sich für Ruhm und Tugend mit Enthusiasmus einsetzt und sich der Verpflichtungen, die seine soziale Stellung implizieren, bewusst ist. Indem Marcabru dieses Idealbild mit religiöser Allegorie und mit der dialektischen Struktur der *sirventes* verknüpft, werden die Ehre des idealen Herrschers und seine Verpflichtungen mit dem Ruhm und den religiösen Forderungen des Kreuzzugs identifiziert. Diejenigen, die sich dem Kreuzzug verweigern, verhalten sich untreu gegenüber den Werten ihrer Klasse.

Desnaturat son li frances
si de l'afar Deu dizon no..
      (ebd., Verse 64–65)

Entartet sind die Franzosen, wenn sie zur Sache Gottes nein sagen.

Aber wie nicht anders zu erwarten, werden die Kreuzzüge nicht nur als ein Prüfstein für den sozialen Wert, sondern auch für eine den Konventionen entsprechende moralische Haltung aufgefasst. Für Marcabrus Zeitgenossen Cercamon ist die Teilnahme am Kreuzzug zugleich Indikator für ein makelloses, moralisches Leben und ein Mittel, das Böse zu vermeiden: »Jetzt kann man sich von großer Schändlichkeit rein waschen und läutern, diejenigen wenigstens, die damit beladen sind; und wer tapfer ist, wird gegen Edessa hinausziehen und wird die gefahrvolle Welt hinter sich lassen, und somit kann er sich von der Last frei machen, die viele Menschen schwanken und umkommen lässt« (Cercamon, »Puois nostre temps comens'a brunezir«, Verse 43–48; Übersetzung nach Dietmar Rieger). Die »Last«, um die es in dem Gedicht geht, ist die des *malvestatz* (Schlechtigkeit), die Cercamon als eine Mischung aus Geiz, Hochmut, Falschheit, Lüsternheit und Feigheit beschreibt. Peire Vidals Lied »Baron, Jhesus, qu'en crotz fon mes« (circa 1202) sieht den Kreuzzug als eine Gegenleistung für das Opfer Christi: »Edelleute, Jesus, der ans Kreuz geschlagen wurde, um die Christen zu retten, fordert uns auf, zu gehen und das Heilige Land zurückzugewinnen, wo er aus Liebe zu uns starb« (Verse 1–5). Wer auf seinen Aufruf nicht reagiert, wird mit Tadel nach seinem Tod und mit dem Verlust des Paradieses bestraft werden. Das Paradies aber ist jenen versprochen, die auf den Kreuzzug gehen. Wer das Kreuz nimmt, gibt die Welt auf, die in jedem Fall unverlässlich, ein Ort der Sünde ist, wo die Menschen sogar ihre Freunde betrügen. Eine interessante Weiterentwicklung dieser Idee findet sich bei dem bayerischen Dichter Albrecht von Johansdorf, von dem fünf Lieder zur Kreuzzugsthematik erhalten sind. In dem Lied »Die hinnen varn« (*Des Minnesangs Frühling* XIV, V) – kurz nach Saladins Sieg bei Hattin entstanden – betont er zu Anfang, dass das Heilige Land niemals notwendiger der Hilfe bedurft habe, doch einige Narren fragten, warum Gott es nicht selbst, ohne die Hilfe der Christen, verteidigen könne. Die Antwort verweist auf Christus, der nicht aus Notwendigkeit, sondern aus Mitleid für die Menschheit am Kreuz starb:

> Der grôzen marter was im ouch vil gar unnôt,
> wan daz in erbarmet unser val.
> swen nû sîn criuze und sîn grap niht wil erbarmen,
> daz sint von im die saelden armen.
> (ebd., Verse 8–11)

Das große Leiden war für ihn gar nicht notwendig, aber er erbarmte sich unseres Sündefalls. Wer sich nun nicht seines Kreuzes und seines Grabes erbarmt, das sind (diejenigen, denen) von ihm die Seligkeit versagt bleibt.

Das Handeln der Kreuzfahrer wird also mit der Erlösung der sündigen Menschheit durch Christus verglichen. Man nimmt den Kreuzzug aus Mitleid und Liebe auf sich. Ein anonymer *trouvère* des 12. Jahrhunderts betont den gleichen Gedanken:

Ihr, die ihr mit wahrer Liebe liebt, erwacht! Schlaft nicht mehr! Die Lerche führt den Tag herauf und sagt mit ihrer Rede, dass der Tag des Friedens gekommen ist, den Gott in seiner großen Milde jenen geben will, die aus Liebe zu ihm das Kreuz nehmen und mit ihren Taten bei Nacht und Tag Qual auf sich nehmen wollen. Dann wird er erkennen, wer ihn wahrlich liebt.

Er, der für uns gekreuzigt wurde, war nicht lau in seiner Liebe für uns, sondern liebte uns wie ein wahrer Liebender [*fins amins*] und trug für uns voll Liebe mit großer Pein das Heilige Kreuz milde in seinen Armen vor seiner Brust, wie ein sanftes Lamm, einfältig und fromm: dann wurde er mit drei Nägeln durch die Hände und Füße daran geschlagen.
(»Vos qui ameis«, Verse 1–10, 21–30)

Die Idee vom Kreuzzug als Liebestat war eine orthodoxe religiöse Vorstellung jener Zeit. Eine weitere Verbindung zwischen Kreuzzug und Liebe leitet sich jedoch nicht von einer kirchlichen, sondern einer literarischen Quelle ab. Die Liebe war eines der zentralen Themen in der mittelalterlichen Dichtung. Bei den deutschen Minnesängern ist das, anders als bei den Troubadouren (von *trobar*: finden), sogar schon in den Namen eingegangen. Typischerweise spricht der Dichter in der Rolle eines Mannes, der eine ungenannte Dame – meist ohne Aussicht auf Erhörung – liebt. Die Merkmale, die den Ausdruck dieser *fin'amour* oder hohen Minne in den Liedern der Troubadoure, Trouvères und Minnesänger charakterisieren, sind Sehnsucht, unaufgelöste Spannung und der Lobpreis der Geliebten. Diese Merkmale können auf verschiedene Weise entfaltet werden. Wenn beispielsweise die Spannung nicht aufgelöst wird, kann das Gedicht den Grund dafür nennen: Die Dame ist von so überragendem Charakter und Status, dem Liebhaber so »entrückt«, dass er verzweifelt, jemals die Höhen erreichen zu können, wo sie weilt. Noch andere Hindernisse und Gefahren können auftreten: tatsächliche räumliche Entfernungen, Rivalen, Verbreiter von Tratsch (*losengiers*) oder die Furchtsamkeit des Liebhabers. Es ist leicht vorstellbar, wie sich derartige Elemente der Liebeslyrik auf die Kreuzzugsthematik übertragen lassen. Aus der ungestillten Sehnsucht wird die noch unerfüllte Absicht, auf den Kreuzzug zu gehen, es kann damit aber auch die Idee einer sehr langen Reise ausgedrückt werden, deren Ende nicht deutlich abzusehen ist. Hartmann von Aue verbindet in einem Lied, das ungefähr zur Zeit des Dritten Kreuzzugs entstand, *Minne* mit Liebe zu Gott, der Kreuzzug wird zu einer »Pilgerfahrt der Liebe«:

Ich var mit iuwern hulden, herren unde mâge:
liut unde lant diu müezen sælic sîn.
es ist unnôt daz iemen mîner verte vrâge:
Ich sage wol für wâr die reise mîn.
mich vienc diu minne und lie mich vrî ûf mîne sicherheit.
nû hat sî mir enboten bî ir liebe daz ich var.
es ist unwendic: ich muoz endelîchen dar:
wie kûme ich bræche mîne triuwe und mînen eit!
(»Ich var mit iuwern hulden«, Verse 1–8;
Minnesangs Frühling XXII, XVII)

Ich ziehe mit eurer Gunst, ihr Herren und Verwandten: Land und Leuten wünsche ich alles Glück. Es ist nicht nötig, dass man wegen meiner Fahrt fragt: ich will meine Reise wahrlich wohl erklären. Mich fing die Liebe [*Minne*] und ließ mich gegen mein Treueversprechen [*Sicherheit*] meiner Wege gehen. Nun aber hat sie mir die Fahrt bei ihrer Gnade geboten. Es ist nicht mehr zu ändern: endlich muss ich dorthin: ich kann meine Vasallenpflicht [*triuwe*] und meinen Eid nicht brechen!
(Übersetzung unter Benutzung der Fassungen
von Max Wehrli und Ernst von Reusner)

Erst gegen Ende der zweiten Strophe enthüllt Hartmann, dass er sich auf den Kreuzzug bezieht. Häufiger als direkt die allegorischen Möglichkeiten auszunutzen stellen die Dichter eine bloß assoziative Beziehung zwischen dem Kreuzzugsgedanken und der Idee der menschlichen Liebe her, indem sie die Sprache oder die konventionellen Situationen der Liebeslyrik übernehmen. Dieses Prinzip wird im Laufe der Zeit immer verbreiteter. Nur ein überliefertes Gedicht aus der Zeit des Zweiten Kreuzzugs zeigt diese assoziative Beziehung; am Ende des 12. Jahrhunderts ist sie ganz üblich geworden, vor allem in Deutschland. Das früheste Beispiel betrachtet die Lage aus dem Gesichtswinkel der Frau, die vom Kreuzfahrer zurückgelassen wird. Marcabrus »A la fontana del vergier« (um 1147) beginnt mit einem Natureingang, einer Anspielung auf den Frühling, die ein Topos der höfischen Poesie ist. In der üblichen *pastorela* trifft das lyrische Ich – meist als ein Ritter dargestellt – eine Jungfrau, die von den Freuden oder Leiden der Liebe singt. Der Ritter versucht sie zu verführen, wird aber abgewiesen. In dem hier vorliegenden Fall hat die Trauer des Mädchens einen besonderen Grund.

Das war ein Edelfräulein von schöner Gestalt, Tochter eines Burgherrn; und als ich glaubte, dass die Vögel und das Grün ihr Freude bereiten würden – und bei der süßen Frühlingszeit – und dass sie meine Rede anhören würde, da änderte sich bald ihr Verhalten.

Aus den Augen weinte sie neben der Quelle und seufzte aus tiefem Herzen: »Jesus«, sagte sie, »König der Welt, Euretwegen erwächst mir mein großer Schmerz, denn die Schmach, die Euch zugefügt wird, richtet mich zugrunde: denn die Besten dieser ganzen Welt gehen fort, Euch zu dienen, denn Euch gefällt es.

Mit Euch geht mein Geliebter fort, der schöne und der liebliche, der treffliche und der edle. Hier bleibt mir deshalb nur die große Qual zurück, die dauernde Sehnsucht und das Weinen. Ach! Verwünscht sei König Ludwig, der die Heeresaufgebote und Kreuzzugspredigten veranlasste, durch die der Schmerz mir ins Herz eingedrungen ist!«

(Verse 8–28; Übersetzung von Dietmar Rieger)

SPIELENDE MUSIKANTEN. Die Instrumente sind *(von links nach rechts)* ein Dudelsack, eine Drehleier, ein Blasinstrument (wahrscheinlich eine Schalmei), eine tragbare Orgel und in der Tonhöhe abgestimmte Trommeln; alles laute Musikinstrumente, wie man sie wohl auch benutzt hat, um im Mittelalter den Kampfesmut der Krieger anzufachen.

König und Kreuzzug haben hier die Rolle eingenommen, die in der traditionellen Liebeslyrik dem *losengiers* zukommt: Sie veranlassen die Trennung der Liebenden. Das Gedicht bietet eine interessante Pointe, insofern die Klage sowohl dem schändlichen Verlust der heiligen Stätten als auch der Abreise des Liebsten gilt, die Frau also beklagt, was üblicherweise gepriesen wird. Ein späteres Kreuzzugslied übernimmt traditionelle Motive der *chanson de femme*, eines Liedtypus, bei dem eine Frau ihr Unglück in der Liebe beklagt – meistens weil sie gezwungen wurde, einen Mann zu heiraten, den sie nicht liebt, aber Trost bei dem Gedanken an einen heimlichen Liebhaber findet. Dieses Lied des Guiot de Dijon, entstanden um 1190, hat ein kraftvolles emotionales Zentrum, das mit dem poetischen Topos der »Liebe aus der Ferne« zusammenhängt. Der implizierte Handlungshintergrund ist der gleiche wie bei der *chanson de femme*, nur dass das Glückshindernis hier die Abwesenheit ihres Liebhabers ist, der auf den Kreuzzug ging. Ihr Widerspruch gegen die Trennung kommt in dem unkonventionellen Andenken zum Ausdruck, das er ihr hinterließ:

Ich will singen, um mein Herz zu trösten, denn ich will ob meines großen Verlustes nicht sterben oder wahnsinnig werden, wenn ich sehe, dass niemand aus dem fremden Land wiederkehrt, wo der Mann ist, von dem reden zu hören mein Herz tröstet. *Gott, wenn es heißt: »Vorwärts!«, hilf jenem Pilger, für den mein Herz zittert, denn die Sarazenen sind verruchte Leute.*

Ich werde meinen Verlust tragen, bis ein Jahr vorbei ist. Er befindet sich auf einer Pilgerfahrt, möge Gott ihm die Rückkehr gewähren! Trotz meiner gesamten Familie will ich keinen anderen heiraten. Jeder, der auch nur davon spricht, ist ein Narr. *Gott, wenn es heißt: ...*

Dennoch bin ich voller Hoffnung, denn ich habe seine Huldigung akzeptiert. Und wenn der milde Wind weht, der aus jenem milden Land kommt, wo der Mann ist, nach dem ich mich sehne, dann wende ich ihm froh mein Antlitz zu, und es scheint mir, dass ich ihn unter meinem Pelzmantel spüre. *Gott, wenn es heißt: ...*

DIE MINIATUREN mittelalterlicher Handschriften von lateinischen oder volkssprachlichen Texten zeigen häufig Musikanten. Wir wissen jedoch nicht mit Sicherheit, ob der Vortrag der Kreuzzugslieder von Instrumenten begleitet wurde. Die mittlere Figur dieser Miniatur spielt ein Glockenspiel; wahrscheinlich ist mit ihr König David, der Psalmist, gemeint.

Ich bedauere es, dass ich nicht bei seinem Abschied war. Er sandte mir das Hemd, das er trug, so dass ich es in meinen Armen halten kann. Nachts, wenn die Liebe zu ihm mich heimsucht, lege ich es neben mich in das Bett und presse es jede Nacht gegen mein nacktes Fleisch, um meine Pein zu lindern. *Gott, wenn es heißt: ...*
        (»Chanterai por mon corage«, Verse 1–20, 33–56)

Die Konventionen der *chanson de femme* werden durchkreuzt von dem Refrain, der das Objekt ihrer Liebe, den »Pilger«, direkt in den Kreuzzugskontext stellt.

Einer der beliebtesten poetischen Topoi war das Bild, dass das Herz sich vom Körper des Liebenden löst und die Entfernung überwindet, die die Liebenden trennt. Friedrich von Hausen, ein Dichter aus dem Gefolge Friedrich Barbarossas, der 1190 auf dem Dritten Kreuzzug fiel, bedient sich seiner in mehreren Liedern, am deutlichsten in »Mîn herze unt mîn lîp diu wellent scheiden« (*Minnesangs Frühling* X, VI):

Mîn herze und mîn lîp diu wellent scheiden,
diu mit ein ander varnt nu mange zît.
der lîp wil gerne fehten an die heiden:
sô hât iedoch daz herze erwelt ein wîp
vor al der werlt
        (Verse 1–5)

Mein Herz und mein Körper wollen sich trennen, die schon manche Zeit zusammen verbracht haben. Der Körper will gerne gegen die Heiden kämpfen; das Herz hat sich jedoch vor allem auf der Welt eine Frau erwählt. ...

Das Vorbild für das Lied Friedrichs von Hausen war wahrscheinlich »Ahi, Amours! com dure departie« des Conon de Béthune (entstanden um 1188):

Ach, Liebe! welch harte Trennung werde ich von der besten Dame vollziehen müssen, die jemals geliebt und der jemals gedient wurde! Gott möge mich durch seine Gnade zu ihr zurückführen, so wahr, wie ich jetzt in Schmerz von ihr scheide! Ich Unseliger! Was habe ich gesagt? Niemals und keineswegs scheide ich von ihr! Wenn der Körper geht, unserem Herrn zu dienen, so bleibt doch mein Herz gänzlich in ihrer Gewalt zurück.
        (Verse 1–8; Übersetzung von Dietmar Rieger)

Ein ebenfalls verbreiteter Topos ist der des »Sterbens an gebrochenem Herzen«. In einer anonymen *chanson de femme*, die vielleicht aus der Mitte des 13. Jahrhunderts stammt, ist dieser Topos mit einer interessanten Weiterbildung des Kreuzzugsmotivs als einer Liebestat verbunden: »Gott helfe mir, ich kann nicht fliehen: sterben muss ich, das ist mein Schicksal; doch weiß ich, dass jemand, der aus Liebe stirbt, in eines Tages Frist zu Gott gelangt. Ach, ich würde mich gern auf diese Reise einlassen, wenn ich meine süße Liebe finden kann, statt hier allein zurückzubleiben« (»Jherusalem, grant damage me fais«, Verse 15–21). Der »Liebestod« hat hier zwei Bedeutungen angenommen: Neben dem konventionellen »Sterben an gebrochenem Herzen« steht der Tod des Geliebten, der auf dem Kreuzzug umgekommen ist. Ihr Tod wird seinem gleichgesetzt; beide werden nach kurzer Fahrt zu Gott gelangen. In dieser

Strophe ist das gesamte Verhältnis zwischen der Liebesdichtung und der orthodoxen Kreuzzugsanschauung in nuce zusammengefasst. Hier kommt auch die eher ablehnende Haltung zu einem versöhnlichen Abschluss, die die Frau in der ersten Strophe eingenommen hatte: »Jerusalem, du fügst mir ein schweres Unrecht zu«; eine Haltung, vergleichbar der des Mädchens in Marcabrus *pastorela*. Man findet sie auch in dem Lied »Già mai non mi confortto« des Rinaldo d'Aquino (um 1228):

> La croce salva la giente
> e me facie disviare,
> la croce mi fa dolente
> e non mi vale Dio pregare.
> Oi me, croce pellegrina,
> perchè m'ài cosî distrutta?
> (Verse 25–30)

Das Kreuz rettet die Menschen, mich aber macht es wahnsinnig; das Kreuz macht mich traurig, es hilft mir nicht, zu Gott zu beten. Ach Pilgerkreuz, warum hast du mich so zerrüttet?

Hartmann gibt in der folgenden, allein überlieferten Strophe der Frau eine positivere Rolle:

> Swelch vrowe sendet ir lieben man
> mit rehtem muote ûf dise vart,
> diu koufet halben lôn dar an,
> obe sî sich heime alsô bewart,
> Daz sî verdienet kiusche wort.
> Sî bete vür siu beidiu hie,
> sô vert er vür siu beidiu dort.
> (*Minnesangs Frühling* XXII, VI)

Welche Herrin ihren Geliebten mit der rechten Einstellung auf diese Reise sendet, die wird davon den halben Lohn gewinnen, falls sie sich zu Hause so verhält, dass es ihr ehrbare Nachrede einträgt. Sie bete hier für sie beide, so wie er dort für sie beide in den Kampf zieht.

Bisher haben wir uns der Frage gewidmet, inwieweit die Kreuzzugslieder die sozialen Ansprüche, religiösen Gehalte und die literarischen Konventionen der Zeit widerspiegeln. Was aber verraten sie von der Realität der Kreuzzüge? Zu den am häufigsten erwähnten Aspekten gehört die Gefährlichkeit der Reise – kein Wunder, wenn man bedenkt, dass der älteste bekannte Troubadour, Wilhelm IX. von Aquitanien, auf seinem Zug ins Heilige Land fast alle seine Männer verlor. Gaucelm Faidit, der am Dritten Kreuzzug teilnahm, preist in seinem Lied »Del gran golfe de mar« (1192/1193) seine Rückkehr. Ihm sagte die Reise nicht zu; er ist froh, wieder in seiner vertrauten Umgebung zu sein. Besonders die Seereise hat ihn gequält: »Jetzt brauche ich mich nicht mehr vor den Winden aus Nord, Süd und West zu fürchten, das Schiff schaukelt nicht mehr, und ich brauche auch keine Angst mehr vor den schnellen Galeeren und den Korsaren zu haben« (Verse 32–36). Er bekennt sich zur Verdienstlichkeit des Kreuzzugs, beklagt aber, dass manche Menschen nur in See stächen, um Schiffe aufzubringen und Beute zu machen: »Jeder, der solche Leiden auf sich nimmt, um Gott zu gewinnen oder seine Seele

WÄHREND WELTLICHE MUSIK und Musikanten manchmal als gefährliche Verlockungen zur Sünde dargestellt werden, ist diese Initiale aus einer Bibel des 12. Jahrhunderts, die einen *Jongleur* darstellt, ein interessantes frühes Beispiel für die Verschmelzung von Kunst und Glaubenseifer, wie sie die Kreuzzugslieder bezeugen.

zu retten, tut das Rechte, nicht das Falsche; wer aber zur See geht, wo man solche Gefahren erleidet, nur um zu rauben oder Bosheit zu üben, dem geschieht es des öfteren, dass er erniedrigt wird, wenn er sich noch obenauf glaubt. Dann lässt er in Verzweiflung alles fahren und wirft es weg, Seele und Körper, Gold und Silber« (Verse 37–48). Die moralische Kritik ist unverkennbar, doch schwingt wohl auch ein ironischer Unterton mit: Wer mit böser Absicht in See sticht, den kann neben anderen Gefahren auch das Ungemach der Seekrankheit treffen!

In dem Lied »Ez gruonet wol diu heide« (wahrscheinlich 1228/1229, in der Zeit von Friedrichs II. Kreuzzugsunternehmen entstanden) lässt Neidhart von Reuental das lyrische Ich einen Klagebrief aus Palästina schreiben: »Wenn sie dich danach fragen, wie es um uns Kreuzfahrer stehen mag, dann sage, wie viel Leid uns die Welschen angetan haben! Darüber müssen wir uns hier ärgern … wir sind alle kaum noch am Leben, das Heer ist mehr als zur Hälfte tot« (Verse 38–42, 53–54; Übersetzung von Helmut Lomnitzer). Es ist über das ganze Unternehmen so ernüchtert, dass es sich von etwas so Harmlosem wie einer Seereise nicht von der Heimfahrt abhalten lassen möchte:

Er dünket mich ein narre,
swer disen ougest hie bestât.
ez wær mîn rât,
lieze er siech geharre
und vüer hin wider über sê:
daz tuot niht wê;
nindert wære baz ein man dan heime in sîner pharre.
                    (Verse 71–77)

Der dünkt mich ein Tor, wer es diesen August über hier aushält. Mein Rat wäre, dass er die schlimme Warterei ließe und übers Meer zurückzöge. Das tut nicht weh. Nirgendwo lebt man besser als daheim in der eigenen Pfarre.
    (Übersetzung von Helmut Lomnitzer)

Die eigentlichen Kämpfe werden nur selten in den Liedern beschrieben. Die Taten der Muslime werden nur kurz oder in allgemeinen Ausdrücken angesprochen: »… die Kirchen sind niedergebrannt und verlassen: Gott wird hier nicht mehr geopfert …« (»Chevalier mut estes guariz«, Verse 13–16; zielt auf die Einnahme Edessas). Das einzige erhaltene Kreuzzugslied in spanischer Sprache gibt einen umständlicheren, wenn auch wohl nicht von persönlicher Augenzeugenschaft geprägten Bericht von den Ereignissen nach der Eroberung Jerusalems durch die Chwarizmier im Jahre 1244. Der anonyme Dichter behauptet, dem Zweiten Konzil von Lyon (1274) ins Gewissen reden zu wollen. Die blutrünstigen Details sollen hierbei zweifellos eine propagandistische Wirkung entfalten: »Dann kommen die zarten Jungfrauen, in Ketten und in Qualen. Die Christen sehen, wie ihre Söhne geröstet, wie ihren Frauen bei lebendigem Leib die Brüste aufgeschlitzt werden. Sie gehen durch die Straßen Jerusalems mit abgeschlagenen Händen und Füßen (sic!). Aus den heiligen Gewändern machen sie Tischdecken, aus dem Heiligen Grab einen Pferdestall, aus den heiligen Kreuzen Jerusalems Marterpfähle« (»¡Ay, Iherusalem!«, Verse 91–105). Die Art, in der von den Chwarizmiern in »¡Ay, Iherusalem!« gesprochen wird, erinnert an Kreuzzugslieder viel älteren Datums: »Diese maurischen Hunde haben die heiligen Stätten siebeneinhalb Jahre belagert; sie fürchten sich nicht vor dem Sterben, wenn es gilt, Jerusalem zu erobern. Ihnen helfen die Scharen aus Babylon, Afrika und Äthiopien … Wegen unserer Sünden hat der düstere Tag die maurischen Horden herbeigebracht … Der Christen sind wenige, weniger als die Schafe. Der Mauren sind viele, mehr als die Sterne« (»¡Ay, Iherusalem!«, Verse 21–27, 66–67, 71–72).

Schon Gavaudan führt in »Senhor, per los nostres peccatz« (1195) die muslimischen Erfolge im Heiligen Land auf die Sünden der Christen zurück und befürchtet, sie könnten von solchen Triumphen gestärkt auch in Spanien neue Eroberungen wagen: »Ihr Herren, wegen Eurer Sünden wächst die Macht der Sarazenen. Saladin hat Jerusalem erobert, es ist noch nicht zurückgewonnen. Und darum hat der König von Marokko eine Botschaft ausgesandt, dass er mit seinen treulosen Andalusiern und Arabern, die gegen den Glauben Christi bewaffnet sind, alle christlichen Könige bekämpfen will« (Verse 1–9).

Es folgt eine umfangreiche Schilderung der unübersehbar großen Scharen und der rohen Raubgier der Feinde: Sie sind weit zahlreicher als die Regentropfen, sie werden auf die Felder hinausgetrieben, um sich von Aas zu nähren, und lassen überhaupt nichts übrig. Gavaudan spricht von ihrem Hochmut: Sie dächten, alles gehörte ihnen und fiele vor ihnen nieder. Indem er von der heimatlichen Gegend seiner Zuhörer spricht, will er ihnen Furcht einflößen, um sie für den Kreuzzug zu rekrutieren: »... Marokkaner und Almorawiden besetzen die Berge und Felder. Sie prahlen voreinander: ›Franken, den Weg frei! Die Provence und die Gegend von Toulouse sind unser und alles Land, das sich von hier bis nach Le Puy erstreckt!‹ Niemals zuvor wurde solch wilde Prahlerei von solch falschen Hunden, solch verfluchten Ungläubigen vernommen« (Verse 21–27). Er spornt seine Zuhörer an, ihr Erbrecht nicht den »schwarzen Hunden aus Übersee« zu überlassen und die Einwohner Spaniens zu retten, die in Gefahr sind.

Die Muslime werden hier sehr ähnlich dargestellt wie im *Rolandslied*: »Das erste Treffen wird von den Leuten aus Butentrot gebildet und das zweite von Micenen mit den dicken Köpfen. Auf dem Rückgrat sind sie borstig wie Schweine ... und das zehnte aus Männern aus Occian in der Wüste: dies ist ein Volk, das Gott nicht dient. Von schlimmeren Schurken werdet ihr niemals hören. Ihre Haut ist so hart wie Eisen, weshalb sie weder Helm noch Panzerhemd gebrauchen. In der Schlacht aber sind sie tückisch und ungestüm« (*La Chanson de Roland*, Verse 3220–3223, 3246–3251; Übersetzung von Hans-Wilhelm Klein). Ihre Sünden heißen Hochmut und Treulosigkeit, sie sind tierisch und ihre Stärke liegt in ihrer Zahl, die aber nicht so sehr durch Ziffern als vielmehr durch eine Aufzählung ihrer Stammeszugehörigkeiten evoziert wird. Ihre Prahlerei trifft genau ins Zentrum der europäischen Furcht vor Invasion und Unterwerfung.

Da Kreuzzugslieder häufig die Form der *sirventes* annehmen, sind Lob und Tadel bestimmter Personen und politischer Ereignisse eine gewöhnliche Erscheinung. Marcabrus *Waschhauslied* unterstreicht die Bedeutung des Kreuzzugs nach Spanien mehr als die des Orientkreuzzugs. Das Thema der rivalisierenden Ansprüche beider Kriegsschauplätze kehrt in Gavaudans Lied wieder, in dem er den Kaiser, König Philipp II. August von Frankreich und seine Adligen sowie König Richard I. Löwenherz auffordert, Spanien zu helfen. Die Erlösung hängt von der Wahl des richtigen Weges ab: »Jesus Christus, der zu uns sprach, damit wir ein gutes Ende finden möchten, zeigt uns den rechten Weg! (»Senhor, per los nostres peccatz«, Verse 37–39). Der »rechte Weg« ist hier aber nicht bloß die übliche Metapher für den Heilsweg, sondern auch die Straße, die nach Spanien führt.

Häufig ermahnen die Dichter Magnaten oder Herrscher, das Kreuz zu nehmen und aufzubrechen, mehr zu tun als bisher. Gaucelm Faidit spricht in »Tant sui ferms e fis vas Amor« (1188/1189) von der Schande, die alle trifft:

... denn das falsche Volk, das nicht an ihn [Gott] glaubt, enterbt ihn und beleidigt ihn an dem Ort, wo er litt und starb. Es gebührt sich für jeden der Gedanke, dorthin zu gehen, vor allem aber für die Fürsten, die so hoch gestellt sind, denn niemand kann behaupten, Gott treu und gehorsam zu sein, der ihm nicht in diesem Unternehmen beisteht.

Über den Grafen, meinen Herrn, will ich sagen, dass, weil er der Erste ist, der die Ehre hatte, Sorge tragen sollte, dass Gott Grund hat, ihm zu danken, denn das Lob kommt hier mit dem Fortgehen.
(Verse 54–64)

Der »Graf« ist wahrscheinlich Richard Löwenherz in seiner Eigenschaft als Graf von Poitou, einer der ersten Fürsten, die nach der Schlacht von Hattin das Kreuz nahmen. Man könnte den gesamten Lebensweg Richards, soweit er mit dem Kreuzzug in Verbindung stand, mit Hilfe von Gedichten der Troubadoure verfolgen. Sein eigenes *sirventes* »Ja nus hons pris ne dira sa raison« ist kein wirkliches Kreuzzugslied, sondern aus der Position des in Österreich gefangen gehaltenen Königs geschrieben:

Niemals wird ein Gefangener seine Sache in gewandter Weise zum Ausdruck bringen, es sei denn, wie ein Trauriger; aber zum Trost kann er ein Lied machen. Viele Freunde habe ich, doch die Geschenke sind dürftig. Sie werden sich dessen schämen müssen, dass ich wegen des Lösegelds nun schon diese zwei Winter gefangen bin!

Es ist kein Wunder, dass mein Herz betrübt ist, wenn mein Lehnsherr mein Land in Bedrängnis hält. Wenn er sich jetzt unseres Eids erinnerte, den wir beide gemeinsam leisteten, fürwahr, ich weiß wohl, dass ich dann nicht lange hier gefangen wäre.
(Verse 1–6, 19–24; Übersetzung nach Dietmar Rieger)

Der Lehnsherr ist Philipp II. August von Frankreich, der die Gefangenschaft Richards ausgenutzt hatte, um einen Einfall in die Normandie zu unternehmen, obwohl beide Herrscher im Dezember 1190 den Eid geleistet hatten, für die Dauer des Kreuzzugs gegenseitig ihre Territorien zu schützen. Richards Tod beklagen Gaucelm Faidit und Peirol; beide haben eine schlechte Meinung von bestimmten anderen Führern: »England hat nur kargen Ersatz für König Richard, Frankreich mit seinen Blüten hatte einen guten König und gute Herren, Spanien hatte einen guten König, und Montferrat ebenfalls einen guten Herrn, und das Reich hatte einen angesehenen Kaiser. Ich weiß nicht, wie jene, die jetzt da sind, sich bewähren werden« (Peirol, »Pus flum Jordan«, Verse 15–21). Peirol schrieb dieses Gedicht 1221 oder 1222, doch noch immer fühlte er, dass die Herrscher der Zeit nicht die Größe derjenigen aus der Zeit des Dritten Kreuzzuges besaßen.

Der Albigenserkreuzzug schuf für die Dichter eine spannende Situation. Wenn bei den Orientkreuzzügen Gott das Opfer war, dessen rechtmäßige Lande und dessen rechtmäßiges Erbe von den Muslimen usurpiert worden war, dann war hier für einige Troubadoure der Graf von Toulouse in der gleichen Position. Wenn in einigen Liedern, die sich mit der Reconquista

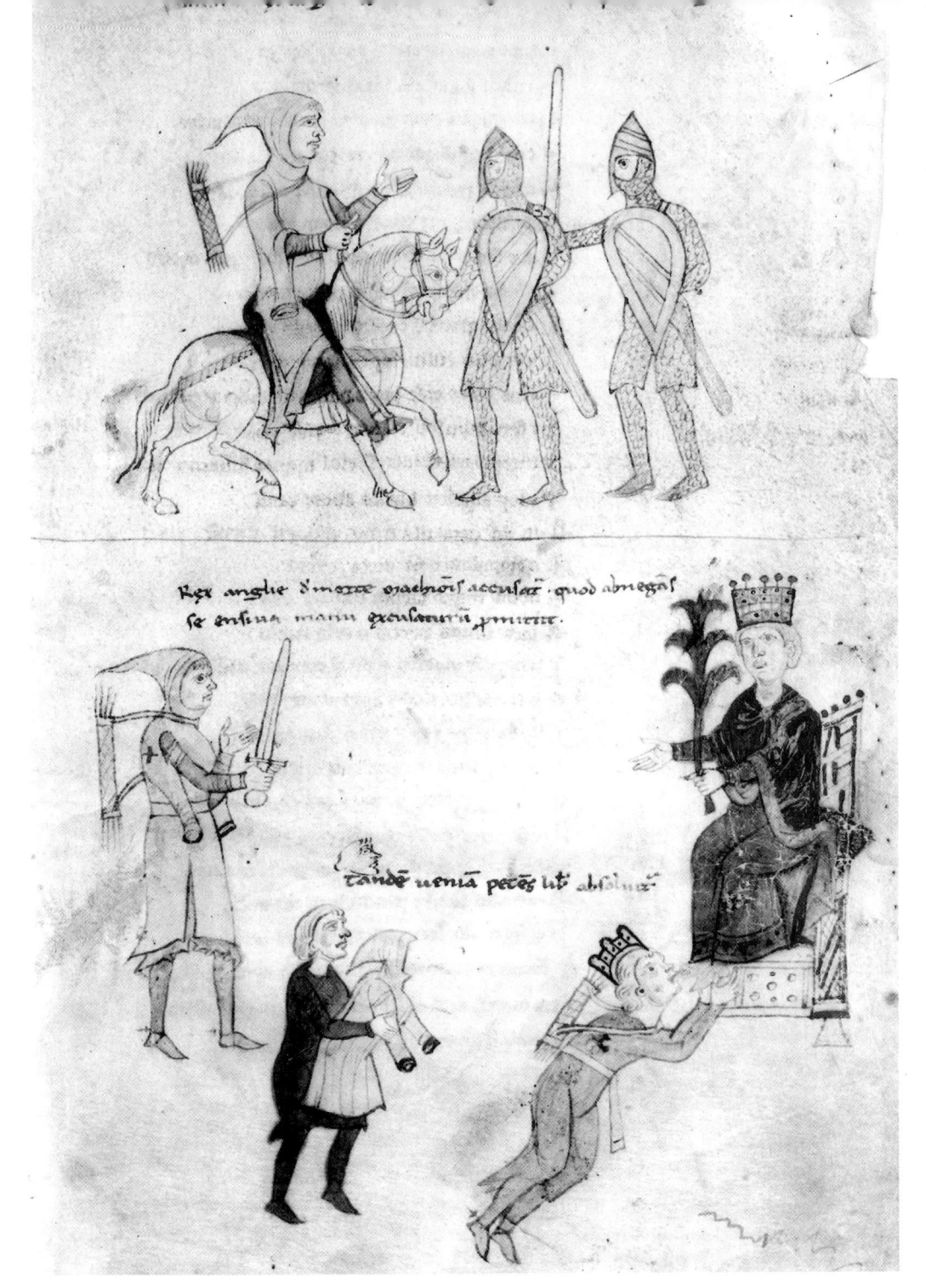

Rex anglie d'morte ẽrachoĩs accusat̃ quod abnegat
se ensis manu excusaturũ p̃mittit.

tandẽ ueniã petẽs ut̃ absoluat̃

RICHARD I. LÖWENHERZ, der auf der Heimreise aus Palästina gefangen genommen wurde, zu Füßen Kaiser Heinrichs VI. Richards einziges erhaltenes Gedicht enthält die Aufforderung an seine Lehnsleute, das Lösegeld zu zahlen, sowie eine Klage gegen Philipp II. August, der sich einiger seiner Territorien in der Normandie bemächtigt hatte. Dass ein Sänger Blondel den Ort entdeckte, wo Richard gefangen gehalten wurde, indem er ein vom König gedichtetes Lied anstimmte, entstammt der Legende.

DIE DARSTELLUNG EINES HOFES aus den *Cantigas de Santa Maria*. Der Einfluss der blühenden literarischen und musikalischen Kultur der Höfe Okzitaniens verbreitete sich im 12. und frühen 13. Jahrhundert über Westeuropa. Der Albigenserkreuzzug verringerte einschneidend die Macht und den Reichtum der südfranzösischen Herren; mit ihm begann der Niedergang der höfischen Lyrik in Okzitanien.

beschäftigten, die Mauren die Invasoren waren, betrachtete jetzt mancher Dichter des Languedoc die Franzosen als die feindlichen Eindringlinge. 1209 verbreitete sich das Gerücht, Raymond Roger Trecavel, der Vicomte von Béziers, sei auf Anstiften Simons von Montfort ermordet worden. Guillem Augier Novellas Klagegedicht auf den Ermordeten spricht von den Franzosen wie andere Kreuzzugslieder von den Muslimen: »Sie haben ihn getötet. Niemals wurde jemand Zeuge einer so großen Freveltat, noch hat es jemals ein so schlimmes Verbrechen gegeben, noch einen so schweren Verstoß gegen den Willen Gottes und unseres Herrn, wie es jene Renegatenhunde begangen haben, dieses Gezücht aus Pilatus' Geschlecht, die ihn umgebracht haben« (»Quascus plor e planh«, Verse 11–16). Guilhelm Figueira wirft in seinem berühmten *sirventes* zunächst Rom vor, wegen der »feigen Verhandlungen« des Papstes für den Verlust Damiettes verantwortlich gewesen zu sein und ferner den französischen Kreuzfahrern eine falsche Vergebung angeboten zu haben: »Rom, ich weiß fürwahr und ohne Zweifel, dass mit dem Betrug einer falschen Vergebung du die Magnaten Frankreichs zu einer Qual fern des Paradieses verurteilt hast, und, Rom, du hast den guten König Frankreichs getötet, indem du ihn mit deinen falschen Predigten von Paris hinweggelockt hast« (»D'un sirventes far«, Verse 36–42). In der »falschen Vergebung« und den »falschen Predigten« kommt Guilhelms Ansicht zum Ausdruck, dass der Feldzug gegen die Katharer kein wirklicher Kreuzzug sei und daher auch nicht den Lohn eines vollständigen Sündenablasses eintragen könne. Ludwig VIII. starb 1226 in Montpensier an einer Erkrankung, die er sich im Languedoc zugezogen hatte. Während konventionelle Kreuzzugslieder den Kreuzzug mit dem Weg ins Paradies gleichsetzten, macht Guilhelm deutlich, dass dieser Feldzug der Erlösung hinderlich ist: »Ein Mann, der deinem Weg folgt, sei es im Sommer oder im Winter, folgt einem schlechten Wegweiser, denn der Teufel wird ihn in die Feuer der Hölle tragen« (ebd., Verse 54–56).

In den deutschen und französischen Liedern sind politische Anspielungen seltener, was sich erst Ende des 13. Jahrhunderts mit den Gedichten Rutebeufs ändert. Die neue Form, die er verwendete, das *dit*, gab ihm mit seinem im Vergleich zu den Liedern der *trouvères* viel größeren Umfang die Möglichkeit, seine Meinung deutlich zu formulieren, sich ausdrücklich mit bestimmten Ereignissen, Personen und Haltungen auseinanderzusetzen. Sein beliebtestes Angriffsziel sind die Bettelorden: Er wirft ihnen vor, dass sie die Aufmerksamkeit Ludwigs IX. und das dringend benötigte Geld von dem Kreuzzug abzögen.

Wir können also insgesamt feststellen, dass die Kreuzzugslieder verschiedenen Zwecken dienten. Von der Seite des Dichters und Vortragenden aus gesehen gaben sie Gelegenheit zu *sirventes*, bildeten sie einen Kontrapunkt zum Thema höfische Liebe sowie eine Quelle für Variationen über sie, weiterhin für eine Reihe von Allegorien und Denkstrukturen. Für das Publikum – wir dürfen nie vergessen, dass diese Lieder für den Vortrag geschrieben wurden – boten sie in einer schmackhaften, einem bestimmten Milieu eigentümlichen Form die Lehrsätze, Informationen und Propaganda, die sonst von Predigern oder Schreibern verbreitet wurden. Zugleich stärkten die Lieder das Selbstverständnis der Zuhörer und zeigten, wie der Kreuzzug selbst das Bewusstsein kräftigen konnte, im Besitz der ritterlichen Tugenden zu sein. Die Lieder boten den Adligen Modelle und trugen so zur Schaffung eines Gemeinschaftsgefühls bei. Doch konnten die Lieder auch ihren Ärger und ihre Sorgen zum Ausdruck bringen, wenn die Dinge eine schlechte Entwicklung nahmen, Proteste gegen Ungerechtigkeit formulieren sowie gegen die schlechte Verwaltung des gottgewollten Unternehmens.

6
DER LATEINISCHE ORIENT 1098 BIS 1291

JONATHAN PHILLIPS

Mit dem ersten Kreuzzug begann eine Präsenz der westlichen Christenheit an den östlichen Gestaden des Mittelmeers, die fast zweihundert Jahre bestehen sollte. Sein Aufgebot umfasste Kontingente aus vielen Gebieten Europas, darunter aus Flandern, der Normandie, dem Languedoc und Lothringen. Ungeachtet ihrer verschiedenen Herkunftsländer wurden die Kreuzfahrer, die sich in der Levante ansiedelten, von den zeitgenössischen Muslimen und Lateinern im Orient kurzerhand als »Franken« bezeichnet. Die Eroberung Zyperns (1191) gab ihrer levantinischen Gemeinschaft einen Rückhalt; noch lange nach dem Fall der Siedlungen auf dem Festland bildete die Insel einen christlichen Vorposten. Nach der Plünderung Konstantinopels (1204) bemächtigten sich der Kreuzfahrer des größten Teils des früheren Byzantinischen Reiches. Den Griechen gelang es zwar rasch, weite Gebiete zurückzuerobern, nicht aber das von Venedig beherrschte Kreta und das lateinische Fürstentum Achaia. Jedes der lateinischen Staatsgebilde besaß eine eigene Identität. Dieses Kapitel will ihre jeweilige Eigenart vorstellen und der Frage nachgehen, welche Wirkungen die Franken in den eroberten Gebieten entfalteten.

DER LATEINISCHE ORIENT 1098 BIS 1187

Zwischen 1098 und 1109 schufen die Franken vier Staatsgebilde an der östlichen Mittelmeerküste: die Grafschaft Edessa, das Fürstentum Antiochia, das Königreich Jerusalem und die Grafschaft Tripolis. Es ist eine Streitfrage, ob diese als frühe Beispiele des westeuropäischen Kolonialismus anzusehen sind. Manche Historiker meinen, dass das Konzept des Kolonialismus zu sehr mit emotionalen Assoziationen belastet ist und Bilder evoziert, die mit historischen Ereignissen wie der englischen Besiedlung Nordamerikas oder der spanischen Eroberung der Neuen Welt verknüpft sind, um für die Beschreibung der Kreuzzugsgeschichte hilfreich zu sein. Sie erklären, die traditionellen Definitionen einer Kolonie verlangten, dass sie politisch vom Mutterstaat gelenkt oder ökonomisch zu dessen Vorteil ausgebeutet wird oder einer Einwanderung im großen Maßstab unterliegt. Alle diese Merkmale treffen auf die lateinischen Siedlungen in der Levante, die vor 1291 bestanden, nicht zu.

Guibert von Nogent beschrieb die fränkischen Siedler um 1108 als die »neuen Kolonisten der heiligen Christenheit«. Der Verfasser der *L'estoire de Eracles* (13. Jahrhundert) behauptete: »Als dieses Land erobert wurde, geschah das nicht durch einen Herrscher, sondern durch einen Kreuzzug und durch die Bewegung der Pilger und der zusammengeströmten Menschen.« Die Eroberung fand statt, um die christliche Herrschaft über das Heilige Grab in Jerusalem wieder zu gewinnen und auf Dauer zu sichern; deshalb könnte man das Konzept einer religiösen Kolonisierung erwägen. Die entstandene »Kolonie« ließe sich als ein Gebiet definieren, das in erster Linie aus religiösen Gründen erobert und besiedelt wurde und dessen Einwohner hauptsächlich aufgrund des gemeinsamen Glaubens und der Notwendigkeit von finanzieller und militärischer Hilfe engen Kontakt mit ihren Heimatländern hielten.

Nach der Eroberung Jerusalems erzwangen strategische und ökonomische Rücksichten, dass sich das Hauptinteresse der Franken auf die Sicherung der Küstenstädte der Levante konzentrierte. 1101 fielen Arsuf und Cäsarea in die Hände der Kreuzfahrer, 1104 Haifa und Akkon, 1110 Beirut und Sidon, 1124 Tyrus. Die einzige größere Hafenstadt, die sich immer noch ihrer Kontrolle entzog, war Askalon. Für die Franken lag hier eine besondere Gefahr, weil die Stadt als Ausgangsbasis für Angriffe der ägyptischen Flotte auf die Küste diente und von ihr aus zahlreiche Einfälle in den Südteil des Königreichs Jerusalem unternommen wurden. König Fulko (1131 bis 1143) verminderte die Gefahr durch die Anlage eines Festungsgürtels in der Nähe der Stadt; der verstärkte Druck war das Vorspiel für die erfolgreiche Belagerung von 1153. Die Ausweitung der fränkischen Herrschaft auf einige binnenländische Gebiete vollzog sich langsam; nach Osten hin setzten benachbarte Muslimstaaten der Ausbreitung christlicher Siedlungen Grenzen. Manchmal schlugen die Muslime auch zurück: So war beispielsweise Antiochia zwischen 1110 und 1115 einer Reihe von Angriffen der Seldschukken ausgesetzt. Während des Ersten Kreuzzugs hatten die Franken Teile Kilikiens erobert, doch blieb ihre Herrschaft hier nur selten unangefochten: Invasionen der Byzantiner fanden statt, auch ansässige armenische Fürsten strebten nach der Herrschaft und gewannen in den späten dreißiger Jahren des 12. Jahrhunderts schließlich die Oberhand. Die fränkische Expansion nach Süden und Osten über das Tote Meer hinaus wurde unter König Balduin I. begonnen; die Herrschaft über Transjordanien stützte sich auf die Festung Al-Schaubak.

Die Siedler hatten ein Gebiet erobert, in dem sie auf eine verwirrende Vielfalt von Völkern und Religionen trafen. Es gab eine eingesessene jüdische Bevölkerung, es gab Drusen, Mazdaisten (Parsen), Christen verschiedener häretischer Bekenntnisse (Armenier, Maroniten, Jakobiten, Nestorianer) sowie eine beträchtliche griechisch-orthodoxe Gemeinde. Und dann gab es die Muslime: Sunniten und Schiiten. Einigen Europäern war durch Pilgerfahrten und Handel der östliche Mittelmeerraum bekannt; da aber die Kreuzfahrer das Heilige Land erobern und besiedeln wollten, unterschied sich das gegenseitige Verhältnis der Franken und der einheimischen Bevölkerung grundsätzlich von allen früheren Begegnungen.

DIE BURG AL-SCHAUBAK (Montreal) wurde 1115 von König Balduin I. von Jerusalem errichtet, der damit versuchte, die Macht der Franken in Transjordanien zu vergrößern. Die Festung kontrollierte zudem die wichtigen Karawanenstraßen von Damaskus nach Ägypten beziehungsweise zum Roten Meer.

Ein wichtiges Moment in diesem Siedlungsprozess war der Umgang der Franken mit der eingesessenen Bevölkerung. Die frühen Jahre der Eroberung waren von einer Reihe von Massakern geprägt, die wahrscheinlich das Ergebnis einer Politik waren, die Stätten von religiöser oder strategischer Bedeutung ausschließlich den Christen vorbehalten wollte. Es wurde aber schnell klar, dass diese Politik kontraproduktiv war. Die Franken hatten ein großes Gebiet unter ihre Herrschaft gebracht; zu groß, um es mit den eigenen Leute zu besetzen. Nach der Eroberung Jerusalems kehrten viele Kreuzfahrer heim. Eine zweite Kreuzzugswelle kam 1101, doch wiederum blieben nur wenige der Kreuzfahrer im lateinischen Orient. Obwohl es einen beständigen Zustrom von Siedlern aus dem Abendland gab, war unverkennbar, dass es den Franken an Menschen fehlte, um städtische Gemeinschaften wieder aufbauen und verteidigen zu können. Als Folge änderte sich ihr Verhalten gegenüber der ansässigen Bevölkerung. 1110 wurde in Sidon mit den dortigen Muslimen vereinbart, dass sie auf ihrem Land blieben und es für die Franken bebauten. Weiter nördlich war Prinz Tankred von Antiochia so sehr daran interessiert, einheimische Arbeitskräfte in seinem Land zu halten, dass er für die Rückkehr ihrer Frauen aus Aleppo sorgte, wohin sie ihrer Sicherheit wegen geflohen waren. Derartige Geschehnisse markierten zwar keinen definitiven Wendepunkt in der Behandlung der einheimischen Bevölkerung, doch es ist klar, dass die Franken die Notwendigkeit erkannten, zu einem Modus Vivendi zu finden. Die Beziehungen der Franken zu ihren muslimischen Nachbarn wurden zunehmend von Realismus bestimmt. Wichtige gesellschaftliche Aktivitäten, etwa der Handel, machten ein hohes Maß von Zusammenarbeit erforderlich; zahlreiche Waffenstillstandsabkommen wurden abgeschlossen, da es schlechterdings unmöglich war, ständig zu kämpfen. Manchmal entwickelten sich Kontakte zwischen Muslimen und Christen noch weiter, in seltenen Einzelfällen bildeten sich regelrechte Freundschaften heraus. So unterhielt Usama ibn Munqidh, ein muslimischer Schriftsteller, gute Beziehungen zu einer Gruppe von Templern, die ihn gegen die Belästigungen eines übereifrigen Europäers in Schutz nahmen. Der Vorfall belegt im Übrigen, dass die Kreuzfahrer, die auf Feldzügen in das ihnen unbekannte Land kamen, es kaum verstehen konnten, wie die ansässigen Franken manchmal mit den Muslimen friedlich koexistieren und dann wieder heilige Kriege gegen sie führen konnten.

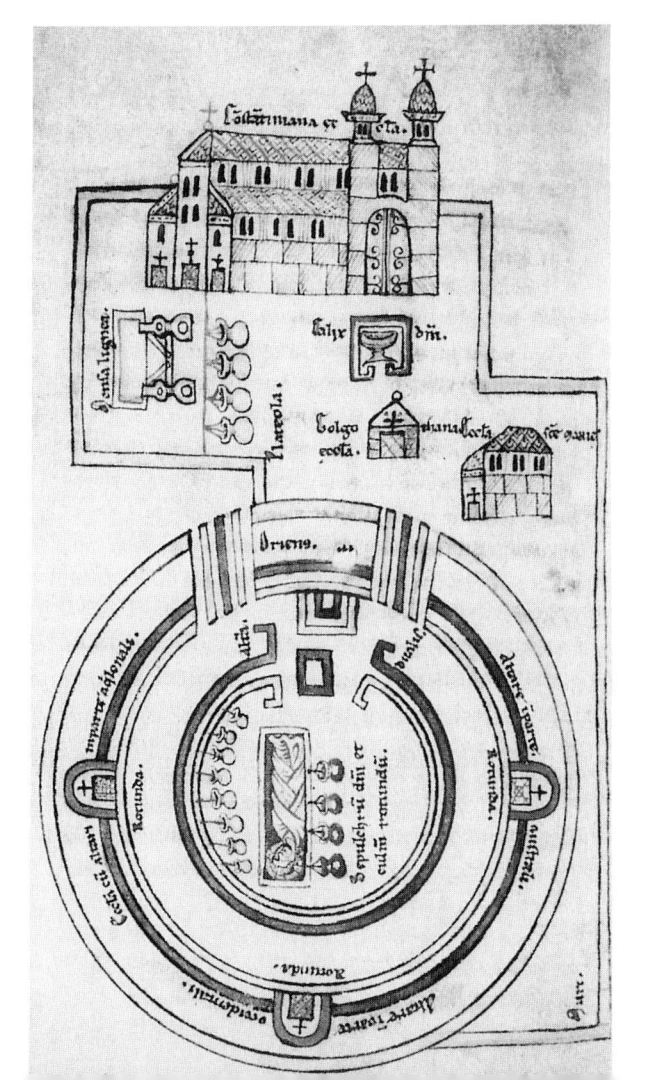

EIN GRUNDRISS DER KIRCHE DES HEILIGEN GRABES in Jerusalem aus dem 12. Jahrhundert mit Christi Grab in der Mitte der Rotunde. Der runde Grundriss wurde während des Mittelalters weithin in der lateinischen Christenheit imitiert; ein Beispiel dafür ist die Temple Church in London.

Da es für die Franken unmöglich war, alle Menschen zu vertreiben oder zu verfolgen, die nicht den lateinischen Ritus befolgten, übten sie gegenüber anderen Religionen eine begrenzte Toleranz, ob es sich dabei nun um Ostchristen, Juden oder Muslime handelte. Alle durften ihren Glauben praktizieren, wenn auch unter bestimmten Einschränkungen; beispielsweise war es Muslimen und Juden, deren Stellung, wie wir sehen werden, jener von Christen und Juden in islamischen Staaten entsprach, erlaubt, Jerusalem zu besuchen, doch durften sie sich offiziell nicht in der Heiligen Stadt ansiedeln. Muslime und Juden nahmen, jedenfalls nach dem Gesetz, den niedrigsten Rang im lateinischen Orient ein. Über ihnen rangierten die Ostchristen und an der Spitze die katholischen Franken. Unter den einheimischen Christen durften die monophysitischen Jakobiten, Armenier und Maroniten (bevor Letztere 1181 mit Rom uniert wurden) ihre religiöse Autonomie bewahren, als Häretiker waren sie aber von dem Bereich des Heiligen Grabes ausgeschlossen, obwohl sie Christen waren. Trotz der religiösen Unterschiede kam es zwischen ihnen und den Franken zu einigen Heiraten, insbesondere in der Grafschaft Edessa, wo die Bevölkerung überwiegend armenisch war. Heiraten mit Angehörigen des einheimischen Adels waren für die Siedler aus dem Abendland attraktiv, und so entwickelte sich die Grafschaft zu einer fränkisch-armenischen Enklave. In den übrigen Staaten des lateinischen Orients war die Gesellschaft vielfältiger und wahrscheinlich weniger integriert als in Edessa.

Die griechisch-orthodoxe Gemeinde stellte einen großen Bevölkerungsanteil, insbesondere im Fürstentum Antiochia. Zu Beginn des Ersten Kreuzzugs beabsichtigten wahrscheinlich sowohl Papst Urban II. als auch die Kreuzfahrer, dass die griechisch-orthodoxen Patriarchen von Jerusalem und Antiochia ihre kanonische Autorität behalten sollten; militärische Zwänge und die schlechter werdenden Beziehungen zu den Griechen zwangen dann aber die Anführer der neuen Staaten, die ohnehin nicht mit der Ostkirche sympathisierten, eigene katholische Patriarchen und Bischöfe einzusetzen.

Die Nachricht von den Pogromen im Rheinland versetzte die jüdische Bevölkerung der Levante vor der Ankunft des ersten Kreuzfahrerheeres in Angst und Schrecken. Viele Juden schlossen sich in den ersten Jahren der Eroberung dem Widerstand an und kämpften und starben gemeinsam mit den Muslimen. Sobald sich die Situation aber erst einmal beruhigt hatte, zogen es die meisten vor, in städtischen Gebieten zu leben, die von den Franken beherrscht wurden. Wie alle Nichtkatholiken durften sie keine Lehnsgüter innehaben, aber viele von ihnen waren Bauern, andere Handwerker, beispielsweise Färber und Glasmacher.

In mehrfacher Hinsicht waren die Juden des lateinischen Orients besser gestellt als ihre Glaubensbrüder und -schwestern in Westeuropa. Sie konnten ihre Religion vergleichsweise frei ausüben und waren keinen strengen Kleidervorschriften unterworfen. Im Gegensatz hierzu waren sie anderswo gezwungen, bestimmte Kennzeichen oder Kleidungsstücke einer bestimmten Farbe zu tragen, um sie sofort als Andersgläubige kenntlich zu machen, was die Feindschaft ihrer christlichen Umgebung und ihre gesellschaftliche Ausgrenzung förderte. Festzuhalten bleibt, dass es im lateinischen Orient, anders als in Westeuropa, zu keinen antijüdischen Pogromen kam.

DIE PRODUKTION VON OLIVENÖL war die Hauptstütze der Landwirtschaft in der Levante; in manchen Gegenden ist sie das noch heute. Die meisten Siedlungen verfügten über eine Olivenpresse, die entweder manuell oder mit einem Zugtier betrieben wurde. Das Öl, das zum Kochen, als Brennstoff für Lampen sowie für die Herstellung von Seife diente, wurde in großen Fässern aufbewahrt. Die Überreste dieser Olivenpresse gehörten zum Johanniterhospital von Aqua Bella im Königreich Jerusalem.

Das Muster der fränkischen Besiedlung war durch Mangel an Menschen geprägt. Obwohl eine große Anzahl von Siedlern in den Städten lebte, ist die herkömmliche Ansicht, die meisten Franken hätten sicher in Burgen oder Städten gewohnt, nicht ganz zutreffend. Man weiß heute, dass ein größerer Anteil in Dörfern und Rittergütern lebte. »Neue Städte« (*villeneuves*), deren Bevölkerung aus freien, aus Europa eingewanderten Bauern bestand, die vom örtlichen Grundherrn Land gegen die Abgabe des Zehnten erhalten hatten, waren recht verbreitet.

Die Küstenstreifen der Levante waren fruchtbar und gut geeignet für die Landwirtschaft. Auch binnenländische Gebiete, etwa die Gegend um den See Genezareth, konnten reiche Ernten hervorbringen. Das günstige Klima und die Nutzung der alten römischen Aquädukte und Bewässerungskanäle erlaubten zusätzlich zum Anbau von Getreide auch die Aussaat schnell wachsender Sommerfrüchte wie Hirse und Mais. Ebenso spielten Weinberge, Olivenhaine und Obstgärten eine wichtige Rolle für die Landwirtschaft; daneben wurden Zuckerrohr und Baumwolle, hauptsächlich für den Export, angebaut. In ländlichen Gebieten gab es auch kleinere Industrien, so den Eisenbergbau in Edessa, doch trugen diese zur Gesamtleistung der Wirtschaft nur wenig bei. Für die ansässigen Bauern scheint sich, abgesehen vom Wechsel der Grundherrschaft, nur wenig geändert zu haben. Nach den im Zuge der Eroberung verübten Greueltaten behandelten die Franken die einheimischen Bauern im Allgemeinen gut, schon wegen ihrer ökonomischen Bedeutung. Sie mussten Abgaben entrichten, die auf dem traditionellen islamischen *kharaj* beruhten, der sich bis auf ein Drittel der Feldfrüchte und auf die Hälfte der Erträge von Weinbergen und Olivenhainen belaufen konnte. Anders als in Westeuropa war der Anteil der Domänen, auf denen die Dorfbewohner für ihren Grundherrn einen festgelegten Teil jeder Woche Frondienste leisten mussten, aber sehr gering.

Während die Wirtschaft auf dem Lande ohne größere Umbrüche ihren gewohnten Gang nahm, erlebten insbesondere die Küstenstädte der Levante einen rapiden Aufschwung. Die Hafenstädte des lateinischen Orients wurden zu blühenden Wirtschaftszentren, die einen beträchtlichen Anteil des internationalen Handels anzogen. Tyrus und Akkon waren Ausgangs- und Endpunkte für die Handelsstraßen des Orients. Die fränkischen Siedlungen zogen als Drehscheibe des Austauschs zwischen Orient und Okzident das besondere Interesse der großen italienischen Handelsrepubliken Genua, Pisa und Venedig auf sich. Die Italiener erkannten das Bedürfnis der Siedler nach Flottenunterstützung für die Eroberung des Küstenstreifens und forderten ihren Preis. Für ihre Beteiligung an der Belagerung von Tyrus handelten die Venezianer das Recht auf ein Drittel der Stadt und ihrer zugehörigen Territorien aus, außerdem zahlreiche, die steuerliche und juristische Immunität betreffende Privilegien. In den Vereinbarungen, die auch in anderen Städten geschlossen wurden, sicherten sich die Handelsstädte in der Regel eigene, klar umrissene Gebiete. Das genuesische Viertel von Akkon beispielsweise umschloß einen zentralen Platz, an dem die Kirche des heiligen Laurentius (Genuas Schutzpatron) und ein Palast lagen, der ein Gericht beherbergte. Das Viertel besaß eigene befestigte Tore, Backhäuser, Läden und Herbergen für durchreisende Kaufleute. Gelegentlich siegten die Handelsinteressen der Italiener über ihre religiösen Bindungen – so wurden beispielsweise päpstliche Verbote ignoriert, Muslimen kein Rohmaterial und keine Waffen zu verkaufen –, doch für die fränkischen Siedler war die italienische Schiffahrt unverzichtbar, weil sie die lebenswichtige Verbindung mit dem Abendland aufrechterhielt. Nach der Eroberung Jerusalems wuchs die Zahl der Westeuropäer, die in den Orient reisen wollten, dramatisch an, doch nur dank der Transportmöglichkeiten der italienischen Levanteschiffahrt konnten viele Menschen aus dem Abendland die heiligen Stätten besuchen. Die Pilger waren ein wichtiger Wirtschaftsfaktor, zum einen wegen des Geldes, das sie zu ihrem Unterhalt ausgaben, zum anderen wegen ihrer Stiftungen an kirchliche Institutionen.

Doch vor allem beim Handel waren die italienischen Kaufleute den Siedlern von Nutzen. Der rege Warenstrom durch die Häfen der Levante sicherte den Franken ein beträchtliches Einkommen, namentlich in der ersten Hälfte des 13. Jahrhunderts. Trotz der weit reichenden Steuerbefreiungen, die westlichen Händlern gewährt wurden, reichte das wirtschaftliche Volumen, zu dessen Wachstum sie beitrugen, leicht aus, um den Verlust aus den einmal gewährten Privilegien zu kompensieren. Händler aus Byzanz, Nordafrika, Syrien und dem Irak besaßen nicht die gleichen Vorrechte wie die Italiener und mussten auf ihre Verkäufe und ihren Warenumschlag Abgaben zahlen. Viele dieser Gebühren stammten noch aus der Zeit der muslimischen Herrschaft, was belegt, dass die fränkischen Siedler Gebräuche der jeweiligen Gegend übernahmen, zumal wenn sie sich als profitabel erwiesen. Akkon war der geschäftigste Hafen im lateinischen Orient. Der muslimische Autor Ibn Dschubair beschrieb die Stadt im Jahre 1185: »Akkon ist ... der Anlaufhafen für alle Schiffe. Die Stadt ist das Ziel der Schiffe und Karawanen und der Treffpunkt der muslimischen und christlichen Kaufleute aus aller Herren Länder. Ihre Wege und Straßen sind von dem Andrang der Menschen verstopft, so dass man kaum seinen Fuß auf den Boden setzen kann. Es stinkt und ist schmutzig, überall liegen Müll und Exkremente herum.«

Waren, die über das Meer kamen, wurden gelöscht und auf einen der zahlreichen Märkte geschafft, die es in den größeren Hafenstädten gab. Kleinere Märkte handelten mit Gegenständen des täglichen Bedarfs wie Fisch oder Gemüse, andere spezialisierten sich auf Exportgüter wie etwa Zucker. Die Hauptquelle des Reichtums aber war der Gewürzhandel; eine beträchtliche Menge der Waren von den asiatischen Handelsstraßen, die für Byzanz oder Westeuropa bestimmt waren, wurden in den fränkischen Siedlungen umgeschlagen. Tuch war ein gebräuchlicher Importartikel aus dem Abendland. Zöllner wogen die Güter ab und besteuerten sie, meist nach ihrem Wert, im Falle von Flüssigkeiten wie Wein oder Öl sowie von Schüttgut wie Getreide aber auch nach der Menge. Die Höhe der Zölle war unterschiedlich und betrug zwischen vier und 25 Prozent. Der König oder Herrscher konnte einer Einzelperson, manchmal in Form einer Belehnung, einen Prozentsatz der erzielten Einkünfte aus einer bestimmten Warensteuer abtreten. Nachdem die betreffende Markt- oder Zollbehörde den entsprechenden Betrag abgezogen hatte, wurde der Rest in die örtlichen oder zentralen Schatzkammern überstellt.

Die politische Entwicklung des Königreichs Jerusalem belegt, wie die Franken ihre vertrauten westeuropäischen Gebräuche an die im Orient herrschenden Umstände anzupassen ver-

MARINO SANUDOS STADTPLAN VON AKKON. Die Karte aus dem 14. Jahrhundert zeigt die Stadt vor ihrem Fall im Jahre 1291. Die Hauptstraßen, die Mauern, die Märkte der Venezianer und Pisaner sind offensichtlich exakt wiedergegeben. Aber das Zollhaus ist durch einen »Binnenhafen« ersetzt, den es niemals gab; möglicherweise war die Vorlage für solche und andere Karten an dieser Stelle durch einen Tintenklecks unkenntlich geworden.

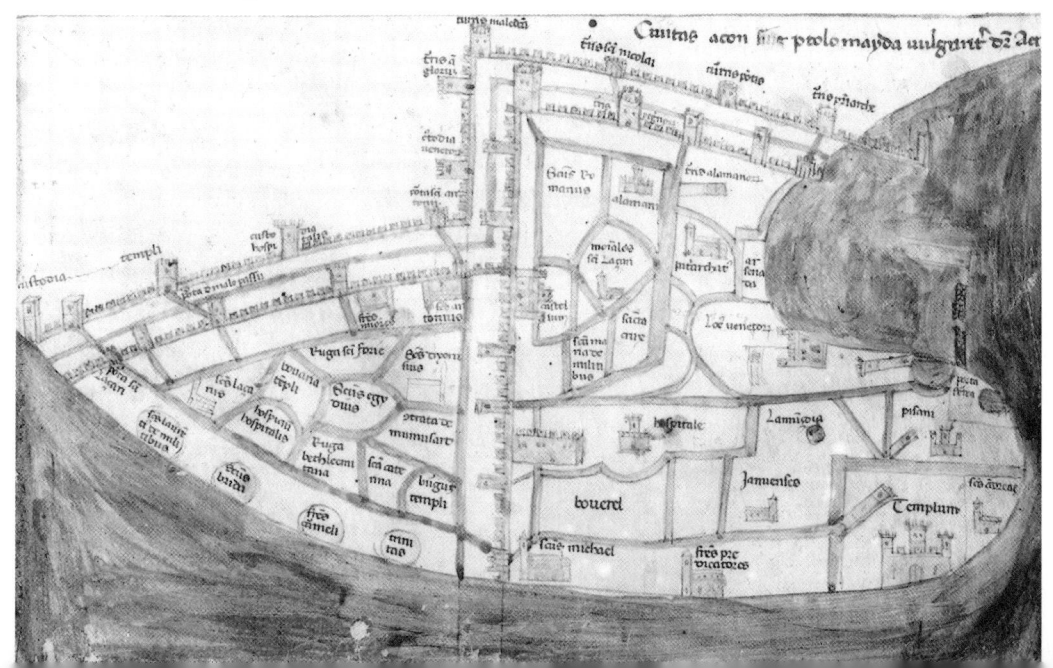

standen. Die großen Herrschaftsgebiete erinnerten an die europäischen Marken, in denen die Adligen in Fragen der Gerichtsbarkeit und Verhandlungen mit benachbarten Herrschern freie Hand hatten. Die Bewohner dieser Pfalzgrafschaften waren auf diese Weise weitgehend der königlichen Kontrolle entzogen. Viele Herren besaßen neben Grundeigentum auch Münzlehen, das heißt das Anrecht auf Steuern und Abgaben – eine Form eines Lehens, die in Westeuropa weniger verbreitet war. Diese trugen dazu bei, angesichts territorialer Verluste ihr finanzielles Überleben zu sichern. Als Vasallen des Königs waren sie jedoch alle zur Heeresfolge verpflichtet, während sie sich in Westeuropa davon freikaufen konnten. Dem König gehörten die reichsten und angesehensten Territorien, darunter die Hafenstädte Tyrus und Akkon und natürlich Jerusalem. Obwohl er während des 12. Jahrhunderts eine Reihe königlicher Vorrechte verlor, so das Münz- und das Strandrecht, konnten seine Vasallen die Autorität des Königs, die sich auf seinen Status als gesalbter Herrscher und auf seine wirtschaftliche Macht gründete, kaum ernstlich in Frage stellen – wenigstens solange er ein fähiger Herrscher war.

Obwohl die höchste Rechtsgewalt des Königreichs bei einem Hohen Gerichtshof lag, dem die Vasallen des Königs als Besitzer angehörten, gab es für politische Debatten daneben das selten einberufene, aber wichtige Forum des *parlement*. Ihm gehörten die Adligen, Vertreter des hohen Klerus, die führenden Mitglieder der Ritterorden sowie manchmal auch wichtige Vertreter der Städte an. *Parlements* entschieden über die Erhebung außerordentlicher allgemeiner Steuern zur Begleichung der Kriegskosten, so 1166 und 1183, oder debattierten über die Wahl eines geeigneten Bräutigams – häufig eines Westeuropäers – für eine wichtige Erbin. Auch in diplomatischen Fragen wurde ihre Stimme gehört. 1171 debattierte eine Versammlung, welche abendländischen Fürsten um militärische Hilfe gebeten werden sollten: Die Adligen wollten Botschafter nach Westeuropa schicken und waren schockiert, als König Amalrich seine Absicht verkündete, in eigener Person nach Konstantinopel zu reisen, um die Unterstützung der Griechen zu suchen; sie protestierten vehement, aber der König besaß hinreichende Autorität, um seinen Plan auszuführen.

Vor der Thronbesteigung des aussätzigen Königs Balduin IV. (1174) behielten die Herrscher in ihren Beziehungen zum Adel im Allgemeinen die Oberhand. Sie konnten ihre Herrschaft entweder durch Gesetzgebung oder durch Ausnutzung des königlichen Rechts der Landverteilung ausüben. Ein Beispiel für ersteres Verfahren war König Amalrichs *assise sur la ligece* (um 1166), die festlegte, dass alle Vasallen der großen Lehnsherrn oder Kronvasallen – die sogenannten Aftervasallen – dem König als Lehnsherrn huldigen sollten. Dies schuf eine direkte Verbindung zwischen der Krone und der Mehrzahl der Lehnsträger, während sich der Hochadel übergangen sah. Der König profitierte von dieser Regelung, weil er im Konfliktfall mit einem Kronvasallen die Hilfe von dessen Aftervasallen beanspruchen konnte. Diese wiederum hatten den Vorteil, dass sie sich aufgrund ihrer Huldigung bei Streitigkeiten mit ihrem Lehnsherrn direkt an den König wenden konnten, während zuvor die Unabhängigkeit der großen Lehnsgebiete es den großen Herren erlaubt hatte, mit ihren Untergebenen nach Gutdünken zu verfahren.

DIE JAGD war in allen Ländern der Levante ein beliebter Zeitvertreib. Auf dieser Miniatur einer aus dem 13. Jahrhundert stammenden Handschrift der Chronik des Wilhelm von Tyros ist das Ende König Fulkos von Jerusalem dargestellt, der im November 1143 bei einer Hasenjagd vor den Mauern von Akkon mit seinem Pferd zu Tode stürzte.

Es lag nicht im Interesse des Königs, dass die Magnaten zu mächtig wurden. Um dieser Gefahr vorzubeugen, konnte er verschiedene Maßnahmen ergreifen. Starb ein Vasall ohne Erben, fiel sein Lehen an die Krone zurück. Bei der hohen Sterblichkeitsrate im Heiligen Land trat dieser Fall häufig ein, und manchmal teilten die Könige das Gebiet dann in kleinere, weniger bedrohliche Herrschaften auf. Eine andere Methode, um die Macht der Adligen zu beschneiden, bestand darin, ihnen Grundbesitz zu geben, der in den Territorien anderer Magnaten verstreut lag. Gegner der Krone hatten es damit schwerer, eine territoriale Machtbasis aufzubauen. Diese Verfahren hätten langfristig zu einer Konsolidierung der königlichen Macht führen können, doch ab den vierziger Jahren des 12. Jahrhunderts waren die Adligen aufgrund der hohen Kosten für den Unterhalt von Befestigungsanlagen und angesichts der Verluste durch muslimische Angriffe ohnehin gezwungen, Land und Burgen an religiöse Institutionen und Ritterorden abzutreten.

Die prominente Rolle der Frauen stellt einen bemerkenswerten Zug der herrschenden Familien in den lateinischen Siedlungen des 12. Jahrhunderts dar. Besonders in Erscheinung traten die Töchter König Balduins II. (1118 bis 1131). Als der König starb, wurden seine älteste Tochter Melisande, ihr Ehemann Fulko, früher Graf von Anjou, und ihr unmündiger Sohn Balduin als gemeinsame Regenten gekrönt. Trotz der Versuche Fulkos, die Alleinherrschaft zu gewinnen, verfügte er nicht über genügend Unterstützung, um Melisande zu verdrängen, so daß er mit ihr gemeinsam regieren musste. Als er 1143 starb, war sein Sohn Balduin III. erst 13 Jahre alt und Melisande hatte als Regentin freie Hand. Balduin wurde 1145 mündig, doch seine Mutter weigerte sich, ihm die Macht zu übergeben, und regierte noch sieben weitere Jahre. Für die Gesellschaft des 12. Jahrhunderts war dies ein bemerkenswerter Vorfall: denn dass eine Frau selbständig regierte, war höchst ungewöhnlich, wie auch der Widerstand gegen die Thronansprüche Königin Mathildes in England beweist. Außerhalb des lateinischen Orients ist vielleicht allein Königin Urraca von León und Kastilien (1109 bis 1126) ein mit Melisande vergleichbarer Fall. Als sich der Streit in Jerusalem verschärfte, setzten Mutter und Sohn getrennte Verwaltungen ein und erließen Urkunden in ihrem Namen. Allgemein war man der Überzeugung, dass ein Herrscher in der Lage sein müsse, seine Truppen in der Schlacht zu führen, was Frauen als Herrscherinnen ausschloss. Doch im Königreich Jerusalem – wahrscheinlich der exponiertesten Region der lateinischen Christenheit – hielt Melisande an der Macht fest. Sie ernannte einen militärischen Befehlshaber und regierte offenbar mit ausreichender Autorität, um die führenden Männer des Königreichs zufrieden zu stellen, denn Balduin gelang es bis 1152 nicht, genügend Unterstützung zu finden, um sie von der Macht zu verdrängen. Auch nachdem er schließlich die Oberhand gewonnen hatte, spielte Melisande weiterhin eine einflussreiche Rolle in der Regierung Jerusalems. Diese Schwierigkeiten waren aber nichts verglichen mit dem Aufruhr, den ihre jüngere Schwester Alice verursachte, als sie nach dem Tod ihres Ehemanns 1130 die Herrschaft über das Fürstentum Antiochia zu verteidigen suchte. Die meisten lokalen Magnaten waren gegen sie, weshalb sie bei ihren Versuchen, die Herrschaft zu behaupten, die Unterstützung der Griechen, der Muslime von Aleppo, der Grafen von Tripolis und Edessa und des Patriarchen von Antiochia suchte. Diese Episode der Zerstrittenheit endete erst, als Alice sieben Jahre später gezwungen wurde, die Macht an Raimund von Poitiers abzutreten, den die lokalen Magnaten zum Ehemann ihrer Tochter bestimmt hatten.

Die Beziehungen zwischen den Herrschern der einzelnen fränkischen Territorien waren im Allgemeinen recht gut, auch wenn gelegentlich Spannungen auftraten. Der lateinische Orient bestand aus vier Staaten. Jeder hatte ein eigenes Gepräge und vermochte selbständig zu handeln, wenn es auch zweifellos in aller Interesse lag, gegen gemeinsame Feinde geschlossen vorzugehen. Die Beziehungen zwischen dem Königreich Jerusalem und seinem kleinen Nach-

DIE ROLLE DES PAPSTES INNOZENZ III. innerhalb der Kreuzzugsbewegung lässt sich kaum überschätzen. Obwohl er sich stark für die Wiedereroberung des Heiligen Landes engagierte – er brachte den Vierten und den Fünften Kreuzzug in Gang –, war er doch bereit, Kreuzzüge auch gegen Häretiker und abendländische Feinde des Papsttums auszurufen. Außerdem sorgte er dafür, dass sich die Kreuzzugspredigten sowie die Finanzierung und Organisation der Kreuzzüge weiterentwickelten.

Innocentius PP. III

IN NOCENTIVS EPS SERVVS SERVORV DI DILECTIS FILIIS ··· PRIORI ET FRIB IVXTA SPECV BEATI BENEDICTI REGLARE VITA SERVANTIBVS IN PPETVM. INTER HOLOCAVSTA VIRTVTV NVLLV MAGIS EST MEDVLLATV QVA QD OFFERTVR ALTISSIMO DE PINGVEDINE CARITATIS. HOC IGIT ATTENDENTES. CV OLI CAVSA DEVOTIONIS ACCESSISSEM AD LOCV SOLITVDI VRE QVE BEATVS BENEDICT SVE CONVERSIONIS PRIMORDIO CONSECRAVIT. ET INVENISSEM VOS IBI SECVD INSTITVTIONE IPIVS LAVDABILITER DNO FAMVLANTES. NE PROPTER CORPORALIS SVBSTENTATIO VOBIS DEEET SPIRITVALIS OBSERVANTIE DISCIPLINA TORPERET. APOSTOLICV VOBIS SVBSIDIV DVXIMVS IMPENDENDV. SPERANTES QD IDE BEATISSIM BENEDICT NRE DEVOTIONIS AFFECTV SVV ECCLIS ET PRECIB APVD PIISSIMV PATRE ET IVSTISSIMV IVDICE COMMDABIT VRIS ITAQ CVPIETES NECESSITATIB PVIDERE. SEX LIBRAS VSVALIS MONETE VOBIS ET SVCCESSORIB VRIS DE CAMERA BEATI PETRI SINGVLIS ANNIS PCIPIENDAS CONCESSIM. DONEC IN ALIQVO CERTO LOCO VOBIS ESSENT VTILITER ASSIGNATE. STATVENTES VT EA QVE AD SVSTENTATIONE VRAM CON SVEVISTIS PCIPERE DE MONASTERIO SVBLACEN. VOBIS ET SVCCESSORIB VRIS PPTER HOC MINIME NEGARENTVR. POSTMODVM AVTE CV REVERSI FVISSEM AD VRBE. IVOSDA DE FRIB VRIS AD NRAM PRESENTIA DESTINASTIS. HVMILITER IMPLORANTES. VT CON CESSIONE IPSA IN ALIQVO CERTO LOCO DIGNAREMVR PPETVO STABILIRE. DE QVO PREFATAS SEX LIBRAS PCIPERE VALERETIS. NOS IGITVR HABITO FRATRVM CONSILIO ET ASSENSV. IAM DICTAS SEX LIBRAS VOBIS ET SVCCESSORIB VRIS PCIPIENDAS SINGVLIS ANNIS DE ANNVO CENSV CASTRI PORTIANI CONCEDI ··· PRIVILEGIO CONFIRMAM. NVLLI ERGO OMNINO HOMINV LICEAT HANC PAGINA NRE CONCESSIONIS ET CONSTITVTIONIS INFRINGERE VL ··· IRE. SI QVIS AVTE HOC ATTEPTARE PRESVPSERIT. INDIGNATIONE OMNIPOTENTIS DI ET BEATORV PETRI ET PAVLI APOSTOLORV EIVS ···

que la terre sainte z le peup
ple xpistiens y demourans
feussent secourus et gardes
contre les impetueulx assaulx
de leurs tresanciens et anciens
ennemis. et ouurant le tresor
de leglise donna plain pardon
et remission de paine z de
coulpe de tous ceulx ateulx
et a ving chascun de ceulx q

en faueur et pour aidier la ter
re sainte prendroient lenseigne
de la sainte Croix z yroient
en celluy voyage. Et combien
que peust lors es diuerses
parties de xpistiente plusieurs
seigneurs docteurs z prelats
Toutessfois feussent pour
celui temps vertueulx comme
lespecial iournal au point du

barn im Norden, der Grafschaft Tripolis, waren zumeist sehr eng; der Graf war ein Vasall des Königs. Die Grafen von Edessa huldigten ebenfalls dem König von Jerusalem, waren aber seit den dreißiger Jahren des 12. Jahrhunderts auch Vasallen des Fürsten von Antiochia. Dieser stand in keinem formalen Lehnsverhältnis zum König von Jerusalem, sondern war theoretisch Vasall des byzantinischen Kaisers, wie wir noch sehen werden. Trotzdem war das Fürstentum auf gute Beziehungen mit den südlichen Nachbarn angewiesen, weil es häufig militärische Hilfe aus Jerusalem in Anspruch nehmen musste. Bei fünfzehn Gelegenheiten schickten die Herrscher Jerusalems zwischen 1110 und 1137 ihren Glaubensbrüdern im Norden militärischen Beistand, und für insgesamt dreizehn Jahre regierten die Könige von Jerusalem in dieser Zeit auch das Fürstentum. Das Verhältnis war zwar nicht völlig einseitig, da Antiochia in den Jahren 1113, 1129 und 1137 auch für Jerusalem in den Kampf zog, doch ändert dies nichts daran, dass Antiochia stärker auf Unterstützung angewiesen war. In den Jahren des Zweiten Kreuzzugs zeichnete sich dann eine größere Konkurrenz zwischen den vier Staaten ab. Wilhelm von Tyrus, ein Chronist des Königreichs Jerusalem aus dem 12. Jahrhundert, berichtet, dass König Ludwig VII. von Frankreich bei seiner Ankunft in Antiochia im März 1148 von Gesandten aller lateinischen Staaten aufgesucht wurde, die ihn überreden wollten, ihr jeweiliges Gebiet zur Basis seiner Operationen zu machen, gleichgültig welche Bedürfnisse die übrigen Staaten haben mochten.

In den vierziger Jahren des 12. Jahrhunderts verschlechterte sich die militärische Lage. Der erste große Rückschlag ereilte die Franken im Dezember 1144, als Zangi, der muslimische Atabeg von Mossul, die Stadt Edessa einnahm. Obwohl sich der Marsch zweier großer Kreuzfahrerheere durch Kleinasien, die von Ludwig VII. von Frankreich und dem deutschen König Konrad III. angeführt wurden, zur Katastrophe auswuchs, griffen die vereinten Streitkräfte der lateinischen Staaten und der Kreuzfahrer im Juli 1148 Damaskus an. Doch die Belagerung brach innerhalb einer Woche zusammen. Heute scheint wahrscheinlich, dass die Furcht vor muslimischen Entsatztruppen die Christen zu einem taktischen Fehler verleitete, doch stellte diese einfache Erklärung weder Siedler noch Kreuzfahrer zufrieden, die sich vielmehr gegenseitig des Verrats beschuldigten. Die Kreuzfahrer aus dem Abendland kehrten unverrichteter Dinge nach Hause zurück und überließen die Franken ihrem Schicksal, die nun selbst für ihre Verteidigung sorgen mußten.

AHNENSTOLZ. Glasmalereien am Lichtgaden des südlichen Chores der Abtei von Tewkesbury *(oben)*, aufgrund eines Vermächtnisses seiner Mutter Eleanor de Clare 1340 bis 1344 in Auftrag gegeben von Hugh Despenser. Die Bilder stellen die Vorfahren der Familie dar, die wie viele andere englische Adelsgeschlechter der Kreuzzugsbewegung verbunden war.

DIE WEITERENTWICKLUNG DES RITTERWESEN. Auf dieser Miniatur von 1490 sind offenkundig Kreuzritter dargestellt *(unten)*, doch der französische König scheint mit seinem prächtig aufgezäumten Pferd sein adliges Gefolge eher auf eine Jagd als in einen Krieg zu führen. Von dem Bußethos, das ein integraler Bestandteil der Kreuzzugsbewegung war, ist kaum etwas zu spüren.

Die Siedler im Norden hatten stets am meisten unter muslimischen Angriffen zu leiden und ihre Lage verschlimmerte sich noch mit der Zeit. Wilhelm von Tyrus schrieb, dass die Christen so unter Druck standen, als ob sie zwischen zwei Mühlsteinen zerrieben würden. Zangis Nachfolger Nur ad-Din von Aleppo versuchte, die verstreuten muslimischen Fürstentümer Nordsyriens unter seine Herrschaft zu bringen. 1149 tötete er den Fürsten Raimund von Antiochia in der Schlacht von Inab und schickte dessen Kopf an den Kalifen nach Bagdad, um seine Position als der führende Streiter des sunnitischen Islam zu unterstreichen. Nur ad-Dins Einfluss weitete sich nach Süden aus; 1154 brachte er Damaskus unter seine Gewalt. Damit stand den Christen zum ersten Mal ein geeintes muslimisches Syrien gegenüber. Zu diesem Zeitpunkt war die politische Lage noch ausgewogen; die Muslime waren zwar zu einer wachsenden Bedrohung geworden, doch in Balduin III. von Jerusalem (1143 bis 1163) und seinem Nachfolger Amalrich (1163 bis 1174) besaßen die Franken zwei machtvolle Herrscher, die bereit und fähig waren, dem Gegner die Stirn zu bieten.

Grundlage von Amalrichs Politik war die Kontrolle über Ägypten. Die schiitischen Kalifen aus dem Geschlecht der Fatimiden waren schwach, und seit Nur ad-Din sowohl Aleppo als auch Damaskus beherrschte, musste das politische Ziel Jerusalems darin bestehen, den Anschluss Ägyptens und damit die Einkreisung zu verhindern. Zwischen 1163 und 1169 unternahm Amalrich nicht weniger als fünf Versuche, Ägypten zu erobern. Doch um sich gegen die wachsende muslimische Feindseligkeit zu schützen, bedurften die Siedler größerer militärischer Ressourcen, erst recht, wenn sie sich mit solch ehrgeizigen Vorhaben wie einer Unterwerfung Ägyptens trugen. Zunächst wandten sie sich mit ihren Hilfegesuchen an die westeuropäischen Länder. Der Existenzgrund der fränkischen Staaten war schließlich die Erhaltung der heiligen Stätten für die lateinische Christenheit. Die Siedler fühlten sich ihren Glaubensbrüdern im Abendland verbunden, von ihnen erwarteten sie Hilfe für das Erbteil Christi, weil zumindest theoretisch die Wohlfahrt des Heiligen Landes eine Angelegenheit aller Christen war. Die Siedler versuchten auch hartnäckig, die Familienbindungen zu westeuropäischen Adligen zu nutzen, um die Menschen des Abendlandes zu einem Kreuzzug zu bewegen.

Ab 1160 sandten sie eine Reihe von Briefen und Gesandtschaften an die führenden Persönlichkeiten Europas mit der Bitte um Hilfe. Die Päpste unterstützen diese Appelle, indem sie sich in Briefen für neue Kreuzzüge aussprachen. Daraufhin kam einige finanzielle Hilfe, und, wichtiger noch, eine Reihe von kleineren Kreuzzügen, angeführt von Männern wie den Grafen von Flandern und von Nevers, zogen in den Orient. Kurzfristige militärische Hilfe dieser Art war natürlich willkommen, doch eigentlich wünschten die Franken einen neuen großen Kreuzzug. Besondere Hoffnungen richteten sich auf Ludwig VII. von Frankreich

DIE KIRCHE DER HEILIGEN ANNA IN JERUSALEM. Eines der wenigen Beispiele einer Kreuzfahrerkirche des 12. Jahrhunderts. Die Stätte gehörte Benediktinernonnen; die Kirche wurde gegen 1140 mit königlicher Unterstützung errichtet. Zu jener Zeit war Yvette, eine der Töchter König Balduins II., Mitglied dieser Ordensgemeinschaft.

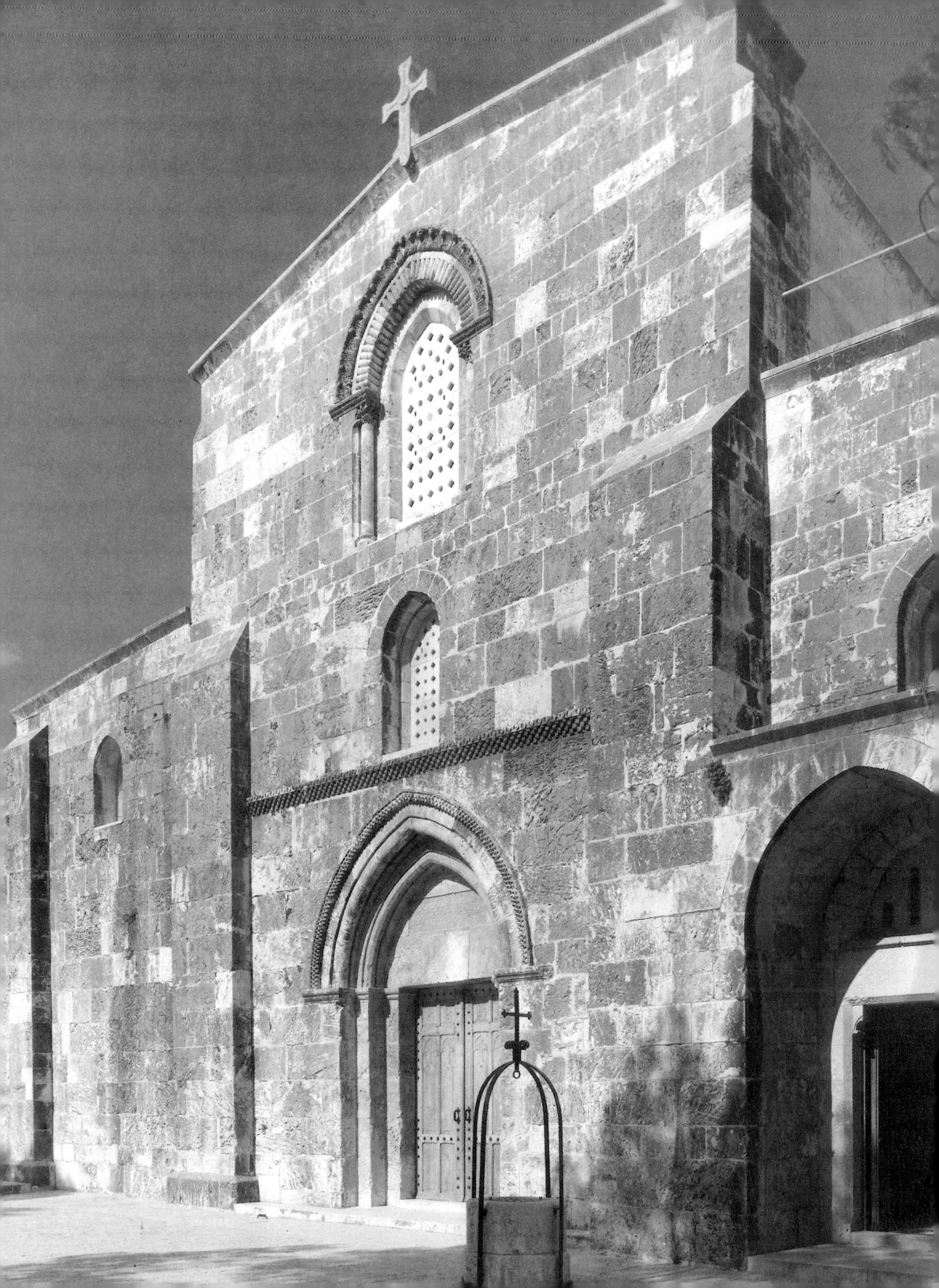

und Heinrich II. von England, doch ließen die politischen Differenzen zwischen den beiden Herrschern alle Bemühungen scheitern, sie zu gemeinsamem Handeln im Orient zu bewegen.

Das Bedürfnis nach substanzieller militärischer Unterstützung blieb bestehen. An wen sonst konnten sich die Franken noch wenden? Eine Antwort lautete: Byzanz. Die Griechen waren von Anfang an in die Angelegenheiten des lateinischen Orients verwickelt. Sie lagen mit Bohemund von Tarent im Streit, bis dieser dem Kaiser im Vertrag von Devol (1108) den Lehnseid leistete und damit die Souveränität des Byzantinischen Reichs über das Fürstentum Antiochia anerkannte. Die beträchtliche orthodoxe Gemeinde in Nordsyrien diente den Griechen als Vorwand für die Einmischung in der Region. König Balduin III. entschloss sich, engere Verbindungen mit Konstantinopel herzustellen und überließ Ende 1150 den Griechen durch Verkauf der verbliebenen fränkischen Ländereien von Edessa einen Vorposten in Nordsyrien. Bald wurden die Beziehungen zwischen Griechen und Franken enger. 1158 heiratete König Balduin eine Angehörige der kaiserlichen Familie. Neun Jahre später tat sein Nachfolger Amalrich das Gleiche. In der Zwischenzeit hatte Kaiser Manuel I. Komnenos Maria von Antiochia geehelicht. Diese wechselseitigen Heiraten verbesserten die Aussicht auf militärische Kooperation. Das vordringliche Ziel der fränkisch-byzantinischen Allianz sollte Ägypten sein, doch bevor die Christen ihre Einigung umsetzen konnten, bemächtigte sich Nur ad-Din zu Beginn des Jahres 1169 des Landes. Dieser erneute muslimische Erfolg verschlechterte die Lage des Königreichs Jerusalem dramatisch; da ein großer Kreuzzug aus dem Westen weiterhin ausblieb, setzte Amalrich seine progriechische Politik fort. 1171 reiste er persönlich nach Konstantinopel, wo er wahrscheinlich Kaiser Manuel den Lehnseid leistete. Es war das erste Mal, dass ein König von Jerusalem diese Reise unternahm; die dramatische Geste zeigt, wie verzweifelt die Lage geworden war. Weitere griechische Hilfe erreichte 1177 die Levante, doch endete die enge Zusammenarbeit der beiden Mächte 1180 mit dem Tode Kaiser Manuels. Das Bündnis war nicht sehr erfolgreich gewesen, obwohl gelegentlich die Furcht vor griechischen Invasionen den muslimischen Druck auf die lateinischen Staaten vermindert hatte. Als Nur ad-Din 1164 eine fränkische Armee in Nordsyrien vernichtend geschlagen hatte, drängten seine Feldherrn ihn, in das Fürstentum Antiochia einzumarschieren, um die verbliebenen Franken zu vernichten, doch Nur ad-Din lehnte ab, weil er griechische Vergeltungsmaßnahmen fürchtete, wenn er den Christen zu viel Land entriss.

Das Jahr 1174 war ein Wendepunkt für die Franken und für ihre muslimischen Feinde. Im Mai bot sich durch Nur ad-Dins Tod eine günstige Gelegenheit zu einem weiteren Angriff auf Ägypten, zumal durch einen glücklichen Zufall eine Hilfsflotte aus Sizilien zur Verfügung stand. Doch gerade als die Sizilianer die Levante erreichten, erkrankte König Amalrich plötzlich und starb. Der Feldzug scheiterte und die Sizilianer kehrten nach Hause zurück. Zu dieser Enttäuschung kam hinzu, dass Amalrichs Erbe, König Balduin IV., an Aussatz litt, daher seine Herrschaft nicht effektiv ausüben und keine Kinder zeugen konnte. Balduin setzte zwar bis zu seinem Tod im Jahr 1185 den Kampf fort, doch er herrschte über ein zunehmend zerstrittenes Gemeinwesen. Zwei rivalisierende Adelsparteien befehdeten sich, die den unglück-

DIE KATHEDRALE UNSERER LIEBEN FRAU ZU TORTOSA, die am vollständigsten erhaltene fränkische Kathedrale der Kreuzfahrerzeit. Der Gebäudeteil in der Mitte symbolisiert möglicherweise die erste Kirche, die der Jungfrau Maria geweiht wurde.

lichen König zu manipulieren suchten, ihren jeweiligen Zwecken zu dienen. Die Nachfolge seines unmündigen Neffen Balduin V. änderte wenig, das Kind starb zudem binnen eines Jahres. Während bei den Franken die Einheit schwand, fand die muslimische Welt zu ihrer Stärke zurück. Saladin, Nur ad-Dins Befehlshaber in Ägypten, trat dessen Nachfolge an und brachte eine Koalition der islamischen Kräfte zusammen, die sich im Namen des Dschihad gegen die Franken richtete.

Die Christen bedurften jetzt dringend der Hilfe. Eine Delegation, die vom Patriarchen von Jerusalem und den Großmeistern der Ritterorden geführt wurde, versuchte die Herrscher der westeuropäischen Länder dazu zu bewegen, die Verteidigung des Heiligen Grabes zu unterstützen. Die Franken waren so verzweifelt, dass sie Philipp II. August von Frankreich sowie Heinrich II. von England sogar die Oberhoheit über das Königreich Jerusalem anboten, doch

DIE AUFERSTEHUNGSKIR-
CHE VON ABU GHOSCH.
Diese Pilgerstätte des
12. Jahrhunderts wurde
mit Emmaus gleichgesetzt,
dem Ort, wo Christus
seinen Jüngern nach der
Auferstehung erschienen
war. Die Abbildung zeigt
die Krypta der Kirche, die
einen Altar enthält, der
sich über der sogenannten
Quelle von Emmaus be-
findet.

in beiden Fällen vergeblich. Sie blieben isoliert. 1187 brach Saladin in das Königreich ein, und am 4. Juli, in der Schlacht von Hattin, vernichtete er das Heer der Siedler, das von Guido von Lusignan geführt wurde, der als Gemahl der Schwester Balduins IV. König von Jerusalem war. Der Mangel an Streitkräften im Lager der Franken war offensichtlich; ihre Siedlungen waren fast schutzlos. In den folgenden Monaten eroberte Saladin Jerusalem und trieb die Franken zur Küste zurück; Tyrus war die einzige palästinische Stadt, die unter christlicher Herrschaft verblieb. Tripolis und Antiochia waren weniger betroffen, wenn auch beide Staaten Gebiete an ihren Ostgrenzen verloren. Westeuropa antwortete auf diese Ereignisse mit dem Dritten Kreuzzug.

ZYPERN

Im Mai 1191 eroberte der englische König Richard I. Löwenherz die Insel Zypern, auf der zuvor Isaak Komnenos, ein abtrünniges Mitglied des byzantinischen Herrscherhauses, die Herrschaft ausgeübt hatte. Richard war auf dem Wege nach Palästina, als ein Teil der Flotte – darunter das Schiff, auf dem seine Schwester und seine Verlobte reisten – an der zyprischen Küste Zuflucht vor einem Sturm suchen musste. Die feindselige Haltung Isaaks veranlasste Richard zum Eingreifen; seine Streitmacht zwang die Zyprioten schnell zur Kapitulation. Trotz seines Kreuzfahrerstatus hatte Richard Löwenherz nicht gezögert, das Land eines christlichen Herrschers zu besetzen, allerdings zu seinen eigenen Gunsten, nicht als Teil des Kreuzzugsunternehmens.

Die Eroberung Zyperns kann kaum als ein Akt religiöser Kolonisierung betrachtet werden, doch bildeten sich in der Folge schnell enge Beziehungen zwischen der Insel und den anderen christlich-lateinischen Staaten im östlichen Mittelmeerraum heraus, zumal ihr eine Schlüsselrolle bei der Verteidigung des Heiligen Landes zufiel. Bei günstigen Winden ließ sich die Fahrt von Zypern bis zur syrischen Küste in einem Tag bewältigen. Durch ihre geographische Lage war die Insel eine natürliche Nachschubbasis für Kreuzzugsunternehmungen. Dies wurde vor allem während des ersten Kreuzzuges König Ludwigs IX. deutlich. Nach Erreichen des östlichen Mittelmeeres verbrachte der französische König acht Monate auf der Insel; König Heinrich I. von Zypern und führende zypriotische Adlige begleiteten ihn bei seiner Invasion Ägyptens im Juni 1249. Nicht immer zeigten die zypriotischen Franken so große Bereitwilligkeit, derartige militärische Expeditionen zu unterstützen. Beim Kreuzzug des Prinzen Eduard von England (1271/1272) erklärten einige der Adligen, sie wollten keinen Kriegsdienst außerhalb ihrer Insel leisten; wenn sie ihrem König früher militärisch beigestanden hätten, so sei das allein freiwillig geschehen. Schließlich fanden sie sich bereit, ihm vier Monate eines Jahres auch außerhalb Zyperns Heerfolge zu leisten.

Richard Löwenherz verkaufte die Insel an Guido von Lusignan, den früheren König von Jerusalem, dessen Bruder und Nachfolger Amalrich eine Dynastie begründete, die Zypern fast dreihundert Jahre beherrschen sollte. Verglichen mit den lateinischen Siedlungen auf dem Festland war die Insel muslimischen Angriffen weniger stark ausgesetzt, wenn sich auch Amalrich von Lusignan aus Furcht vor Angriffen 1195 der Lehnshoheit des römischen Kaisers Heinrichs VI. unterstellte. Amalrich, vom Kaiser des Abendlands zum König von Zypern gekrönt, wurde 1197 durch die Heirat mit der Thronerbin Isabella I. zugleich König von Jerusalem. Obwohl er mehr Zeit in Akkon als in Nikosia zubrachte, bedeutete das nicht, dass die beiden Königreiche verschmolzen. Ihre Institutionen blieben getrennt, und Amalrich ließ nicht zu, dass die finanziellen Ressourcen Zyperns für die Verteidigung des Königreichs Jerusalem aufgebraucht wurden. Er war jedoch bereit, die militärischen Kräfte seines Inselreichs zugunsten des Festlandsstaats einzusetzen. Aus der Ehe mit Isabella gingen keine Kinder hervor. Nach seinem Tod im Jahre 1205 wurden die beiden Königreiche eine Zeit lang wieder von verschiedenen Dynastien regiert.

Um die fränkische Herrschaft auf Zypern zu konsolidieren, belehnten die ersten Herrscher aus der Familie der Lusignan Hunderte von Rittern, Knappen und Bürgern mit Territorien und Rechten, was einen gewissen Ausgleich bot für die kürzlich durch die Eroberungen Saladins eingetretenen territorialen Verlust auf dem Festland. Auf Zypern gab es keine Pfalzgrafschaften, so dass das Gerichtswesen stärker unter königlicher Kontrolle stand. Die Lusignan waren auch klug genug zu verhüten, dass Vasallen aus dem Laienstand in den Besitz von Burgen oder ummauerten Städten kamen, woran die Herrscher im übrigen lateinischen Orient aufgrund der drohenden muslimischen Angriffe nicht einmal denken konnten. Solche Maßnahmen verhinderten, dass Adlige regionale Machtzentren aufbauen konnten, und erklären, warum es auf der Insel, abgesehen von einem Bürgerkrieg in den Jahren 1229 bis 1233, der von außen auf das Land übergriff, vergleichsweise ruhig blieb. Alle Festungen des Landes waren in königlichem Besitz, wohl nur mit Ausnahme derjenigen von Kolossi und Gastria, die zum großen Landbesitz der Johanniter beziehungsweise der Templer gehörten.

Fruchtbare Küstenebenen, terrassierte Hänge und Bewässerungskanäle sorgten dafür, dass Zypern beträchtliche Mengen an Lebensmitteln, Zucker und Olivenöl für den Export produzieren konnte. Wein war ein weiteres wichtiges Erzeugnis; nach Angaben von Zeitgenossen waren einige Sorten allerdings so dickflüssig, dass man sie wie Honig aufs Brot hätte schmieren können. Unter den Lusignan erlebte Zypern ein rasches wirtschaftliches Wachstum. Wichtigstes Handelszentrum wurde die Stadt Limassol. Die Lage der Insel als natürlicher Anlaufpunkt für Händler auf dem Weg zum asiatischen Festland und das wachsende Interesse der italienischen Handelsstädte trugen zu ihrem Reichtum bei. Als die Byzantiner noch herrschten, hatten sich die Venezianer Privilegien gesichert, doch unter den Lusignan trat Genua in den Vordergrund, insbesondere nach dem Bürgerkrieg von 1229 bis 1233. König Heinrich I. (1218 bis 1253) brauchte Flottenunterstützung, welche die Genueser für beträchtliche Handelsprivilegien gewährten. Auch Kaufleute aus Pisa, Katalonien und dem kilikischen Armenien schlossen Handelsvereinbarungen mit den Zyprioten. Gegen Ende des 13. Jahrhunderts löste Famagusta Limassol als wirtschaftliches Zentrum ab, weil dieser Hafen achtzig Kilometer näher am Festland lag und für den wachsenden Handel mit Syrien und Kilikien besser geeignet war. Nach dem Fall Akkons im Jahre 1291 waren die Europäer vom direkten Handel mit den Muslimen ausgeschlossen. Westliche Kaufleute bedienten sich für ihren Handel der Stadt Agas im kilikischen Königreich Armenien; syrische Christen brachten die für Europa bestimmten Waren aus der Levante nach Famagusta. Zypern wurde die Drehscheibe einer wichtigen internationalen Handelsroute und Famagusta aufgrund der starken wirtschaftlichen Aktivität zu einer reichen und kosmopolitischen Stadt.

Eine der tief greifendsten Veränderungen, die die fränkische Eroberung bewirkte, war die Einführung der lateinischen Kirche. Die Mehrheit der einheimischen Bevölkerung waren orthodoxe Griechen, nun aber wurde ein lateinischer Erzbischof zum Oberhirten, dem sich die griechischen Bischöfe unterwerfen mussten. Außerdem wurden die Orthodoxen gezwungen, anders als ihre Glaubensbrüder auf dem Festland, den Primat des Papstes anzuerkennen. Der orthodoxe Erzbischof stimmte dieser Unterwerfung 1261 schließlich formell zu, der niedere

DER KREUZGANG DES PRÄMONSTRATENSERKLOSTERS Bellapais auf Zypern stammt aus dem 14. Jahrhundert. Das Kloster wurde vor 1205 von Mönchen gegründet, die aus Palästina geflohen waren, nachdem Saladin 1187 das Königreich Jerusalem überrannt hatte. Während des 13. Jahrhunderts gelangte das Kloster zu großem Wohlstand; seine Ruinen sind ein schönes Zeugnis aus der Zeit, als die lateinische Kirche auf Zypern herrschte.

Klerus war aber weniger gewillt, die katholische Jurisdiktion zu akzeptieren. Es kam zu Auseinandersetzungen. Weil die Griechen auf gesäuertem Brot in der Eucharistie bestanden, das für sie die Auferstehung symbolisierte, starben dreizehn orthodoxe Bekenner den Märtyrertod, während zahlreiche ihrer Glaubensbrüder exkommuniziert wurden. Die Kränkungen der orthodoxen Gemeinde wurden dadurch vermehrt, dass sich die Franken Besitztümer der örtlichen Kirche aneigneten. Die Pracht der erhalten gebliebenen lateinischen Kathedralen, Kirchen und Klostergebäude belegt die dominante Rolle der lateinischen Kirche in dieser Zeit.

Während mehr als der Hälfte der Zeitspanne zwischen 1205 und 1267 war die Regierung des Königreiches in den Händen von Regenten und minderjährigen Königen. Das führte zum Aufstieg des Geschlechts der Ibelin, die zu einem bestimmenden Machtfaktor auch auf Zypern wurden, nachdem sie im Königreich Jerusalem schon eine starke Stellung erreicht hatten. Um 1218 wurde Philipp von Ibelin Regent der Insel für seinen unmündigen Neffen, den König Heinrich I. Philipp verfügte über genügend Unterstützung, um die Herausforderung seiner Autorität durch Heinrichs Mutter abzuwehren, doch Kaiser Friedrich II., der 1228 auf

DIE ÄGYPTISCHE HAFENSTADT DAMIETTE wurde 1219 vom Fünften Kreuzzug erobert und der Herrschaft Johanns von Brienne, des Königs von Jerusalem, übergeben. Seine Herrschaft über die Stadt dauerte allerdings nicht lange, da die Muslime sie Ende 1221 zurückerobern konnten, doch in diesen Jahren bekundete Johann seine Königsmacht unter anderem durch das Prägen von Münzen. Auf der Vorderseite befindet sich das Porträt des Königs und der Schriftzug »JOHANNES REX«, auf der Rückseite ein Kreuz und die Inschrift »DAMIETTA«.

DIE HERRSCHAFT König Heinrichs II. von Zypern (1285 bis 1324) war von Unruhen geprägt. Er war gleichzeitig König von Jerusalem, nach dem Fall von Akkon im Jahre 1291 allerdings nur noch als Titularkönig. Die abgebildete Silbermünze stammt aus Zypern. Sie zeigt auf der Vorderseite den Herrscher auf seinem Thron und auf der Rückseite den zyprischen Löwen.

Zypern landete, war entschlossen, das Herrschergeschlecht, das zu dieser Zeit von Philipps Bruder Johann geführt wurde, in seine Schranken zu weisen. Den Kaiser erboste die Krönung Heinrichs I., die ohne seine Einwilligung erfolgt war, wodurch er seine Rechte als oberster Lehnsherr verletzt sah. Er erhob den Anspruch, den jungen König und die Einkünfte aus den

KASTELL TORNESE (Clermont), eine Festung der fränkischen Morea. Der größte Teil des Gebäudes wurde von Gottfried I. von Villehardouin zwischen 1220 und 1223 errichtet. Die sechseckige innere Festung (in der Mitte des Bildes) schloss die Wohnquartiere und einen offenen Hof ein. Rechts davon sieht man den Beginn der Ummauerung eines wesentlich größeren Hofes, der sich den Hügel abwärts erstreckte und Ställe und Vorratslager umfasste.

königlichen Besitzungen unter seine Obhut zu nehmen. Friedrich II. lud Johann von Ibelin zu einem Bankett, empfing ihn herzlich und ließ ihn dann von bewaffneten Männern umstellen und verhaften. Johann wurde gezwungen, Heinrich auszuliefern, bevor es ihm gelang, in die Burg von St. Hilarion zu entkommen. Kurz darauf reiste Friedrich II. nach Palästina weiter. Als eine päpstliche Invasion in Süditalien ihn zur Heimkehr zwang, verkaufte er die Regentschaft Zyperns an fünf seiner Gefolgsleute. Vier Jahre eines Bürgerkriegs folgten, in denen die Ibelin versuchten, die Kaisertreuen in Palästina und in Zypern zu besiegen. Richard Filangieri, der kaiserliche Befehlshaber, belagerte ihre Burg in Beirut und schürte den Widerstand gegen sie auf Zypern. Johann verschaffte sich die Rückendeckung einer genuesischen Flotte und die Unterstützung der Mehrheit der zypriotischen Bevölkerung. 1233 gelang es ihm, die Kaisertreuen von der Insel zu vertreiben. Die Oberherrschaft des Kaisers endete 1247, als Innozenz IV. König Heinrich I. von allen Eiden gegenüber Friedrich II. entband und Zypern unter den direkten Schutz des Heiligen Stuhls stellte.

AUS SICHERHEITSGRÜNDEN pflegten die fränkischen Siedler in den ländlichen Gebieten Griechenlands befestigte Türme zu errichten. Die meisten davon enthielten im Erdgeschoss einen Lagerraum und im ersten Obergeschoss und darüber die Wohnräume. Diese beiden Türme stehen bei Phylla auf der Insel Euboia (Negroponte).

König Hugo III. von Zypern (1267 bis 1284) wurde 1269 als Hugo I. zugleich König von Jerusalem. Das christliche Palästina war von Parteikämpfen zerrissen; Hugos Versuche, die verbliebenen Kräfte der Franken gegen den Mamlukensultan Baibars zu bündeln, fruchteten nichts. Nach dem Fall Akkons im Jahre 1291 strömten die Flüchtlinge nach Zypern. Die Insel trat in ein neues Stadium ihrer Geschichte ein. Sie gewann jetzt die entscheidende strategische Rolle als der letzte Vorposten der lateinischen Christenheit im nordöstlichen Mittelmeerraum und als einziger Ort, von dem aus der Versuch einer Rückgewinnung des Festlands unternommen werden konnte.

DAS FRÄNKISCHE GRIECHENLAND

Am 12. April 1204 wurde Konstantinopel vom Kreuzfahrerheer des Vierten Kreuzzugs erobert. Es folgte eine dreitägige Plünderung. Noch vor dem Angriff waren die Kreuzfahrer überein gekommen, einen lateinischen Kaiser einzusetzen, der ein Drittel des Territoriums des ehemaligen Byzantinischen Reiches erhalten sollte; im Mai 1204 wurde Graf Balduin von Flandern zum ersten Kaiser des neuen Reiches gekrönt. Der verbliebene Rest des Landes wurde zwischen Venedig und den anderen Kreuzfahrern aufgeteilt. Die Besetzung des Byzantinischen Reiches durch Kolonialherren war eine direkte Folge der Kreuzzüge, hatte aber keine religiösen Implikationen. Die Eroberung war vielmehr in erster Linie von der Aussicht auf finanziellen und territorialen Gewinn bestimmt. Im Fall des venezianischen Griechenlands zeigen sich die Facetten einer Beziehung, die eher der konventionellen Definition des Kolonialismus entspricht: enge Beziehungen der Siedler zu ihrer Mutterstadt, die die politische und ökonomische Ausrichtung bestimmte. Der Wohlstand und die relative Sicherheit des fränkischen Griechenland lockten Siedler aus dem lateinischen Orient an und schwächten damit letztlich sogar die »religiösen Kolonien« der Levante.

Die Auswirkungen der lateinischen Eroberung gestalteten sich höchst unterschiedlich, hauptsächlich weil die Westeuropäer selbst aus verschiedenen Staaten kamen, was sich in der jeweiligen Regierungsform zeigte, mit der sie die einheimische Bevölkerung beherrschten. Die Griechen waren an eine Gesellschaft gewöhnt, in der alle freien Männer, ungeachtet ihrer sozialen oder ökonomischen Stellung, den gleichen Gesetzen unterworfen waren. Die Franken führten eine hochgradig hierarchisch gestaffelte Gesellschaft mit unterschiedlichen Rechten für Adlige, Bürger und Bauern ein. Das Land wurde in Lehnsgüter eingeteilt; die Griechen, die dem orthodoxen Glaubensbekenntnis treu blieben, wurden zu Leibeigenen gemacht. Doch schon bald wurden die grundsätzlichen Unterschiede zwischen Eroberern und Untertanen verwischt. Die Franken wollten die Ressourcen ihrer neu erworbenen Territorien ausbeuten; der einfachste Weg dazu war die Übernahme des byzantinischen Fiskalwesens. Sie nutzten die Archonten, ehemalige Landbesitzer und kaiserliche Beamte, um in die komplexen Strukturen des byzantinischen Steuersystems einzudringen. Die Archonten bildeten den griechischen Adel. Obwohl sie religiös und kulturell von den Franken getrennt blieben, erhielten sie von der zweiten Hälfte des 13. Jahrhunderts an Lehnsgüter von den Siedlern. Ab 1262 wurden, wie uns Quellen überliefern, auch Griechen zu Rittern geschlagen, was zeigt, dass die griechischen Archonten in die fränkische Hierarchie Aufnahme gefunden hatten. Damit verbanden sich die Interessen der einheimischen Oberschicht mit denen der Siedler – ein notwendiger Ausgleich, berücksichtigt man die zahlenmässige Schwäche der Franken, die angesichts der Angriffe der Bulgaren und der freien griechischen Reststaaten in Kleinasien und Epirus unübersehbar war. Für die Archonten bedeutete die Aufnahme in die fränkische Feudalstruktur eine Verbesserung ihrer Position. Das mag erklären, warum die Griechen in den besetzten Gebieten nur selten gegen ihre westlichen Oberherren aufbegehrten.

Zu den venezianischen Territorien gehörten Kreta, Modon und Koron im Süden der Peloponnes sowie die europäische Küste des Marmarameeres. Kreta war die wichtigste dieser Besitzungen, weil es eine Schlüsselstellung in den Handelsrouten zwischen Ägypten, Syrien und Konstantinopel einnahm. Die Venezianer griffen weniger in die inneren Verhältnisse der Griechen ein als die anderen europäische Siedler, da sie an einer zentralisierten Bürokratie festhielten. Die kaiserlichen Vorrechte, beispielsweise das Recht der Besteuerung, blieben in einer Hand vereint und wurden nicht an Einzelpersonen übertragen wie anderswo im fränkischen Griechenland. Ein *podestà* wurde gewählt, um die Regierungsgewalt auszuüben; seine Machtbefugnisse waren aber durch direkte Anweisungen aus Venedig beschränkt.

Wie anderswo im Osten versuchten die Franken nicht, ihren neuen Untertanen den katholischen Ritus aufzuzwingen. Angesichts der Stärke der orthodoxen Bevölkerung wäre ein solches Vorhaben ohnehin nicht durchführbar gewesen. Die Franken ernannten jedoch einen lateinischen Patriarchen in Konstantinopel und ersetzten orthodoxe Bischöfe durch katholische. Die katholischen Kleriker lebten in der Regel in den Städten; für die wenigen westlichen Siedler, die auf dem Lande lebten – häufig aus Gründen ihrer Sicherheit in befestigten Türmen –, war es schwer, einen Priester zu finden, der den lateinischen Ritus praktizierte. Folglich mussten sich isolierte Siedler die Sakramente von lokalen griechischen Priestern reichen lassen, was zu einer gewissen Hellenisierung beitrug. Kulturell blieben die Franken dennoch von ihren Untertanen geschieden; auf dem venezianischen Kreta waren Mischehen, zumindest theoretisch, sogar verboten.

Die Fruchtbarkeit der peloponnesischen Halbinsel und Kretas begünstigten ein ökonomisches Wachstum. Die Nachfrage nach Exportgütern wie Weizen, Olivenöl, Wolle und Wein sowie nach Luxusgütern, etwa Seide, wuchs und die Franken kamen zu Wohlstand. Sie konnten sich ihres Besitzes allerdings nicht ungestört erfreuen. Der lateinische Kaiser Heinrich I. (1206 bis 1216) hatte zwar seine Herrschaft über Thrakien zu festigen vermocht, doch innerhalb eines Jahrzehnts gelang es den Griechen, deren Kaiser sich in Nikaia im Exil befand, fast alle Gebiete zurückzugewinnen, die sie in Kleinasien einst innegehabt hatten. Die Bedrohung durch eine mongolische Invasion hielt zwar Nikaia eine Zeit lang in Atem, doch im Juli 1261 eroberte schließlich Michael VIII. Palaiologos die Hauptstadt des Byzantinischen Reiches für die Griechen zurück. Anderen fränkischen Siedlungen war ein besseres Schicksal beschieden.

DIE ANKUNFT JOHANNS VON BRIENNE IN AKKON IM SEPTEMBER 1210. Johann reiste in die Levante, um Maria, die Erbin der Krone von Jerusalem, zu heiraten. Er war älter als die meisten Westeuropäer, denen die Heirat mit wichtigen Erbinnen des Orients angetragen wurde, trat jedoch eine bemerkenswerte Laufbahn als Regent und Herrscher im östlichen Mittelmeerraum an und beschloss seine Tage als lateinischer Kaiser in Konstantinopel (1228 bis 1237). Miniatur des 13. Jahrhunderts aus einer Fortsetzung der Chronik des Wilhelm von Tyros.

Am glanzvollsten war der Fürstenhof der Villehardouin in Achaia, der damals als eine der Zierden des Rittertums in der gesamten lateinischen Christenheit galt. Der Fürstenhof, der in Andravidha residierte, galt als eine Schule, in der die Blüte der französischen Ritterschaft den letzten Schliff erhielt, was zeigt, welch enge Beziehungen zwischen den Siedlern und ihrem Mutterland bestanden. Ein späterer Autor bemerkte, dass in Achaia ein so reines Französisch wie in Paris gesprochen wurde. Fürst Gottfried II. (1229 bis 1246) demonstrierte den großartigen Stil, der in Achaia gepflegt wurde, als er sich bei seinem Zug durch die Peloponnes von achtzig Rittern mit goldenen Sporen begleiten ließ. Eine Zeit des Friedens erlaubte den Adligen, sich ungestört den Vergnügungen des Turniers und der Jagd zu überlassen; schöne Fresken schmückten die Wände ihrer Paläste. Zeugnisse dieser kulturellen Blüte haben sich jedoch nur wenige erhalten.

1259 wurde Gottfrieds Pracht liebender Nachfolger Wilhelm II. (1246 bis 1278) in der Schlacht von Pelagonia von den Truppen des Kaisers von Nikaia gefangengenommen; vor seiner Freilassung musste er den Lehnseid schwören. Das Fürstentum Achaia blieb bestehen, hatte aber seine Unabhängigkeit verloren.

DER LATEINISCHE ORIENT 1187 BIS 1291

Im Juli 1191, nach der Einnahme Zyperns, gelang Richard Löwenherz und Philipp II. August von Frankreich, die mit ihren Truppen den fränkischen Siedlern zu Hilfe eilten, die Rückeroberung der Hafenstadt Akkon. Dies war nur der Auftakt: Am Ende des Dritten Kreuzzugs war der gesamte Küstenstreifen von Tyrus bis Jaffa wieder in christlicher Hand, und der Waffenstillstand, der mit Saladin geschlossen wurde, gestattete Pilgern die ungehinderte Reise zu den heiligen Stätten. Das eigentliche Ziel jedoch, die Rückeroberung Jerusalems, hatte nicht verwirklicht werden können. Saladins Tod im Jahr 1193 bot den Christen die Gelegenheit, ihre wiedereroberten Gebiete zu konsolidieren. Die ersten Jahrzehnte des 13. Jahrhunderts waren in den fränkischen Staaten von ökonomischem Wachstum, wiederholten Thronstreitigkeiten sowie von einigen Kreuzzugsunternehmungen geprägt, die sich gegen Ägypten richteten, da man glaubte, dass sich durch die Schwächung dieses Landes die Rückeroberung Jerusalems am besten ins Werk setzen ließe.

Das ökonomische Überleben des Königreichs Jerusalem hing von der Herrschaft über die Hafenstadt Akkon ab. Für den größten Teil des 12. Jahrhunderts war Alexandria das bedeutendste Handelszentrum des östlichen Mittelmeerraumes gewesen, doch in den achtziger Jahren wurde Akkon wichtigstes Ziel der asiatischen Handelsrouten. Der englische Chronist Matthew Paris schrieb gegen 1240, dass sich die königlichen Einkünfte aus Akkon auf 50000 Pfund Silber im Jahr beliefen; dieser Betrag war größer als die gesamten Einkünfte des Königs von England zu jener Zeit. Selbst wenn man an der Genauigkeit dieser Angaben für Akkon zweifelt, war das Königreich Jerusalem fraglos sehr wohlhabend. Die italienischen Handelsstädte verstärkten ihre Aktivitäten. Pisa, Genua und Venedig schickten ständige Geschäftsträger in die Levante. Die Kaufleute profitierten vom wachsenden Handelsaufkommen, der König steigerte seine Steuereinnahmen, doch schließlich wurde der Einfluss der Kaufleute so mächtig, dass er das politische Leben zu destabilisieren begann: 1256 kam es, ausgelöst durch die Handelsrivalität zwischen Genuesen und Venezianern in Akkon zum Krieg von Saint Sabas, an dem sich auch der fränkische Adel und die Ritterorden beteiligten. Die relative Sicherheit der Küstenregion in jener Zeit hatte zu einem beträchtlichen Anstieg der Bevölkerungszahlen von Tyrus und Akkon geführt. In den Städten erlebten auch jüdische Gemeinden eine Blüte, teils aufgrund der gebotenen ökonomischen Möglichkeiten, teils auch, weil sie durch Einwanderer, die sich im Heiligen Land ansiedeln wollten, raschen Zuwachs erfuhren. Insbesondere in Akkon bildete sich ein geistiges Zentrum des Judentums heraus.

Nachdem Kaiser Friedrich II. 1215 das Kreuz für den Fünften Kreuzzug genommen hatte, wurde erwartet, dass er sich dem Feldzug anschließen würde, doch politische Probleme im Abendland verhinderten seine Abreise. 1225 jedoch wurde er durch seine Heirat mit der Jerusalemer Thronerbin Isabella II. stärker in die Angelegenheiten des Königreiches verwickelt. Die Krone Jerusalems genoss hohes Prestige, und Friedrich wollte durch sein Engagement im Heiligen Land seine Position als römischer Kaiser stärken. 1227 hatte er ein beträchtliches Kreuzzugsheer versammelt, doch als er erkrankte und die Abreise weiter verschieben musste, wurde er von Papst Gregor IX. exkommuniziert. Der Kaiser brach schließlich im Juni 1228 in den Orient auf. Seine politischen Maßnahmen auf Zypern wurden bereits erwähnt; in Palästina traf er auf weitere Schwierigkeiten. Isabella war im Kindbett gestorben, Friedrich aber beanspruchte für seinen minderjährigen Sohn Konrad, der sich im Westen aufhielt, die Regentschaft und setzte den Anspruch auch durch. Der Kaiser war entschlossen, die Macht der Krone wiederherzustellen, die seit der Regierung Balduins IV. geschwächt war, doch die führenden Adligen, die ihre dominante Stellung behaupten wollten, leisteten ihm Widerstand. Eine ihrer wichtigsten Waffen war die Kenntnis der Rechtsgeschäfte. Im Königreich hatte sich eine Juristenschule herausgebildet, die mit den freiherrlichen Familien in enger Verbindung stand, ja der sogar Mitglieder aus diesen Familien angehörten. Die Ursprünge dieser interessanten Entwicklung lagen in einer Besonderheit des feudalen Dienstverhältnisses im lateinischen Orient begründet. Hier war der Vasall verpflichtet, *conseil* (Rat) zu geben, also bei Gerichtsverhandlungen mitzuwirken, falls die Aufforderung an ihn erging. Das Prestige derjenigen Vasallen, die juristische Kenntnisse besaßen, verstärkte sich noch nach dem Fall Jerusalems, weil damals die Gesetze des Königreichs, die man niedergeschrieben und in einem Kasten in der Grabeskirche verwahrt hatte, verloren gegangen waren. Der Rückgriff auf geschriebenes Recht war also versperrt, und so bestimmten Erinnerung und Gewohnheit die Rechtsfindung in den ersten Jahrzehnten des 13. Jahrhunderts – ganz anders als in Westeuropa, wo zu dieser Zeit das geschriebene Recht immer stärker das Gewohnheitsrecht ersetzte. In Palästina bildete sich eine Gruppe angesehener Juristen, die in der Kunst des öffentlichen Plädoyers geschult waren und, zumindest in den ersten Jahren nach dem Fall

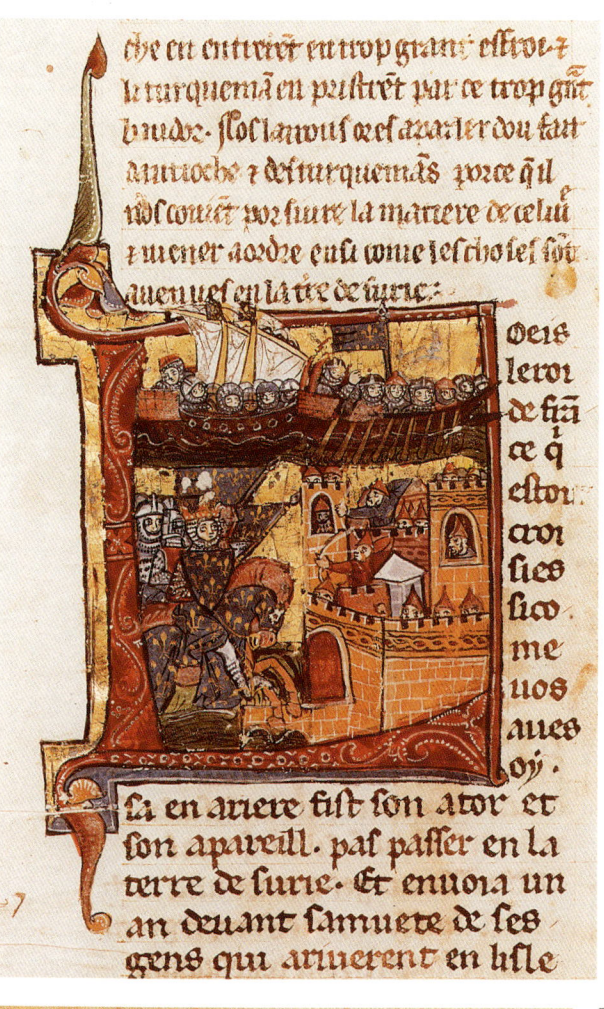

DIE ENTWICKLUNG DES RITTERWESENS (*links*). Der heilige Ludwig bei der Belagerung der ägyptischen Stadt Damiette im Jahre 1249. Miniatur aus einem Manuskript, das gegen 1280 in Akkon entstand. Obwohl die Frömmigkeit des Königs berühmt war, hat der Maler kein Kreuz eingefügt; die Szene wird vielmehr von Ludwigs Lilienbanner dominiert.

PETER DER EINSIEDLER (*unten links*). Diese Illustration stammt aus einer okzitanischen Kreuzzugsgeschichte, der *Pasazia et auxilia terre sancte*, einer Übersetzung des größten Teils von der lateinischen Weltchronik Pauls von Venedig, der *Chronologia magna* (frühes 14. Jahrhundert).

ZUR ZEIT DER KREUZZÜGE LUDWIGS DES HEILIGEN hatten die Kreuzzugslieder einen spezifischen politischen Charakter angenommen, insbesondere im Werk des Pariser Dichters Rutebeuf (*unten rechts*). Doch auch vertraute Themen gibt es: Der Dichter klagt, dass die edelsten und großzügigsten Förderer seiner Kunst den König nach Palästina begleiten und ihn ohne finanzielle Hilfe zurückgelassen haben.

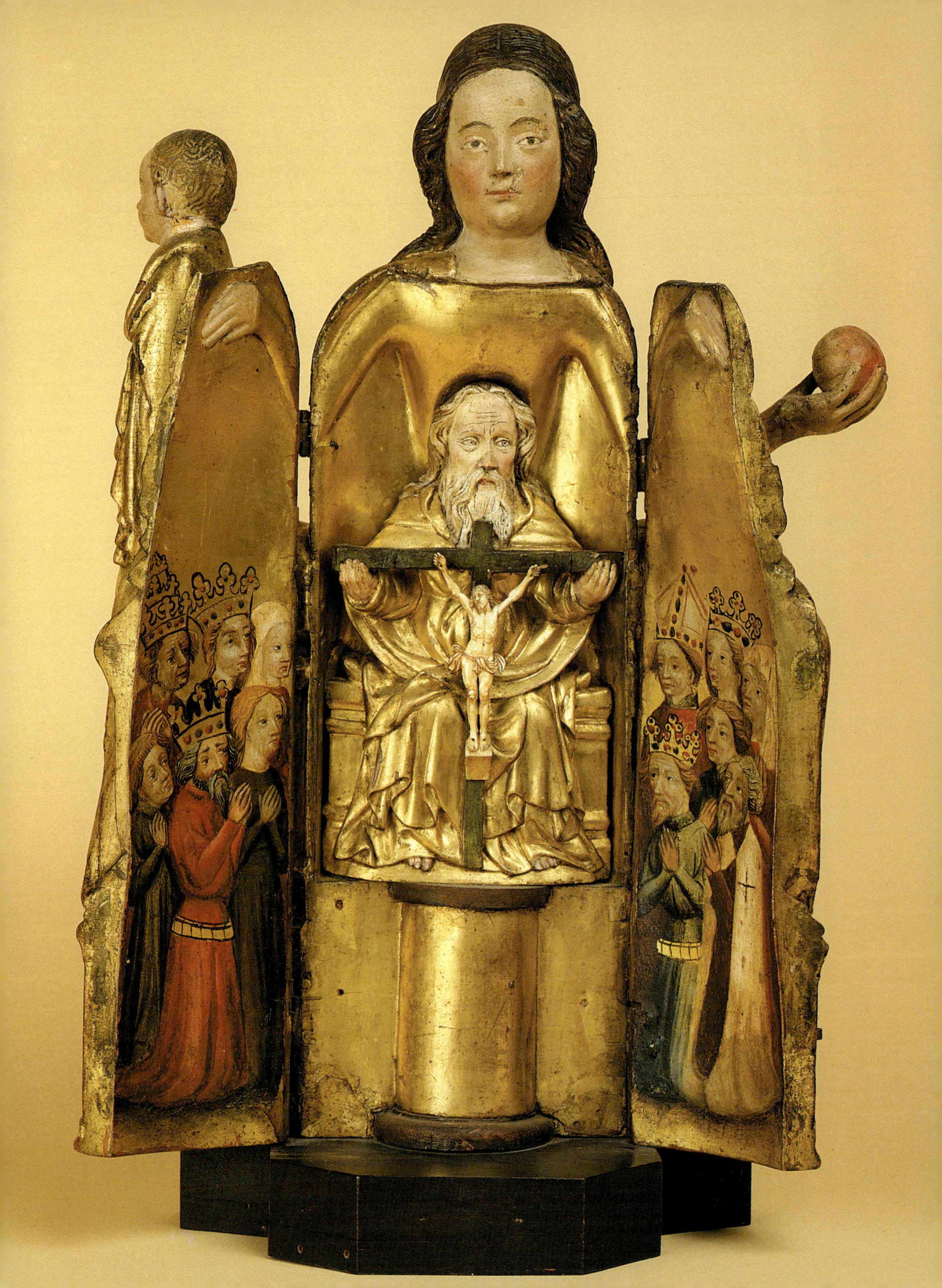

Jerusalems, ganz von ihrer Erinnerung an frühere Verfahrensgänge zehrten. Aus dieser Blüte der Jurisprudenz gingen eine Reihe wichtiger juristischer Werke hervor, insbesondere das *Livre de Jean d'Ibelin* (um 1265), verfasst von jenem Grafen von Jaffa, dessen pompöse Ankunft in Ägypten weiter oben beschrieben wurde. Wir dürfen uns trotzdem nicht von der Selbsteinschätzung dieser Juristen verleiten lassen und ihnen eine allzu große Rolle beimessen; allerdings kam in einer Zeit, als die Könige häufig abwesend oder minderjährig waren, ihrer Entscheidung, wer das Königreich regieren sollte, großes Gewicht zu. Die Adligen nutzten die juristischen Kenntnisse einiger der Ihren, als Friedrich den Konflikt mit ihnen suchte. Sie widersprachen seiner Konfiskation der Ibelinschen Lehen in der Umgebung von Akkon und wandten sich gegen den Versuch, die Ansprüche des Deutschen Ordens auf die Herrschaft über Toron über die des rechtmäßigen Erben zu stellen. Die *assise de la ligece*, die König Amalrich im 12. Jahrhundert zur Stärkung der Krone eingeführt hatte, wurde jetzt unter veränderten Bedingungen zum Vorteil des Adels angewandt. Da das Gesetz besagte, dass ein Lehnsherr keine Maßnahmen gegen einen Vasallen ohne die formale Entscheidung seines Gerichtshofs ergreifen durfte, bestand der Adel jetzt darauf, dass diese Bestimmung so gut für den König wie für jeden Adligen gelte; wenn der Gerechtigkeit nicht Genüge getan werde, seien sie berechtigt, Gewalt zur Wiedererlangung eines konfiszierten Lehens anzuwenden, und dürften den Lehnsdienst verweigern, wodurch der König theoretisch zur Machtlosigkeit verurteilt war. Die Lehnsgüter der Ibelin wurden mit Gewalt zurückgenommen; im Fall des Deutschen Ordens gab Friedrich angesichts des drohenden Verlustes der militärischen Unterstützung nach. Der Ausgang dieser Episode spiegelte die Schwäche des Kaisers nicht minder als die Stärke des Adels.

In seinen Verhandlungen mit den Muslimen hatte Friedrich II. wesentlich mehr Erfolg. Die Invasion Ägyptens während des Fünften Kreuzzuges hatte die Ägypter in Unruhe versetzt. Da er die Folgen der Expedition Friedrichs fürchtete und innerhalb der Aijubidischen Konföderation politisch geschwächt war, gab Sultan Al-Kamil im Februar 1229 den Christen die Herrschaft über Jerusalem zurück, wobei aber die Muslime den Tempelberg behielten und die Christen auf eine militärische Befestigung der Stadt verzichten mussten. Eine zehnjährige Waffenruhe wurde vereinbart und Friedrich versprach, die Interessen des Sultans gegen alle seine Feinde zu verteidigen, seien es Christen oder Muslime. Friedrich veranstaltete eine kaiserliche Krönungszeremonie in der Grabeskirche, obwohl der Patriarch von Jerusalem, da der Kai-

DAS ETHOS DES DEUTSCHEN ORDENS. Solche hoch symbolischen Schreinmadonnen stammen aus dem vom Deutschen Orden beherrschten Preußen des 14. Jahrhunderts, das abgebildete Beispiel ist gegen 1400 entstanden. Im geschlossenen Zustand trägt die Madonna, die Schutzpatronin des Ordens, einen Apfel in der Linken und das Christuskind steht auf ihrem Knie. Im geöffneten Zustand wird Gottvater sichtbar, der einen Kruzifixus hält. Unter den anbetenden Figuren auf dem rechten Seitenflügel ist ganz rechts ein grauhaariger, bärtiger Ordensritter abgebildet.

ser exkommuniziert war, ein Interdikt über die Stadt verhängt hatte. Kaiser Friedrich II. verließ im Juni 1229 den Orient, wobei die örtliche Bevölkerung auf seinem Weg nach Akkon mit Schmutz nach ihm warf.

Friedrichs Abreise bedeutete nicht das Ende des kaiserlichen Engagements im Orient: Als 1231 sein Statthalter Richard Filangieri versuchte, die Kontrolle über Beirut zu erlangen, hintertrieb das der Adel, der sich auf ein in Akkon geschlossenes Bündnis stützte. Allerdings behielt Richard die Kontrolle über Tyrus, so dass das Reich nun zwischen den Kaisertreuen und ihren Gegnern, die sich um das Geschlecht der Ibelin scharten, geteilt war. Richard eignete sich in Tyrus venezianische Güter an, was die Kaufleute veranlasste, sich auf die Seite seiner Gegner zu stellen. Die Genuesen waren schon zuvor antikaiserlich gesinnt. Abgesandte der beiden italienischen Gemeinden boten an, Tyrus den Ibelin auszuliefern. Im Sommer 1242 gelang es diesen vereinten Kräften, die Kaiserlichen aus der Stadt zu vertreiben. Dafür bedurfte es einer juristischen Rechtfertigung. Philipp von Novara (gestorben 1265), ein Gefolgsmann der Ibelin und unser wichtigster Informant für den fraglichen Zeitraum, suchte mittels einer fiktiven Begründung das Ende der Regentschaft Kaiser Friedrichs zu rechtfertigen. Er erklärte, dass bei Erreichen der Volljährigkeit König Konrads – das heißt im April 1243 – die Regentschaft seines Vaters auslaufe. Da Konrad nicht in den Orient gereist sei, um Anspruch auf den Thron zu erheben, bestehe weiterhin das Bedürfnis nach einem Regenten. Die Regentschaft wurde daraufhin der nächsten Verwandten des Königs, die im Orient lebte, der Königin Alice von Zypern, an Friedrichs Stelle übertragen. Die Anhänger des Kaisers verloren schnell auch noch den letzten Rest ihres Einflusses im Orient.

Das Königreich Jerusalem war nicht der einzige lateinische Staat, der von politischen Unruhen heimgesucht wurde. 1201 begann eine Auseinandersetzung zwischen Prätendenten aus Armenien und Tripolis über die Nachfolge im Fürstentum Antiochia. Nach vielen konfliktreichen Jahren konnte sich schließlich Bohemund IV. (1229 bis 1233) durchsetzen. Er herrschte in Personalunion über Antiochia und Tripolis, doch blieben das Gerichtswesen und die Verwaltungen beider Staaten getrennt. Der Fürst wählte Tripolis als seinen Herrschaftssitz; in seiner Abwesenheit wurde Antiochia stark von der großen griechischen Gemeinde geprägt. Die Politik in Nordsyrien wurde weiter verkompliziert durch den Einfluss der Ritterorden, die ihren Rückhalt in mächtigen Festungen hatten – Margat, Baghras, Tortosa, dem Krak des Chevaliers sowie dem Chastel-Blanc – und damit halb-unabhängige Mächte in der Region bildeten.

Die Zeit relativen Wohlstands endete in den vierziger Jahren des 13. Jahrhunderts. Die Siedler brachen einen Waffenstillstand mit dem Sultan von Ägypten und mussten erkennen, dass

YILAN KALE (Schlangenfestung). Die mächtige Festung aus dem 13. Jahrhundert liegt hoch über dem Fluss Pyramus und blickt auf die Ebene von Adana hinaus. Die Burg hatte eine Schlüsselstellung für die armenischen Herrscher, die in dieser Gegend herrschten; die erhaltenen Bauten stammen wahrscheinlich aus der ersten Hälfte des 13. Jahrhunderts.

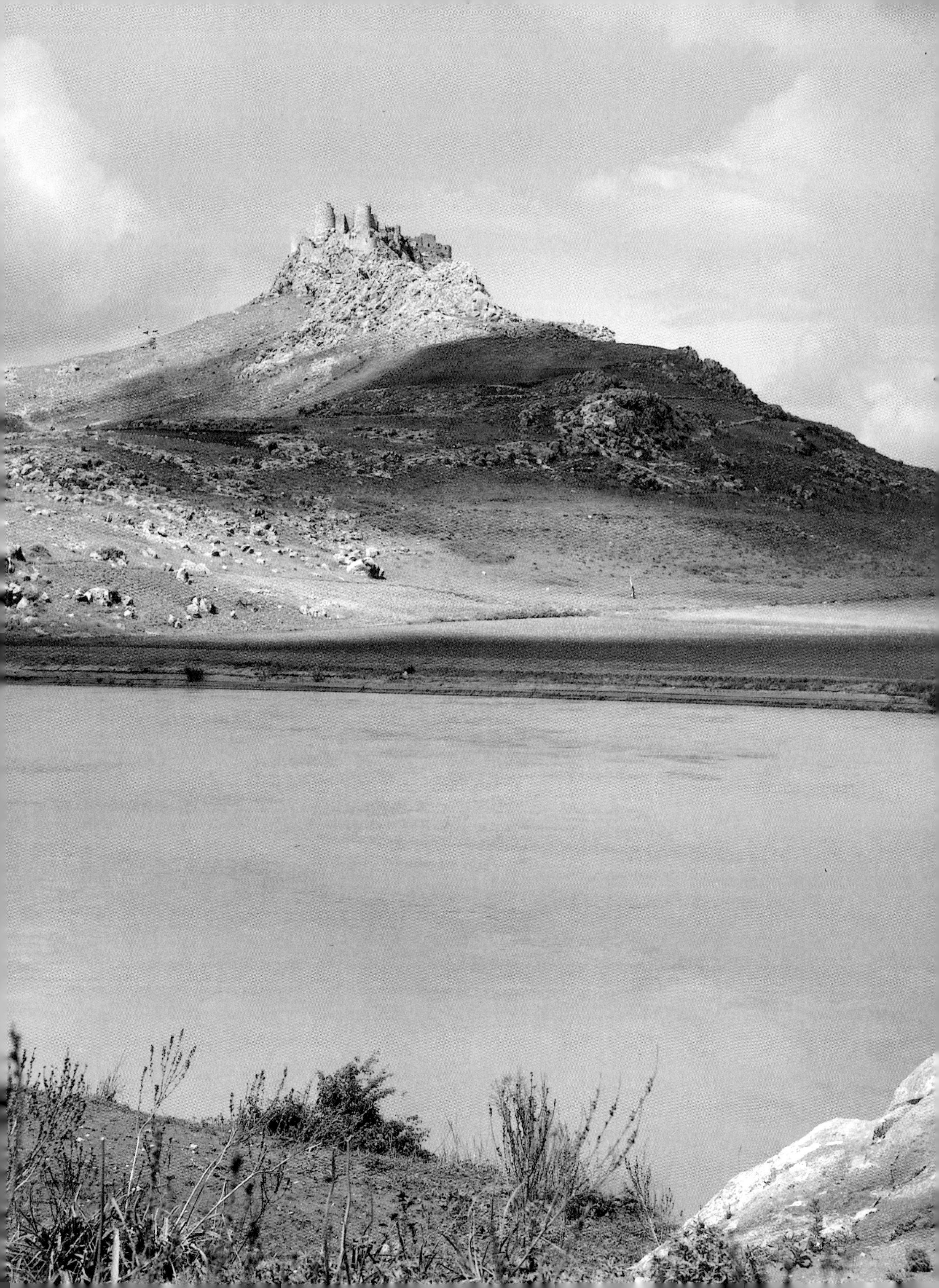

CÄSAREA VON SÜDOSTEN. Die Stadt wurde 1101 von den Kreuzfahrern eingenommen, die erhaltenen Mauern entstanden jedoch größtenteils erst unter Ludwig IX. dem Heiligen, der sie während seines Aufenthaltes zwischen März 1251 und Mai 1252 errichten ließ. Die Überreste des Hafens sind deutlich erkennbar; am südlichen Wellenbrecher steht die Zitadelle aus dem 12. Jahrhundert, die ursprünglich durch einen Wassergraben vom Festland getrennt war.

sie damit in ein Wespennest gestochen hatten, denn die Muslime verbündeten sich mit den Chwarizmiern, einem von den Mongolen vertriebenen nomadisierenden Volk. Jerusalem ging im August 1244 verloren; zwei Monate später wurde das christliche Heer in der Schlacht von La Forbie vernichtend geschlagen. Über tausend Ritter fielen. Neue Hilfsappelle führten zum ersten Kreuzzug König Ludwigs IX. von Frankreich. Nach der Katastrophe, die sein Heer in Ägypten ereilte, blieb Ludwig in Palästina und organisierte unter großen Kosten den Ausbau der Verteidigungsstellungen in Akkon, Sidon, Jaffa und Cäsarea.

Ludwigs Einmarsch in Ägypten führte, wie später auszuführen ist, zur Ablösung der Dynastie der Aijubiden durch die Mamlukenherrschaft. In diesen Jahren griffen erstmals auch mongolische Armeen in das Geschehen ein. 1258 plünderten sie Bagdad, zwei Jahre darauf griffen sie Aleppo an. Bohemund VI. von Antiochia und Tripolis (1252 bis 1275) schloss ein

Bündnis mit ihnen, doch die Führung des Königreichs Jerusalem, die sich von Mongolen und Mamluken in die Zange genommen sah, ließ ein ägyptisches Heer ungehindert ihr Territorium passieren, das 1260 in der Schlacht von Ain Dschalut die Mongolen zurückschlug. Die Herrschaft der Mamluken ging auf den Schrecken erregenden Sultan Baibars über, der bald auch in Syrien herrschte.

Die Verteidigungsstrategie der Franken war von ihrem Streitkräftemangel bestimmt. Die Behauptung gut befestigter Schlüsselstellungen, die häufig unter der Kontrolle der Ritterorden standen, war ein wesentliches Element bei der Verteidigung des fränkischen Territoriums. Die Christen besaßen nicht genügend Truppen, um ein Heer aufzubieten und zugleich ihre Festungen ausreichend mit Mannschaften zu besetzen, obwohl Ludwig IX. durch die Aufstellung eines stehenden französischen Regiments im Orient die Lage verbesserte. Diese Truppe, die hauptsächlich von der französischen Krone finanziert wurde, bestand aus etwa hundert Rittern sowie Armbrustschützen und leicht bewaffneten berittenen und unberittenen Kämpfern. Anders als die Ritterorden war sie nicht an die Verteidigung eines bestimmten Ortes gebunden und ließ sich deshalb flexibler einsetzen. Es wurde zur Regel, dass der Befehlshaber dieser Truppe zugleich die Position des Seneschalls des Königreiches Jerusalem bekleidete, das heißt als Vertreter des Königs vor dem Obersten Gericht und als Verwalter der königlichen Burgen fungierte. Das unterstreicht, welche Bedeutung diesem Regiment im lateinischen Orient zukam. Trotzdem war diese Unterstützung nicht ausreichend und kam zu spät. Fränkische Offensiven beschränkten sich in der Regel auf kleinere Einfälle in das Gebiet

DIE MINIATUR aus der Handschrift einer Fortsetzung der Chronik des Wilhelm von Tyrus stammt aus dem frühen 14. Jahrhundert. Sie zeigt den muslimischen Angriff auf Akkon im April und Mai 1291. Belagerungstechniker unterminieren die Befestigungstürme, während Bogenschützen Brandpfeile und Sprenggeschosse auf die Verteidiger abschießen. Nach einem furchtbaren Kampf eroberten die Truppen des Sultans Al-Aschraf Chalil die Stadt am 18. Mai.

des Feindes, da sich bei den begrenzten Mitteln kaum dauerhafte Geländegewinne erzielen ließen. Offene Feldschlachten mussten vermieden werden. Wenn sich nicht gerade Kreuzfahrer im Orient aufhielten, war bei der zahlenmäßigen Unterlegenheit der Franken der unvorhersehbare Ausgang einer Schlacht für sie mit weit größeren Risiken behaftet als für ihre Feinde. Die militärischen Probleme der Franken wurden von der brillanten Kriegsführung und vorsichtigen Strategie Baibars' gut ausgenutzt, der das Gebiet, das unter ihrer Kontrolle verblieb, immer weiter beschnitt. In eine passive Verteidigungshaltung zurückgedrängt, konnten die Franken nur zusehen, wie ihr Land verwüstet wurde. Selbst ihre immer besser bewehrten Festungen wie Margat oder der Krak des Chevaliers konnten den riesigen Invasionsheeren des Feindes nicht standhalten. Eine Festung und eine Stadt nach der anderen gingen verloren und das christlich kontrollierte Gebiet schrumpfte immer weiter. Auch die Wirtschaft der Franken war im Niedergang begriffen. Die Mongoleneinfälle in den Irak und den Norden Syriens hatten die Handelswege unterbrochen; ein großer Teil des Orienthandels steuerte jetzt statt der Levante das Schwarze Meer an. Alle Gesellschaftsschichten litten unter starken finanziellen Belastungen. Angesichts der Ansprüche, die Karl von Anjou, der die Krone von einem Thronanwärter gekauft hatte, auf das Königreich Jerusalem erhob, konzentrierte Hugo III. von Zypern seine Aufmerksamkeit auf seine angestammte Insel, weil er das lateinische Königreich auf dem Festland für unregierbar hielt. 1286 gewann sein Nachfolger Heinrich II. Akkon zurück und ließ sich mit viel Pomp und Prunk krönen, während die Mamluken das Netz um die letzten christlichen Stellungen schlossen. 1287 fiel Tripolis und am 5. August 1291 begann die Schlußoffensive auf Akkon. Ein gewaltiges Heer kämpfte sich den Weg durch die Stadtmauern frei. Der König und sein Adel flohen nach Zypern, aber viele der Verteidiger kamen um. Am 28. Mai wurde der letzte Widerstand gebrochen; drei Monate später hatten die Christen jeden Einfluß auf dem Festland verloren. Die Lateiner beherrschten im östlichen Mittelmeerraum kein einziges Land mehr, das jemals unter muslimischer Herrschaft gestanden hatte. Ironischerweise beutete nun eine Bewegung, deren Ziel die religiöse Kolonisierung gewesen war, nur noch die Gebiete aus, die sich von jeher in christlicher Hand befunden hatten.

7
DIE KUNST IM LATEINISCHEN ORIENT 1098 BIS 1291

JAROSLAV FOLDA

Als die Armeen des Ersten Kreuzzugs am 15. Juli 1099 Jerusalem eroberten, war es ihnen auf wundersame Weise gelungen, viele der Ziele zu verwirklichen, die Papst Urban II. in seiner berühmten Rede zu Clermont verkündet hatte. In glühenden Farben hatte er die Unterdrückung der christlichen Kirchen im Orient ausgemalt und geschildert, wie die Ungläubigen christliche Monumente entweiht oder zerstört hätten. Er hatte die Waffenfähigen aufgerufen, den Glaubensbrüdern im Heiligen Land beizustehen und die heiligen Stätten der Christenheit aus den Händen der Heiden zu befreien.

Die künstlerischen Traditionen, welche die Teilnehmer des Ersten Kreuzzugs mitbrachten, waren verschiedenen Ursprungs; sie stammten aus Lothringen, dem Maasgebiet, aus der Normandie, der Ile de France, aus Südfrankreich und Süditalien. Die Kreuzfahrer führten bestimmte kunsthandwerkliche Gegenstände mit sich, die für eine so lange Reise unentbehrlich waren, wie etwa Gebetbücher und liturgische Geräte (Kelche, tragbare Altäre, Reliquiare), daneben gemalte Standarten, Waffen und Rüstungen sowie natürlich als gebräuchliches Zahlungsmittel Münzen, unter anderem aus Valence und Lucca. Bemerkenswert ist, dass die Kunst, die die Kreuzfahrer förderten, sobald sie im Heiligen Land angekommen waren, sich deutlich von der ihrer Heimatländer unterschied. Diese Veränderungen variierten je nach dem gewählten Medium und der Aufgabenstellung; sie wurden offensichtlich vom neuen Kontext, der neuen Umgebung und den besonderen Funktionen bestimmt, die die Kunst hier erfüllen sollte. Es gab hier ein anderes, reiches, multikulturelles, sozioreligiöses und künstlerisches Milieu, das Künstler und Auftraggeber von ganz verschiedener Herkunft zusammenführte; es gab ungewohnte Gattungen wie etwa die Ikonenmalerei und neue Materialien, etwa den örtlichen Haustein. Lernen ließ sich auch von den lokalen künstlerischen Traditionen der Christen, das heißt der Griechen, Syrer und Armenier, sowie von den Monumenten der Muslime. Die neue Kunst der Franken, die sich herausbildete, wird manchmal als »Kreuzfahrerkunst« bezeichnet.

Die Siedler brauchten mehrere Jahre, um die weitläufigen Eroberungen des Jahres 1099 zu sichern. Überall wurden Befestigungsanlagen und Kirchenbauten benötigt, doch aus den drei nördlichen Territorien Edessa, Tripolis und Antiochia ist nur sehr wenig an figürlicher Kunst erhalten. Lediglich Münzen sind in größerer Zahl auf uns gekommen. Die Prägungen aus Antiochia und Edessa stehen unter starkem byzantinischen Einfluss, während die Münzen aus Tripolis fest in der französischen numismatischen Tradition (insbesondere der von Toulouse) wurzeln. Für das lateinische Königreich Jerusalem, das sich von Beirut im Norden bis nach Akkaba im Süden erstreckte, lässt sich die künstlerische Aktivität der Franken während des 12. Jahrhunderts am vollständigsten nachzeichnen.

Mit der Einnahme von Bethlehem, Jerusalem und Nazareth hatten die Kreuzfahrer im Jahr 1099 die christliche Herrschaft über die wichtigsten heiligen Stätten der Christenheit wiedererlangt – die Geburtsstätte Christi, die Stadt der Kreuzigung und Grablegung, sowie den Ort der Fleischwerdung des Herrn. Damit war die Aufgabenstellung für die wichtigsten der Kunstwerke vorgegeben, die die Franken im 12. Jahrhundert in Auftrag geben sollten. Zwei der genannten Stätten erfüllten zugleich wichtige politische Funktionen. Die Geburtskirche in Bethlehem diente während des ersten Viertels des 12. Jahrhunderts als Krönungskirche der lateinischen Könige; die Grabeskirche in Jerusalem war von 1100 bis 1187 die Begräbnisstätte der Könige, ab 1131 dann auch ihre Krönungskirche.

Angesichts der herausragenden Bedeutung des Heiligen Grabes überrascht es nicht, dass sich von Anfang an die künstlerischen Aktivitäten auf diese komplexe Anlage konzentrierten. Als Gottfried von Bouillon im Jahr 1100 starb, wurde sein Grabmal am Eingang der Kapelle Adams am Fuß des Kalvarienberges errichtet – der Präzedenzfall für die Beerdigung der nachfolgenden Könige Jerusalems bis 1187. Nach der bedeutsamen Entscheidung von 1114, Augustinerchorherrn die Sorge um das Heilige Grab anzuvertrauen, wurde für sie ein großes, abgeschlossenes Gebäude errichtet, östlich des byzantinischen *triporticus*, des mit Arkaden versehenen Vorhofs der byzantinischen Grabeskirche, die in den vierziger Jahren des 11. Jahrhunderts neu aufgebaut worden war.

Zur gleichen Zeit widmete man sich auch der Ädikula des Heiligen Grabes, dem kleinen, frei stehenden Gebäude innerhalb der Auferstehungsrotunde, in dem sich das Grab Christi befand. Der russische Pilger Daniel von Tschernigow, der das Heilige Land in den Jahren 1106 bis 1108 besuchte, berichtet von einer lebensgroßen Silberstatue Christi, welche die Franken auf die Ädikula gestellt hätten. Daniels Zeugnis ist unsere einzige Quelle für diesen offenkundig ersten Versuch der Lateiner, den Grabbau zu verschönern. 1119 dann wurde die Ädikula mit Marmorskulpturen und Mosaiken völlig neu ausgestaltet. Die berühmte Zeichnung aus dem Reisebericht des Bernhard von Breydenbach, die im 15. Jahrhundert als Holzschnitt zirkulierte, sowie ein Gemälde Jan van Scorels aus den zwanziger Jahren des 16. Jahrhunderts vermitteln uns zwar eine allgemeine Vorstellung vom Aussehen der Ädikula, leider aber keine Details über das Programm der Neugestaltung, die die Franken in Auftrag gaben; wir kennen sie nur aus den schriftlichen Zeugnissen späterer Pilger. Bemerkenswert ist, dass all diese frühen Arbeiten an der Grabeskirche in einem Stil gehalten sind, der in der westeuropäischen Tradition verwurzelt ist.

Während die künstlerischen Aktivitäten in Jerusalem von König und Patriarch gefördert wurden, gaben in Bethlehem Pilger, die die heiligen Stätten besuchten, Andachtsbilder für die

DIE KUNST IM LATEINISCHEN ORIENT 1098 BIS 1291

DIE MADONNA GLYKOPHILOUSA, datiert 1130, auf einer Säule im südlichen Seitenschiff der Geburtskirche von Bethlehem. Dieses früheste bekannte Beispiel der Monumentalmalerei der »Kreuzfahrerkunst« wurde von einem italienischen Maler in byzantinischem Stil geschaffen. Die knienden Figuren unterhalb des umrahmten Bildes stellen wahrscheinlich Pilger dar, die die Ikone in Auftrag gaben und bestimmten, dass die sitzenden Figuren in einer Höhle darzustellen waren, der Geburtsgrotte, die nur wenige Meter vom Standort des Gemäldes entfernt ist.

Geburtskirche in Auftrag. Im südlichen Schiff wurde eine Ikone der Jungfrau mit dem Kinde, die *Glykophilousa*, direkt auf die fünfte Säule gemalt. Unter den Gebeten und den anderen Aufschriften lässt sich die Jahreszahl 1130 entdecken, wodurch das Werk als das älteste Monumentalgemälde der »Kreuzfahrerkunst« bezeugt ist. Hier verbindet ein byzantinisch geschulter westeuropäischer Künstler den griechischen Typus der thronenden Madonna mit einem italienischen Gefühl für die Gestaltung der menschlichen Beziehung zwischen der Jungfrau Maria und dem Kinde. Außerdem ist im Hintergrund dieses Werkes eine Höhle angedeutet, die sich hier in Bethlehem nur auf die Geburtsgrotte unterhalb der Kirchenvierung beziehen kann. Zum ersten Mal findet sich damit eine ortsspezifische Ikonographie in einem Werk, das ein Künstler, der sich mit den byzantinischen, westeuropäischen und einheimischen Traditionen auseinandersetzte, für einen Pilger schuf.

Dieses Fresko aus dem Jahr 1130 ist ein wichtiges Zeugnis für den Wandel der Kreuzfahrerkunst in der zweiten Siedlergeneration. Fulcher von Chartres kommentierte diese Veränderung in einem berühmten Abschnitt, der wohl im Juli 1124 geschrieben wurde, zu der Zeit, als die Franken Tyrus eroberten: »Wir, die wir Okzidentalen waren, sind nun zu Orientalen geworden. Wer als Römer oder Franke kam, ist in diesem Land zu einem Galiläer oder Palästiner geworden. Wer aus Reims oder Chartres stammte, ist nun Bürger von Tyrus oder Antiochia. Die Orte unserer Geburt haben wir schon vergessen; schon kennen viele sie nicht mehr oder erwähnen sie nicht.«

Die Auftraggeber, die die künstlerische Veränderung nach 1131 anregten, waren die Patriarchen von Jerusalem, König Fulko und vor allem Königin Melisande, das erste Herrscherpaar, das sich in der Grabeskirche krönen ließ. Fulko tat sich im Burgenbau hervor. Seine Ar-

DER EINZUG IN JERUSALEM UND DAS LETZTE ABENDMAHL vom westlichen Portalsturz der Fassade des südlichen Querschiffs der Grabeskirche in Jerusalem. Die Szenen aus Christi Leben, die diesen Portalsturz schmücken, beziehen sich offenbar auf die historischen Stätten, die die Pilger vor der Grabeskirche aufsuchten. Der Einzug nach Jerusalem wurde jedes Jahr am Palmsonntag durch eine Prozession gefeiert, die durch das nur zu diesem Anlass geöffnete Goldene Tor in der östlichen Stadtmauer führte. Danach begaben sich Pilger und Geistliche in das Zönakel, um des Letzten Abendmahls am Gründonnerstag zu gedenken.

meen führten das Insignium des Königreichs, ein Reliquiar des Wahren Kreuzes, auf allen größeren Feldzügen mit. Reliquien waren so wichtig geworden, dass in Jerusalem unmittelbar südlich des Heiligen Grabes ein wichtiges Zentrum für Goldschmiedearbeiten entstand, wo im Auftrag von Pilgern Reliquiare in der charakteristischen Form des doppelarmigen Kreuzes angefertigt wurden. Das schöne Reliquiar des Wahren Kreuzes, welches sich jetzt in Barletta befindet, wurde wahrscheinlich um 1138 in Jerusalem geschaffen.

König Fulkos wichtigster Auftrag war das Psalterium der Melisande. Bei dieser Handschrift wurden keine Kosten gescheut. Wenigstens sieben Personen arbeiteten an diesem Luxuswerk im Frühjahr 1135 zusammen: eine Gruppe von vier Illustratoren (darunter Basilius, ein byzantinisch geschulter Künstler, der das Bild der Deësis signierte), ein nordfranzösischer Schreiber, der das Kalendarium und den lateinischen Text des Psalters schrieb, ein Elfenbeinschnitzer, der die Buchdeckel fertigte, sowie ein Seidensticker, der den seidenen Rücken mit seinen Stickereien herstellte. Die beiden Letzteren gehörten der Kreuzfahrerkunst an. Die Ausschmückung dieses Psalters zeigt, dass für den Geschmack der Kreuzfahrer der byzantinische Stil in künstlerischer Hinsicht synonym mit einem aristokratischen Stil war, und spiegelt zugleich die orthodox-religiöse Einstellung der Königin Melisande wider. Das Manuskript ist das wichtigste erhaltene Werk aus dem Skriptorium der Kirche des Heiligen Grabes im 12. Jahrhundert. Zusammen mit dem 1130 geschaffenen Wandbild in Bethlehem ist es Zeugnis für eine neue Phase der Kreuzfahrerkunst, bei der westliche und östliche Traditionen zu einer Einheit verschmolzen.

Im lateinischen Königreich war Königin Melisande zwischen 1131 und 1161 eine Gestalt von außerordentlicher Bedeutung: Sie war die Tochter König Balduins II., die Ehefrau König Fulkos und Mutter zweier Könige, Balduins III. und Amalrichs; wie bereits in Kapitel 6 dargestellt, hatte sie zumindest bis 1152, als Balduin III. die Macht übernahm, entscheidenden Einfluss auf die Politik und auf die Künste. Melisande verkörperte als Tochter eines fränkischen Vaters und einer armenischen Mutter die neue, dem Orient gegenüber aufgeschlossene Haltung, die sich auch in der Kunst dieser glanzvollen Zeit offenbart. Die vierziger Jahre des 12. Jahrhunderts wurden, auch dank ihrer Patronage, zu einer Blütezeit der Kreuzfahrerkunst allgemein.

Wilhelm von Tyrus, der berühmte Geschichtsschreiber des lateinischen Orients, der in den achtziger Jahren des 12. Jahrhunderts schrieb, berichtet, dass Melisande den Auftrag gab, für ihre jüngere Schwester Yvette das Konventsgebäude des heiligen Lazarus in Bethanien an der Stelle des Lazarusgrabes zu errichten. Melisande muss bei zahlreichen großen Projekten führend beteiligt gewesen sein: Eines der frühesten war vielleicht der Neubau des Annenklosters zu der Zeit, als Yvette dort lebte, das heißt vor 1144. 1141 wurde der Felsendom als Kirche des Templum Domini geweiht; Melisande trug vermutlich zur Finanzierung eines großen Programms neuer Mosaikdekorationen und eines aufwendigen schmiedeeisernen Gitters um den Felsen im Innern des Bauwerks bei. In den frühen vierziger Jahren des 12. Jahrhunderts wurde der Regierungssitz vom Templum Salomonis an die Südseite der Zitadelle verlegt; dass Melisande dabei stark beteiligt war, liegt auf der Hand.

Das wichtigste Projekt dieser Jahre aber war natürlich der Ausbau der Grabeskirche. Die Chronisten sagen wenig darüber, was erstaunlich ist, wenn man bedenkt, daß die Kirche zugleich Pilgerkirche, Sitz des Patriarchen und Krönungsstätte der lateinischen Könige war. Geweiht wurde sie am 15. Juli 1149, fünfzig Jahre nach der Eroberung Jerusalems, kurz nachdem die Führer des unglücklich verlaufenen Zweiten Kreuzzugs nach Europa zurückgekehrt waren.

Der Plan, die byzantinische Kirche um- und auszubauen, war wahrscheinlich in den frühen dreißiger Jahren des 12. Jahrhunderts entstanden, nachdem die Krönungsstätte von Bethlehem nach Jerusalem verlegt worden war; die Hauptarbeiten wurden dann in den vierziger Jahren ausgeführt. Das bauliche Programm war eindrucksvoll; wie wir in Kapitel 8 erfahren werden, wurden die heiligen Stätten in einem architektonischen Komplex zusammengefasst, dessen zentrale Punkte die Ädikula des Heiligen Grabes, der Kalvarienberg und das Gefängnis Christi waren. Zu diesem Zweck wurde der Typus einer westlichen Pilgerkirche mit Vierung, Chor und einem Umgang mit kranzförmig angeordneten Kapellen eingeführt, um die schon existierende Rotunde in ein zusammenhängendes Gebäude mit zwei Kuppeln, einem Glockenturm und einem aufwendigen neuen, nach Süden gelegenen Haupteingang einzubeziehen. Ein umfangreiches Programm figürlicher und nichtfigürlicher Kapitelle schmückte Innen und

DAS GRABMAL DER JUNGFRAU MARIA im Tal von Jehosaphat bei Jerusalem wurde in der ersten Hälfte des 12. Jahrhunderts umgebaut und neu ausgeschmückt. Das Grabmal war natürlich leer, da Maria zum Himmel aufgefahren war, aber andere Frauen königlichen Geblüts, sowohl aus dem Königreich Jerusalem als auch Pilgerinnen, wurden hier bestattet, unter anderem auch Königin Melisande. Gleich innerhalb des Eingangsbereichs wurde für sie rechts vom Eingang eine schöne abgesenkte Grabkammer errichtet, die über 20 Stufen erreichbar ist.

Außen. Der gesamte Innenraum der Kirche und der Kapellen des Kalvarienbergs wurden mit Mosaiken geschmückt, von denen nur ein Bildnis Christi erhalten geblieben ist; das heute verlorene Auferstehungsmosaik der östlichen Apsis ist uns nur noch aus dem Siegel des Patriarchen Amalrich von Nesle (1157 bis 1180) in seinen Grundzügen bekannt. Die Südfassade des Querhauses war mit einer Mosaikdarstellung der *Noli-me-tangere*-Szene geschmückt und besaß ausgemeißelte Türstürze, die italienischen Vorbildern folgten. Über der linken Tür waren Szenen aus dem Leben Christi dargestellt, die einen Bezug zu den heiligen Stätten in und um Jerusalem hatten; der Sturz über der rechten zeigte Weinranken, die an den Baum des Lebens erinnern sollten, unterhalb des Tympanons, auf dem wahrscheinlich die Kreuzigung dargestellt war. Das gesamte architektonische und dekorative Programm der Grabeskirche war reich und vielfältig; es bezeugte auf glanzvolle Weise, welch überzeugende Verschmelzung von westlichen und östlichen Einflüssen in diesem einzigartigen Bauwerk der Kreuzfahrer erreicht worden war. Die Grabeskirche, ein Höhepunkt der Kreuzfahrerkunst, deren

Verwirklichung viele Jahre in Anspruch nahm und die wahrscheinlich erst spät nach der Mitte des 12. Jahrhunderts vollendet wurde, legte einen hohen Maßstab für die Neugestaltungen in Bethlehem und Nazareth fest.

Welche Rolle Melisande beim Ausbau der Grabeskirche auch gespielt haben mochte, mit der gewaltsamen Machtübernahme ihres Sohnes Balduins III. verschwand sie abrupt aus dem Licht der Öffentlichkeit. Das einzige spätere Projekt, mit dem sie sich noch in Verbindung bringen lässt, ist ihr schönes Grabmal im Tal von Jehosaphat, im Eingangsbereich zum Mariengrab. Dass sie eine bemerkenswerte Frau war, erfahren wir aus der Beschreibung in der Eulogie, die Wilhelm von Tyrus ihr widmete.

Balduin III. begann seine Herrschaft mit der Einführung eines neuen königlichen Münzzeichens, das den Davidsturm zeigte, die Zitadelle Jerusalems, wo er seiner Mutter die Macht entrissen hatte. Im Jahre 1153 errang er einen großen militärischen Erfolg, als er die Stadt Askalon einnahm, die sich seit 1099 in den Händen der Fatimiden befunden hatte. Unterdessen begannen die beiden Ritterorden der Templer und Johanniter eine immer größere Rolle bei der Verteidigung des lateinischen Orients zu spielen. In dieser Zeit relativen Wohlstands und Friedens wurden zu Ehren Johannes' des Täufers Kirchen in Ramleh, Gaza und Sabastiya errichtet. Die Kathedrale von Sabastiya, die das Grab des Täufers enthielt, war die erste große lateinische Kirche im Orient, die für ihre Fassade ein Programm von Kapitellen mit erzählenden Darstellungen erhielt, ähnlich wie viele französische Kirchen. Ungewöhnlich an dieser Kathedrale sind die direkten architektonischen Verbindungen zur Kathedrale von Sens (siehe Kapitel 8). Die meisten Kirchen des lateinischen Orients wurden nämlich in einem ausgeprägt levantinisch-romanischen Stil errichtet, der sich durch weite Spitzbögen, flache Dächer und häufig auch durch eine Kuppel über der Vierung auszeichnete.

Balduin III. tat sich als Förderer der Künste nicht hervor, wohl aber sein jüngerer Bruder Amalrich. Kurz nach seinem Herrschaftsantritt im Jahr 1163 versuchte er, ein neues, gegen die ägyptischen Fatimiden gerichtetes Bündnis mit dem Byzantinischen Reich zu schließen. Aus diesem Grunde führte er einen neuen Münztyp ein, der die byzantinische Auferstehungsrotunde der Grabeskirche zeigte, ordnete an, die königlichen Insignien nach byzantinischen Mustern zu gestalten, und heiratete 1167 die byzantinische Prinzessin Maria. Sein wichtigster Auftrag im Bereich der Künste war zugleich ein wichtiger Akt politischer Staatskunst und kirchlicher Diplomatie. Zwischen 1167 und 1169 schloss er sich Kaiser Manuel I. Komnenos und Bischof Ralph von Bethlehem bei der Finanzierung einer vollständigen dekorativen Neugestaltung der Geburtskirche an.

Das in Bethlehem ausgeführte Programm von Mosaiken und Fresken war ein Projekt, bei dem Orthodoxe und Kreuzfahrer auf allen Ebenen (als Auftraggeber, Künstler und Planer) mit fruchtbarem künstlerischen Resultat zusammenarbeiteten. Eine zweisprachige Inschrift in lateinischer und griechischer Sprache an der Südwand der Bema (Chor) der Kirche, die jetzt stark zerstört ist, nannte die Auftraggeber. Der lateinische Text pries König Amalrich als »großzügigen Freund, Genossen der Ehre und Feind der Gottlosigkeit«, Kaiser Manuel als »großzügigen Stifter und frommen Herrscher« sowie Ralph als einen »großzügigen … des Bischofssitzes würdigen« Hirten. Der griechische Text bezog sich ebenfalls auf die drei Stifter und nannte Ephraim als den Künstler, der die Mosaikarbeiten im Jahr 1169 vollendet hatte.

Das dekorative Programm war sehr groß, vergleichbar mit der Ausstattung der Grabeskirche. In der Apsis, dem Querhaus und der Grotte fanden sich Mosaikdarstellungen der Jungfrau mit dem Kinde, der Geburt Christi und wichtiger Stationen aus dem Leben des Heilands. All diese Arbeiten waren in Stil und Ikonographie stark der byzantinischen Tradition verpflichtet. Das Kirchenschiff zeigte an der Südwand Darstellungen der sieben ökumenischen Konzile der Kirche, an der Nordwand von sechs Landeskonzilen. Zwischen den Lichtgaden strebten Engel der Apsis zu; unterhalb der Konzilsdarstellungen gab es Brustbilder der Vorfahren Christi. An der inneren Westwand befand sich ein großes Bild des Baums Jesse. Die Säulen des Kirchenschiffs waren in Freskotechnik mit weiteren Bildnissen von Heiligen der West- und der Ostkirche bemalt, die die älteren Bilder ergänzten.

Das Projekt war ein Meilenstein in der Entwicklung der Kreuzfahrerkunst, weil viele Künstler mit ganz verschiedenem Hintergrund mitwirkten. Basilios, der Künstler, der die Engel im Kirchenschiff schuf, war ein orthodoxer Christ aus Syrien. Im südlichen Querschiff arbeitete ein venezianischer Künstler namens Zan, das ist Johannes. Die künstlerische Leitung lag offenbar in den Händen Ephraims, eines griechisch-orthodoxen Mönchs und Mosaizisten.

DIE RÜCKSEITE EINER DER ERSTEN KÖNIGLICHEN MÜNZPRÄGUNGEN von Kupferdeniers aus der Zeit Balduins III. Inmitten des abgegrenzten Kreises ist der Davidsturm dargestellt, die Residenz der Könige von Jerusalem, wo König Balduin 1152 seine Mutter zur Übergabe der Herrschaft zwang *(links)*.

RÜCKSEITE EINES KUPFERDENIERS aus der Zeit König Amalrichs, der den Entwurf der Münzen in den sechziger Jahren des 12. Jahrhunderts abänderte *(rechts)*. Wie sein Bruder Balduin III. wählte auch er ein architektonisches Motiv, das Innere der Rotunde der Grabeskirche, wodurch er deren byzantinisches Herzstück betonte. Dieser Münztypus wurde bis ins 13. Jahrhundert verwendet.

Wir finden hier also bei einem größeren Programm der Monumentalmalerei in einer der heiligsten Stätten der Christenheit ein multikulturelles Team von Künstlern, die unter der gemeinsamen Patronage von Franken und Byzantinern zusammenarbeiten. Die Integration stilistischer und ikonographischer Elemente aus östlichen und westlichen Traditionen erinnert an den Psalter der Melisande, doch fand sie hier in einem viel größeren Maßstab statt. Das stark byzantinisch geprägte Medium des Mosaiks und das Griechische der meisten Konzilstexte verbinden sich mit syrisch-orthodoxem Inhalt dieser Texte und mit einem starken Kreuzfahrereinfluss, der im Baum Jesse, in den zweisprachigen Inschriften, im lateinischen Text der Darstellung des siebenten ökumenischen Konzils und nicht zuletzt in der Tatsache zum Ausdruck kommt, dass eine Inschrift Auftraggeber und ausführende Künstler nennt. Das Ergebnis dieser Zusammenarbeit ist von hoher Qualität, bemerkenswert vielfältig und doch zu einem harmonischen Ganzen verschmolzen.

Was in Bethlehem geleistet wurde, prägte offenkundig eine Reihe weiterer dekorativer Ausmalungen – in Abu Ghosch, in der Kapelle des Damaskustores, in Bethanien, selbst im weit nördlich gelegenen Krak des Chevaliers. Doch hierbei handelte es sich ausschließlich um Freskomalereien, nicht um Mosaiken. Es überrascht daher, dass die wichtigsten künstlerischen Vorhaben im lateinischen Königreich während der letzten Jahre vor dem Fall Jerusalems (1187) skulpturale Arbeiten waren. Die Johanniter schmückten in den frühen siebziger Jahren die Kapelle ihrer Festung Belvoir mit schönen figürlichen Skulpturen aus; die Templer förderten in den siebziger und achtziger Jahren eine große, wichtige Werkstätte im Jerusalemer Tempelbezirk, die ihre Konventsgebäude im Templum Salomonis und in dessen Nähe ausstattete. Das wichtigste künstlerische Unternehmen der siebziger Jahre des 12. Jahrhunderts war jedoch das vom Erzbischof von Nazareth finanzierte Projekt, die Verkündigungskirche über der heiligen Stätte des Hauses der Jungfrau Maria, wo die Fleischwerdung Christi stattfand, umzubauen und auszuschmücken.

Die Verkündigungskirche war die einzige lateinische Kirche, die ein vollständiges Programm von Portalskulpturen in der Art französischer Vorbilder des 12. Jahrhunderts erhielt: ein Tympanon mit einer Darstellung des thronenden, inkarnierten Christus und Engeln, Keilsteine mit den Zeichen des Tierkreises und Statuen von Aposteln und Propheten zu beiden Seiten des Portals. Die kreativsten skulpturalen Arbeiten fanden sich jedoch im Innern, wo die Ädikula über der Verkündigungsgrotte eine Reihe bemerkenswerter polygonaler Kapitelle erhielt, die in Reliefs Szenen aus dem Leben der Apostel darstellten, die, so die Tradition, diese Kirche zu Ehren der Jungfrau Maria gegründet hatten. Darüber hinaus gab es größere, rechteckige Kapitelle an den Pfeilern der Kirche, die das heilige Monument eng umstanden. Sehr wahrscheinlich waren die Bildhauer »Kreuzfahrer«, fränkische Siedler, die im lateinischen Orient geboren waren und ihr Handwerk von französischen Meistern gelernt hatten. Sie bearbeiteten den ortsüblichen Stein in einem dynamisch bewegten Stil, der den Einfluss einheimischer christlicher Traditionen, aber auch der muslimischen Bauplastik verrät.

Es war eine kühne Entscheidung, die heilige Stätte in Nazareth überwiegend mit monumentaler Skulptur zu verzieren, wobei man natürlich nicht vergessen darf, dass die Skulptu-

PETRUS ERWECKT DIE WITWE TABEA IN JOPPE VON DEN TOTEN. Relief von einem Kapitell der Verkündigungskirche in Nazareth. Der Skulpturenschmuck in Nazareth, der wahrscheinlich aus den siebziger Jahren des 12. Jahrhunderts stammt, war der größte derartige Auftrag für eine der wichtigen heiligen Stätten und gehört zu den besten Arbeiten der Bildhauerkunst des 12. Jahrhunderts überhaupt.
Offensichtlich wählte der Erzbischof von Nazareth diese Kunstgattung, um seine Kirche von den heiligen Stätten in Jerusalem und Bethlehem abzuheben.

ren zweifellos bemalt werden sollten. Offenbar wollte man Nazareth eine eigene Identität gegenüber den stärker byzantinisch beeinflussten Projekten in Jerusalem und Bethlehem geben. Schließlich zeigte sich in dieser Wahl ein neu erreichtes Niveau der künstlerischen Entwicklung und der künstlerischen Reife der Kreuzfahrerkunst: Ein entschieden westliches Medium wurde mit stilistischen und ikonographischen Einflüssen des Ostens im Dienst eines dekorativen Programms kombiniert, das speziell auf diese einzigartige heilige Stätte abgestimmt war. Zuvor hatten die wichtigsten Leistungen der Kreuzfahrerkunst im Bereich der Miniatur- und Monumentalmalerei sowie der Architektur gelegen; in den siebziger und achtziger Jahren des 12. Jahrhunderts jedoch trat das Medium der Skulptur in den Vordergrund.

Nach dem Tode König Amalrichs im Jahr 1174 wendete sich das Geschick des lateinischen Orients jäh zum Schlechten. König Balduin IV. versuchte tapfer, Saladin abzuwehren, fiel aber 1185 der Lepra zum Opfer. Sein Nachfolger Balduin V. starb schon als Achtjähriger, nach weniger als zwei Jahren seiner nominellen Herrschaft. Bildhauer aus der Templerwerkstatt schufen 1186/1187 das am reichsten dekorierte der Königsgräber für diesen kindlichen Herrscher. Andere Künstler arbeiteten an dem Projekt, das Coenaculum, die Stätte des letzten Abendmahls, in der Marienkirche auf dem Zionsberg wieder aufzubauen und zu dekorieren. Es war dies eines der letzten künstlerischen Projekte der Kreuzfahrer vor dem Fall Jerusalems und eines der wenigen, in dem sich ein leichter gotischer Einfluss auf das ansonsten levantinisch-romanische Gepräge der Kreuzfahrerkunst des 12. Jahrhunderts verrät.

Nach ihrer vernichtenden Niederlage bei Hattin am 4. Juli 1187 verloren die fränkischen Siedler am 2. Oktober 1187 die Stadt Jerusalem. Dem lateinischen Orient und der Kreuzfahrerkunst wurde durch Saladin ein schwerer, fast tödlicher Schlag versetzt; das Land und seine Ressourcen waren verloren, Kunstwerke wurden zerstört und verstreut. Nach der Einnahme Jerusalems schrieb der muslimische Chronist Imad ad-Din: »Jerusalem wurde von dem Schmutz der höllischen Franken gesäubert.«

Damit die fränkischen Siedlungen überhaupt noch weiterleben konnten, musste eine gewisse Stabilität und Organisation der politischen, kirchlichen und wirtschaftlichen Strukturen wiederhergestellt werden. Der Dritte Kreuzzug konsolidierte das lateinische Königreich zumindest teilweise und fügte dem lateinischen Orient mit der Eroberung Zyperns durch Richard Löwenherz von England (1191) eine neue Komponente hinzu, doch das Ziel, die wichtigsten heiligen Stätten zurückzugewinnen, wurde verfehlt.

Die Kreuzfahrerkunst lebte nach 1187 weiter, insbesondere nach der Rückeroberung Akkons im Jahr 1191, aber ihre Bedingungen und ihr Kontext waren grundlegend verändert. Die Zentren der Produktion verlagerten sich auf dramatische Weise: Am wichtigsten wurden nun die Hafenstädte Akkon und Tyrus, da sich das Hauptaugenmerk nicht mehr den heiligen Stätten des Binnenlandes zuwenden konnte. Alle wichtigen Auftraggeber hatten ihren Sitz verlagern müssen. Der Patriarch von Jerusalem, der Johanniter- und der Templerorden verlegten ihre Hauptquartiere nach Akkon, der König residierte nicht mehr ständig im Heiligen Land, sondern lebte zeitweilig auf Zypern. Die Kunstförderung weitete sich aus, sie wurde nicht mehr ausschließlich von Adel und Kirche getragen, sondern ein bürgerliches Element machte sich bemerkbar. Kaufleute und Soldaten aus den Häfen und Handelsstätten der Küste traten neben König und Patriarch. Während die Kreuzfahrerkunst auch weiterhin liturgischen und devotionalen Zwecken diente, traten auch neue, nicht religiöse, weltliche Zweckbestimmungen in Erscheinung. Die Kreuzfahrerkunst war nicht mehr so fest an ihre Wurzeln im lateinischen Orient gebunden, sie wurde immer stärker zu einem Element der wirtschaftlichen und künstlerischen »Lingua franca« der Mittelmeerwelt des 13. Jahrhunderts.

Einige dünne Fäden hielten die Kontinuität mit der Entwicklung des 12. Jahrhunderts aufrecht. Skriptorien in Akkon und vielleicht auch in Antiochia schufen in den neunziger Jahren des 12. Jahrhunderts Miniaturmalereien. Ein heute in Neapel befindliches Missale wurde wahrscheinlich von einem süditalienischen Künstler geschaffen, der in Akkon in der Tradition des Skriptoriums des Heiligen Grabes arbeitete. Eine monumentale Bibel, die sich jetzt in San Danieli del Friuli befindet, zeigt exquisite und unverwechselbare stilistische und ikonographische Einflüsse der byzantinischen, armenischen und sogar der syrischen Kunst in einer Reihe

DIE FRANZISKUSKAPELLE DER KIRCHE DES AKATALEPTOS-KLOSTERS (der heutigen Kalenderhane Camii) in Istanbul, Mitte des 13. Jahrhunderts. Links: Rekonstruktion des Ausmalungsprogramms. Rechts: Franziskaner werden Zeugen eines Wunders. Die Ägyptenreise des heiligen Franziskus, wo er 1219 dem Sultan gegenübertrat, förderte zweifellos die Verehrung des Heiligen im lateinischen Orient. Die Gemälde in dieser Kapelle stehen stilistisch den Miniaturen der Arsenal-Bibel sehr nahe.

figürlich-narrativer Initialen, die sich von allem unterscheiden, was aus Jerusalem oder dem Abendland bekannt ist. Vielleicht lässt sich die einzigartige Stellung dieses Künstlers im Kontext der künstlerischen Entwicklung des Fürstentums Antiochia erklären, obwohl wir von dort keine vergleichbaren Beispiele aus dieser Zeit besitzen.

Da die heiligen Stätten nach dem Dritten Kreuzzug unter muslimischer Herrschaft verblieben waren, rief Papst Innozenz III. 1202 einen neuen Orientkreuzzug aus. Wie wir oben gesehen haben, wurde dieser nach Konstantinopel umgelenkt und so entstand nach 1204 eine dritte lateinische Enklave im Osten. Das Lateinische Kaiserreich, das Konstantinopel und das fränkische Griechenland umfasste, brachte viele Burgenbauten hervor, aber von den Malereien und Skulpturen in seinen Kirchen blieb nicht viel erhalten. Ob es illuminierte Handschriften und Ikonenmalerei gegeben hat, ist eine offene Frage. Immerhin findet sich in einer

ZWEI APOSTEL. Um 1200 entstandenes Fresko am Gewölbe eines nach Nordosten gelegenen Raumes, vielleicht der Sakristei, in der Kapelle der Johanniterfestung Margat. Dargestellt ist das Pfingstwunder: Die an zwei Bänken sitzenden zwölf Apostel empfangen den Heiligen Geist, der durch Flammenzungen symbolisiert wird. Die beiden abgebildeten Apostel entsprechen stilistisch und ikonographisch der byzantinischen Tradition.

Kapelle der Kirche des byzantinischen Akataleptos-Klosters (der heutigen Kalenderhane Camii) in Konstantinopel ein etwa 1250 entstandener Freskenzyklus mit Szenen aus dem Leben des heiligen Franz von Assisi. Die enorme Beute, die das Kreuzfahrerheer bei der Plünderung Konstantinopels machte und nach Westeuropa schickte, vor allem Reliquiare und andere Goldschmiedearbeiten, schuf teilweise einen Ersatz für das Abreißen des Stroms der Jerusalemer Pilgerandenken nach 1187. Trotz des Lösegeldes, das Ludwig IX. in den vierziger Jahren des 13. Jahrhunderts für die Reliquien der Dornenkrone bezahlte, gibt es jedoch nur wenige Hinweise, dass sich im Lateinischen Kaiserreich vor seinem Untergang ein blühendes Metall verarbeitendes Kunsthandwerk der Franken entwickeln konnte.

Im lateinischen Königreich von Jerusalem hatte der Festungsbau weiterhin höchste Priorität, auch wenn Waffenstillstände zwischen Franken und Muslimen einen brüchigen Frieden aufrechterhielten. Die Johanniter vergrößerten und verstärkten ihre Festung, den Krak des Chevaliers, vermutlich kurz nach dem Erdbeben von 1202. Das gesamte System der Außenmauern und Türme wurde zu dieser Zeit angefügt, außerdem wurde die Hauptkapelle durch die Schaffung eines neuen Eingangs im Süden umgestaltet. Eine Außenkapelle an der nördlichen Seite wurde mit einem Fresko vom Besuch des zwölfjährigen Jesus im Tempel geschmückt. Die Gemälde im Krak und in der Burgkapelle von Margat, die bald nach 1200 ausgeführt wurden, sind wichtig, weil sie belegen, dass die Ritterorden für ihre Mitglieder die bildenden Künste förderten.

Weiter südlich errichteten die Templer im Winter 1217 auf 1218 mit Mannschaften, die durch ein Kreuzzugsheer unter der Leitung Andreas' II. von Ungarn und Leopolds VI. von Österreich zur Verfügung standen, das Château Pèlerin. Eine bemerkenswerte runde Kirche, von der Ruinen erhalten sind, gehört zu den eindrucksvollsten architektonischen Details dieser Festung; von den figürlich-dekorativen Arbeiten blieben jedoch nur drei ausdrucksvoll gemeißelte Köpfe gotischen Stils an Kragsteinen des großen Saals erhalten. Schließlich wurde noch in der Zeit des Kreuzzugs Friedrichs II., also in den späten zwanziger Jahren, in den Hügeln westnordwestlich von Akkon die Festung Montfort als Hauptquartier des Deutschen Ordens errichtet. Montfort zählte zu den frühesten Kreuzfahrerfestungen, die ausgegraben wurden. Dabei kam eine Vielzahl verschiedener Objekte zum Vorschein, darunter Werke der figürlichen Kleinplastik, monumentale Feuillagen an Bossen für die Gewölbekonstruktionen sowie Fragmente von Glasmalereien für die Fenster.

Nach 1204 brachen zahllose Expeditionen auf, um dem Heiligen Land zu Hilfe zu kommen. Ironischerweise gelang es allein Friedrich II., der im Verlauf des Kreuzzugs und seiner Vorbereitung vom Papst zweimal exkommuniziert worden war, die heiligen Stätten zurückzugewinnen, und zwar nicht durch Gewalt, sondern auf diplomatischem Wege. Im Februar 1229 unterzeichnete der Kaiser einen Vertrag mit dem Sultan Al-Kamil, wonach die Christen das Recht erhielten, die Stätten von Jerusalem, Bethlehem, Lydda und Nazareth wieder in Besitz zu nehmen, doch war es unter den Bedingungen dieses Vertrags offenbar nicht möglich, an diesen Orten neue Gebäude zu errichten oder eine andere bedeutende künstlerische Aktivität zu entfalten.

Aus den späten zwanziger bis in die frühen vierziger Jahre des 13. Jahrhunderts sind nur sehr wenig bedeutendere Kunstwerke bekannt, die mit dem Königreich Jerusalem zusammenhingen. Die Ausschmückung von Manuskripten setzte sich mit der Schaffung des Riccardiana-Psalters und eines Sakramentars fort, das sich heute in der British Library befindet; das Pontifikale von Apameia wurde geschrieben, erhielt aber keine figürlichen Miniaturen. In den dreißiger und vierziger Jahren gelangten wichtige Reliquien, vermutlich in angemessenen Reliquiaren, die im lateinischen Königreich, vielleicht in Jerusalem, hergestellt worden waren, aus dem Heiligen Land nach Bromholm und Westminster in England. Philipp von Aubigny ließ seinen mit Inschrift und Dekorationen versehenen Grabstein direkt außerhalb des Haupteingangs zur Grabeskirche aufstellen. Das geschah 1236; es sollte das letzte bezeugte Kreuzfahrerbegräbnis an dieser heiligen Stätte sein.

Als der Waffenstillstand des Jahres 1229 auslief, wurden die Feindseligkeiten wieder aufgenommen. Im August 1244 überrannten die Chwarizmier, ein türkischer Volksstamm, die Stadt Jerusalem und plünderten sie. Von den heiligen Stätten standen den Christen danach nur noch Bethlehem und Nazareth offen. Kurz nach diesem Desaster kam 1248 König Ludwig IX., um mit seinem Kreuzzug dem Heiligen Land Hilfe zu bringen. Nachdem sein Angriff auf Ägypten fehlgeschlagen war, begab er sich in das lateinische Königreich, wo er vier Jahre blieb und die Befestigungsanlagen von Akkon, Caesarea und Jaffa in Stand setzte und eine neue Festung in Sidon errichtete. Ludwig stärkte das Königreich in religiöser und künstlerischer Hinsicht. Der französische König bezeugte seine exemplarische Frömmigkeit durch seinen symbolischen Besuch Nazareths im Jahr 1251, womit er die zentrale Bedeutung der heiligen Stätten für die europäische Christenheit unterstrich. In künstlerischer Hinsicht ist es wohl seinem Einfluss zuzuschreiben, dass der Kreuzfahrermalerei in Akkon neues Leben eingeflößt wurde.

Zwei bedeutende Manuskripte, die in Akkon während des Aufenthalts des französischen Königs entstanden, setzten einen neuen Maßstab für die Kreuzfahrerkunst der zweiten Hälfte des 13. Jahrhunderts. Die Arsenal-Bibel enthielt eine Auswahl aus dem Alten Testament in altfranzösischer Übersetzung sowie ein königliches Programm von Vorsatzbildern. Diese das gesamte Blatt einnehmenden Miniaturen zeigen starke Verbindungen zur Sainte Chapelle in Paris, sie betonten das Ideal der Königsherrschaft im Heiligen Land und feierten die starken Frauengestalten des Alten Testaments, möglicherweise eine versteckte Huldigung an Ludwigs unerschrockene Frau Margareta, die ihn auf dem Kreuzzug begleitet und aus seiner Gefangenschaft in Ägypten freigekauft hatte. Stilistisch zeigt die Arsenal-Bibel eine einzigartige Vermischung ornamentaler Motive der gotischen Glasmalerei mit einer byzantinisch beeinflussten Formensprache; ausgeführt wurde sie von einem Kreuzfahrerkünstler, der in der französisch-italienischen Tradition ausgebildet war. Der Stil ähnelt in vieler Hinsicht dem der Franziskusfresken in Konstantinopel.

Dieselben formalen Charakteristiken der französisch-italienischen Schule mit stark byzantinischem Einfluss finden sich auch im zweiten der oben genannten Manuskripte aus Akkon, dem Missale von Perugia. Neben den Parallelen zum Stil der Arsenal-Bibel ist das Missale auch mit der Ikonenmalerei vergleichbar, die für uns in den Werken des Katharinenklosters auf dem Sinai fassbar ist: Man vergleiche nur die Kreuzigungsdarstellung im Messbuch mit der stilistisch und ikonographisch sehr ähnlichen Kreuzigungsikone vom Sinai. Weiterhin enthält das Kalendarium des Missale einen Eintrag, der die *Dedicatio ecclesie Acconensis* für den 12. Juli festhält – ein eindeutiger Hinweis, dass dieser Kodex gegen 1250 von einem Kreuzfahrerkünstler geschrieben und mit Miniaturen geschmückt wurde.

Die Ikonenmalerei als ein wichtiges neues Medium der Kreuzfahrerkunst tritt am deutlichsten zwischen 1250 und 1291 in Erscheinung. Obwohl schon im 12. Jahrhundert Ikonen für fränkische Auftraggeber gemalt wurden, stammt der größte Teil der – fast ausschließlich im Katharinenkloster auf dem Sinai – erhaltenen Werke aus der zweiten Hälfte des 13. Jahrhunderts. Von allen Gemälden der Kreuzfahrerkunst werfen diese Ikonen, wenn es um die

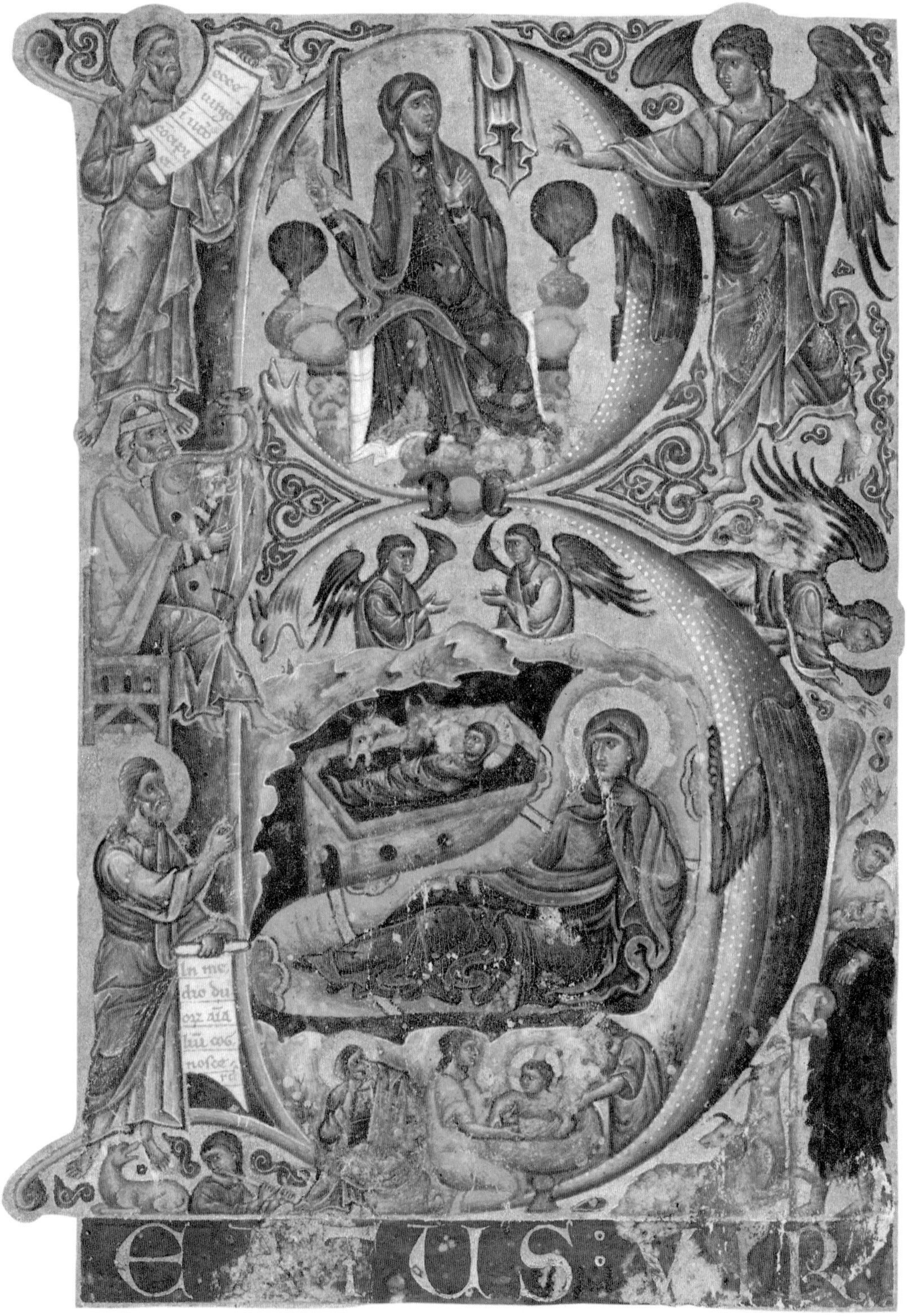

Bestimmung des Hintergrundes der Künstler, des Ortes der Anfertigung, die Bestimmung der Auftraggeber und der Funktionen dieser Bilder geht, die größten Probleme auf, gleichzeitig aber gehören sie zu den herausragenden Werken der Kreuzfahrerkunst dieser Zeit. Eine doppelseitige Ikone, die auf der einen die Kreuzigung, auf der anderen Seite Christus in der Vorhölle zeigt, ist dafür ein Beispiel. Wahrscheinlich wurde sie von einem Künstler mit venezianischem Hintergrund geschaffen; die Ikonographie verbindet byzantinische und fränkische Elemente, die Inschriften zeigen eine große, gut proportionierte lateinische Schrift. Der expressive Stil mit den strengen linearen Schwüngen steht dem byzantinischen Vorbild nahe, das hier kopiert wurde.

Einige Kreuzfahrerikonen verraten deutlich die Handschrift verschiedener Maler. Ein Triptychon, das sich jetzt ebenfalls im Katharinenkloster befindet, zeigt als zentrales Bild der Innenseite eine von Engeln flankierte thronende Maria mit dem Kinde. Die Innenseiten der beiden Flügel weisen eine ungewöhnliche Zusammenstellung von vier Szenen aus dem Leben Christi auf, die die Freuden und Schmerzen der Madonna widerspiegeln. Der Stil dieser vier Szenen steht unverkennbar den Miniaturen der Arsenal-Bibel nahe, während die thronende Madonna von einem Kreuzfahrerkünstler in der Manier der italienischen Malerei des 13. Jahrhunderts unter dem Einfluss byzantinischer Ikonen geschaffen wurde.

Das Madonnenbild dieses Triptychons führt zu einem der größten Probleme in der Einschätzung der nach 1250 geschaffenen Kreuzfahrerkunst: Wie verhält sich die Kreuzfahrerkunst in ihren verschiedenen Ausprägungen zur byzantinischen (konstantinopolitanischen und provinziellen), zur armenischen, italienischen (Maniera Graeca) und zypriotischen (Maniera Cypria) Kunst dieses Zeitraums? Und wie ist ihr Verhältnis zur »Lingua-Franca-Kunst«, das heißt zu Gemälden, die stark byzantinisch beeinflusst, aber ihrer Herkunft nach eindeutig nicht byzantinisch sind und für die sich ein bestimmter Herkunftsort, ein bestimmter künstlerischer Kontext und ein bestimmter Auftraggeber nicht feststellen lassen? Eindeutig kreuzfahrerisch ist an der Madonna unseres Triptychons die Vermischung der Stile – sie stammt wahrscheinlich aus Akkon; während die Kahn-Madonna der Washingtoner Nationalgalerie im wesentlichen byzantinisch ist und möglicherweise in Konstantinopel selbst entstand. Die Madonna des Moskauer Puschkin-Museums gehört hingegen der Maniera Graeca an und soll aus Pisa stammen. Im Unterschied zu diesen wichtigen Madonnenikonen der fünfziger und sechziger Jahre des 13. Jahrhunderts erscheint die berühmte Mellon-Madonna der Washingtoner Nationalgalerie als ein Werk der »Lingua franca«. Wann wurde sie gemalt, wer war der Auftraggeber und welchem Zweck diente sie?

INITIALE B(EATUS VIR) aus dem Riccardiana-Psalter, vielleicht dem letzten erhaltenen Manuskript, das in Jerusalem vor dem Fall der Stadt 1244 entstand. Jesaja und Habakuk prophezeien die Ankunft Christi, während die beiden Szenen innerhalb der beiden Bögen des B die Verkündigung an Maria und die Geburt Christi zeigen. Ikonographisch und stilistisch steht die Handschrift unter starkem byzantinischen Einfluss; sie ist vielleicht das Werk eines sizilianischen Künstlers, der für einen deutschen Auftraggeber, möglicherweise Kaiser Friedrich II., arbeitete.

IKONE DER HEILIGEN MARINA AUS TRIPOLIS, Mitte des 13. Jahrhunderts. Die heilige Marina von Syrien war eine Jungfrau aus dem 5. Jahrhundert, die ihrem Vater in ein Kloster im Qadischa-Tal folgte. An der Ikone sind der aufgesetzte Gipsnimbus und die gemalten Muster des Rahmens auffällig; sie ahmen die teureren Metalleinfassungen nach. Stilistische Vergleiche mit erhaltenen Fresken bei Mar Marina südlich von Tripolis lassen den Schluss zu, dass die Ikone in dem Gebiet entstand, wo der Marinakult seinen Ausgang nahm.

Trotz dieser schwierigen Fragen konnten in der Erforschung der Kreuzfahrerikonen große Fortschritte erzielt werden, wobei eine bisher nicht vermutete Vielfalt der Herkunftsorte zu Tage trat. Neben Ikonen der Zeit von 1250 bis 1291, die aus stilistischen Gründen Akkon zugewiesen wurden, und anderen, die aufgrund ihrer ortsspezifischen Ikonographie wohl vom Sinai stammen, besitzen wir Kreuzfahrerikonen, für die Provenienzen aus Lydda (eine Ikone des heiligen Georg, heute im Britischen Museum, London), Resafa (eine Ikone des heiligen Sergius, heute im Katharinenkloster auf dem Sinai) und aus dem Qadischa-Tal bei Tripolis (die heilige Marina, heute in der Houstoner Sammlung Menil) als wahrscheinlich gelten. Andere problematische Ikonen, so mehrere Madonnenikonen des Hodegetria-Typus, veranschaulichen vielleicht die künstlerische Entwicklung auf Zypern.

Nachdem Ludwig IX. 1254 nach Frankreich zurückgekehrt war, verfiel die fränkische Macht schnell unter den fortgesetzten Eroberungen der Mamluken. Erstaunlicherweise setzte sich in diesen bedrängten Zeiten die künstlerische Tätigkeit in Akkon fort, ja es entwickelte sich sogar eine neue weltliche Kunst. Da sie von ihren christlichen Glaubensbrüdern im

ANGRIFF DER ERSTEN KREUZ-FAHRER AUF ANTIOCHIA. Illustration aus einer Handschrift mit einer französischen Übersetzung der Chronik des Wilhelm von Tyrus. Der französische Maler, der diese Handschrift im letzten Jahrzehnt der Existenz von Akkon im Stil einer reinen Pariser Gotik schuf, wird als »Johannitermeister« bezeichnet, weil unter seinen Auftraggebern ein prominentes Mitglied des Johanniterordens war.

Hinterland abgeschnitten waren und weiter isoliert wurden, waren die Siedler zunehmend auf Künstler verwiesen, die aus dem Abendland kamen. Der letzte bedeutende Kreuzfahrerkünstler, der bislang identifiziert werden konnte, war ein Miniaturmaler, der nach 1276 aus Paris gekommen war und während des letzten Jahrzehnts, da Akkon noch christlich war, in der Stadt arbeitete. Als Leiter einer großen und produktiven Werkstatt hinterließ der sogenannte Hospitalitermeister viele, überwiegend weltliche, illustrierte Handschriften, die er für den Johanniterorden und weitere Auftraggeber ausführte. Er illustrierte die *Histoire d'Outremer* des Wilhelm von Tyrus, die *Histoire Universelle*, das *Livre de César*, ja selbst das *Livre des Assises* des Johann von Ibelin, allesamt Bücher in der altfranzösischen Volkssprache. Stilistisch war er ein Vertreter der reinen französischen Gotik der siebziger Jahre des 13. Jahrhunderts, der aber dem orientalischen Ambiente neue koloristische und ikonographische Aspekte hinzufügte. Sein letzter Manuskriptzyklus blieb unvollendet, und anderswo hat sich seine Hand nicht entdecken lassen; vielleicht kam er bei der Belagerung und Erstürmung Akkons im Mai 1291 ums Leben.

SILBERNER LEUCHTER, TEIL EINES LEUCHTERPAARES aus der Geburtskirche von Bethlehem, 13. Jahrhundert. Ein besonders schönes unter den wenigen Beispielen derartiger liturgischer Objekte, wie es sie während der lateinischen Herrschaft in allen größeren Kirchen gab. Der Leuchter trug in lateinischer Sprache folgende mit Niello eingravierte Warnung: »Verflucht sei, wer mich von dem Ort der Heiligen Geburt in Bethlehem fortnimmt.«

Von den fränkischen Siedlern, die die Belagerung Akkons überlebten, wurde ein Teil in Zypern ansässig, wohin kurz darauf auch die Johanniter und die Templer ihre Zentralen verlegten. Die fränkische Kultur des östlichen Mittelmeerraums lebte im Zypern der Lusignan weiter, im fränkischen Griechenland und nach 1309 auch auf der Insel Rhodos. Doch der multikulturellen, kosmopolitischen Kreuzfahrerkunst der Siedlungen an der syrischen und palästinischen Küste, namentlich des lateinischen Königreichs Jerusalem, kamen die Weiterentwicklungen nicht gleich, die nach Qualität und Quantität sich doch auf die viel provinzielleren Bedingungen der neuen Situation einstellen mussten und deshalb den Reichtum und die Vielfältigkeit der früheren Kunst nicht mehr erreichen konnten. Der lateinische Orient lebte unter stark veränderten Bedingungen zwar auch nach 1291 weiter, aber nicht die eigenständige Kreuzfahrerkunst.

Die Kreuzfahrerkunst hatte sich während des 12. Jahrhunderts in allen Gattungen entwickelt, im 13. aber hauptsächlich in der Architektur und Malerei ihre Blüte erlebt. Nach 1187 war sie noch stark byzantinisch beeinflusst, mit gelegentlichen syrischen und armenischen Einsprengseln. Hinzu kamen wichtige Elemente aus der abendländischen, insbesondere französischen und italienischen Tradition, so dass insgesamt eine entschieden multikulturelle, regionale Kunst entstand. Die Kreuzfahrerkunst partizipierte an der künstlerischen »Lingua franca« der Mittelmeerwelt, verlor dabei aber nicht ihre Eigenart. Obwohl bestimmte Züge dieser Kunst – und bestimmte Künstler – bisweilen stark kolonial wirkten, handelte es sich nicht um eine koloniale Kunst.

Zwischen 1187 und 1250 verlief die Entwicklung der Kreuzfahrerkunst weniger kohärent, doch entwickelte sie zwischen 1250 und 1291 durch die Herausbildung eines neuen Zentrums der Miniaturmalerei in Akkon neue Vitalität. Während die Kreuzfahrerkunst des 12. Jahrhunderts ihre Aufgaben und ihre Inspirationen direkt aus der politischen und religiösen Bedeutung der heiligen Stätten von Jerusalem, Bethlehem und Nazareth beziehen konnte, trat nach 1250, eigentlich schon nach 1187, die mit der Pilgerbewegung in Zusammenhang stehende Kunst stark zurück. Die Kreuzfahrerkunst des 13. Jahrhunderts ist die Kunst von reichen Handelshäfen, insbesondere Akkons. Dass so wenig von dieser Kunst erhalten blieb, ist das Ergebnis von Zerstörungen und einer »Säuberung« der wieder muslimisch beherrschten Territorien von den Zeugnissen fränkischer Präsenz. Die heiligen Stätten der Christenheit wurden nach 1291 zwar toleriert, doch wie in Nazareth bestand auch anderswo die Bedingung, dass »kein Stein auf den anderen gefügt werden soll, um die Kirche wieder aufzubauen«.

Letzten Endes verfehlten die Kreuzzüge die Verwirklichung der Ziele, die Urban II. 1095 in Clermont verkündet hatte. Doch in der Gesamtheit brachten die Kreuzfahrer eine Kunst hervor, die vollendet und komplex war. Und zumindest diese Leistung lebt bis zum heutigen Tage fort.

8
DIE ARCHITEKTUR IM LATEINISCHEN ORIENT 1098 BIS 1571

DENYS PRINGLE

Die Bauwerke, die die lateinischen Siedler auf dem levantinischen Festland und in Zypern errichteten, repräsentieren fast fünf Jahrhunderte der Architekturgeschichte, von der Romanik bis zur Renaissance. Angesichts der unterschiedlichen kulturellen Hintergründe der Einwanderer und angesichts der vielfältigen lokalen Kulturen und architektonischen Traditionen, auf die sie trafen, ist das Erstaunlichste, dass sich kohärente und erkennbare Stile herausbilden konnten. Mit dafür verantwortlich waren gewiss die verfügbaren Materialien.

In der gesamten Levante war Stein im Mittelalter das traditionelle Baumaterial. Kalk- und Sandstein waren verfügbar, Basalt fand sich im Dschebel Druse (südlich von Damaskus), im östlichen Galiläa und in der Schlucht von Homs. Kreide und Kalkstein wurden für die Herstellung von Kalk für Mörtel oder Verputz benötigt. Die Steinbrüche wurden häufig neben den Baustellen angelegt, doch feinerer Sandstein wurde manchmal auch mehrere Kilometer herangeschafft. So wurde beispielsweise im galiläischen Belvoir (1168 bis 1187) der größte Teil der Festung aus Basalt errichtet, der aus dem Umfassungsgraben gewonnen wurde, während der feine Sandstein für die Kapelle vom 15 Kilometer entfernten Kleinen Hermonberg herangeschafft wurde.

In Syrien und Palästina wurde für Mauern normalerweise ein härterer Sandstein, der sogenannte *nari*, verwendet, während für Ecksteine, Tür- und Fenstereinfassungen sowie für skulpturales Ornament ein weicherer Typus, der *maliki* oder »königliche« Stein, benutzt wurde. In manchen Gebieten, so um Bethlehem, war der Kalkstein halb zu Marmor geworden und konnte daher als Ersatz für Marmor dienen. Doch praktisch der gesamte hochwertige Marmor, der für Denkmäler wie die Königsgräber in der Grabeskirche oder für die exquisite Bauplastik des Tempelbezirks Verwendung fand, stammte von antiken Säulen oder Sarkophagen, die während der römischen und byzantinischen Epoche eingeführt worden waren. Die Franken, wie schon die Fatimiden vor ihnen, setzten antike Säulentrommeln ein, um den Hafen- und Befestigungsanlagen von Akkon, Askalon, Sidon, Jaffa und Caesarea Festigkeit zu verleihen.

Die Abholzung der Wälder war zur Zeit der muslimischen Eroberung schon weit fortgeschritten. Bauholz fand sich daher im Mittelalter nur mehr in kleinen Restgebieten, etwa in den Zedernwäldern des Libanon und den berühmten Beständen der Aleppo- und Steinpinie

DIE GEBURTSKIRCHE IN BETHLEHEM. Die bestehende Kirche stammt aus der Herrschaftszeit Justinians I. (527 bis 565). Von 1130 an wurden die Säulen mit Darstellungen von Heiligen der West- und der Ostkirche bemalt; in den sechziger Jahren des 12. Jahrhunderts wurden die Wände auf die gemeinsame Veranlassung des Königs Amalrich von Jerusalem und des byzantinischen Kaisers Manuel I. Komnenos mit Mosaiken geschmückt.

außerhalb Beiruts, aus denen der Bischof 1184 Holz für seine Kathedrale holen lassen durfte. Einige Gebäude, darunter in Jerusalem die Al-Aqsa-Moschee (Palatium Salomonis) und der Felsendom (Templum Domini) sowie die Geburtskirche in Bethlehem, besaßen Dächer aus Holz, das in der byzantinischen Zeit importiert worden war; als gegen 1480 das Dach der Geburtskirche repariert wurde, musste das Holz aus Venedig herangeschafft werden. Obwohl Holz während des Bauvorgangs genutzt wurde (für Gerüste und zum Zentrieren von Gewölben und Bögen) und obwohl einzelne Elemente mancher Gebäude aus Holz angefertigt waren, so etwa die Mezzaningeschosse in den Festungstürmen von Qalaat Yahmur (Chastel Rouge) und Tukla in Nordsyrien und die vorspringenden Balkone in Qalaat Dschiddin (Dschudin) in Galiläa, war doch Stein das gebräuchlichere Material für Fußböden, Decken, Balkone und Treppen. Das ist es, was wohl mehr als alles andere der Kreuzfahrerarchitektur der Levante ihren eigentümlichen Charakter gibt, der einen deutschen Jerusalempilger 1172 veranlasste, die folgende Beobachtung festzuhalten: »Die Häuser ... besitzen keine spitzgiebligen Dächer, wie das bei uns üblich ist, sondern sind eben und flach.«

Holz wurde natürlich auch für die Innendekoration von Häusern, Festungen und Kirchen verwendet; davon blieb aber wenig erhalten. Auch die architektonischen Teile aus Metall sind zum größten Teil verschwunden; allerdings blieben einige der schmiedeeisernen Gitter, die den Felsen im Templum Domini umgaben, erhalten, manche davon befinden sich noch in situ, andere Stücke im benachbarten Islamischen Museum. Ähnliche Teile gelangten vielleicht nach Kairo und befinden sich heute in den dortigen Moscheen.

Wenn wir auch gelegentlich die Auftraggeber von Bauwerken entweder aus Aufzeichnungen oder selten einmal auch durch Inschriften kennen, so sind uns doch die Architekten in der Regel nicht bekannt. Eine griechisch und arabisch abgefasste Inschrift an dem zwischen Jerusalem und Jericho gelegenen orthodoxen Kloster von Choziba nennt als die Baumeister, die das Kloster 1179 wiederherstellten, syrische Christen: Ibrahim und seine Brüder, die Söhne des Musa aus Jifna. Tatsächlich scheinen sich unter den geschulten Bauhandwerkern des lateinischen Orients neben Franken auch Griechen, Armenier (die Verkündigungskirche in Nazareth trägt ihr Maurerzeichen) und syrische Christen befunden zu haben.

DAS KÖNIGREICH JERUSALEM, DIE GRAFSCHAFTEN TRIPOLIS UND EDESSA UND DAS FÜRSTENTUM ANTIOCHIA

Angesichts der Einschränkungen, die die Muslime dem Bau neuer Kirchen in den Weg legten, und angesichts des Rückgangs der ansässigen christlichen Gemeinden und ihrer Ressourcen ist es nicht im Geringsten verwunderlich, dass die Kreuzfahrer, als sie in Syrien und Palästina ankamen, dort nur wenige und in der Regel kleine Kirchen vorfanden. Während der Herrschaft des Kalifen Al-Hakim (996 bis 1021) waren die meisten Kirchen im fatimidischen Machtbereich zerstört worden, darunter auch die Kirche des Heiligen Grabes (oder der Auferstehung) in Jerusalem.

1036 jedoch erhielten die Byzantiner die Erlaubnis, die Grabeskirche wieder aufzubauen. Zu weiteren orthodoxen Kirchen, die in dieser Epoche in der Gegend von Jerusalem wieder aufgebaut wurden, gehörten das Kreuzkloster (um 1020 bis 1038) und die Johanneskirchen von Ain Karim und Sabastiya. Die Jakobiten stellten die Marienkirche in Abud 1058 wieder her, und italienische Benediktiner errichteten die für Nonnen bestimmten Kirchen der lateinischen Maria und der Maria Magdalena in Jerusalem.

Die durch die christliche Eroberung des Landes gegebene Möglichkeit, Kirchen wieder aufzubauen, wurde nicht nur von lateinischen, sondern auch von ortsansässigen Christen aufgegriffen. In den sechziger Jahren des 12. Jahrhunderts wurde die armenische Jakobskathedrale umgebaut und erweitert, sie erhielt einen neuen, nach Süden gerichteten Narthex. Obwohl die Gestaltung der Kirche im Wesentlichen von den Erfordernissen der armenischen Liturgie bestimmt wurde, ähneln die bauplastischen Arbeiten, die sich an Kapitellen und Portalen zeigen, denen an fränkischen Bauwerken dieser Epoche; die Maurerzeichen am Narthex verraten darüber hinaus, dass die Bauarbeiten nach westlichen Prinzipien organisiert waren. Auch die große jakobitische Maria-Magdalena-Kirche im ehemaligen jüdischen (heute muslimischen) Stadtviertel Jerusalems stammt wahrscheinlich aus dem 12. Jahrhundert.

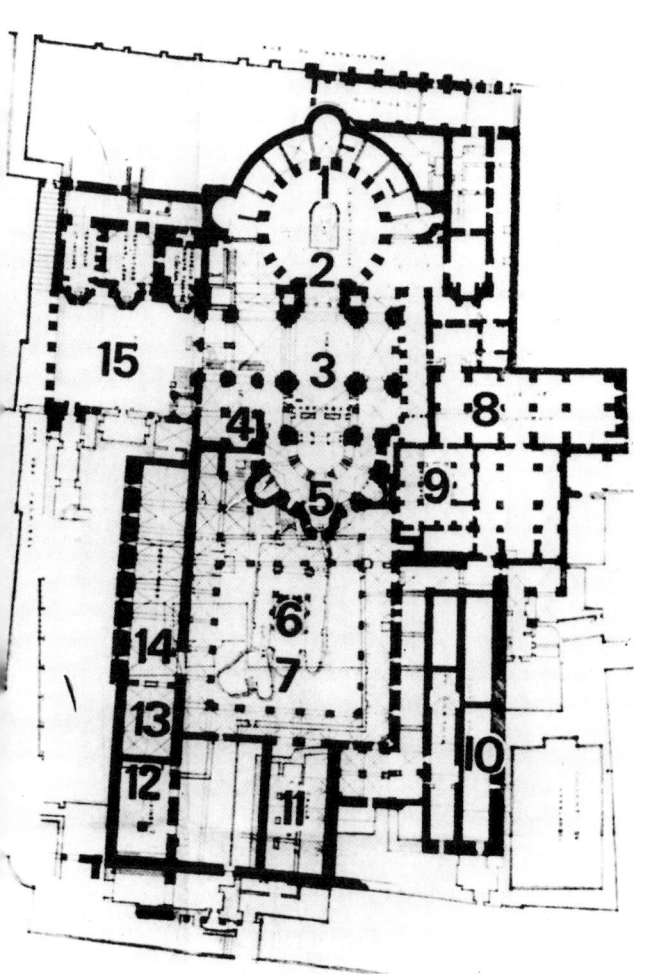

GRUNDRISS DER KIRCHE DES HEILIGEN GRABES UND DES KONVENTS *(links)* der Augustiner-Chorherren (Zustand des 12. Jahrhunderts): (1) die Ädikula, die Christi Grab umschließt; (2) Rotunde; (3) Vierung und Chor; (4) die Kapelle des Kalvarienbergs; (5) Apsis; (6) Gruftkapelle der heiligen Helena; (7) Kreuzgang; (10) Dormitorium [im Obergeschoss]; (11) Kapitelhaus; (12) Küche; (13) Refektorium; (15) offener Vorhof.

DER CHOR DER GRABESKIRCHE IN JERUSALEMl *(rechts)*. Dieser Gebäudetei wurde an die byzantinische Rotunde angebaut, die das Grab Christi umschließt, und am 15. Juli 1149 geweiht, genau fünfzig Jahre nachdem die Kreuzfahrer die Stadt eingenommen hatten. Die Apsis wurde von den Orthodoxen mit russischer Unterstützung wieder aufgebaut, nachdem die Kirche 1808 durch ein Feuer schwer beschädigt worden war.

Dass in den sechziger und siebziger Jahren des 12. Jahrhunderts vergleichsweise herzliche Beziehungen zwischen den Königen Balduin III. und Amalrich und dem byzantinischen Kaiser Manuel I. Komnenos bestanden, begünstigte den Wiederaufbau einer Reihe orthodoxer Kirchen und Klöster, so in Choziba, der Eliaskirche bei Bethlehem, der Johannes des Täufers am Jordan sowie der Kirche der Maria von Kalamon in der Nähe Jerichos. Zu den orthodoxen Kirchen, die in Jerusalem wieder aufgebaut wurden, gehörten die beiden kleinen Kuppelkirchen des Erzengels Michael und des Dair al-Adas »Konvent der Linsen«, weiterhin die Kirchen des heiligen Nikolaus und der heiligen Thekla. In Bethlehem wurden mit der Unterstützung des Kaisers die Gemälde und Mosaiken der aus dem 6. Jahrhundert stammenden Geburtskirche erneuert, obwohl die Kirche einem lateinischen Bischof unterstand. Es scheint, dass in Bethlehem, wie auch in der Grabeskirche und in der Georgskathedrale von Lydda, im 12. Jahrhundert Gemeinschaften von Klerikern des orthodoxen und des lateinischen Ritus nebeneinander existierten.

Die Grabeskirche war nicht nur der Sitz des Patriarchen von Jerusalem, sondern die heilige Stätte schlechthin, war doch hier Christus gestorben, begraben worden und auferstanden von den Toten. Zwischen 1042 und 1048 war die Rotunde, die das Grab Christi umgab, von den Byzantinern als Kirche wieder aufgebaut worden, wobei eine Galerie und eine nach Osten ausgerichtete Apsis neu hinzugefügt wurden. In der ersten Hälfte des 12. Jahrhunderts vergrößerten die Lateiner dieses Gebäude, indem sie die Apsis beseitigten und nach Osten einen Chor und ein Querhaus errichteten, wodurch alle traditionellen Passionsstätten, das Gefängnis Christi, der Kalvarienberg, Golgatha und der Ort der Dornenkrönung, unter einem Dach vereinigt wurden. Östlich davon wurde an der Stelle der großen Basilika, die Konstantin der Große 335 errichtet und Kalif Al-Hakim 1009 zerstört hatte, ein Kreuzgang errichtet, umgeben von Konventsgebäuden für die Kanoniker, die der Grabeskirche zugeordnet waren. Der Kreuzgang überdeckte eine unterirdische Kapelle der heiligen Helena, die zum Gedenken an die Auffindung des Wahren Kreuzes errichtet worden war.

Über die Architektur der Kathedrale des Patriarchen von Antiochia ist nichts bekannt. Viele Kathedralen der lateinischen Erzbischöfe und Bischöfe sind jedoch noch erhalten oder aus antiquarischen Aufzeichnungen oder archäologischen Berichten bekannt. Die größten dieser Bauten waren die Kathedralen der Erzbischöfe von Tyrus und Nazareth. Letztere war etwa 68 Meter lang und 30 Meter breit. Von dem Gebäude blieb nach der Zerstörung durch Sultan Baibars (1263) und der Errichtung einer neuen Kirche auf dem Grundstück (1959 bis 1969) wenig erhalten. Es scheint sich um eine dreischiffige Basilika mit sieben Jochen gehandelt zu haben, die in drei tiefe Apsiden ausmündete; das östliche Joch des Hauptschiffs war im Grundriss annähernd quadratisch, was die Vermutung zulässt, dass es von einer Kuppel oder Laterne bekrönt wurde. Die Pfeiler des Hauptschiffs waren von kreuzförmigem Querschnitt und besaßen in den Einschnitten vorgelagerte Säulen, ebenso auch die entsprechenden Pilaster der Seitenschiffe. Das nördliche Seitenschiff umschloss eine Ädikula, die die Höhle der Verkündigung (beziehungsweise das sogenannte Haus der Maria) überdeckte. Die Kathedrale von Tyrus war von ähnlicher Größe, besaß aber vorspringende Querhäuser.

DIE KATHEDRALE VON DSCHUBAIL (Gibelet) wurde nach einem Erdbeben im Jahre 1170 wieder aufgebaut. An der Nordseite befindet sich ein offenes Baptisterium.

Die weiteren Kathedralkirchen waren offenbar von bescheideneren Ausmaßen. 1960/1961 wurden die Überreste der Kathedrale von Caesarea ausgegraben. Das Gebäude, das eine Grundfläche von 55 mal 22 Metern bedeckte, war dreischiffig und besaß an der östlichen Seite halbkreisförmige Apsiden. Das Gewölbe ruhte auf rechteckigen Pfeilern mit vorgelagerten Wandsäulen an den Stirnseiten. Das Hauptschiff war, wie wahrscheinlich auch die Seitenschiffe, mit Kreuzgratgewölben versehen. Man fand Spuren einer *Opus-sectile*-Pflasterung aus Marmorstückchen und wieder verwendeten Mosaiksteinen. Das Gebäude war wahrscheinlich Mitte des 12. Jahrhunderts fertiggestellt, doch der östliche Abschluss wurde offenkundig umgebaut, vielleicht nach Beschädigungen, die das Gebäude 1191 oder 1219/1220 erlitt. Die neuen Pilaster unterscheiden sich von den alten und passen nicht genau auf die Sockel. Während des Umbaus wurde eine provisorische Apsis vor dem Altarbereich eingezogen, so dass die Kirche auch während dieser Zeit genutzt werden konnte.

Kathedralen von vergleichbarer Größe und in ähnlichem Stil wurden während des 12. Jahrhunderts in Beirut, Dschubail (Gibelet), Tortosa (Tartus), im moabitischen Al-Karak, in Hebron (St. Abraham) und Lydda (St. Georg) errichtet. In Hebron musste der Grundriss zusammengedrängt werden, um in den abgegrenzten herodianischen Bezirk über der Höhle von Machpelah, der Begräbnisstätte der Patriarchen und ihrer Frauen, zu passen. Das gegenwärtige Bauwerk entstand wahrscheinlich bald nach 1120, als einer der Augustinermönche zufällig den Eingang in die Höhle entdeckte und die Gebeine Abrahams, Isaaks und Jakobs aufgefunden wurden.

Auch die Kathedrale von Dschubail (Gibelet) besitzt einen etwas unregelmäßigen Grundriss, möglicherweise, weil sie ein früheres Bauwerk ersetzte. Der ab 1115 errichtete Bau war dreischiffig und besaß sechs Joche. Die Arkadenpfeiler des Mittelschiffs waren rechteckig mit vorgelagerten Säulen auf der Ost- und Westseite; das Hauptschiff besaß ein Tonnen-, die Seitenschiffe ein Kreuzgewölbe. Nachdem das Gebäude bei einem Erdbeben im Jahre 1170 schwer beschädigt worden war, wurde jedoch nur sein östlicher Teil wiederhergestellt. Wie in Caesarea wurden bei dem Umbau, der sich hier auf das südliche Schiff konzentrierte, die Wandpfeiler durch schmucklose rechteckige Stützen ersetzt. An die Nordwand in Höhe des drit-

DIE KATHEDRALE VON TORTOSA (TARTUS) VON SÜDWESTEN. Zu sehen sind die mächtigen Strebepfeiler der Südwand und die vorspringende Sakristei, die mit ihrem Turm an der Südostseite den Eindruck einer Befestigungsanlage vermittelt.

ten Jochs ist ein offenes Baptisterium angefügt, das aus drei Bögen mit Zickzackverzierungen besteht, die eine Kuppel auf Pendentifs tragen. Dieser Gebäudeteil entstand offensichtlich noch vor dem Erdbeben von 1170.

Die Kirche von Sabastiya, die wahrscheinlich in den siebziger Jahren des 12. Jahrhunderts errichtet wurde, zeigt einige stilistische Neuentwicklungen. Ihr Grundriss war rechteckig (54 auf 26 Meter) mit einer vorspringenden Apsis, deren Außenfassade, wie in Beirut, mit gerundeten Pilastern geschmückt war. Das Hauptschiff besaß vier Joche, von denen drei offensichtlich von einem sechsteiligen Kreuzrippengewölbe bedeckt waren, während das zweite, von Osten gesehen, offenbar ein eingeschriebenes Transept war, das von einer Kuppel oder Laterne bekrönt wurde. Die Pfeiler, die das Gewölbe des Hauptschiffs trugen, wechselten mit freistehenden Säulenpaaren ab, die die Last des Lichtgadens und der vierteiligen Rippengewölbe der Seitenschiffe aufnahmen. Eine neuere Untersuchung von Nurith Kenaan-Kedar kommt zu dem Schluss, dass der Architekt dieser Kirche wahrscheinlich die Kathedrale von Sens kannte. Wilhelm, der Erzbischof von Sens, war zu dieser Zeit in Sabastiya als Spender in Erscheinung getreten. Der gleichen Epoche gehört auch die nahe gelegene Kirche am Jakobsbrunnen an, die stilistisch ähnlich ist, aber einen anderen Grundriss aufweist.

DAS ZÖNAKEL AUF DEM ZIONSBERG IN JERUSALEM. Diese Kapelle nahm einen Teil der südlichen Galerie der Marienkirche auf dem Zionsberg ein. Sie erinnert an den hochgelegenen Raum, in dem Jesus mit den Aposteln das Letzte Abendmahl nahm und wo zu Pfingsten der Heilige Geist die Jünger ergriff.

Der Bau der Kathedrale von Tortosa wurde wahrscheinlich im zweiten Viertel des 12. Jahrhunderts begonnen, aber erst im 13. fertiggestellt; so zeigen die Kapitelle des Hauptschiffs einen stilistischen Fortschritt von der Romanik der ältesten im Osten bis hin zur Frühgotik der jüngsten Kapitelle am westlichen Ende. Oftmals mussten die fränkischen Einwohner von Städten wie Jaffa, Lydda und Nazareth im 12. Jahrhundert auf den Kirchendächern Schutz vor muslimischen Angriffen suchen. Die Kathedrale von Tortosa zeichnet sich unter den erhaltenen lateinischen Kirchen der Kreuzfahrerzeit dadurch aus, dass sie die einzige ist, die Anzeichen einer Wehrbefestigung besitzt. Zwei rechteckige, turmartige Sakristeien, die an den nordöstlichen und südöstlichen Ecken des Gebäudes vorspringen, sollten offensichtlich Flankenschutz gewähren; die Strebepfeiler, die der Nord- und der Südwand vorgelagert sind, trugen einst Pechnasen, die demselben Zweck dienten (ähnlich wie an der aus dem späten 13. Jahrhundert stammenden Kirche Saintes-Maries-de-la-Mer in der Camargue). Camille Enlart fand auch Hinweise darauf, dass die westlichen Joche der Seitenschiffe einst von Türmen bekrönt waren. Die Umwandlung der Kirche zu einer kleinen Festung scheint aus den sechziger Jahren des 13. Jahrhunderts zu datieren, als Tortosa von den Mamluken bedroht war.

Die Siedlungsdichte der Franken spiegelt sich in der Verteilung der lateinischen Pfarrkirchen wider. Abgesehen von bestimmten fest umrissenen Gebieten, etwa der Gegend um Jerusalem und Akkon, wo die Besiedlung der ländlichen Bereiche vergleichsweise dicht war, konzentrierten sich die Franken in Städten; eine kleinere Zahl lebte auch in Dörfern, Festungen und ländlichen Klöstern. In Gaza, Ramleh und Nablus rivalisieren die Pfarrkirchen ihrer Größe nach mit den Kathedralen, wobei man im Falle von Gaza zweifeln kann, ob die dortigen Franken jemals die Kirche hätten füllen können. Kleinere dreischiffige Pfarrkirchen finden sich in Amiun, Bira, Al-Qubaiba, Yibna, Beit Nuba, Saffuriya, Tiberias und Qaimun. Die Dorfkirchen waren jedoch in der Regel einfachere einschiffige, mit Tonnen oder Kreuzrippen eingewölbte Gebäude mit einer halbkreisförmigen Apsis als Abschluss; derartige Kirchen findet man in den Dörfern Fahma, Sindschil, Baitin, Dabburiya, Ziriin und Amwas sowie in den Städten Tiberias und Beirut.

Ein weiteres wichtiges Element des religiösen Establishments des lateinischen Orients stellten die kirchlichen Orden dar. Im 12. Jahrhundert bauten Augustinermönche die Himmelfahrtskirche auf dem Ölberg nach einem oktogonalen Grundriss um, der den des Felsendoms (Templum Domini) widerspiegelte, der ebenfalls ihrer Obhut unterstand. Im Tal von Jehosaphat wurde über einer byzantinischen Krypta, die das Grab der Jungfrau umschloss, eine neue Kirche errichtet; westlich davon wurde die Anlage einer Benediktinerabtei geplant. Direkt am Jehosaphat-Tor der Stadt befand sich die Annenkirche, in der Benediktinernonnen ihren Dienst versahen. Abgesehen vom Heiligen Grab war die größte Kirche Jerusalems die Marienkirche auf dem Zionsberg, errichtet an der Stätte, wo angeblich Maria entschlafen war. Heute existiert davon nur noch eine südlich anschließende Emporenkapelle, von der aus ein Blick in den Chor der Hauptkirche möglich war und die mit dem oberen Raum des Letzten Abendmahls gleichgesetzt wurde. Das frühgotische Rippengewölbe dieses Bauwerks wurde wahrscheinlich im späten 14. Jahrhundert verändert, als die Kirche in die Verwaltung der Franziskaner

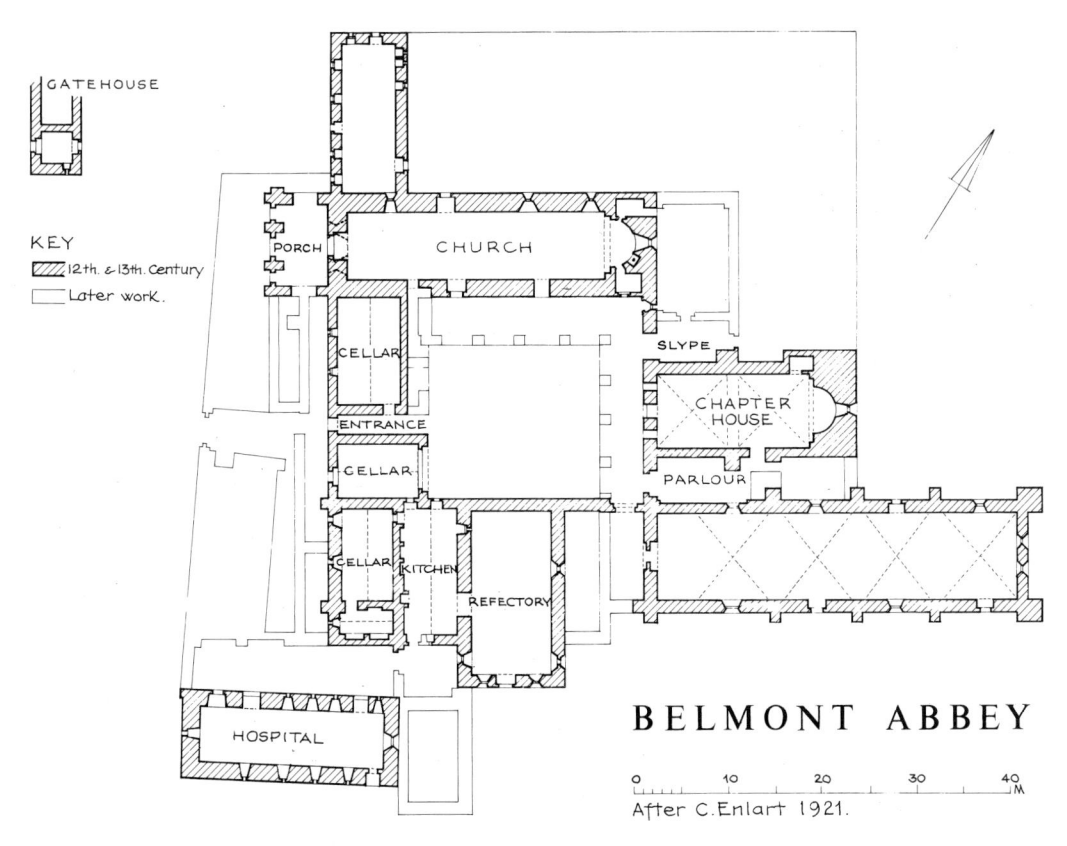

GRUNDRISS DER ZISTERZIENSERABTEI BELMONT (Dair Balamund) bei Tripolis, gegründet 1157.

kam; umstritten ist hingegen, ob das Gebäude in seinem Originalzustand kurz vor der Eroberung von 1187 oder aber vielleicht erst in den Jahren zwischen 1229 und 1244 entstand, dem kurzen Zeitraum, als Jerusalem noch einmal von Christen beherrscht wurde.

Außerhalb Jerusalems besaßen die Benediktiner eine große Kirche auf dem Berg Tabor, der Stätte der Verklärung Christi. 1143 errichteten Benediktinernonnen unter der Schirmherrschaft König Fulkos und Königin Melisandes die Lazarusabtei in Bethanien, die die alte byzantinische Kirche, die heute der Maria Magdalena und der Martha geweiht ist, und eine neue des Lazarus umfasste, die über dem Grab selbst errichtet wurde. An sie anschließend wurden auch ein Kreuzgang und die Konventsgebäude errichtet.

Die Zisterzienser von Morimond begründeten 1157 eine Zweigniederlassung in Belmont bei Tripolis und 1161 das Erlösungskloster bei Jerusalem. Eine Tochtergründung, genannt Johannes in der Wüste, entstand 1169 bei Ain Karim. Die bescheidenen Entwürfe dieser drei Häuser ähneln einander. Sie besitzen kleine, einräumige Kirchen; die Konventsgebäude sind um einen kleinen rechteckigen Kreuzgang oder Innenhof angelegt. Mit dem üblichen Typus von Zisterzienserklöstern im Abendland haben sie wenig gemein. Dem klassischen Typus einer Zisterzienserkirche näher steht das kreuzförmige Gebäude, das die Prämonstratenser über dem Grabmal des Propheten Samuel auf dem Berg Joy nordwestlich von Jerusalem errichteten. Zwischen etwa 1220 und 1283 errichteten die Karmeliterinnen im Wadi as-Siyah am westlichen Abhang des Berges Karmel eine kleine Kirche mit einem zugehörigen Nonnenkloster.

Die Kirchenarchitektur der Ritterorden verdient besondere Beachtung. Während im Abendland eine Anzahl der erhaltenen Templer- oder Johanniterkirchen oder -kapellen kreisförmige oder polygonale Grundrisse zeigen, die offenkundig die Rotunde des Heiligen Grabes (oder im Fall der Templer vielleicht auch das Templum Domini) nachahmen, besitzen ihre Kirchen im lateinischen Orient meist einen konventionellen rechteckigen Grundriss. Das gilt zum Beispiel für die Burgkapellen der Johanniter auf dem Krak des Chevaliers, in Margat und Belvoir sowie für ihre Kirchen in Beit Dschibrin, Abu Ghosch (Castellum Emmaus) und beim deutschen Hospital in Jerusalem (St. Maria der Deutschen). Die Kirche von Abu Ghosch war gegen 1140 errichtet worden, um an den Ort zu erinnern, wo Christus nach seiner Auferstehung auf der Straße nach Emmaus erschien; man wählte dafür, passend genug, eine Raststation an einer Pilgerstraße des 12. Jahrhunderts. Ebenso zeigten die Burgkapellen der Templer in Tortosa und Burdsch Safitha (Chastel-Blanc) einen rechteckigen Grundriss, wobei letztere die Form eines Bergfrieds annahm; die Kapelle, die bald nach 1218 in Athlith (Château Pèlerin) errichtet wurde, war jedoch zwölfseitig; möglicherweise besaß auch die Kapelle von Safed (1240 bis 1260) einen polygonalen Grundriss.

Neben den kirchlichen Gebäuden errichteten die Siedler in all den Jahren, als sie die Herrschaft in der Levante innehatten, auch eine große Anzahl verschiedener weltlicher Bauwerke. Abgesehen von den Festungen wurden diese von der Forschung vergleichsweise wenig beachtet, einerseits, weil viele davon eher in den Bereich des Bauingenieurwesens als der eigentlichen Architektur fallen, und andererseits, weil das Fehlen erkennbarer Merkmale wie Bauplastik oder Maurerzeichen häufig die Bestimmung erschwert, ob ein Gebäude nun fränkischen oder muslimischen Ursprungs ist.

Die meisten kleineren oder größeren Städte des lateinischen Orients existierten schon, als die Kreuzfahrer das Land eroberten, und das galt auch für die Stadtmauern. Folglich gibt es aus dem 12. Jahrhundert kaum Hinweise auf Bautätigkeit an diesen. Nach 1187 jedoch, als das Gebiet unter fränkischer Kontrolle nur mehr einen schmalen Küstenstreifen umfasste, wurden große Anstrengungen darauf verwandt, die Befestigungsanlagen von Städten wie Askalon, Beirut, Tyrus, Sidon, Akkon, Caesarea, Jaffa oder Tortosa zu verstärken, wofür häufig Fachkräfte aus dem Abendland herangezogen wurden.

Für ihre Wasserversorgung hingen die meisten Städte von Zisternen und Brunnen ab, obwohl in Tyrus, Antiochia, Caesarea und Jerusalem antike Aquädukte als Ergänzung zur Verfügung standen. Überdachte Märkte des 12. Jahrhunderts sind in Jerusalem erhalten, wo einige der Ladenfassaden die Aufschrift »sca anna« tragen, was anzeigt, dass sie zum Bereich des Annenklosters gehörten. In Akkon blieb ein Teil des königlichen Zollhauses (*chaine*) in

EIN TEIL DES SUQ, der überdachten Marktstraße, die Königin Melisande 1152 in Jerusalem errichten ließ. Zwanzig Jahre später schrieb Theoderich, ein deutscher Jerusalempilger: »Fast alle Straßen sind mit großen Steinen gepflastert, viele sind oben durch ein Steingewölbe überdacht; in Abständen sind Fenster gesetzt, um das Licht hineinzulassen.«

dem osmanischen Chan Al-Umdan erhalten. Hafenanlagen der Kreuzfahrer finden sich mitsamt älteren Bauteilen aus abbasidischer und fatimidischer Zeit in Sidon, Tyrus, Cäsarea, Arsuf und Akkon; in der Stadt neben der Templerburg des Château Pèlerin konnte ein Badehaus des 13. Jahrhunderts ausgegraben werden.

Dokumente und archäologische Befunde lassen den Schluss zu, dass zwei verschiedene Typen städtischer Häuser existierten. Der orientalische Typus, der zur Straße hin geschlossen ist, dessen Haupträume sich zu einem zentralen Innenhof öffnen und der auf dem Dach eine Zisterne zum Sammeln des Regenwassers besitzt, ist durch schriftliche Zeugnisse für Jerusalem belegt; in Caesarea wurden Beispiele dieses Typus bei Grabungen festgestellt. Die Letztgenannten wurden offenkundig schon im 11. Jahrhundert errichtet, von den fränkischen Neuankömmlingen im 12. Jahrhundert jedoch ausgebaut, erweitert und weiter benutzt. Der zweite Typus gleicht demjenigen, der sich in westlichen Mittelmeerländern findet. Er besitzt im Erdgeschoss Läden, Lager oder eine Loggia, die sich zur Straße öffnet, und darüber mehrere Wohngeschosse. Beispiele sind für Jerusalem, Akkon, Caesarea und Nablus bezeugt.

Obwohl die Einwohner der Städte in den meisten Fällen auf einer Infrastruktur aufbauten, die bereits vor der Eroberung existierte, kam es doch auch zu einigen Neugründungen. In Akkon wurde die neue Vorstadt Montmusard 1212 angelegt und ummauert, wodurch die Stadt fast das Doppelte ihrer ursprünglichen Größe erreichte. Die ummauerte Vorstadt, die sich an die Templerfestung Château Pèlerin anlehnte, wurde wahrscheinlich nach 1220 errichtet und blieb bis 1265 bewohnt, als Baibars sie in Schutt und Asche legte. Es gab auch fränkische »Neusiedlungen«, die zwar hauptsächlich landwirtschaftlich ausgerichtet waren, aber auch Bürgervertreter und spezialisierte Händler zu ihren Einwohnern zählten, was darauf hindeutet, dass es sich um entstehende Städte handelte. Im Al-Qubaiba (Parva Mahumeria), al-Bira (Magna Mahumeria) und Al-Zib (Casal Imbert) waren diese Siedlungen regelmäßig angelegt, die Häuser standen an einer Hauptstraße, dahinter lagen kleine Fleckchen Land. Im transjordanischen Asch-Schaubak (Krak de Montreal) und im galiläischen Miiliya (Castrum Regis) lagen die Siedlungen allerdings innerhalb des Befestigungsrings eines königlichen Kastells.

Auf dem Lande ließen sich aufgrund archäologischer Funde verschiedene Typen weltlicher Gebäude unterscheiden: Festungen im Besitz der großen Grundherren oder der Ritterorden; kleinere Festungen oder halb fortifizierte Landhäuser – vergleichbar den französischen »maisons fortes« – im Besitz von geringeren Grundbesitzern, Rittern oder Dienstmannen; Verwaltungsgebäude (curiae) für die Gutsverwalter, Dienstmannen oder die führenden Männer des Dorfes; sowie schließlich die gewöhnlichen Wohnhäuser der Franken und der ansässigen Bewohner. Es ist allerdings nicht leicht, die noch vorhandenen Gebäude einer dieser Kategorien zuzuordnen, da viele nur als Ruinen erhalten sind und Dokumente für ihre frühere Nutzung fehlen.

Nur wenige dörfliche Häuser blieben erhalten, manche wurden allerdings zum Teil ausgegraben. Die soliden Bauten der »neuen Siedlung« Al-Qubaiba haben einen städtischen Charakter: Werkstätten im Erdgeschoss, darüber die Wohnräume. Eine Reihe von Saalbauten sind bekannt, darunter jene in Chirbat al-Burdsch, Kidna und Beit Itab. Bei Letzterem handelte es sich ursprünglich um ein frei stehendes, zweigeschossiges Gebäude mit den Abmessungen 13,30 mal 29 Meter. Die Tür war mit einem Gusserker bewehrt; eine Treppe innerhalb der Mauer führte in den Saal des ersten Obergeschosses. In einer zweiten Bauphase wurde dieses Haus mit drei späteren Gebäudeteilen zu einer Anlage um einen zentralen Innenhof zusammengeschlossen. Der Saal war nun durch eine Außentreppe vom Innenhof aus direkt erschlossen. 1161 verkaufte der Ritter John Gothman die Siedlung Beit Itab an die Kirche vom Heiligen Grab, um sein Lösegeld aus muslimischer Gefangenschaft zu bezahlen. Wahrscheinlich bildete der Saalbau den Mittelpunkt und Sitz seiner Grundherrschaft.

Eine Anzahl solcher Gebäude mit Innenhöfen sind uns bekannt. Manche davon waren wahrscheinlich ebenfalls die Sitze von Grundherren. Eines jedoch, westlich Jerusalems auf dem Gelände des Dorfes Aqua Bella gelegen, scheint kirchlich gewesen zu sein. Höchstwahrscheinlich befand sich darin ein Krankenhaus der Johanniter, denen das Dorf in den sechziger Jahren des 12. Jahrhunderts gehörte. Ein weiteres Gebäude, das in Ar-Ramla (Rama, Ramatha) nördlich von Jerusalem um einen Turm herum angelegt wurde, war vielleicht das Verwaltungsgebäude des Wächters des Heiligen Grabes, wo die Einwohner der »neuen Siedlung« die Pacht für ihre Ländereien bezahlen mussten. Die Form des Gebäudes lässt also keineswegs immer einen verlässlichen Rückschluss auf seine jeweilige Funktion zu, schon gar nicht, wenn nur wenig erhalten blieb.

Festungen, die das Zentrum eines Herrschaftsbereichs markierten, unterschieden sich funktional kaum von den kleineren Saalbauten und Verwaltungssitzen; der wichtigste Unterschied war, dass sie sich besser verteidigen ließen. In der Tat entwickelten sich einige Festungen offensichtlich aus unbefestigten oder halb befestigten Anlagen. Bei den nordöstlich beziehungsweise westlich von Jerusalem gelegenen Festungen St. Elias (At-Taiyiba) und Belmont (Soba) beispielsweise wurde ein älterer Bereich im Innern, bestehend aus einem Gebäude mit Innenhof, das nur geringe Vorkehrungen für eine aktive Verteidigung bot, später von einer polygonalen Wehrmauer mit einer geneigten Abdachung umgeben, die den Konturen des Geländes folgte.

Eindeutigere Wehrbauten waren die Türme, von denen sich allein im Königreich Jerusalem über 75 nachweisen ließen. Manche standen offenkundig allein, andere waren von einer Umfassungsmauer eingeschlossen und noch andere entwickelten sich mit der Zeit zu richtigen Festungsanlagen, so in Tripolis, Latrum, Mirabel (Madschdal Yaba) und Beaufort (Qalaat asch-Schaqif Arnun). Viele Türme dienten jedoch offensichtlich auch Wohnzwecken. Das gilt zumal für die größeren, etwa den Bischofsturm von Bethlehem, die Wächtertürme von Ar-Ramla und Bira und für die Türme in den Festungen von Ibelin, Qalaat Dschiddin, Qaqun, Madd ad-Dair, Burdsch al-Ahmar und Umm at-Taiyiba. Die allgemeine Anlage dieser Türme ähnelte nicht nur den Saalbauten – über einem gewölbten Untergeschoss befanden sich Wohnräume und darüber eine flache Dachterrasse –, sondern die Analyse der Innenflächen zeigt auch, dass sie oft von der Größe her vergleichbar waren. Kleinere Türme mit weniger als 60 bis 70 Quadratmetern Nutzfläche im Innern können verschiedene Funktionen erfüllt haben, etwa als Zufluchtsstätten oder Beobachtungs- und Wachttürme. Doch selbst ein so kleiner Turm wie der von Jaba, den der Ritter Amalrich von Franclieu (urkundlich bezeugt 1171 bis 1179) an die Marienkriche auf dem Zionsberg verkaufte, besaß einen Wohnraum im ersten Obergeschoss.

Andere Festungsanlagen scheinen jedoch von Anfang an eher für militärische als für Wohnzwecke errichtet worden zu sein. Dazu gehören die viertürmigen Kastelle, die nach Wilhelm von Tyrus in den dreißiger und vierziger Jahren des 12. Jahrhunderts zur Einkreisung der damals noch muslimischen Stadt Askalon errichtet wurden. Es waren dies die Festungen Blanche Garde (At-Tall as-Safiya), Ibelin (Yibna), Beit Dschibrin und (vielleicht) Gaza. 1136 wurde Beit Dschibrin den Johannitern übertragen, was vermuten lässt, dass die Besatzung dieser Festung aus einer Gruppe von in Gemeinschaft lebenden Rittern bestand. Um einen zentralen Innenhof wurden Dormitorium, Refektorium, eine Kapelle, Küchen und weitere Klostergebäude angelegt. Ein ähnlicher Anlagetypus findet sich in der späteren Johanniterburg Belvoir, die man seit 1168 errichtete. Hier wurde zu dem mit vier Türmen bewehrten inneren Bereich ein fünfter Turm mit einem abgeschrägten Zugang hinzugefügt. Außerhalb des inne-

DER FRÄNKISCHE BERGFRIED, der zwischen 1108 und 1132 der byzantinischen Festung Sahyun hinzugefügt wurde. Der 22 Meter hohe massive Turm, dessen Mauern 4 Meter dick sind, verstärkte nicht nur die freistehende Ostmauer der Festung, sondern enthielt im Obergeschoss auch Wohnräume.

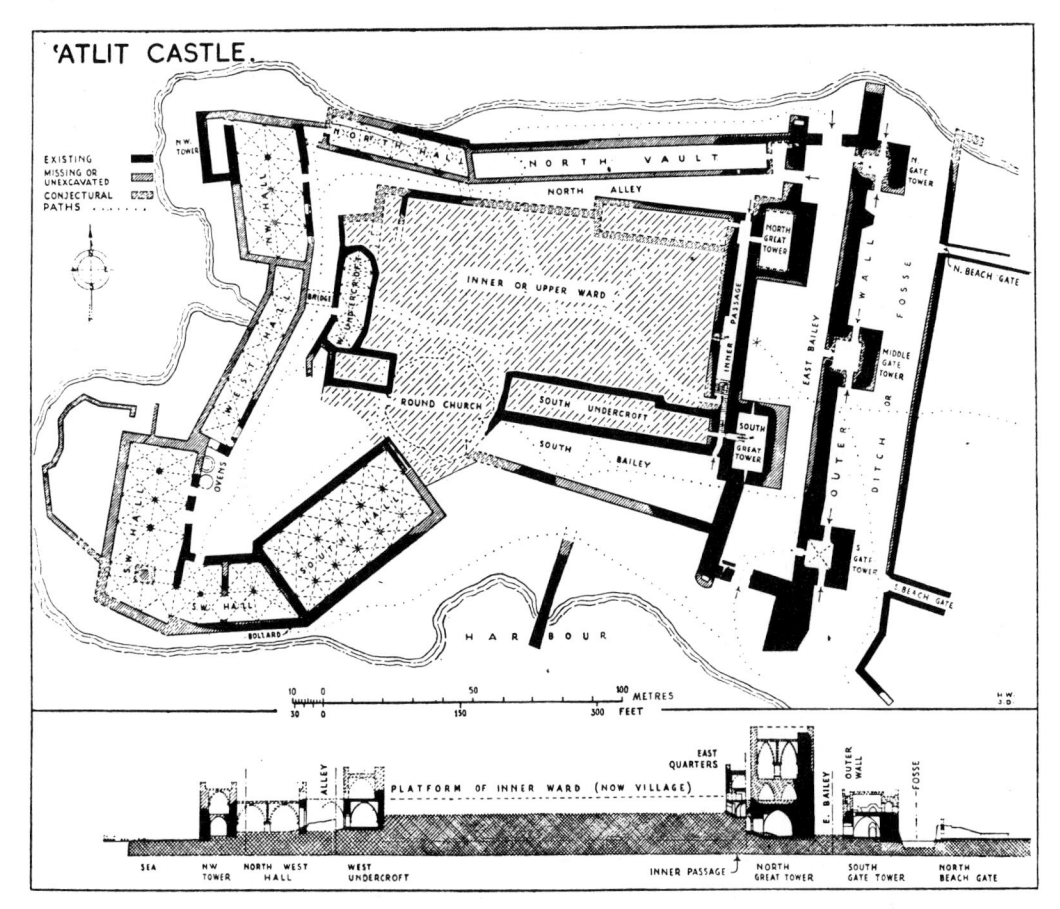

GRUNDRISS UND QUERSCHNITT DES CHÂTEAU PÈLERIN (Atlit), das die Templer ab 1217/1218 auf einem meerumschlossenen Vorgebirge zwischen Haifa und Caesarea errichteten. Die »konzentrischen« Verteidigungsanlagen erwiesen sich als so wirksam, dass die Festung erst im August 1291 als eine der letzten fränkischen Stellungen aufgegeben wurde.

ren Bereichs befanden sich Nebengebäude für verschiedene Zwecke und die Wohnbauten der Dienerschaft der Garnison. Solche Festungen waren durchaus keine Eigentümlichkeit nur der Ritterorden, denn Blanche Garde und Ibelin gehörten weltlichen Herren, und Darum (Dair al-Balah) und Miiliya (Castrum Regis), die beide 1160 schon existierten, unterstanden direkt dem König. Man darf vermuten, dass hier jeweils neben Küche und Kapelle Wohnräume und ein großer Saal für den Schlossherrn oder den Burgvogt vorhanden waren. Die Burgen Montfort (Qalaat Qurain) und Dschiddin (Dschudin), die der Deutsche Orden im frühen 13. Jahrhundert in Galiläa errichtete, sind ein weiterer Beweis dafür, dass die Ritterorden in ihren Festungsbauten weltliche Vorbilder für ihre Bedürfnisse adaptierten, da sie mit einem Hauptturm und einem anschließenden, von einer hohen vorgehängten Mauer umgebenen Wohnblock genau dem rheinischen Burgentypus entsprechen.

Im 12. und 13. Jahrhundert wurden im lateinischen Orient deutliche Fortschritte in der Befestigungskunst erzielt, etwa bei den Torbauten, die ein ausgeklügeltes System von Toren, Fallgattern und Schießscharten aufwiesen. Häufig gab es, so in Belvoir, Tyrus, Sahjun, Tortosa, Jerusalem und Caesarea, indirekte oder abgeschrägte Zugangswege. Die vorgehängten Mauern besaßen über die gesamte Höhe verteilte Schießscharten für Bogenschützen und auf der Mauerkrone Pechnasen, die einen direkten Angriff auf das Gebäude verhindern sollten. Die bemerkenswertesten Fortschritte gab es jedoch in der Anlage von Vorwerken, um die Feinde mit ihren Belagerungstürmen und ihrer Steinwurfartillerie auf sicherem Abstand von den eigentlichen Mauern zu halten. Ähnliche Entwicklungen zeichneten sich auch im Abendland ab, waren aber noch nicht so weit fortgeschritten, da die Kreuzfahrer schon bei den Belagerungen von Jerusalem (1099), Akkon, (1103), Tyrus (1124) und Askalon (1153) »konzentrische« Verteidigungsanlagen kennen gelernt hatten. Bei Festungsbauten findet sich die konzentrische Anlage vor 1187 bei Belvoir und Belmont sowie vor 1192 bei Darum. Jedoch erreichten die spektakuläreren Entwürfe dieses Typus ihre letztgültige Gestalt erst im 13. Jahrhundert. Zu nennen sind hier die Johanniterburgen Krak des Chevaliers und Margat sowie die Templerfestungen Château Pèlerin und Tortosa – letztere wurden niemals durch einen Angriff von außen genommen.

Auf dem Lande lassen sich noch weitere bauliche Überreste aus der Zeit der lateinischen Herrschaft finden, so horizontal angelegte Wassermühlen und Staudämme, Zisternen, Brücken, Straßen, Ställe, Küchen und industrielle Anlagen zur Produktion von Rohrzucker, Salz, Olivenöl, Wein, Eisen, Glas und Kalk.

DAS KILIKISCHE ARMENIEN (1100 BIS 1375)

Kilikien wurde unter der Ägide der byzantinischen Herrscher seit der Mitte des 11. Jahrhunderts von immer größeren Scharen vertriebener Armenier besiedelt. Im Januar 1199 vereinigte der Rubenidenfürst Leo seine Dynastie mit der rivalisierenden, pro-byzantinisch ausgerichteten der Hethumiden und ließ sich zum König krönen. Obwohl das Königreich bis 1375 bestand, blieb es kulturell uneinheitlich. Kilikien war eine ehemalige byzantinische Provinz, die bereits teilweise von türkischen Völkern besiedelt war. Ab 1097 wurden die Küstenstreifen im Süden und Osten des Landes von den Franken kolonisiert, von den neunziger Jahren des 12. Jahrhunderts an erhielten Venezianer, Genuesen und die Ritterorden dort Niederlassungsrechte. Zwar gelang es König Hethum I. in den vierziger Jahren des 13. Jahrhunderts, eine Verständigung mit den Mongolen zu erzielen, die größte Bedrohung ging jedoch von den ägyptischen Mamluken aus, denen das Königreich schließlich 1375 zum Opfer fiel.

Die turbulente Geschichte und kulturelle Vielfalt des kilikischen Armenien findet sich auch in seiner Architektur wieder. Die deutlichsten Spuren in der Landschaft hinterließen die

Festungsbauwerke. Allerdings sind die genaue Datierung und kulturelle Zuschreibung dieser Bauten erst in jüngster Zeit, dank der Forschungen von Rupert Edwards, auf eine solide Grundlage gestellt worden. Zu den Eigentümlichkeiten armenischer Festungen gehören der unregelmäßige Grundriss; die Anpassung an die Konturen der Landschaft, wobei häufig Außenmauern vor und unter anderen angelegt wurden; die Abrundung der äußeren Kanten; gerundete oder hufeisenförmige Türme; die Abschrägung der Mauersockel; das Fehlen von Bergfrieden; Brustwehren mit oben gerundeten Mauerzacken, die durch dazwischen gestellte Türme in Abschnitte untergliedert waren; das Fehlen von Gräben; der indirekte Zugang zu den Toren, die Flügeltüren mit einem Zugriegel besaßen, denen Pechnasen vorgelagert waren; Torhäuser, die entweder einen abgeschrägten Zugang besaßen oder zwei Zugänge, die durch einen gewölbten, mit Schießscharten bewehrten Verbindungsweg getrennt waren; mit Schießschlitzen oder Fensterflügeln geschützte Gucklöcher mit Bügelsockeln und abgerundeten Oberteilen als Einfassung, die aus einem einzigen Stein gearbeitet waren, sowie schließlich eine Vorliebe für Spitzbögen und entsprechende Gewölbe. Die meisten armenischen Festungen verfügten über eine Kapelle und eine Zisterne innerhalb der Anlage.

Obwohl man früher vermutete, dass die meisten Festungen Kilikiens erst entstanden, nachdem Leo I. zum König gekrönt worden war, scheint sich nun zu bewahrheiten, dass ein großer Teil bereits zu der Zeit errichtet wurde, als sich die rivalisierenden Dynastien der Rubenier und Hethumiden im Land festsetzten. Viele Festungen enthalten Arbeiten aus verschiedenen Epochen. In Anavarza beispielsweise reicht die ursprüngliche Festung noch in die Zeit vor dem Ersten Kreuzzug zurück. Die Kreuzfahrer fügten einen Bergfried hinzu. Die letzte ar-

DIE FESTUNG SIS in der Nähe von Kozan löste gegen 1190 Anavarza als Hauptstadt der armenischen Rubenidendynastie ab und war von 1292 an der Sitz des armenischen Patriarchen. Der unregelmäßige Grundriss schmiegt sich in die Konturen einer Felsnase aus Kalkstein ein; die Länge der Mauer beträgt über 680 Meter.

DER FRÄNKISCHE BERGFRIED wurde zwischen 1098 und 1108 der Festung Anavarza hinzugefügt. Er ist älter als der Neubau der Festung, der unter den Armenierfürsten Toros I. und Leo II. erfolgte.

menische Bauphase, die diesen umgestaltete, ist durch eine Inschrift auf 1187/1188 datiert. Die Inselfestung Korykos war ein byzantinisches Bauwerk aus dem frühen 12. Jahrhundert, das Leo I. und Hethum I. wieder instand setzten. Andere Festungen, wie Baghras und Silifke, scheinen im Wesentlichen fränkischen Ursprungs zu sein.

Neben den großen Burgen, die zugleich Herrschaftssitze des Adels oder der Könige und Garnisonsstandorte waren, sind eine Reihe weiterer befestigter Bauwerke bezeugt. Dazu gehören kleine umfriedete Wachthäuser, die so gelegen waren, dass sich von ihnen aus Straßen beobachten ließen und die Besatzung durch Feuerzeichen oder Boten nahe liegende, bewohnte Zentren alarmieren konnte; sowie Gutshäuser, die sich mit den von kleineren Grundherren oder Lehnsträgern bewohnten Saalbauten und Wehrtürmen der Franken in Syrien und Palästina vergleichen lassen. Das Haus zu Belen Keslik Kalesi ist dafür ein Beispiel. Das zweigeschossige Bauwerk misst 18 mal 8,50 Meter; der Eingang des Erdgeschosses befindet sich in der Mitte einer der Längsseiten und ist mit Gusserkern bewehrt. Eine Treppe in einer Ecke des tonnengewölbten Erdgeschosses führt in den eigentlichen Wohnbereich hinauf, der durch Fensterschlitze erhellt wurde. Die Gutshäuser in Gösne und in zwei Orten namens Sinap, der eine bei Lampron, der andere bei Çandir gelegen, besitzen abgerundete Türmchen auf Strebepfeilern, die die Gebäude an allen vier Seiten umschließen.

DIE ARCHITEKTUR IM LATEINISCHEN ORIENT 1098 BIS 1571

DIE OSTSEITE DER FÜRSTENKAPELLE, die Toros I. im Jahre 1111 auf der Festung Anavarza errichten ließ. Photographie von Gertrude Bell (1905).

Aus Sicherheitsgründen lebten die Armenier in Kilikien hauptsächlich in Festungen, von denen viele auf den Bergspitzen des Tauros angelegt waren. Die Küsten und das flache Land waren nur in geringerem Maße besiedelt, und abgesehen von Sis (das die Mamluken 1266 zerstörten), Tarsos, Adana und Misis, für die das Vorhandensein von Kirchen bezeugt ist, gab es kaum städtische Siedlungen. Die einzige Stadtkirche, die erhalten blieb, die Pauls- oder Marienkirche von Tarsos, ist ihrem Charakter nach westlichen Gepräges und wurde wahrscheinlich in den ersten Jahrzehnten des 12. Jahrhunderts errichtet. Sie verfügt über drei tonnengewölbte, auf Kolonnaden ruhende Schiffe.

Die meisten der erhaltenen armenischen Kirchen und Kapellen liegen innerhalb der Festungen. Zu den bedeutendsten gehört die Kirche, die König Toros I. 1111 im südlichen Außenhof der Festung Anavarza zum Andenken an seine Vorfahren errichten ließ. Leider ist sie, nachdem Gertrude Bell sie 1905 photographierte, stark zerstört worden. Sie wurde aus glatten Quadersteinen mit einer Füllung aus Bruchsteinmörtel errichtet und besaß einen rechteckigen Grundriss. Die dreischiffige, tonnengewölbte Kirche endete in eingeschnittenen halbkreisförmigen Apsiden. Die Arkaden bildeten drei Joche, deren einfache, rechteckige Pfeiler ausmodellierte Kämpfer trugen. Ursprünglich war das Innere mit Fresken geschmückt. Die beiden nach Westen beziehungsweise Süden gerichteten Türen zeigten Stürze und Entlastungsbögen, die im Wesentlichen aus antiken Spolien gebildet waren. Die Westfassade besaß Fenster zur Belichtung der Schiffe und ein Rundfenster im Giebel; die Ecken wurden durch dekorative Pilasterstreifen architektonisch betont; unterhalb des Simses war eine Inschrift angebracht, die den Erbauer nannte. In einer zweiten Baufassade wurde an der Nordseite ein apsidialer Raum angefügt.

Die Kirche des Truppenführers Smbat in Çandir wurde 1251 geweiht. Ihr Grundriss ist dem der Kirche Toros' I. in wesentlichen Zügen ähnlich, sie ist aber weniger gut erhalten. Ihr Gewölbe ist eingestürzt, die Halle könnte vielleicht eher von einer Kuppel, als von einem Tonnengewölbe überdacht gewesen sein. Die Seitenapsiden sind von den Schiffen getrennt und bilden kleine, tonnengewölbte Räume, die wie Sakristeien wirken. Nach Süden war eine apsidiale Seitenkapelle oder ein Narthex dem Gebäude angefügt.

Kapellen bildeten einen großen Teil unter den errichteten kirchlichen Bauten. Meist handelt es sich um einräumige, tonnengewölbte Säle mit einer halbkreisförmigen, eingeschriebenen oder vorgesetzten Apsis. Manchmal bildeten sie einen Teil der Verteidigungsmauer, so in Maran, Çem, Meydan und Mancilik.

ZYPERN 1191–1571

Zypern wurde von den Franken fast vierhundert Jahre beherrscht, weshalb auf dieser Insel die architektonische Entwicklung reicher dokumentiert ist als irgendwo sonst im lateinischen Orient, von der frühgotischen Sophienkathedrale in Nikosia bis zu der Renaissancefassade des Palazzo del Provveditore (1552) in Famagusta. Während Nikosia das Verwaltungszentrum von König und Erzbischof war, übernahm das an der Ostküste gelegene Famagusta nach 1291 Akkons Rolle als wichtigstes abendländisches Handelszentrum in der Levante. Obwohl Mitte des 19. Jahrhunderts die Steine der Gebäude zum Aufbau von Port Said fortgeschafft wurden, umschließt der Ring der Stadtmauern immer noch die beeindruckendste Gruppe lateinischer Kirchen, die sich im gesamten Orient, abgesehen von Jerusalem, erhalten hat.

Der Beginn der Arbeiten an der Sophienkathedrale von Nikosia wird auf Erzbischof Eustorge von Montaigu (1217 bis 1249) zurückgeführt, obwohl einiges auf einen noch früheren Baubeginn hindeutet. Erst 1319 wurden jedoch unter seinem Nachfolger Giovanni del Conte Langhaus und Narthex fertiggestellt; 1326 schließlich wurde die Kirche geweiht. Der Form nach gleicht sie einer französischen Kathedrale des 13. Jahrhunderts, mit dem Unterschied allerdings, dass sie über dem Gewölbe keinen Dachstuhl aus Holz, sondern nach levantinischem Gebrauch ein Flachdach besitzt; überdies wurden die Westtürme niemals vollendet. Die dreischiffige Basilika besitzt fünf Joche und endet in einem gerundeten Chor mit Umgang. Das Langhaus weist zylindrische Pfeiler auf, während vier wieder verwendete antike Säulen das Gewölbe des Umgangs tragen. Fünf Kapellen ergänzen die Kirche, darunter

DER BYZANTINISCHE KAISER Manuel I. Komnenos (1143 bis 1180) und seine fränkische Frau Maria von Antiochia (*links*). Die Ehe, die am Weihnachtstag 1161 geschlossen wurde, besiegelte die wachsende Annäherung zwischen den fränkischen Siedlern und dem Byzantinischen Reich während dieses Zeitraums.

DIE DEESIS-DARSTELLUNG im Psalter der Königin Melisande (*unten links*) ist unter den Füßen Christi von dem Maler Basilius signiert, einem von vier Künstlern, die an diesem Kodex arbeiteten. Das Bild, das sich auf das Jüngste Gericht bezieht, zeigt Maria und Johannes den Täufer, die bei Christus Fürsprache einlegen. Diese byzantinisch inspirierte Darstellung war die letzte von 24 neutestamentlichen Illustrationen.

DER VORDERE ELFENBEINDECKEL des Psalters der Königin Melisande (*unten rechts*) zeigt in den Medaillons Szenen aus dem Leben König Davids und in den Zwischenräumen die Tugenden und Laster. Szenen aus dem Leben Davids zu wählen lag angesichts des Buchinhalts und seines Empfängers nahe, da der Psalter in weiten Teilen David zugeschrieben wurde, der wie Melisande Herrscher des Heiligen Landes war. Die Elfenbeinschnitzerei war ursprünglich vergoldet und bemalt, um eine besonders kostbare Wirkung zu erzielen.

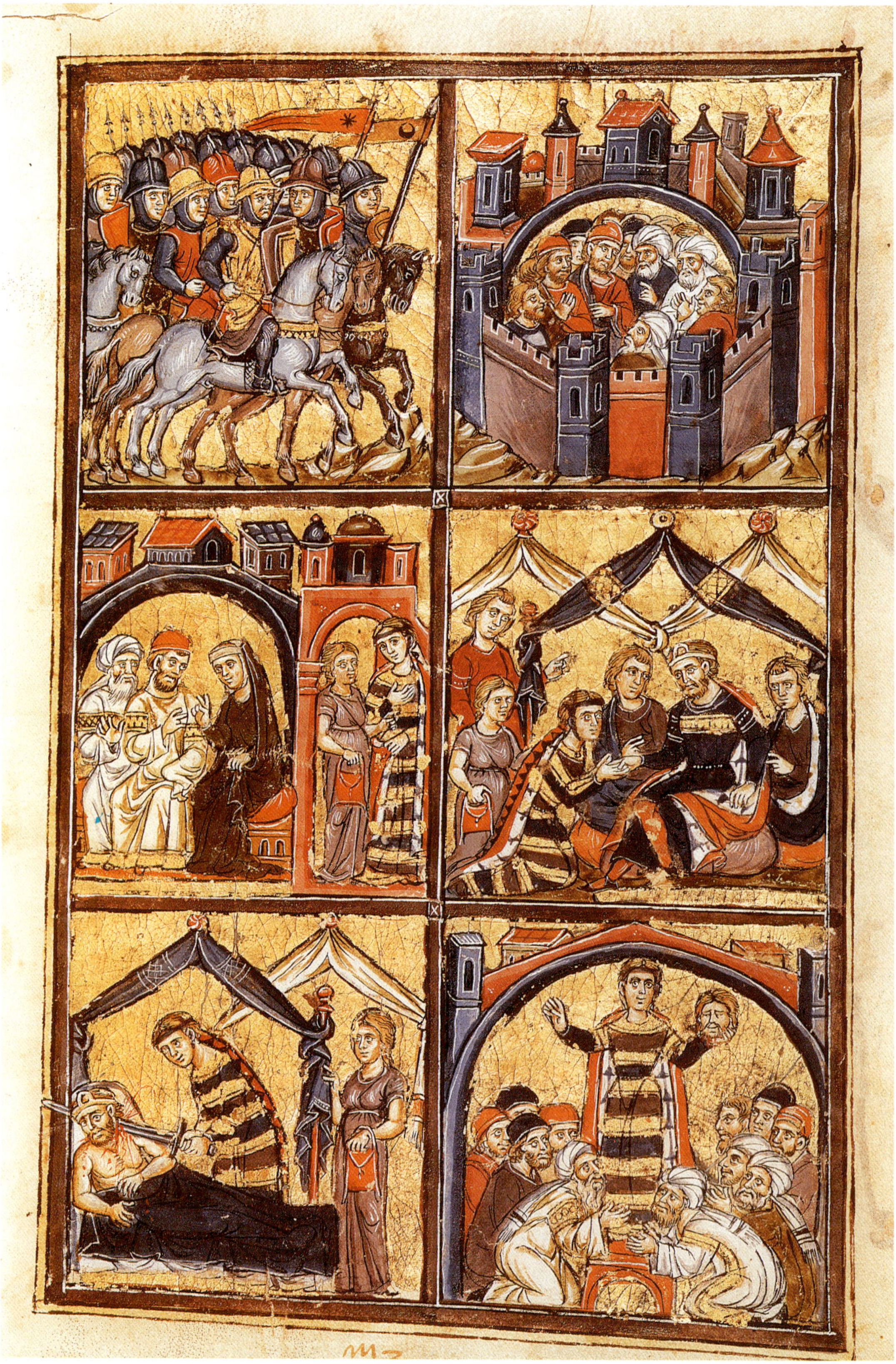

eine Scheitelkapelle (1270) im südlichen Querschiff, eine Kapelle des heiligen Nikolaus im nördlichen Querschiff sowie, auch im Süden, eine Kapelle des heiligen Thomas von Aquin, die im späten 15. Jahrhundert mit »Legenden des heiligen Gelehrten« ausgemalt wurde.

Die Bauarbeiten an der Nikolauskathedrale in Famagusta wurden um 1300 begonnen; eine Inschrift westlich des Südportals berichtet, dass die Arbeiten auf Anordnung des Bischofs Balduin Lambert 1311 wieder aufgenommen wurden. Wenn man nach der stilistischen Gleichförmigkeit dieses Gebäudes im Stil der französischen Hochgotik urteilt, muss das Hauptgebäude noch in der ersten Hälfte des 14. Jahrhunderts vollendet worden sein. Beim ersten Anblick erinnert die Westfassade mit ihren drei weiten Portalen, über denen sich Baldachingiebel befinden, dem kreisförmigen Fensterabschluss mit eingeschriebenem Sechspass und den früher markanten Glockentürmen an die Kathedrale von Reims (etwa 1220/1230). Diese Ähnlichkeit kann durchaus beabsichtigt gewesen sein, da, wie in Reims die französischen Könige, so hier die aus dem Geschlecht der Lusignan stammenden Könige von Zypern die Krone von Jerusalem empfingen. Wie bei den meisten lateinischen Bauten im Orient beschränkte sich aber auch hier der architektonische Einfluss nicht auf eine einzige Quelle. Die Innenaufteilung zeigt größere Ähnlichkeit mit der Rayonnantarchitektur der 1262 begonnenen Stiftskirche Saint-Urbain in Troyes.

Von den achtzig Kirchen, die Nikosia 1567 besessen haben soll, sind nur ungefähr ein halbes Dutzend erhalten geblieben, darunter die aus dem frühen 14. Jahrhundert stammende Benediktinerabtei Unserer Lieben Frau von Tyros (heute die armenische Marienkirche) und die spätgotische Kirche der heiligen Katharina (spätes 14. Jahrhundert; heute Haidar-Pascha-Moschee). Ein Verfall des baukünstlerischen Standards ist an der im frühen 16. Jahrhundert entstandenen Nordfassade der orthodoxen Metropolitankirche des heiligen Nikolaus (heute als Bedestan bekannt) ablesbar, die südlich des offenen Vorhofs der Sophienkathedrale liegt. Während das Innere eine Verschmelzung des griechischen Stils mit der abendländischen Spätgotik und Renaissance zeigt, wirkt der Versuch der Baumeister, das westliche Hauptportal der Kathedrale nachzuahmen, flach und leblos.

Während in den beiden größten Städten Zyperns westliche Stile vorherrschten, selbst bei den Kirchenbauten der Orthodoxen, Nestorianer und Armenier, herrschte auf dem Lande ein mehr byzantinisch geprägter Stil. An einige der Kirchen des Landesinneren wurden jedoch Kapellen für die zugewanderten Lateiner angebaut, so etwa die Familienkapelle der Gibelets

VORSATZBLATT DES BUCHES JUDITH aus der Arsenal-Bibel, der wichtigsten erhaltenen Auftragsarbeit des Skriptoriums von Akkon aus der Zeit, als Ludwig IX. der Heilige in der Stadt residierte. Die zwanzig ausgewählten und ins Französische übersetzten Abschnitte aus dem Alten Testament, darunter Texte über Judith, Esther und Ruth, legten das Schwergewicht auf Heldinnen des Heiligen Landes; vielleicht sollte damit Ludwigs Frau Margareta, die ihn auf seinem Kreuzzug begleitete, ein Kompliment gemacht werden.

DER CHOR DER SOPHIEN-KATHEDRALE von Nikosia stammt aus der ersten Hälfte des 13. Jahrhunderts.

in Kiti oder bei der Klosterkirche des heiligen Johannes Lampadistes in Kalopanagiotis. Eine kleine Kapelle, die 1421 auf einem königlichen Landgut in Pyrga errichtet wurde, zeichnet sich nicht nur dadurch aus, dass über dem Südportal der Name ihres Baumeisters, »Basoges«, eingemeißelt wurde, sondern auch durch ihre Ausmalung, die unter anderem eine Kreuzigungsdarstellung mit den Porträts der knienden Stifter (König Janus und seine Frau Charlotte von Bourbon) enthält. Bei anderen Gebäuden ließe sich von einem fränkisch-byzantinischen Mischstil sprechen, so etwa im Falle der griechischen Kirche von Morphou, die eine byzantinische Kuppel mit gotischer Einwölbung und gotischen Blattornamenten verbindet.

Nur wenige ländliche Klöster der Lateiner blieben erhalten. Am eindrucksvollsten ist das Kloster Bellapais, das auf einer Felsenböschung über der Nordküste östlich von Kyrenia thront. Ursprünglich ein von Amalrich I. (1194 bis 1205) gestiftetes Augustinerkloster, schloss es sich unter Erzbischof Thierry von Nikosia (1206 bis 1211) der Ordensregel der Prämonstratenser an. Das Kloster, das von großzügigen Stiftungen König Hugos III. (1267 bis 1284) und seiner Nachfolger profitierte, wurde vermögend und einflussreich. Die Gebäude sind um einen rechteckigen Hof angelegt, dem im 14. Jahrhundert ein Kreuzgang mit Rippengewölbe hinzugefügt wurde. Die Kirche, die aus dem frühen 13. Jahrhundert stammt, liegt an der Südseite; sie besitzt ein zweijochiges Hauptschiff mit Seitenschiffen, eine Vierung mit einbeschriebenen Querhäusern und einen rechteckigen, vorspringenden Chorraum. An der Ostseite lag über dem Kapitelhaus und einer Krypta mit Tonnengewölbe das Dormitorium. An der Nordseite befand sich das Refektorium, an der Westseite der Bereich des Kellermeisters mit einem anschließenden Küchenhof; irgendwo auf dieser Seite müssen sich auch die königlichen Gastgemächer befunden haben, die König Hugo IV. (1324 bis 1359) für seinen eigenen Gebrauch errichten ließ.

Von der frühesten Festung der Lateiner auf Zypern, die die Templer in Gastria 1191 errichteten, ist nur der in den Fels geschlagene Wallgraben erhalten. Eine weitere ehemalige Festung, die nur von Ausgrabungen her bekannt ist, war Saranda Kolones bei Paphos. Sie wurde offensichtlich bald nach 1191 erbaut und 1222 durch ein Erdbeben zerstört. Obwohl man das Gebäude, hauptsächlich aufgrund seiner Ähnlichkeit mit Belvoir, den Johannitern zuschreiben wollte, ist die Beweislage keineswegs schlüssig. Die Anlage besaß einen regelmäßigen, kreisförmigen Grundriss. Die innere Anlage war rechteckig, verfügte über rechteckige Ecktürme und im Osten einen Rundturm, der unterhalb einer Kapelle einen abgesenkten Eingang enthielt. Die Außenmauer zeigte unterschiedlich gestaltete Türme, darunter zylindrische, rechteckige, dreieckige, pfeilerkopfartige und polygonale; auch das rechteckige äußere Torhaus besaß einen versenkten Eingang und war durch eine Holzbrücke erschlossen, die einen in den Felsen geschlagenen Wehrgraben überspannte. Die Anlage einer Zuckerproduktionsstätte im Kellergeschoss der Festung lässt vermuten, dass sie schon bald nach ihrer Fertigstellung als Gutszentrum diente, was auch immer ihr ursprünglicher Zweck gewesen sein mochte.

Zuckerrohr war unter der Herrschaft der Lateiner ein wichtiger Exportartikel des südwestlichen Teils der Insel. Die Johanniterfestung von Kolossi, die der Großmeister Jacques de Milly 1454 errichten ließ, lag inmitten eines Zuckeranbaugebietes neben einer Zuckerfabrik. In Kouklia (Alt-Paphos) wurden neben einem Gutshaus des Königs zwei Zuckerraffinerien mit wassergetriebenen Mühlen zum Zerquetschen des Zuckerrohrs ausgegraben und Überreste von Öfen zum Aufkochen der Flüssigkeit, die dann in Keramikformen kristallisierte. Eine weitere Zuckerfabrik, die Mitte des 16. Jahrhunderts dem venezianischen Geschlecht der Cornaro gehörte, blieb bei Episkopi erhalten.

Im fränkischen Zypern standen offenbar alle Burgen, abgesehen von denen der Ritterorden, unter direkter Kontrolle des Königs. In Kyrenia übernahmen die Lusignan eine byzantinische Burg von etwa 80 Quadratmetern, die mit zylindrischen Ecktürmen bewehrt war und im Süden über eine Außenmauer oder ein Vorwerk mit pfeilerkopfartigen Türmen verfügte. Im 13. Jahrhundert erneuerten sie die zur See ausgerichteten Ost- und Nordmauern und fügten auf der Landseite nach Westen und Süden hin neue Vorwerke mit Wehrgängen und Schießscharten hinzu; die Festung besaß wahrscheinlich Ecktürme, doch nur einer dieser Türme mit D-förmigem Grundriss hat sich an der Nordostseite erhalten. Die königlichen

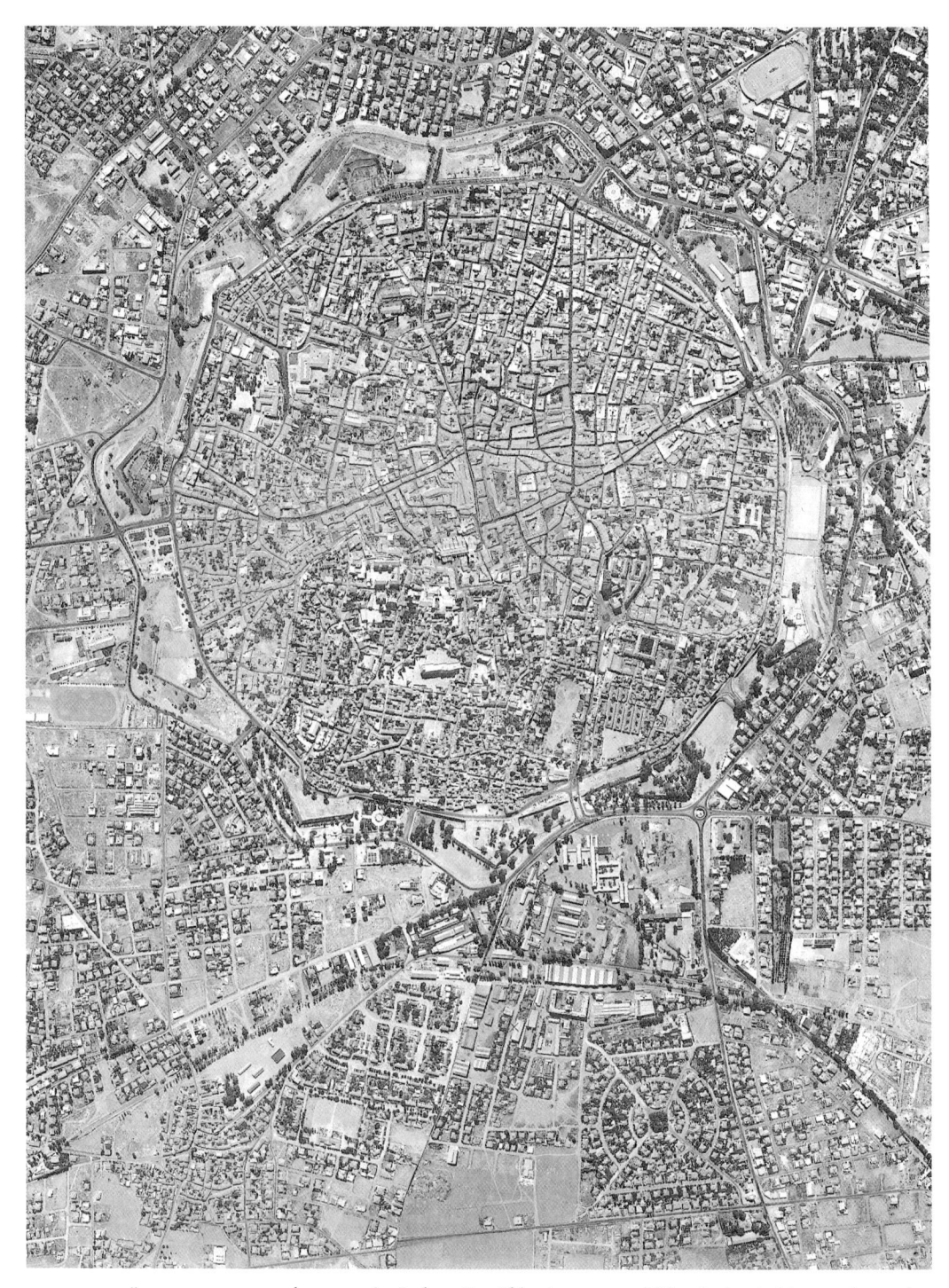

DIE KREISFÖRMIGE ANLAGE der venezianischen Fortifikationen von Nikosia (1567 bis 1570) aus der Luft. Der Straßenverlauf entspricht immer noch dem des mittelalterlichen Stadtzentrums.

Gemächer lagen im Westen und kontrollierten den Eingang; über dem inneren Tor befand sich eine Kapelle. Der letzte Umbau der Franken erfolgte in den Jahren 1544 bis 1560. Damals bauten die Venezianer die Burg in eine regelmäßige Befestigungsanlage um. Die Westmauer wurde verstärkt, der Raum zwischen den doppelten Mauern aufgefüllt und runde Bastionen an der nordwestlichen und südöstlichen sowie eine eckige an der südwestlichen Kante hinzugefügt.

Auch die königlichen Burgen des 13. und 14. Jahrhunderts im Gebiet von Kyrenia – St. Hilarion (Dieudamour), Kantara und Buffavento – gingen auf Befestigungsanlagen aus byzantinischer Zeit zurück. Sie haben unregelmäßige Grundrisse mit einer Reihe von vorgelagerten, der Topographie angepassten Mauern. Regelmäßiger angelegt war die Burg Jakobs I. in Sigouri (1391), die einen rechteckigen Grundriss mit Ecktürmen und einen Wehrgraben besaß, sowie wahrscheinlich auch die Festung La Cava bei Nikosia.

In der venezianischen Zeit wurde den Verteidigungsanlagen der beiden größten Städte besondere Beachtung geschenkt. In Famagusta wurden in einer ersten Ausbauphase von 1492 bis 1496 die Mauern der Festung der Lusignan verstärkt und runde Bastionen zum Beschuss möglicher Feinde hinzugefügt; auch die Stadtmauer erhielt runde Bastionen, die es der Artillerie gestatteten, über das abgeschrägte Vordach hinweg zu schießen, während andere Schützen in Kasematten, die an ihren Flanken lagen, die Außenmauern sichern konnten. In der zweiten Ausbauphase (1544 bis 1565) entstanden die achteckige Bastion Diamante an der Nordostecke; das Landtor an der Südwestseite, dem ein abgerundeter Wallschild mit zwei im rechten Winkel zum Inneren versetzten Toren vorgelagert war; sowie die Bastion Martinengo an der Nordwestecke, eine eckige Bastion mit Bollwerksohren zum Schutz der flankierenden Artillerie. Bei der Planung dieser Befestigungswerke waren führende norditalienische Festungsarchitekten beteiligt, darunter Michele Sanmicheli und sein Neffe Giangirolamo, der 1558 in Famagusta verstarb.

In Nikosia wurde die kreisförmige Stadtmauer mit runden Türmen, acht Toren und einem Wehrgraben, die König Peter II. 1372 hatte errichten lassen, von den venezianischen Festungsbaumeistern für zu lang gehalten, um adäquat verteidigt werden zu können. Sie wurde deshalb mit allem, was außerhalb ihrer selbst lag, zerstört. An ihre Stelle trat eine viel engere, runde Mauer, die das Stadtzentrum einfasste. Sie wurde unter der Leitung von Giulio Savorgnano errichtet und besaß drei Tore und sieben eckige Bastionen mit gerundeten Bollwerksohren, die jede 200 Mann und vier Geschütze aufnehmen sollte. Der Wassergraben und die Vorwerke waren noch nicht fertig gestellt, als die Stadt am 5. September 1570 in die Hände der Türken fiel. Trotzdem sind die Mauern Nikosias heute noch eines der besten Beispiele für die Festungsbaukunst der italienischen Renaissance außerhalb Italiens.

9
DIE RITTERORDEN
1120 BIS 1312

ALAN FOREY

Gründung und Ursprünge

Die Gründung der Ritterorden ist Teil der Umwälzungen, die das religiöse Leben der westlichen Christenheit im späten 11. und frühen 12. Jahrhundert erfassten und grundlegend veränderten. Die Ordensritter lebten nach Regeln, die denen älterer Mönchsgemeinschaften entlehnt waren, aber neben die religiöse Lebensführung trat bei ihnen der Kriegsdienst. Die große Mehrzahl der Ordensleute waren zudem Laien. Natürlich gehörten den Orden auch Geistliche an, doch waren sie in der Minderheit, und auch die Leitung lag nicht in ihren Händen, sondern bei den Laien. In den führenden Orden gab es zwei Ränge, die Ritter und die Dienstleute, wobei zu Letzteren sowohl Kriegsleute als auch Dienstleute für andere Aufgaben gehörten. Es mag überraschen, dass den Ritterorden auch einige Frauen angehörten, allerdings nahmen diese nie an den militärischen Aktivitäten der Orden teil.

Der älteste Ritterorden war der Orden der Templer. Er wurde etwa 1120 in Jerusalem gegründet und nach dem Gebäude benannt, das die Kreuzfahrer für den Tempel des Königs Salomo hielten und in dem der Orden sein Hauptquartier aufschlug. Ursprünglich war seine Aufgabe der Schutz der Pilger, die durch das Heilige Land reisten, doch entwickelte er sich innerhalb weniger Jahre zu einem Teil der christlichen Streitkräfte, die das neu eroberte Land gegen die Muslime verteidigten. Mit der Übernahme dieser Aufgabe erfüllten die Templer ein dringliches Bedürfnis: Aus den Aufzeichnungen der Pilger wissen wir, dass die Straßen im Königreich Jerusalem in den Jahren nach dem Ersten Kreuzzug keineswegs sicher waren und dass es den Herrschern der Staaten des lateinischen Orients im frühen 12. Jahrhundert an ausreichenden Truppen fehlte.

Zuweilen wird behauptet, die christlichen Ritterorden hätten den muslimischen *ribat* nachgeahmt. Dabei handelte es sich um eine bewaffnete Gemeinschaft, deren Angehörige eine religiöse Lebensführung mit dem Krieg gegen Glaubensfeinde verbanden. Doch gibt es in Wahrheit deutliche Unterschiede: Die Angehörigen des *ribat* gehörten ihm im Allgemeinen nur für eine begrenzte Zeit an und lassen sich insofern eher mit Kreuzfahrern als mit den Mitgliedern der Ritterorden vergleichen. Überdies ist bislang nicht bewiesen, dass die Christen

TEMPLERSTALLUNGEN IN JERUSALEM. Als die Templer ihren Hauptsitz in der Al-Aqsa-Moschee (Templum Salomonis) hatten, benutzten sie unterirdische Stallungen an der südöstlichen Ecke des Tempelbezirks. Theoderich, ein Pilger aus dem 12. Jahrhundert, war von der »wunderbaren Handwerksarbeit« begeistert. Er behauptete, stark übertreibend, dass hier 10 000 Pferde untergebracht werden könnten.

im Palästina des frühen 12. Jahrhunderts überhaupt von der Existenz dieser muslimischen Einrichtung wussten. So sind die Ritterorden wohl besser als Produkt der zeitgenössischen christlichen Gesellschaft zu verstehen. Es hatte sich die Sicht verbreitet, der Kampf für eine gerechte Sache sei ein ein Akt der Nächstenliebe und ein geeigneter Weg zur Erlangung der Seligkeit. Damit bot er Laien die Möglichkeit, ein gottgefälliges Leben zu führen: Das kirchenrechtliche Verbot, Waffen zu tragen, das Kritiker gelegentlich gegen die Ritterorden anführten, galt nämlich nur für Angehörige des geistlichen Standes. Allerdings wurden auch Zweifel an der neuen Einrichtung laut. Der Brief eines Templers aus den Jahren kurz nach der Gründung des Ordens verrät, dass sich selbst einige der Brüder der Berufung ihres Ordens nicht sicher waren. Der Grund für den Argwohn mag in dem Misstrauen zu suchen sein, das im Mittelalter Neuerungen allgemein entgegengebracht wurde. Darüber hinaus hielten viele einen militärischen Orden für weniger gottgefällig als eine auf Kontemplation ausgerichtete Gemeinschaft. Widerstand regte sich unter jenen, die Waffengänge gleich welcher Art für sündhaft hielten. Diese Meinung scheint die ernsthafteste Kritik an der neuen Einrichtung gewesen zu sein, denn der heilige Bernhard von Clairvaux verteidigt die Templer in seiner Schrift *De laude novae militiae* gegen dieses Argument. Die Akten des Konzils von Troyes (1129), das die Pflichten der Templer festlegte und Ordensregeln formulierte, belegen jedoch, dass der Templerorden trotz aller Zweifel innerhalb der Kirche rasch verbreitete Zustimmung fand. Zu dieser Zeit gelang es dem Orden auch, in vielen westeuropäischen Ländern Förderer zu gewinnen. Diese Patronage weitete sich schnell aus, so dass die Templer innerhalb weniger Jahre Tochterkonvente in den meisten Königreichen des Abendlandes hatten.

Trotz des Erfolges der Templer wurden im Heiligen Land keine neuen Orden ihrer Art mehr gegründet. Allerdings wandelten sich einige der bestehenden religiösen Gründungen im Königreich Jerusalem zu Ritterorden. Das Hospital des heiligen Johannes, das in Jerusalem noch vor dem Ersten Kreuzzug zur Unterstützung armer und kranker Pilger gegründet worden war, wurde Mitte der dreißiger Jahre des 12. Jahrhunderts in einen Ritterorden verwandelt, wenngleich strittig ist, ob die Johanniter schon zu diesem Zeitpunkt zu den Waffen griffen. Der Deutsche Orden entwickelte sich aus dem Deutschen Hospital, das zur Zeit des Dritten Kreuzzugs in Akkon gegründet wurde. Das Haus der Regularkanoniker, aus dem später der Ritterorden des heiligen Thomas von Akkon wurde, entstand ebenfalls in jenen Jahren. Die Umwandlung dieser beiden Gründungen in Ritterorden erfolgte 1198 beziehungsweise in den späten zwanziger Jahren des 13. Jahrhunderts. Nicht bekannt ist, wann das Aussätzigen-

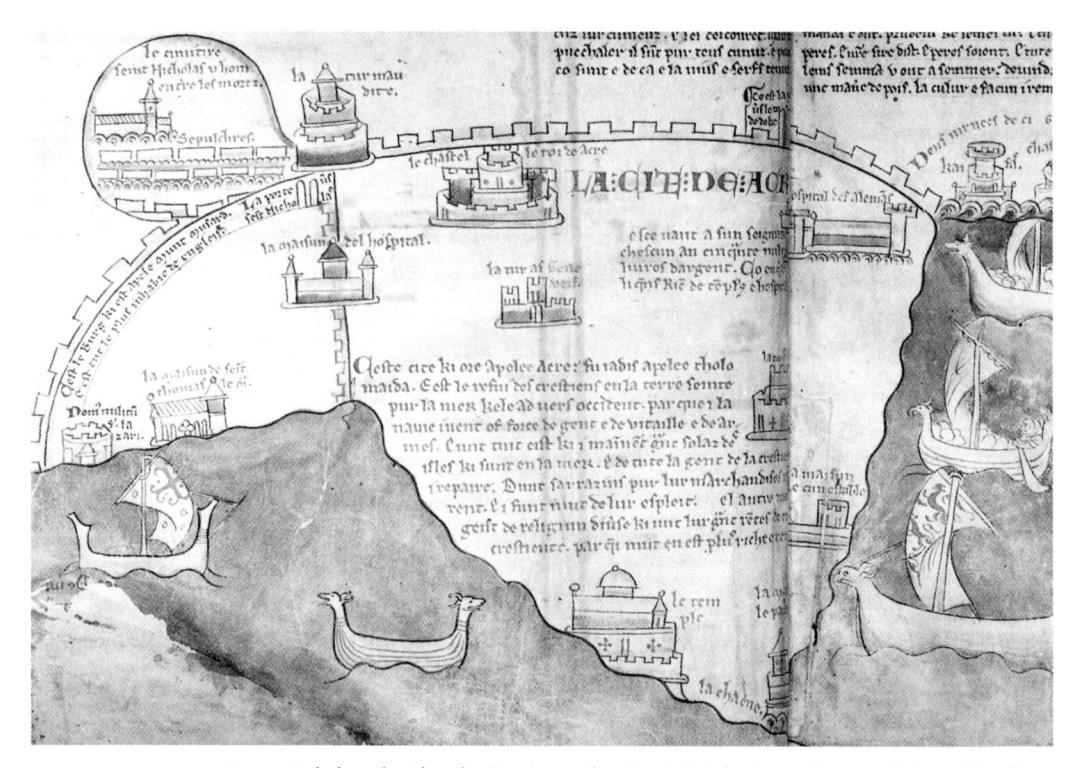

PLAN VON AKKON. Im 13. Jahrhundert lag das Zentrum des Königreichs Jerusalem in Akkon. Matthew Paris' Karte der Stadt zeigt die Gebäude der Templer, der Johanniter, des Deutschen Ordens (*hospital des alemans*), des Ordens des heiligen Thomas von Akkon und des Lazarusordens.

DIE ÜBERGABE DER FESTUNG UCLÉS AN DEN SANTIAGOORDEN IM JAHRE 1174. Die Miniatur aus einem Urkundenbuch des Ordens zeigt Alfons VIII. von Kastilien und seine Frau Leonore, die den Meister Pedro Fernández mit Uclés belehnen. In den siebziger Jahren des 12. Jahrhunderts entfaltete der Santiagoorden, der im Königreich León gegründet worden war, seine Aktivitäten auch außerhalb der Landesgrenzen.

hospital des heiligen Lazarus, urkundlich erstmals 1142 erwähnt, militärische Aufgaben übernahm. Belegt ist aber, dass seine Ordensleute spätestens in der Schlacht von La Forbie im Jahre 1244 am Kriegsgeschehen teilnahmen.

Die erhaltenen Quellen geben wenig Aufschluss über die Ursachen dieser Umwandlungen. Sicherlich hatten die Templer ein Vorbild abgegeben, doch es ist nicht ganz klar, warum man ihm folgte. In einigen Fällen lassen sich recht genaue Gründe finden: So vollzog sich die Militarisierung des Ordens des Thomas von Akkon unter maßgeblicher Beteiligung Peters von Les Roches, des Bischofs von Winchester, der sich im Orient aufhielt, als das Haus der Regularkanoniker niederging. Doch gab es auch allgemeinere Faktoren. Insbesondere verfügten die besagten Gründungen – abgesehen vom Orden des Thomas von Akkon – über waffenfähige Männer, die aufgrund des Mangels an Kriegern im Heiligen Land ermuntert wurden, militärische Aufgaben zu übernehmen.

Obwohl die Ritterorden zuerst im Heiligen Land aufkamen, traten sie bald auch an anderen Grenzen der abendländischen Christenheit in Erscheinung. Die ersten Ritterorden, die in Spanien ins Kriegsgeschehen eingriffen, waren die Templer und Johanniter. Zunächst hatte sie die spanische Halbinsel nur als eine Quelle für Einkünfte und Rekrutierungen interessiert. 1143 jedoch überredete der Graf von Barcelona die Tempelritter zur Teilnahme an der Reconquista, und Mitte des 12. Jahrhunderts hatten auch die Johanniter den Kampf gegen die Ungläubigen in Spanien aufgenommen. Im dritten Viertel des 12. Jahrhunderts wurden dann eine Reihe von Ritterorden in Spanien selbst gegründet: 1158 der Calatrava-Orden in Kastilien, 1170 der Santiagoorden in León. Der Orden von Montegaudio, dessen Besitzungen hauptsächlich in Aragon lagen, wurde um das Jahr 1173 gegründet. 1176 entstand in Portugal der Orden, der später als Avis bekannt wurde, und im Königreich León der Orden des heiligen Julián de Pereiro, der Vorläufer des Alcántaraordens. Zwischen den siebziger Jahren des 12. Jahrhunderts und dem Jahr 1300 gründeten sich in Spanien nur noch der Orden San Jorge de Alfama, entstanden um die Wende vom 12. zum 13. Jahrhundert, sowie Santa María de España in den siebziger Jahren des 13. Jahrhunderts. Diese spanischen Neugründungen waren von Anfang an Ritterorden und Nachahmungen der Templer und Johanniter. Bei diesen Gründungen spielten die Absichten ihrer Gründer und ersten Mitglieder eine wichtige Rolle. So war der Gründer des Montegaudioordens beispielsweise ein unzufriedenes Mitglied des Santiagoordens. Auch die Einstellung der spanischen Könige, die diese Gründungen förderten, war von großer Bedeutung. Die christlichen Herrscher in Spanien erhofften sich militärische Unterstützung zu Lande, während Alfons X. der Weise von Kastilien den Orden Santa María de España offenkundig förderte, weil er für den Kampf gegen den Islam um die Straße von Gibraltar Flottenunterstützung benötigte. Der Calatravaorden wurde gegründet, weil die Templer, denen zuvor die Burg von Calatrava unterstand, nicht in der Lage waren, diese wichtige militärische Stellung zu halten. Ortsansässige Orden boten den weiteren Vorteil, dass sie nicht einen Teil ihrer Einkünfte ins Heilige Land senden mussten. Weiterhin konnten die Herrscher durch die Förderung mehrerer Neugründungen verhindern, dass eine einzelne Institution zu mächtig würde: Hier liegt wahrscheinlich der Grund, warum Alfons II. von Aragonien den Orden von Montegaudio förderte. Zunächst scheinen die Herrscher der spanischen Kleinkönigtümer durchaus auch bezweckt zu haben, die Orden gegen ihre christlichen Konkurrenten vor Ort einzusetzen, doch die führenden spanischen Ritterorden breiteten sich rasch über die einzelnen Herrschaftsgebiete hinweg auf die gesamte Halbinsel aus und blieben in den Konflikten der verschiedenen christlichen Staaten neutral.

Trotz der Unterstützung der Könige gelangten nicht alle spanischen Ritterorden zur Blüte. Der Orden von Montegaudio wurde schon 1188 mit dem Hospital des heiligen Erlösers von Teruel zusammengeschlossen, 1196 dann mit dem Templerorden. Einige Brüder, die sich diesem Zusammenschluss widersetzten, richteten sich im kastilischen Monfragüe am Tajo ein, wurden aber später vom Calatravaorden einverleibt. Während diese Zusammenschlüsse ihre Ursachen in internen Schwierigkeiten der Orden von Montegaudio und Monfragüe hatten, lag der Grund für die Vereinigung des Ordens von Santa María de España mit dem Santiagoorden in den Verlusten, die Letzterer in der Schlacht von Moclín im Jahre 1280 erlitten hatte. Die übrigen spanischen Orden überlebten und weiteten sich aus, blieben aber im Wesentlichen auf ihre Halbinsel beschränkt. Obwohl es verschiedene Pläne gab, ihre Aktivitäten nach Nordafrika, in das Heilige Land und sogar in das Baltikum auszudehnen, war keinem dieser Vorschläge ein nachhaltiger Erfolg beschieden.

Anders als in Spanien waren in Mitteleuropa Templer und Johanniter nicht die ersten Ritterorden, die kriegerische Aktivitäten entfalteten. Im frühen 13. Jahrhundert wirkten hier Neugründungen und der Deutsche Orden. Diese Ritterorden spielten eine wesentliche Rolle bei der Unterwerfung Preußens und Livlands, die – trotz Rückschlägen und Aufständen – Ende des 13. Jahrhunderts abgeschlossen war. Die Schwertbrüder und der Orden von Dobrin waren ursprünglich gegründet worden, um den Missionaren Schutz und Beistand zu geben; erstere wurden 1202 mit der Unterstützung des Bischofs Albrecht von Livland gegründet, der zweitgenannte in Preußen wahrscheinlich 1228 auf Veranlassung des Bischofs Christian von Preußen und des polnischen Herzogs Konrad von Masowien. Die beiden Orden verschmolzen allerdings schon in den dreißiger Jahren des 13. Jahrhunderts mit dem Deutschen Orden.

Dieser Orden hatte seine Interessen erstmals 1211 nach Mitteleuropa ausgeweitet, als König Andreas II. von Ungarn ihn mit dem Burzenland nördlich der siebenbürgischen Karpathen belehnte, einem Grenzgebiet zu den heidnischen Kumanen. Der Deutsche Orden erblickte in diesem Angebot möglicherweise bessere Entfaltungsmöglichkeiten, als er sie in Palästina besaß, wo er in Wettbewerb mit den gut etablierten Templern und Johannitern stand. Doch 1225 vertrieb der König die Ordensritter, offenbar weil sie die Lehnshoheit abzuschütteln versuchten. Ungefähr um dieselbe Zeit bot Konrad von Masowien, der damals von den heidnischen Preußen bedrängt wurde, dem Deutschen Orden das Kulmerland an. Die folgenden Verhandlungen, in die auch Kaiser Friedrich II. eingriff, schufen die Grundlagen für das Entstehen eines unabhängigen Ordensstaates in Preußen. Gegen 1230 hatte der Deutsche Orden den Kampf gegen die Preußen aufgenommen und noch im gleichen Jahrzehnt setzte er sich nach der Union mit den Schwertbrüdern auch in Livland fest, obwohl er dort nicht so weit reichende Autorität genoss wie in Preußen.

Obwohl der Deutsche Orden der einzige Ritterorden war, der an dieser Front kämpfte, blieb doch auch für die anderen noch Platz in Mitteleuropa. Nachdem der Deutsche Orden aus Ungarn vertrieben worden war und sich in Preußen als eine unabhängige Macht konsolidierte, lag es für die ungarischen und polnischen Könige nahe, sich im Bedarfsfall anderswo nach Hilfe umzuschauen. Doch schlug ein Versuch des Herzogs Konrad von Masowien, den Orden von Dobrin in der Festung Drohiczyn am Bug neu zu begründen, schnell fehl (1237). Auch die Templer scheinen sich nicht dauerhaft in Luków an der polnischen Ostgrenze niedergelassen zu haben, das sie in den fünfziger Jahren des 13. Jahrhunderts erhielten. Ebenso wenig übernahmen die Johanniter die ständige Verteidigung des Bezirks von Severin, der sich von den siebenbürgischen Karpathen bis zur Donau erstreckte und ihnen von König Bela IV. von Ungarn 1247 übertragen worden war.

Bela IV. hatte auf die Hilfe der Johanniter nicht nur gegen die Heiden, sondern auch gegen Schismatiker gehofft. Während in diesem Fall die Hilfe ausblieb, wirkten weiter im Süden Templer, Johanniter und Deutschherren bei der Verteidigung des Lateinischen Kaiserreichs von Konstantinopel mit, das 1204 in der Folge des Vierten Kreuzzuges entstanden war. Da während des 13. Jahrhunderts immer mehr Kreuzzüge auch gegen christliche Gegner geführt wurden, verwundert es nicht, dass der Kampf gegen die Griechen als eine angemessene Aufgabe der Ritterorden betrachtet wurde. Im 13. Jahrhundert wurden zahlreiche Versuche unternommen, Ritterorden gegen Ketzer, Feinde des Papstes und Störer der öffentlichen Sicherheit im Abendland zu gründen oder einzusetzen. Mehrfach forderten Päpste die Ritterorden auf, bei innenpolitischen Konflikten in den Königreichen Zypern und Jerusalem einzugreifen, und Clemens IV. verlangte vom Johanniterorden, Karl von Anjou gegen den letzten staufischen Thronanwärter in Süditalien zu unterstützen. In Südfrankreich versuchte man, neue Orden zum Kampf gegen die Ketzerei zu gründen, doch war dort diesen Bemühungen kein dauernder Erfolg beschieden. Der Orden der gesegneten Jungfrau Maria aus Italien war da erfolgreicher: Nach seiner Ordensregel von 1261 sollte er den Glauben und die Freiheit der Kirche verteidigen und Unruhen unter der Bevölkerung unterdrücken. Derartige Entwicklungen waren jedoch von vergleichsweise geringerer Bedeutung; während des gesamten 12. und 13. Jahrhunderts war die Hauptaufgabe der Ritterorden der Kampf gegen nichtchristliche Völker und Staaten an den Grenzen der abendländischen Christenheit.

MILITÄRISCHE FUNKTIONEN

Bei den führenden Orden wurden die Waffen tragenden Brüder in Ritter und Dienstleute unterschieden, was jedoch in militärischer Hinsicht kaum ins Gewicht fiel. Die Ritter besaßen eine bessere Rüstung und durften drei oder vier Pferde unterhalten, während Dienstleuten nur eines zustand. Doch obwohl die Dienstleute als Infanterie eingesetzt werden konnten, unterschieden sich beide Gruppen in Bewaffnung und Ausrüstung kaum. Die Dienstleute bildeten sich niemals zu einer leichten Kavallerie heraus, wie es sie in einigen muslimischen Armeen gab. Die Brüder waren lebenslange Mitglieder ihres Ordens, hatten jedoch Helfer, die nur auf eine bestimmte Zeit mit ihnen zusammenlebten und ins Feld zogen. Im Heiligen Land kamen solche Hilfskräfte meist aus den Kreisen abendländischer Kreuzfahrer. Die Templerregel legte diesen Männern drei Gelübde auf. Dienste dieser Art gab es auch noch im 13. Jahrhundert. Außerdem konnten die Orden ihre Lehnsleute zum Heeresdienst heranziehen, und in einigen Gegenden wurden auch Söldner in Dienst genommen. Im Heiligen Land kamen zu den bezahlten Truppen die sogenannten Turkopolen hinzu, Bogenschützen, die sich aus der ortsansässigen Bevölkerung rekrutierten und in manchen Fällen beritten waren.

An allen Fronten bildeten die Ritterorden nur einen Bestandteil der christlichen Streitkräfte neben anderen, spielten jedoch in Syrien und im Baltikum eine unabhängigere Rolle als in Spanien. Die Führung der spanischen Reconquista lag in den Händen der christlichen Herrscher der Halbinsel, und diese achteten streng darauf, militärische Vorhaben unter ihrer Kontrolle zu behalten. Viele Urkunden betonen ausdrücklich, dass Kriegseinsätze allein auf königliches Geheiß begannen oder endeten. Trotz einiger päpstlicher Proteste fügten sich die Ritterorden normalerweise in diese Bestimmung. Allerdings versuchten die spanischen Könige nicht, alle Initiative zu ersticken, und die Ritterorden führten durchaus selbständige Feldzüge durch. So berichten die Quellen von der Einnahme mehrerer muslimischer Festungen durch den Santiago- und den Calatravaorden in den späten zwanziger und frühen dreißiger Jahren des

BAGHRAS. Wahrscheinlich in den dreißiger Jahren des 12. Jahrhunderts wurde den Templern die Aufgabe übertragen, die Mark Amanus im Norden des Fürstentums Antiochia zu verteidigen. Die abgebildete Radierung aus dem 19. Jahrhundert zeigt die Ruinen der Festung Baghras, die die Templer endgültig 1268 aufgaben.

13. Jahrhunderts. Diese Feldzüge lagen jedoch immer im Rahmen der königlichen Politik. Im Orient hingegen gestattete Fürst Bohemund III. von Antiochia im Jahre 1168 den Johannitern, nach eigenem Gutdünken Kriege zu erklären und Waffenstillstände zu schließen, die er zu beachten versprach. Ein ähnliches Versprechen gab 1210 auch König Leo II. von Armenien ab. Für das Königreich Jerusalem sind aus dem 12. Jahrhundert Konzessionen dieser Art nicht belegt, doch ermöglichte es der Niedergang der dortigen Königsgewalt im 13. Jahrhundert den Ritterorden, in ganz Syrien und Palästina ihre eigene Politik zu verfolgen. In den frühen Jahrzehnten des Jahrhunderts nahmen Templer und Johanniter im Norden eine aggressive Haltung ein, die es ihnen gestattete, benachbarten muslimischen Herrschern Tributzahlungen abzutrotzen; weiter im Süden verfolgten sie gegenüber Ägypten und Damaskus eine eigenständige Politik. Als im Verlauf des 13. Jahrhundert die Macht der Mamluken wuchs, handelten die Orden selbständig Waffenstillstände mit den Invasoren aus. Die größte ständige Handlungsfreiheit genossen sie allerdings im Baltikum. In Preußen war der Deutsche Orden keiner höheren Gewalt unterstellt, und wenn in Livland die Schwertbrüder und später der Deutsche Orden in der Theorie auch keine so weit reichenden Freiheiten besaßen, fehlte doch

DIE FESTUNG SEGURA DE LA SIERRA in Andalusien wurde dem Santiagoorden 1242 übertragen, zu einer Zeit, als die Christen schnell Landgewinne in Spanien machten. 1245 wurde sie anstelle von Uclés zum Sitz des kastilischen Großmeisters (comendador mayor).

auch dort eine übergeordnete Macht. Heinrich von Livland schrieb zu Beginn des 13. Jahrhunderts über den Ordensmeister der Schwertbrüder, dass er »die Kämpfe des Herrn ausfocht und die Armee des Herrn bei allen Operationen führte und kommandierte, ob der Bischof [von Riga] anwesend war oder nicht«.

Auch die Kriegsführung der Ritterorden an den verschiedenen Fronten unterschied sich in mancher Hinsicht nach Zielsetzungen und Methode. In Syrien und Spanien war das Hauptziel der offensiven Kriegsführung die Herrschaft über das Land, nicht die Bekehrung der Muslime. Anders im Baltikum, wo der Eroberung die Taufe der Heiden auf dem Fuße folgte. Das Baltikum unterschied sich auch darin von anderen Kampfgebieten, dass die Feldzüge häufig im Winter stattfanden, wenn Sümpfe und Flüsse zugefroren und Truppenbewegungen leichter durchzuführen waren. An allen Fronten konzentrierten sich jedoch die Ritterorden hauptsächlich auf den Kampf zu Land. Selbst der Orden von Santa María de España kämpfte nicht ausschließlich zur See, und im östlichen Mittelmeer verfügten Templer und Johanniter erst Ende des 13. Jahrhunderts über nennenswerte eigene Flotten.

Die militärischen Aufgaben der Ritterorden zu Lande umfassten sowohl die Verteidigung befestigter Stellungen als auch den Kampf im offenen Feld. Den Templern und Johannitern wurden im Verlauf des 12. Jahrhunderts in Syrien und Palästina von Herrschern und Adligen, denen es an Männern oder Hilfsquellen zur adäquaten Verteidigung fehlte, immer mehr Festungen durch Schenkung oder Verkauf übertragen. Man schätzt, dass 1180 die Johanniter allein etwa 25 Burgen im lateinischen Orient unterhielten. Schon vor 1150 hielten Johanniter und Templer nahe der Südgrenze des Königreichs Jerusalem die Festungen Bait Dschibrin beziehungsweise Gaza; zu den kleineren Befestigungsanlagen, die sie unterhielten, gehörten Forts, die an Pilgerstraßen lagen und den Reisenden auf dem Weg nach Jerusalem oder nach dem Jordan Schutz boten. Im 12. Jahrhundert besaßen die beiden Ritterorden allerdings mehr Festungen im nördlichen Syrien als in Palästina. 1144 übergab Graf Raimund II. von Tripolis den Johannitern eine Reihe von Befestigungsanlagen nahe der Ostgrenze seines Herrschaftsbereichs, darunter den Krak des Chevaliers, während die Templer im Norden des Fürstentums Antiochia mit der Mark Amanus belehnt wurden. Die wichtigste Johanniterburg innerhalb des Fürstentums Antiochia war Margat, die der Orden 1186 erhielt, nachdem ihr früherer Herr »erkannt hatte, dass er sie aufgrund der hohen Ausgaben und der unmittelbaren Nachbarschaft der Ungläubigen nicht halten konnte, obwohl das im Interesse der Christenheit geboten war«. Die meisten dieser Burgen gingen in der Folge der Schlacht von Hattin verloren. Einige wurden allerdings später zurückgewonnen, und andere Festungen wurden von den Templern und den Johannitern im 13. Jahrhundert neu erworben. Zur gleichen Zeit übernahm der Deutsche Orden die Bemannung und Verteidigung von Festungen, hauptsächlich im Hinterland von Akkon. Die Ritterorden trugen die Hauptlast der Verteidigung.

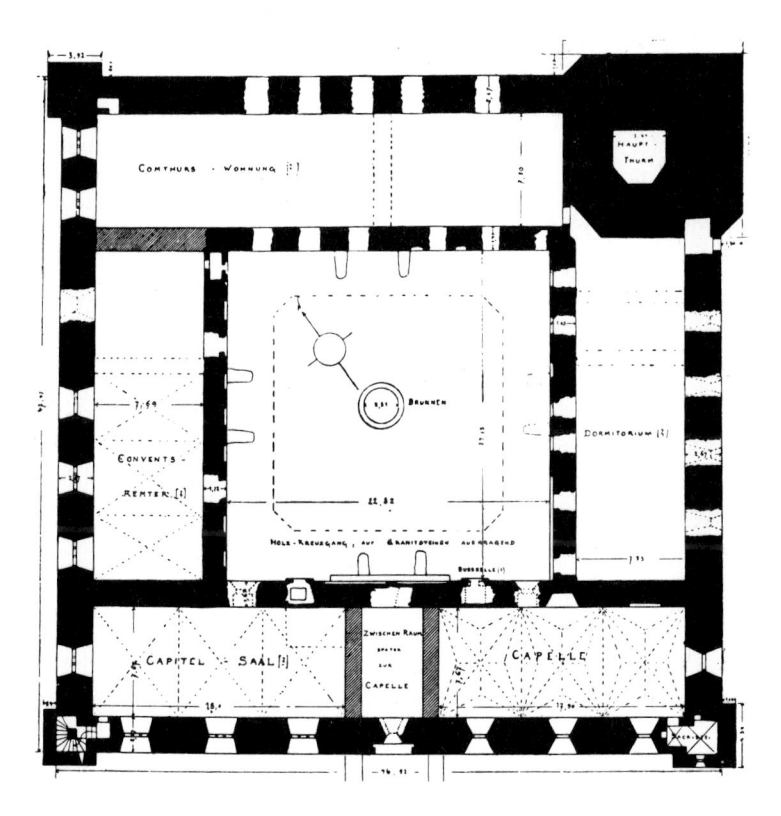

GRUNDRISS DER DEUTSCHORDENSBURG MEWE. Während die frühesten Befestigungsanlagen, die der Deutsche Orden in Preußen errichtete, sehr primitiv waren, änderte sich das im späteren 13. Jahrhundert. Der Deutsche Orden hatte das Gebiet von Mewe am Westufer der Weichsel 1276 erhalten; der Bau der Festung begann wahrscheinlich am Ende des Jahrhunderts.

Die Verantwortung der Ritterorden beschränkte sich nicht darauf, Männer für die Verteidigung der Burgen zu stellen. Sie errichteten auch neue Befestigungsanlagen, setzten bestehende instand oder bauten sie aus. Zu den Templerbauten gehörte das Château Pèlerin, das 1217/1218 an der Küste errichtet wurde, sowie die Festung Safed, die die Templer wieder aufbauten, nachdem der Ort 1240 erneut unter christliche Herrschaft gekommen war. Die Johanniter errichteten neue Burgen, so etwa Belvoir, und verstärkten um die Wende vom 12. zum 13. Jahrhundert den Krak des Chevaliers mit einer äußeren Umwallung.

Über die baulichen Aktivitäten der Ritterorden in Spanien weiß man weniger. Bekannt ist, dass ihnen eine große Anzahl von Grenzfestungen auf der Halbinsel unterstand. In Aragonien und Katalonien lag im 12. Jahrhundert die Verantwortung hauptsächlich bei den Templern und den Johannitern. Ein Versuch König Alfons' II., im südlichen Aragonien den Orden von Montegaudio zu fördern, erwies sich als fruchtlos. Im südlichen Teil des Königreichs Valencia, das um die Mitte des 13. Jahrhunderts erobert worden war, begünstigte der aragonesische König Jakob I. allerdings in erster Linie den Santiagoorden. Ebenso bedienten sich auch in Portugal die dortigen Herrscher im 12. Jahrhundert der Templer und Johanniter, während man sich im 13. Jahrhundert vornehmlich auf spanische Ritterorden, insbesondere die Orden von Avis und Santiago, stützte. Die zentral gelegenen Königreiche Kastilien und León vertrauten hingegen die Verteidigung ihrer Grenzfestungen durchgängig den örtlichen Ritterorden an, insbesondere dem Calatrava- und dem Santiagoorden.

In der Ostseeregion errichteten die Orden ihre Burgen im Zuge ihrer Eroberungen, so etwa der Deutsche Orden in Preußen, als er zunächst die Weichsel und dann das Frische Haff hinauf nach Norden vordrang. In Livland leisteten die Orden auf ähnliche Weise einen wichtigen Beitrag zum Festungsbau. In beiden Regionen wurden die primitiven hölzernen Festungen der Heiden oftmals während der Eroberung in Brand gesteckt und zerstört. Doch auch die Bauten, die sie ersetzten, bestanden zunächst noch hauptsächlich aus Holz und Lehm; erst später traten komplexere Gebäude an ihre Stelle, wobei dann vor allem dem Backstein große Bedeutung zukam.

Keineswegs wurden alle Festungen der Ritterorden durch große Garnisonen dienender Brüder verteidigt. 1255 erklärten die Johanniter, dass sie beabsichtigten, eine Truppe von sechzig Berittenen auf dem Krak des Chevaliers zu unterhalten, und es hieß, dass achtzig Templer notwendig seien, um Safad ausreichend zu bemannen. Diese Zahlen stellen bereits die Obergrenze des Glaubwürdigen dar. Häufig war die Anzahl der Ordensritter in einer Festung viel geringer, zumal im Ostseeraum und in Spanien. Ein Chronist berichtet, dass nur sieben Brüder

DIE KIRCHE DES HEILIGEN GRABES IN JERUSALEM. Die Südfassade wurde 1149 fertiggestellt und zeigt eine Mischung abendländischer und orientalischer Stile und Motive. Der Glockenturm (dessen oberes Geschoss verloren ist) wurde 1153 hinzugefügt und erhebt sich über der aus dem 11. Jahrhundert stammenden byzantinischen Kapelle Johannes' des Evangelisten.

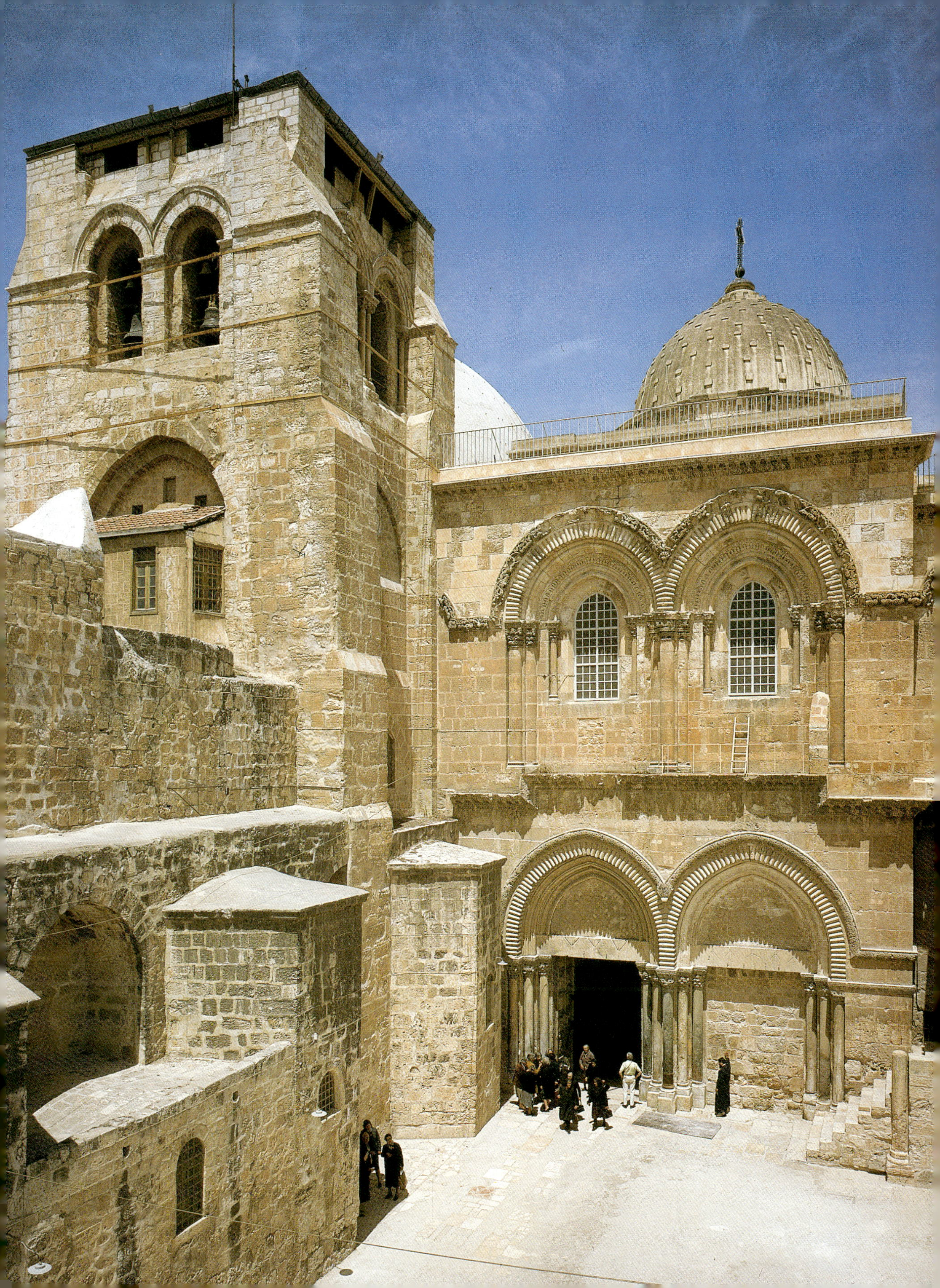

KRAK DES CHEVALIERS (*oben*). Die Johanniter, denen die Festung 1144 übertragen wurde, nahmen umfassende Um- und Ausbauten vor, darunter die Errichtung der äußeren Umfassungsmauer, die an der Wende des 12. zum 13. Jahrhundert entstand. Die Festung fiel 1271 in die Hände der Mamluken.

DER HEILIGE BERNHARD, ZISTERZIENSERABT VON CLAIRVAUX (*rechts*). Der heilige Bernhard, der führende Kirchenfürst des Abendlandes im zweiten Viertel des 12. Jahrhunderts, spielte eine wichtige Rolle bei der Abfassung der Templerregel im Jahre 1129. Er schrieb außerdem eine Abhandlung *De laude novae militiae* (»Das Lob der neuen Ritterschaft«), worin er die Kritik an der kriegerischen Tätigkeit des Templerordens zurückwies.

als Besatzung in Thorn an der Weichsel blieben, nachdem der Deutsche Orden die Stellung 1231 befestigt hatte. Kleinere Befestigungsanlagen hatten oft überhaupt keine ständige Besatzung von Ordensrittern.

Den Brüdern standen zur Verteidigung ihrer Burgen allerdings Hilfstruppen zur Verfügung, wozu manchmal auch Vasallen aus der Umgegend kamen. Häufig aber musste das Land erst kolonisiert werden, bevor Hilfe von den Untertanen zu erwarten war. In manchen Gegenden war die Neuansiedlung ein wichtiger Schritt, um die christliche Herrschaft über die Grenzregionen sicherzustellen. Während in den syrischen Ordensgebieten die Kolonisierung wohl immer sehr begrenzt blieb, versuchten die Ritterorden in den eroberten Gebieten Spaniens stets, neue Siedler zu gewinnen: Davon zeugen zahlreiche erhaltene Ansiedlungsurkunden, die von den Orden ausgestellt wurden. Es war jedoch nicht immer leicht, Siedler für Gebiete zu finden, die unbebaut und zudem ständig bedroht waren. In Spanien verlief der Prozess der Neuansiedlung langsam; in Preußen machte die Ansiedlung westlicher Bauern bis zum Ende des 13. Jahrhunderts, als die Preußen endgültig unterworfen waren, nur geringe Fortschritte; in Livland kam es niemals zu einer zahlenmäßig starken Ansiedlung deutscher Bauern.

Die Ritterorden ernteten für ihre Leistung bei der Verteidigung von Grenzfestungen häufig Lob und zuweilen leisteten sie ihren Feinden hartnäckigen und entschlossenen Widerstand. Die Johanniterburg Belvoir trotzte nach der Schlacht von Hattin mehr als ein Jahr der Belagerung, und Saladin konnte damals weder den Krak des Chevaliers noch die Festung Margat erstürmen. In ähnlicher Weise leisteten 1211 die Brüder des Calaltravaordens in ihrer Burg Salvatierra in Kastilien lange Widerstand, als sie von dem almohadischen Kalifen belagert wurde. Andererseits gab es aber auch Fälle, in denen befestigte Stellungen dem Feind schnell in die Hände fielen. Die Templerfestung Gaza wurde nach der Schlacht von Hattin kampflos übergeben, und mehrere Festungen des Calatravaordens in Spanien gingen bald nach der christlichen Niederlage bei Alarcos (1195) verloren. In manchen Fällen erklären bestimmte Begleitumstände das Gelingen oder Scheitern einer Verteidigung. Gaza wurde von den Templern übergeben, um die Freilassung ihres in Gefangenschaft geratenen Großmeisters zu erreichen. Margat wiederum konnte nach Auskunft islamischer Quellen aufgrund seiner außergewöhnlich guten Lage und starken Befestigung den Johannitern nach der Schlacht von Hattin nicht abgenommen werden. Doch in der Regel entschieden die allgemeinen militärischen und politischen Verhältnisse, nicht besondere Umstände, über das jeweilige Geschick der Ordensfestungen. Nach schweren Niederlagen in einer Feldschlacht, wie etwa bei Hattin und Alarcos, erwies es sich als schwierig, die Festungen zu behaupten, insbesondere dann, wenn die Besatzungen reduziert oder abgezogen worden waren, um ein kampftüchtiges Heer in die Schlacht schicken zu können. Als sich die Ritterorden während des späteren 13. Jahrhunderts der wachsenden Macht der Mamluken gegenüber sahen und nicht auf Entsatzarmeen hoffen konnten, war es unmöglich, belagerte Stellungen lange zu halten. Die Belagerten hielten es zuweilen sogar für vorteilhafter, die Festung für das Versprechen freien Abzugs dem Feind zu übergeben, statt den Kampf bis zum bitteren Ende fortzusetzen. In den sechziger Jahren des

SCHLACHT ZWISCHEN CHRISTEN UND CHWARIZMIERN. In der Schlacht von La Forbie (1244) erlitten die Truppen des Königreichs Jerusalem eine schwere Niederlage gegen die Chwarizmier. Auf Matthew Paris' Zeichnung wird die zweifarbige Templerfahne von einem Ritter getragen, der aus der Schlacht flieht. Aber in Wahrheit wurden die Kontingente der Ritterorden in dieser Schlacht praktisch ausgelöscht.

13. Jahrhunderts gingen zahlreiche Burgen des Deutschen Ordens in Preußen infolge großer Aufstände verloren, weil Vorräte zum Aushalten längerer Belagerungen fehlten und kein Entsatz in Sicht war. Mit der Verteidigung von befestigten Stellungen übernahmen die Ritterorden jedenfalls eine verantwortungsvolle Aufgabe, die nicht leicht von anderen Kräften erfüllt werden konnte.

Für den Kampf im offenen Gelände waren die Ritterorden im Allgemeinen nicht verpflichtet, eine festgelegte Zahl von Männern abzustellen, und es ist daher schwer, die Größe ihrer Kontingente an den jeweiligen Fronten einzuschätzen. Doch scheint die Zahl der beteiligten Brüder nicht groß gewesen zu sein. Ein 1187 abgefasster Templerbrief aus Palästina berichtete, dass der Orden im Mai des Jahres sechzig Brüder bei Cresson verloren habe und dass weitere 230 in der Schlacht von Hattin gefallen seien; damit sei der zentrale Konvent »fast vollständig ausgelöscht«. Ein Brief, der 1244 nach der Niederlage bei La Forbie geschrieben wurde, meldet, Templer und Johanniter hätten jeweils mehr als 300 Ritter verloren; es lebten noch 33 Templer und 26 Johanniter. Die beiden Orden konnten also im Königreich Jerusalem jeweils etwa 300 Ritter ins Feld zu schicken. Wenn man diese Zahl zugrunde legt, entsprachen die vereinten Kräfte beider Orden in der zweiten Hälfte des 12. Jahrhunderts ungefähr der Kopfzahl, die durch die Lehnsfolge zusammenkam, während im 13. Jahrhundert ihr prozentualer Anteil aufgrund der zurückgehenden Zahl an Vasallen höher lag.

Zahlenmäßig fielen die Ordensritter auf der spanischen Halbinsel weniger ins Gewicht. Als der Santiagoorden 1280 in der Schlacht von Moclín seinen Großmeister und 55 Brüder verlor, war dieser Verlust groß genug, um die Zusammenlegung mit dem Orden von Santa María de España zu erzwingen. 1229 stellten die Templer in der Truppe, die Mallorca angriff, einen Anteil von nur etwa vier Prozent, obgleich sie im Königreich Aragon der wichtigste Ritterorden waren. Man darf dabei allerdings nicht vergessen, dass die christlichen Herrscher in Spanien über weit größere Kontingente an weltlichen Truppen verfügten als in Syrien und Palästina, da der Bevölkerungsanteil katholischer Christen in Spanien wesentlich höher lag als in den Kreuzfahrerstaaten. Zudem konnten die spanischen Herrscher auf die allgemeine Heeresfolge zurückgreifen und verlangen, dass der Adel Kontingente abstellte.

Auch hinsichtlich der Kämpfe im Baltikum vermitteln die Chroniken den Eindruck, dass die Anzahl der kämpfenden Brüder klein war verglichen mit vor Ort ausgehobenen Truppen. Die *Livländische Reimchronik* berichtet beispielsweise, dass der Provinzialmeister des Deut-

WANDMALEREI IN DER TEMPLERKIRCHE VON CRESSAC-SUR-CHARENTE. Obwohl die meisten Templer, die dem Orden in Frankreich beitraten, niemals im Orient dienten, sollten Wandgemälde wie dieses sie an den eigentlichen Zweck des Ordens erinnern.

schen Ordens in Livland 1268 alle verfügbaren Brüder aufbot und sie 180 Mann in dem Landheer stellten, das insgesamt 18 000 Kämpfer umfasste. Größere Fortschritte in diesem Kampfgebiet kamen häufig nur durch die Hilfe von Kreuzfahrerkontingenten zustande. So gelang zum Beispiel die Eroberung des Samlandes 1255 nur mit der Unterstützung König Ottokars II. von Böhmen, des Markgrafen von Brandenburg und einer starken Kreuzfahrertruppe.

Trotz ihrer geringen Zahl waren die Brüder zumindest im Orient aufgrund ihrer Tapferkeit und Entschlossenheit von den Gegnern hoch geachtet: der Chronist Ibn al-Athir beschrieb beispielsweise den Johanniterkastellan des Krak des Chevalier als »einen Stein im Schlund der Muslime«. Die Ordensbrüder waren disziplinierter als die meisten weltlichen Kontingente. Die Templer besaßen ein strenges Reglement für das Verhalten im Lager und auf dem Marsch, und die Angehörigen aller Ritterorden waren natürlich an das Gehorsamkeitsgelübde gebunden, das unter Androhung strenger Strafen für Befehlsverweigerung im Felde durchgesetzt wurde. In allen führenden Orden stand auf die Desertion in der Schlacht die Ausstoßung, und Templer, die ohne Erlaubnis einen Angriff durchführten, verloren für einen bestimmten Zeitraum ihr Recht, das Habit des Ordens zu tragen. Die Strafandrohungen verhinderten zwar nicht alle Akte des Ungehorsams im Krieg, doch stimmen mehrere Kreuzzugsforscher der Einschätzung Jakob von Molays, dem letzten Großmeister des Templerordens, zu, wenn dieser schreibt, dass die Brüder aufgrund ihres Gehorsamkeitsgelübdes anderen Truppen überlegen waren. Manche meinen auch, die Ritterorden hätten in Syrien den Vorteil der Erfahrung auf ihrer Seite gehabt. Gewiss hatten die führenden Männer der Orden in der Regel schon lange gedient, doch im Templerorden bestanden die Mannschaften, die im Orient dienten, normalerweise aus neuen Rekruten, die hier auf begrenzte Zeit ihren Dienst ableisteten. Natürlich waren langjährige Dienstzeiten und Erfahrungen nicht immer eine Gewähr für kluge Entscheidungen: So gehen die großen Verluste, die der Templerorden 1187 bei Cresson erlitt, auf das Konto des Großmeisters Gerhard von Ridfort, der alle Ratschläge in den Wind schlug und seine Truppen gegen eine viel größere muslimische Streitmacht ins Feld schickte. In der Regel jedoch zeugten die Ratschläge der führenden Ordensbrüder an allen Fronten von einer realistischen Einschätzung der politischen und militärischen Situation; häufig neigten sie zur Vorsicht. Während des Dritten Kreuzzugs sprachen sich Templer und Johanniter gegen eine Belagerung Jerusalems aus, teilweise deswegen, weil sie während dieser Belagerung den Truppen Saladins hilflos ausgeliefert wären. Ebenso riet während der Eroberung Mallorcas der Johanniterprior wegen der drohenden Gefahr dem König von Aragon von einem Angriff auf die Muslime in den Hügeln jenseits von Inca ab. Die Brüder, die in den Grenzregionen Dienst taten, waren keine Fanatiker und durchaus auch bereit, Seite an Seite mit Ungläubigen zu kämpfen, falls die militärische Lage das erforderte.

Im östlichen Mittelmeerraum bediente man sich häufig der Erfahrungen und Kenntnisse der Ordensritter, indem man ihre Kontingente in die Vorhut oder Nachhut von Kreuzfahrerheeren stellte, wie dies etwa während des Fünften Kreuzzugs und während der Ägyptenexpedition Ludwigs IX. geschah. In Spanien hatten sie diese Funktion nicht, da hier die große

Masse der weltlichen Truppen aus Spaniern bestand; sie bildeten aber häufig zu Beginn eines Feldzugs den Kern der Armee, da es schwer fiel, die meisten weltlichen Kontingente schnell zu mobilisieren. Der Dienst der Brüder war üblicherweise nicht den zeitlichen Beschränkungen unterworfen, die in den weltlichen Truppen herrschten. In allen Kriegsgebieten kämpften die Kreuzfahrer in aller Regel nur für eine begrenzte Zeit, in Spanien waren die Gefolgschaftsdienste der Untertanen normalerweise zeitlich begrenzt: So wurde 1233 die Belagerung von Ubeda seitens einiger kastilischer Stadtmilizen aufgegeben, weil ihre Dienstzeit abgelaufen war.

In der Praxis waren die Brüder jedoch nicht immer verfügbar, um gegen die Ungläubigen zu kämpfen. Zuweilen rüsteten sie zur Verteidigung gegen andere Christen oder zur Verfolgung von Ordensinteressen. Beispiele dafür gibt es von allen Fronten. In Livland kämpften die Schwertbrüder 1233 mit den Anhängern des päpstlichen Legaten Balduin von Alna; im Orient beteiligten sich die Ritterorden an den innenpolitischen Konflikten, die das 13. Jahrhundert durchzogen, etwa dem Krieg von Saint-Sabas, und nahmen auch an privaten Streitigkeiten teil. Das Gleiche ereignete sich auch in Kastilien, einem Land, das im späten 13. Jahrhundert von politischer Instabilität geprägt war. Diese Aktivitäten verzehrten Kräfte, die andernfalls zum Kampf gegen Muslime oder Heiden einsetzbar gewesen wären. In Syrien genossen die Orden völlige Unabhängigkeit, was bedeutete, dass sie geforderte Hilfeleistungen verweigern konnten; und obwohl die Ritterorden in Spanien weniger unabhängig waren, zeigte sich doch auch dort in der zweiten Hälfte des 13. Jahrhunderts eine merkliche Zurückhaltung, wenn es galt, Hilfe zu bringen. Die Aufzeichnungen der Könige von Aragon enthalten nicht nur wiederholte Aufforderungen, weil die Orden auf einen ersten Aufruf nicht reagiert hatten, es finden sich dort auch Drohungen, dass der König gewillt sei, gegen den Ordensbesitz vorzugehen, weil sie nicht auf die königlichen Forderungen reagierten. Doch wenn es auch Zeiten gab, in denen man sich auf die Ritterorden nicht verlassen konnte, so leisteten sie doch im Orient und im Baltikum wichtige Beiträge in den Schlachten gegen die Ungläubigen und spielten an allen Fronten eine entscheidende Rolle bei der Bemannung und Verteidigung von Festungen. Schon in der Mitte des 12. Jahrhunderts erklärte Amalrich von Jerusalem dem französischen König: »Wenn wir etwas erreichen können, dann nur dank ihrer Unterstützung.«

WEITERE TÄTIGKEITSFELDER

Zwar scheinen die Johanniter und auch einige spanische Ritterorden Sanitätsdienst auf den Schlachtfeldern geleistet zu haben, doch die Werke der Nächstenliebe, die für alle Ritterorden verbindlich waren, wurden im Wesentlichen abseits der Schlachtfelder geleistet. Als der Montegaudioorden 1188 mit dem Hospital des Heiligen Erlösers zusammengelegt wurde, übernahm er dessen Verpflichtung zum Loskauf christlicher Gefangener, und die Regel des Santiagoordens forderte, dass seine gesamte Kriegsbeute vergleichbaren Zwecken zugeführt werden sollte. Der Santiagoorden besaß außerdem in den meisten Teilen der spanischen Halbinsel Hospitäler zum Loskauf von Gefangenen. Der Johanniter- und der Deutsche Orden waren beide mit dem Ziel der Armen- und Krankenpflege gegründet worden, und sie hielten an diesen Aufgaben fest, auch nachdem sie zu militärischen Orden geworden waren. Obwohl Papst Alexander III. im späten 12. Jahrhundert der Sorge Ausdruck gab, dass die militärischen Aufgaben des Johanniterordens seine wohltätigen Werke beeinträchtigen könnten, konnte Johann von Würzburg, der Jerusalem in den sechziger Jahren des 12. Jahrhunderts besuchte, über das dortige Johanniterhospital schreiben: »Eine große Anzahl von Kranken beider Geschlechter ist in mehreren Gebäuden untergebracht, und man verwendet jeden Tag große Kosten auf ihre Gesundung. Als ich dort war, erfuhr ich von den Krankendienern, dass die Zahl der Kranken bis zu zweitausend beträgt.« Die Templer waren, wie während ihres Prozesses immer wieder herausgestellt wurde, von allen Hospitaldiensten befreit, man erwartete aber von ihnen – wie von allen Ritterorden – die regelmäßige Gabe von Almosen. Diese Verpflichtung wurde zum Teil dadurch erfüllt, dass man den Armen ein Zehntel des gebackenen Brots zusprach, das im Konvent verbraucht wurde.

Alle Orden waren früher oder später mit der Verwaltung von Ländereien betraut. Der Deutsche Orden übte sogar in ganz Preußen die Regierungsgewalt aus, und auch in Palästina verfügten die führenden Orden über beträchtliche politische Macht.

Mehrere Ritterorden, insbesondere die Templer, betätigten sich darüber hinaus als Bankiers und Geldverleiher. Ihre Konvente waren häufig zugleich Aufbewahrungsorte für Geld, Juwelen und Dokumente. Bisweilen wurde betont, dass sich der Orden aufgrund seiner militärischen und religiösen Ausrichtung besonders für diese Aufgaben eigne, wiewohl man nicht annehmen darf, dass außerhalb der Grenzregionen alle Konvente in gut befestigten Stellungen untergebracht waren. Manche Depots dienten nur der sicheren Verwahrung, Orden konnten jedoch auch Warentransporte von einem Ort zum anderen durchführen. Derartige Maßnahmen wurden durch das dichte Netz der Konvente erleichtert, die die führenden Orden im gesamten christlichen Abendland besaßen. Viele Sammellager wurden nur von Fall zu Fall benutzt, doch hatten manche Einzelpersonen auch laufende Vereinbarungen mit dem Templerorden, der die Einkünfte seiner Geschäftspartner einzog und Zahlungen in ihrem Namen leistete. Im 13. Jahrhundert fungierte die Pariser Niederlassung der Templer lange als Schatzkammer des Königs, und viele Adlige, darunter mehrere Brüder König Ludwigs IX., hatten ein Konto bei ihr.

Die Templer erlangten auch eine wichtige Stellung im Geldverleih. In Aragon streckten sie schon in den dreißiger Jahren des 12. Jahrhunderts Geld vor, und im späten 13. Jahrhundert gewährten sie der aragonesischen Krone regelmäßig Darlehen. Im 12. Jahrhundert wurden Anleihen üblicherweise für ein spezielles Vorhaben aufgenommen, doch im folgenden Jahrhundert wurden sie bei der Finanzierung der Regierungsaufwendungen zur Regel: Die Zahlungsverpflichtungen der Herrscher wuchsen; um finanzielle Engpässe auszugleichen, griffen sie häufig ihren Einkünften vor, indem sie kurzfristige Anleihen aufnahmen. Sie wandten sich dabei an jene, deren Kapital ausreichte, um große Summen bereitzustellen, und dazu gehörten nicht nur die Firmen italienischer Bankiers, sondern auch der Templerorden. Ferner gab es jedoch Fälle, in denen der Orden seinerseits Geld leihen musste, um Geldforderungen der Könige nachzukommen, weil er diese nicht einfach abweisen konnte, wollte er ihre Gunst nicht verlieren.

FINANZIELLE MITTEL

Die militärischen und mildtätigen Aktivitäten der Ritterorden verursachten notwendigermaßen hohe Ausgaben und waren an die Verfügbarkeit ausreichender Mittel gebunden. Einkünfte wurden aus verschiedenen Quellen erzielt. Eine davon war der Erfolg bei kriegerischen Unternehmungen, die Beute einbrachten oder Ländereien auf neu erobertem Territorium. An manchen Fronten konnten die Ritterorden auch Tribute erzwingen. Doch die meisten Orden erhielten den größten Teil ihrer Einkünfte aus Besitzungen in Gebieten, die weit ab von den Grenzregionen lagen. Die Templer und Johanniter konnten bei der Verteidigung des Heiligen Landes eine führende Rolle spielen, weil sie – anders als die Herrscher und Adligen des lateinischen Orients, die im Wesentlichen auf ihre Einkünfte vor Ort angewiesen waren – auf Einnahmequellen in allen Ländern des christlichen Abendlandes zurückgreifen konnten. Sie waren aber auch die einzigen Orden, die über genügend Besitz in allen Ländern des Westens verfügten.

Außerhalb der Grenzregionen der westlichen Christenheit spendeten Laien aus allen Ständen für die Ritterorden, lediglich die Unterstützungswilligkeit des säkularen Klerus war beschränkt. Durch ihre Schenkungen wollten die Stifter unter anderem auch die christliche Sache gegen die Ungläubigen fördern. Im 12. Jahrhundert war die Idee des heiligen Krieges noch vergleichsweise neu und beeinflusste das Spenderverhalten zu einer Zeit, als ältere Klostergemeinschaften an Beliebtheit verloren. Manche Menschen hatten besondere Gründe, einen Ritterorden zu fördern; eine Spende war zuweilen ein Ersatz für den eigenen Kreuzzug, manchmal waren die Spender selbst auf einem Kreuzzug gewesen und hatten die militärischen und wohltätigen Leistungen eines Ordens in guter Erinnerung. Bei ihrer Entscheidung, einen Ritterorden zu fördern, wurden einzelne Spender manchmal durch persönliche oder durch Familienbande beeinflusst, auch geographische Faktoren spielten eine Rolle: Oft unterstützte man einen Orden, der in der Nähe einen Konvent unterhielt. Alle Spender wollten jedoch durch ihre Gaben die Gunst Gottes gewinnen, im Diesseits wie im Jenseits. Die Namen der Stifter wurden in die Gebete eines Ordenskonvents aufgenommen, wenn auch die Wohltäter von Ritterorden in der Regel, anders als die von Klostergemeinschaften, keine neuen Konvente stifteten. Die Geldgeber des 12. Jahrhunderts erwarteten von den Orden, dass ihre Spenden in erster Linie für militärische oder wohltätige Zwecke eingesetzt werden sollten.

Im 13. Jahrhundert gab es jedoch eine wachsende Tendenz, Stiftungen für den Unterhalt von Priestern, die Seelenmessen lasen, für Seelenmessen selbst oder für Lampen, die in Ordenskapellen vor den Altären brannten, zu leisten. Manche Stifter erwarteten auch materielle Wohltaten – etwa eine sichere Versorgung –, die den Wohltätern von Klöstern häufig gewährt wurden.

Die Ritterorden erhielten Ländereien nicht nur durch Schenkung, sie erwarben auch Besitz. Ihre Überschüsse legten sie so an, dass sie langfristigen Profit erbrachten; in manchen Bezirken waren die Käufe zahlreicher als die Schenkungen, wenn auch in der Regel nicht von so großem Wert. Die durch Schenkung oder Kauf erworbenen Besitztümer waren ganz unterschiedlicher Art. Da ihre militärischen und wohltätigen Aktivitäten kostspielig waren, konnten sich die Ritterorden, anders als manche Klöster, keine Beschränkungen hinsichtlich des Eigentums auferlegen. Der zweite Satz der Regel des Deutschen Ordens besagte, dass wegen der Ausgaben für den Kriegsdienst und die Armen- und Krankenpflege »die Brüder bewegliches und unbewegliches Eigentum besitzen dürfen … nämlich Ländereien und Felder, Weinberge, Städte, Mühlen, Befestigungsanlagen, Pfarrkirchen, Kapellen, Pachtabgaben und dergleichen«. Die Liste ist nicht vollständig: Häufig wurden Pferde, Rüstungen oder Geld zum Geschenk gemacht, weiterhin erhielten die Orden auch Privilegien, die ihnen entweder die Gelegenheit boten, ihre Einkünfte zu vermehren oder aber einen größeren Teil ihrer Einkünfte für sich zu behalten. Die Päpste beispielsweise erließen denjenigen, die eine jährliche Stiftung für einen Orden aussetzten, ein Siebentel ihrer Bußen; sie befreiten zudem die meisten Orden teilweise von der Leistung des Zehnten. Die Orden konnten ihr Einkommen auch vermehren, indem sie sich an der Besitznahme von Ländereien beteiligten, die in dem meisten Teilen des westlichen Abendlandes im 12. und 13. Jahrhundert aus Gemeinbesitz verteilt wurden. Auch der Geldverleih war eine Einkommensquelle, obwohl über die erzielten Profite wenig bekannt ist.

DIE TEMPLERKIRCHE IN LONDON. Die Ritterorden hingen von der Gunst ihrer Förderer ab, von denen viele kurz vor ihrem Tod den Orden beitraten oder auf ihrem Grund begraben werden wollten. Die beiden Sargfiguren zeigen den 1219 verstorbenen William Marshal, den ersten Earl von Pembroke, und seinen Sohn William, den zweiten Earl. Beide wurden in der Londoner Kirche des Templerordens begraben.

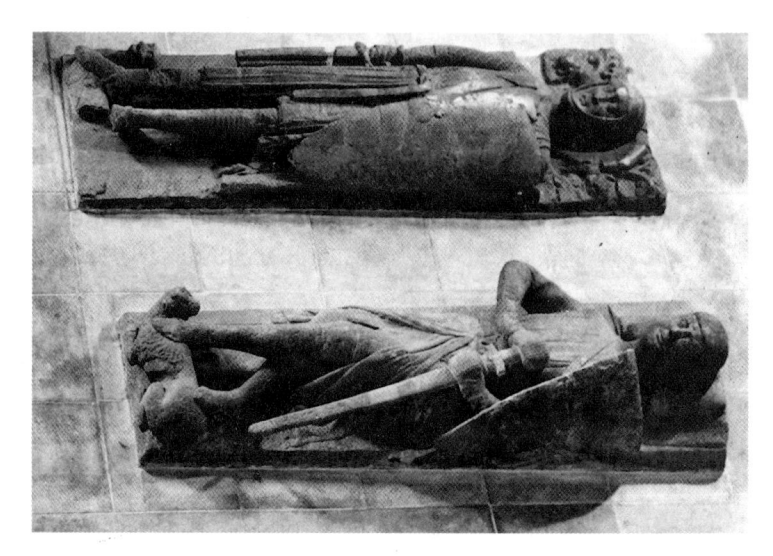

Allgemein hieß es zudem, dass die Orden durch den Missbrauch von Rechten und Privilegien versuchten, ihre Einkünfte zu vermehren.

Wenn die Orden also über verschiedene Möglichkeiten verfügten, Reichtum zu erlangen, verloren einige dennoch an Bedeutung. In Syrien und mit dem Stillstand der Reconquista Mitte des 13. Jahrhunderts auch in Spanien schwanden die Gelegenheiten dahin, aus Kriegen gegen die Ungläubigen Profit zu ziehen. Dazu ging in vielen Gebieten des europäischen Kernlands der Strom der Stiftungen im 13. Jahrhundert zurück und die Zahl der Ankäufe verringerte sich. Die Ritterorden verloren bei den potenziellen Stiftern an Beliebtheit, und der Rückgang der Neuankäufe spiegelt die finanzielle Situation der Orden wider.

Die Orden konnten ihren Reichtum nicht weiter vermehren, und auch die existierenden Einnahmequellen schwanden. Die Besitzungen im Osten gingen schrittweise an die Mamluken verloren: 1268 klagte der Großmeister der Johanniter, der Orden habe seit acht Jahren keine Einkünfte mehr aus dem Königreich Jerusalem bezogen. Und die zahlreichen Drohungen der Päpste gegen diejenigen, die den Besitz der Ritterorden zu schmälern wagten, beweisen, dass die Erhaltung von Rechten überall im christlichen Abendland eine ständige Wachsamkeit erforderte. Zu denen, die jene Rechte zu beschneiden versuchten, gehörte der säkulare Klerus, dem in eigenem finanziellen Interesse daran gelegen war, die Privilegien der Orden, wie etwa das Recht, Begräbnisse vorzunehmen, einzuschränken. Aber auch andere allgemeine Entwicklungen hatten schädliche Auswirkungen auf die finanzielle Ausstattung der Ritterorden, etwa die Inflation oder der allgemeine Rückgang der Einkünfte in weiten Teilen des Abendlandes durch Kriege und andere Unruhen.

Es wäre abwegig anzunehmen, die Orden hätten den Großteil ihrer Einkünfte für ihre militärischen und karitativen Verpflichtungen oder für Investitionen aufwenden können. Ein großer Teil der westeuropäischen Einkünfte der Templer und Johanniter wurde für die Brüder verwendet, die sich dort aufhielten, denn stets lebte die Mehrheit der Ordensritter im Abendland. Auch religiöse Verpflichtungen wie der Unterhalt von Priestern oder das Abhalten von Messen verschlangen die Einkünfte; nach einer Aufstellung aus dem Jahr 1309 verwendeten die Templer in Cressing (Essex) mehr als ein Viertel ihrer Einkünfte darauf. Ferner mussten Zahlungen an jene geleistet werden, für deren Unterhalt zu sorgen man versprochen hatte, und ebenso an solche Personen, auf deren Gunst der Orden angewiesen war. Das verfügbare Einkommen der Ritterorden wurde durch Steuern und Abgaben an Außenstehende gemindert. Frühere Befreiungen von Abgaben wurden im 13. Jahrhundert zurückgenommen: So begrenzte Innozenz III. 1215 die Befreiung vom Zehnten. Diese Befreiungen verringerten sich noch durch Kompromisse, die beim Streit mit Gemeindebischöfen gefunden werden mussten. Auch einige weltliche Herrscher versuchten angesichts eigener Finanznöte die Steuerbefreiungen rückgängig zu machen, die ihre Vorgänger den Orden eingeräumt hatten. Sie mussten ferner zu neuen Formen der allgemeinen Besteuerung ihren Beitrag leisten, die Könige und Päpste im 13. Jahrhundert einführten: Obwohl das Papsttum nicht verlangte, dass die Orden sich an Steuerzahlungen beteiligten, die zur Hilfe für das Heilige Land vorgesehen waren, gab es zahllose Gelegenheiten, wo auch sie für die Zwecke des Papstes herangezogen wurden.

GETREIDESCHEUER BEI CRESSING. Die Ritterorden des Heiligen Landes hingen zunehmend von den Einkünften und Hilfslieferungen ihrer Besitzungen in Westeuropa ab. Die Abbildung zeigt eine von zwei Scheunen des 13. Jahrhunderts aus Cressing in Sussex, die dem dortigen Templerkonvent gehörten.

Manche der kleineren Orden, wie etwa der von Monfragüe, bezogen zu keinem Zeitpunkt ausreichende Einkünfte, um selbständig lebensfähig zu sein. Allerdings gerieten selbst gut ausgestattete und etablierte Orden in finanzielle Schwierigkeiten, wenn sie zusätzliche Belastungen auf sich nahmen oder militärische Rückschläge erlitten. Die Johanniter beispielsweise übernahmen sich, als sie in den sechziger Jahren des 12. Jahrhunderts Pläne zur Eroberung Ägyptens allzu begeistert unterstützten, und in Spanien sah sich der König von Kastilien gezwungen, den Calatravaorden nach der Niederlage von Alarcos finanziell zu unterstützen. Im Verlauf des 13. Jahrhunderts gibt es vermehrte Hinweise auf langfristige finanzielle Probleme der führenden Ritterorden. Immer häufiger werden Schulden erwähnt, und keineswegs nur solche aus kurzfristig aufgenommenen Anleihen. Zu Beginn des 14. Jahrhunderts versuchten die Johanniter, ihrer finanziellen Schwierigkeiten Herr zu werden, indem sie die Anzahl der Neuaufnahmen beschränkten und keine neuen Gebäude errichteten; der häufiger beschrittene Lösungsweg war allerdings der Verkauf von Eigentum. Das brachte zwar eine kurzfristige Entlastung, allerdings auf Kosten langfristiger Einnahmemöglichkeiten.

Sowohl die karitativen als auch die militärischen Aktivitäten der Orden waren von diesen Problemen betroffen. 1306 musste der Großmeister des Johanniterordens eingestehen, dass seine Organisation nicht mehr über die Mittel verfügte, die Kranken ausreichend zu versorgen. Gleich bei mehreren Anlässen beklagten die Großmeister des Templerordens im späteren 13. Jahrhundert, dass Geldmangel sie zwingen könnte, das Heilige Land zu verlassen. In Spanien äußerte sich der Meister des Santiagoordens im Jahre 1233 ähnlich: Die Mittel reichten kaum noch aus, um die Festungen des Ordens zu unterhalten. Die zurückgehende Bereitschaft, auf der spanischen Halbinsel Dienst zu leisten, scheint teilweise von den finanziellen Problemen verursacht worden zu sein. Viele Ritterorden sahen sich vor immer größeren Schwierigkeiten, wenn sie versuchten, ihre Verpflichtungen zu erfüllen.

DIE REKRUTIERUNG DER ORDENSRITTER

Außer finanzieller Mittel bedurften die Orden eines beständigen Zuwachses von Ordensbrüdern, zumal die Sterblichkeitsrate in den Ritterorden naturgemäß höher lag als in kontemplativ ausgerichteten Gemeinschaften. Die meisten Ritterorden warben hauptsächlich in einer bestimmten Region neue Mitglieder an: Die Bewerber der spanischen Orden kamen hauptsächlich von der iberischen Halbinsel, und die meisten Mitglieder des Deutschen Ordens waren deutschsprachig. Nur die Templer und Johanniter rekrutierten ihre Neuzugänge aus dem gesamten Abendland, wenn auch ihr Schwergewicht in Frankreich lag. Wie bei den Mönchs- und Nonnenorden gab es bestimmte Eintrittsbedingungen: Alle Beitrittswilligen mussten den Status von Freien besitzen. Im 13. Jahrhundert war es erforderlich, von ritterlicher Abkunft zu sein, wenn man dem Orden mit dem Rang eines Ritters angehören wollte. Die Ritteranwärter mussten zu jener Zeit ebenfalls die Auflage der ehelichen Geburt erfüllen. Allerdings stellten die Anwärter für den Ritterrang nur eine Minderzahl unter den Bewerbern für den Templer- und Johanniterorden; die meisten traten im Rang eines dienenden Bruders ein. Den meisten Orden durften Verheiratete nur mit der Erlaubnis ihrer Ehepartner beitreten; außerdem wurden die Anwärter nach ihrem Gesundheitszustand und ihrer finanziellen Lage befragt. Im frühen Mittelalter galten Ordenshäuser als geeignete Heimstätten für behinderte oder entstellte Nachkommen. Die Ritterorden wollten sich mit solchen Menschen nicht belasten oder gar die Schulden eines Neueingetretenen übernehmen. Obwohl im 12. und 13. Jahrhundert der Widerstand innerhalb der Kirche gegen die Auflage wuchs, dass Beitrittswillige zu einem Kloster oder einer religiösen Gemeinschaft dieser eine Eintrittsstiftung zu vermachen hatten, starb dieser Brauch bei den Ritterorden nur langsam aus. Mehr stimmten sie mit der gängigen kirchlichen Praxis darin überein, dass sie die Verpflichtung von Kindern ablehnten. Obwohl es nicht unüblich war, dass die Söhne von Adligen in einem Konvent aufgezogen wurden statt in einem Adelshaushalt, waren die Kinder, die in dem Haus eines Ritterordens wohnten, nicht verpflichtet, die Gelübde abzulegen. Mehrere Orden setzten sogar ein Mindestalter für den Beitritt fest. Die Aufzeichnungen aus dem Prozess gegen die Templer belegen, dass in der Praxis einige Wenige dem Orden schon mit zehn oder elf Jahren beitraten, doch das waren Ausnahmefälle; die Mehrzahl der Eintretenden war etwa 25 Jahre alt.

Wie aus dem Wortlaut der Ordensbestimmungen klar hervorgeht, waren aber die Eltern nicht aller Mitspracherechte bei der Lebensplanung ihrer Kinder beraubt. Jüngere Söhne, die einen beträchtlichen Anteil der Neuzugänge stellten, bedurften zudem häufig einer Versorgung. Die Worte, die bei der Beitrittszeremonie zu den Anwärtern gesagt wurden, legen nahe, dass einige den Beitritt als die Garantie eines bequemen Lebens verstanden. In manchen Fällen versprach er auch einen besseren sozialen Status. Dass Überlegungen dieser Art häufig wichtig waren, wird durch die Aussage eines Templers deutlich, der bei seinem Beitritt »gefragt wurde, warum er in den Orden eintreten wolle, da er doch adlig und reich war und genügenden Grundbesitz hatte«. Die meisten erhaltenen Quellen betonen jedoch glaubhaft das geistliche Verlangen der Anwärter. Besonders in der Frühzeit der Kreuzzüge mag manchem der Kreuzzug gegen die Ungläubigen ein begreifbarerer Gottesdienst und Erlösungsweg gewesen sein als das weltabgewandte Leben hinter klösterlichen Mauern. Hinzu kam, dass die Aufnahmebedingungen der Ritterorden weniger streng waren: Wer einem Kloster nur als ein *conversus*, das heißt mit der Verpflichtung zu einer gänzlich anderen Lebensführung, hätte beitreten können, konnte ohne diese Verpflichtung doch Vollmitglied eines Ritterordens werden. Auch dürfen in der Frage der Rekrutierung familiäre und nachbarschaftliche Bindungen nicht übersehen werden, die ein Anwärter zu dem Orden seiner Wahl hatte.

Probleme, eine ausreichende Zahl von Beitrittswilligen zu gewinnen, gab es vor allem in den frühen Jahren einer Ordensgründung. Manche, wie etwa der Orden von Montegaudio, scheinen diese Schwierigkeit niemals überwunden zu haben. Sobald sich die Templer und Johanniter etabliert hatten, hatten sie selbst im 13. Jahrhundert in den meisten Ländern Westeuropas keine Schwierigkeiten, Laien in ausreichender Zahl zu rekrutieren, wenngleich sie nur wenige Anwärter aus dem geistlichen Stand anzogen. So berichtet der Chronist Matthew Paris, dass nach der Niederlage von La Forbie (1244) die Templer und Johanniter »viele auserlesene Laien in ihre Orden aufnahmen«. Die Situation der Ritterorden in Spanien gestaltete sich, was die Rekrutierung betraf, im 13. Jahrhundert aber wahrscheinlich weniger günstig.

ORGANISATION

In den ersten Jahren nach seiner Gründung bestand ein Ritterorden aus einer kleinen Gruppe von Brüdern unter der Führung eines Ordensmeisters; auf dieser Stufe war ein Verwaltungsapparat kaum erforderlich. Mit dem Zuwachs an Besitz und Ordensbrüdern wurde es jedoch zur Regel, abhängige Konvente einzurichten, sowohl in den Kriegsgebieten als auch anderswo. Wenn die Vergrößerung ein beträchtliches Ausmaß erreichte, war ein Vermittlungsglied erforderlich, das die einzelnen Konvente mit dem Hauptquartier des Ordens verband, sowie ein System, mit dessen Hilfe Ressourcen und Mitglieder aus Konventen in anderen Ländern der westlichen Christenheit schnell in die umkämpften Regionen geleitet werden konnten. Orden, die an mehreren Kreuzzugsfronten präsent waren, bedurften an jeder einer militärischen Führung. Die damals bestehende Form der klösterlichen Hierarchie war den Zwecken der Ritterorden kaum angemessen. Die wichtigeren Orden führten das Verfahren ein, die Konvente einer Region in Provinzen oder Prioreien zusammenzufassen. Obwohl es Unterschiede in den Details gab, verwendeten alle führenden Ritterorden ein dreifach abgestuftes Verwaltungssystem.

Während die Konvente der Grenzdistrikte häufig in Festungen untergebracht waren und militärische Aufgaben übernahmen, waren die Konvente in anderen Gebieten hauptsächlich mit der Verwaltung des Besitzes in der Umgebung betraut. Die meisten Mitglieder eines Konvents waren Laienbrüder, obwohl manche Orden, etwa der von Santiago, eine Anzahl separater Klerikerkonvente besaßen und manche der Ritterorden auch Schwesternhäuser unterhielten. Diese Schwesternhäuser hatten manchmal vierzig oder gar fünfzig Mitglieder, während die Brüderhäuser außerhalb der Kriegsgebiete mit einer sehr kleinen Zahl von Brüdern besetzt waren, verglichen mit der Zahl der Außenstehenden, die dort lebten und arbeiteten. Der Leiter eines Konvents hieß »Präzeptor« und »Komtur« und wurde normalerweise von der Ordensleitung eingesetzt, nicht von den Brüdern gewählt. Er musste dafür sorgen, dass die Ordensregeln befolgt wurden; in den Kampfgebieten führte er seine Brüder in die Schlacht. Er war darüber hinaus für die Verwaltung des Besitzes seines Konvents verantwortlich, aus dessen Einkünften er, außer in den Kriegsgebieten, jährlich einen bestimmten Anteil an seine Vorgesetzten abführen musste. Er hatte wenige untergebene Beamte, man erwartete jedoch von ihm, dass er mit seinem Konventskapitel als beratendem Gremium regierte, das normalerweise wöchentlich zusammentrat. Auch die Oberhäupter der Provinzen oder Prioreien wurden von oben her bestimmt, und sie hatten auf ihrer Ebene ähnliche Funktionen wie die Komture eines Konvents. Bei den Templern, den Johannitern und dem Deutschen Orden waren sie, wenn ihre Provinz im Abendland lag, verpflichtet, ein Drittel der Einkünfte ihrer Prioreien an ihre Zentralen abzuführen. Auch auf dieser Ebene gab es nur wenige angestellte Untergebene, doch wurden die Provinzleiter von Provinzkapiteln beraten, die jährlich zusammentraten und denen die Komture der Konvente angehörten. In den Zentralen der führenden Orden konnte der Ordensmeister auf die Hilfe von Beamten zurückgreifen. Es gab den Rang eines Hauptkomturs, eines Marschalls mit militärischen Aufgaben, und eines *drapier*,

BILDNIS DES KONRAD VON THÜRINGEN, des Hochmeisters des Deutschen Ordens (1239 bis 1240) in der Elisabethkirche von Marburg. Konrad gehörte dem Hochadel an, aber die führenden Amtsträger der Ritterorden stammten in der Regel aus geringeren Familien. In den größeren Orden beteiligte sich nur eine Minderheit der Brüder an den Kämpfen; die meisten von ihnen starben in ihren Betten, nicht auf dem Schlachtfeld.

WANDGEMÄLDE IM KONVENT VON SIGENA IN ARAGONIEN. Mehrere Ritterorden, darunter die Johanniter, der Santiago- und der Calatravaorden, verfügten über Nonnenkonvente. Diese lebten kontemplativ und waren in der Regel nicht mit karitativen Aufgaben befasst. Die Wandgemälde des Johanniterinnenkonvents von Sigena wurden 1936 durch Feuer zerstört.

der für die Kleidung zuständig war; derartige Ämter gab es jedoch in den kleineren Orden nicht. Der Meister wurde von den Mitgliedern seines zentralen Konvents beraten, das wahrscheinlich wöchentlich im Kapitel zusammentrat. Alle Orden, gleichgültig welcher Größe, hielten in regelmäßigen Abständen allgemeine Kapitelsitzungen ab, in denen Vertreter aus den einzelnen Provinzen saßen.

Auf allen Ebenen standen also die Kapitel neben den Amtsträgern. Manche Entscheidungen, etwa über die Aufnahme Beitrittswilliger, mussten in den Kapitelsitzungen getroffen werden, und auch bestimmte andere Geschäfte wurden in der Regel dort beschlossen. Während der Sitzungen des zentralen Kapitels und der Provinzkapitel wurden die fälligen Abgaben bezahlt und die Rechnungen vorgelegt. In manchen Orden wurden gleichzeitig bei diesen Sitzungen Ämter niedergelegt und neue Amtsträger eingesetzt. Doch in der Praxis genossen die Amtsinhaber eine beträchtliche Handlungsfreiheit und ließen sich nicht von ihren Untergebenen überstimmen. Die Provinzkapitel und das Generalkapitel traten nur selten zusammen und ihre Mitglieder wechselten ständig; nicht alle Kapitel verfügten über eine Handlungsvollmacht. Selbst wo Kontrollen existierten, scheint der Wunsch kaum verbreitet gewesen zu sein, den Amtsträgern zu enge Fesseln anzulegen. Üblicherweise schritten die Untergebenen nur bei einem fortgesetzten Fehlverhalten ein, was etwa 1296 im Generalkapitel der Johanniter geschah, das versuchte, Missbräuche abzustellen, die von einer Reihe seiner Großmeister begangen worden waren. Vielleicht wirkte das Gehorsamkeitsgelübde einschränkend auf die Untergebenen ein, man sollte jedoch nicht vergessen, dass man auch in der säkularen Welt zögerte, den Herrschern ständig wirksame Beschränkungen aufzuerlegen.

Für die Amtsträger war es ihrerseits nicht immer leicht, eine strenge Aufsicht über alle ihre Untergebenen zu führen. Die Meister der führenden Ritterorden versuchten, ihre Autorität im ganzen Abendland auszuüben; für die Orden, die im Heiligen Land operierten, war die Situation noch komplizierter, weil die Hauptquartiere geographisch nicht zentral lagen. In allen größeren Orden wurden Visitationen gebräuchlich; wenn auch die Provinzleiter diese Aufgabe noch in eigener Person durchführen konnten, konnten die Ordensmeister selbst in der Regel nur durch Beauftragte wirken. Es gab offenkundig die Möglichkeit einer Entwicklung hin zur Unabhängigkeit der Provinzen, zumal die meisten Brüder aus dem Distrikt stammten, in dem sie lebten, wodurch die Gefahr bestand, dass Bindungen und Loyalitäten auf lokaler Ebene den Vorrang gegenüber dem Gehorsam gewannen, den die Konvente dem Ordensmeister schuldeten. Doch selbst wenn bestimmte Provinzen ihren finanziellen Verpflichtungen gelegentlich nicht nachkamen, gab es doch vor 1300 nur einen ernsthaften Versuch, größere Unabhängigkeit gegenüber der Zentrale zu erlangen: Am Ende des 13. Jahrhunderts gelang es den Brüdern des Santiagoordens in Portugal, gestützt auf den portugiesischen König, die Autorität ihres Ordensmeisters einzuschränken.

Die Konvente von Geistlichen oder Nonnen hatten, anders als die Konvente, in denen Laien dominierten, häufig das Recht, ihr Oberhaupt selbst zu wählen; in geistlichen Belangen waren die Laienbrüder ohnehin selbstverständlich ihren Mitbrüdern von priesterlichem Rang unterworfen. Trotzdem lag die Regierung der Ritterorden hauptsächlich in den Händen von

SIEGEL DER LIVLÄNDISCHEN SCHWERTBRÜDER, 1226. Dieses Siegel, das ein Kreuz und ein Schwert zeigt, beurkundete im Namen des Meisters und der Brüder; die Aufschrift lautet: S[IGILLUM] MAGISTRI ET FR[ATRUM] MILICIE XPI [= CHRISTI] DE LVONIA. Die Meister der meisten Ritterorden verfügten daneben über eigene Siegel.

Laienbrüdern, in den oberen Rängen in den Händen von Brüdern ritterlichen Standes. Die führenden Amtsträger der Zentralen und der Provinzleitungen waren in der Regel Ritter, und diese stellten auch die stärkste Gruppe im zentralen Konvent der Templer, in dem die laufenden Geschäfte des Ordens besorgt wurden. Sie bildeten auch in den Generalkonventen die größte Gruppe; bei den Templern und beim Deutschen Orden herrschten sie auch in den Komitees vor, die den neuen Meister wählten, denn diese waren aus acht Rittern, vier dienenden Brüdern und einem Kaplan zusammengesetzt. Auf der lokalen Ebene hatten die Ritter häufig die führenden Positionen in den Konventen der größeren Orden inne, die sich in den Grenzregionen befanden, aber in anderen Gebieten des westlichen Abendlandes waren die Konventskomture häufig vom dienenden Stand, und manchmal hatten sie auch Ritter zu ihren Untergebenen. In diesen Regionen hingen die Amtsberufungen in erster Linie von der persönlichen Eignung und weniger vom Stand der Personen ab. Auch die Kapitel der lokalen Konvente bestanden überwiegend aus dienenden Brüdern, die in den Gebieten abseits der Grenzregionen ohnehin die größte Gruppe stellten. Die Rollen, die den verschiedenen Rängen zugewiesen waren, boten nicht die Gewähr für ständige Harmonie, doch die einzigen bezeugten länger anhaltenden Verstimmungen zwischen ihnen traten lediglich im Santiago- und Calatravaorden auf, deren Kleriker wiederholt über die Beschneidung ihrer Rechte klagten, sowie im Johanniterorden, wo die Schwestern des Konvents im aragonesischen Sigena mehrfach mit dem Provinzmeister in Konflikt gerieten.

Die Ritterorden besaßen nicht die vollständige Kontrolle über ihre eigenen Angelegenheiten. Obwohl die meisten das Privileg der Exemtion genossen und daher der bischöflichen Jurisdiktion entzogen waren, blieben sie doch der päpstlichen Autorität unterstellt, und die Päpste intervenierten auch, wenn sie Bestrafungen für erforderlich hielten. Außerdem griffen die Päpste gelegentlich ein, wenn höhere Ämter in den Ritterorden zu besetzen waren. Das geschah entweder aus politischen Gründen oder weil ein Papst einen Günstling protegieren wollte. Einmischung dieser Art gab es auch von Seiten der Könige, und gelegentlich verhinderten weltliche Herrscher des Westens die Absendung der erwirtschafteten Gelder und Mittel nach Palästina. Die Ritterorden, die mit anderen religiösen Gemeinschaften verbunden waren, unterlagen einer regelmäßigeren Aufsicht von außen. Das galt für mehrere spanische Orden, wie Calatrava, Montegaudio und Santa María de España, die vom Zisterzienserorden abhingen, sowie für Avis und Alcántara, die ihrerseits von Calatrava abhingen. Die Gründe für diese Regelungen sind nicht in allen Fällen bekannt; im Falle des Calatravaordens lassen sie sich aus den Umständen der Gründung erklären: Er wurde eingeführt, nachdem der Zisterzienserabt von Fitero 1158 die Verantwortung für die Verteidigung der Festung Calatrava übernommen hatte, als die Templer sie nicht länger behaupten konnten. Das Verhältnis, das sich herausbildete, glich dem zwischen den einzelnen Zisterzienserklöstern: Das Oberhaupt des Mutterordens hatte das Recht der Visitation und sprach bei der Wahl des Ordensmeisters mit. Die meisten der Ritterorden unterstanden allerdings theoretisch einzig und allein dem Papst.

DAS LEBEN IM KONVENT

Die Angehörigen der Ritterorden legten die üblichen drei Mönchsgelübde der Armut, Keuschheit und des Gehorsams ab, mit Ausnahme des Santiagoordens, der verheiratete Männer als Vollmitglieder zuließ. Außerdem erwartete man von ihnen, dass sie in der Konventsgemeinschaft lebten, im gemeinsamen Dormitorium schliefen und die Mahlzeiten gemeinsam im Refektorium einnahmen. Alle Brüder, die im Konvent lebten, hatten an den Gottesdiensten teilzunehmen, da aber viele von ihnen nicht lesen und schreiben konnten, beschränkte sich ihre Mitwirkung auf das Zuhören, wenn der Kaplan die Messe las, und auf das Beten einer bestimmten Zahl von Vaterunsern zu den festgelegten Stunden. Die Zeiträume zwischen den Gottesdiensten waren praktischen Tätigkeiten gewidmet. Andachtsübungen wurden von den Laienbrüdern nicht verlangt, und obwohl es den Ritterorden nicht völlig an literarischer Aktivität fehlte, fanden sich doch in den meisten Templerkonventen zu der Zeit, als der Prozess gegen den Orden stattfand, nur die Bücher, die für die Abhaltung der Gottesdienste erforderlich waren. Manchen Mitgliedern oblagen die Verwaltung und die wohltätigen Aufgaben, während dienende Brüder oft im Haushalt und in der Landwirtschaft tätig waren. Wenig weiß man jedoch über das militärische Training und die militärischen Übungen, die während Friedenszeiten durchgeführt wurden. Die Regelungen verboten viele Aktivitäten, die im weltlichen Rittertum üblich waren, wie etwa die Jagd oder die Falkenbeize, weil, so die Templerregel, »es für einen religiösen Orden ungehörig ist, sich solcherart den weltlichen Lustbarkeiten hinzugeben«. Den Brüdern des Calatravaordens war es aber gestattet, in wüsten Gegenden Tiere zu jagen und deren Fleisch zu verzehren. Überhaupt war den Angehörigen der Ritterorden, im Gegensatz zu den Mönchen, der Fleischgenuss erlaubt, beschränkte sich aber gewöhnlich auf drei Tage in der Woche. Auch die Fastenregelung war weniger rigoros als in den Klöstern; ohne Erlaubnis war zusätzliches Fasten untersagt. Obwohl mit der Ausnahme des Ostseegebiets die Hauptfastenzeit nicht mit der Zeit der Feldzüge zusammenfiel, und obwohl nur eine Minderheit der Brüder jeweils am Kriegsgeschehen teilnahm, musste sichergestellt sein, dass die Kampfkraft der Brüder nicht gefährdet wurde. Wie in den Klöstern herrschte bei den gemeinsamen Mahlzeiten in der Regel das Schweigegebot, obwohl die Templerregel bei Unkenntnis der Zeichensprache den Gebrauch einiger Worte gestattete. In der Bekleidung gestattete die Templerregel die Ausnahme, dass aufgrund der Hitze zwischen Ostern und Allerheiligen in Syrien Leinen an Stelle der sonst vorgeschriebenen Wolle getragen werden durfte. Doch war in Kleidung und Ausrüstung auf Einfachheit zu achten, und jede Extravaganz war verboten.

Für Regelübertretungen gab es ein System abgestufter Strafen, das von einigen Tagen Buße, manchmal begleitet von einer Prügelstrafe, bis zur Ausstoßung aus dem Orden reichte. Allerdings konnten die Vorschriften nicht verhindern, dass es zu Verletzungen der Disziplin kam, und es gab auch einige zulässige Lockerungen. Die Verpflichtung zum gemeinsamen Leben wurde nicht in voller Strenge aufrecht erhalten. Im Laufe der Zeit wuchs die Zahl der Räume und Quartiere, die einzelnen Amtsträgern gehörten. Zu Beginn des 14. Jahrhunderts scheinen die gewöhnlichen Brüder des Johanniterhauptquartiers in Limassol eigene Zellen oder Räume bewohnt zu haben. Hinweise auf Dormitorien – sowohl in den führenden als auch in den kleineren Ordenshäusern – finden sich jedoch in den Prozessakten der Templer. Es gab auch einige Lockerungen der Speiseregel, die manchmal, aber nicht immer, von militärischen Erfordernissen bestimmt waren. Die Regeln für Kleidung und Ausrüstung wurden nicht gelockert, waren aber schwer durchzusetzen. Die Johanniterstatuten des 13. Jahrhunderts verdammen wiederholt Stickereien an der Kleidung und den Gebrauch von Gold und Silber an den Rüstungen. Auch das Verbot der Jagd wurde nicht durchgängig befolgt.

Die Durchsetzung einer streng geregelten Lebensführung in den Ritterorden wurde durch das Fehlen eines Noviziats erschwert, in dem sowohl der Anwärter als auch seine Oberen über die Eignung für ein Ordensleben hätten befinden können und in dem es möglich gewesen wäre, die nötigen Lehren zu vermitteln. Während der Calatravaorden stets auf einer Probezeit bestand, konnten Anwärter dem Deutschen Orden Mitte des 13. Jahrhunderts ohne ein Noviziat beitreten, und im Templerorden verschwand diese Einrichtung ganz. Doch auch wenn es keine Probezeit gab, versuchten die Orden trotzdem, einige Lehren zu vermitteln: bei den

REFEKTORIUM IM HAUPTQUARTIER DES JOHANNITERORDENS ZU AKKON. Obwohl am Ende des 13. Jahrhunderts eine wachsende Zahl von Brüdern der Ritterorden über private Zellen oder Räume verfügte, wurde das Gemeinschaftsleben doch nicht völlig aufgegeben, und in den größeren Häusern wurden die Mahlzeiten in der Regel immer noch gemeinsam im Refektorium eingenommen.

Templern geschah das zunächst am Ende der Aufnahmezeremonie, wo dem neuen Mitglied die Strafen für verschiedene Vergehen und Details über die alltägliche Lebensführung mitgeteilt wurden. Das war gewiss kein effektives Lehrverfahren, und obwohl es bei den Templern, wie bei den anderen Orden, festgelegte öffentliche Verlesungen der Ordensregeln gab, zeigen die Akten des Templerprozesses, dass im frühen 14. Jahrhundert viele Brüder die Regel nicht oder nur ungenau kannten. Es wurden beispielsweise sehr unterschiedliche Angaben darüber gemacht, wie viele Vaterunser bei einem Gottesdienst zu sprechen waren. Das Fehlen eines Noviziats sowie das Analphabetentum vieler Brüder mussten notwendig besondere Probleme schaffen; doch die Lockerung der Anforderungen war eine generelle Erscheinung in allen Kloster- und Ordensgemeinschaften.

KRITIK UND GEWANDELTES ROLLENVERSTÄNDNIS

Obwohl der Zustrom der Spenden bis weit ins 13. Jahrhundert hinein anhielt und obwohl auch weiterhin neue Mitglieder den führenden Orden beitraten, wuchs im Verlauf des 12. und 13. Jahrhunderts die Kritik an den Ritterorden. Einige spätere Autoren griffen die Zweifel auf, die schon bei der Gründung der Orden laut geworden waren, doch zunehmend traten andere Fragen in den Vordergrund. Am verbreitetsten waren die Vorwürfe des Hochmuts und der Habsucht. Es gab auch eine wachsende Kritik an den Zwecken, für die die Orden ihre Reichtümer einsetzten. Manche Kritiker erklärten, die Brüder verprassten ihre Einkünfte für ein Leben der Völlerei und unterhielten in den Grenzregionen, insbesondere im Heiligen Land, nicht genügend Ritter. Unter den Hauptgegnern waren Matthew Paris, der Chronist von Saint Albans, und der Dekan von Lincoln, der diese Ansicht auf dem Konzil von Lyon (1274) aussprach. Die Brüder, die in den Kriegsgebieten Dienst taten, wurden auch dafür gerügt, dass sie gegen andere Christen zu den Waffen griffen. Diese Anklage wurde häufig gegen die Feldzüge des Deutschen Ordens im Baltikum erhoben, während man die Orden, vor allem die Templer und Johanniter, weithin beschuldigte, aufgrund angeblich bestehender heftiger Rivalitäten die Waffen gegeneinander zu erheben. Es hieß, dass diese Rivalitäten eine erfolgreiche Zusammenarbeit in der Schlacht verhinderten. Man glaubte ferner, dass die Unabhängigkeit der Orden wirksame militärische Aktionen gegen die Muslime im Orient behindere, während andere Kritiker den Ritterorden des lateinischen Orients Unwilligkeit im Kampf gegen die Ungläubigen vorwarfen. Als sich beispielsweise die Templer und Johanniter während des Dritten Kreuzzugs gegen einen Angriff auf Jerusalem aussprachen, ernteten sie dafür die Kritik französischer Kreuzfahrer. Tatsächlich waren manche Kritiker der Überzeugung, die Ordensmänner stünden auf zu gutem Fuß mit den Muslimen. Hingegen warf ihnen in den sechziger Jahren des 13. Jahrhunderts der englische Franziskaner Roger Bacon vor, dass sie überhaupt kämpften. Er bezweifelte den Nutzen des gesamten Unterfangens und meinte, die militärischen Aktionen seien der Bekehrung der Ungläubigen eher hinderlich. Das war freilich eine Minderheitsmeinung, aber der Deutsche Orden und die Schwertbrüder wurden anlässlich ihrer Feldzüge auf dem Baltikum verschiedentlich kritisiert, sie förderten die Bekehrungen nicht und verfolgten eine Politik, die dieses Ziel hintertreibe.

Derartige Kritik muss vor dem Hintergrund ihrer Zeit gesehen werden. Alle religiösen Gemeinschaften wurden Zielscheibe von Schmähungen. Doch nicht alle Stimmen äußerten sich gleichermaßen negativ zu den Ritterorden. Sie fanden auch Verteidiger, selbst unter jenen, die sich gelegentlich kritisch äußerten. Die Päpste brachten zwar Kritik zum Ausdruck, gleichzeitig gewährten sie den Orden während des gesamten 12. und 13. Jahrhunderts ihre Unterstützung. Manche Kritiker waren zudem eindeutig voreingenommen. Die Gemeindegeistlichkeit verlor aufgrund der Privilegien, die die Kirche den Orden gewährte, an Einkünften und Autorität; im 13. Jahrhundert musste sie wiederholt zu Steuern beitragen, die zur Hilfe für das Heilige Land erhoben wurden. Im Ostseegebiet kamen viele Ankläger des Deutschen Ordens aus den Reihen ihrer politischen Rivalen. Viele Gegner gründeten zudem ihre Kritik gar nicht auf persönlichen Kenntnissen und Erfahrungen, sondern wiederholten nur, was zur allgemeinen Ansicht geworden war. Viele waren einfach schlecht informiert und begriffen die Haltung der Ritterorden nicht. Sie hatten überzogene Vorstellungen von den Reichtümern der Ritterorden und meinten deshalb, die Orden könnten eigentlich ohne Schwierigkeiten die Verteidigung des Heiligen Landes finanzieren. Die Inventare jedoch, die während des Templerprozesses aufgestellt wurden, zeugen nicht gerade von Überfluss. Auch das Ausmaß der Rivalität unter den Orden wurde gern übertrieben. Die Kritik an der Politik der Ritterorden gegenüber den Ungläubigen im Heiligen Land lässt sich teilweise auf Missverständnisse und Unterschiede im Erscheinungsbild zurückführen. Die Kreuzfahrer begriffen nur selten die politischen Verhältnisse im Orient oder die langfristigen Interessen der lateinischen Siedlungen: Sie waren gekommen, das Heilige Land von den Ungläubigen zu befreien und forderten eine aggressive Politik, ohne einen Gedanken an die Zukunft.

Doch nicht alle Kritik war unangemessen. In der Tat missbrauchten die Ritterorden zuweilen ihre Privilegien. Waffengänge gegen andere Christen ließen sich nicht immer mit dem Argument der Selbstverteidigung rechtfertigen. Auch lässt die Entschlossenheit, mit der der Deutsche Orden zunächst in Ungarn und dann in Preußen seine Unabhängigkeit verfolgte, Zweifel zu, ob sein Hauptziel immer der Kampf gegen die Ungläubigen war.

Gegen Ende des 13. Jahrhunderts hatte sich die Ansicht durchgesetzt, die Ritterorden bedürften dringend durchgreifender Reformen. Die kirchlichen Autoritäten wie auch die Autoren von Kreuzzugstraktaten schenkten dem Thema beträchtliche Beachtung. Manche meinten, dass die Unabhängigkeit der Orden im östlichen Mittelmeerraum eingeschränkt werden solle. Auch wurden Stimmen laut, die forderten, einige oder alle Ritterorden zur Vermeidung von Rivalitäten zusammenzulegen. Diese Ansicht wurde häufig vertreten, so von Raimundus Lullus und von Pierre Dubois, aber auch von den Provinzkonzilen, die Papst Nikolaus IV. 1291 zur Beratung dieser Frage zusammenrief. Auf einigen dieser Konzile wurde die Forderung laut, die Finanzen der Orden offenzulegen, um zu ermitteln, wie viele Ritter von den Einkünften aus ihren Ländereien unterhalten werden könnten. Pierre Dubois allerdings war der Ansicht, man sollte die Vermögenswerte der Ritterorden im Abendland einziehen und anderweitig für die Kreuzzugsbewegung nutzbar machen.

Obwohl sich manche Theoretiker eine Zukunft ausmalten, in der ein einziger Ritterorden die militärische Führerschaft der christlichen Sache im östlichen Mittelmeerraum übernehmen sollte, wurden die vorgeschlagenen Reformen nicht umgesetzt. Die Veränderung kam vielmehr durch die veränderten Bedingungen in den Grenzregionen zustande. In Spanien, wo die Reconquista Mitte des 13. Jahrhunderts zum Stillstand kam, erfolgte sie schrittweise. Das Schwergewicht verlagerte sich auf die Beteiligung an innerchristlichen Auseinandersetzungen. Die spanischen Herrscher erwarteten von den Ritterorden Hilfe gegen christliche Rivalen, so etwa, als die Franzosen 1285 in Aragonien einfielen. In Kastilien wurden die Orden in die innenpolitischen Machtkämpfe des späten 13. Jahrhunderts verwickelt. Im Orient war der Zusammenbruch der lateinischen Siedlungen im Jahre 1291 ein deutlicherer Wendepunkt, wobei nicht vergessen werden darf, dass die Zeitgenossen nicht wissen konnten, dass man das Heilige Land endgültig verloren hatte; so bedeuteten die Verluste jenes Jahres keineswegs, dass die Orden ihre Daseinsberechtigung verloren hatten. Die Templer, die Johanniter und auch der Orden des heiligen Thomas von Akkon verlegten ihre Hauptquartiere nach Zypern, das nur 150 Kilometer von der syrischen Küste entfernt liegt, und unternahmen von dort aus in den nächsten Jahren mehrere Kriegszüge gegen die Muslime. Die Meister der beiden großen Orden beteiligten sich an Überlegungen, wie sich das Heilige Land am besten zurückgewinnen lasse. Die Johanniter stießen jedoch in Zypern auf Probleme und setzten sich im ersten Jahrzehnt des 14. Jahrhunderts ein neues Ziel, indem sie die Insel Rhodos vor der Südwestküste Kleinasiens eroberten. Offenbar zur selben Zeit verlegte der Orden des heiligen Lazarus sein Hauptquartier nach Frankreich, wo er keine militärische Funktion mehr wahrnahm. Der Großmeister des Deutschen Ordens und sein Konvent ließen sich unterdessen in Venedig nieder. 1309 wurde dann der Hauptsitz dieses Ordens in Marienburg in Westpreußen errichtet, und seit dieser Zeit konzentrierten sich die Interessen des Deutschen Ordens auf das Baltikum.

DER PROZESS GEGEN DIE TEMPLER

Während die übrigen Orden neue Funktionen übernahmen, wurden die Templer zerschlagen. Im Oktober 1307 – das Hauptquartier des Ordens lag damals noch auf Zypern – wurden die Templer in Frankreich auf Anordnung König Philipps IV. auf einen Schlag verhaftet. Sie wurden beschuldigt, ihre Anwärter müssten während der Aufnahmezeremonie Christus verleugnen, auf das Kreuz spucken und obszöne Küsse austauschen. Weiterhin wurden die Brüder angeklagt, Götzenbilder anzubeten und homosexuelle Praktiken auszuüben. Papst Clemens V. protestierte zunächst gegen die Handlungsweise des französischen Königs. Nachdem jedoch der Großmeister Jakob von Molay und zahlreiche Ordensmitglieder Geständnisse abgelegt hatten, wies er alle Herrscher des Abendlands an, die Templer zu verhaften und ihre Güter einzuziehen. Das einzige Land, in dem es erhebliche Schwierigkeiten gab, die Forderungen des Papstes umzusetzen, war Aragonien, wo sich die Templer in ihren Burgen verschanzten und mancherorts mehr als ein Jahr Widerstand leisteten. In den ersten Monaten des Jahres 1308 verhinderten Streitigkeiten zwischen dem Papst und dem französischen König den Fortgang der Untersuchungen, doch 1311 hatten in allen Ländern der westlichen Welt Inquisitoren und Prälaten ihre Ermittlungen abgeschlossen. Die Ergebnisse fielen sehr unterschiedlich aus. In Frankreich und einigen Teilen Italiens hatten die meisten Templer die schwersten Beschuldigungen gestanden. In Zypern, Aragonien, Kastilien und Portugal gab es dagegen keine Geständnisse, und in England bekannten sich nur drei Ordensbrüder bezüglich der Hauptanklagepunkte für schuldig. Vor diesem Hintergrund trat Ende 1311 das Konzil von Vienne zusammen, um über das weitere Schicksal des Ordens zu entscheiden. Eine Gruppe von Templern, die gekommen war, um für ihren Orden zu plädieren, wurde gegen die mehrheitliche Meinung der Prälaten nicht gehört. Am 22. März 1312, zwei Tage nach der Ankunft Philipps IV. in Vienne, erklärte Papst Clemens den Orden für aufgehoben. Die meisten der überlebenden Templer wurden kurzerhand abgefunden, doch die Frage des Ordensbesitzes blieb länger ungeklärt.

Die Diskussion um den Prozess und die Auflösung des Templerordens greift immer wieder zwei Themen auf: die Frage nach Schuld oder Unschuld der Templer und die Frage nach den Motiven König Philipps IV. Es ist kaum glaubhaft, dass die Templer der Vergehen schuldig waren, die man ihnen zur Last legte. Belastende Beweise, etwa Götzenbilder oder geheime Statuten, fehlten selbst in Frankreich, wo der Zugriff überraschend erfolgte, was an sich bezeichnend genug ist. Auch die Zeugenaussagen der geständigen Templer sind kaum überzeugend: Sie widersprechen sich gegenseitig und geben keine Erklärung für die Einführung der in der Anklageschrift angeführten Praktiken; gleichzeitig versuchte selbst in Frankreich niemand, diese angeblich ausgeübten Praktiken zu rechtfertigen. So vermitteln die Geständnisse den Eindruck, dass eine große Anzahl der Templer etwas getan hätten, woran sie gar nicht glaubten. Einige französische Templer widerriefen später auch ihre Geständnisse, was ihnen kaum genutzt hätte, wären sie schuldig gewesen. Es ist auch unwahrscheinlich, dass die angeblich doch über längere Zeit ausgeübten Praktiken so lange der Entdeckung entgehen konnten, zumal es bei den Templern wie in allen Orden Abtrünnige gab und viele Brüder schon vor dem Prozess vor Priestern, die nicht zum Orden gehörten, die Beichte abgelegt hatten. Außerdem wollte keiner der Zeugen, der vor 1307 einem Templer die Beichte abgenommen hatte, etwas von Glaubensirrtümern gehört haben. Auffällig ist auch, dass die Anklagepunkte gegen die Templer vieles wiederholen, was aus früheren Prozessen gegen angebliche Ketzer oder Muslimen bekannt ist. Bleibt die Tatsache, dass viele Templer Geständnisse ablegten; aber diese waren durch unausgesetzte und ausgeklügelte Befragungen, durch Entbehrungen und Folter zustande gekommen, was den Wert der Geständnisse äußerst fragwürdig macht.

DIE TEMPLERFESTUNG MIRAVET AM EBRO. Miravet, von den Templern 1153 erworben, war eine der Festungen, worin die aragonesischen und katalanischen Brüder Widerstand leisteten, nachdem König Jakob II. von Aragonien Ende 1307 ihre Verhaftung angeordnet hatte. Während der jahrelangen Belagerung fügten die Wurfmaschinen der Templer der Stadt am Fuß des Hügels schwere Schäden zu.

PHILIPP IV. VON FRANKREICH MIT MITGLIEDERN SEINES HAUSES. Die Gründe, warum der König 1307 die Templer verhaften ließ, sind stark umstritten, doch steht fest, dass er sich nach dem Tode seiner – hier nicht dargestellten – Frau zunehmend mit religiösen Fragen auseinandersetzte.

Schwieriger ist es, hinter die Gründe der Verhaftung der französischen Templer zu kommen, besonders weil die Rolle des französischen Königs an dieser Entscheidung im Dunkeln bleibt. Oft wird behauptet, die französische Krone habe aus Geldnot gehandelt. Gewiss hatte der französische König, wie alle anderen Herrscher, einen kurzfristigen finanziellen Vorteil, solange der Templerbesitz unter seiner Kontrolle stand. Das muss jedoch nicht unbedingt ein Hinweis auf sein Hauptmotiv sein: Die französische Regierung scheint keineswegs beharrlich auf langfristige finanzielle Vorteile gedrängt zu haben. Weiter wird behauptet, die Krone wollte ihre Autorität ausweiten und konnte deshalb innerhalb des Königreichs keine unabhängige, militärische und aristokratische Organisation dulden. Doch der Templerorden war in Frankreich kaum als eine militärische Organisation zu bezeichnen; seine Mitglieder entstammten mehrheitlich nicht der Aristokratie und die Unabhängigkeit des Ordens war in der Praxis begrenzt. Man hat in dem Prozess auch eine Bestätigung der Vorherrschaft der monarchischen Gewalt über die des Papstes erblicken wollen. Doch ein Prozess, in dem es um Ketzerei und Götzendienst ging, war für diesen Zweck kaum geeignet: Die französische Regierung musste hinnehmen, dass die Verurteilung des Ordens eine päpstliche Angelegenheit war, auch wenn sie versuchte, den Papst einzuschüchtern und zu beeinflussen. Einige zeitgenössische Kommentatoren stellten den Prozess in den Zusammenhang kurz zuvor verbreiteter Vorschläge, die den französischen Einfluss im Heiligen Land vergrößern wollten; doch es ist nicht klar, ob diese Vorschläge von der französischen Regierung ausgingen. Aus dem Standpunkt der Krone während des Prozesses lässt sich auf eine solche Bestrebung jedenfalls nicht schließen. Es ist durchaus möglich, dass König Philipp Gerüchten Glauben schenkte, die über die Templer kursierten. Nach dem Tode seiner Frau im Jahre 1305 scheint er sich immer stärker mit Glaubensfragen beschäftigt zu haben; vielleicht bezweifelte er, dass der Papst die erforderlichen Maßnahmen ergreifen würde. So bleibt es schwer, diese Frage entgültig zu beantworten.

Das frühe 14. Jahrhundert markiert in vielerlei Hinsicht das Ende des ersten Abschnitts in der Geschichte der Ritterorden. Doch obwohl der Templerorden zerschlagen und die anderen Orden kritisiert wurden, blieben die Orden weiterhin wichtig, wenn sich ihre Rolle auch im 14. Jahrhundert änderte.

10
DER ISLAM UND DIE KREUZZÜGE 1096 BIS 1699

ROBERT IRWIN

Die Erwartung des Jüngsten Gerichts

Die Einzelheiten des Weltendes waren den Muslimen des Mittelalters so gut bekannt, dass Ibn Kathir, ein arabischer Chronist des 14. Jahrhunderts, sich in der Lage fühlte, seine Chronik der islamischen Geschichte, *Der Anfang und das Ende*, mit einer beiläufigen Darstellung der zu erwartenden Ereignisse abzuschließen. Viele Muslime der Kreuzzugszeit glaubten, das Weltende würde durch den Aufgang einer schwarzen Sonne im Westen eingeleitet werden. Danach würden die barbarischen Horden von Gog und Magog erscheinen, um dann wieder zu verschwinden. Einer syrischen Darstellung des 12. Jahrhunderts zufolge, würden sie den See Tiberias austrinken, ehe sie sich nach Osten davonmachten. Auf die Horden werde der einäugige Antichrist Ad-Daddschal folgen; er werde mit einem Gefolge von 70 000 Juden auf einem Esel durch Palästina reiten und falsche Wunder tun. Nach vierzig Tagen aber werde Jesus vom Himmel herniedersteigen, den Antichrist erschlagen, danach das Kreuz zerstören und alle Menschen auffordern, sich dem Islam anzuschließen. Schließlich werde die Sonne im Osten untergehen, der erste Ton der Posaune werde erschallen und alles Lebende sterben. Beim zweiten Posaunenton würden alle Menschen, die jemals gelebt hätten, auferstehen und nach Jerusalem gebracht werden, um dort das Urteil zu empfangen. Andere Darstellungen gaben eine etwas modifizierte Chronologie und manche stellten die Rolle des Mahdi heraus, eines von Gott geleiteten Menschen, der in den Letzten Tagen, noch vor der Ankunft des Antichrist, erscheinen und den Muslimen Sieg und Gerechtigkeit bringen werde.

Die Spekulationen über das Weltende und die Rolle des Mahdi waren häufig mit Prophezeiungen eines islamischen Triumphs über die Christenheit und über das zukünftige Geschick der Städte Jerusalem, Konstantinopel und Rom verknüpft. Ein Ausspruch (*hadith*), der dem Propheten Mohammed zugeschrieben wurde und bereits vor dem Ersten Kreuzzug verbreitet war, lautete: »Die Stunde wird nicht kommen, ehe Gott meiner Gemeinde nicht den Sieg über Konstantinopel gewährt«. Neben solchen *Hadithen* wurden allerlei apokalyptische Aussprüche fälschlich dem Kaab ibn al-Achbar zugeschrieben, einem Gefährten des Propheten Mohammed. Das literarische Genre der *malahim* (wörtlich: »Metzeleien«), das die grausamen

Kriege der letzten Tage der Welt behandelte, wurde auf den biblischen Propheten Daniel oder, später, auf den andalusischen Sufi-Mystiker Ibn al-Arabi zurückgeführt, der im 13. Jahrhundert lebte. Viele dieser frühen Apokalypsen entstanden zu einer Zeit, als die Muslime darum kämpften, Syrien gegen Rückeroberungsversuche des Byzantinischen Reiches zu verteidigen. Diese Prophezeiungen betonten, dass die Muslime Leiden und Rückschläge auf sich nehmen müssten – sie könnten sogar zeitweilig Jerusalem an die Christen verlieren –, bevor sie letztlich siegen würden. Es gab Geschichten über eine Statue mit den Eigenschaften eines Talismans, die im Zentrum Konstantinopels stand. Sie sollte angeblich eine Weltkugel in der Hand halten, auf der die Worte zu lesen seien: »Ich werde die Welt beherrschen, solange diese Kugel in meinen Händen ist«, wobei arabische Quellen allerdings mitteilten, das gehöre der Vergangenheit an. Nach muslimischen Legenden sollte der Mahdi Konstantinopel erobern, nachdem er zunächst Rom bezwungen hätte. Kurz vor dem Ersten Kreuzzug richteten sich die apokalyptischen Erwartungen der muslimischen (und auch der jüdischen) Bevölkerung besonders auf den Eintritt des Jahres 500 nach der Hidschra (1106/1107 christlicher Zeitrechnung).

Für die Muslime, Christen und Juden des Nahen Ostens war das späte 11. Jahrhundert eine Zeit großer Unsicherheit. Während einige am Ende des fünften Jahrhunderts muslimischer Zeitrechnung ein Wiedererstarken des Islam erwarteten, rechneten andere voller Bangen mit dem Erscheinen des Mahdi und dem Beginn der Letzten Tage. Auf einer pragmatischeren Ebene hofften viele Muslime auf eine endgültige Entscheidung in dem Kampf um die Herrschaft über Syrien, der sich schon lange Jahre zwischen den fatimidischen Kalifen Ägyptens und den Seldschukensultanen des Zweistromlandes hinzog. Was die Menschen auch erwarteten, sicherlich rechneten sie nicht mit einer religiös motivierten Invasion aus dem Abendland.

EIN MOSAIK DES MITTLEREN OSTENS

Der Erfolg des Ersten Kreuzzugs und die Errichtung christlicher Fürstentümer im Nahen Osten war noch eine der vergleichsweise geringfügigen Konsequenzen aus dem Zerfall des Seldschukensultanats nach dem Tode Malikschahs im Jahre 1092. Die Stammestraditionen der seldschukischen Türken begünstigten eine Teilung der Herrschaft innerhalb der Familie, und nach dem Tode Malikschahs kämpften seine Verwandten im Iran, in Transoxanien, Irak und Syrien gegeneinander um die Herrschaft. Türkische Herrscher und abhängige Kriegsherren unterstützten in Syrien und anderswo rivalisierende Herrscher und verfolgten dabei eine zunehmend auf eigene Unabhängigkeit gerichtete Politik. Zur gleichen Zeit benutzten Generäle, die im Dienst der ägyptischen Fatimiden standen, die Unruhen im Seldschukenreich, um in Syrien und Palästina Geländegewinne zu erzielen. Barkayaruq, der älteste Sohn Malikschahs, kämpfte um die Oberhoheit über das Kernland des Seldschukenreiches, doch bei seinem Tod im Jahr 1105 war er nur der erste Mann in einer losen Konföderation.

NOMADISIERENDE TURKSTÄMME stellten einen großen Teil der Hilfstruppen, die gegen die Kreuzfahrer fochten. Auch die Mamluken wurden gewöhnlich aus turkstämmigen Steppenbewohnern rekrutiert. Vor allem dem zusammengesetzten, gekrümmten Bogen (oben rechts zu sehen) verdankten die Türken ihre militärische Stärke.

Ab 1038 hatten die Seldschukensultane, offiziell als Diener der in Bagdad residierenden abbasidischen Kalifen und als Verteidiger des sunnitischen Islam, ihre Herrschaft errichtet. Tatsächlich besaßen die Abbasiden des 11. Jahrhunderts kaum wirksame politische Autorität, nicht einmal innerhalb Bagdads, so dass der Kalif Al-Mustashir (1094 bis 1118) sich ausgiebig seiner Vorliebe für Kalligraphie und Dichtung hingeben konnte. Trotzdem war der abbasidische Kalif, zumindest formell, weiterhin das von den meisten Sunniten anerkannte politische und religiöse Oberhaupt der islamischen Welt. Die Sunniten beriefen sich auf die Sunna, das heißt die Worte und Taten des Propheten Mohammed und seiner Gefolgsleute, eine Sammlung mündlich überlieferter Traditionen, die das islamische Recht (*Scharia*) und die Lebensführung des einzelnen Muslims regelten. Die Sunniten erkannten die oberste politische Autorität des Kalifen an, auch wenn diese mittlerweile zu einer legalistischen Fiktion geworden war.

Darin unterschieden sie sich von den Schiiten, die der Überzeugung waren, die höchste religiöse und politische Autorität habe unter den Kalifen zuletzt Ali, dem Schwiegersohn des Propheten, gebührt und sei danach auf die Imame übergegangen, die seine Nachkommen und spirituellen Nachfolger waren. *Schia Ali* hieß die Partei Alis. Eine größere Gruppe innerhalb der Schiiten glaubte, dass nach dem Verschwinden oder der Entrückung des zwölften Imam im Jahre 878 eine höchste geistliche Autorität zur Zeit nicht vorhanden wäre. Die Zwölferschiiten erwarteten die Rückkehr des verborgenen Imams; mit seiner Rückkehr, so glaubten sie, werde die islamische Gerechtigkeit in der ganzen Welt zur Herrschaft gelangen. Eine andere schiitische Gruppe, die Ismailiten, waren überzeugt, dass schon nach dem Verschwinden Ismails im Jahre 760, den sie als den rechtmäßigen siebten Imam betrachteten, das Imamat in die Verborgenheit gesunken sei. Im Verlauf des 11. Jahrhunderts kam es zu weiteren Schismen: Zunächst lösten sich die Drusen und dann die Nizari-Ismailiten oder Assassinen vom ismailitischen Fatimiden-Kalifat in Kairo und bekämpften dessen Ansprüche.

Obwohl eine Abschätzung der genauen Kräfteverhältnisse unmöglich ist, scheint es doch wahrscheinlich, dass während des 11. und 12. Jahrhunderts die meisten Muslime im syrischen Großbereich (Syrien, Libanon und Palästina) Sunniten waren, die sich den abbasidischen Kalifen verpflichtet fühlten. Allerdings waren die Unterscheidungen zwischen den Lehrsätzen und Ritualen der Sunniten und Schiiten nicht scharf. Viele Sunniten zeigten schiitische Tendenzen, während andererseits viele Schiiten keine Bedenken trugen, den abbasidischen Kalifen beziehungsweise den seldschukischen Sultanen zu dienen. Sunniten und Schiiten lebten in den großen muslimischen Städten Seite an Seite. Obwohl die Sunniten die Mehrheit besaßen, war die schiitische Minderheit doch sehr groß, und in manchen Teilen Syriens waren sie in der Mehrheit. Die meisten syrischen Schiiten waren Anhänger der Zwölferschia, doch unternahmen die Assassinen im frühen 12. Jahrhundert wiederholt Versuche, Aleppo und andere große syrische Städte unter ihre Kontrolle zu bekommen, bevor sie sich schließlich entschieden, einen kleinen Territorialstaat um die Festung Masyaf im syrischen Hochland zu begründen.

MUSLIMISCHE HERRSCHER verzierten in der Regel ihre Münzen mit arabischen Inschriften, nicht mit figürlichen Darstellungen. Doch gaben einige muslimische Herrscher des Nahen Ostens, die über große christliche Bevölkerungsteile herrschten, im 12. und 13. Jahrhundert auch Münzen mit Letzteren aus, wahrscheinlich um den Erwartungen ihrer Untertanen zu entsprechen. Die Münze rechts, die aus Mossul stammt, zeigt den sitzenden Fürsten mit der Mondsichel in seinen Händen, einem Symbol des Islam.

PÄPSTE UND KAISER. Im Allgemeinen interessierten sich die muslimischen Historiker kaum für die Geschichte ihrer christlichen Gegner und besaßen nur sehr geringe Kenntnisse von ihr. Doch brachte im 13. Jahrhundert Raschid ad-Din, der persische Verfasser einer Weltchronik, der am Hofe des mongolischen Ilchans arbeitete, einige Informationen über Persönlichkeiten wie Kaiser Friedrich II. und Papst Gregor IX. zusammen, die hier in einer Reihe stilisierter Porträts in persischer Manier dargestellt sind.

Außerhalb des Territoriums der fatimidischen Kalifen befanden sich die Schiiten in den meisten Teilen der islamischen Welt in einer ungünstigen Lage. Wenn der Iran heute auch fast einheitlich schiitisch ist, war er doch im Mittelalter eine feste Bastion der Sunniten. Doch errichtete der zwar im Iran geborene, aber arabischstämmige Hasan-i-Sabbah eine Enklave der Assassinen im Bergland südlich des Kaspischen Meeres. Seine Anhänger eroberten 1090 die Festung Alamut und in der Folge kamen weitere Festungen in dieser Region unter ihre Kontrolle.

Zweifellos ist es falsch, wenn man sich den syrischen Großraum in der Zeit vor dem Ersten Kreuzzug als durchweg muslimisch vorstellt. Es gab nicht nur die genannten Schismen innerhalb des Islam, sondern, wie in Kapitel 6 ausgeführt, in Stadt und Land auch immer noch beträchtliche Gemeinden einheimischer Christen. Eine christliche Gruppe, die Orthodoxen oder Melkiten (Kaisertreuen) betrachteten den byzantinischen Kaiser als ihr eigentliches Oberhaupt und ihren Schutzherrn, während die Häretiker – darunter die Jakobiten, Nestorianer und Maroniten – es durchaus vorziehen konnten, ihren Glauben unter muslimischer Oberherrschaft frei zu praktizieren. Viele Christen machten unter muslimischen Herrschern Karriere. Besonders innerhalb der städtischen Bürokratien und als Ärzte nahmen sie eine herausragende Stellung ein. Noch stärker war ihre Position in Ägypten, wo die Kopten (die ägyptischen Monophysiten) die Finanzverwaltung beherrschen, während eine Anzahl von Heerführern armenische Christen waren.

Die politische Lage des Nahen Ostens war am Vorabend des Ersten Kreuzzuges noch komplexer als die religiöse, wie überhaupt innerhalb der islamischen Welt eine säuberliche Unterscheidung zwischen religiösen und politischen Fragen nicht leicht ist. Das wichtigste Ereignis in der islamischen Geschichte des späten 11. und frühen 12. Jahrhunderts war der Zerfall des Seldschukenreichs. Nach dem Tode Malikschahs versuchte Kalif Al-Mustashir zwischen den im Krieg liegenden Sippenangehörigen zu vermitteln, bemühte sich aber zugleich, seine unabhängige Autorität in Bagdad zu vergrößern. Auf ähnliche Weise versuchten anderswo im zerfallenden Seldschukenreich Statthalter und Heerführer, deren Macht sich über Städte oder Provinzen erstreckte, den Vorteil der dynastischen Streitigkeiten auszunutzen, um sich als unabhängige Herrscher zu etablieren. Manche benutzten ihren formellen Titel als *atabeg* (»Vater-Prinz«), um die Tatsache zu verschleiern, dass sie in Wahrheit die Macht usurpiert hatten. Ein Atabeg war eine Art militärische »Gouvernante«, eingesetzt, um einen minderjährigen Seldschukensprössling, dem eine Provinz übertragen worden war, zu schützen und zu beraten. Doch erwartungsgemäß schoben die Atabegs in einer Provinz nach der anderen ihre Schützlinge beiseite und übernahmen selbst die Macht. So war beispielsweise in den neunziger Jahren des 11. Jahrhunderts Mossul unter die Herrschaft seines Atabegs Karbuqah gekommen. Auch anderswo im Irak, im westlichen Iran und in Syrien versuchten unabhängige türkische Kriegsherren, ehrgeizige Söldnerführer und usurpatorische Atabegs ihre Territorien auf Kosten der anderen zu vergrößern.

Im späten 11. Jahrhundert war der syrische Großraum eine einzige Kampfzone, in der Generäle und ehemalige Vasallen der Seldschuken auf der einen und Armeen der fatimidischen

DER FEUERTOD DER TEMPLER (*oben*). 54 Ordensmitglieder wurden während des Templerprozesses im Mai 1310 außerhalb von Paris verbrannt; 1314 starben auch der Ordensmeister Jakob von Molay und der Präzeptor der Normandie, Gottfried von Charney, den Feuertod, nachdem sie ihre Geständnisse widerrufen hatten. Aber die meisten Templer wurden nach dem Prozess freigelassen und in Pension geschickt.

TÜRKISCHE UND KURDISCHE EMIRE (*unten*), die einen gewissen Rang erreicht hatten, unterhielten in der Regel ein Militärorchester. Trommeln und Trompeten wurden benutzt, um den Einsatz der Truppen auf dem Exerzierplatz oder dem Schlachtfeld zu lenken.

N lan de nre mil. iii. ix. xlix. et
plus sant mes le iour saint

وكاد يزعزع الجمال الشهر وانشد
ما الحج سير كنا ونيا وادلجا ولا اعيا بل اجمالا واحدا

الحج انقصد البيت الحرام على تحريد لكل الحج لا يعبد حاجا

وعارض وهو في يده اليسرى وعمز على سنط خط الميدان حتى يصلوا الى وسط الموكب
ثم يتناول العنان مع الدرقة بشماله ويضرب بقائم السيف قبة الدرقة ويثني عليها
بالدبابة ويزدد فرسك يمينا ويدرق بالدرقة يسارا عن كفل الفرس ويرجع على خط الداس

الكبير ويجي الخلفه يفعل كفعل الأول ويرد فرسه شمالا على خط الدارع الكبير
ويجي الثالث يفعل كفعله صاحبه ويرد فرسه يمينا ويرد فرسه الأول فيفعل كفعل ولا

Kalifen in Kairo auf der anderen Seite mit- und gegeneinander kämpften. Ab 1064 drangen nomadisierende turkmenische Stämme in Syrien ein. Diese Turkmenen standen nicht unter der Kontrolle des Seldschukensultans, doch einige Jahre später besetzten reguläre seldschukische Truppen einen großen Teil des Landes, darunter die Achse der großen muslimischen Städte im syrischen Landesinneren, die von Aleppo im Norden über Hama und Homs nach Damaskus im Süden verlief. Weniger erfolgreich waren die Seldschuken und ihre Verbündeten allerdings bei der Eroberung der Küstenstädte, so dass die Fatimiden dort und in Palästina ihre Präsenz behaupteten.

Am Vorabend des Ersten Kreuzzugs wurden Aleppo und der größte Teil Nordsyriens von Ridwan, einem Neffen Malikschahs, beherrscht oder zumindest beansprucht. Ridwan geriet später unter den Einfluss assassinischer Agenten; in Aleppo war er niemals beliebt. Außerdem stand seinen Ambitionen in Syrien sein jüngerer Bruder Duqaq entgegen, der nominelle Herrscher von Damaskus. Auch das westlich von Aleppo gelegene Antiochia, das der Emir Jaghi Sijan regierte, hatte sich mit Damaskus gegen Aleppo verbündet. Der muslimische Bevölkerungsanteil Antiochias dürfte gering gewesen sein, da die Stadt bis 1084 zum Byzantinischen Reich gehört hatte. Im Osten wurde Ridwans Herrschaftsbereich von den ehrgeizigen Plänen des Karbuqah bedroht, des Atabegs von Mossul.

Fast jede syrische Stadt hatte ihren eigenen Herrscher. Die meisten dieser Herrscher waren Türken und Militärs. Homs etwa stand unter der Kontrolle des Dschanah ad-Daulah, eines weiteren türkischen Atabegs. Obwohl Syrien zum größten Teil von Arabern bewohnt wurde, waren die meisten Mitglieder der militärischen Elite in dieser Region türkischer und, in geringerem Ausmaß, kurdischer Abkunft. Allerdings herrschten ab 1086 in der nordsyrischen Grenz- und Festungsstadt Schaisar (Caesarea) die Banu Munqidh, ein arabischer Clan, der sich zu den Zwölferschiiten bekannte. Die Hafenstadt Tripolis hatte im Jahr 1070 erfolgreich gegen die Fatimiden rebelliert und wurde bis zu ihrer Eroberung durch die Kreuzfahrer im Jahr 1109 von einer Dynastie von Kadis (Richtern) regiert. Ihre Bevölkerung war vorwiegend schiitisch. Auch die Hafenstadt Dschabala war eine unabhängige Republik. Beirut hingegen wurde von den Fatimiden beherrscht und von ihrer Flotte geschützt. Auch Tyrus, Sidon und Akkon standen unter fatimidischer Kontrolle, aber erst seit 1089; zudem war die Lage dort instabil, da es immer wieder zu Revolten gegen die ägyptische Herrschaft kam.

Jerusalem war 1071 von einem türkischen General namens Atsis den Fatimiden entrissen worden, doch 1098 nutzten die Ägypter den Umstand, dass die Kräfte der Türken im Norden Syriens durch das Kreuzfahrerheer gebunden waren, um sich der Stadt erneut zu bemächtigen. Nach Angaben des persischen Reisenden Naser-e Chosrou, der Jerusalem in den fünf-

MAMLUKENLEHRLINGE (als solche durch die fehlenden Bärte kenntlich) führen auf dem Paradeplatz Schwertübungen aus. Illustration aus einem ägyptischen Traktat des 14. Jahrhunderts über den Reiterkrieg.

ALEPPO, eine der wichtigsten Städte des muslimischen Syrien, wurde von seiner mächtigen Zitadelle beherrscht, die im Wesentlichen das Werk zangidischer und aiyubidischer Herrscher war. Die Inschrift über dem Eingang des Torhauses preist aber den Mamlukensultan Qalawun, den »Unterdrücker der Verehrer des Kreuzes, den Alexander seiner Zeit, Eroberer von Städten und Bezwinger der Armeen der Franken«.

ziger Jahren des 11. Jahrhunderts besuchte, hatte die Stadt eine Bevölkerung von etwa 20 000 Menschen und war ein beliebtes Pilgerziel für die Muslime, die aus dem einen oder anderen Grund nicht die *hadsch* (religiöse Pilgerfahrt) nach Mekka und Medina antreten konnten. Die Stadt war der »drittheiligste Ort Gottes« für die Muslime, und viele muslimische Mystiker ließen sich in ihr nieder. In den muslimischen apokalyptischen Szenarien hatte Jerusalem einen Sonderstatus. Am Tag des Gerichts, so hieß es, werde sich beim zweiten Klang der Posaune, wenn alle Kreaturen auferständen, die gesamte Menschheit im Tal von Gehenna vor der Ostmauer Jerusalems versammeln. Viele Muslime wollten deshalb an oder in der Nähe dieser Stätte ihr Begräbnis finden. Das muslimische Heiligtum des Felsendoms im Tempelbezirk von Jerusalem war im Jahr 692 fertiggestellt worden. Die Motive für diesen Bau sind ins Dunkel gehüllt, doch im 11. Jahrhundert hatte sich bei den Muslimen die Auffassung verbreitet, dass vom Felsen im Zentrum des Heiligtums Mohammed mit seinem geflügelten Streitross Buraq seine Nachtreise in den Himmel angetreten habe.

Obwohl die Fatimiden sich 1098 bemüht hatten, Jerusalem wieder unter ihre Kontrolle zu bekommen, war die Stadt für sie nicht von großer Bedeutung. Ihr Hauptsitz in Palästina war Ramleh, ihr wichtigster Flottenstützpunkt Askalon. Außerhalb der Städte hatten die Fatimiden in Palästina praktisch keine Autorität, weil Beduinen und turkmenische Wegelagerer die Dorfbewohner, Kaufleute und Pilger aller Religionen terrorisierten. Der Brief eines jüdischen Pilgers, der im Jahr 1100 in Ägypten gestrandet war, berichtet, wie er fünf Jahre lang vergeblich versuchte, Jerusalem zu erreichen, weil Banditen und Beduinen dieses Ziel unerreichbar machten.

Doch die Gefahren, denen sich die Pilger in Palästina ausgesetzt sahen, waren nicht die unmittelbare Ursache für den Ersten Kreuzzug. Vielmehr waren es die territorialen Gewinne, die Kilidsch Arslan I., der Seldschukensultan von Rum, auf Kosten des Byzantinischen Reichs in Kleinasien errungen hatte, die Kaiser Alexios I. dazu veranlassten, im Abendland um militärische Hilfe nachzusuchen. Kilidsch Arslan gehörte einem selbständigen Zweig des Seldschukenclans an, der ständig mit den »Großseldschuken« des Iran und Irak im Streit lag. Sein Versuch, die großseldschukischen Wirren im Nordirak in eigene Geländegewinne umzumünzen, führte dann schließlich 1107 zu seinem Tod. In Kleinasien selbst wurde die Vorherrschaft der Seldschuken von Rum von einer Dynastie türkischer Grenzkrieger in Frage gestellt, den Danischmendiden, deren Machtzentrum im nördlichen Anatolien lag. Die Rumseldschuken und die Danischmendiden herrschten über Gebiete, deren Bevölkerung in ihrer großen Mehrheit aus griechischen Christen bestand.

DER CHRISTLICHE DSCHIHAD UND DIE REAKTION DER MUSLIME

Angesichts der Zerstrittenheit der islamischen Welt kann die Reihe der Erfolge, die die Heere des Ersten Kreuzzugs in Anatolien, dem nördlichen Syrien und in Palästina errangen, kaum überraschen. Obwohl in den Jahren 1097 und 1098 türkische Armeen aus Aleppo, Damaskus und Mossul zum Entsatz Antiochias ausgesandt wurden, waren ihre militärischen Operationen doch nicht koordiniert. Die kleineren Küstenstädte nach Süden hin waren viel zu schwach, um dem christlichen Vormarsch Widerstand zu leisten, und als die Fatimiden Jerusalem an die Kreuzfahrer verloren, werden manche Sunniten diese Niederlage ihrer schiitischen Feinde mit ruhiger Genugtuung betrachtet haben.

Der Brief des oben angeführten jüdischen Pilgers vermittelt ein Bild, wie man die Lage unmittelbar nach der christlichen Eroberung Jerusalems einschätzte. Zwar hatte die Pest gewütet und Ägypten geschwächt, trotzdem war man zuversichtlich, dass Al-Afdal, der ägyptische Wesir und Heerführer, die Stadt in einigen Monaten zurückerobern werde. Vielen Muslimen blieb die volle Bedeutung der Kreuzzugsbewegung und der christlichen Eroberung Jerusalems zunächst verborgen. In weiten Kreisen hielt man die Franken für Truppen des byzantinischen Kaisers und glaubte nicht, dass sie lange an Jerusalem festhalten würden. Doch trotz der politischen und religiösen Zerstrittenheit in der muslimischen Welt und trotz einer weit verbreiteten Unkenntnis über die Herkunft und die Ziele der Kreuzfahrer gab es unter den Muslimen sofort eine allgemeine Empörung über die Grausamkeiten der Kreuzfahrer, die beispielsweise in Maarrat an-Numan viele Einwohner massakriert hatten, und über ihre Eroberung der Heiligen Stadt.

Gegen Ende des Jahres 1099 führte der oberste Kadi von Damaskus, Al-Harawi, eine Delegation von Flüchtlingen nach Bagdad, um die Hilfe des Kalifen Al-Mustashir zu erbitten. Al-Harawis Ansprache an den Kalifen rührte die Anwesenden zu Tränen; sie wurde bald danach von dem irakischen Dichter Ibn al-Abiwardi in Verse gebracht:

Wie kann das Auge zwischen seinen Lidern schlafen, zu einer Zeit, wenn der Schrecken alle Schläfer weckt?
Während deine syrischen Brüder nur auf dem Rücken ihrer Pferde oder im Bauch des Aasgeiers schlafen können?

Der Kalif, der über keine nennenswerten eigenen Truppen verfügte, schrieb an Barkayaruq und forderte ihn auf einzugreifen, doch der Seldschukensultan, der zu dieser Zeit mit seinem Bruder Ghidath ad-Din Muhammad im Nordiran Krieg führte, tat nichts.

1110 kam eine ähnliche Delegation nach Bagdad, angeführt von Ibn al-Chaschschab, dem schiitischen Kadi von Aleppo. Ihre Absicht war, die öffentliche Meinung am Kalifenhof zu einer konzertierten Aktion gegen die Franken zu bewegen. Mit Unterstützung der Sufis und Kaufleute organisierte der Kadi eine Demonstration in der Bagdader Kalifenmoschee während des Freitagsgebets. Eine Woche später wurde diese Aktion wiederholt und außerdem der zeremonielle Einzug der Gattin des Kalifen nach Bagdad gestört. Der Kalif war wütend. Zwar versprach Ghijath ad-Din Muhammad, der sich beim Tod Barkayaruqs (1105) dessen Anspruch auf die Herrschaft im Seldschukensultanat zu eigen gemacht hatte, einzugreifen, und traf die Vorbereitungen für einen Dschihad, doch erhielten die syrischen Opfer der Kreuzfahrer niemals substanzielle Hilfe von einem der Prätendenten auf das Sultanat.

Viele der frühen propagandistischen Äußerungen von Muslimen gegen die Kreuzfahrer waren in Verse gekleidet und entsprachen den Konventionen, die in den verschiedenen Gattungen der arabischen Poesie vorherrschten. Um die Zerstörungen und Vertreibungen anzuklagen, die die Kreuzfahrer verursacht hatten, bediente man sich einer Form, die die vorislamischen nomadisierenden Araber verwandt hatten, um den Verlust von Lagerstätten, »die Orte der verlorenen Freude«, zu betrauern. So auch in den folgenden Versen, die traditionelle Motive der Klagepoesie auf die Plünderung Maarrat an-Numans (1098) anwenden:

Das, mein Freund, ist eine Stadt, die Gott zu ihrer Zerstörung bestimmt hat.
Halte mit deinem Kamel und klage mit mir um ihre früheren Bewohner, um Alt und Jung, und gedenke, wenn du einmal hierher kommst, dass hier der Geliebte wohnte!

DAS IDEAL DES DSCHIHAD

Obwohl die anfänglichen Reaktionen der Muslime auf den Einbruch der Kreuzfahrer notwendigerweise ungeordnet waren und sich oft unangemessener, veralteter Formen bedienten, erkannten einige islamische Führer schnell die wahre Bedeutung der christlichen Invasion und unternahmen den Versuch, einen Gegenkreuzzug zu organisieren. Ali ibn Tahir al-Sulami (1039 bis 1106) war ein sunnitischer Korangelehrter, der der Großen Moschee von Damaskus verbunden war. Sein *Kitab al-Dschihad* (»Buch vom Heiligen Krieg«, 1105) war die erste Abhandlung über den Heiligen Krieg, die nach der Ankunft der Franken im Nahen Osten geschrieben wurde. Anders als manche seiner Zeitgenossen verwechselte al-Sulami die Kreuzfahrer nicht mit den Byzantinern. Er betrachtete vielmehr das Heer der Franken als Teil eines christlichen »Dschihad« aus dem Abendland, der das Ziel hatte, den morgenländischen Christen zu helfen und Jerusalem zu erobern. Für ihn war der Triumph der Kreuzfahrer in Syrien ein Symptom des moralischen und politischen Niedergangs des Islam und ein Zeichen für den geschwächten Zustand des Kalifats. Gleichzeitig aber vermittelte er seinen Lesern die Gewissheit des künftigen Sieges, hatte doch der Prophet Mohammed vorausgesagt, dass die Muslime Jerusalem zeitweilig verlieren, es dann aber zurückgewinnen und darüber hinaus noch Konstantinopel erobern würden.

Al-Sulami wusste auch um die Konflikte zwischen Christentum und Islam in Spanien, Sizilien und Nordafrika. Wie er den Kreuzzug in den weiteren Rahmen eines Kampfes zwischen den beiden Religionen stellte, der die gesamte Mittelmeerwelt erfasste, fand Mitte des 13. Jahrhunderts ein genaues Echo in der Chronik des muslimischen Historikers Ibn al-Athir.

»Erstmals traten das Reich der Franken, sein Machtzuwachs, seine Invasion in die Länder des Islam und die Besetzung einiger Gebiete der Muslime im Jahr 478 [1085/1086] in Erscheinung, als sie die Stadt Toledo und weitere Städte im Lande Andalus eroberten, wie bereits erzählt wurde. Im Jahre 484 [1091/1092] griffen die Franken dann die Insel Sizilien an und eroberten sie; auch das haben wir schon berichtet. Dann erzwangen sie sich sogar den Zugang zur afrikanischen Küste, wo sie einige Plätze besetzten, die ihnen aber wieder abgenommen wurden. Dann eroberten sie weitere Orte, wie wir im Folgenden berichten werden. Als das Jahr 490 [1096/1097] begann, brachen sie in Syrien ein.«

Hamdan ibn Abd ar-Rahim, ein weiterer Historiker des frühen 12. Jahrhunderts aus Aleppo, schrieb sogar ein Buch über die Geschichte der Franken, die in die Länder des Islam einfielen. Sein Werk ist aber nicht erhalten, sondern nur aus Zitaten in später verfassten Geschichtswerken bekannt. Der Verlust dieses Buches ist umso mehr zu bedauern, als Ibn Abd ar-Rahim besonders gute Voraussetzungen und Erfahrungen für dieses Thema besaß, hatte er doch zunächst ein Dorf unter der Oberherrschaft des fränkischen Herrn von Al-Atharib besessen und war später in den Dienst Zangis getreten, des ersten großen Anführers des Dschihad.

Wenn auch Al-Sulamis Traktat über den Dschihad der erste war, der in Reaktion auf den Kreuzzug verfasst wurde, so war er dennoch keineswegs das erste Buch zu diesem Thema. Die letzte Autorität für den Dschihad findet sich im Koran selbst:

»Vorgeschrieben ist euch der Kampf, doch ist er euch ein Abscheu. Aber vielleicht verabscheut ihr ein Ding, das gut für euch ist, und vielleicht liebt ihr ein Ding, das schlecht für euch ist; und Allah weiß, ihr aber wisset nicht.
   (2. Sure, Vers 212–213)
Kämpfet wider jene von denen, welchen die Schrift gegeben ward, die nicht glauben an Allah und an den Jüngsten Tag und nicht verwehren, was Allah und sein Gesandter verwehrt haben, und nicht bekennen das Bekenntnis der Wahrheit, bis sie den Tribut aus der Hand gedemütigt entrichten.
   (9. Sure, Vers 29)
... bekämpfet die Götzendiener insgesamt, wie sie euch bekämpfen insgesamt, und wisset, dass Allah mit den Gottesfürchtigen ist.«
   (9. Sure, Vers 36; alle Koran-Zitate in der Übersetzung von Max Henning)

Dschihad, was gewöhnlich mit »Heiliger Krieg« übersetzt wird, bedeutet wörtlich »mühevolles Streben«, das heißt ein Streben nach der Förderung des Islam. Nach der traditionellen sunnitischen Lehre lag die Führung des Dschihad zur Vergrößerung des islamischen Herrschaftsbereichs in den Händen des Kalifen. Im 8. und 9. Jahrhundert war es eine der Aufgaben der abbasidischen Kalifen gewesen, den Heiligen Krieg zu lenken. Harun ar-Raschid beispielsweise führte jedes zweite Jahr seine Truppen gegen das Byzantinische Reich ins Feld; in den anderen Jahren unternahm er den *hadsch*, die Pilgerfahrt nach Mekka. Dschihads wurden auch in den östlichen Regionen ausgerufen, sowohl gegen die heidnischen Turkvölker Transoxaniens und Innerasiens als auch gegen die götzendienerischen Hindus im nördlichen Indien. Die Freiwilligen in diesen und anderen Dschihads trugen den Namen *ghasi*. Sie kämpften für Beute und in der Gewissheit, dass sie, falls sie im Kampf fielen, zu Märtyrern wurden.

Der *Bahr al-Fawaid,* »Die See der kostbaren Tugenden«, ist eine enzyklopädische und ziemlich predigerhafte Abhandlung aus der Gattung der Fürstenspiegel; sie wurde in den fünfziger oder sechziger Jahren des 12. Jahrhunderts von einem anonymen Perser verfasst, der wahrscheinlich in Aleppo unter der Herrschaft Nur ad-Dins lebte. Da der Autor offensichtlich tief in die Auseinandersetzung mit den in Syrien eingedrungenen Franken verwickelt war, legte er die Lehrsätze und Bestimmungen des Dschihad so dar, wie sie Mitte des 12. Jahrhunderts verstanden wurden. Es gibt zwei Formen des Dschihad: einen inneren Kampf gegen die eigenen moralischen Schwächen und einen äußeren Kampf gegen die Ungläubigen. Nach Ansicht des *Bahr* – und darin spiegelt das Buch die konventionelle Auslegung wider – gibt es weiter zwei Formen des äußeren Dschihad. Da ist zunächst der offensive Dschihad, die kollektive Pflicht der muslimischen Gemeinschaft, den muslimischen Herrschaftsbereich (*dar al-islam*) auszuweiten. Einige Muslime nehmen direkt an den aggressiven Kampagnen gegen nicht muslimische Nachbarn teil; alle Muslime sind verpflichtet, die Kämpfer mit Geld und ihrer Billigung zu unterstützen. Zweitens gibt es einen defensiven Dschihad, der darauf abzielt, Aggressoren zu vertreiben, die muslimische Territorien besetzt haben. Dieser Verteidigungskrieg ist eine Verpflichtung für alle gesunden, erwachsenen Muslime.

Der *Bahr* untersucht die Rechte und Pflichten der Kämpfer des Dschihad im Detail. Der Gotteskrieger muss die Erlaubnis seiner Eltern einholen, wenn er minderjährig ist. Falls er verheiratet ist, muss er eine ausreichende Versorgung seiner Ehefrau sicherstellen. Er darf für seine Beteiligung keine Bezahlung erwarten. (Während der muslimische Fiskus Christen und Juden gegen Bezahlung als Söldner für den Dschihad verpflichten kann.) Ein Muslim darf nur dann in der Schlacht fliehen, wenn ihm mehr als zwei Ungläubige entgegentreten. Frauen und Kinder sollen nicht getötet werden.

Die Regelungen bezüglich der Beute sind sehr kompliziert. Hier wirken einige der Forderungen des *Bahr* exzentrisch. Das Buch fordert, dass auch Tiere, die am Dschihad teilnehmen, Geschenke verdienen »und das Geschenk für einen Elefanten sollte größer sein als das für ein Kamel oder einen Esel«. An einer anderen Stelle der Schrift fordert der Autor, der offensichtlich ein *alim*, ein Religionsgelehrter, ist, dass auch seinesgleichen ein Anteil an der Beute eines Kriegs gegen die Ungläubigen zustehe: »Denn man darf nicht glauben, dass nur der ein *ghasi* ist, der mit dem Schwert in der Hand den Ungläubigen entgegentritt; denn auch der Gelehrte, der in der Moschee und der *mihrab* (Gebetsnische) seine Feder in der Hand hält und die Wahrheit des Islam kennt, ist ein Krieger, und seine Feder ist schärfer als das Schwert.« Wenn der Autor des *Bahr* auch die Christen verabscheute und verachtete, so erschienen ihm doch die Häretiker in der Gemeinschaft der Muslime als eine noch größere Bedrohung. »Das Blut eines Häretikers zu vergießen ist so wertvoll wie siebzig Heilige Kriege.«

Einige Gelehrte des Mittelalters meinten, nur ein Defensivkrieg sei ein Dschihad, doch diese waren eine Minderheit. Die meisten Autoritäten waren der Ansicht, dass die Verpflichtung zum Dschihad erst erlöschen werde, wenn alle Welt unter der Herrschaft des Islam stände. Für den Autor des *Bahr* ist es die erste Pflicht des muslimischen Herrschers, den Dschihad und den Sieg des Islam zu fördern. Wenn ein Herrscher statt dessen Frieden mit den Ungläubigen mache, werde er die Welt verderben und sei besser tot. Der Verfasser des Buches musste freilich, trotz aller frommen Theorie, erkennen, dass die Franken in Syrien weiterhin vom Erfolg begünstigt waren, während gleichzeitig die Muslime untereinander Krieg führten.

In der schiitischen Theologie kann nur der Imam einen offensiven Dschihad ausrufen, und da er verborgen ist, ist auch diese spezielle Verpflichtung bis zum Anbruch des Jüngsten Gerichts aufgeschoben. Obwohl daher beispielsweise die ismailitischen Fatimiden und die zwölferschiitischen Banu Munqidh von Schaizar wiederholt an Schlachten gegen die Kreuzfahrer teilnahmen, spielte der Dschihad in ihrer Ideologie keine Rolle. Und viele Muslime, insbesondere Schiiten und Sufis, betonten zudem, dass dem äußerlichen Dschihad im Verhältnis zum Dschihad gegen das Böse in der eigenen Seele ohnehin nur der nachgeordnete Rang gebühre.

Die Propagandisten des Dschihad stellten den besonderen Status heraus, den Jerusalem für den Islam besaß. Im Verlauf des 12. und 13. Jahrhunderts wurden eine Reihe von Abhandlungen verfasst, die den besonders herausragenden Eigenschaften *(fadail)* Jerusalems oder Palästinas und Syriens insgesamt gewidmet waren. Diese Abhandlungen knüpften an vergleichbare Werke an, die zur Zeit der Kriege der Araber gegen die Byzantiner entstanden waren. Ein verwandtes Genre galt den *zijarat*, den dem Hadsch nachgeordneten Pilgerfahrten zu den Gräbern der Propheten, Märtyrer und heiligen Sufis, die vielfach in Gebieten lagen, die die ungläubigen Franken okkupiert hatten.

DER DSCHIHAD IN DER PRAXIS

Die zwei Jahrhunderte zwischen den neunziger Jahren des 11. und den neunziger Jahren des 13. Jahrhunderts waren für den Nahen Osten politisch vor allem durch den Fall des Seldschukenreiches, den Aufstieg und Fall der Chwarizmier und die Invasion der Mongolen geprägt. Im selben Zeitraum triumphierten die Anhänger der Sunna in vielen Gebieten über die Schiiten. Vor allem wurde die territoriale Herrschaft der Assassinen zuerst im Iran, dann auch in Syrien gebrochen. Obwohl es völlig falsch wäre, diese Epoche in der Geschichte des Nahen Ostens als »das Zeitalter der Kreuzzüge« zu bezeichnen, trifft es doch zu, dass der entscheidende Vorgang in der Geschichte Syriens und Palästinas im 12. und 13. Jahrhundert die Herausbildung einer Einheit der islamischen Länder war, die sich in Reaktion auf die Existenz der lateinischen Staaten entwickelte.

In Jerusalem gab es keine Muslime mehr, nachdem 1099 die Kreuzfahrer die gesamte muslimische Bevölkerung abgeschlachtet oder gefangen genommen hatten; später lud man christliche Araber aus Transjordanien ein, sich in der Stadt niederzulassen, um sie wieder zu bevölkern. In manchen Orten, so in Ramleh, waren die Einwohner noch vor der Ankunft der Kreuzfahrer geflohen. In anderen Städten und Dörfern zogen sie es vor zu bleiben. Die fränkischen Siedlungen sorgten für eine bessere Verwaltung der Küstenregionen und gewährten den Bauern Schutz gegen marodierende Beduinen und Turkmenen. Die Muslime, die unter christlicher Herrschaft lebten, mussten eine besondere Kopfsteuer entrichten, während in den islamischen Staaten nur Christen und Juden die Kopfsteuer (*dschisja*) bezahlen mussten. Aber dafür brauchten die Muslime, anders als die abendländischen Christen, nicht den Zehnten abzuliefern. Ibn Dschubair, ein spanischer Mekkapilger, der auf seinem Heimweg 1184 das Königreich Jerusalem passierte, erklärte, die muslimischen Bauern würden von ihren fränkischen Herren gut behandelt und müssten weniger Steuern zahlen als ihre muslimischen Standesgenossen in benachbarten, muslimisch regierten Gebieten. Er fürchtete sogar, längerfristig könnte die Gefahr bestehen, dass sie sich zum Christentum bekehrten.

Allerdings gibt es auch weniger günstig lautende Zeugnisse, und selbst in einigen der Gebiete, in denen die Muslime geblieben waren, kam es in der Folgezeit zu Aufständen und Massenauswanderungen. Muslimische Aufstände gab es 1113 in der Gegend von Nablus, in den dreißiger und achtziger Jahren des 12. Jahrhunderts im Gebiet von Dschebel Bahra, 1144 im südlichen Transjordanien. Später im 12. Jahrhundert kam es dann gleichzeitig mit Saladins Invasionen zu sporadischen Bauernaufständen in Palästina. In den fünfziger Jahren des 12. Jahrhunderts flohen die Einwohner von acht Dörfern in der Gegend von Nablus nach mehreren Protesten gegen die erpresserischen Forderungen und Ungerechtigkeiten des Herrn von Mirabel über den Jordan und zogen nach Damaskus. Sie siedelten sich, wie die früheren Flüchtlinge aus dem Königreich Jerusalem und den anderen lateinischen Fürstentümern, in den Städten des Landesinneren an, insbesondere in Aleppo und Damaskus, und forderten dort stimmgewaltig die Ausrufung eines Dschihad, der ihnen die angestammte Heimat zurückgeben sollte. Sie suchten nach einem geeigneten Führer.

Der erste Kandidat, der sich anbot, war Ilghasi, ein Mitglied des Clans der Ortokiden, einer der vielen türkischen Stammesgruppen, die den Zusammenbruch des Seldschukenreiches genutzt hatten, um eine eigene kleine Territorialherrschaft zu begründen. Er war Herrscher in Mardin, als ihn 1118 die Bürger Aleppos aufforderten, in ihrer Stadt das Regiment zu übernehmen und sie gegen Roger von Antiochia zu verteidigen. Ilghasi nahm seinen turkmenischen Gefolgsleuten den Eid ab, dass sie ihm in den Dschihad folgen würden und erfocht auf dem Blutfeld den ersten Sieg des muslimischen Gegenkreuzzuges. Allerdings entsprach der Ortokidenherrscher in vielfacher Hinsicht nicht dem Idealbild eines Führers des Dschihad. Er war nicht nur ein schwerer Trinker, sondern auch mehr daran interessiert, seinen Herrschaftsbereich um Mardin zu konsolidieren, als das Fürstentum Antiochia zu vernichten. Ilghasi starb 1122, ohne die Hoffnungen erfüllt zu haben, die die Einwohner Aleppos auf ihn gesetzt hatten.

Imad ad-Din Zangi, der Atabeg von Mossul (1127 bis 1146), hatte als Führer eines Dschihad mehr Erfolg. Ibn al-Athir, der Historiker aus Mossul, der im 13. Jahrhundert lebte, meinte: »Wenn Gott in seiner Gnade es dem Atabeg nicht gestattet hätte, Syrien zu erobern, hätten die Franken es vollständig überrannt.« 1128 besetzte er Aleppo. Die Bürger der Stadt, die sich sowohl vor den Drohungen der Assassinen innerhalb Aleppos fürchteten als auch vor der äußeren Bedrohung durch die Franken, leisteten Zengi keinen Widerstand. Wie so viele der Atabegs, die die Seldschuken eingesetzt hatten, nutzte Zengi seine Position, um im nördlichen Irak und in Syrien eine faktisch unabhängige Herrschaft zu errichten. In seinem Fürstentum ahmte er das Protokoll und die Institution der Seldschukensultane des Iran nach. Wie die Seldschuken förderten er und seine Heerführer die Gründung von Medresen und Chanakas.

Die Medrese (von arab. *madrasa*), deren Ursprung in den östlichen Landen des Seldschukensultanats lag, war eine Lehranstalt, wo Gelehrte vor allem den Koran und das religiöse Recht studierten. Es handelte sich um eine ausschließlich sunnitische Institution; eines der wichtigsten Ziele dieser Lehranstalten war es, gegen die Predigten der Schiiten zu wirken. Die Khankas (von arab. *chanaqah*, auch als *sawijas* bekannt) waren Hospize, in denen Sufis lebten, lernten und ihre Rituale ausführten. Prediger und Freiwillige des Sufismus sollten in den Kriegen gegen die Kreuzfahrer eine wichtige Rolle spielen. Dass Zengi und seine Nachfolger in Syrien Medresen und Khankas gründeten, war Teil einer breit angelegten Kampagne der moralischen Erneuerung, bei der die Herrscher und religiösen Eliten das Ziel verfolgten, die Verderbtheiten und Heterodoxien innerhalb der muslimischen Gemeinschaft auszurotten. Dies war ein Dschihad, der auf mehr aus war als nur darauf, die Franken von der Küste Palästinas zu vertreiben. Das oben vorgestellte *Bahr al-Fawaid* gibt ein getreues Abbild von der Ideologie jener Zeit. Es predigt seinen Lesern nicht nur den Heiligen Krieg gegen die Franken, sondern warnt sie auch vor dem Lesen frivoler Bücher, dem Sitzen auf Schaukeln, dem Tragen von Gewändern aus Atlas, dem Trinken aus goldenen Bechern, dem Erzählen unanständiger Witze und dergleichen mehr.

Obwohl die muslimischen Frommen, insbesondere in Aleppo, auf Zengi als den erwählten Herrscher und neuen Führer des Dschihad blickten, tat er während seiner Herrschaft nur

MUSLIMISCHE KRIEGER IM KAMPF. Während die beduinischen Araber kaum Rüstungen verwendeten, benutzte die professionelle muslimische Kavallerie Kettenpanzer, die denen ihrer christlichen Gegner sehr ähnlich waren. Auf dieser unbeholfenen Zeichnung, die im 12. Jahrhundert in Ägypten entstand, tragen die fatimidischen Krieger die gleichen drachenförmigen Schilde, die auch die christlichen Ritter bevorzugten.

wenig, um ihre Erwartungen zu erfüllen, sondern lag die meiste Zeit mit muslimischen Rivalen im Krieg. Insbesondere hoffte er, das muslimische Damaskus seinen syrischen Territorien hinzuzufügen, doch der Gouverneur Muin ad-Din Unur hintertrieb Zengis ehrgeizige Pläne, indem er ein Bündnis mit dem Königreich Jerusalem schloss. 1144 gelang es Zangi jedoch dank einer glücklichen, aber nicht geplanten Verkettung von Umständen die lateinische Stadt Edessa zu erobern. Der Historiker Michael der Syrer beklagte die Einnahme der Stadt: »Edessa wurde zur Wüste, ein bewegender Anblick, sie ist eingehüllt in ein schwarzes Leichentuch. Der Boden trank das Blut; die Stadt wird von den Leichen ihrer Söhne und Töchter verpestet! Vampire und anderes wilde Getier kam des Nachts herbei und fraß vom Fleisch der Hingeschlachteten; so wurde die Stadt zur Heimstätte des Schakals. Denn kein Mensch begab sich in die Stadt, außer denen, die nach verborgenen Schätzen graben wollten.«

Bei dem islamischen Historiker Ibn al-Athir liest es sich ganz anders: »Als Zengi die Stadt in Augenschein nahm, gefiel sie ihm und er erkannte, dass es nicht gut wäre, sie in Schutt und Asche zu legen. Er befahl deshalb seinen Kriegern, alle Männer, Frauen und Kinder mitsamt dem erbeuteten Vieh in ihre Wohnstätten zurückzuführen ... Die Stadt wurde in ihren alten Zustand versetzt, und Zengi legte eine Besatzung als Garnison in ihre Mauern.«

Auf Zangi, den im Jahre 1146 ein Sklave ermordete, folgte in Aleppo sein Sohn Nur ad-Din, der mit der Hilfe einer für den Dschihad begeisterten Partei innerhalb von Damaskus 1154 schließlich auch als Triumphator in die Mauern dieser Stadt einziehen konnte. Dort gab Nur ad-Din einen *minbar*, eine Kanzel, in Auftrag, die in der Al-Aqsa-Moschee aufgestellt werden sollte, sobald die Stadt – was, wie man glaubt, kurz bevorstehe – von seinen Armeen zurückerobert sei. Die Eroberung Ägyptens jedoch hatte Priorität. 1153 war Askalon an die Franken gefallen, womit die Kreuzfahrer über einen Hafen verfügten, von dem aus Einfälle ins Nildelta möglich waren. Die fatimidischen Kalifen waren zu ohnmächtigen Spielfiguren in der Hand zerstrittener Wesire und ethnisch gespaltener Truppenteile geworden. Einige ägyptische Politiker der fünfziger und sechziger Jahre des 12. Jahrhunderts wollten mit dem Königreich Jerusalem zu einer Einigung kommen, um mit seiner Hilfe die Fatimidenherrschaft zu stützen; andere blickten erwartungsvoll auf Nur ad-Din in Damaskus, um mit ihm die Ungläubigen zurückzuschlagen.

DER AUFSTIEG SALADINS

Am Ende gelang es einer muslimischen Armee, die Nur ad-Din ausgesandt hatte, die Macht in Ägypten zu übernehmen und die christlichen Pläne in dieser Region zu vereiteln. Doch Nur ad-Din selbst hatte wenig vom Erfolg seiner Expeditionsstreitmacht. Die überwiegend türkische Armee, die er nach Ägypten geschickt hatte, stand unter der Führung türkischer und kurdischer Offiziere. Einer der Letzteren, Saladin (oder Salah ad-Din) aus dem kurdischen Clan der Aijubiden, bemächtigte sich 1169 als Wesir faktisch der Herrschaft über Ägypten. 1171 nutzte Saladin den Tod des amtierenden Kalifen, um das fatimidische Kalifat in Ägypten zu beseitigen. In den symbolisch bedeutsamen Freitagsgebeten in den Moscheen wurden von da an die Namen des abbasidischen Kalifen von Bagdad und des Sultans Nur ad-Din von Damaskus genannt. In Ägypten war der Siebenerschiismus nur die Religion einer Elite gewesen, und selbst in der Vergangenheit hatte es immer noch viele einflussreiche Sunniten, Christen und Juden gegeben. Obwohl es gegen die erzwungene Rückkehr zur Sunna nur wenig Widerstand gab, waren Saladin und seine Nachfolger durch die Gründung von Medresen und die Förderung der Sufis darauf bedacht, die Orthodoxie in Ägypten fest zu verankern.

Saladin war jederzeit bereit, seine Loyalität zu Nur ad-Din öffentlich zu erklären, aber weniger eifrig, wenn es darum ging, seinem Herrn das Geld und den militärischen Beistand zu schicken, wonach dieser wiederholt verlangte. Als Nur ad-Din 1174 starb, marschierte Saladin nach Syrien, besetzte Damaskus und schob Nur ad-Dins Sohn beiseite. Saladins Herrschaft als Sultan von Ägypten und Damaskus war lange vom letztlich erfolglosen Versuch geprägt, Mossul seinem zengidischen Fürsten zu entreißen; daneben bemühte er sich, ein Reich aufzubauen, das von seinem Clan beherrscht wurde. Er musste die Erwartungen seiner aijubidischen Verwandtschaft erfüllen, indem er für sie Apanagen schuf. Dieses Clanreich wurde weitgehend auf Kosten von Saladins muslimischen Nachbarn in Nordsyrien, dem Irak und dem Jemen geschaffen. Während seiner gesamten Herrschaft verwendete Saladin einen großen Teil seiner Mittel darauf, die Erwartungen seiner Verwandten und Gefolgsleute zufrieden zu stellen. Die Freigebigkeit war ein wesentliches Attribut für einen muslimischen Herrscher des Mittelalters.

Saladin stand jedoch auch unter dem Druck frommer Idealisten und von Flüchtlingen aus Palästina, die von ihm einen Dschihad gegen die lateinischen Siedlungen forderten. Führende zivile Intellektuelle wie Al-Qadi al-Fadil oder Imad ad-Din al-Isfahani, die beide in der Kanzlei Saladins arbeiteten, kritisierten ihren Herrn fortdauernd und ermahnten ihn, den Kampf gegen benachbarte Muslime einzustellen und seine Armeen gegen die Ungläubigen zu richten. Al-Qadi al-Fadil und seine Untergebenen verwandelten die Kanzlei in ein wichtiges Propagandainstrument Saladins und verkündeten in Briefen, die in die gesamte islamische Welt gesandt wurden, dass das oberste Ziel seiner Politik die Zerschlagung der lateinischen Fürstentümer sei. Als Parteileute der Zengiden und andere Feinde Saladin der Usurpation und des Nepotismus bezichtigten und ihm vorwarfen, er wolle nur seiner Familie ein Nest auspolstern, konnten Saladins Anhänger auf seine Förderung des Dschihad verweisen und sie als Legitimationsgrund seiner Machtübernahme anführen. Gleichwohl verfolgte Saladin bis 1183, als die Zengiden von Aleppo seine Oberhoheit anerkannten, seine militärischen Pläne gegen die Christen sehr zurückhaltend.

DIE ARMEEN SALADINS

Wenn die Armeen, die Saladin gegen die christlichen Fürstentümer ins Feld führte, formal auch für den Dschihad vorgesehen waren, bestanden sie doch nicht aus *ghasi*. Den Kern bildeten, wie schon bei Zangi und Nur ad-Din, türkische und kurdische Berufssoldaten. Die meisten Offiziere (oder Emire) bezogen einen *iktaa*, das heißt eine Zuweisung der Steuereinkünfte aus einem bestimmten Dorf, einem Landgut oder einem Gewerbe – Gelder, die sie selbst als Sold für ihre militärischen Dienste eintreiben mussten. Neben dem Iktaa erwarteten sie im Falle eines Kreuzzuges zusätzliche Geschenke des Herrschers. Einen Teil der Elitesoldaten Saladins stellten die Mamluken, als Soldaten eingekaufte Sklaven, wie es sie in fast jeder muslimischen Armee des Mittelalters gab. Saladin und seine Zeitgenossen heuerten außerdem auch Söldner an, die Seldschuken in Anatolien stellten sogar Franken in Dienst. Schließlich wurden Saladins Armeen durch Stammeskontingente der Beduinen und Turkmenen verstärkt, die in Erwartung von Beute als leichte Kavalleriehilfstruppen mit zu Felde zogen.

Die türkischen Elitetruppen waren Experten in der Handhabung des zusammengesetzten, einwärts gekrümmten Bogens, der aus Hornschichten und Sehnen bestand und im ungespannten Zustand etwa einen Meter lang war. Wie der englische Langbogen ließ sich auch der türkische Bogen nur von jemandem handhaben, der geübt war und die nötige Kraft dazu hatte. Anders als der englische Langbogen war er jedoch eine Angriffswaffe der Kavallerie und besaß eine noch größere Durchschlagskraft und Reichweite als jener. Die Masse der beduinischen und turkmenischen Hilfstruppen verwendete freilich einfachere Bögen, deren Pfeile eine viel geringere Durchschlagskraft hatten. So erklären sich die Berichte, dass die englischen Kreuzfahrer, die 1191 nach Arsuf marschierten, so mit Pfeilen übersät wurden, dass sie wie die Stachelschweine aussahen, gleichwohl aber mehr oder weniger unverletzt blieben.

Im Nahkampf bedienten sich die muslimischen Soldaten in der Regel einer leichten Lanze, eines Speers oder eines Schwerts. Obwohl die meisten Krieger, wenn überhaupt, nur durch einen Lederpanzer geschützt waren, trugen die Emire und Mamluken Kettenpanzer, die denen ihrer ritterlichen Gegner nicht nachstanden. Mit Ausnahme der Einführung einer mit Gegengewichten versehenen Steinschleudermaschine für Belagerungszwecke gab es während des 12. und 13. Jahrhunderts aber keine wichtigen Fortschritte in der Waffentechnik der Muslime.

EIN ARABISCH-SYRISCHER INTRIGANT IM ZEITALTER SALADINS

Der *Kitab al-Itibar* (»Das Buch des Lernens durch Beispiele«) wirft ein bezeichnendes Licht auf die Zusammentreffen, zu denen es auf dem Schlachtfeld und abseits davon kam. Sein adliger Verfasser, Usama ibn Munqidh, wurde 1095 in Schaisar (Caesarea) im Norden Syriens geboren und starb im Jahre 1188. Er war fast neunzig Jahre alt, als er sein Buch schrieb, worin er zeigen wollte, wie das von Gott vorbestimmte Schicksal alles festsetzt, vor allem auch die Länge des menschlichen Lebens. Da viele der Beispiele (*ibrat*) Usamas eigenem Leben entnommen sind, wirkt das Buch wie eine Autobiographie, allerdings eine sehr lückenhafte und flüchtige, die eine absichtlich fragmentarische Darstellung seiner vielen Kontakte mit den Franken gibt. Tatsächlich standen Usama und sein Herr, Muin ad-Din Unur, der Heerführer, der Damaskus kontrollierte, in den frühen vierziger Jahren des 12. Jahrhunderts in regelmäßigem Austausch mit König Fulko, und beide besuchten das Königreich Jerusalem in diplomatischen Angelegenheiten. Doch zum Geschäft trat häufig das Vergnügen hinzu, und trotz seiner rituellen Flüche gegen die Franken ging Usama mit ihnen auf die Jagd und nutzte viele Gelegenheiten, mit ihnen in gesellschaftlichen Kontakt zu kommen.

Nach Usama »besitzen die Franken (möge Gott sie hilflos machen!) keine der Tugenden des Mannes außer der Tapferkeit«. Doch das war die Tugend, die Usamah selbst höher als alle anderen schätzte. In seiner bemerkenswert ausgewogenen Darstellung der Sitten der Franken bemüht er sich, positive und negative Aspekte herauszustellen: Manche der fränkischen Heilverfahren seien zwar dumm und gefährlich, andere dagegen sehr wirksam. Einerseits ist das Gerichtswesen der Franken, wenn ein Zweikampf das Urteil herbeiführt, grotesk und absurd; andererseits erhielt Usama selbst in einem fränkischen Gerichtsverfahren sein Recht. Einerseits benehmen sich einige Franken, die im Heiligen Land neu angekommen sind, wie brutale Barbaren; andererseits gibt es Franken, mit denen Usama befreundet ist und die ein wirkliches Islamverständnis besitzen.

Während Usama ganz besonders großen Wert darauf legte, die vielen Gelegenheiten herauszustreichen, bei denen er den Franken im Kampf Auge in Auge gegenüberstand, ist sein Buch in einzigartiger Weise frei von jeder Anspielung auf den Dschihad. Zum Teil mag das an seiner Verlegenheit liegen, die ihn rückblickend wegen der diplomatischen Verhandlungen mit den Franken überkam, zum Teil aber gewiss auch daran, dass Usama, wie die übrigen Banu Munqidh, ein Schiit war und daher nicht an den besonderen religiösen Wert eines Dschihad glaubte, der unter der Führung eines usurpatorischen Feldherrn wie Saladin unternommen wurde.

Übrigens verfassten eine ganze Reihe von Zeitgenossen Usamas, Augenzeugen der Kreuzzüge, Autobiographien, die wir nur aus Zitaten in Werken anderer Autoren kennen. Abd al-Latif al-Bagdadi (1161 bis 1231), ein irakischer Arzt, war der Verfasser einer solchen Schrift. Wenn sie erhalten geblieben wäre, würde sie sich vielleicht als noch interessanter erweisen als die Autobiographie Usamas, denn Abd al-Latif, ein außergewöhnlich intelligenter Mann, der ein interessantes Leben geführt hat, besuchte Saladin während der Belagerung Akkons und dann später in Jerusalem, nachdem er mit Richard Löwenherz Frieden geschlossen hatte. Abd al-Latif schrieb auch eine Widerlegung der Alchimie, in der er den Aberglauben der Alchimisten diskutierte, dass sich das Elixier in den Augäpfeln junger Männer finden lasse. Abd al-Latif erinnert sich in dieser Schrift, wie er nach einer Schlacht zwischen Kreuzfahrern und Muslimen auf dem Schlachtfeld Alchimisten antraf, die von Leiche zu Leiche gingen und den toten Ungläubigen die Augäpfel entnahmen.

DIE KRIEGSDICHTER

Zu seinen Lebzeiten war Usama nicht als Autobiograph, sondern als Dichter berühmt. Obwohl er den Koran sorgfältig studiert hatte, entsprachen seine moralischen Überzeugungen den im Koran vermittelten Werten nur zum Teil. Sowohl sein Verhaltenskodex als auch die Sprache, in der er seine Kämpfe mit den Franken und anderen schilderte, schuldeten den Traditionen der vorislamischen Dichtung der nomadischen Araber der Hedschas mindestens ebenso viel. In dieser Hinsicht unterschied sich Usama nicht von vielen Protagonisten des muslimischen Gegenkreuzzuges.

Zu den Ratgebern, die sich in den siebziger und achtziger Jahren des 12. Jahrhunderts um Saladin scharten, gehörten einige der ausgezeichnetsten und berühmtesten Schriftsteller dieser Zeit. Imad ad-Din al-Isfahani, der in Saladins Kanzlei arbeitete, war nicht nur ein panegyrischer Historiker, sondern auch einer der bekanntesten Dichter des 12. Jahrhunderts. Auch Al-Qadi al-Fadil, der Leiter der Kanzlei, war ein Dichter. Zugleich war er ein einflussreicher Erneuerer des arabischen Prosastils, dessen metaphernüberladene, blumige und bombastische Sprache auf Jahrhunderte hinaus von arabischen Schriftstellern nachgeahmt werden sollte.

Usama soll angeblich über 20000 Verse der vorislamischen Dichtung auswendig gekannt haben. Seine Gedächtniskraft war freilich auch außerordentlich. Doch selbst Saladin, der kurdische Militär, war tief von arabischer Literatur durchdrungen. Saladin führte nicht nur eine Anthologie der Gedichte Usamas mit sich, er konnte auch das gesamte *Hamasa* des Abu Tammam auswendig und zitierte gern daraus. Abu Tammam (806? bis 845/846) hatte im *Kitabal-Hamasa* (»Das Buch der Tapferkeit«) Beduinenpoesie aus der vorislamischen Zeit gesammelt und seinen Lesern als eine Anweisung zum rechten Verhalten präsentiert. Unter den Aijubiden »lernten es die Menschen auswendig und gaben sich nicht damit ab, es in ihrem Bücherschatz zu besitzen«. Nach Abu Tammam ist »das Schwert wahrer, als was in Büchern gesagt ist: In seiner Schneide liegt die Trennung zwischen Wahrheit und Falschheit«. Die Gedichte, die er ausgewählt hatte, feierten traditionelle arabische Werte, insbesondere Mut, Männlichkeit und Freigebigkeit.

Allgemeiner formuliert bestimmten die Genres, Bilder, Metaphern und emotionalen Haltungen, die die vorislamischen Dichter entwickelt hatten, die Wahl der Formen jener Dichtungen, in denen Siege und Niederlagen im Krieg gegen die Kreuzfahrer behandelt wurden. Ebenso prägten sie das Selbstverständnis der Elite unter den muslimischen Krieger. So wurden Tropen, die im Arabien des 7. Jahrhunderts einen Zweikampf priesen oder kleine Erfolge bei Kamelattacken, neu belebt und auf einen Heiligen Krieg angewandt, den ethnisch gemischte, halb professionelle Heere in Syrien und Palästina ausfochten. Saladins Verwandte und Gefolgsleute teilten seinen Geschmack, und eine ganze Reihe von ihnen trat selbst als Dichter hervor. As-Salih Aijub, der letzte große Aijubidensultan Ägyptens (1240 bis 1249), beschäftigte zwei der größten Dichter des späten Mittelalters, Baha ad-Din Suhair und Ibn Matruh, als Ratgeber.

KULTURELLER AUSTAUSCH

Die muslimischen und fränkischen Angehörigen der militärischen Aristokratie konnten an ihrer beiderseitigen Gesellschaft Gefallen finden und beispielsweise gemeinsam auf die Jagd gehen. Zwischen Muslimen und Christen gab es viele Handelsbeziehungen, und insbesondere Kaufleute reisten beständig zwischen Damaskus und der christlichen Hafenstadt Akkon hin und her. Der Reisende Ibn Dschubair beobachtete, dass »sich die Soldaten mit ihrem Krieg beschäftigten, während die übrigen Leute Frieden hielten«. Obwohl es zahlreiche Kontakte zwischen Muslimen und Christen gab, kam es jedoch kaum zu kulturellem Austausch. Die Nähe begünstigte keineswegs mit Notwendigkeit das Verständnis füreinander. Nach der Ansicht des *Bahr al-Fawaid* waren die Bücher der Fremden nicht lesenswert. Ebenfalls meinte das *Bahr*: »Wer glaubt, dass sein Gott aus den Geschlechtsteilen einer Frau gekommen ist, ist vollständig verrückt; man sollte mit ihm nicht reden, denn er besitzt weder Verstand noch Glauben«.

Auch wenn Usama kein Französisch sprach, so wird doch aus seinen Erinnerungen deutlich, dass mehrere Franken das Arabische beherrschten. Sie erlernten die Sprache aus Gründen der Zweckmäßigkeit. Rainald von Châtillon, der Herr über Kerak in Moab, sprach Arabisch und arbeitete eng mit den jeweiligen Beduinen in Transjordanien zusammen. Rainald von Sidon konnte nicht nur Arabisch, sondern beschäftigte sogar einen Gelehrten, der Bücher in dieser Sprache kommentierte. Trotzdem wurde im lateinischen Orient kein einziges arabisches Buch ins Lateinische oder Französische übersetzt, und die Araber ihrerseits interessierten sich auch nicht für die westeuropäische Literatur.

Aber auch in anderen Bereichen gab es einen regen Austausch: König Amalrich beschäftigte beispielsweise einen arabischen Arzt namens Abu Sulaiman Daud, den er irgendwann in den sechziger Jahren des 12. Jahrhunderts aus Ägypten mitgebracht hatte, um seinen leprakranken Sohn Balduin zu behandeln. Weit üblicher war es allerdings, dass Muslime einheimische Ärzte christlichen Glaubens heranzogen. Vermutungen, dass über den lateinischen Orient solche Dinge wie der Spitzbogen, Wappenschilder, Sexualpraktiken oder Kochrezepte den Weg in den Westen gefunden hätten, bleiben bloße Spekulation. Die muslimischen und christlichen Eliten des Nahen Ostens bewunderten den religiösen Fanatismus und die Kampfkraft ihrer jeweiligen Feinde. An den Wissenschaften und Künsten des anderen hatten sie aber kein Interesse. Diese für den kulturellen Austausch wichtigen Beziehungen hatten schon früher und anderswo stattgefunden; die arabische Wissenschaft gelangte zum großen Teil über Spanien, Sizilien und Byzanz nach Westeuropa.

DIE KONTROLLE ÜBER DEN BOSPORUS garantierte dem osmanischen Sultan sichere Verbindungswege zwischen seinen Besitzungen in Asien und Europa und die Herrschaft über das Schwarzmeergebiet. Hinter dem Haremswächter im Vordergrund ist die vertraute Silhouette Konstantinopels erkennbar *(oben)*.

DIE ECCLESIA MILITANS (unteres linkes Viertel) in der Spanischen Kapelle von Santa Maria Novella, Florenz *(unten)*. Das Fresko Bonaiutis vereint die bedeutendsten Kreuzzugsförderer und -veranstalter der sechziger und siebziger Jahre des 14. Jahrhunderts. Es zeigt (von rechts nach links) Graf Amadeus VI. von Savoyen, König Peter I. von Zypern, Kaiser Karl IV., Papst Urban V., den päpstlichen Legaten Gil Albornoz und – als Vierten von links – Juan Fernández de Heredia, den Meister des Johanniterordens.

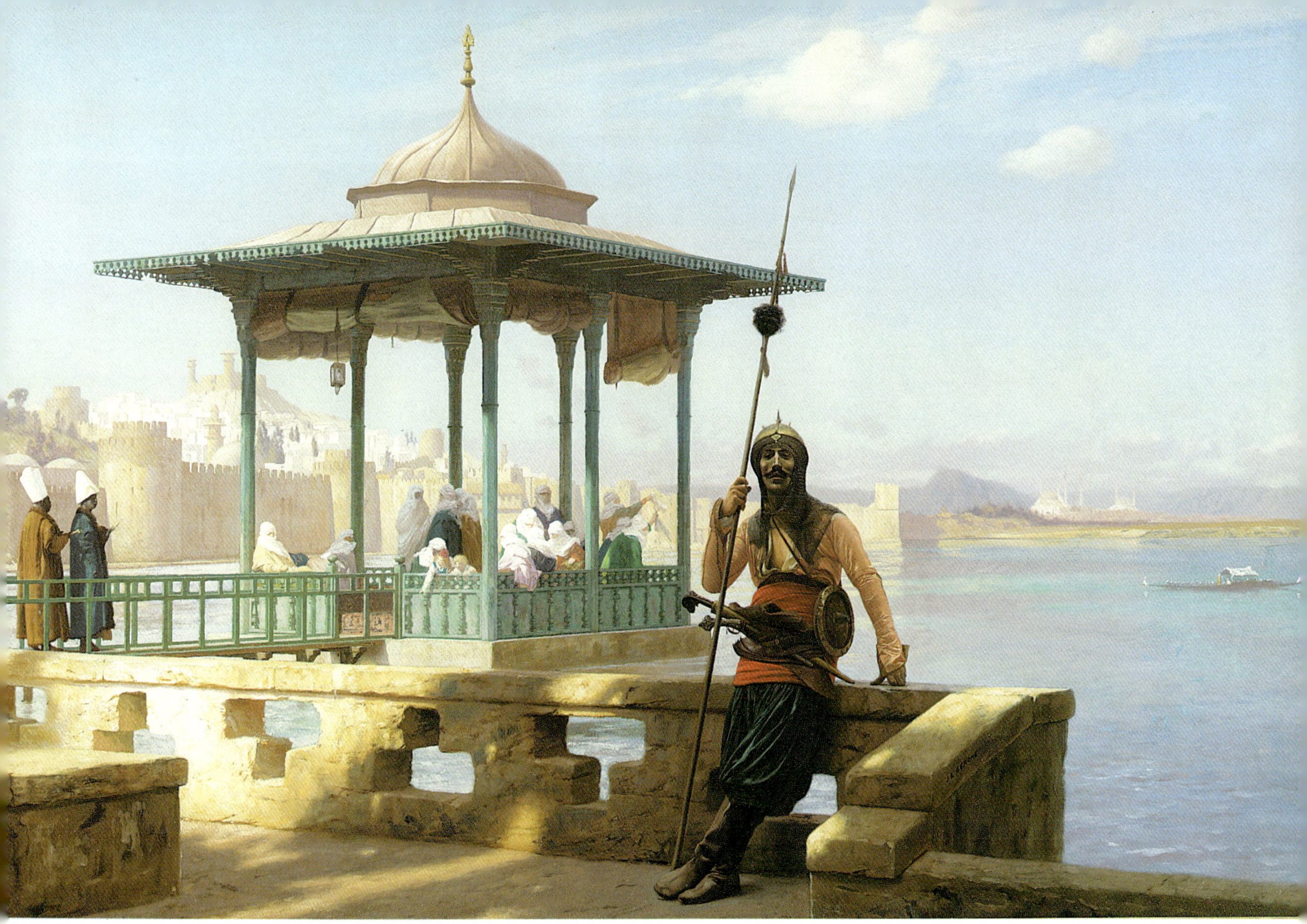

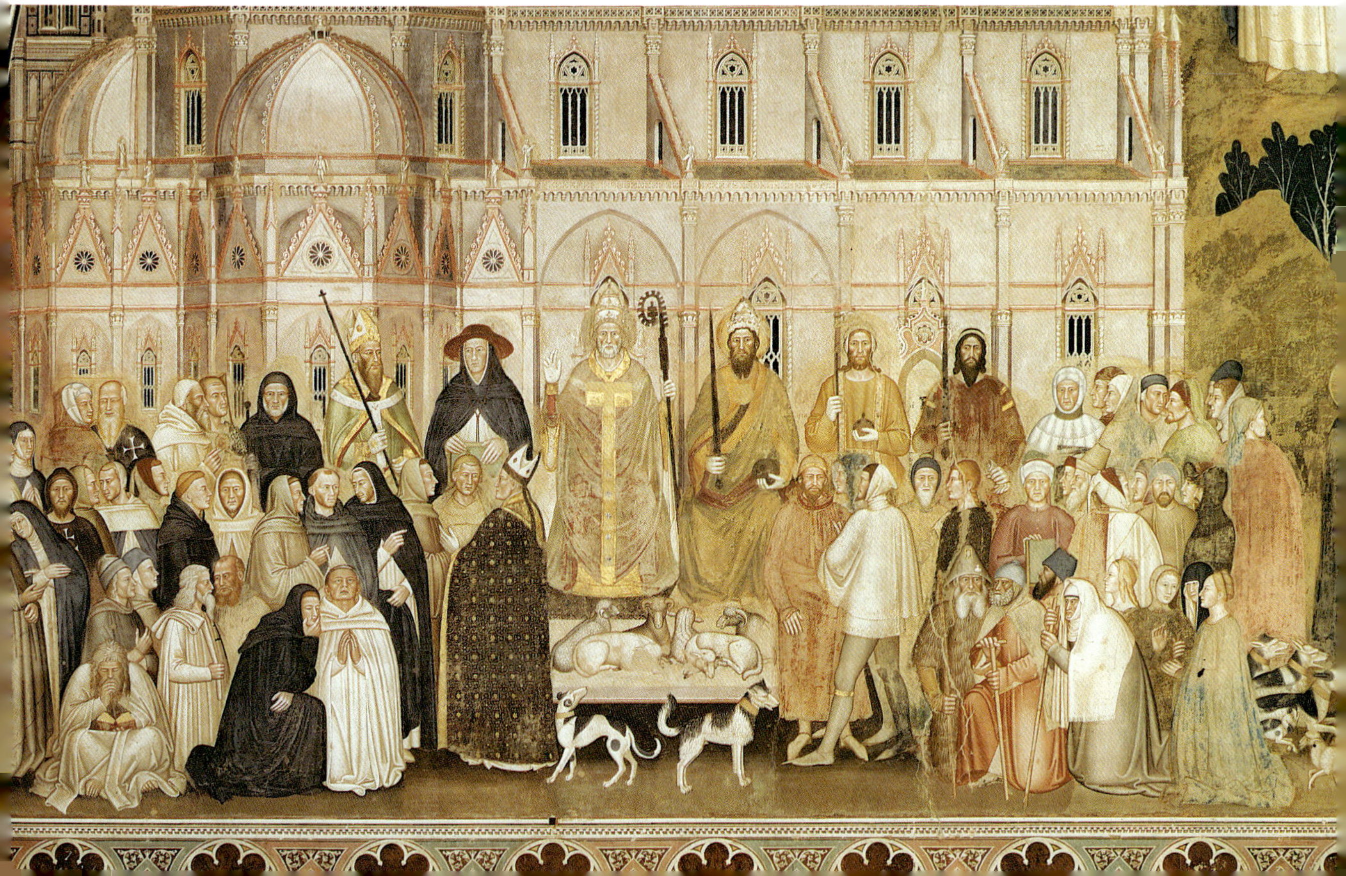

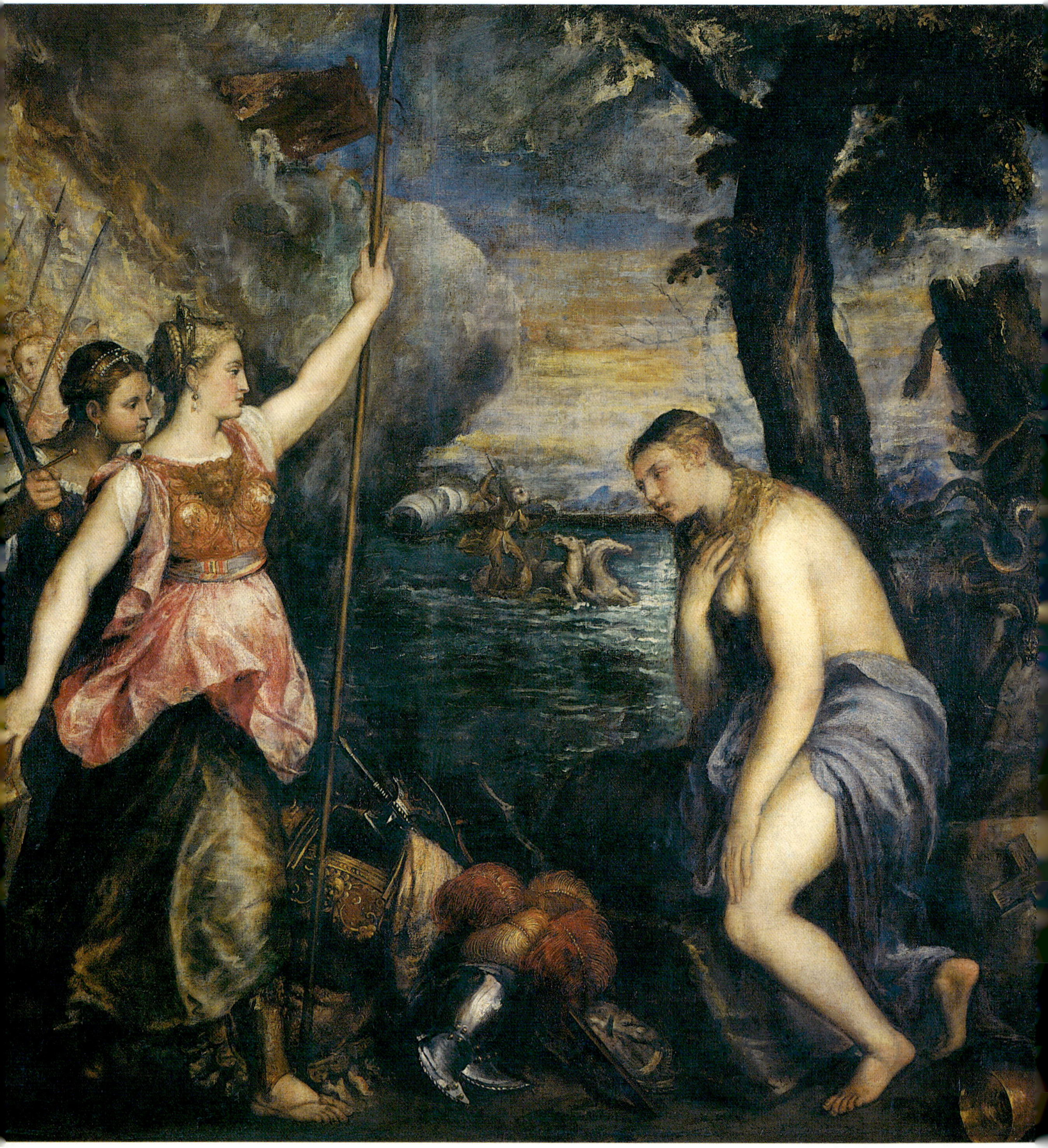

DIE SCHLACHT VON HATTIN UND DIE FOLGENDEN JAHRE

1183 eroberte Saladin Aleppo, 1185 Majaffarikin; 1186 erkannte Mossul seine nominelle Oberherrschaft an. Erst dann begann der Sultan mit seiner Großoffensive gegen das Königreich Jerusalem. Im Juni 1187 überschritt er mit einer Armee von vielleicht 30 000 Mann, darunter 12 000 Mann regulärer Kavallerie, den Jordan. Zu seinem Heer gehörten auch die *mutauwiun*, zivile Freiwillige des Dschihad. Muslimische Chronisten beschreiben ihre Funktionen: Sie setzten beispielsweise das Gras im Vorfeld der christlichen Armee in Brand. Saladin hatte vermutlich gehofft, die Festung Tiberias zu erobern. Er erwartete wohl nicht, in offener Feldschlacht auf die Armee des Königs Guido von Jerusalem zu treffen, denn er scheint keine Vorüberlegungen angestellt zu haben, wie er den sensationellen Sieg, den er schließlich bei Hattin erfocht, ausnutzen sollte. Die meisten der christlichen Edelleute, die in der Schlacht gefangen genommen wurden, ließ man schließlich gegen Lösegeld frei; den Sufimystikern in seinem Gefolge gewährte der Sultan allerdings das Privileg, die gefangenen Templer und Johanniter köpfen zu dürfen.

Unmittelbar nach dem Sieg zog Saladins Heer schnell weiter und besetzte einige schwach verteidigte Plätze an der Küste und anderswo, bevor es sich gegen Jerusalem wandte, das am 2. Oktober kapitulierte. Saladin war es nicht gelungen, die große Hafenstadt Tyros zu erobern, die später zu einem wichtigen Ausgangspunkt für den Dritten Kreuzzug werden sollte. In einer Unterhaltung erzählte Saladin ein paar Jahre später seinem Biographen Baha ad-Din ibn Schaddad, während sie gemeinsam auf Akkon zuritten, seinen Traum von der Zukunft: »Wenn durch Gottes Hilfe die Franken von dieser Küste vertrieben sind, will ich meine Reiche teilen und [meinen Nachfolgern] die letzten Instruktionen geben; wenn ich alsdann von ihnen Abschied genommen habe, will ich in See stechen und die Franken auf ihre Inseln verfolgen, bis niemand mehr ist auf dem Antlitz der Erde, der Gott verleugnet, oder aber ich will bei diesem Versuch sterben.« Saladin und seine Ratgeber sahen allerdings nicht voraus, dass der Fall Jerusalems an die Muslime im Abendland zur Ausrufung eines weiteren großen Kreuzzugs führen würde. In der Zwischenzeit schickten Saladins Kanzlisten Briefe an den Kalifen und an andere muslimische Herrscher. Diese Briefe prahlten mit der Erlösung »des Bruderheiligtums von Mekka aus der Gefangenschaft« und wollten nahe legen, dass sich Saladins frühere Kriege gegen seine muslimischen Nachbarn nun als gerechtfertigt erwiesen, weil sie die Einigkeit im Dienste des Dschihad hergestellt hätten.

Als dann die Kontingente des Dritten Kreuzzuges aus dem Abendland ankamen, begann ein Zermürbungskrieg, der die muslimischen Ressourcen aufs Äußerste anspannte. Nach den

TIZIANS GEMÄLDE *Spanien kommt der Religion zu Hilfe*, Museo del Prado, Madrid. Das allegorische Bild, das zur Zeit der Heiligen Liga entstand, verdeutlicht die Rolle, die nach Ansicht der meisten Spanier König Philipp II. im Europa des ausgehenden 16. Jahrhunderts spielte.

Worten Al-Qadi al-Fadils verwendete Saladin »die Einkünfte Ägyptens, um Syrien zu erlangen, die Einkünfte Syriens, um Mesopotamien zu erlangen, die Einkünfte Mesopotamiens, um Palästina zu erobern«. Ständig in Geldnot, hatte Saladin große Probleme, starke Armeen im Feld zu unterhalten. Die Inhaber der Iktaa wollten die Ernte in den Dörfern überwachen, aus denen sie ihre Einkünfte bezogen, während Saladins Verwandte häufig mehr daran interessiert waren, eigene Feldzüge an den Grenzen des aijubidischen Imperiums zu unternehmen, als dem Sultan dabei zu helfen, gegen die Armeen des Dritten Kreuzzuges ein Patt zu halten. Es gibt Hinweise in der arabischen Literatur dieser Jahre, dass manche Saladin als eine eschatologische Figur ansahen, einen Krieger der Letzten Tage; doch kurz nachdem die Kreuzfahrerkontingente nach Europa zurückgekehrt waren, fiel der Sultan, erschöpft von den jahrelangen Feldzügen gegen die Christen, im Jahre 1193 einem Fieber zum Opfer.

DIE ERBEN SALADINS

Saladins Erfolge waren mit beträchtlichen Kosten erkauft worden, und seine Nachfolger scheuten sich, eine übermäßig aggressive Politik zu verfolgen, die ihnen zwar Geländegewinne in Syrien oder Palästina bringen mochte, aber zugleich die Gefahr eines weiteren Kreuzzugs heraufbeschwor. Nach Saladins Tod wurde sein Reich unter seine verfeindeten Verwandten aufgeteilt, die in der Mehrzahl den Willen bekundeten, in der Tradition Zangis, Nur ad-Dins und Saladins am Dschihad festzuhalten. Diese Fürsten, von denen manche nur Strohmänner in den Händen aggressiver Parteien türkischer Militärs und Mamluken waren, beschäftigten sich im Allgemeinen mehr mit dem Kampf um die Vorherrschaft innerhalb des aijubidischen Herrschaftsgebietes. Zuweilen verbündete sich der eine oder andere dieser Aijubidenfürsten sogar mit den Franken der lateinischen Staaten gegen andere seiner Verwandten. Zumeist, aber nicht immer, wurde der ägyptische Herrscher vom Rest des Clans als rechtmäßiger Oberherr und Sultan anerkannt, während die anderen, die in Damaskus, Aleppo, Hama oder Homs residierten, nur den Titel *malik* (»Fürst«) führten.

Saladins Bruder Saif ad-Din al-Adil herrschte von 1200 bis 1218 als Sultan über Ägypten, und so stand nominell er an der Spitze der Verteidiger, als die ersten Kontingente des Fünften Kreuzzuges im Mai 1218 ein wenig westlich von Damiette im Nildelta an Land gingen. Allerdings leitete in Wahrheit sein Sohn Al-Kamil von Anfang an die Abwehrmaßnahmen und trat, als Al-Adil im August verstarb, auch seine Nachfolge als Sultan an. Den Kreuzfahrern gelang es schließlich im November 1219, Damiette zu besetzen. Doch langfristig waren sie zum Scheitern verurteilt, da es ihnen nicht gelungen war, schnell nach Kairo vorzurücken, und nun die Verwandten Al-Kamils aus Syrien und Mesopotamien, mehr oder minder begeistert, Truppenkontingente schickten, um den Ägyptern beizustehen. Im Jahre 1221 mussten die Kreuzfahrer schließlich Damiette wieder an Al-Kamil übergeben.

Der Dichter Ibn Unain bediente sich der traditionellen Form der *qasida*, um diesen Sieg zu feiern:

»Frage die Rücken der Pferde am Tage der Schlacht, ob unsere Zeichen unbekannt sind und die geschmeidigen Lanzen.
Am Morgen trafen wir vor Damiette ein mächtiges Heer von Byzantinern, deren Zahl nicht gezählt und nicht einmal abgeschätzt werden konnte.
In Ansicht, Entschlossenheit, Ehrgeiz und Religion waren sie sich einig, auch wenn ihre Sprachen verschieden waren.
Sie riefen ihre Mit-Kreuzfahrer [ansar al-salib, wörtlich: »Helfer des Kreuzes«] zusammen, und ihre Truppen brachen herein, als ob die Wellen ihnen Schiffe gewesen wären.
Man sah an ihnen jede Art von Kettenpanzern, die glänzten wie die Hörner der Sonne, und deren Glieder fest ineinander verfugt waren.«

Und so weiter noch etwa zwanzig Verse lang. Nach Aussage des Dichters fochten die Kreuzfahrer gut, und die Muslime behandelten jene, die sich ergaben, mit Mitleid. Und natürlich – und darum geht es in dem Gedicht eigentlich – fällt alles Lob auf das Haus der Aijubiden und seinen edlen Fürsten Al-Kamil.
Ein anderer schmeichelnder Dichter verkündete:

»Wenn es einen Mahdi gibt, bist du es,
der du die Religion des Erwählten und des Buches zum Leben erwecktest.«

Doch trotz der heroischen Erbschaft Saladins und des aijubidischen Triumphs in Damiette lässt sich das Verhalten der Aijubiden gegenüber den Kreuzfahrern eher als notgedrungene Anerkennung einer Koexistenz denn als Wunsch nach einer Fortsetzung des Dschihad verstehen. Obwohl das religiöse Gesetz der Muslime den Abschluss eines permanenten Friedensvertrags mit den Ungläubigen nicht zuließ, führten doch die Bedürfnisse des Handels und der Landwirtschaft dazu, dass in der Regel für zehn Jahre geltende Waffenstillstände ausgehandelt wurden. In manchen ländlichen Gebieten entstanden sogar gemeinsame Herrschaftsformen, so dass Muslime und Christen bei der Verwaltung und beim Einbringen der Ernte zusammenarbeiteten. Zwischen die streng abgesonderten Gebiete des *dar al-islam* (Territorium des Islam) und des *dar al-harb* (Territorium des Krieges) schob sich als Mittelglied der *dar as-sulh* (Territorium des Waffenstillstandes). Saladins strenge, einzig dem Krieg geweihte Politik wurde nicht von allen seinen Erben fortgesetzt. Das frühe 13. Jahrhundert war das große Zeitalter einer arabischen Literatur, die die Freuden des Lebens pries: Feste, Ausflüge aufs Land, die Liebe und den Weingenuss. Der berühmte Dichter Baha ad-Din Suhair (gestorben 1258) veröffentlichte einen Diwan, dessen Gedichte von einem Dolce Vita Zeugnis ablegen, das einige Bevorzugte unter der Herrschaft der Aijubiden genossen; darunter findet sich auch ein Gedicht, in dem er beschreibt, wie er mit seinem Geliebten die Schenken und Klöster Ägyptens besucht, sich betrinkt und die »mondgesichtigen, dürren Mönche« zum Besten hält.
Als im Jahre 1229 Sultan Al-Kamil, den eine Koalition feindlicher verwandter Herrscher bedrohte, Jerusalem an Kaiser Friedrich II. auslieferte, erntete er dafür in der gesamten isla-

EIN FLUSSBOOT BEFÖRDERT MAMLUKISCHE BOGENSCHÜTZEN, die kniend ihre Bogen spannen. Dieses Lederschnittbild eines Bootes wurde im mittelalterlichen ägyptischen Schattenspiel verwendet. In Schattenspielen und in der volkstümlichen Epik wurden wirkliche oder fiktive Siege der Muslime über die Kreuzfahrer verherrlicht.

mischen Welt herbe Kritik. Seine heftigsten Kritiker waren andere Aijubiden, die freilich ebenfalls bereit waren, taktische Bündnisse mit den Christen abzuschließen. Al-Kamil starb im Jahre 1238. Die Primogenitur galt bei den Aijubiden wenig oder nichts; schließlich trat 1240 As-Salih Aijub, der zweitälteste Sohn Al-Kamils, seine Nachfolge in Ägypten an. As-Salih Aijub hatte Jerusalem schon 1239 zeitweilig besetzt, 1245 bemächtigte er sich auch der Herrschaft über Damaskus. In seinen Kämpfen mit rivalisierenden Aijubidenfürsten und mit den Christen, die immer noch die palästinische Küste hielten, vertraute As-Salih Aijub vor allem auf sein Mamlukenregiment, die Bahris. Fast alle muslimischen Herrscher bedienten sich der Sklaventruppen, doch As-Salih Aijub kaufte Sklaven in einer bisher unerhörten Zahl. Diese gehörten den Kiptschaken, einem in der südrussischen Steppe lebenden Turkvolk, an. Die Sklaven wurden gründlich ausgebildet und auf Loyalität zu ihrem Herrscher eingeschworen.

Als 1249 Ludwig IX. der Heilige mit seinem Kreuzfahrerheer in Ägypten landete und As-Salih Aijub während der Verteidigung von Al-Mansura im Nildelta starb, übernahmen die Mamluken fast allein die Führung des Krieges. Die Bahri-Mamluken, die die Franzosen 1250 bei Al-Mansura besiegten, wurden vom zeitgenössischen Chronisten Ibn Wasil als »die

HÜLEGÜ, DER MONGOLISCHE ILCHAN DES IRAN (1256 BIS 1265) ist auf dieser persischen Miniatur des 16. Jahrhunderts mit dem zusammengesetzten, gekrümmten Bogen dargestellt. Er trinkt aus seiner Schale wahrscheinlich Kumys, vergorene Stutenmilch. Pfeil und Bogen waren bei Türken und Mongolen Symbole der königlichen Macht.

Templer des Islam« beschrieben. Einige Monate später wurde Turanschah, der Sohn As-Salihs und sein mutmaßlicher Erbe, von diesen Elitetruppen ermordet. In Syrien und Ägypten schloss sich diesem Ereignis eine Dekade heftiger politischer Unruhen an, wobei Aijubidenfürsten, türkische und kurdische Generäle sowie verschiedene rivalisierende Mamlukenfraktionen in den Provinzen des Aijubidenreichs gegeneinander kämpften.

Dieser mörderische innere Konflikt, der den lateinischen Siedlungen eine Atempause verschaffte, war ein Luxus, den man sich nicht mehr leisten konnte, als die Mongolen in Syrien einfielen. Obwohl mongolische Armeen schon in den zwanziger Jahren des 13. Jahrhunderts in den Nahen Osten eingedrungen waren und in den vierziger Jahren einen großen Teil Anatoliens besetzt hatten, begann erst in den fünfziger Jahren unter Hülegü, einem Enkel des Dschingis Chan, ein systematischer Eroberungskrieg. 1256 fiel die Assassinenfestung Alamut; 1258 wurde Bagdad, der Sitz des Abbasidenkalifats, in Schutt und Asche gelegt, im Januar 1260 überschritten die Mongolen den Euphrat und brachen in Syrien ein. An-Nasir Jusuf, der aijubidische Herrscher von Aleppo und Damaskus, verlor beide Städte und floh in die Wüste. Später wurde er von den Mongolen gefangen genommen und hingerichtet.

Qutus, einem Mamlukenoffizier, der sich des Sultanats bemächtigt hatte, blieb es überlassen, eine Armee zu allem entschlossener ägyptischer und syrischer Soldaten aufzustellen und mit ihr von Ägypten aus den Feinden entgegenzutreten. In der Schlacht von Ain Dschalut brachte sie den Mongolen am 3. September 1260 eine Niederlage bei. Die Früchte des Sieges erntete jedoch ein anderer Mamlukenführer, Baibars, der den Sultan Qutus ermordete und sich selbst zum Sultan von Syrien und Ägypten proklamierte. As-Sahir Baibars (1260 bis 1277) war durch einen Mord zum Sultan geworden, und er blieb es, weil er sich als ein fähiger Kriegsherr erwies. Zivile Propagandisten hielten sich nicht mit der Tatsache seiner Usurpation auf; sie stellten vielmehr seine Effektivität als Führer des Dschihad heraus. Während seiner Herrschaft verteidigte Baibars mit wilder Energie Syrien an der Euphratgrenze gegen die heidnischen Mongolen. Den Christen nahm er Caesarea, Arsuf, Antiochia und den Krak des Chevaliers ab. Außerdem waren er und seine Beamten sorgsam darauf bedacht, diesen militärischen Dschihad als Teil eines weiter gefassten Programms der moralischen Erneuerung und Reform zu präsentieren. Das abbasidische Kalifat wurde unter dem Schutz der Mamluken in Kairo neu errichtet. Der Sultan erklärte sich zum Schutzherrn der heiligen Städte Mekka, Medina und Jerusalem. Maßnahmen zur Bekämpfung des Alkohol- und Drogengenusses wurden ergriffen und Ermittlungen gegen Häretiker aufgenommen. Im Verlauf einiger Feldzüge wurden in den sechziger und siebziger Jahren des 13. Jahrhunderts die Assassinenfestungen in Syrien erobert.

Am Ende von Baibars' Herrschaft zeigte der Nahe Osten ein ganz anderes Erscheinungsbild als in den neunziger Jahren des 11. Jahrhunderts. Das Scheitern der Aijubiden beim Versuch, den Mongolen standzuhalten, hatte diese Dynastie diskreditiert, und Baibars hatte ihre Fürstentümer übernommen; nur Hama war unter der Herrschaft eines tributpflichtigen Aijubidenfürsten geblieben. Ägypten und Syrien waren jetzt Teile eines einzigen Reiches, das sich von den Grenzen Nubiens bis zu den Grenzen des kilikischen Armenien erstreckte. Und östlich des Euphrat war der Flickenteppich der nachseldschukischen Fürstentümer durch die mongolischen Ilchanate abgelöst worden.

DIE SKLAVEN ZU PFERDE

Schon die Seldschuken hatten sich der Mamluken bedient; nach einer Quelle gehörten zu dem Heer, das Alp Arslan 1071 bei Manzikert gegen die Byzantiner ins Feld stellte, 4000 Mamlukenkrieger. Wenn auch Saladins Emire im Wesentlichen frei geborene Türken und Kurden gewesen zu sein scheinen, bildeten doch Mamluken die Stoßtruppen seiner Heere. Außergewöhnlich am Mamlukensultanat in Ägypten und Syrien (1260 bis 1517) war jedoch, in welchem Ausmaß die militärischen und administrativen Schlüsselstellungen von den Mamluken monopolisiert wurden. In der Regel stellten die Mamlukensultane größere und besser ausgebildete Armeen ins Feld als ihre aijubidischen Vorgänger. Zunächst gehörten die meisten Mamluken, die nach Syrien und Ägypten gebracht wurden, den türkischen Kiptschaken aus den Steppen Südrusslands an, doch von den sechziger Jahren des 14. Jahrhunderts an verlagerte sich die Einkaufspolitik, und es wurden immer mehr Tscherkessen aus dem Kaukasus rekrutiert. Wenn auch Türken und Tscherkessen vorherrschten, gab es auch eine beträchtliche Anzahl von Europäern – Ungarn, Deutsche, Italiener und andere – in den Reihen der Mamluken. Die meisten dieser Europäer waren als Kinder bei Kriegen im Heiligen Land oder auf dem Balkan oder bei Piratenüberfällen gefangen genommen und zwangsweise zum Islam bekehrt worden.

Die jungen Mamluken wurden in der Zitadelle von Kairo einem harten militärischen Training unterzogen. Tausend Schwerthiebe mussten sie pro Tag gegen Lehmklumpen führen, um ihre Armmuskulatur zu stählen. Sie wurden ausgebildet, ohne Sattel zu reiten, und im Bogenschießen geschult, wobei besonderer Wert darauf gelegt wurde, dass sie vom Sattel aus auch nach rückwärts zu schießen lernten. Eine wichtige Übung bestand darin, einen auf einen hohen Pfahl gepflanzten Flaschenkürbis beim Vorwärts- und Rückwärtsschießen zu treffen. Der berittene Bogenschütze musste seine Zügel zum Schuss fallen lassen und das Pferd mit den Knien lenken, während er seinen Pfeil abschoss. Es kam vor, dass Mamlukenzöglinge starben, weil sie bei dieser Übung mit dem Pfahl zusammenstießen. Zu Unfällen mit Todesfolge kam es auch beim Polo, diesem aristokratischen Sport, der zum Kriegstraining wurde. Sowohl im Mamluken- als auch im Mongolenreich dienten groß angelegte Jagdexpeditionen einem ähnlichen Zweck.

Die Mamluken lernten das Arabische und die Lehren des Islam. Viele von ihnen konnten lesen und schreiben. Die Herausbildung einer gut ausgebildeten militärischen Elite im 13. und 14. Jahrhundert erklärt, warum sich Abhandlungen über die *furusijja* verbreiteten. Das Wort bedeutet »Reiterkunde«, doch die Werke dieses Genres befassten sich nicht nur mit der Handhabung von Pferden, sondern mit allen für den Krieg erforderlichen Fertigkeiten, darunter dem Gebrauch von Schwert, Bogen, Lanze und später auch von Geschützen sowie mit dem Einsatz von Belagerungsmaschinen und der Führung von Armeen. Gewöhnlich stellten die Autoren ihren Werken Doxologien voran, in denen sie die Bedeutung dieser Fertigkeiten für das Führen des Dschihad im Dienste Gottes herausstellten. So behauptete beispielsweise Al-Tarsusi, er habe sein Handbuch über die Kunst des Bogenschießens verfasst, um Saladin in seinem Kampf gegen die Ungläubigen zu helfen. Ein späteres Werk, das *Buch der Reiterkunde* des Badr ad-Din Baktut al-Rammah sprach sich für eine Art von Selbstweihe des Dschihadkämpfers aus: Wer ein heiliger Krieger (*mudschahid*) werden wolle, sollte an den Meeresstrand gehen, seine Kleider waschen, die rituellen Reinigungshandlungen vornehmen, Gott anrufen und sich dreimal in die Fluten stürzen, bevor er seine Gebete verrichtete.

Trotz der zunehmenden Professionalität und Hingabe der mamlukischen Armee war ihr Kampf gegen die lateinischen Siedlungen ein langer Zermürbungskrieg, in dem Belagerungen mit Perioden des Waffenstillstandes abwechselten. Die Waffenstillstandsurkunden, von denen viele erhalten blieben, verraten viel über die syrische Gesellschaft des 13. Jahrhunderts, da in den einzelnen Punkten Fragen behandelt sind wie die Einrichtung von Zollposten, die Rückgabe entflohener Sklaven, die gemeinsame Besteuerung von Grenzgebieten, die Erstattung von Gütern bei Schiffbruch oder das sichere Geleit von Kaufleuten über die Grenzen hinweg.

Baibars' sich lange hinziehende Offensive gegen die lateinischen Festungen, die im Jahre 1263 begann, führte der Sultan Al-Mansur Qalawun (1280 bis 1290) weiter. 1285 eroberte er Margat und Maraklea, 1289 Tripolis. Die Mamluken schickten nun so große Heere ins Feld, dass die Christen nicht mehr wagen konnten, ihnen in offener Feldschlacht entgegenzutreten. Im Verlauf dieser Jahrzehnte lernten die Mamluken auch das Graben von Belagerungsschächten und brachten verstärkt Steinschleudermaschinen zum Einsatz. Als schließlich Qalawuns Sohn und Nachfolger Al-Aschraf Chalil (1290 bis 1293) im Jahre 1291 gegen Akkon loszog, brachte er 72 Belagerungsmaschinen mit. Der Fall Akkons führte zur fluchtartigen Räumung der verbliebenen christlichen Städte und Festungen. Al-Aschraf Khalil, der die Lektionen der Eroberungen Saladins gelernt hatte und fürchtete, dass die Eroberung Akkons einen neuen Kreuzzug auslösen könnte, ließ alle lateinischen Städte und Häfen an der syrischen Küste systematisch zerstören, damit sie in der Zukunft keine Ausgangsbasen mehr für christliche Militärexpeditionen bilden konnten.

Die lateinischen Kirchen und Paläste wurden geplündert; in den folgenden Jahrzehnten wurden gotische Säulen und andere Spolien aus Syrien häufig zum Schmuck der Moscheen Kairos verwendet. Al-Aschraf Khalil ließ seinen Sieg auf einem Fresko in der Zitadelle von Kairo verherrlichen, das alle eroberten lateinischen Festungen zeigte. In den ersten Jahren nach dem Fall von Akkon wendeten die mamlukischen Armeen ihre Aufmerksamkeit häretischen und christlichen Gruppen in den Bergen Syriens und des Libanon zu, die der mamlukischen Herrschaft hartnäckigen Widerstand leisteten. Insbesondere die Maroniten hatten 1292, 1300 und 1305 unter mamlukischen Feldzügen zu leiden. Ganz allgemein hatten die Christen, die unter muslimischer Herrschaft lebten, in der Kreuzzugszeit ein schweres Los. Man verdächtigte sie, als Spione oder als Fünfte Kolonne im Dienst der Franken und später auch der Mongolen zu stehen. In einem antichristlichen Traktat des Ibn al-Wasiti, der Ende des 13. Jahrhunderts verfasst wurde, findet sich die Unterstellung, während der Herrschaft Baibars' hätten die Herrscher von Akkon Christen verleitet, Teile von Kairo in Brand zu stecken. Nach dem Sturz der Fatimiden gab es keine Christen mehr in den höheren Armeerängen; und obwohl in Syrien, etwa in Damaskus, weiterhin Christen in der Steuerverwaltung tätig waren, gab es gegen diese wiederholt Kampagnen, wobei man ihnen mitunter vorwarf, ihre Stellung zu missbrauchen, um Muslime zu unterdrücken. In der Mamlukenzeit kam es in Einzelfällen dazu, dass christliche Beamte zur Konversion gezwungen wurden – obwohl das islamische Recht die zwangsweise Bekehrung von Juden und Christen ausdrücklich verbietet –, und dass Pöbelscharen, manchmal von Sufis angeführt, unter fadenscheinigsten Vorwänden christliche Kirchen zerstörten. Somit hatten die Kreuzzüge, deren erklärtes Ziel es gewesen war, den einheimischen Christen des Ostens Hilfe und Beistand zu bringen, langfristig genau die gegenteilige Wirkung: Der geschützte Status der Christen innerhalb der muslimischen Gesellschaft wurde auf nicht wieder gutzumachende Weise geschwächt.

AL-ANDALUS

Während in Syrien, Palästina und Kleinasien die muslimischen Armeen im Verlauf des 12. und 13. Jahrhunderts stetige Geländegewinne auf Kosten der Christen machten, hatten am westlichen Rand des Mittelmeers die Muslime in Spanien vom späten 11. Jahrhundert an immer mehr an Boden verloren. Auf den Zusammenbruch des spanischen Umaijadenkalifats und die Plünderung von Córdoba durch Berbertruppen im Jahre 1031 war der Zerfall von Al-Andalus, des muslimischen Spanien, in eine Anzahl von Fürstentümern gefolgt, die jeweils von *Taifa* (»Partei«-Königen) beherrscht wurden. Diesen Königen fehlten die Ressourcen, um dem christlichen Vormarsch aus dem Norden erfolgreichen Widerstand entgegenzusetzen; sie zogen es in der Regel vor, Tribut zu zahlen, anstatt zu kämpfen. Im Jahre 1085 eroberte Alfons VI. von León Toledo, die größte Stadt des damaligen Spanien. Die *Taifa*-Könige gerieten in solche Panik, dass sie Ibn Taschfin in Nordafrika um Hilfe baten, obwohl einige der Fürsten

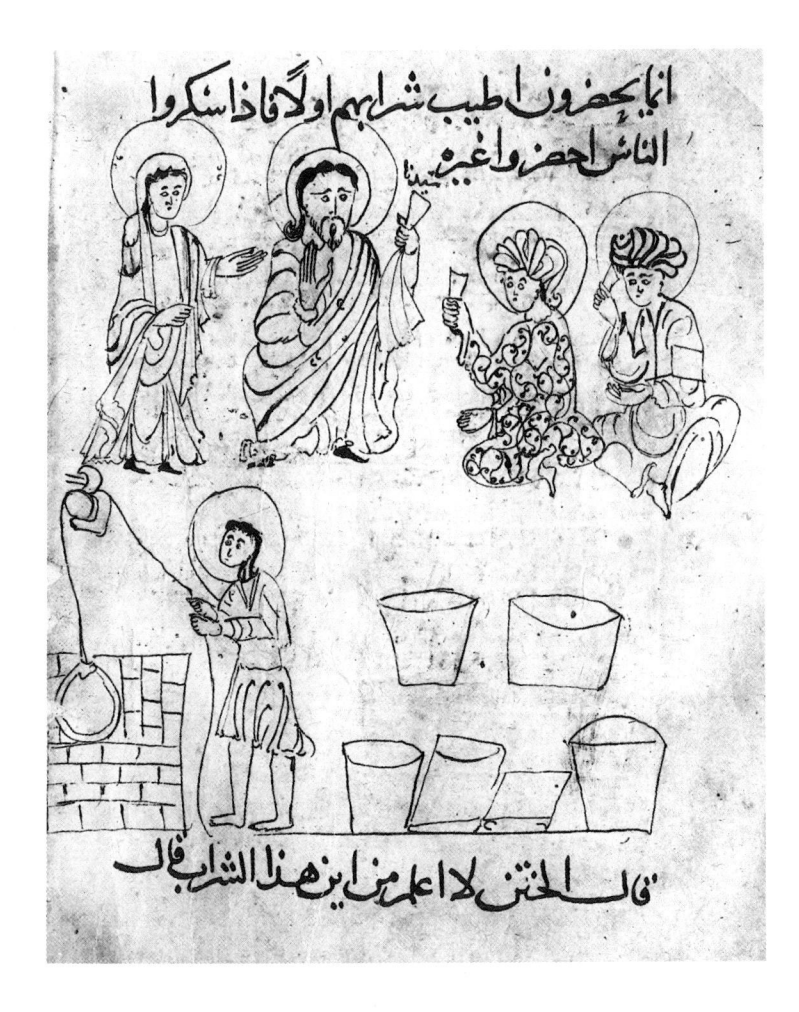

JESUS VERWANDELT WASSER IN WEIN. Illustration eines apokryphen Evangeliums in einer arabischen Handschrift aus dem 13. Jahrhundert. Obwohl die meisten Araber, mit denen die Kreuzfahrer zusammentrafen, Muslime waren, gab es doch in Syrien, Ägypten und dem Irak noch sehr große christliche Gemeinden. Trotzdem erfüllten sich die Hoffnungen der Kreuzfahrer auf nennenswerte Unterstützung durch die orientalischen Christen nicht.

die Almorawiden nicht weniger fürchteten als die Christen. In den Worten Al-Mutamids, des Herrschers von Sevilla, der die Entscheidung zum Hilferuf maßgebend bestimmt hatte: »Ich will lieber noch ein Kamelhirt [in Nordafrika] als ein Schweinehirt [unter den Christen] sein.«

Ibn Taschfin, der Führer der Almorawiden, war als Kopf einer militanten sunnitischen Erneuerungsbewegung an die Macht gekommen. Die Almorawiden (eigentlich aus arabisch *al-murabitum*) waren kein Clan, sondern eine Gruppe von Männern, die sich dem Dschihad geweiht hatten und in *ribat* wohnten, befestigten Stellungen ausschließlich für Freiwillige des Heiligen Krieges. Die almorawidische Lehre legte Wert auf den Primat einer strikten Interpretation des religiösen Gesetzes. Ihre Anhänger waren für ihre Intoleranz gegenüber Christen und Juden berüchtigt und verfolgten auch die Sufis. Die meisten der frühen Rekruten der Bewegung kamen aus der Berber-Stammeskonföderation der Sanhadscha. Obwohl die spanischen Araber dringend die militärische Hilfe dieser wilden, in Wolle gekleideten Stammeskrieger brauchten, gab es ein beachtliches kulturelles Gefälle zwischen beiden Gruppen und die almorawidische Besetzung des Al-Andalus war bei den dortigen Glaubensbrüdern nicht durchweg populär. Die Almorawiden errangen 1086 bei Sagrejas einen schnellen Sieg, es gelang ihnen jedoch nicht, Toledo zurückzuerobern, und auf lange Sicht konnten sie den christlichen Vormarsch auf der Iberischen Halbinsel nicht stoppen. Aber sie annektierten das Gebiet der *Taifa*-Könige und fügten es ihrem Reich hinzu.

Während es den Almoraviden bis 1110 gelang, ganz Al-Andalus unter ihre Herrschaft zu bringen, geriet ihr Herrschaftszentrum in Nordafrika von 1125 an unter den Druck einer weiteren religiösen Erneuerungsbewegung, die von anderen Berberstämmen unterstützt wurde. Die Almohaden (eigentlich von arabisch *al-muwahhidun* »Bekenner des Gottesnamens«) betonten vor allem die Einheit Gottes. Anders als die Almorawiden verfolgten sie die Anhänger der buchstabengerechten Auslegung des religiösen Rechtes (die Schule der Malikiten) und nahmen Lehren des Sufismus auf. Die Almohaden genossen die Unterstützung der Berber-Stammeskonföderation der Masmuda. Der Gründer der Bewegung, Ibn Tumart, erklärte sich selbst zum unfehlbaren Mahdi. Seine Anhänger glaubten, dass er Wunder vollbringen und mit den Toten reden könne. Ibn Dschubair, der spanisch-muslimische Pilger, der die heiligen Stätten des Hedschas besucht hatte, war ein glühender Anhänger der Almohaden und hoffte, dass sie eines Tages Mekka und Medina erobern und reinigen würden: »Möge Gott bald eine Reinigung zulassen, die die verderblichen Häresien unter den Muslimen mit dem Schwert der Almohaden ausrottet, die Anhänger des Glaubens sind, die Partei Gottes, das Volk der Wahrheit und Aufrichtigkeit, Verteidiger des Heiligtums des allmächtigen Gottes, eifernde Bewahrer seiner Verbote und die alle Anstrengungen unternehmen, um seinen Namen zu verherrlichen, seinen Auftrag zu erfüllen und seine Religion zu fördern.«

Während der Herrschaft des Abd al-Mumin (1130 bis 1163) eroberten die Almohaden alle Territorien der Almorawiden in Nordafrika und setzten nach Spanien über. Die dortigen christlichen Könige nutzten den Verfall der almorawidischen Macht, um weitere Landgewinne zu erzielen. Unterdessen erwies sich die almohadische Besetzung dessen, was vom maurischen Andalus noch übrig war, als noch unpopulärer als die Herrschaft der Almorawiden.

1195 gelang es ihnen, bei Alarcos König Alfons VIII. von Kastilien zu schlagen. Eine Zeit lang forderte ihre erfolgreiche Fortsetzung des Dschihad im Westen den Vergleich mit Saladins Leistungen im Orient heraus. Doch Alarcos war der letzte größere militärische Erfolg der Mauren in Spanien, denn danach schritt die christliche Reconquista des Landes ohne größere Rückschläge weiter voran. 1212 errang Alfons von Kastilien in der Schlacht von Las Navas de Tolosa einen großen Sieg über die Almohaden und ebnete damit den Weg für weitere christliche Geländegewinne. Córdoba fiel 1236, Valencia 1238 und Sevilla 1248. Nach dem Fall Sevillas verblieb nur die im Süden gelegene, bergige Region um Granada unter muslimischer Herrschaft. Die arabischen Nasridenherrscher, die dort die Macht ergriffen hatten, verfolgten eine Schaukelpolitik, mit der sie versuchten, die christlichen Herrscher des Nordens und die marokkanischen Sultane aus dem Geschlecht der Meriniden gegeneinander auszuspielen. Zuweilen zahlten sie den Christen Tribute, dann wieder stachelten sie die Meriniden dazu auf, nach Spanien zu kommen und einen neuen Dschihad in Al-Andalus zu beginnen. Ab dem frühen 13. Jahrhundert hatten die Meriniden die Herrschaft der Almohaden in Marokko bekämpft.

IN DIESER ILLUSTRATION des Schachbuches Alfons' X. von Kastilien sitzen sich ein Christ und ein Muslim in einem Zelt gegenüber, ein Symbol vielleicht der *convivencia*, der friedlichen Koexistenz zwischen beiden Religionsgruppen, die im mittelalterlichen Spanien manchmal erreicht wurde. Viele arabische Traktate behandeln jedoch auch den Wert des Schachspiels als Training für die Militärstrategien eines Dschihad.

Es handelte sich bei ihnen um einen Clan, der sich an die Spitze der Zanata-Berber gestellt hatte. Bis 1275 hatten sie Marokko unter ihre Kontrolle gebracht, und danach beteiligten sich die merinidischen Herrscher von Zeit zu Zeit an der Verteidigung Granadas.

Ibn Chaldun (1332 bis 1406) war der bedeutendste und originellste muslimische Geschichtsphilosoph des Mittelalters. Er wurde in Tunis geboren, doch seine Vorfahren waren noch vor der Eroberung Sevillas durch die Christen nach Nordafrika geflohen. Ibn Chaldun erarbeitete eine zyklische Geschichtstheorie, nach der sesshafte Zivilisationen unvermeidlich verfallen und eine Beute randständiger Nomaden werden, weil diese die *asabijja* (»natürliche Solidarität«) besitzen und häufig auch von der Religion inspiriert werden. Die siegreichen Nomaden stiften eine eigene Dynastie, doch innerhalb weniger Generationen sind ihre natürliche Stärke und ihre Asabijja von der sesshaften Lebensweise aufgezehrt, die sie angenommen haben. Diese Geschichtsinterpretation Ibn Chalduns wurde vor allem durch seine Untersuchung über die Erfolge und Missgeschicke der Almorawiden, Almohaden und Meriniden in Spanien und Nordafrika bestimmt. Ibn Chaldun war geneigt, in den frühen Erfolgen der Kreuzfahrer nur einen besonderen Aspekt einer vom 11. Jahrhundert an zunehmenden christlichen Vorherrschaft in der Mittelmeerschifffahrt zu erblicken. Hinsichtlich seiner eigenen Zeit stellte er die Theorie auf, die Zentren der Macht könnten sich nach Norden verlagern – vielleicht in die Länder der Franken und der osmanischen Türken. Er erwähnte auch, dass die nordafrikanischen Herrscher europäische Söldner einsetzen mussten, weil nur diese die Disziplin aufbrachten, in festen Formationen zu kämpfen.

Die Zusammenarbeit von Meriniden und Nasriden gegen die christlichen Mächte war Schwankungen unterworfen, weil die Nasriden fürchteten, die Meriniden könnten eigene Pläne in Spanien verfolgen, während diese Granada nur als vorgeschobene Verteidigungslinie für ihre eigenen Besitzungen in Nordafrika betrachteten. Der Niedergang der Meriniden seit den vierziger Jahren des 14. Jahrhunderts ließ Granada ohne Verbündeten zurück. 1369 konnte der Nasridenherrscher Mohammed V. Algeciras, einen Brückenkopf zwischen Spanien und Afrika, den die Christen 1344 erobert hatten, zurückgewinnen. Dieser unbedeutende Sieg wurde mit bombastischen Inschriften auf dem von ihm erbauten Teil der Alhambra außerhalb Granadas gefeiert. Algeciras war jedoch eine der wenigen Gelegenheiten, bei denen die spanischen Muslime des 14. Jahrhunderts einen Sieg über die Christen feiern konnten.

Der Zusammenschluss zwischen Kastilien und Aragon im Jahre 1469 besiegelte das Schicksal Granadas. In einem zehnjährigen Feldzug, der 1482 begann und bei dem schwere Artillerie zum Einsatz kam, fiel eine muslimische Festung nach der anderen. Der letzte Herrscher Granadas, Mohammed XI., auch Boabdil genannt (1482, 1487 bis 1492), suchte vergeblich Hilfe bei Mamluken oder Osmanen und musste sich schließlich 1492 in die Übergabe Granadas fügen. Der ägyptische Chronist Ibn Ijas beschrieb den Fall der Stadt als eine der schrecklichsten Katastrophen für den Islam, aber die mamlukischen Sultane, die an ihrer Nordgrenze von den osmanischen Türken und im Indischen Ozean von den Portugiesen bedroht wurden, hätten in den neunziger Jahren des 15. Jahrhunderts dem fernen Granada ohnehin kaum Hilfe schicken können.

DAS MAMLUKENREICH

Während des 14. und für den größten Teil des 15. Jahrhunderts war das Mamlukenreich die stärkste Macht im östlichen Mittelmeerraum. Obwohl die Mongolen zahlreiche Versuche unternahmen, das von den Mamluken beherrschte Syrien zu erobern, war keinem dieser Versuche Erfolg beschieden. 1322 wurde zwischen den Vertretern des Mamlukensultans Al-Nasir Mohammed und des iranischen Ilchans Abu Said Frieden geschlossen. 1335 zerbrachen die Ilchanate wegen Streitigkeiten über die Nachfolge Abu Saids.

Ibn Taimijja (1263 bis 1328), einer der wichtigsten religiösen Denker des späten Mittelalters, tat mehr als alle anderen, um den Dschihad ganz oben auf der politischen Agenda des Mamlukensultanats zu halten. Er warb für die Rückkehr zu den einfachen Vorschriften und Praktiken des frühen Islam und für die Ausrottung aller unangemessenen Neuerungen. Er lehrte, dass die Christen und offenen Häretiker nicht die einzigen Ziele des Dschihad seien; die Frommen hätten auch die Pflicht, jenen Herrschern zu widerstehen, die sich zwar als Muslime bekannten, es aber versäumten, das religiöse Gesetz in seiner ganzen Strenge anzuwenden. Dass ein Herrscher oder ein Krieger den Dschihad aufgab, war die größte Sünde, die ein Muslim wahrscheinlich überhaupt begehen konnte: »Wenn einige von denen, in die Vertrauen gesetzt wird, extravagant und verschwenderisch sind, dann ist der Schaden für die Muslime enorm, denn sie fügen sowohl den religiösen als auch den weltlichen Interessen der Muslime große Nachteile zu, indem sie ihre Pflicht versäumen, für den Islam zu kämpfen.«

In der ersten Hälfte des 14. Jahrhunderts interessierten sich die Mamlukensultane jedoch hauptsächlich für ihr verschwenderisches Bauprogramm und für ihr ebenfalls verschwenderisches Hofzeremoniell. Ihre Armeen taten wenig, um den *dar al-islam* zu vergrößern, und beschränkten sich auf profitable Einfälle in das christliche Königreich des kilikischen Armenien und in das christliche Nubien. Die mamlukischen Regierungen hatten kein Interesse, den Dschihad nach Europa hineinzutragen, schon weil sie aus dem Handel mit Venedig und Genua einträgliche Gewinne zogen. 1347 griff die Pest aus der südrussischen Steppe auf Syrien und Ägypten über. In der Folge verwüsteten Pestepidemien alle fünf bis acht Jahre die mamlukischen Länder. Die Pest raffte nicht nur große Bevölkerungsteile innerhalb des Mamlukenreichs hin, sie verwüstete auch die Steppengebiete, aus denen das Reich seine jungen Sklaven vom Stamm der Kiptschaken bezog. Deswegen stieg im späten 14. Jahrhundert der Preis für junge Mamluken erheblich an. Viele der jungen Mamluken starben an der Pest, noch ehe ihre Ausbildung abgeschlossen war, und die Sultane, denen es darum ging, die Stärke der Armee aufrechtzuerhalten, verkürzten die Ausbildung der neuen Rekruten. Die Entvölkerung verminderte auch die Einkünfte, die der Sultan und seine Emire aus der Landwirtschaft zogen. Soldstreiks wurden im Mamlukenreich zu einer gewöhnlichen Erscheinung.

Der Kreuzzug König Peters I. von Zypern, in dessen Verlauf 1365 Alexandria geplündert wurde, versetzte dem mamlukischen Prestige einen schweren Schlag. Nach diesem Kreuzzug wurden europäische Kaufleute im Mamlukenreich verhaftet, den einheimischen Christen eine Strafsteuer auferlegt und auf Anordnung des Emirs Yalbugha al-Chassaki eine Flotte gebaut, die Rache nehmen sollte. Doch Yalbugha, der in Syrien und Ägypten die Regierungsgeschäfte im Namen des unmündigen Sultans Al-Aschraf Schaban führte, wurde im folgenden Jahr ermordet. Kriegshetzer ließen eine neue Welle von Traktaten über die *Furusijja* erscheinen, doch in Wirklichkeit besaß der Dschihad keine politisch einflussreiche Lobby mehr. 1370 wurde mit Zypern Frieden geschlossen. Die Plünderung Alexandrias war nur der spektakulärste in einer langen Reihe von Angriffen auf das Nildelta, zu denen es seit dem 11. Jahrhundert gekommen war. Alexandria erholte sich und ist auch heute noch eine der großen Hafenstädte des Mittelmeeres, doch Rosette, Damiette und Tinnis, deren Wohlstand zum großen Teil von Industrie abhing, hatten ein weniger günstiges Schicksal.

Von den sechziger Jahren des 14. Jahrhunderts an kauften die Mamlukensultane weniger Kiptschaken und dafür verstärkt tscherkessische Sklaven; viele Kiptschaken waren in der

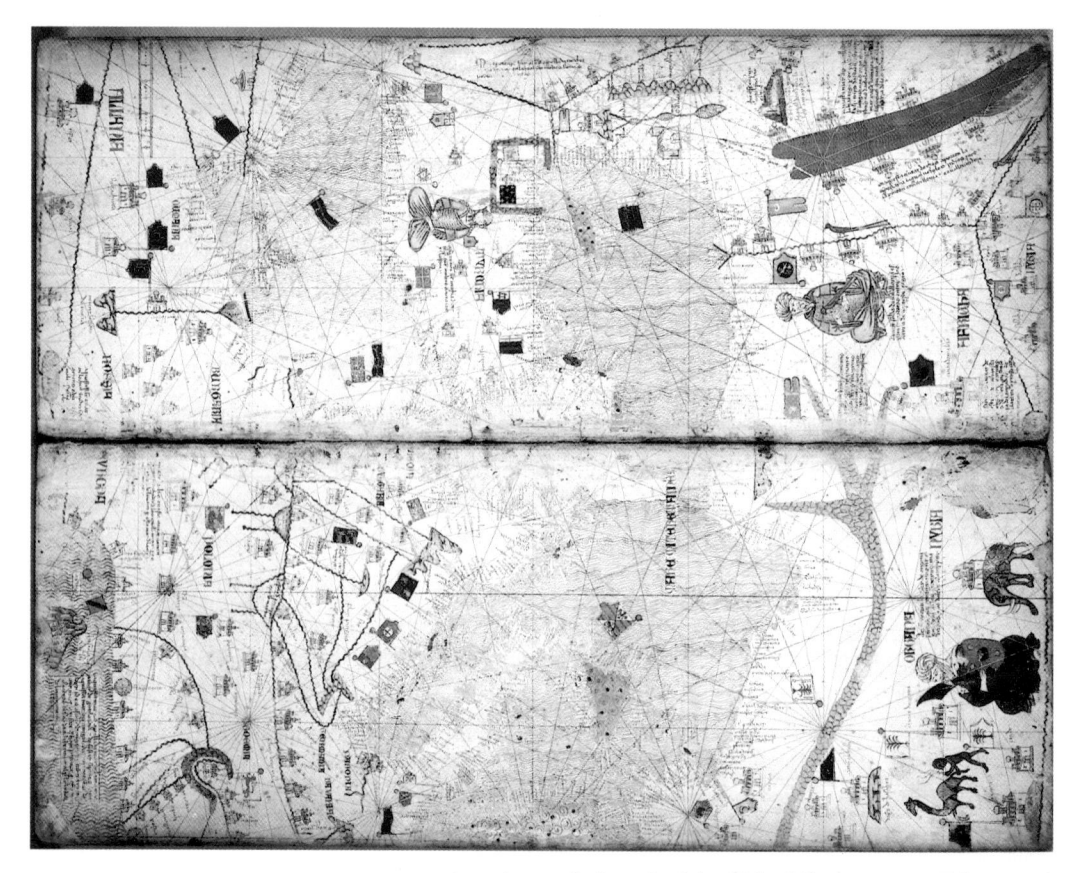

DIESER KATALANISCHE ATLAS VON 1375 bot eine typische mittelalterliche Mischung von Fakten und Fiktionen über Asien und Afrika. Auf dem abgebildeten Faltteil wird der Sultan von Babylon (das heißt Kairo) richtig als der mächtigste Herrscher der Region beschrieben. Doch der Herrscher rechts von ihm führt angeblich gegen die Untertanen des imaginären christlichen Priesterkönigs Johannes Krieg. Das Rote Meer östlich des Mamlukenherrschers ist auf dieser Landkarte wirklich rot dargestellt.

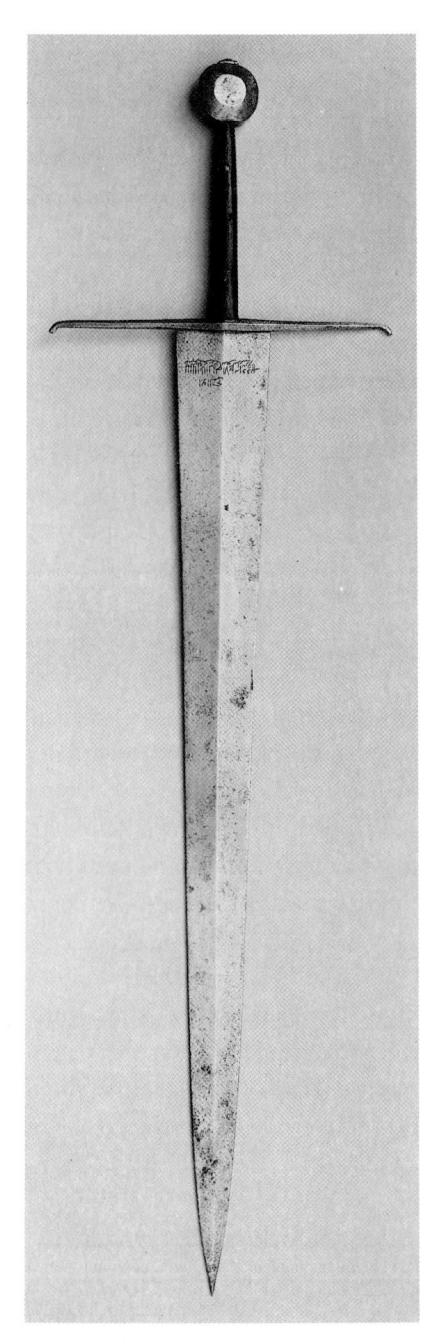

DIESES KREUZFAHRERSCHWERT, wahrscheinlich italienischer Herkunft, trägt auf seiner Klinge eine arabische Inschrift, die besagt, dass es sich 1419 im mamlukischen Arsenal zu Kairo befand. Große Mengen von Kreuzfahrerwaffen fielen in die Hände der Muslime; nach Siegen wurden sie manchmal der Bevölkerung rituell zur Schau gestellt.

Steppe der Pest zum Opfer gefallen, andere zum Islam konvertiert, und letztere durften daher nach islamischem Recht nicht mehr versklavt werden. Barquq, ein Mamluke tscherkessischer Herkunft, bemächtigte sich des Sultanats. Seine Herrschaft (1382 bis 1399) leitete eine Zeit der Wirren und Konflikte zwischen tscherkessischen und kiptschakischen Mamluken ein, die sich auch noch unter seinem Sohn Al-Nasir Faradsch (1399 bis 1412) fortsetzte. Während der Regierung dieses schwachen Sultans brach Timur Lenk (Tamerlan), der türkisch-mongolische Kriegsherr, der zur Eroberung eines Weltreichs entschlossen war, in Syrien ein und plünderte Damaskus (1400/1401). Das militärische Wiedererstarken der Mamluken, das unter Sultan Al-Muaijad Schaich (1412 bis 1421) begonnen zu haben scheint, trug seine sichtbarsten Früchte unter der Herrschaft des Al-Aschraf Barsbai (1422 bis 1437).

Eines der wichtigsten Merkmale der mamlukischen Erholung war, dass unter Barsbai und seinen Nachfolgern der Aufbau einer leistungsfähigen Kriegsflotte gelang. Muslimische Kriegsflotten erreichten nun im Mittelmeerraum eine Kampfkraft, wie sie sie seit den besten Tagen der Fatimiden nicht mehr besessen hatten. Der Seekrieg zwischen Muslimen und Christen hatte mehr mit Piraterie als mit Frömmigkeit zu tun. Seit seiner Eroberung durch Richard Löwenherz im Jahre 1191 hatte Zypern als Basis für christliche Kreuzfahrer und Piraten gedient; im frühen 15. Jahrhundert operierten von dort aus vor allem katalanische Piraten. Doch da die Mamluken über Häfen an der syrischen Küste verfügten, war Zypern für sie in Reichweite. Nach einem Angriff der ägyptischen Flotte im Jahre 1425 verheerte eine Mamlukenarmee die Insel und nahm im folgenden Jahr König Janus gefangen. Daraufhin wurde Zypern dem Mamlukensultan tributpflichtig und sein König versprach, keine Piraten mehr auf seiner Insel zu dulden.

In den vierziger Jahren des 15. Jahrhunderts wandten die Mamluken ihre Streitkräfte gegen Rhodos. Sultan As-Sahir Dschaqmaq (1438 bis 1453) war entschlossen, der christlichen Piraterie im östlichen Mittelmeerraum ein Ende zu setzen. Gleichzeitig wollte er jedoch die Osmanen indirekt unterstützen. Ein früher Angriff auf Rhodos (1440) war kaum mehr als ein planloses Vorgeplänkel. Eine zweite Expedition (1443) vergeudete ihre Ressourcen bei Angriffen auf christliche Besitzungen an der Südküste Kleinasiens. Obwohl bei der dritten und letzten Expedition (1444) tatsächlich der Versuch unternommen wurde, die Festung Rhodos einzuschließen, wurden auch hier die mamlukischen Truppen schnell abgeschlagen. Nach einem zeitgenössischen muslimischen Chronisten »erreichten die Truppen ihre Ziele nicht, ja sie kehrten ohne jedes greifbare Resultat zurück; und aus diesem Grunde wurde ihr früherer Eifer für den Heiligen Krieg in diesem Bereich der Welt auf lange Zeit gedämpft. Und Gott allein weiß das Ende aller Dinge.« Im Jahre 1446 handelte der französische Kaufmann Jacques Coeur einen Frieden zwischen den Mamluken und den Johanniterrittern auf Rhodos aus.

Die mamlukischen und osmanischen Sultane hatten ein gemeinsames Interesse beim Kampf gegen die christlichen Kreuzfahrer und die Piraten im östlichen Mittelmeerraum, doch anderswo gerieten sie immer wieder miteinander in Konflikt, vor allem im Süden und Osten der heutigen Türkei, wo sie rivalisierende turkmenische Fürstentümer unterstützten. Obwohl der Kampf um die Vorherrschaft in dieser Gegend meist als Stellvertreterkrieg von Vasallen ausgetragen wurde, gerieten die Mamluken von 1486 bis 1491 in einen direkten Krieg mit dem Osmanischen Reich. Die Mamluken gewannen diesen Krieg zwar, teilweise wegen ihrer überlegenen Artillerie, doch hatte dieser lang anhaltende Konflikt den mamlukischen Staatsschatz erschöpft.

Die ökonomischen Probleme des Mamlukenreiches wurden durch das Auftreten portugiesischer Flotten im Indischen Ozean und durch deren Versuche verschärft, das Rote Meer abzuriegeln und Ägypten damit seiner Einkünfte aus dem Gewürzhandel zu berauben. 1516 holte der osmanische Sultan Selim I. (1512 bis 1520) aus Furcht, dass die Mamluken mit dem neuen schiitischen Regime der Safawiden im Iran gemeinsame Sache machen könnten, zu einem Präventivschlag gegen das Mamlukensultanat aus. Selims Hofjuristen erklärten diesen Krieg bedenkenlos zu einem Dschihad, weil die Mamluken Selims Kampf gegen die Christen und gegen die schiitischen Schismatiker im Wege ständen. Die Siege bei Mardsch Dabiq im nördlichen Syrien (1516) und bei Raidanijja in Ägypten (1517) waren in erster Linie auf die zahlenmäßige und logistische Überlegenheit der osmanischen Streitkräfte zurückzuführen, wenn auch Verrat und Desertion auf mamlukischer Seite ihr Teil dazu beitrugen. Der letzte Mamlukensultan Tumanbai wurde am Zuweyla-Tor in Kairo gehenkt, und Selim, der Syrien und Ägypten annektierte, erklärte sich zum Schutzherrn der heiligen Stätten von Mekka und Medina. In den anschließenden Jahrzehnten konnten die Osmanen ihr Reich um den größten Teil des nordafrikanischen Küstenlandes erweitern.

DER AUFSTIEG DES OSMANISCHEN REICHES

Die osmanischen Türken wurden erstmals als Herren in der Gegend von Bursa zu Beginn des 14. Jahrhunderts erwähnt. Das osmanische Beylikat (Fürstentum) war eines von vielen, die sich in Kleinasien nach dem Zusammenbruch des Seldschukensultanats von Rum und dem Rückzug der Mongolen aus dieser Region herausbildeten. Vieles an der Frühgeschichte der Osmanen ist jedoch legendär; man weiß nicht, ob die ersten osmanischen Beys die Anführer eines Stammes waren oder ob die Mehrzahl ihrer Anhänger aus *Ghasi* bestand, die sich den Osmanen am Rande des byzantinischen Territoriums anschlossen, um am Dschihad teilzunehmen und Beute zu machen oder den Märtyrertod zu sterben. Es ist jedoch klar, dass die Ethik der *Ghasi* in manchen anderen Beylikaten der Gegend eine entscheidende Rolle spielte, vor allem in den an der Küste gelegenen Beylikaten von Aidin und Mentesche, von dessen Häfen aus seefahrende *Ghasi* die Schifffahrt der Christen schädigten. In Anatolien spielten, wie auch anderswo, die Sufis eine wichtige Rolle bei der Predigt des Dschihad, und eine spätere osmanische Quelle beschreibt, wie einer der Emire von Aidin von einem Scheich der Mevlevi oder tanzenden Derwische zum *Ghasi* initiiert wurde; der Scheich gab dem Emir eine Keule, die der Emir auf seinen Kopf legte, worauf er erklärte: »Mit dieser Keule will ich zuerst meine Leidenschaften unterdrücken und dann alle Feinde des Glaubens töten.«

Bursa fiel 1326 an Orkhan, den osmanischen Bey, doch noch lange danach war die osmanische Hauptstadt einfach dort, wo der Bey sein Zelt aufstellte. Ob es nun Stammeskrieger oder *Ghasi* waren, die Männer, die für die frühen Beys der Osmanen in den Kampf zogen, fochten in der Gewissheit, dass Gott sich ihrer Taten freute. Nach Aussage von Gregorios Palamas, einem orthodoxen Metropoliten, der 1354 in die Gefangenschaft der Türken fiel, »prahlten diese Gott verhassten, ruchlosen Menschen, sie hätten die Byzantiner besiegt, weil sie Gott liebten … Sie leben von Bogen und Schwert und Verbrechen, finden Gefallen daran, Sklaven zu machen, zu morden, zu plündern und zu zerstören … und nicht nur begehen sie all diese Verbrechen, sie glauben sogar noch – welche eine Verirrung! –, dass Gott sich ihrer Taten freut.«

Die osmanische Expansion im nordwestlichen Anatolien schritt unter Orkhan (1324 bis 1360) schnell voran; er war auch der erste Osmane, der sich den Titel eines Sultans beilegte. Seine territorialen Gewinne gingen zu Lasten sowohl des Byzantinischen Reiches als auch rivalisierender Beylikate. Zunächst wurde allerdings von den Westeuropäern das an der See gelegene Beylikat von Aidin als die größere Gefahr empfunden, und folglich wählte ein Kreuzfahrergeschwader 1344 die Hafenstadt Smyrna zum Ziel, die dem Bey Umur von Aidin unterstand. Unterdessen hatten schon in den frühen vierziger Jahren des 14. Jahrhunderts türkische Scharen, die nur zum Teil im Dienst der Osmanen standen, über die Dardanellen gesetzt und die Ebene von Adrianopel verwüstet. Ein Erdbeben, das 1354 oder 1355 Gallipoli traf, ermöglichte es den Osmanen, den Hafen zu besetzen und verschaffte ihnen ihren ersten Vorposten westlich der Dardanellen. Gallipoli ging während des folgenden Kreuzzuges, den Amadeus von Savoyen anführte, wieder verloren, doch als die Osmanen 1369 Adrianopel

OBWOHL DIESE ELITEJANIT-SCHAREN in der Paradeuniform des 16. Jahrhunderts hier zu Pferde dargestellt sind, kämpften die meisten Janitscharenkorps zu Fuß; ihre wichtigsten Waffen waren Bogen oder Musketen.

eroberten, war ihre Position auf dem europäischen Kontinent wieder hergestellt. Während der Regierung Murads I. (1362 bis 1389) wurden Thrakien und Makedonien von den Osmanen besetzt.

Obwohl die Janitscharen sich selbst gerne als »die vom Himmel erwählten Streiter des Islam« bezeichneten, sollte die Bedeutung der mittelalterlichen Janitscharen nicht überschätzt werden. Ursprünglich wurde das Janitscharenregiment (eigentlich *Yeni Tscheri* »Neue Truppe«) aus jugendlichen christlichen Gefangenen aufgestellt, die in den Balkankriegen erbeutet wurden. Da sich diese Quelle jedoch als unzureichend erwies, ging man Ende des 14. Jahrhunderts zum System der *Devschirme* über. Dabei wurden acht- bis fünfzehnjährige Jungen, die in christlichen Dörfern innerhalb des Osmanischen Reiches lebten, zwangsweise rekrutiert und fortgebracht, um als Soldatensklaven Dienst zu tun. Die besten dieser jungen Männer kamen in den Dienst des Palastes, wo sie für hohe Ämter ausgebildet wurden. Die Janitscharen waren, wenn man so will, ein Abfallprodukt des *Devschirme*-Systems. Während des gesamten 15. Jahrhunderts waren sie im Wesentlichen ein Regiment leicht bewaffneter Bogenschützen. Obwohl schon in den vierziger Jahren des 15. Jahrhunderts manche Truppenteile mit Handfeuerwaffen ausgestattet waren, verfügten die meisten Janitscharen erst Ende des 16. Jahrhunderts über Musketen. Eine vergleichbare, aber größere und weniger disziplinierte Gruppe im osmanischen Heer war die *yaya*, eine Infanterietruppe aus Freigeborenen. Die Elite der osmanischen Armee waren jedoch die *sipahi*, eine Kavallerietruppe aus Freigeborenen, die für ihre militärischen Dienstleistungen *timar* (»Güter«) erhielten, deren Pachteinnahmen sie einziehen durften. *Akindschi*, leichte Kavallerieplänkler, die für einen Beuteanteil kämpften, vergrößerten die Reihen der osmanischen Armeen.

Die Feldzüge Murads I. auf dem europäischen Kontinent und der Vormarsch seiner Armeen an die Donau führten zur Formierung einer Koalition der christlichen Fürstentümer des Balkans. Deren vereinte Truppen unterlagen in der Schlacht auf dem Amselfeld (1389). Wenngleich Murad in der Schlacht fiel, konnte sein Sohn Bajesid I. (1389 bis 1402), auch bekannt als Yilderim (»Blitz«), sofort das Kommando übernehmen und die Früchte des Sieges ernten. Der Sieg bei Kosovo sicherte die türkische Eroberung Bulgariens ab und besiegelte langfristig das Schicksal Serbiens. Unmittelbar nach dem Sieg gab sich Bajesid mit leichten Forderungen an die Serben zufrieden, damit er eine Revolte der turkmenischen Qaraman in Anatolien niederschlagen konnte. Die Osmanen behaupteten, dass die Qaraman, indem sie einen Krieg gegen sie begannen, den Dschihad behinderten und den Ungläubigen halfen. In den folgenden Jahren bediente sich Bajesid europäischer Vasallen, deren Loyalität zweifelhaft war, um in Kleinasien Krieg zu führen und umgekehrt; sieben kleinasiatische Beylikate wurden bei dieser Gelegenheit annektiert.

Die Verbindungswege zwischen der Ost- und der Westfront des Osmanischen Reiches blieben verwundbar, solange die Christen noch Konstantinopel hielten. 1394 gab Bajesid den Befehl, die Stadt einzuschließen. Zwar wollte der vereinte französisch-ungarische Kreuzzug von 1396 unter anderem auch Konstantinopel Entsatz bringen, er endete allerdings mit der katastrophalen Niederlage in der Schlacht von Nikopolis. Die Rettung sollte von ganz anderer Seite kommen. Bajesids aggressive Annexionspolitik in Anatolien hatte ihn in Konflikt mit Vasallenstaaten Timurs gebracht und den türkisch-mongolischen Kriegsherrn zum Eingreifen provoziert. Ein großer Teil der Armee, mit der sich der Osmanensultan 1402 vor Ankara dem Heer Timurs stellte, bestand aus unwilligen Vasallen; sie verloren keine Zeit und gingen zu Timur über. Bajesid wurde in der Schlacht gefangen genommen und starb bald darauf in der Gefangenschaft. Nach seinem Sieg stellte Timur die turkmenischen Beylikate wieder her. Das Osmanische Reich wurde dadurch weiter geschwächt, dass Bajesids Söhne Süleyman, Isa, Mehmed und Musa gegeneinander um die Nachfolge kämpften. Dieser Krieg endete mit dem Sieg Mehmeds I. (1413 bis 1421).

Unter Mehmed und seinem Sohn Murad II. (1421 bis 1451) erholte sich das Osmanische Reich schnell. Obwohl ein erneuter Versuch, Konstantinopel einzunehmen, scheiterte (1422), gewannen die Türken doch mehr zurück, als sie 1402 bereits besessen hatten. Schon 1432 notierte der burgundische Spion Bertrandon de la Brocquière, wenn der osmanische Sultan »all

DIESE DARSTELLUNG DER VÖLLEREI aus einem italienischen Traktat über die sieben Todsünden entstand im 14. Jahrhundert. Ihr liegt eine persische Miniatur zugrunde, die einen türkisch-mongolischen Fürsten, wahrscheinlich Timur, porträtiert. Das Bild ist die früheste bekannte westeuropäische Kopie eines persischen Gemäldes.

seine Macht und seine Einkünfte anwenden wollte, könnte er, angesichts des geringen Widerstands, den er in der Christenheit finden würde, einen großen Teil des christlichen Gebiets erobern«. Der ungarische General Johann Hunyadi erfocht 1441 und 1442 einige beeindruckende Siege gegen die Türken, doch der Kreuzzug von Warna (1444), ein ungarischer Versuch, gemeinsam mit einer westlichen Schwarzmeerflotte zu operieren, schlug fehl; es war der letzte offensive Kreuzzug mit dem Ziel, den osmanischen Vormarsch auf dem Balkan einzudämmen.

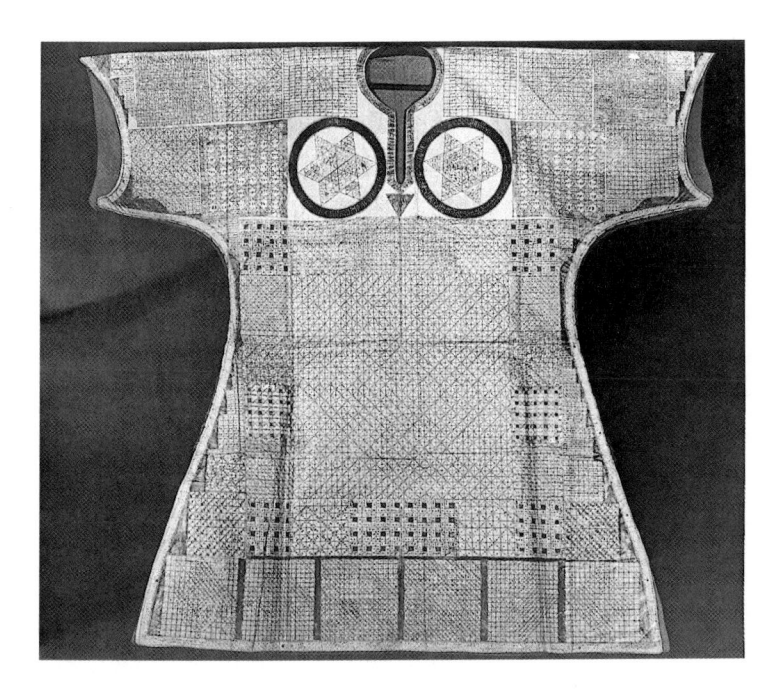

UNZÄHLIGE MENGEN VON MAGISCHEN HEMDEN wurden für die osmanischen Sultane und ihre Verwandten hergestellt. Die Muster dieser Kleidungsstücke aus Baumwolle, Leinen oder Seide wurden von Astrologen oder Zahlenmagiern entworfen. Die mystischen Lettern, Zahlen, magischen Quadrate und kabbalistischen Zeichen sollten die Sultane vor dem Tod in der Schlacht und vor anderen Gefahren schützen.

1451 nahm Mehmed II., der Nachfolger Murads II., die Vorbereitungen für die Belagerung Konstantinopels in Angriff. Bei dieser Belagerung spielte die Artillerie eine entscheidende Rolle. Vielleicht setzten die Osmanen schon seit den frühen achtziger Jahren des 14. Jahrhunderts Kanonen ein, von den zwanziger Jahren des 15. Jahrhunderts an wurden sie jedenfalls regulär bei Belagerungen verwendet. In ihren europäischen Kriegen raubten die Osmanen ihren christlichen Feinden Geschütze, und weitere wurden von christlichen Renegaten hergestellt, die in den Dienst der Türken getreten waren. Urbanus, ein Renegat aus Siebenbürgen und erfahrener Geschützgießer, hatte wesentlichen Anteil am muslimischen Triumph, der 1453 vollzogenen Eroberung Konstantinopels.

»Sultan Mehmed eroberte Konstantinopel mit der Hilfe Gottes. Es war eine Stätte der Götzenbilder ... Er wandelte die schön dekorierten Kirchen der Stadt in islamische Schulen und Moscheen um.« Mehmeds Eroberung hatte die traditionellen islamischen Prophezeiungen über den endgültigen Fall der Stadt an die Muslime bestätigt. Doch die Eroberung der alten Hauptstadt des Oströmischen Reiches gestattete es dem türkischen Sultan, sich nicht nur als Erbe der Helden der islamischen Vergangenheit, sondern auch als Erbe Alexanders und Cäsars zu präsentieren. Ein zeitgenössischer italienischer Beobachter berichtete über Mehmed: »Er will von Ost nach West vorrücken, wie in früheren Zeiten die Westler in den Osten zogen. Es darf, so sagt er, in der Welt nur ein Reich, einen Glauben und eine Herrschaft geben.«

Die Eroberung Konstantinopels hatte den Sultan in den Besitz einer großen Werft und eines großen Arsenals gebracht. Das Verhalten der osmanischen Flotte war während der Belagerung zaghaft und unrühmlich gewesen. Nach 1453 agierten die osmanischen Flotten offensiver und erfolgreicher. Das Schwarze Meer wurde zu einem türkischen Binnensee. Mehmeds Armee und seine Flotte führten in der Ägäis und anderswo gemeinsame militärische Operationen durch. Bis 1460 war die osmanische Eroberung der letzten Außenposten des Byzantinischen Reiches auf dem Peloponnes abgeschlossen. 1480 brach die osmanische Flotte gegen Rhodos auf. Nach Lionel Butler wollte Mehmed II. »Rhodos der Sammlung der von ihm eroberten berühmten griechischen Städte des Altertums – Konstantinopel, Athen, Theben, Korinth, Trapezunt – hinzufügen«. Die Eroberung von Rhodos hätte Mehmed zudem eine strategische Schlüsselstellung im östlichen Mittelmeer verschafft, doch der türkische Ansturm wurde abgeschlagen. Mehmed plante, seinen Versuch im folgenden Jahr zu wiederholen, und zweifellos plante er ebenso, die türkische Expeditionsarmee zu verstärken, die 1480 im süditalienischen Otranto an Land gegangen war. Doch 1481 verstarb er. Die türkischen Truppen in Italien mussten sich im September desselben Jahres ergeben.

Bajesid II. (1481 bis 1512) verfolgte eine weniger aggressive Politik, großenteils, weil er den Thron gegen seinen Bruder Dschem verteidigen musste. 1481 geschlagen, floh dieser 1482 nach Rhodos und ging anschließend nach Frankreich. Dschem blieb bis zu seinem Tod im Jahre 1495 eine wichtige politische Schachfigur der westlichen Staaten. Bajesid errang zwar einige Geländegewinne auf dem Balkan, sah sich aber an der osmanischen Ostfront größeren Problemen gegenüber: Kämpfe mit dem Mamlukensultanat und ab 1501 mit Ismail, dem unlängst zur Macht gekommenen ersten Schah der iranischen Safawiden.

DER OSMANISCHE SULTAN SÜLEYMAN II. DER PRÄCHTIGE reitet im Triumph durch das Hippodrom von Konstantinopel (oben). Im Hintergrund sind auf einer Säule drei Statuen ausgestellt, die während eines erfolgreichen Ungarnfeldzuges erbeutet wurden.

DER SIEG BEI MOHÁCS (1526) versetzte die Türken in die Lage, Ungarn zu annektieren (nebenstehend). Auf dieser Miniatur aus einem Geschichtswerk, das die Leistungen des Sultans Süleyman verherrlicht, sind die ungarischen Truppen bereits in Auflösung begriffen; im Vordergrund versinken Reiter der ungarischen schweren Kavallerie im Sumpf.

DER ISLAM UND DIE KREUZZÜGE 1096 BIS 1699   295

Schah Ismails Gefolgsleute, die Zwölferschiiten waren, scheinen ihn als den Mahdi betrachtet und geglaubt zu haben, er sei unfehlbar und unbesiegbar. Die Legende von Ismails Unbesiegbarkeit zerstob freilich im Jahre 1514, als die Armee des osmanischen Sultans Selim Ismails undiszipliniertes Heer, das aus turkmenischen Stammeskriegern bestand, in die Flucht schlug. Doch selbst nach der Schlacht von Chaldiran waren die Schiiten des Iran immer noch eine ernst zu nehmende Bedrohung der sunnitischen Osmanenherrschaft. Für Selim war es jedoch gefährlich, weitere Feldzüge gegen den iranischen Schah zu unternehmen, solange noch das Mamlukensultanat eine potenzielle Bedrohung seiner Südflanke darstellte. Die osmanische Eroberung des Mamlukenreichs in den Jahren 1516 und 1517 vereinte alle Länder des östlichen Mittelmeerraums unter einem muslimischen Herrscher, und Konstantinopel bezog jetzt jedes Jahr immense Einkünfte, insbesondere auch aus Ägypten.

Noch bevor Selim 1517 Kairo eroberte, hatte Arudsch Barbarossa die Suzeränität des osmanischen Sultans über Algier anerkannt, wo er 1516 die Macht übernommen hatte. Die Taten der Brüder Arudsch und Chair ad-Din Barbarossa leiteten das große Zeitalter der Berber-Korsaren ein. 1533 wurde Chair ad-Din mit der Organisation der osmanischen Flotte betraut, und 1534 eroberte er Tunis. Wenn auch eine Streitmacht, die Kaiser Karl V. entsandt hatte, die Stadt im folgenden Jahr zurückeroberte, konnte doch Chair ad-Din 1538 bei Prevéza eine große Seeschlacht gegen eine christliche Flotte gewinnen, die vom Kaiser und vom Papst ausgerüstet worden war. Schließlich gelang es den Muslimen, die seit 1510 von den Spaniern gehaltene libysche Stadt Tripolis zurückzuerobern (1551). Damit war ganz Nordafrika, nur mit Ausnahme von Marokko, unter der Herrschaft des osmanischen Sultans vereinigt.

Das Osmanische Reich Sultan Süleymans II. des Prächtigen (1520 bis 1566) kann als muslimisches Gegenstück zum weltumspannenden christlichen Imperium Karls V. betrachtet werden. Süleymans Feldzüge im Mittelmeerraum und auf dem Balkan waren in Wirklichkeit imperiale Kriege gegen die Habsburger und keine Heiligen Kriege gegen die Christenheit. Die Notwendigkeit eines Dschihad betonten Süleymans Propagandisten vielmehr gegenüber den häretischen Safawiden, die den Iran und Irak beherrschen. In den ersten Jahren war das Glück beständig mit Süleymans Armeen: Sie eroberten Belgrad (1521), Rhodos (1522) und mit der Schlacht bei Mohács (1526) das Königreich Ungarn. Süleyman scheiterte 1529 an der Eroberung Wiens, doch dieser Rückschlag schien damals nicht besonders erheblich, da der Versuch, die österreichische Hauptstadt einzunehmen, ohnehin nur das Ergebnis einer nachträglich unternommenen Operation am Ende eines langen Feldzuges war. Wie Süleymans Nachfolger jedoch entdecken mussten, lag Wien an der äußersten Grenze für die logistischen Möglichkeiten des Osmanischen Reiches. Im Verlauf des 16. Jahrhunderts nahmen die muslimischen Erwartungen auf immer weiter fortschreitende Eroberungen ab, und die Ethik der *Ghasi* trat in den Hintergrund. Das türkische Scheitern vor Malta im Jahre 1565 dämpfte die osmanischen Pläne weiter, und im folgenden Jahr starb Sultan Süleyman.

Allerdings machten die Osmanen auch in den Folgejahren Eroberungen. Als sie 1570 den größten Teil des venezianisch beherrschten Zypern besetzten, führte das zur Formierung einer weiteren christlichen Flottenliga. Die Christen feierten ihren Sieg in der Seeschlacht bei

ALS 1798 EINE FRANZÖSISCHE ARMEE IN ÄGYPTEN LANDETE, ließ ihr Führer Napoleon Bonaparte eine arabische Proklamation verbreiten, die »Freiheit, Gleichheit und Brüderlichkeit« versprach. Für die meisten Ägypter war diese Invasion jedoch nur die jüngste in der langen Kette von Überfällen seit den Zeiten Gottfrieds von Bouillon und Ludwigs des Heiligen. Obwohl die Mamluken in der Schlacht bei den Pyramiden geschlagen wurden, blieben die meisten Ägypter ihren Herren treu.

Lepanto (1571) im Golf von Korinth als einen machtvollen Triumph über die Ungläubigen. Obwohl die türkischen Verluste in jener Schlacht sehr groß waren und Tausende geschulter Seeleute und Bogenschützen umkamen, veränderte Lepanto angesichts der unermesslichen Ressourcen des Osmanischen Reiches die Lage nicht. Angeblich soll der Großwesir, den Sultan Selim II. (1566 bis 1574) fragte, wie viel es kosten würde, die verlorene Flotte zu ersetzen, seinem Herrn die Antwort gegeben haben: »Die Macht des Reiches ist so groß, dass, falls es gewünscht würde, die gesamte Flotte mit silbernen Ankern, Takelage aus Seide und Segeln aus Satin zu versehen, dem nichts entgegenstände.« Und tatsächlich bauten die Osmanen sehr schnell eine neue Flotte, und ihre Eroberung Zyperns wurde nicht ernsthaft in Frage gestellt. Im westlichen Mittelmeer plünderten osmanische Piraten, wobei sie sich zuweilen des einen oder anderen Hafens der ihnen freundlich gesinnten französischen Könige bedienen konnten.

Bei einem erneuten Balkanfeldzug (1593 bis 1596) hielten sich die osmanischen Truppen schlecht. Sie ahmten zwar die Waffentechnik der Europäer nach, aber nicht ihre Taktik. Türkische Beobachter mochten wohl die Disziplin der westeuropäischen Armeen bewundern und ihren geschickten Einsatz von Kanonen und Musketen, doch die türkischen Armeen konnten es den Christen in diesen Bereichen nicht gleichtun, und die türkischen Generäle vertrauten weiterhin auf ihre Schwerter schwingende *Sipahi*-Kavallerie. Das Sultanat wurde zudem durch fiskalische Probleme und Aufstände in Anatolien geplagt.

Philosophisch veranlagte osmanische Beamte analysierten die Probleme, und manche von ihnen griffen dabei auf die Theorien Ibn Chalduns zurück. Was an ihren Memoranden auffällt, ist, dass die Hauptpflicht des Sultans nicht länger in der Führung des Dschihad erblickt wurde. Vielmehr vertraten sie überwiegend die Ansicht, seine Hauptpflicht sei es, Gerechtigkeit zu schaffen und das Wohlergehens seiner Untertanen sicherzustellen. 1625 schrieb ein gewisser Omar Talib: »Heute kennen die Europäer die gesamte Erde; sie senden ihre Schiffe überall hin und nehmen wichtige Häfen in ihren Besitz. Früher kamen die Güter aus Indien, Hinterindien und China nach Suez und wurden von den Muslimen in alle Welt verteilt. Doch heute werden diese Güter auf portugiesischen, holländischen und englischen Schiffen nach Frankistan [Westeuropa] gebracht und von dort aus in alle Welt verteilt.« Andere Männer teilten Omar Talibs Einschätzung, dass das Sultanat durch den fehlenden Zugang zu den unermesslichen Ressourcen der beiden Amerika bedroht war.

Ein letzter Versuch des Osmanischen Reiches, sich der Stadt Wien zu bemächtigen (1683), war nicht nur ein Fehlschlag, er provozierte, schlimmer noch, den Krieg der Heiligen Liga (1684 bis 1697), der zum Verlust von Buda und Belgrad führte. Im Frieden von Karlowitz (1699) verlor das Osmanische Reich Ungarn und Siebenbürgen an Österreich sowie weitere Gebiete an das Königreich Polen und die Republik Venedig. Dem Vordringen des Osmanischen Reiches war deutlich Einhalt geboten worden, sogar mehr noch: Zum ersten Mal war es ohne jeden Zweifel die geschlagene Macht und hatte Territorien an die Christen abgeben müssen. Das Zeitalter des Dschihad war vorbei und der langwierige Prozess der Auflösung des Osmanischen Reiches hatte begonnen. Selbst wenn Edward Gibbon Recht gehabt haben sollte, als er den Kampf zwischen Christentum und Islam im östlichen Mittelmeerraum als zentrale Auseinandersetzung der Welt bezeichnete, so dauerte es lange, bis man sich dessen bewusst wurde. Es sollte bis zur Mitte des 19. Jahrhunderts dauern, ehe die Araber überhaupt den Begriff *hurub as-salibijja* als eine Bezeichnung für die Kreuzzugskriege prägten.

11
DIE KREUZZUGSBEWEGUNG 1274 BIS 1700

NORMAN HOUSLEY

Nach fast zweihundert Jahren befand sich die Kreuzzugsbewegung in einer Krise. Die kürzlich erzielten Erfolge in Spanien, Preußen und Italien waren zwar triumphal gewesen, aber kein Ausgleich angesichts der unter den mamlukischen Angriffen zusammenbrechenden Verteidigung des Heiligen Landes. Diese Krise war zugleich eine Krise der militärischen Strategie und eine Krise des Glaubens. Die *Constitutiones pro zelo fidei*, die Kreuzzugsdekrete des Zweiten Konzils von Lyon (1274), fassten sie in folgende Worte: »Zur Schmach des Schöpfers und zur Verletzung und zum Schmerz all jener, die den christlichen Glauben bekennen, verhöhnen und verspotten sie [die Mamluken] die Christen und sprechen: ›Wo ist nun euer Gott?‹« (Psalm 115, 2). Diese Krise endete 1291 keineswegs, denn nur wenige Zeitgenossen betrachteten den Verlust Palästinas als endgültig; erst 1337 schwanden mit Ausbruch des Hundertjährigen Krieges zwischen Frankreich und England die Hoffnungen, Palästina zurückerobern zu können. Es gibt gute Gründe, einen Überblick über die späten Kreuzzüge mit jener ideenreichen Zeit, den letzten Jahrzehnten des 13. und ersten des 14. Jahrhunderts, zu beginnen, die auf Anstoß oder Förderung des Zweiten Konzils von Lyon eine Konsolidierung der Organisation und Finanzierung brachten. Die Kreuzzugsbewegung lebte zwar nicht nur dank jener Reformen noch für viele Generationen weiter, aber diese förderten deren Engagement und Anpassungsfähigkeit.

DIE KRISENJAHRE UND IHRE ERBSCHAFT

»Um das Heilige Land zu gewinnen, bedarf es zuvörderst dreierlei: Weisheit, Macht und Nächstenliebe.« Mit diesen Worten legte Raimundus Lullus in der Präambel zu seiner Kreuzzugsabhandlung *De acquisitione Terrae Sanctae* (1309) die thematischen Schwerpunkte für die Förderung eines Kreuzzuges fest, der das Verlorene wiedergewinnen sollte. An Weisheit *(sapientia)* und guten Ratschlägen mangelte es nicht. Lullus selbst war einer der prominentesten und fruchtbarsten Autoren der lateinischen Christenheit, die in den Jahren zwischen dem Zweiten Konzil von Lyon und dem Ausbruch des Hundertjährigen Krieges mit Kreuzzugstraktaten hervortraten. Sylvia Schein konnnte sechsundzwanzig derartige Schriften allein zwischen den Konzilen von Lyon und Vienne (1274 bis 1314) ausfindig machen, und danach folgten noch viele. Hinsichtlich ihrer Herkunft, ihres Status, ihrer Zugehörigkeit und ihrer Kenntnis, bildeten die Autoren dieser Werke einen Querschnitt durch die europäische Gesellschaft. In ihre Reihen gehörten Könige (Heinrich II. von Zypern und Karl II. von Neapel), ein führender französischer Beamter des Königs (Wilhelm von Nogaret), eine Anzahl von Bischöfen und Bettelmönchen, die Meister der führenden Ritterorden, ein exilierter armenischer Prinz, ein venezianischer Geschäftsmann und ein genuesischer Arzt. Manche waren Sandkastenstrategen, andere wirkliche Experten, wiewohl das nicht immer aus ihren Ratschlägen ersichtlich war. Alle schrieben für ein bestimmtes Publikum, in der Regel den Papst und bestimmte Herrscher, und hofften und erwarteten, dass Maßnahmen eingeleitet würden.

Die Menge der Ratschläge und Aufrufe war neu, deutlich erkennbar und bezeichnend. Sie kam teilweise zustande, weil sich die Päpste seit Gregor X. dem Vorbild Innozenz' III., der hierin wie in vielem anderen Quelle und Ursprung der Kreuzzugsentwicklungen war, anschlossen und Ratschläge einforderten. Von den frühesten erhaltenen Traktaten und Memoranden wurden die meisten für das Zweite Konzil von Lyon verfasst, und die erste wirkliche Abhandlung zur Wiedergewinnung des Heiligen Landes, jene des Fidenzio von Padua, war wahrscheinlich auch eine Reaktion auf Gregors X. Forderung nach schriftlichen Ratschlägen, auch wenn sie erst kurz vor dem Fall von Akkon fertig gestellt wurde. Diese Forderungen reflektierten die weit verbreitete Ansicht, dass fast jeder Aspekt der Kreuzzugsorganisation, angefangen von der Aufstellung einer Expedition bis hin zur Verteilung und zum Schutz der eroberten Gebiete, neu durchdacht werden musste, wenn die Fehler der Vergangenheit sich nicht wiederholen sollten. Die konstruktive Reaktion, die sich diesen Fehlern ohne Scheuklappen stellte, führte zu einem weit gehenden Konsens über viele grundlegende Facetten des ersehnten Rückeroberungskreuzzuges. Der militärischen Expedition sollte eine lang andauernde Blockade der mamlukischen Länder vorausgehen, deren Ziel es war, einerseits den Sultan am Import wichtiger militärischer Güter (vor allem auch der Sklaven, die seine Elitereiterei bildeten) zu hindern und andererseits seine Finanzen zu schwächen. Die militärische Operation sollte in zwei Schritten erfolgen: Zunächst sollte in einem ersten, dem *passagium particulare*, ein Brückenkopf errichtet werden, der in einem zweiten, dem *passagium generale*, ausgebaut werden würde. Der Kreuzzug sollte professionell organisiert und ausreichend mit Geldmitteln ausgestattet sein und unter der Leitung respektierter und erfahrener Führer mit fest umrissenen Kompetenzen stehen. Zivilisten und Leuten, die sich ohne militärische Aufgabe dem Tross anschlossen, sollte die Teilnahme verwehrt werden.

Es wäre allerdings falsch, wollte man das Ausmaß des Konsenses übertreiben oder glaubte man, die entwickelten Pläne seien realistisch gewesen. Manche Theoretiker, darunter erstaunlicherweise Jakob von Molay, der Großmeister des Templerordens, verwarfen das *passagium particulare* und favorisierten einen einzigen, allgemeinen Feldzug. Es gab auch keine Einig-

DIE KREUZZUGSBEWEGUNG 1274 BIS 1700   301

WILLIAM DURAND übergibt seinen Kreuzzugstraktat dem König von Frankreich, um 1320 *(links)*.

PHILIP DE MÉZIÈRES überreicht König Richard II. von England seine Kreuzzugsepistel, 1395 *(unten)*.

Während des Spätmittelalters empfanden die Könige von England und Frankreich, als Nachfolger von Richard I. Löwenherz und dem heiligen Ludwig, die moralische Verpflichtung, sich an die Spitze der Kreuzzugsanstrengungen der Christenheit zu stellen. Ihre gegenseitige politische Rivalität ließ eine Umsetzung ihrer Bemühungen jedoch nicht zu.

DIE HANDELSMÄCHTE DES MITTELMEERRAUMS, insbesondere die italienischen Kauffahrerrepubliken und Barcelona, waren im Allgemeinen an friedlichen Beziehungen mit den Mamluken interessiert, wie sie hier auf einem Gemälde eines Schülers von Gentile Bellini zu betrachten sind. Dieses Interesse bildete ein ernsthaftes Hindernis für einen Rückeroberungskreuzzug, weil diese Mächte das Handelsembargo umsetzen mussten, das als wichtige Voraussetzung für den Erfolg des Kreuzzuges angesehen wurde.

keit, wo das Passagium an Land gehen sollte. Bündnisse wurden freigebig abgeschlossen, und ständig mischten sich politische Sonderinteressen ein. Für die französischen Theoretiker Pierre Dubois und Wilhelm von Nogaret war der Kreuzzug zum Teil auch ein Werkzeug der dynastischen Ambitionen der Kapetinger, während selbst ein so brillanter und selbstloser Denker wie Raimundus Lullus sich stark von aragonesischen und französischen Interessen beeinflussen ließ, die er in seine Angriffspläne einbaute. Freilich wäre es andererseits auch Zeitverschwendung gewesen, in einem politischen Vakuum zu schreiben, und zudem unrealistisch, den Versuch zu unternehmen, den Kreuzzug von den dynastischen und ökonomischen Zielen der Großmächte loszulösen. Bemerkenswert ist, dass die Verfasser der besten Traktate, Raimundus Lullus nicht weniger als der Venezianer Marino Sanudo Torsello, als Gäste bei Hofe, bei Versammlungen und Kirchenkonzilen gerne gesehen waren. Sie waren unter Anderem auch bedeutende Vermittler, und es kann kein Zweifel daran bestehen, dass der Strom der Ideen und Einflüsse in beide Richtungen floss.

Ob ein gereinigter und reformierter Kreuzzug, wie ihn solche Männer vorschlugen, jemals eine Chance auf Verwirklichung hatte, ist schwerer zu entscheiden, hing das doch von den beiden anderen Attributen ab, die Lullus als notwendig ansah: von Nächstenliebe (*caritas*) und Macht (*potestas*). Jeder Versuch, die öffentliche Meinung über die Kreuzzüge anhand der

Reaktionen auf die Katastrophen im Orient – vor allem den Verlust von Akkon – oder die Kreuzzugspredigten einzuschätzen, ist von Vornherein zum Scheitern verurteilt. Erstere waren zu sehr von besonderen Interessen und der allgemeinen Suche nach einem Sündenbock bestimmt, während Letztere von diesem Ziel abgelenkt wurden, weil die offizielle Predigtpolitik auf die Sammlung von Geldern, nicht auf die persönliche Teilnahme an einem Kreuzzug umgeschwenkt hatte. Es gibt jedoch einige bezeichnende, wenn auch kurzlebige Ausbrüche eines volkstümlichen Kreuzzugsinteresses kurz nach dem Fall von Akkon. Diese waren wie üblich mit dem eschatologischen Zug des Kreuzzugsgedankens verknüpft. Sie standen zwar im Widerspruch zu der fortschrittlichen, professionellen Form des Kreuzzuges, für die sich die meisten Theoretiker aussprachen, machten aber auf diese Weise deutlich, dass die Theoretiker mit ihrer Obsession, das Heilige Land zurückzugewinnen, durchaus den Nerv der Bevölkerung treffen konnten, wenn nur die Stimmung entsprechend war. Solche Ausbrüche gab es etwa alle zehn Jahre: im Jahre 1300, als Nachrichten vom Sieg des Ilkhans Ghasan über die Mamluken bei Homs den Westen erreichten, und 1309 und 1320, als »Bauernkreuzzüge« in Deutschland und Frankreich unter Beweis stellten, dass die Armen immer noch zu Ausbrüchen von Kreuzzugsbegeisterung fähig waren.

Bei den höheren Stufen der gesellschaftlichen Leiter fußen wir auf sichereren Erkenntnissen. Die Fakten sind reicher dokumentiert. Der Ritterkult, der seine volle Ausprägung in der Zeit des Falls von Akkon erlebte, umfasste als eines seiner wesentlichen Merkmale auch den Kreuzzugsgedanken. Es ist kein Zufall, dass weltliche Herrscher häufig Anlässe ritterlicher Glanzentfaltung wählten, um ihre Kreuzzugspläne zu verkünden. Das galt sogar noch für das Fasanenfest Philipps des Guten (1454). Auch familiäre Traditionen der Kreuzzugsunterstützung, insbesondere in Frankreich und England, machten zahlreiche Adlige geneigt, enthusiastisch auf die Projekte einzugehen, die an den päpstlichen oder königlichen Höfen ausgeheckt wurden. Allerdings hatte dieser Enthusiasmus zunehmend etwas von Argwohn gegen die Motive und wahren Absichten derjenigen, die diese Projekte förderten, an sich; deshalb ließ man sich nicht mehr so schnell auf die formale Verpflichtung des Kreuzzugsgelübdes ein. Aber dennoch erwies sich immer wieder, angefangen von den Kreuzzugsplänen Eduards I. von England in den achtziger Jahren des 13. Jahrhunderts bis hin zu denen des französischen Königs Philipp VI. in den frühen dreißiger Jahren des 14. Jahrhunderts, die Rekrutierung geeigneter Männer als möglich.

Man gelangt zwangsläufig zu dem Schluss, dass es der Mangel an *potestas*, nicht der an *caritas* war, an dem alle Wiedereroberungspläne scheiterten. Um ihn zu verstehen, muss man zunächst die vorhandenen enormen Fortschritte in der militärischen Organisation und finanziellen Unterstützung betrachten, die zusammen mit den Kreuzzugstraktaten die dauernde Erbschaft des Konzils von Lyon und der fieberhaften Planungen des folgenden halben Jahrhunderts bildeten. Schrittweise bildete sich eine Kreuzzugspraxis heraus, die zwar weniger stromlinienförmig und effizient war als die von den Theoretikern gewünschte, aber dafür mehr mit den zeitgenössischen Entwicklungen der Kriegsführung in Einklang stand und mit größerer Wahrscheinlichkeit Resultate erbringen konnte. In den Kreuzzügen, die Eduard I.,

Karl IV. und Philipp VI. planten, zeigt sich eine Tendenz zu einer festen Bindung der Teilnehmer durch Verträge, die Vorteile hinsichtlich Befehlsgewalt und Verantwortlichkeit mit sich brachte. Es gab ein wachsendes Verständnis für die Bedeutung der vollen Ausnutzung der westlichen Überlegenheit zur See, und nicht nur in Bezug auf die vorgeschlagene Seeblockade gegen die mamlukischen Länder. Angemessenes Gewicht wurde jetzt auch auf die Erkundung und Spionage sowie Pflege und Weiterentwicklung der Beziehungen zu neutralen Mächten gelegt, um diese als Verbündete zu gewinnen. Man erkannte die Notwendigkeit, seine Taktik den jeweiligen regionalen Umständen und Feinden anzupassen und kümmerte sich um die Bereitstellung von Belagerungsexperten. Insgesamt wurde das Gleichgewicht zwischen geistlichen und militärischen Belangen, sobald das Heer im Felde stand, entschieden zugunsten Letzterer verlagert – in einem Ausmaß, wie das noch bei den Feldzügen Ludwigs des Heiligen undenkbar gewesen wäre.

Der wichtigste Durchbruch gelang jedoch in der Finanzierungsfrage. Alle erwähnten Neuerungen waren kostspielig, und das Zweite Konzil von Lyon schlug eine allgemeine Steuer für alle Laien in der gesamten abendländischen Christenheit vor, um die ständig steigenden Kosten der Kreuzzugsführung zu decken. Das scheiterte zwar am allgemeinen Misstrauen und am Partikularismus, aber dafür erreichte das Konzil mit seiner anderen finanziellen Maßnahme einen dauerhaften Erfolg: einem Sechsjahreszehnten, der von der gesamten Kirche erhoben wurde. Einkunftsbesteuerungen der Kleriker waren schon seit einigen Jahrzehnten als das einzig verlässliche Mittel erkannt worden, um einen beständigen Zustrom von Geld für die Kreuzzüge zu gewährleisten, aber die Ver-

DAS GRABMAL GREGORS X. in der Kathedrale von Arezzo vermittelt einen Eindruck von der Autorität dieses Papstes, der in der Tradition Innozenz' III. versuchte, die Christenheit zur Rettung des Heiligen Landes anzustacheln.

fahren der Einschätzung, der Sammlung und Übermittlung dieser Gelder waren bisher eher improvisiert. Der bedeutendste Beitrag Gregors X. zur Kreuzzugsbewegung bestand darin, dass er diese Schwierigkeit anpackte, indem er die Besteuerung auf eine feste institutionelle Basis stellte. Der Papst richtete sechsundzwanzig Steuerverwaltungsstellen ein und legte in seiner Bulle *Cum pro negotio* (1274) genaue Richtlinien für die steuerliche Veranlagung der Einkünfte von Geistlichen fest. In den Jahren nach dem Tod von Gregor X. im Jahre 1276 mussten seine Nachfolger Veränderungen an diesem Verfahren vornehmen, doch beim Tode Bonifatius' VIII. im Jahre 1303 verfügten die Päpste über ein umfassendes System der Steuerverwaltung, auf das sie zurückgreifen konnten, um Kreuzzugsunternehmen zu finanzieren. Dieses System hatte nämlich zu der Zeit bereits seine Feuerprobe in Form von zahlreichen Zehnten und Sonderabgaben bestanden, mit denen die Päpste zwischen 1282 und 1302 eine Reihe von Kreuzzügen gegen die rebellierenden Sizilianer und ihre Verbündeten finanzierten.

Die päpstliche Besteuerung der Kirche war eine außerordentliche Leistung, die wesentlich einfacher wirkt, als sie in Wirklichkeit war. 1292 beispielsweise wurden die Jahreseinkünfte des Bischofs von Rochester, einschließlich der Einkünfte aus Pachten, Fischereirechten, Mühlen, Märkten und Gerichten, auf 42 Pfund, 2 Schillinge und 2 Pennys geschätzt; daraus ergibt sich, dass er für die Zahlung des Zehnten, den Papst Nikolaus IV. dem König Eduard I. für sein Kreuzzugsprojekt gewährt hatte, in diesem Jahr 4 Pfund, 4 Schillinge und 2,5 Pennys entrichten musste. Doch diese scheinbar einfache Rechnung war in Wahrheit mit Schwierigkeiten behaftet. Sollte der Zehnte aufgrund einer Einschätzung durch einen unparteilichen Beamten erhoben werden – ein zeitaufwendiges Verfahren, das Daten lieferte, die schnell überholt sein konnten – oder sollte die Zahlung im Nachhinein auf der Grundlage der nach bestem Wissen und Gewissen von dem Geistlichen selbst abgegebenen Einschätzung seiner Einkünfte erfolgen? Wer sollte mit der Veranlagung und Einziehung der Steuerschuld betraut werden, wie sollten diese Männer entlohnt und überwacht werden? Wie ließ sich für eine sichere Weitergabe der Gelder sorgen? Daneben gab es zwei weitere große Problemfelder, die mit den Steuerzahlern respektive den weltlichen Herrschern, die das Geld für Kreuzzugszwecke erhielten, zusammenhingen. Viele Kleriker, die herangezogen werden sollten, nutzten geschickt alle Möglichkeiten des Widerstands, von Vorwänden und Ausflüchten bis hin zur offenen Weigerung. Und am anderen Ende der Kette war es erforderlich, Mittel zu entwickeln, um sicherzustellen, dass das ausgehändigte Geld tatsächlich für Kreuzzugszwecke verwandt wurde, dass die Abrechnungen aufbewahrt und kontrolliert und unverbrauchte Gelder zurückerstattet wurden.

Diese Probleme erwiesen sich als unlösbar: steuerhinterziehende Kleriker, betrügerische Steuereinnehmer, Straßenräuber, insolvente Banken sowie Herrscher, die Kreuzzugssteuern zweckentfremdeten, waren immer gleich bleibende Wesenszüge der sozioökonomischen Landschaft Europas während des gesamten Spätmittelalters. Wie die meisten mittelalterlichen Steuersysteme war auch die päpstliche Besteuerung der Kirche anfällig, wurde hart kritisiert und scharf abgelehnt. Sie war kostspielig und ineffektiv. Doch trotz all ihrer Fehler stellte sie einen großen Anteil der Geldmittel bereit, von denen die Kreuzzüge nun abhingen, und in-

»JEDOCH DER FÜRST DER NEUEN PHARISÄER, / Der führte Krieg am Rand des Lateranus/ ... Denn Christen waren alle seine Feinde, / Und keiner hatte Akkon miterobert«. Papst Bonifatius VIII. in der wahrscheinlich porträtähnlichen Skulptur des Arnolfo di Cambio. Dass der Papst den Kreuzzug ins Heilige Land der Unterdrückung der Rebellion in Sizilien unterordnete, verursachte Dantes giftige Attacke in seinem *Inferno* (27, 85 ff.; Übersetzung von Hermann Gmelin).

sofern machte sie die Fortführung dieser Bewegung erst möglich, ja stimulierte deren Fortgang. Die Erhebung eines allgemeinen Sechsjahreszehnten für den Kreuzzug, nicht nur auf dem Konzil von Lyon 1274, sondern auch bei dem allgemeinen Konzil Clemens' V. in Vienne 1312, brachte große Geldsummen zusammen, die für einen Feldzug in den Orient ausgegeben werden sollten und deswegen mit dazu beitrugen, das Thema in der politischen Sphäre am Leben zu erhalten. Und die Bereitwilligkeit, mit der die päpstliche Kurie einzelnen Herrschern gestattete, entweder direkt für einen Kreuzzug oder für Maßnahmen, die als notwendige Vorbereitung zu einem solchen Unternehmen dargestellt wurden, von ihrer Geistlichkeit Steuern zu erheben, hatte weitgehend dieselbe Wirkung. Im spätmittelalterlichen Europa war der Kreuzzug wohl in nichts präsenter als in der Schar von Steuereintreibern, Bankiers und Bürokraten, die sich mit der Erhebung und Verteilung des Geldes befassten, ohne das nichts getan werden konnte.

In einem sehr weit reichenden Sinn war die von Lullus angesprochene *potestas* das Geld, und es war nicht genug davon vorhanden, um einen Wiedereroberungskreuzzug zu beginnen. Genauer gesagt, die politischen Verhältnisse, die in Europa gegen 1300 herrschten, machten es unmöglich, das Geld in ausreichendem Maße zu konzentrieren. Die wachsende Selbstbezogenheit und die drängenden innenpolitischen Probleme der weltlichen Herren der christlichen Länder führten dazu, dass sie es zwar noch akzeptierten, wenn der Papst die Kirche in ihren Ländern besteuerte – erst recht, wenn sie selbst damit rechnen konnten, einen Teil der Einkünfte zu erhalten –, aber den Export dieser Gelder zum Nutzen eines anderen Herrschers, der angeblich einen Feldzug ins Heilige Land vorbereitete, nicht erlaubten. Kein designierter Führer eines Rückeroberungskreuzuges war daher praktisch in der Lage, die erforderlichen Ressourcen zusammenzubringen. Philipp VI., der in den frühen dreißiger Jahren des 14. Jahrhunderts dem Beginn eines solchen *passagium* vielleicht am nächsten kam, versuchte das Problem zu umgehen, indem er innerhalb Frankreichs von den weltlichen Ständen Sondersteuern erhob und zugleich die päpstliche Kurie drängte, ihre Gelder, die sie außerhalb Frankreichs und seiner Satellitenstaaten eingenommen hatte, in sein Unternehmen einzubringen. Doch diese Maßnahme konnte nicht glücken, weil der politische Einfluss des Papstes zu sehr geschwächt war. Darin lag eine doppelte Ironie. War es doch Philipps VI. eigener Onkel, Philipp der Schöne, gewesen, der diese Schwäche des Papsttums im Verlaufe seines großen Kampfes mit Bonifatius VIII. ins helle Licht gerückt hatte, während der Neffe gerade deshalb Druck ausübte, weil ein päpstliches Steuersystem geschaffen worden war, das das eindrucksvolle Ausmaß an Autorität belegte, die das Papsttum, damit verglichen, innerhalb der Kirche weiter genoss.

Es war kein Wunder, dass nur wenige Zeitgenossen die subtilen, aber lebenswichtigen Verlagerungen von Macht und Autorität erkannten oder welche Auswirkungen diese auf die Kreuzzugsbewegung haben mussten. Den meisten erschien das Verhalten ihrer Herrscher als konfus, heuchlerisch und verlogen. Um Anthony Luttrells treffliche Formulierung zu verwenden, war es »eine Epoche der Krisen und Verwirrungen«. Ein Projekt nach dem anderen wurde erörtert, um das Heilige Land zu erobern, Zypern und dem kilikischen Armenien beizustehen oder Konstantinopel den Griechen wieder abzunehmen, wobei Letzteres als Vorbereitung im Hinblick auf die anderen Ziele betrachtet wurde. Fast alle diese Projekte wurden wieder aufgegeben, und das führte zu einer massiven Desillusionierung. Wie um die allgemeine Frustration noch zu vergrößern, fanden gleichzeitig die einen oder anderen kleineren Kreuzzüge statt: 1309 beispielsweise gab es nicht weniger als drei Feldzüge dieser Art, in Norditalien, in Granada und in der Ägäis.

Mehr als alles andere sorgte zwischen 1307 und 1312 der Sturz der Templer für Bestürzung und Verwirrung. Während das Ereignis für einige die Frage beantwortete, wer für das Desaster von 1291 verantwortlich zu machen war, und zugleich das schwierige Problem der Zusammenlegung der Ritterorden durch einen Gewaltstreich beseitigte, warf es zugleich die beunruhigende Frage nach der Macht und den Motiven der französischen Krone auf. Angesichts der wiederholten Verschiebung von Kreuzzugsvorhaben, angesichts der Umverteilung der Kreuzzugsgelder durch die Päpste beziehungsweise die weltlichen Herrscher und angesichts der entmutigenden strategischen und finanziellen Probleme, die mit dem Versuch einer Rückgewinnung des Heiligen Landes verbunden waren, kann es kaum verwundern, wenn nicht wenige an diesem Ziel verzweifelten. Wie wir aus Humbert von Romans' Entgegnung an die Kritiker des Kreuzzugswesens wissen, gab es schon 1274 einige Leute, die Salimbene von Adam zustimmten, dass »es nicht Gottes Wille ist, dass das Heilige Grab zurückerobert werde«.

Letzten Endes wurde die Krise, der sich die Kreuzzugsbewegung Ende des 13. Jahrhunderts gegenüber sah, nicht gelöst. Stattdessen geschah zweierlei: Nachdem das Kreuzzugsprojekt Philipps VI. 1336 zusammengebrochen war, als der Papst es auf unbestimmte Zeit verschob, trat das Thema der Rückeroberung der heiligen Stätten auf der politischen Tagesordnung weit in den Hintergrund. Es überlebte hauptsächlich aus Gründen der Bequemlichkeit in der Terminologie der Kirche, die verwendet wurde, um die Ablässe und Privilegen der *crucesignati* zu definieren. Wichtiger war, dass es weiterhin einen starken Einfluss auf das Denken einiger Enthusiasten, wie das Philipps von Mézières, besaß. Zuweilen – am deutlichsten zu Beginn der sechziger und in der Mitte der neunziger Jahre des 14. Jahrhunderts – erlebte es kurze Renaissancen als Diskussionsthema und Planungsgegenstand an den Höfen der Christenheit. Doch im Allgemeinen ging es in anderen, realistischeren Zielen auf. Zweitens führten, wie wir unten sehen werden, die neuen Ideen, Ansätze und Strukturen, die unter dem Druck der Niederlage und in der Hoffnung auf ein Festhaltenkönnen oder eine Rückeroberung des Heiligen Landes formuliert worden waren, den bereits existierenden Feldern der Kreuzzugsbewegung neues Leben zu und schufen zugleich neue. Dieser Gesichtspunkt darf freilich nicht über das gebührliche Maß hinaus betont werden: Durch die jeweilige Örtlichkeit gegebene Umstände, eine aktive päpstliche Politik und die tiefe Verwurzelung der Kreuzzüge in der religiösen und gesellschaftlichen Kultur des katholischen Europa trugen die Bewegung über den schmerzlichen Bruch des Jahres 1291 hinaus. Doch darf man dabei die Anpassungsfähigkeit und die schiere Spannkraft der Kreuzzugsbewegung nicht übersehen.

WEITER WIRKENDE TRADITIONEN – NEUE ENTWICKLUNGEN

Um die Mitte des 14. Jahrhunderts war es für die Kreuzzugsbewegung besonders schwierig. Der Hundertjährige Krieg zwischen England und Frankreich, der Zusammenbruch der italienischen Bankhäuser (1343 bis 1348), von deren Ressourcen und Expertentum die päpstliche Besteuerung der Kirche weitgehend abhing, die Pestepidemie von 1348 und die daraus folgenden Störungen des wirtschaftlichen und sozialen Lebens, all diese Ereignisse versetzten den politischen und finanziellen Initiativen, von denen die Durchführung eines großen Kreuzzuges abhing, schwere Schläge. Vor diesem düsteren Hintergrund waren das Ausmaß und die Vitalität der Kreuzzugsbewegung im 14. Jahrhundert bemerkenswert. Sie bewegte sich sowohl innerhalb bestehender Traditionen als auch in neuen Formen und Kontexten. Ihr Auf und Ab wurde von dem Fortgang des Krieges in Frankreich stark beeinflusst, wenn nicht gar vorgeschrieben, doch vorbehaltlich dieser Einschränkung entfaltete sie sich in großer Vielfalt. Schon lange gilt diese Epoche nicht mehr als ein bloßes Nachspiel in der Geschichte der Kreuzzüge.

Die Kreuzzüge in Spanien und Italien können als Beispiele für weiter wirkende Traditionen herangezogen werden, die neue Kraft aus den erzielten organisatorischen Fortschritten schöpfte. Auf der iberischen Halbinsel hatten die massiven Landgewinne in der Mitte des 13. Jahrhunderts Probleme geschaffen, die auf viele Generationen hinaus die Eroberung weiterer größerer Gebiete verhinderten. Alle christlichen Königreiche mussten sich der Aufgabe stellen, die eroberten Gebiete in ihren Staat zu integrieren. In Kastilien, das die größten Landgewinne gemacht hatte, waren sie auf Kosten der Herausbildung einer Klasse äußerst mächtiger und unnachgiebiger Magnaten erzielt worden, die der Krone beständig Trotz boten. Aragonien und Portugal, die kastilische Hegemonialbestrebungen fürchteten, unterstützten diese Widerstände und setzten sich in der Regel zugleich gegen jede Wiederaufnahme der Reconquista zur Wehr, weil deren wesentliches Resultat nur eine weitere Vergrößerung des kastilischen Machtbereichs sein konnte. Andererseits waren sich die Mauren ihrer gefährdeten Lage in Granada wohl bewusst und errichteten dort nicht nur gewaltige Festungen, sondern machten auch deutlich, dass sie im Falle einer großen christlichen Offensive nicht zögern würden, ihre Glaubensbrüder aus Nordafrika zu Hilfe zu holen, auch wenn dies auf Kosten ihrer Unabhängigkeit gehen würde.

Dass die drei großen christlichen Staaten der Halbinsel dennoch von Zeit zu Zeit die Waffen gegen Granada erhoben, hatte seinen Grund zum Teil in der Bereitwilligkeit, mit der die Päpste zu Avignon Kreuzzugsgelder in verschwenderischer Fülle für solche Unternehmen bewilligten. Tatsächlich wurden die finanziellen Verhandlungen mit den Päpsten seitens des kastilischen und aragonischen Hofes so hart geführt, als ginge es um einen Wiedereroberungskreuzzug. Der Grund war derselbe: nicht weil die spanischen Herrscher unentschlossen gewesen wären, sondern weil sie keinen Sinn darin sahen, bankrott zu gehen, während sie den Krieg Christi ausfochten. Während der Herrschaft Alfons XI. (1325 bis 1350), als die Drohung einer marokkanischen Intervention den Adel einmal gefügig machte und die übrigen christlichen

DIESE REITERSTATUEN des Cangrande della Scala (links) und des Bernardo Visconti (rechts) vermitteln einen guten Eindruck von der Machtfülle, den diese Condottiere – entschiedene Gegner des Papsttums – ausstrahlen wollten. Gegen beide Tyrannen und ihre Gefolgsleute wurden Kreuzzüge ausgerufen.

Mächte zur Zusammenarbeit brachte, trugen diese Verhandlungen reiche Früchte: Der König siegte 1340 am Fluss Salado in einer der größten Feldschlachten der Reconquista, eroberte 1344 den Hafen von Algeciras und belagerte Gibraltar, als er sechs Jahre später von der Pest dahingerafft wurde. Als dann die Bedrohung aus Marokko nachließ, brach zwischen den christlichen Königreichen Krieg aus und die Halbinsel wurde als Nebenschauplatz in den Hundertjährigen Krieg hineingezogen.

Die Kreuzzüge, die die Päpste im 14. Jahrhundert in Italien führten, wurden, ausgeprägter noch als in Spanien, von Berufssoldaten geführt, deren Finanzierung mit der Unterstützung massiver kirchlicher Steuermittel und manchmal auch durch erfolgreiche Ablasspredigten erfolgte. Im 13. Jahrhundert war das Königreich im Süden der Brennpunkt der Kreuzzugsanstrengungen in Italien, zuerst, um es den Händen der Staufer zu entreißen, und danach, um die Herrschaft des Hauses Anjou zu erhalten. Während der Zeit, als die Päpste in Avignon residierten (1305 bis 1378), verlagerten sich die Kreuzzüge nach Norden, in die Lombardei und die Toskana. Um die friedlichen Bedingungen zu schaffen, unter denen sie an ihren angestammten Sitz zurückkehren konnten, mussten die Päpste sowohl die Provinzen des Kirchenstaates wieder unter ihre Kontrolle bringen als auch die expansionistische und destabilisierende Politik der dynastischen Herren in Schach halten, die mit Gewalt die Herrschaft in den Städten des Nordens an sich rissen. Die Kurie verwandte ein besonderes Verfahren, um ihre Ziele zu verwirklichen: Immer wieder einmal wurden mächtige Kardinalslegaten, wie in den zwanziger Jahren des 14. Jahrhunderts Bertrand von Le Poujet und in den fünfziger Jahren Gil Albornoz, mit Armeen von Söldnern nach Italien gesandt. Sie besaßen die Gelder und Kredite, um diese zu bezahlen und gleichzeitig die Verbündeten der Kurie zu unterstützen; außerdem führten sie die Kreuzzugsbullen mit, durch die man Nachschub an frischen Männern und Geld zu erlangen hoffte.

Aber das Italien des 14. Jahrhunderts war ein Mahlstrom aufeinander prallender, sich ständig verändernder Interessen und Pläne. Selbst traditionelle Verbündete des Papstes wie das Neapel der Anjou oder wie die Republik Florenz wurden unzuverlässig, und in der Jahrhundertmitte warfen die unabhängigen Machtfaktoren, wozu sich die Söldnertruppen, die von allen Seiten engagiert worden waren, entwickelt hatten, den politischen Status quo über den Haufen. Nach dem Frieden von Brétigny (1360) bedrohten ähnliche Gruppen, die *routiers*, den Papst und seinen Hof auch in Avignon, und die Kurie begann, Kreuzzugsablässe herauszugeben, um sie in Frankreich und in Italien zu bekämpfen. Als 1378 dann das Kirchenschisma ausbrach, das die Christenheit in zwei, später sogar drei Teile spaltete, riefen die rivalisierenden Päpste gegeneinander zu Kreuzzügen auf. 1383 beispielsweise stellte Henry Despenser, der Bischof von Norwich, eine Kreuzzugsarmee auf und führte sie persönlich in einen Feldzug nach Flandern. Weder die Kreuzzüge gegen die *routiers* noch die Kreuzzüge gegen Schismatiker waren eine neue Erfindung: Beide fußten auf Traditionen, die so alt waren wie die Kreuzzugsbewegung selbst. Freilich aber wandten sich nun die Kreuzzüge auf eine bemerkenswerte und pervertierte Weise gegen sich selbst, wurden doch diejenigen, die einen Kreuzzug ausriefen, nämlich die Päpste, und ebenso diejenigen, die ihn ausführten, die professionellen Soldaten, zum Ziel gegen sie gerichteter Kreuzzugsunternehmen.

In gewisser Weise halfen die osmanischen Türken, diesem Wirrwarr ein Ende zu setzen, indem sie der Bewegung ein neues und dringliches Ziel auf dem Balkan vor Augen stellten. Schon in der Mitte der sechziger Jahre des 14. Jahrhunderts wurde vorgeschlagen, die Söldner auf einen Kreuzzug gegen die Türken zu schicken, statt sie innerhalb der abendländischen Christenheit in inneren Konflikten zu vernichten. In den neunziger Jahren wurden Pläne für einen antitürkischen Kreuzzug zugleich als ein Mechanismus und als ein Grund dargestellt, um das Kirchenschisma zu beenden. Allerdings schon zuvor boten die Erfolge der Türken in Kleinasien und ihre Stellung als kommende Seemacht in der Ägäis der Kreuzzugsbewegung Gelegenheit, ihre ausgezeichnete Reaktionsfähigkeit auf veränderte Anforderungen zu demonstrieren. Ein Zusammenschluss der von den Türken bedrohten lateinischen Staaten bildete unter päpstlicher Ägide eine Flottenliga und stellte eine Galeerenflotille zum Selbstschutz auf. Die Ligen waren zwischen 1334, als das erste dieser Bündnisse die Türken im Golf von Adramyttion (Edremit) schlug, und den siebziger Jahren des Jahrhunderts, als der türkische Vormarsch auf dem Balkan den Landkrieg wieder auf die politische Tagesordnung setzte, die wichtigste Form der Kreuzzugsführung im Osten. Diese Ligen wurden aus kirchlichen Steuereinnahmen und Ablassverkäufen finanziert. An ihrer Spitze stand ein päpstlicher Legat, dessen Hauptaufgabe in der Regel war, das Auseinanderfallen der Alliierten zu verhindern. In dieser Form waren die Ligen gut an das neue strategische Szenario im Osten und zugleich an die von Kriegen und ökonomischen Störungen geprägte Lage in Westeuropa angepasst, die jedes größere Unternehmen unmöglich machte.

Im Kern waren die antitürkischen Ligen »Grenzkreuzzüge«, die hauptsächlich von den ortsansässigen Mächten – vor allem von Venedig, Zypern und den Johannitern auf Rhodos –

PIERRE ROGER wird als Clemens VI. 1342 zum Papst gekrönt. Clemens VI. engagierte sich stark für die Kreuzzüge. König Philipp VI. von Frankreich hatte ihn 1332 an den päpstlichen Hof nach Avignon gesandt, um die Finanzierung des geplanten *passagium generale* auszuhandeln; als Papst förderte Clemens dann aktiv den Kreuzzug gegen die Türken in der Ägäis und unterstützte ebenso die Wiederaufnahme der spanischen Reconquista durch Alfons XI. von Kastilien.

geführt wurden und das Ziel hatten, die regionale Kräfteverteilung zu erhalten. Obwohl in einem größeren Umfang geführt, ähnelten sie darin den permanenten Streifzügen an der Grenze von Granada, und wie bei diesen lagen auch hier die zeitlichen Unterbrechungen der *convivencia* und des freien Wirtschaftsaustauschs dazwischen. Allerdings gab ihnen die aktive Beteiligung der Päpste einen weiter gefassten Rahmen. Die Päpste ergriffen Maßnahmen zu ihrer Unterstützung, versuchten stets, abendländische Mächte als Teilnehmer zu gewinnen, und planten beständig, die begrenzten Zielsetzungen und Erfolge der Ligen zum Ausgangspunkt für weit größere Unternehmungen zu machen. Als seine Liga im Oktober 1344 den größten Teil der von den Türken gehaltenen Stadt Smyrna besetzen konnte und damit den größten Erfolg errang, der einer derartigen Unternehmung überhaupt beschieden war, gab Papst Clemens VI. der Hoffnung Ausdruck, diesen Brückenkopf durch eine größere Expedition, ein *passagium particulare*, auszubauen. Das ist ein überzeugendes Beispiel, wie Konzepte, die durch die Traktate und Planungen zur Rückeroberung des Heiligen Landes entwickelt worden waren, anderswo nutzbringend adaptiert wurden. Vergleichbare strategische Überlegungen lagen der päpstlichen Föderung des Kreuzzuges zugrunde, den Graf Amadeus von Savoyen 1366 zur Unterstützung der Griechen in Konstantinopel veranstaltete.

Welchen Vorteil die Ligen auch von der päpstlichen Unterstützung hatten, ihre Erfolge hingen natürlich in erster Linie von der Vorherrschaft der westlichen Seestreitkräfte im Mittelmeer ab. Mit ihrer Hilfe konnten die Lateiner überall an der muslimisch beherrschten Küste nach Gefallen zuschlagen, vom mittleren Maghreb bis zu den Dardanellen, und ihr war auch der dramatischste Kreuzfahrersieg des 14. Jahrhunderts zu verdanken, die Eroberung Alexandrias, die 1365 König Peter I. von Zypern gelang. Der Flottenexpedition des zypriotischen Königs ging zwischen 1362 und 1364 eine Rundreise an die europäischen Höfe voraus, bei der er hoffte, Unterstützung und Freiwillige zu gewinnen. Sein erklärtes Ziel war die Rückeroberung Jerusalems, dessen Titularkönig er war. Hierfür genoss er die Unterstützung Papst Urbans V. und des französischen Königs Johann II. des Guten. Es ist allerdings wahrscheinlicher, dass der König von Anfang an vor allem Ägyptens wichtigsten Handelshafen erobern wollte, den größten Konkurrenten seines eigenen Hafens in Famagusta, um ihn entweder als Brückenkopf zu halten oder aber seine Anlagen zu zerstören. Der Erfolg, den Peter und seine von Zyprioten und Johannitern gestellte Flotte mit der Eroberung Alexandrias feiern konnten, wurde allerdings durch die Tatsache geschmälert, dass sie die Stadt angesichts des Näherrückens einer mamlukischen Armee schon nach weniger als einer Woche wieder aufgeben mussten.

Bei dem Alexandria-Feldzug treten viele der immer wiederkehrenden Themen der Kreuzzugsführung im 14. Jahrhundert in Erscheinung. Er belegte, dass eine überlegene Flotte allein keine entscheidende und dauerhafte Wende in der strategischen Situation erreichen konnte. Die Ursprünge dieses militärischen Unternehmens lagen in dem Gedanken des *passagium particulare* begründet, aber die geplante Anlandung eines großen Heeres, eines *passagium generale*, das König Johann II. von Frankreich führen sollte, hatte niemals ernsthafte Aussicht auf Verwirklichung und schwand völlig, als der König 1364 starb. Dieser Kreuzzug erhellt

ABFAHRT AUS AFRIKA. Ein französisch-genuesischer Kreuzzug ging im Juni 1390 unter Segel, um Mahdia zu erobern. Tunesien war kein erfolgreiches Operationsgebiet. Weder der Kreuzzug des heiligen Ludwig von 1270 noch die hier abgebildete Heerfahrt erreichten ihr Ziel; noch 1560 erlitt eine spanische Kreuzzugsarmee eine katastrophale Niederlage auf der Insel Djerba.

auch das Durcheinander in der päpstlichen Politik, das Urban V. und seinen Legaten im Orient, Peter Thomas, dazu brachte, zu einer Zeit, als die türkische Gefahr im Norden bedrohlich wuchs, dennoch dem Plan König Peters von Zypern zu folgen und den Kampf gegen die Mamluken wieder aufzunehmen. Offensichtlich war der Papst ganz zufrieden, jeden Vorschlag für eine militärische Expedition im Orient zu unterstützen, wenn sie ihm nur die Hoffnung gab, die *routiers* aus Italien und Frankreich zu entfernen. Weiterhin zeigten sich in der Schreckensreaktion der italienischen Handelsstädte auf die Eroberung Alexandrias wiederum die grundsätzlichen Spannungen zwischen Handel und Kreuzzugsbewegung, die schon früher die Versuche einer Blockade Ägyptens zum Scheitern gebracht hatten. Indem Venedig Gerüchte über einen zypriotisch-mamlukischen Waffenstillstand verbreitete, half die Republik, alle Hoffnungen auf Anschlussexpeditionen zu zerstören. 1367 tadelte sie der Papst, weil sie sich weigerte, Kreuzfahrer, Pferde und Kriegsgüter in den Orient zu transportieren.

Die Methode des plötzlichen Zuschlagens und Verschwindens, die bei Alexandria angewendet wurde, bestimmte auch den französisch-genuesischen Kreuzzug, der sich etwa fünfundzwanzig Jahre später gegen den maghrebinischen Hafen Mahdia richtete. Bei dieser Gelegenheit wirkten allerdings Handelsinteressen und Kreuzzugsüberlegungen zusammen, da es die Genuesen gewesen waren, die im Winter 1389 auf 1390 in der Hoffnung, diese Hafenstadt dauerhaft unter Kontrolle zu bringen, am Hofe Karls VI. von Frankreich den Vorschlag zu diesem militärischen Unternehmen unterbreitet hatten. Da die Franzosen im Juni 1389 einen dreijährigen Waffenstillstand mit England geschlossen hatten, stieß der genuesische Vorschlag auf großes Interesse. Ludwig II. von Bourbon, ein Onkel des Königs mütterlicherseits, ergriff eifrig diese Gelegenheit, in die Fußstapfen des heiligen Ludwig, eines seiner Vorfahren, zu treten. Eine Armee von etwa 5 000 Kombattanten, darunter etwa 1 500 französische Ritter, segelte Anfang Juli 1390 in Genua ab. Die Kreuzfahrer belagerten Mahdia, doch nach einigen Wochen rückten muslimische Entsatztruppen heran. Es war ersichtlich, dass die Eroberung des Hafens nicht gelingen würde, und die Flotte zog unverrichteter Dinge ab.

Es besteht kein Zweifel, dass sowohl Peter von Zypern als auch den Genuesen daran gelegen war, ihre jeweiligen Expeditionen als ritterliche Unternehmungen darzustellen, die den Teilnehmern gestatten würden, ihre Tapferkeit zu zeigen und reiche Belohnungen und großen Ruhm zu ernten, und zugleich Helden wie dem heiligen Ludwig, Gottfried von Bouillon oder Roland nachzueifern. In dieser Hinsicht waren beide Kreuzzüge sehr traditionell, während sie zugleich den Flottenligen darin ähnelten, dass sie die Überlegenheit zur See klug nutzten, um klar umrissene, begrenzte militärische Ziele innerhalb eines von wirtschaftlichen Überlegungen bestimmten Kontextes zu verwirklichen. Es wäre allerdings eine simplifizierende und anachronistische Betrachtungsweise gegenüber einem komplexen Gefüge von Interessen, wollte man Peter von Zypern oder die Genuesen beschuldigen, sie hätten den ritterlichen Eifer ihrer Zeitgenossen ausgenutzt, um eigensüchtige Ziele zu verfolgen. Das Gleiche gilt auch für die Beziehungen zwischen den Deutschordensrittern und den Rittern, die aus freien Stücken nach Preußen kamen, um an den Feldzügen des Ordens gegen die heidnischen Litauer teilzunehmen. Auch diese belegten nicht nur das unbestreitbare Fortwirken des Kreuzzugsenthusiasmus innerhalb der Ritterelite Europas während des gesamten 14. Jahrhunderts, sondern – wie die Flottenligen – zugleich auch die Anpassungsfähigkeit der Bewegung und ihrer Förderer an neue strategische Bedingungen.

Im Baltikum bestanden diese in dem Konflikt zwischen dem katholischen Ritterorden und einer kampfkräftigen heidnischen Macht um die Herrschaft über Samogitien und die Niederung von Memel. Dieser Konflikt passte zum ursprünglich religiösen Auftrag der Kreuzzüge. Dieser Krieg genoss die Unterstützung der Päpste und wurde von der öffentlichen Meinung in Europa allgemein als ein angemessener Verwendungszweck für die Kampfkraft und die Ressourcen des Deutschen Ritterordens betrachtet, nachdem das Heilige Land verloren war. Doch der besondere Charakter dieses Krieges begünstigte keine der großen Kreuzzugsarmeen, die durch päpstliche Bullen rekrutiert und durch kirchliche Steuern finanziert wurden. Und genauso wenig war Preußen der geeignete Schauplatz für einen »Mehrstufenkreuzzug«, wie ihn

GEDÄCHTNISTAFEL DES ROGER DE FELBRIGG in der Kirche der heiligen Margareta von Felbrigg, Norfolk. Die Inschrift verkündet, dass Roger »in Preußen starb und dort begraben ist« (»qi mourut en prus e la est son corps enterre«). Die Aussage beweist, dass Roger gegen 1380, wie sein Sohn Simon und viele andere englische Ritter des 14. und frühen 15. Jahrhunderts, an einer *[Reise]* gegen die heidnischen Litauer teilgenommen hatte.

sich die Theoretiker vorstellten. Die Landstriche zwischen Preußen und Litauen waren eine wüste Einöde, in der sich keine großen Armeen unterhalten ließen. Darüber hinaus beschränkte das harte Klima mit seiner bitteren Kälte und heftigen Schneefällen im Winter sowie starken Überschwemmungen im Frühjahr und Frühsommer die geeignete Zeit für Feldzüge auf den tiefen Winter, wenn der Schnee fest gefroren war und die Sümpfe vereisten, sowie auf einige Wochen im Spätsommer, wenn eine länger anhaltende Dürreperiode die Landschaft ausgetrocknet hatte. Aber selbst dann begrenzten die Unwirtlichkeit des Terrains und die großen Entfernungen, die bewältigt werden mussten, die militärischen Operationen auf Überfälle, Belagerungen, hin und wieder auf die Errichtung einer neuen Festung oder die Verstärkung einer bestehenden, die einen besseren Zugriff auf das Gebiet ermöglichte.

Der Orden unterhielt in Preußen und in Livland nur etwa tausend Ritter, um diese winterlichen und sommerlichen Feldzüge auszuführen. Um seine Länder in Ostpreußen zu verteidigen und sein verkündetes Ziel, die zwangsweise Bekehrung der Litauer zum Christentum, zu verwirklichen, bediente er sich eines 1245 von Innozenz IV. gewährten Privilegs, das ihm gestattete, Kreuzfahrer auch ohne die vorherige formelle Erklärung eines Kreuzzuges zu rekrutieren. Auf dieser rechtlichen Grundlage kamen ab dem Winter 1304/1305 über ein Jahrhundert lang Tausende von Rittern aus fast allen katholischen Staaten West- und Mitteleuropas auf dem Land- oder Seeweg nach Preußen, in der Hoffnung, an einem Sommer- oder Winterfeldzug teilzunehmen. Man hat den Krieg, an dem sie sich beteiligten, als einen »ständigen Kreuzzug« beschrieben. Ihm fehlte selbst der Wechsel von Kriegs- und Waffenstillstandszeiten, wie er für die katholisch-muslimischen Grenzgebiete in Spanien und der Ägäis charakteristisch war. Der Krieg wurde auf beiden Seiten mit großer Grausamkeit geführt. Während einer Invasion der Litauer in Livland wurde beispielsweise nach Angabe des Chronisten Wigand von Marburg »alles verwüstet, viele Menschen massakriert, Frauen und Kinder in die Gefangenschaft davongeführt ...«, während 1377 der Hochmeister Winrich von Kniprode und sein Gast Herzog Albrecht von Österreich »zwei Tage in dem Gebiet [von Kaltinenai] verbrachten, alles in Brand steckten und Männer, Frauen und Kinder hinwegtrieben. Niemand konnte ihren Händen entkommen.«

Wie Wigand bei anderer Gelegenheit festhielt, kamen die Freiwilligen des Deutschen Ordens in den Osten, »um ritterliche Taten gegen die Feinde des Christentums zu verrichten«. Wie üblich zogen sie unter dem Banner des heiligen Georg, des Schutzpatrons der Ritterschaft, ins Feld. In der Förderung dieser Feldzüge und vor allem im klugen Einsatz des Ehrentisches kommt die zentrale Bedeutung des Ritterkultes für die Litauenfeldzüge des Deutschen Ordens am deutlichsten zum Ausdruck. Obwohl die ausführlichste Beschreibung eines Ehrentisches, die von Johann Cabaret von Orville stammt, diesen als eine Art Siegesfeier am Ende des Feldzuges beschreibt, deuten Hinweise stärker darauf hin, dass er vor den Feldzügen stattfand, vielleicht um die Waffenbrüderschaft der freiwilligen Teilnehmer zu besiegeln. Als 1391 die Ermordung des schottischen Adligen William Douglas durch einige englische Ritter es unmöglich machte, vor der Eröffnung des Feldzugs in Königsberg einen Ehrentisch zu halten, gab ihnen der Hochmeister einen in Alt-Kowno während des Feldzuges. Da sich die Ortschaft jedoch in Feindesland befand, mussten die Ritter in voller Bewaffnung speisen. Solche merkwürdigen Episoden sollten uns jedoch nicht dazu verleiten, die Feldzüge für bloße Inszenierungen und Maskeraden zu halten, denn es waren tatsächlich gefahrvolle und kostspielige militärische Unternehmungen. Sicherlich hatte der Orden genau die Mentalität der europäischen Ritterschaft getroffen, aber zweifellos wären die Männer, die nach Preußen strömten, ebenso gern an andere Fronten geeilt, hätte man sie dort einsetzen können.

Tatsächlich nahmen viele der Adligen, die an den Feldzügen im Baltikum beteiligt waren, auch an dem größten und ehrgeizigsten Kreuzzug des Jahrhunderts teil, dem Nikopolis-Feldzug von 1396. Dieser war die Antwort des Westens auf den osmanischen Vormarsch auf dem Balkan, insbesondere auf die katastrophale Niederlage der Serben in der Schlacht auf dem Amselfeld (1389), durch die die Osmanen bis an die Grenzen Ungarns gelangten, was die Venezianer um die Sicherheit des adriatischen Meeres fürchten ließ. Die Lage im Osten war so bedrohlich, dass beide Teile der durch das Schisma gespaltenen Kirche bereit waren, einen großen Kreuzzug zu unterstützen. Möglich wurde er jedoch erst durch einen Waffenstillstand zwischen England und Frankreich und die Existenz machtvoller Friedensparteien an beiden Hö-

LÖSEGELDZAHLUNG FÜR DEN GRAFEN JOHANN VON NEVERS nach seiner Gefangennahme in der Schlacht von Nikopolis 1396. Obwohl sich die Gesamtkosten für die Freilassung des Grafen auf schätzungsweise eine halbe Million Francs beliefen, wurden er und seine Gefährten bei der Heimkehr als Helden gefeiert.

fen, die in der Balkankrise die Gelegenheit erblickten, eine langfristige Verständigung zwischen ihren beiden Reichen zu verwirklichen. In den Jahren 1392 bis 1394 kam es zu reger diplomatischer Tätigkeit. Vorgesehen war ein zweistufiger Kreuzzug: Ein *passagium particulare* sollte 1395 unter der Führung Johanns von Gaunt, Ludwigs von Orléans und des Herzogs Philipp des Kühnen von Burgund aufbrechen. Der nachfolgende allgemeine Kreuzzug sollte von Karl VI. von Frankreich und Richard II. von England gemeinsam befehligt werden. Wie im Fall der Unternehmungen, die sich gegen Alexandria beziehungsweise Mahdia richteten, behielten also auch hier die strategischen Überlegungen der Rückeroberungstheoretiker ihren Einfluss. Die Schwere der Lage, die Alarmglocken, die in Buda und Venedig schellten, das altruistische Interesse der Regierungen in London und Paris erregten dieses Mal jedoch Erwartungen, wie es sie seit den dreißiger Jahren des 14. Jahrhunderts, ja vielleicht seit dem Tode Papst Gregors X. nicht mehr gegeben hatte.

PAPST PIUS II. LEITET DEN KONGRESS VON MANTUA IM JAHRE 1459. Fresko von Pinturicchio in der Piccolomini-Bibliothek der Kathedrale von Siena. Pius wollte den Kongress als Plattform für die Vereinbarung und Organisation eines großen Kreuzzuges nutzen, aber dieser wurde von den politischen Rivalitäten unter den europäischen Mächten bestimmt; die dort abgegebenen Versprechen wurden später nicht gehalten.

Der Umfang der Planungen wurde jedoch 1395 reduziert: Aus verschiedenen Gründen zogen sich alle drei vorgesehenen königlichen Fürsten vom Kreuzzug zurück. Im Winter 1395 auf 1396 war das Vorhut-Passagium zu einer vorwiegend französisch-burgundischen Streitmacht unter der Führung des Johann von Nevers, des ältesten Sohns Philipps des Kühnen, sowie einer Gruppe französischer Magnaten geworden, zu denen auch Jean le Maingre (Marschall Boucicault) gehörte, der Kreuzfahrerheld par excellence dieses Zeitraums. Das Heer, das im Frühjahr 1396 in Montbéliard aufbrach, war eindrucksvoll genug, und in Buda stießen noch ungarische Truppen unter der Führung König Sigismunds hinzu. Anfängliche Erfolge im Donautal kamen zu einem jähen Halt, als die Truppe am 25. September südlich der bulgarischen Stadt Nikopolis dem osmanischen Sultan Bajesid I. eine offene Feldschlacht lieferte. Es ist schwer, den genauen Schlachthergang zu rekonstruieren, doch scheinen französischer Ritterstolz vereint mit einer Unkenntnis der türkischen Taktik – eine Kombination, die in der gesamten Kreuzzugsgeschichte nur zu häufig auftrat – die Ursachen der vernichtenden Niederlage gewesen zu sein. Johann von Nevers und viele andere Kreuzfahrer wurden gefangen genommen. An einen allgemeinen Kreuzzug war jetzt nicht mehr zu denken.

Die Armee, die bei Nikopolis zugrunde ging, war die letzte große internationale Streitmacht, die vom Westen aufbrach, um die Türken anzugreifen. Der Historiker ist versucht, der Schlacht von Nikopolis die gleiche langfristige Wirkung zuzuschreiben wie den Schlachten von Hattin oder La Forbie. Das ist allerdings leichter zu behaupten als zu beweisen. Es kann zwar keinen Zweifel geben, dass das Interesse an Kreuzzugsunternehmungen nach Nikopolis sowohl innerhalb des französischen als auch des englischen Adels einen Niedergang erlebte, aber dieser könnte auch andere Ursachen gehabt haben. Zudem wurde das abklingende Interesse der französischen Krone zunächst durch das fortgesetzte Engagement des burgundischen Hofes wettgemacht, dessen Herzog jetzt Rache nehmen musste. Doch scheint es, als hätte sich nach Nikopolis die Stimmung verändert. Die Begeisterung der militärischen Klasse ließ sich nun nicht mehr so leicht wecken, und es gibt nur noch wenige Anzeichen, dass im 15. Jahrhundert der Kreuzzug weiterhin als eine der vornehmsten Ausdrucksformen der Werte des europäischen Adels galt. Und das gerade hatte vielen Kreuzzugsunternehmungen des 14. Jahrhunderts ihre innere Einheit gegeben und erklärte ihre bemerkenswerte Fülle, aber auch ihre manchmal verwirrende Ziellosigkeit.

DAS SCHEITERN IM OSTEN – DER ERFOLG IM WESTEN

Was auch immer die genauen Auswirkungen von Nikopolis auf die Einstellung des europäischen Adels gewesen sein mögen, sehr bald jedenfalls zeigten sich bedeutende Veränderungen innerhalb der Kreuzzugsbewegung. Die Zahl und Vielfalt der Kreuzzugsunternehmen, die das 14. Jahrhundert charakterisiert hatten, nahmen ab, neue Themen und Gedanken drangen in die Kreuzzugspropaganda ein. Und vor allem wurde dadurch, dass zumindest einige der weltlichen Obrigkeiten der Christenheit wieder groß angelegte Planungen organisierten, der Kreuzzug erneut zu einem Anliegen der wichtigsten Mächte Europas, statt wie zuvor sein Dasein als ein Unternehmen zur Grenzverteidigung zu fristen, dem nur die Beteiligung von Freiwilligen des Ritterstandes aus den katholischen Kernländern einigen Glanz verlieh. Mit wenigen Ausnahmen, etwa den Unternehmungen Alfons' XI. und dem Kreuzzug von Nikopolis, hatten sich die großen Mächte nach dem Scheitern der Rückeroberungspläne Philipps VI. in den späten dreißiger Jahren des 14. Jahrhunderts aus der Kreuzzugsbewegung zurückgezogen. Aber jetzt traten sie wieder in den Vordergrund.

Eine wichtige Kreuzzugsfront, das Baltikum, sollte gegen 1500 fast ganz verschwunden sein. Als sich 1386 der litauische Großfürst Jagiello taufen ließ und versprach, die Bekehrung seiner heidnischen Landsleute zu unterstützen, war damit das Kreuzzugsziel des Deutschen

Ordens in Bezug auf Litauen grundsätzlich erledigt. Dass außerdem Großfürst Jagiello die Königin der wichtigsten gegen den Orden gerichteten katholischen Macht, Jadwiga von Polen, heiratete und damit zwischen beiden Ländern eine Personalunion begründete, bedrohte langfristig die Existenz des preußischen Ordensstaates. Es dauerte allerdings noch einige Jahre, bis sich die Problematik der neuen strategischen Lage voll entfaltete. Der Orden betrachtete die Christianisierung Litauens als vorgetäuscht, so dass der Strom der Freiwilligen aus Westeuropa einstweilen noch nicht merklich beeinflusst wurde, während gleichzeitig ein paar Jahrzehnte vergehen mussten, um die polnischen und litauischen Ressourcen gegen den Ordensstaat zu bündeln.

Aber ab 1410 folgte eine Katastrophe auf die andere. Am 15. Juli 1410 wurde die Armee des Deutschen Ordens von den Polen und Litauern in der Schlacht von Tannenberg entscheidend geschlagen. Dadurch vergrößerte sich die Abhängigkeit der Ritter von der Hilfe Freiwilliger aus dem Westen. Doch wenige Jahre später konnten die Abgesandten des Ordens beim Konzil von Konstanz nicht erreichen, dass die Kirche versprach, dem Orden gegen seine Feinde beizustehen. Daraufhin ebbte der Zustrom freiwilliger Ritter nach Preußen ab. Einige deutsche Kreuzfahrer kämpften in Livland weiter, wo der Krieg des Ordens gegen die Orthodoxen von Nowgorod und Pskow immer noch den Kreuzzugsstatus besaß, für den die Päpste Nikolaus V. und Alexander VI. Kreuzzugsablässe gewährten, die den livländischen Brüdern halfen, die hohen Kriegskosten zu tragen. Doch der livländische Kreuzzug war eine kaum beachtenswerte Randerscheinung der Kreuzzugsbewegung, und die Kreuzzugsenthusiasten, die nach der Schlacht von Tannenberg überhaupt noch den Deutschen Orden erwähnten, taten das nur mit Überlegungen, wie sich seine Ressourcen an der türkischen Front neu einsetzen ließen.

Jene Überlegungen waren ein symptomatisches Zeichen für die Tatsache, dass die osmanischen Türken für die Kreuzzugsbewegung zum Hauptgegner geworden waren. Mit Ausnahme der Jahre zwischen 1402 und 1420, als sich das Sultanat von den Schlägen erholen musste, die Timur ihm in der Schlacht von Ankara zugefügt hatte, zwang der ungebrochene Vormarsch des Reiches nach Westen die Kreuzzugstheoretiker und -enthusiasten des 15. Jahrhunderts, ihr Hauptaugenmerk auf den Balkan zu richten. Innerhalb dieser langen Zeitspanne gab es mehrere Perioden konzentrierter diplomatischer Aktivitäten, Planungen und Bemühungen. Zwischen 1440 und 1444 unternahm Papst Eugen IV. alle Anstrengungen, um den Widerstand der christlichen Mächte auf dem Balkan zu koordinieren und die Truppen des brillanten ungarischen Befehlshabers Johann Hunyadi, die Flottenmacht Venedigs und die Truppen, die er selbst und andere westliche Herrscher aufbieten konnten, zur Entlastung Konstantinopels zu entsenden, das kurz vor seinem Fall stand. Mit der katastrophalen Niederlage, die die Balkanmächte im November 1444 bei Warna erlitten, war dieser Versuch gescheitert. 1453 setzte der neue Sultan Mehmed II. der Existenz des Byzantinischen Reiches ein Ende und führte in den nächsten 28 Jahren eine der größten Eroberungswellen an, die das Osmanische Reich überhaupt erleben sollte. Die Walachei, Albanien und Griechenland wurden unter osmanische Herrschaft gebracht, während die Päpste mit ständigen Versuchen reagierten, den Widerstand der lokalen Mächte zu ermutigen und einen allgemeinen Kreuzzug des Abendlandes zu mobilisieren. Nach Mehmeds Tod im Jahre 1481 verfolgte sein Sohn Bajesid II. eine gegenüber dem Westen weniger aggressive Politik. Es gab aber weiterhin Kreuzzugspläne, insbesondere auf dem päpstlichen Kongress 1490 in Rom und vier Jahre später während der Italieninvasion Karls VIII. von Frankreich.

Obwohl es einige Erfolge gab, so Hunyadis außerordentlichen Feldzug von 1443 und den wunderbaren Entsatz Belgrads im Jahre 1456, war der antitürkische Kreuzzug insgesamt ein Fehlschlag. Versuche, die immer noch – aber nicht mehr lange – überlegenen westlichen Flotten mit den Landstreitkräften Ungarns, Serbiens, der Moldau und weiterer Balkanländer zusammenwirken zu lassen, fruchteten wenig. Die finanziellen und militärischen Hilfsmaßnahmen für den Osten waren unzureichend oder kamen zur falschen Zeit an den falschen Ort. Und vor allem kam kein allgemeiner Kreuzzug aus dem Westen in Gang, wenngleich Papst Pius II. damit fast Erfolg gehabt hätte (1464). Dieses Scheitern fordert den Vergleich mit jenem der früheren Wiedereroberungskreuzzüge heraus. Jede der Planungsphasen wurde wiederum von

PHILIPP DER GUTE, Herzog von Burgund. Porträt nach Rogier van der Weyden im Pariser Louvre. Philipp setzte sich wie kein zweiter europäischer Herrscher des 15. Jahrhunderts für den Kreuzzug ein, nämlich länger als vierzig Jahre. Er trägt die Insignien des Ordens vom Goldenen Vlies, den er 1430 gründete. Der Orden war stets mit seinen Kreuzzugsplänen verbunden: 1445 folgten burgundische Galeeren unter der Führung des Gottfried von Thoisy dem Weg Jasons und seiner Argonauten in das Schwarze Meer.

Abhandlungen begleitet, die Überlegungen zu den politischen, finanziellen und militärischen Problemen anstellten, die in den älteren Wiedereroberungstraktaten angesprochen worden waren, wenn auch angesichts der veränderten strategischen Lage ein im Wesentlichen neuer Ansatz gefordert war. In aufeinanderfolgenden Wellen reisten exilierte Herrscher von einem christlichen Hof zum anderen, um Hilfe zu erhalten, und es gab Individuen, wie etwa den gewaltigen Kardinal Bessarion, die sich ganz der Sache des Kreuzzuges verschrieben. Es kam auch zu Kreuzzugsprojekten, für die sich Herrscher wie der römische Kaiser des Westens, der König von Aragonien und der Herzog von Burgund einsetzten. Für diese wurden kirchliche Steuern erhoben und Ablässe gepredigt, aber ohne die Projekte in die Tat umzusetzen.

In einem bestimmten Umfang ist das Scheitern des antitürkischen Kreuzzuges aus denselben Gründen erklärbar, die auch die früheren Wiedereroberungsprojekte hatten scheitern lassen. Die Widerstände, um die von Raimundus Lullus geforderte *potestas* zusammenzubringen, waren beim Kreuzzug gegen die Osmanen noch größer als bei dem gegen die Mamluken. Die Kriegsführung war inzwischen noch professioneller und kostspieliger geworden. Es galt, stärkere Desillusionierungen und größeren Argwohn zu überwinden, wollte man die Menschen von der Ausführbarkeit der Projekte überzeugen. Die Theorien von der unabhängigen Souveränität der weltlichen Mächte und von dem Vorrang ihres Rechtes auf die Ressourcen ihrer Untertanen, die gegen 1300 erst rudimentär vorhanden waren, hatten sich entscheidend weiterentwickelt. Das Kirchenschisma hatte zu einem weiteren Rückgang der politischen Autorität der Päpste geführt, so dass beispielsweise Pius II. und Innozenz VIII. erfahren mussten, dass sich die weltlichen Herrscher der Christenheit kaum noch dazu herabließen, Vertreter zu den Kongressen zu entsenden, die jene Päpste veranstalteten, um die Türkengefahr zu erörtern. Selbst das Zustandekommen einer Koalition von Mächten mit dem klaren Ziel eines Kreuzzuges in den Osten, meist von den Eigeninteressen der Beteiligten motiviert, scheiterte immer wieder an den komplexen politischen Gegensätzen innerhalb Europas: Venedig fürchtete die Macht Ungarns, die übrigen italienischen Staaten die Macht Venedigs; Frankreich setzte den Kreuzzugsabsichten Burgunds Widerstand entgegen, und die deutschen Fürsten meinten, jeder größere Kreuzzug könnte zu einem unerwünschten Wiederaufleben der kaiserlichen Autorität im Reich führen. Jeder europäische Herrscher des 15. Jahrhunderts erkannte die Notwendigkeit eines Kreuzzuges als einziges praktisches Mittel an, um die erforderlichen Ressourcen zusammenzubringen, wollte man der massiven Bedrohung durch die Osmanen entgegentreten. Doch praktisch alle blockierten seine Organisation.

Was die allgemeine Einstellung des Volkes zu einem antitürkischen Kreuzzug betrifft, so gibt es hier Schwierigkeiten, die eine generelle Einschätzung riskant machen. Wie oben schon bemerkt, erschlaffte das Band zwischen den ritterlichen Werten und dem Kreuzzugsgedanken, nicht zuletzt weil der Niedergang der Feldzüge dem ein Ende setzte: Schon 1413 schrieb der burgundische Reisende Guillebert de Lannoy über die Feldzüge als eine Episode der Vergangenheit. Dem Leben der meisten gewöhnlichen Menschen waren die Kreuzzüge längst entrückt. Für sie machte sich die Kreuzzugsbewegung hauptsächlich nur in den Kreuzzugsablässen bemerkbar, und deren Erfolg oder Scheitern hing von vielen anderen Faktoren ab – beispielsweise von den Fähigkeiten der Ablassprediger, von der Haltung der jeweiligen weltlichen Machthaber und davon, in welchem Ausmaß zuvor andere Ablässe gepredigt worden waren. Deshalb geht es kaum an, die Reaktion der Menschen auf die Kreuzzugsablässe als Maßstab für ihre Einstellung zur Sache des Kreuzzuges zu nehmen. 1488 nahmen die Gemeindemitglieder von Wageningen in der Diözese Utrecht die Angriffe ihres Pfarrers gegen die Kreuzzugspredigten mit solcher Sympathie auf, dass sie die Sammler der Kollekte daran hinderten, das gespendete Geld mitzunehmen. Doch was besagt dieses Ereignis im Verhältnis zu der Tatsache, die Chroniken überliefern, dass im gleichen Jahr der Kreuzzug höchst erfolgreich in Erfurt gepredigt wurde, oder gar angesichts der enthusiastischen Reaktion auf die Kreuzzugspredigten, die 1456 zum Entsatz Belgrads veranstaltet wurden? Das Thema ist ein höchst verfängliches Gebiet für den Interpreten. Die vorhandenen Zeugnisse lassen jedenfalls nicht den Schluss zu, dass die Gleichgültigkeit und Feindseligkeit des Volkes, statt vielmehr der politischen und finanziellen Probleme, die Schuld daran trugen, dass der antitürkische Kreuzzug nicht Wirklichkeit wurde.

Abgesehen von einigen Flottenunternehmungen und Feldzügen einzelner Balkanmächte kam der antitürkische Kreuzzug nie über das Planungsstadium hinaus. Dramatischere Fehlschläge, wenn man darunter eine Kette demütigender Niederlagen versteht, waren die Kreuzzüge, die zwischen 1420 und 1431 gegen die häretischen Hussiten Böhmens veranstaltet wurden. Diese Kreuzzüge, die einzigen groß angelegten gegen christliche Häretiker im Spätmittelalter, hatten ihre Ursache in einem komplexen Zusammenwirken von religiös unorthodoxer Einstellung, politischem Aufruhr und nationalistischen Gefühlen innerhalb der böhmischen Kronländer. Die harte Kritik, die der Prager Universitätslehrer und Prediger Jan Hus an den Mißbräuchen der zeitgenössischen Kirche übte, weiteten sich zu einer radiaklen Neuinterpretation der christlichen Glaubenslehren aus, die dazu führten, dass Hus auf dem Konstanzer Konzil verurteilt und 1415 dem Feuertod überantwortet wurde. Die Mitschuld der herrschenden luxemburgischen Dynastie an diesem Ereignis und die Sympathien vieler tschechischer Adliger für die hussitischen Ansichten führten 1419 in Prag zu einem Aufstand. Und die Verbindung einerseits des Hussitismus mit der nationalen Identität des tschechischen Volkes und andererseits der repressiven Kräfte in Kirche und Staat mit der deutschen Minderheit Böhmens gaben dem Konflikt zwischen Katholiken und Hussiten eine zusätzliche nationalistische Komponente.

Der Mann, der mit dieser verworrenen Situation fertig werden sollte, war Sigismund von Luxemburg, der König von Ungarn. Sigismund erbte 1419 die böhmische Krone von seinem Bruder Wenzeslaus, der dem Schrecken über den Aufstand erlegen war. Unklugerweise – wie wir mit dem Vorteil unserer Kenntnis des weiteren Verlaufs sagen können – entschied er sich, mit der Axt dreinzuschlagen, statt vorsichtig mit dem Skalpell zu operieren. Sigismund war erwählter römischer Kaiser, und da Böhmen und die von ihm abhängigen Gebiete zum Reichsverband gehörten, war er berechtigt, die Unterstützung der deutschen Fürsten anzufordern. Er musste das auch tun, weil es gefährlich gewesen wäre, zu einer Zeit, als die Türken ihren Druck auf die ungarische Südgrenze wieder verstärkten, sein Stammland von Truppen zu entblößen. Sigismund wusste jedoch aus Erfahrung, dass die deutschen weltlichen und geistlichen Fürsten trotz aller Befürchtungen, die Hussiten könnten sich auch in ihren Landen ausbreiten, zögern würden, ins Feld zu ziehen. Angesichts seines Dilemmas pflichtete der Kaiser den Vorschlägen Papst Martins V. und der Kriegslobby an seinem eigenen Hof bei, das religiöse Anliegen in den Vordergrund zu stellen und seine dynastische Angelegenheit in Böhmen in den Rang eines Kreuzzuges zu erheben. Er betrat daher sein Land im Frühjahr 1420 als Kommandant einer Armee von Kreuzfahrern.

Sigismund gelang es im Jahre 1420 nicht, Prag zu erobern. Obwohl er sich im Veitsdom, der glücklicherweise auf dem Hradschin lag, der von Katholiken gehaltenen Festung außerhalb der Stadtmauern, zum König krönen lassen konnte, wurde er im März 1421 wieder aus seinem Königreich vertrieben. Doch das war nur der erste in einer Kette schwerer Fehlschläge. Zwei weiteren Kreuzzügen in den Jahren 1421 und 1422 erging es nicht besser als dem ersten. 1427 wurde ein weiterer, der ehrgeizigste von allen diesen Kreuzzügen, im westlichen Böhmen vernichtet. Die Hussiten hatten jetzt dermaßen die Oberhand erlangt, dass sie eine Reihe von Angriffen auf die angrenzenden deutschen Länder ausführten, die sie als »schöne Fahrten« titulierten. Schließlich wurde im Sommer 1431 ein fünfter Kreuzzug bei Domazlice zurück-

ZEITGENÖSSISCHE ZEICHNUNG EINER HUSSITISCHEN WAGENBURG. Diese improvisierten Festungen erwiesen sich als bestens geeignet für den schnellen Einsatz von Armbrüsten und Feldgeschützen. Man beachte das Kelchwappen auf dem Zelt, das die wesentliche Forderung der böhmischen Utraquisten symbolisiert (*in utraque specie*, das heißt, Darreichung des Abendmahls an die Gemeinde in beiderlei Gestalt, nämlich auch als Wein).

geschlagen. Nachdem die Falken so völlig versagt hatten, kamen die Tauben zum Zug. Nach mühsamen Verhandlungen schloss Sigismund 1436 mit seinen widerspenstigen Untertanen einen Kompromiss. Die Hussiten blieben in Böhmen fest verwurzelt, trotz weiterer Versuche, sie durch Kreuzzüge in den Jahren 1465 bis 1467 zu unterdrücken.

Den Hussitenkreuzzügen ist in der Forschung nicht die detaillierte Aufmerksamkeit geschenkt worden, die sie verdienen. Während einige Aspekte ihres Scheiterns klar auf der Hand liegen, trifft das für andere nicht zu. Auf hussitischer Seite wurde eine brüchige Koalition von Radikalen und Konservativen einerseits durch die Grausamkeiten, die die Katholiken törichterweise begingen, und andererseits durch ein starkes tschechisches Nationalgefühl zusammengeschweißt, das sich angesichts der Kreuzfahrerheere, die im Wesentlichen aus Deutschen bestanden, äußerte. Im Felde profitierten die Hussiten außerordentlich von dem organisatorischen Spürsinn und der erfindungsreichen Taktik Jan Ziskas. Angesichts der vergleichsweise primitiven Kriegsführung im 15. Jahrhundert darf angenommen werden, dass sie größere Vorteile aus ihren kurzen Kommunikations- und Nachschubwegen zogen als die Kreuzfahrer aus ihrer theoretisch gegebenen Fähigkeit, den Feind zu überraschen und Angriffe aus verschiedenen Richtungen koordiniert zu führen. Auf der katholischen Seite spricht die Tatsache, dass die Armeen immer wieder nicht geschlagen, sondern vertrieben wurden, für eine bedenklich schlechte Moral. Wie stets bei Kreuzzügen ließen diese Schlappen Zweifel an der Gerechtigkeit der katholischen Sache aufkommen, zumal hier, anders als bei den Kreuzzügen gegen muslimische Mächte, eine auf dem Verhandlungswege erzielte Übereinkunft denkbar war. Die Führer der Kreuzzüge versuchten zu lernen und Neuerungen zu übernehmen – die Betreiber des Feldzugs von 1431 führten militärische Verordnungen ein, die vielleicht auf denen Ziskas beruhten –, waren damit jedoch nur zum Teil erfolgreich. Aber vor allem stritt die dezentralisierte Verfassung des Reiches gegen die Lenkung der Kräfte und die starke Führung, die für einen Erfolg nötig gewesen wären.

Dieser Gesichtspunkt wird auf indirekte Weise durch den erfolgreichsten Kreuzzug des 15. Jahrhunderts bestätigt: den Kreuzzug, den Ferdinand von Aragonien und Isabella von Kastilien in den Jahren 1482 bis 1492 gegen Granada führten. Der Vergleich zwischen den Türken- und Hussitenkreuzzügen auf der einen und dem Krieg gegen Granada auf der anderen Seite erhellt, was den erstgenannten fehlte. Die letzte Phase der Reconquista wurde durch die 1469 vollzogene Heirat zwischen Ferdinand und Isabella, welche die uralte Rivalität zwischen den beiden Reichen zumindest zeitweilig beendete, und durch Isabellas zehn Jahre später erzielte Beilegung der dynastischen Streitigkeiten in Kastilien erst möglich. Danach konnte sich Isabella ungestört Granada zuwenden. Ihre eigene Einstellung entsprach genau der Atmosphäre einer wachsenden, militanten Intoleranz gegenüber anderen Glaubensbekenntnissen, die sich in Kastilien in der zweiten Hälfte des 15. Jahrhunderts feststellen lässt. Außerdem musste beiden spanischen Königreichen daran gelegen sein, die Mauren aus Spanien zu vertreiben, bevor die vorrückenden Osmanen ihre Seemacht so weit ausgebaut hatten, dass sie daran hätten denken können, die Almorawiden und Almohaden nachzuahmen, indem sie durch die Tür, die ihre gut befestigten Glaubensbrüder in Granada offen hielten, nach Spani-

DER KREUZZUG GEGEN GRANADA, wie ihn Rodrigo Aleman in seiner lebensvollen Schnitzarbeit am Chorgestühl der Kathedrale von Toledo darstellte. Dieser Kreuzzug war eine Serie mühseliger Belagerungen, von denen Aleman die meisten in der Reihe seiner Reliefs darstellte.

en eingebrochen wären. Vor diesem Hintergrund wird deutlich, warum die Einnahme Alhamas, die dem Grafen von Cadiz zu Beginn des Jahres 1482 auf gut Glück gelang, zu einem Eroberungsplan ausgebaut wurde, den schließlich zehn Jahre später die Übergabe Granadas krönte.

Seit den Tagen des heiligen Ludwig, die schon über zweihundert Jahre zurücklagen, hatte sich keine Regierung eines größeren europäischen Staates mehr so direkt und kontinuierlich in der Organisation und Durchführung eines großen Kreuzzuges engagiert. Ein derartiges Engagement war auch deshalb eine wesentliche Voraussetzung, weil die Verteidigungseinrichtungen Granadas in eben diesem Zeitraum ausgebaut und verstärkt worden waren. Für die

GEDRUCKTE QUITTUNG (*buleta*) über den Kauf eines Kreuzzugsablasses für den Kreuzzug gegen Granada, 1490. Nur die Namen der Empfänger mussten noch von Hand eingetragen werden. Die Erfindung des Druckes mit beweglichen Lettern machte derartige Papiere möglich, die die finanzielle Verwaltung der Ablässe erleichterten, aber zugleich den Grund für die Kritik der Reformatoren vorbereiten halfen, dass der Ablasshandel ein schäbiges Geschäft und Simonie sei.

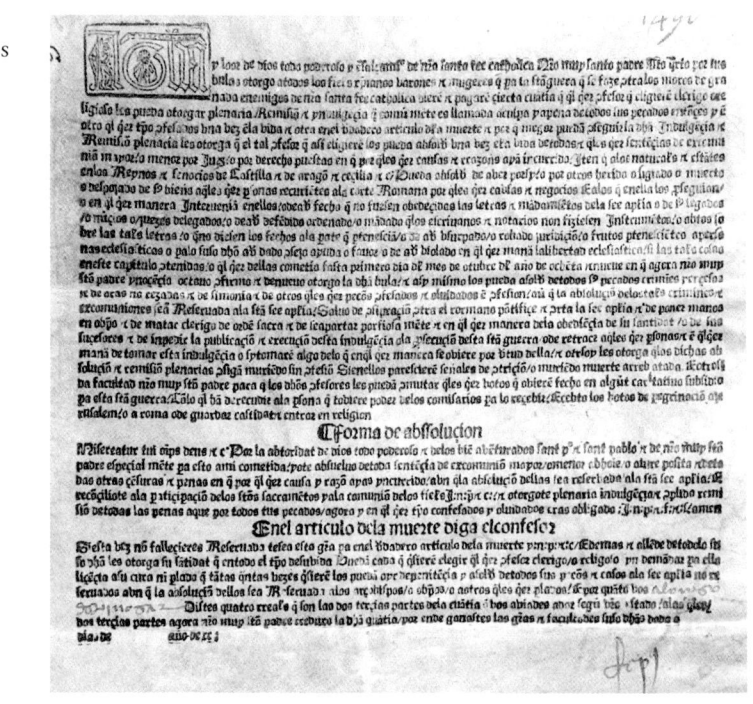

Eroberung war die Anwendung massiver militärischer Machtmittel erforderlich, die Jahr für Jahr eingesetzt werden mussten, um das Gebiet des Emirats Stück für Stück zu reduzieren. Die Mobilisierung von Männern, Pferden und Maultieren, Artillerie und Schießpulver, von Korn und anderen Nahrungsmitteln verlangte eine gewaltige Konzentration der Kräfte. Etwa 52 000 Kombattanten waren 1489 an der sechsmonatigen Belagerung von Baza beteiligt. Aber vor allem wurde Geld benötigt: nach einer Schätzung etwa 800 Millionen Maravedés. Die Versorgung der Truppen und die Finanzierung des Krieges wurden von der Königin persönlich überwacht. Wie Ferdinand del Pulgar, einer der führenden Historiker dieses Krieges, formulierte: »Niemals verließ die Königin der Gedanke, wie sie Geld sowohl für den Krieg gegen die Mauren als auch für die anderen Belange, die die Verwaltung ihres Königreichs erforderten, auftreiben konnte.«

Der größte Teil der außerordentlich hohen Kosten, die der Krieg verschlang, wurde aus Kreuzzugsquellen gedeckt, insbesondere aus kirchlichen Steuereinnahmen und Ablasspredigten. Das Herrscherpaar setzte sich nachdrücklich für letztere ein und sorgte dafür, dass jede Kreuzzugsbulle (*bula de la cruzada*) möglichst weit verbreitet wurde. Der hier erreichte Erfolg der Ablasspredigten war eindrucksvoll, verglichen mit den ungleichmäßigen Resultaten, die die Prediger des antitürkischen Kreuzzuges anderswo in Europa erzielten. Er lässt sich weitgehend auf die geringen Beträge, die für den Ablass verlangt wurden, auf die großzügig gewährten Privilegien und auf die aktive Unterstützung der Prediger und Kollektensammler durch die weltlichen Behörden zurückführen. Vor allem jedoch bewiesen die Frontberichte in diesem Fall, dass das gesammelte Geld tatsächlich für den Krieg verwendet wurde. Die Sache, für die die Kastilier ihr Geld und, falls sie Soldaten waren, ihr Leben gaben, war eine nationale und eine heilige. Die Verschmelzung von patriotischen Gefühlen und Glaubenseifer, die gelegentlich während des Hundertjährigen Krieges und paradoxerweise in den zwanziger Jahren des 15. Jahrhunderts merkbar geworden war, trat in Kastilien in den achtziger Jahren des Jahrhunderts besonders deutlich hervor. Diese Verschmelzung und die Vorherrschaft des Staates bei der Durchführung des Kreuzzuges waren klare Fingerzeige für die künftige Entwicklung der Kreuzzugsbewegung.

DAS ENDE IM NORDEN — DAS WEITERLEBEN IM SÜDEN

Zu Beginn des 16. Jahrhunderts befand sich der Kreuzzug in seiner traditionellen Form, als ein vom Papst gelenkter Heiliger Krieg, der die Einheit des Christentums symbolisierte und die gemeinsamen Interessen der Christenheit verfocht, offenkundig in einem schlechten Zustand. Nichts zeigte das deutlicher als das Fünfte Laterankonzil von 1512 bis 1517, auf dem die päpstliche Kurie ihren letzten Versuch vor der Reformation unternahm, einen antitürkischen Kreuzzug in Gang zu setzen. Die Entwicklung im Orient, vor deren Hintergrund das Konzil tagte, war äußerst düster. Die Türken hatten die Stärke ihrer Flotte so vergrößert, dass sie den Venezianern große Verluste beibrachten. Von 1515 bis 1517 eroberten sie die ostanatolische Hochebene, 1516/1517 vernichteten sie das Mamlukensultanat und fügten Syrien und Ägypten dem Osmanischen Reich hinzu. Es gab praktisch keinen Zweifel, dass sie binnen kurzem ihre Eroberungspolitik gegenüber dem Westen wieder aufnehmen würden. Das Konzil lauschte flammenden Reden, legte Kirchensteuern für einen Kreuzzug auf und verlangte, dass die Herrscher Europas handelten. Das Engagement Papst Leos X. für das Kreuzzugsanliegen war echt. Angestrengt unternahm er Versuche, die Konflikte in Italien beizulegen, die sein Vorgänger Julius II. kräftig geschürt hatte, und bei der Vermittlung eines Friedens zwischen Frankreich und England zu helfen. Es lag ein gewisser Optimismus in der Luft, aber wie schon so häufig in der Vergangenheit folgte auf die großartigen Angebote und weit reichenden Versprechungen, die Herrscher wie Kaiser Maximilian I., König Franz I. oder König Heinrich VIII. von England machten, fast nichts. Als wollten sie den Kontrast zu der Untätigkeit ihrer Gegner betonen, brachten die Türken 1521 Belgrad in ihren Besitz, den Schlüssel nach Ungarn und das Haupthindernis für ein weiteres Vordringen.

Wenn es eine Hoffnung auf eine Wiederbelebung der Kreuzzugsbewegung gab, dann lag sie in Spanien. Die Union zwischen Kastilien und Aragonien erwies sich zwar als unvollkommen, aber doch dauerhaft, und die neu entstandene Macht begann mit einer expansionistischen Außenpolitik, für die das militärische Expertentum zur Verfügung stand, das während

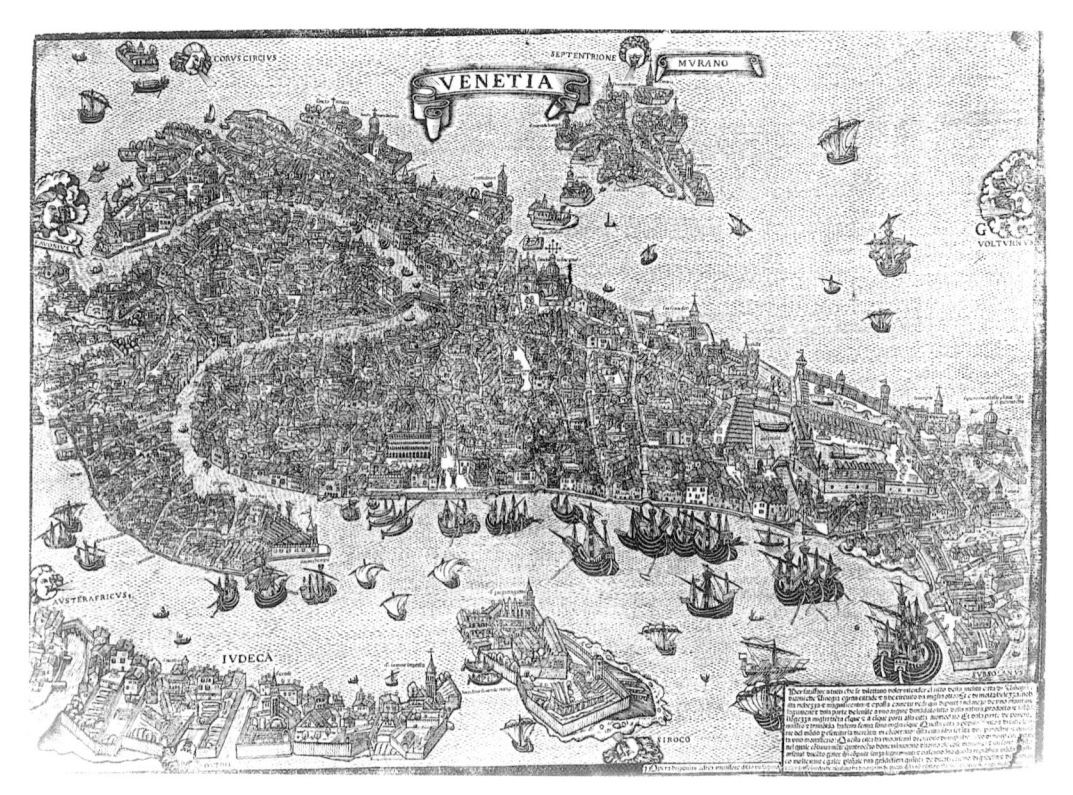

VENEDIG UM 1500, auf Vavassores berühmtem Holzschnitt im Museo Correr, Venedig. Die venezianische Flottenmacht war für den Türkenkreuzzug von entscheidender Bedeutung, doch zu diesem Zeitpunkt erlitt die Republik schwere Verluste in Griechenland, die sie zögern ließ, sich für einen neuen Waffengang zu engagieren.

des Krieges um Granada aufgebaut worden war, aber auch die jenen Kampf charakterisierende Verschmelzung von religiösem und patriotischem Eifer. Das Papsttum unterstützte letzteren, indem es ständig weitere Summen aus dem kirchlichen Steueraufkommen gewährte und die Kreuzzugsbulle erneuerte. Schon 1415 war die Einnahme des marokkanischen Hafens Ceuta durch die Portugiesen als Kreuzzug behandelt worden, und auch die weiteren Eroberungen der Portugiesen im westlichen Maghreb kamen in den Genuss dieses Vorteils. Bald nachdem die Herrschaft über Granada gesichert war, traten die Spanier in die Fußstapfen ihrer westlichen Nachbarn, wobei sich ihr Eroberungsdrang vor allem gegen Algerien und Tunesien richtete. 1510 hatten sie Tripolis erreicht und bereiteten einen Angriff auf Tunis vor. Sie waren auf halbem Weg zu ihrem erklärten Ziel Jerusalem. Mag diese Aussage auch wie Propaganda oder bestenfalls wie eine Selbsttäuschung wirken, so entsprach sie doch genau dem mystischen und eschatologischen Ton, der während des Krieges um Granada häufig zu vernehmen war und der das Denken Christoph Kolumbus' und der franziskanischen Missionare in der Neuen

Welt prägte. Praktisch freilich brachte dieser Drang nach Osten die Kastilianer in Konflikt mit dem Osmanischen Reich und seinen Klientelstaaten, den Emiren und Korsaren Nordafrikas. Im zentralen Maghreb fielen der spanische und der antitürkische Kreuzzug zusammen.

An diesem Punkt schien es unvermeidlich, dass der von den Päpsten gelenkte internationale Kreuzzug von einem staatlich gelenkten nationalen Kreuzzug abgelöst würde, also durch Spaniens Feldzüge gegen die Mauren. Doch die Wahl König Karls I. von Spanien zum Kaiser des Heiligen Römischen Reiches im Jahr 1519 führte einen Zustand herbei, der wie eine kurze Wiederbelebung der älteren Tradition aussah. Als Kaiser musste Karl V. einen schwierigen Balanceakt vollbringen: einerseits die kastilischen Interessen in Nordafrika fördern, ohne jedoch seine kaiserlichen Pflichten in Mittel- und Osteuropa zu vernachlässigen. Anfänglich bedeutete letzteres, Ungarn zu unterstützen; nach Ungarns Zusammenbruch im Jahre 1526 musste die Südostgrenze des Reiches selbst gegen die Osmanen verteidigt werden. Der Kaiser arbeitete eng, wenn auch nicht ohne Spannungen, mit dem Papst zusammen, der ihn beständig an seine vielen Pflichten erinnerte. Die Territorien Karls V. waren so groß und so verschiedenartig, dass es bisweilen den Anschein hatte, als ähnelten seine Kreuzzüge, insbesondere die Verteidigung Wiens im Jahre 1529 und der Tunis-Feldzug von 1535, denen des 12. und 13. Jahrhunderts. Karl sah sich selbst als Nachfolger Friedrich Barbarossas oder Karls des Großen. Dass in Tunis der Sieg als ein Triumph Roms über Karthago gefeiert wurde, verwies sogar auf noch ältere Traditionen kaiserlicher Machtpolitik. Doch diese Bilder sind eine Illusion. Karl V. verteidigte immer seine Länder und dynastischen Interessen und bediente sich dazu seiner eigenen Truppen und finanziellen Mittel, auch wenn jene durch Kreuzzugsideen angefeuert und diese durch Kreuzzugsmittel vergrößert wurden. Der Kreuzzugsstatus der Kriegszüge Karls V. ist unbestreitbar, doch es waren »Habsburger-Kreuzzüge«, die eigenen partikularistischen Interessen dienten. Franz I. von Frankreich und andere Feinde des Kaisers zögerten nicht, diesen Umstand ins rechte Licht zu rücken.

Zu der Zeit, als Karl V. zum Entsatz Wiens herbeieilte, war die Christenheit bereits konfessionell gespalten. In den lutherischen, später auch calvinistischen Staaten des Nordens setzten die Zurückweisung der päpstlichen Autorität sowie die Ablehnung des Sakraments der Buße, das dem Kreuzzugsablass die ideologische Begründung lieferte, der Kreuzzugsbewegung praktisch ein Ende. Aber wahrscheinlich bedeutete das nicht viel mehr als das formale Ende einer Praxis, die ohnehin überholt war. Das Ende der litauischen Kampffront zu Beginn des 15. Jahrhunderts und das Scheitern aller Pläne für einen allgemeinen Kreuzzug gegen die osmanischen Türken bedeuteten, dass schon seit einigen Generationen nur noch wenige Familien in England, den Niederlanden oder Deutschland direkte Erfahrungen mit einem Kreuzzug besaßen, wenn nicht der eine oder andere Angehörige dem Johanniterorden beitrat, als Ablassprediger oder Steuereintreiber arbeitete oder für sich allein oder mit einer Gruppe von Rittern zu den Kämpfen in Granada, Ungarn oder Rhodos eilte. Von derartigen Kämpfern gab es allerdings mehr, als man erwarten würde: Beispielsweise brachen 1464 etwa 2 000 Burgunder in Sluys auf, um sich an dem geplanten Kreuzzug Pius' II. zu beteiligen. Auf ihrem Weg machten sie in Ceuta Halt und halfen den Portugiesen, einen maurischen Angriff zurückzuschlagen. Und 1511 schickte Heinrich VIII. 1500 englische Bogenschützen nach Cadiz, die an dem geplanten Kreuzzug König Ferdinands gegen Tunis teilnehmen sollten. Doch diese Kämpfer reichten dennoch nicht aus, um die Tradition am Leben zu erhalten. Man kann sich dem Eindruck kaum verschließen, dass das Kreuzzugswesen nur mehr eine sehr kleine Nische in dem reichen Gefüge der katholischen Kultur einnahm, die die Reformatoren zerstörten.

Genauso wichtig war der Umstand, dass das Ansehen der Kreuzzüge in Verruf geraten war und sie auf eine negative Resonanz stießen. Nirgends tritt das deutlicher hervor als in Erasmus' Beitrag zu der langen Tradition der Kreuzzugstraktate, seiner Schrift *Consultatio de bello Turcis inferendo* von 1530. Erasmus unterstützt in seiner Schrift, die kurz nach der Auslöschung Ungarns und der Belagerung Wiens entstand, nur höchst widerwillig den Krieg gegen die Türken: »Ich spreche mich nicht gegen den Krieg aus, aber dränge mit all meinen Kräften darauf, dass er unter günstigen Auspizien unternommen und geführt werde.« Damit meinte

DER ABLASSHANDEL, nach einem Holzschnitt des frühen 16. Jahrhunderts. In England wurde 1501 eine detaillierte Preisliste für Ablässe anlässlich des Türkenkreuzzuges erlassen, die von 3 Pfund 6 Schilling und 8 Pennys für Laien, deren Ländereien ein Jahreseinkommen von 2000 Pfund und mehr abwarfen, bis zu einem Pfund für Laien, deren Einkünfte aus Ländereien weniger als 40 Pfund Jahreseinkommen erbrachten und die zusätzlich mobile Werte zwischen 20 und 200 Pfund besaßen, gestaffelt war.

er, dass die weltlichen Regierungen der Christenheit uneigennützig handeln und die Truppen in einem Geist der Bußfertigkeit kämpfen sollten, wie ihn die frühen Templer nach der Beschreibung Bernhards von Clairvaux besaßen. Der Krieg solle durch die Beschneidung überflüssiger Ausgaben der Höfe finanziert werden, »so dass sie auf Werke der Frömmigkeit verwenden, was sie der Ausschweifung entziehen«. Es werde aber auch freiwillige Spenden geben, denn »der Argwohn des Volkes wird verschwinden, wenn die Pläne zu Aktionen führen«. Vor allem aber sollte auf die Ablasspredigten verzichtet werden, die mit Fehlschlägen, Heuchelei und schäbigen »Arrangements« zwischen dem Papst und den jeweiligen Herrschern verknüpft waren. Die Kirche sollte sich an der Finanzierung nicht beteiligen. »Denn es ist weder geziemend, noch entspricht es der Heiligen Schrift und den Gesetzen der Kirche, dass Kardinäle, Bischöfe, Äbte oder Priester sich mit solchen Dingen befassen; und bis zum heutigen Tage hat ihre Beteiligung auch zu keinem guten Erfolg geführt.« Was Erasmus vorschlug, war kein Kreuzzug mehr, sondern eine gereinigte Form eines christlichen Krieges.

HANS HOLBEINS D. J. EINDRINGLICHES UND FEINFÜHLIGES BILDNIS DES ERASMUS VON ROTTERDAM. Erasmus war der sarkastischste Kritiker der Kreuzzugsbewegung am Vorabend der Reformation. »Jedes Mal, wenn diese Farce von den Päpsten aufgeführt wird«, schrieb er, » waren die Ergebnisse lächerlich ... Das Sprichwort lehrt uns, es sei Schande, sich zweimal an demselben Stein zu stoßen; wie können wir also selbst den großartigsten Versprechungen trauen, wenn wir mehr als dreißig Mal betrogen, so häufig und so offen in die Irre geführt wurden?«

Erasmus kritisierte in der *Consultatio* Luther, der einen antitürkischen Krieg vorbehaltlos verdammte, weil Gott die Osmanen gesandt habe, um die Christen für ihre Sünden zu bestrafen. In Wirklichkeit hatte Luther jenen extremen augustinischen Standpunkt aus überwiegend den gleichen Gründen wieder aufgegeben, die Erasmus zu seiner sehr genau eingeschränkten Zustimmung zu einem weltlichen Verteidigungskrieg geführt hatten. Bei allen theologischen Differenzen konnte sich kein Reformator mit dem Gedanken anfreunden, unter osmanischer Herrschaft leben zu müssen. Bis zum Augsburger Religionsfrieden von 1555 kämpften die lutherischen Fürsten Deutschlands im Türkenkrieg ihres Kaisers mit, wobei sie für ihre Beteiligung wertvolle Konzessionen in religiösen Fragen durchsetzten. Selbst nachdem deutlich geworden war, dass die Religionsspaltung kein vorübergehendes Ereignis war, blieb die militärische Zusammenarbeit der deutschen Protestanten und Katholiken gegen die Türken, wie auch das Weiterleben des Deutschen Ordens im Norden, ein Zeichen dafür, dass die Dinge weniger klar geschieden waren, als es den Anschein hatte. Die Siege der Katholiken im Mittelmeerraum wurden auch in den protestantischen Ländern gefeiert und ein Gefühl für gemeinsame religiöse oder aus der Religion abgeleitete Werte dauerte fort. Politisch und kulturell blieben die Türken Feinde: Wenn sich Protestanten mit ihnen gegen katholische Mächte verbündeten, wurden solche Bündnisse aus Furcht vor der öffentlichen Meinung geheim gehalten. Die alten Einstellungen und Überzeugungen wurden nicht von einem Tag auf den anderen aufgegeben.

Allerdings lebten die Formen der Kreuzzugsbewegung und die Einstellungen zu ihr nur im Süden weiter – wie lange, ist erst in den letzten Jahren gebührend gewürdigt worden. Das 16. Jahrhundert erlebte den Höhepunkt in der Bildung von antitürkischen Flottenligen, deren bescheidene Ursprünge in den dreißiger Jahren des 14. Jahrhunderts lagen. 1538 bildeten Karl V., Venedig und der Papst eine Liga, die jedoch bei Prevéza, vor der Westküste Griechenlands, eine schwere Niederlage erlitt. Diese Niederlage, die wechselseitigen Beschuldigungen, die sie verursachte, sowie politische Differenzen zwischen den beteiligten Mächten verhinderten die Bildung einer neuen Liga, bis in den späten sechziger Jahren des 16. Jahrhunderts der Kampf um die Seeherrschaft im zentralen Mittelmeer seinen Höhepunkt erreichte. Als die Türken 1569 Tunis und 1570 Nikosia eroberten, konnte Papst Pius V. Spanien und Venedig überreden, sich einer weiteren Liga anzuschließen. Am 7. Oktober 1571 siegten ihre Galeeren bei Lepanto im Golf von Korinth in der größten Seeschlacht des Jahrhunderts. Die Flotte der Katholiken wurde im Wesentlichen durch kirchliche Steuern und Ablassverkäufe finanziert. Diejenigen, die an den Kämpfen teilnahmen, waren sich der Bedeutung ihres Engagements bewusst. Sie bereiteten sich – so berichten es jedenfalls die Darstellungen, die kurz nach der Seeschlacht veröffentlicht wurden – auf den Kampf in einem Geist der Frömmigkeit, Bußfertigkeit und Vergebung vor, der Erasmus' Billigung gefunden hätte und dem heiligen Ludwig nicht unvertraut gewesen wäre. Der Katholizismus der Gegenreformation nahm problemlos viele der frommen Praktiken des Kreuzzugswesens auf und machte dessen hauptsächliche Institutionen akzeptabel, indem er sie modifizierte. 1562 stiftete Herzog Cosimo I. von Florenz sogar einen neuen Ritterorden, die Ritter von Santo Stefano; er wird in Kapitel 13 beschrieben.

DIE SCHLACHT BEI LEPANTO 1571. Dieser letzte große Kreuzfahrersieg zerbrach zwar nicht, wie man früher glaubte, die osmanische Seemacht im Mittelmeer, hob aber entscheidend die Moral der katholischen Mächte.

Erwartungsgemäß blühte das Kreuzzugswesen der Gegenreformation vor allem im habsburgischen Spanien. Das Ausmaß der institutionellen Kontinuität war bemerkenswert: Es gab dort weniger Reformen als anderswo. Am deutlichsten war diese Kontinuität vor allem an der herausragenden Rolle zu erkennen, die die spanischen Ritterorden weiterhin in der Gesellschaft spielten, trotz der Missbräuche, die die Krone mit ihnen trieb, indem sie ihre Befehlsgewalt nutzte, um deren Ämter und Ländereien nach Gutdünken auszubeuten. Dann gab es das regelmäßige Predigen der Kreuzzugsbulle zugunsten des Türkenkrieges und die Einziehung des *subsidio*, einer Kirchensteuer, die sich aus dem Zehnten entwickelt, aber einen weit höheren Prozentsatz erreicht hatte. Derartige Erbstücke aus der Kreuzfahrervergangenheit Spaniens wurden für seine Kreuzfahrergegenwart instrumentalisiert. Denn welche Befürchtungen den Päpsten der Machtzuwachs Spaniens auch bereiten mochte, es konnte keinen Zweifel geben, dass die Kriege, die Philipp II. im Mittelmeerraum, im Maghreb und in den Niederlanden führte, der Aufrechterhaltung des katholischen Glaubens dienten. So rechtfertigte Pius V. seine Entscheidung von 1567, dem König eine völlig neue Form der Steuer auf die kirchlichen Einkünfte, den *excusado*, zu gewähren, mit dem Hinweis auf Philipps Ausgaben »für die Bewahrung und Verteidigung der christlichen Religion« in Flandern und dem Mittelmeerraum. Dass 1571 die Kreuzzugsbulle erneuert wurde, obwohl diese Entscheidung den Reformbeschlüssen des Konzils von Trient zuwiderlief, war der Lohn, den Philipp erhielt, weil er sich der Heiligen Liga anschloss.

Dass in Spanien die Kreuzzugspraktiken in einem so starken Ausmaß überlebten, erklärt sich aus dem Konservativismus von Kirche und Gesellschaft, aber noch mehr aus dem engen Zusammenhang zwischen den Staatsfinanzen und den Kreuzzugseinkünften, der spätestens seit der Zeit des Krieges um Granada existierte. Die Gewinne aus den Ritterorden, der Kreuzzugsbulle und dem *subsidio* machten etwa zwei Drittel der zwei Millionen Dukaten aus, die Philipp II. jährlich von der spanischen Kirche bezog, wie ein informierter Beobachter in Rom 1566 schätzte. Diese Tatsache mag uns die ständigen Bekundungen des Königs, er verfolge Gottes Sache, zweifelhaft erscheinen lassen. Seine Biographen sind jedoch in der Regel von der Aufrichtigkeit seiner Einstellung überzeugt. Außerdem stammen viele der zahlreichen Kommentare aus dem 16. Jahrhundert, die besagten, Spaniens Kriege seien Gotteskriege, nicht aus Regierungskreisen, sondern aus Quellen, denen nicht unterstellt werden kann, sie seien mit propagandistischer Absicht verfasst worden. Darstellungen der Taten der Konquistadoren, Memoiren spanischer Soldaten und zeitgenössische Briefe und Geschichtswerke über die Kämpfe im Mittelmeerraum und den Niederlanden sowie über die Armada von 1588 entfalten vertraute Themen: Die Spanier seien Gottes auserwähltes Volk, die neuen Israeliten; sie verbreiteten den Glauben, indem sie die Neue Welt bekehrten und die Alte mit der Stärke ihrer Waffen verteidigten; ihre Erfolge seien der Vorsehung zuzuschreiben. Daraus folgte, dass den Soldaten, die in der Schlacht fielen, ein Platz im Himmel sicher war. Vor der Schlacht von Steenbergen im Jahre 1583 ermutigte Alexander Farnese nachweislich seine Truppen, indem

EIN RELIQUIAR UND EIN ANHÄNGER mit dem Kreuz des Alcántaraordens aus dem Wrack der Girona, eines Schiffs der spanischen Armada von 1588. Die Armada war der expliziteste Kreuzzug, der gegen eine protestantische Macht geführt wurde, das Ergebnis eines ungewöhnlich festen Bündnisses zwischen der spanischen Krone und dem Papst.

er ihnen versicherte, sie würden »einen deutlichen Sieg über die Feinde des katholischen Glaubens, eures Königs und auch meinen« davontragen. »Dies ist der Tag, an dem Jesus Christus euch alle unsterblich machen und in die Ränge der Erwählten aufnehmen will.«

Die Verbindung des Kreuzzugswesens mit der habsburgischen Außenpolitik, mit der idealisierten Selbsteinschätzung der militärischen Klasse Spaniens und, allgemeiner noch, mit dem spanischen Nationalgefühl waren die bedeutendsten, aber nicht die einzigen Zeugnisse für das Weiterleben der Kreuzzüge im katholischen Süden – wenn auch in radikal veränderter Form. In Kapitel 13 wird gezeigt werden, dass die Johanniter die Geschichte der Ritterorden bis in das 17. und 18. Jahrhundert weitertrugen, indem sie sich an den weiterhin stattfindenden Kampfhandlungen gegen die Türken im Mittelmeerraum beteiligten. Dass auch Kreuzzugsablässe und kirchliche Sondersteuern in diesem Zeitraum weiter existierten, ist weniger gut belegt, war aber zweifellos der Fall, so etwa anlässlich des venezianisch-osmanischen Ringens um Kreta (1645 bis 1669), der zweiten Belagerung Wiens (1683) und der Heiligen Liga von 1684 bis 1697. Für die Kreuzzugshistoriker ist es faszinierend, immer jüngere Beispiele von Kreuzzugspredigten aufzuspüren, von Individuen, die das Kreuz nahmen, von Ablässen, die für eine Kampfteilnahme gewährt wurden – und, noch allgemeiner, in modernen Zeiten das Auftreten von Kreuzzugsideen und -stimmungen zu entdecken. Diese Faszination ist leicht nachzuvollziehen und bildet einen legitimen Untersuchungsgegenstand, solange wir nicht vergessen, dass eine Kreuzzugsbewegung, die nicht bloß geduldet wurde, sondern eine breite Unterstützung seitens der Bevölkerung genoss, schon lange der Vergangenheit angehört.

12
DER LATEINISCHE ORIENT 1291 BIS 1669

PETER EDBURY

Die mamlukische Eroberung Akkons und der übrigen fränkischen Städte und Festungen (1291) markierte das Ende der westlichen Präsenz in Syrien und Palästina, die mit dem Ersten Kreuzzug begonnen hatte. Doch in anderen Regionen des östlichen Mittelmeerraums setzte sich die Herrschaft der Lateiner fort. Das Königreich Zypern, das im Verlaufe des Dritten Kreuzzuges in den neunziger Jahren des 12. Jahrhunderts entstanden war, hielt sich als östlichster Vorposten des Abendlandes bis zur türkischen Eroberung 1571. In Griechenland und der Ägäis, dem Gebiet, das die Zeitgenossen häufig als »Romania« bezeichneten, überlebten manche der Regime, die in den ersten Jahren des 13. Jahrhunderts, nach der Eroberung Konstantinopels durch das Heer des Vierten Kreuzzuges, errichtet worden waren. Die fränkischen Fürsten von Achaia und die Herzöge von Athen beherrschten einen großen Teil des südlichen Griechenlands; Italiener herrschten in Euboia (Negroponte) und auf vielen der kleineren Inseln der Ägäis, während die Republik Venedig Kreta und die südgriechischen Häfen Koron und Modon regierte. Wenn die Franken Konstantinopel auch 1261 schon wieder verloren hatten, konnten sie doch im 14. Jahrhundert ihre Besitzungen im ägäischen Raum vergrößern, wobei Chios und Rhodos ihre wichtigsten Neuerwerbungen waren.

Während des 13. Jahrhunderts ging die größte Bedrohung für die fränkische Herrschaft in der Romania vom Kaiserreich Nikaia und dem Despotat Epiros, also von Griechen, aus. Doch als nach 1300 die byzantinische Macht schwand, traten die Türken in den Vordergrund. Ende des 13. Jahrhunderts erlebte der türkische Kriegsherrscher Osman im nordwestlichen Kleinasien seinen Aufstieg. Wie bereits beschrieben, sollten in der Folgezeit seine Nachkommen, die osmanischen Sultane, alle lateinischen Festlandsbesitzungen, das Byzantinische Reich, den Balkan, die übrigen türkischen Emirate Kleinasiens, das Mamlukensultanat und noch weitere Gebiete überrennen. Im 17. Jahrhundert beendeten die Osmanen mit der Eroberung der von den Venezianern regierten Insel Kreta die Geschichte der westlichen Herrschaft über Gebiete, die während oder nach den Kreuzzügen im Osten erobert worden waren. Iraklion, die wichtigste Stadt Kretas, musste sich 1669 den Türken ergeben. Obwohl sich venezianische Garnisonen an einigen wenigen anderen Punkten der Insel bis 1715 halten konnten und venezianisch geführten Truppen in den achtziger Jahren des 17. Jahrhunderts spektakuläre, aber kurzlebige Erfolge in Griechenland beschieden waren, kann der Fall Iraklions mit Recht als das Ende einer Epoche betrachtet werden.

Der Krieg gegen die Türken ist jedoch nur eines von mehreren Themen, die die Geschichte der abendländisch beherrschten Länder im östlichen Mittelmeerraum in diesen Jahrhunderten bestimmten. Es gab auch Konflikte unter den Lateinern sowie zwischen den Lateinern und den anderen christlichen Herrschern, den Kaisern von Byzanz und den Königen des kilikischen Armenien. Aufmerksamkeit verlangen die Formen, die westliche Regierungen und Gesellschaften annahmen, die Bedeutung der lateinisch beherrschten Territorien für den Handel zwischen Ost und West und nicht zuletzt die schwierige Frage, inwieweit die lateinischen Regime als »kolonial« und damit als Vorbild für den europäischen Kolonialismus, der sich andernorts seit dem 16. Jahrhundert entwickelte, betrachtet werden können. In allen lateinischen Gebieten herrschten Menschen abendländischer Herkunft über eine einheimische Bevölkerung, die überwiegend Griechisch sprach und der orthodoxen Religion angehörte. Wie es dieser Unterschicht während der Herrschaft dieser abendländischen Minderheit erging, ist ein weiterer interessanter Forschungsgegenstand. Bevor wir uns jedoch diesen Fragen zuwenden, ist ein Überblick über die politische Geschichte dieser verschiedenen Territorien erforderlich.

DAS KÖNIGREICH ZYPERN

Zur Zeit von Akkons Fall herrschten über Zypern schon seit einem Jahrhundert die Könige aus dem Haus der Lusignan. Viele der ersten fränkischen Siedler, darunter auch die Angehörigen des Königshauses, hatten durch Saladins Eroberungen von 1187 und 1188 ihre Besitzungen auf dem Festland verloren. Ein weiterer großer Flüchtlingsstrom aus dem lateinischen Syrien im Verlauf des 13. Jahrhunderts stärkte die Stellung der Lateiner auf der Insel. Seit 1269 beanspruchten die zyprischen Könige auch die Krone des Königreiches Jerusalem, obwohl ihnen dieses Recht von den Königen Siziliens aus dem Hause Anjou streitig gemacht wurde. 1291 war es jedoch der zyprische König Heinrich II. (1286 bis 1324), der die Herrschaft über Akkon innehatte und alles tat, um die Stadt gegen den Ansturm der Mamluken zu halten.

Heinrich behielt immer die Vorstellung im Auge, er könnte eines Tages das Königreich Jerusalem zurückerobern. Er unternahm einige ernsthafte, wenn auch fruchtlose Versuche, mit Ghasan, dem mongolischen Ilchan Persiens, während dessen Invasion Syriens in den Jahren 1299 und 1300 zu kooperieren; er versuchte, wiederum erfolglos, das Embargo gegen westliche Schiffe durchzusetzen, die in mamlukischen Häfen Handel trieben, um so das Sultanat ökonomisch zu schwächen und eine Rückeroberung möglich zu machen. Bei wenigstens zwei Gelegenheiten sandte er dem Papst Vorschläge für Kreuzzüge zur Eroberung des Heiligen Landes. Doch kam es zu keinem Kreuzzug, der die christliche Herrschaft über Jerusalem wiederherstellen sollte, und selbst wenn es dazu gekommen wäre, hätte Heinrich wohl kaum davon profitiert. Jede größere militärische Expedition in den Orient wäre zu Beginn des 14. Jahrhunderts zweifellos von den Franzosen angeführt worden und hätte im Erfolgsfall gewiss einen französischen oder angevinischen Herrscher im Heiligen Land eingesetzt. In den letzten Jahren seines Lebens knüpfte Heinrich dynastische Bande mit den Königen von Aragonien, den Hauptgegnern der Anjou im Mittelmeerraum, aber auch das blieb ohne Auswirkungen. Vor allem aber erwies sich der König als unfähiger Herrscher. Ein Staatsstreich seiner Barone, die von seinem Bruder Amalrich, dem Herzog von Tyros, angeführt wurden, entmachtete ihn 1306; 1310 wurde er in das kilikische Armenien verbannt. Als Amalrich noch im gleichen Jahr starb, kehrte Heinrich zwar zurück, aber die Feindschaft mit den Genuesen und die frostigen Beziehungen zum Königreich Armenien blieben. Mit anderen Worten, der König hatte sich in Auseinandersetzungen mit der mächtigsten italienischen Handelsrepublik und dem einzigen anderen christlichen Nachbarkönigreich verstrickt.

Unter der Herrschaft seines Neffen und Nachfolgers Hugo IV. (1324 bis 1359) orientierte sich die zyprische Politik neu. Statt sich weiter mit dem Mamlukensultanat auseinanderzu-

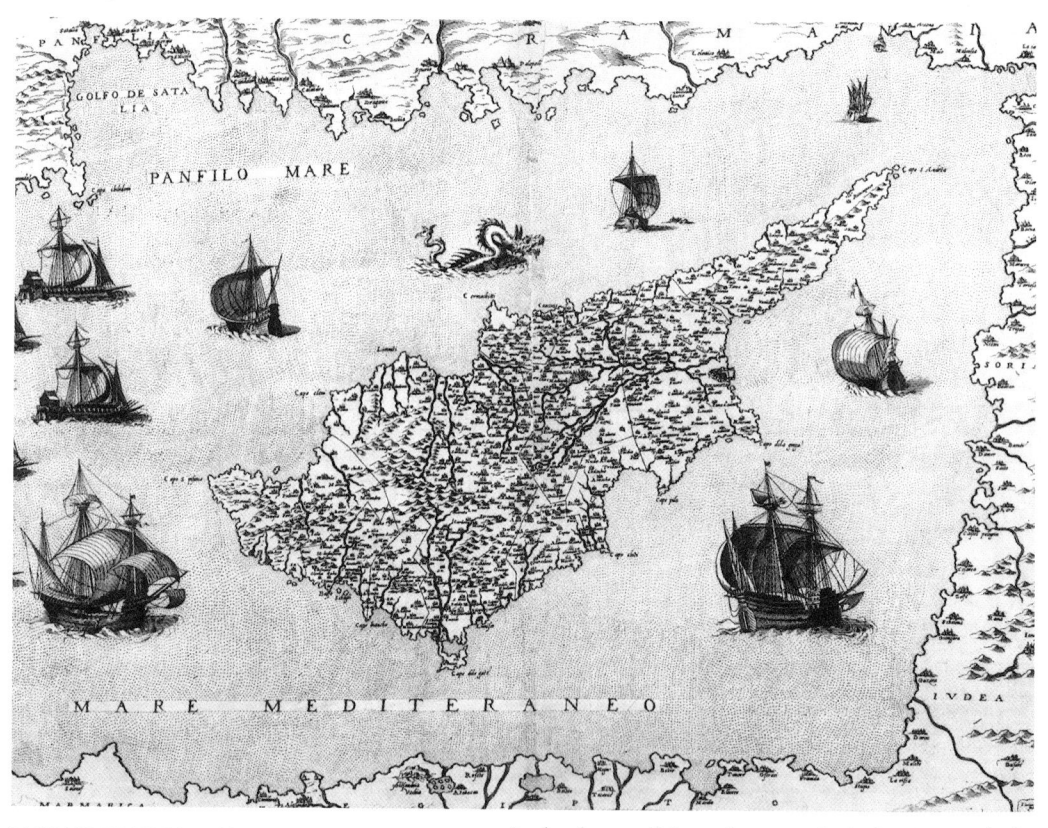

JACOMO FRANCO ENTWARF SEINE ZYPERNKARTE in den letzten Jahren der venezianischen Herrschaft, veröffentlicht wurde sie 1570. Viele spätere Kartographen veröffentlichten abgeleitete Versionen; Francos Karte blieb bis ins 19. Jahrhundert die detaillierteste Aufnahme der Insel.

DIE KATHEDRALE DES HEILIGEN NIKOLAUS in Famagusta stammt aus der ersten Hälfte des 14. Jahrhunderts, der wirtschaftlichen Blütezeit der Stadt. Seit der osmanischen Eroberung von 1571 dient die Kirche als Moschee.

setzen und nach einer Rückeroberung des Heiligen Landes zu streben, wandte sich Hugo den Problemen zu, die die wachsende türkische Präsenz in den Gewässern zwischen Zypern und dem Abendland schuf. Von den frühen dreißiger Jahren an bis zum Ende seiner Herrschaft verbündete er sich mit dem Johanniterorden auf Rhodos, den Venezianern und dem Papst, um die türkische Piraterie in der Ägäis einzudämmen. Darüber hinaus gelang es ihm, die meisten türkischen Herrscher entlang der anatolischen Südküste tributpflichtig zu machen. Offensichtlich stellte er auch die Versuche ein, das Handelsembargo gegen die Mamluken durchzusetzen, und strebte nach besseren Beziehungen zu den Genuesen. Seine Politik war ausgesprochen vernünftig. Seit dem Ende des 13. Jahrhunderts hatte Zypern einen beträchtlichen wirtschaftlichen Wohlstand genossen, hauptsächlich aufgrund seiner Lage an einer der wichtigsten Schiffahrtsrouten zwischen Orient und Okzident. Die Handelsverbindungen nach Europa offen zu halten lag daher im wohl verstandenen Eigeninteresse. Wenn türkische Piraten von Stützpunkten an der West- oder Südküste Kleinasiens aus den internationalen Handel stören konnten, ohne mit ernsthaften Sanktionen rechnen zu müssen, dann musste das notwendig zu Lasten des Wohlstandes gehen, den dieser Handel der Insel und ihren Herrschern brachte. Dies wiederum erschwerte in der Zukunft die Verteidigung gegen muslimische Angriffe.

Die Herrschaftszeit Heinrichs II. und Hugos IV. wird überlicherweise als der Höhepunkt des Königreiches der Lusignan betrachtet. Besucher der Insel bestaunten den Wohlstand und Reichtum, den sie vorfanden. Der florentinische Geschäftsagent Francesco Balducci Pegalotti, der in den ersten Jahren der Regierung Hugos IV. auf Zypern lebte, beschrieb die enorme Vielfalt der Waren, die hier umgeschlagen wurden. Die zahlreichen, schön geprägten Münzen bezeugen, in welcher Fülle Silber auf die Insel strömte. Die erhaltenen Architekturdenkmäler, vor allem die Prämonstratenserabtei Bellapais und die zahlreichen Kirchen des 14. Jahrhunderts in Famagusta, von denen die ehemalige lateinische Nikolauskathedrale die berühmteste ist, sind weitere Zeugnisse einer blühenden Wirtschaft. Doch zu der Zeit, als der alternde und zunehmend jähzorniger werdende König Hugo IV. die Herrschaft an seinen ältesten noch lebenden Sohn, Peter I., übergab, war der Wohlstand bereits im Abnehmen begriffen. Die Pestepidemie der Jahre 1347 und 1348 hatte die Insel schwer heimgesucht. Als Ergebnis des Bevölkerungsverlustes gingen die landwirtschaftliche und industrielle Produktion zurück, und da die internationale Nachfrage in Ermangelung von Produzenten und Konsumenten einbrach, musste sich auch der Reichtum, der Zypern aus dem Handel zufiel, entsprechend vermindern. Doch während dieser wirtschaftliche Niedergang die gesamte Mittelmeerwelt traf, wurde auf Zypern die Lage deshalb noch verschlimmert, weil durch veränderte Handelsrouten ein geringerer Anteil des Warenstromes zwischen Asien und Westeuropa die Insel passierte.

Vor diesem Hintergrund sind die dramatischen Ereignisse der Regierung Peters I. (1359 bis 1369) zu bewerten. Er begann seine Herrschaft damit, dass er den Armeniern den Hafen von Korykos abnahm und anschließend das wichtige von den Türken beherrschte Handelszentrum Antalya eroberte (1361). Wie schon in Kapitel 11 erwähnt, begab er sich daraufhin 1362 in den Westen und bereiste die europäischen Höfe, um Männer für einen Kreuzzug zu rekrutieren. Er verließ 1365 mit seiner Armee Venedig, traf vor Rhodos mit den zyprischen Streit-

DER SILBERGROSCHEN KÖNIG PETERS I. VON ZYPERN (1359 bis 1369) zeigt den Herrscher mit gezogenem Schwert und Reichsapfel. Auf der Rückseite befindet sich das Kreuz von Jerusalem. Der Groschen wurde am Ende des 13. Jahrhunderts eingeführt und in dieser Form bis in die Zeit der Katarina Cornaro geprägt.

DER LATEINISCHE ORIENT 1291 BIS 1669

DIE FESTUNGEN VON KORYKOS waren lange Zeit Teil des kilikischen Königreiches Armenien *(oben)*. 1360 wurden sie den Zyprern übergeben, die sie bis 1448 hielten, als die Türken von Karamania sie eroberten.

DIESER GEDENKSTEIN, der sich heute im Museum von Antalya *(links)* befindet, kündet von der Einnahme der Stadt an der Südküste der heutigen Türkei durch König Peter I. von Zypern am 23. August 1361.

kräften zusammen und segelte von dort gegen die ägyptische Hafenstadt Alexandria. Die dortige Garnison wurde überrumpelt, die Stadt eingenommen und geplündert; auf die Nachricht, dass das mamlukische Hauptheer von Kairo aus nahte, zog sich die Kreuzfahrerflotte zurück. Auf diesen Angriff folgten in den nächsten Jahren eine Reihe kleinerer Expeditionen gegen die syrische Küste. Die Historiker haben die Gründe erwogen, die Peters Handeln bestimmten. Die Kreuzzugsrhetorik der Zeit deutet darauf hin, dass der König glaubte, er könnte Jerusalem und die heiligen Stätten der Christenheit zurückgewinnen; was wir jedoch über die Friedensverhandlungen wissen, legt die Vermutung nahe, dass er auf Handelsvorteile für die zyprischen Kaufleute aus war. Der Kreuzzug sollte ursprünglich vom französischen König geführt werden, von dem man erwartete, dass er als Erbe des heiligen Ludwig sein Augenmerk Jerusalem zuwenden würde. Doch der tatsächliche Verlauf der Ereignisse – die Zerstörung einer mit Famagusta konkurrierenden Hafenstadt und das daran anschließende Streben nach Handelsvorteilen für die eigenen Untertanen im Mamlukensultanat – lassen den Schluss zu, dass Peter in erster Linie an einer Wiederbelebung der erlahmenden Wirtschaft seines Königreiches gelegen war.

Was auch immer die Ursache gewesen sein mag, Zypern hatte von Peters Unternehmung keinen Nutzen. Mit den Mamluken wurde 1370 Frieden geschlossen, aber zu diesem Zeitpunkt war der König bereits tot, ermordet von einer Gruppe eigener Vasallen. Sein Angriff auf Ägypten hatte die Handelsinteressen der Italiener verletzt. 1372 brach nach einem Zusammenstoß bei der Krönung des neuen Königs Peter II. (1369 bis 1382) ein Krieg zwischen Zypern und Genua aus. Im folgenden Jahr (1373) eroberten die Genuesen Famagusta. Ihre verheerende Invasion konnte nur durch die tapfere Verteidigung der Festung Kyrenia zum Halten gebracht werden. Dieser Krieg bedeutete das Ende der wirtschaftlichen Blütezeit Zyperns. Der Niedergang Famagustas wurde durch die Zerstörung des Arbeitskapitals der ortsansässigen Kaufleute beschleunigt. In den neunziger Jahren des 14. Jahrhunderts glich der Hafen einer Geisterstadt. Er blieb bis 1464 unter genuesischer Kontrolle. Die Lusignans schwankten, ob sie Famagusta mit Gewalt zurückerobern oder die Tributzahlungen, die die Genuesen forderten, leisten sollten. Da die zyprischen Könige zunehmend verarmten und isoliert waren, konnten sie sich nicht länger an Operationen gegen die Türken in der Ägäis beteiligen oder sonstige Schritte ergreifen, um ihre Lage zu verbessern. Vielmehr gestatteten sie Freibeutern, darunter vielen Katalanen, die Insel zum Ausgangspunkt für ihre Beutezüge zu machen. Daraufhin ergriffen die Mamlukensultane Vergeltungsmaßnahmen und unternahmen Mitte der zwanziger Jahre des 15. Jahrhunderts eine Reihe von Angriffszügen gegen die Insel. 1426 wurden die zyprischen Truppen bei Khirokitia überwältigt und König Janus (1398 bis 1432) geriet, wie bereits oben erwähnt, in Gefangenschaft. Danach war Zypern dem ägyptischen Sultan tributpflichtig. Als Ägypten 1517 den Osmanen unterlag, mussten die Tribute an Konstantinopel gezahlt werden.

Obwohl es immer wieder Probleme gegeben hatte, war es den Lusignan zweieinhalb Jahrhunderte lang gelungen, ernsthafte Nachfolgekrisen zu vermeiden. Doch nach 1458 geriet diese dynastische Stabilität ins Wanken. Als König Johann II. (1432 bis 1458) in diesem Jahr starb,

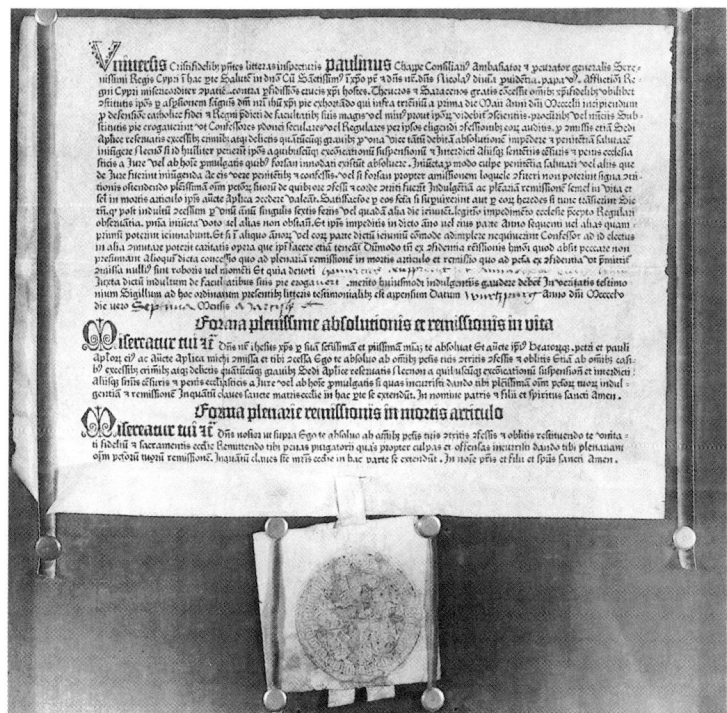

DIE FESTUNG VON FAMAGUSTA bewacht den Eingang zum Hafen *(oben)*. Ihr Herzstück stammt aus dem frühen 14. Jahrhundert, die äußere Umwallung wurde hingegen von den Venezianern im 16. Jahrhundert verstärkt, um Bombardierungen widerstehen zu können.

DER ABLASSZETTEL zugunsten von Spendern *(links)* für die Verstärkung der Befestigungsanlagen von Nikosia, den Gutenberg 1455 druckte, gehört zu den frühesten Dokumenten, die mit beweglichen Lettern gedruckt wurden.

hinterließ er eine Tochter, Charlotte, und einen Bastard namens Jakob. Dieser floh nach Kairo. 1460 brachen er, gestützt auf Glücksritter aus Europa, darunter viele Sizilianer, und eine ägyptische Streitmacht auf Zypern ein. In dem folgenden Bürgerkrieg, der bis 1464 währte, gelang es ihm, den legitimen Zweig der Familie zu stürzen und sich zum König zu erheben. Es dauerte einige Zeit, bis Jakob ein gewisses Maß an internationaler Anerkennung fand, doch konnte er zumindest diplomatische Beziehungen mit Venedig herstellen und heiratete 1472 eine venezianische Patrizierin namens Katharina Cornaro. 1473 starb er. Ein Sohn, Jakob III., kam später noch zur Welt, starb jedoch bereits im folgenden Jahr. Abgesehen von Charlotte, die im westeuropäischen Exil lebte, und einigen illegitimen Linien war das Herrscherhaus der Lusignan erloschen. In dem Aufruhr, der angesichts des Todes Jakobs II. und seines Sohnes ausbrach, griffen die Venezianer ein, um ihre Interessen zu schützen und zu verhindern, dass eine Gruppe aus Jakobs sizilianischen Ratgebern und Söldnerführern die Herrschaft übernahm. Bis 1489 hielt Venedig die Fiktion aufrecht, dass Jakobs Witwe Katharina Cornaro die herrschende Königin Zyperns sei. Dann wurde dieser Schein fallen gelassen, die Monarchie aufgehoben und Zypern ein Teil des venezianischen Überseeimperiums.

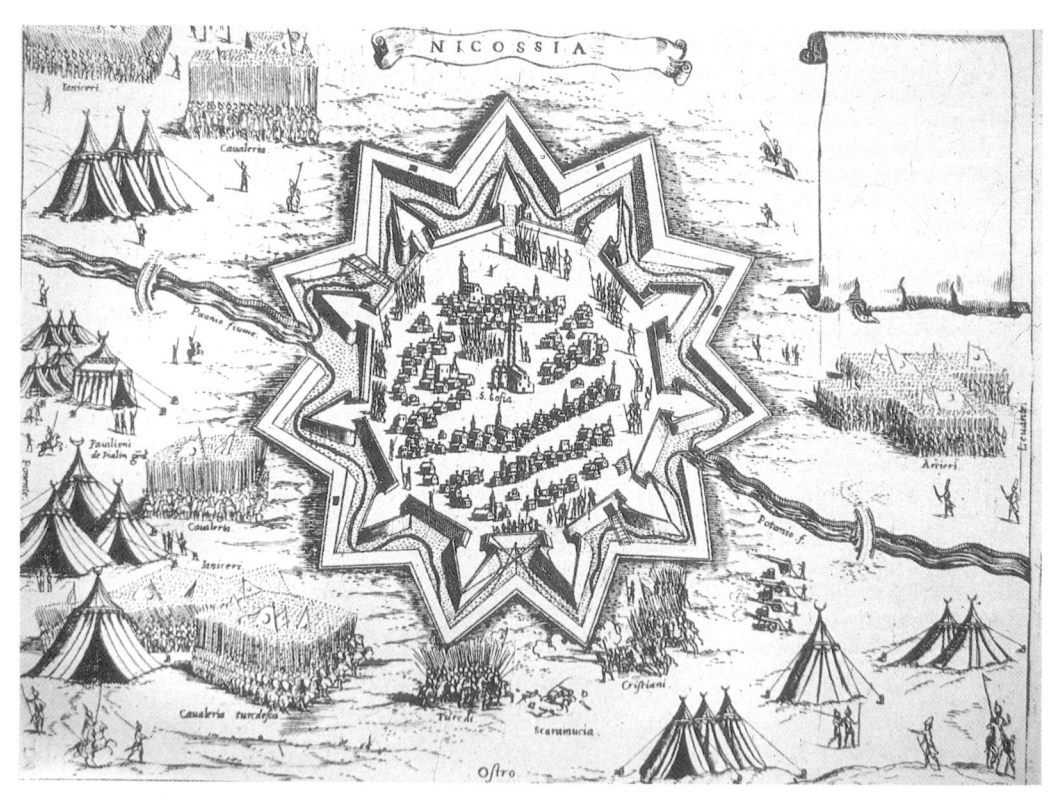

DIE BELAGERUNG NIKOSIAS VON 1570. Die zeitgenössische Radierung von Giovanni Francesco Camoccio zeigt die venezianischen Befestigungsanlagen des 16. Jahrhunderts – einen fast kreisrunden Wall mit elf in regelmäßigen Abständen gesetzten, eckigen Bastionen.

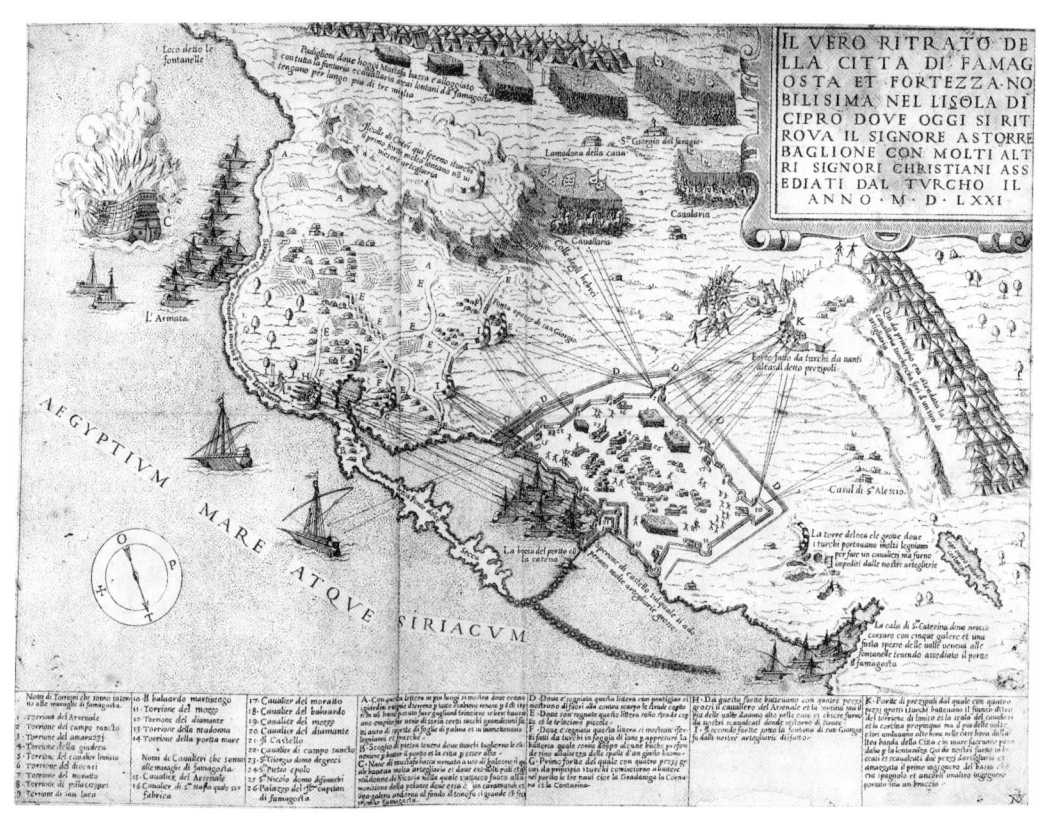

DIE BELAGERUNG FAMAGUSTAS (1570/1571) dauerte zehneinhalb Monate und war die spektakulärste Episode bei der osmanischen Eroberung Zyperns. Die zeitgenössische Radierung vermittelt einen im Wesentlichen richtigen Eindruck von der Topographie der Befestigungsanlagen zu jener Zeit.

Vor den siebziger Jahren des 15. Jahrhunderts hatte die Regierung in Venedig kein besonderes Interesse an Zypern gezeigt. Doch nach dem Verlust Negropontes an die Osmanen (1470) und bei den Versuchen, mit dem Turkmenenführer Uzun Hasan im Kampf gegen das Osmanische Reich zusammenzuarbeiten, hatten die Venezianer das ökonomische und strategische Potential der Insel schätzen gelernt. Ihre Herrschaft dauerte von 1474 bis zur osmanischen Eroberung von 1570/1571. Während dieser Zeit wuchs die Bevölkerung stetig, und auch die Wirtschaft scheint sich erholt zu haben. Nachdem die Osmanen 1516 und 1517 Syrien, Palästina und Ägypten überrannt hatten und 1522 Rhodos in ihre Hände gefallen war, befand sich Zypern in einer noch stärker exponierten Lage. Die Venezianer verstärkten die Festung bei Kyrenia und erneuerten die Stadtmauern von Famagusta, damit sie einem Artilleriebeschuss standhalten könnten.

Im Falle von Nikosia, der Hauptstadt, entschieden sie sich zu noch drastischeren Maßnahmen. Die mittelalterlichen Stadtmauern hatten nie ausreichenden Schutz geboten. Schon in den fünfziger Jahren des 15. Jahrhunderts hatte der Papst Gelder aus dem Ablassverkauf für die Befestigungsanlagen Nikosias zur Verfügung gestellt. Die Ablasszettel, die Gutenberg in jenen Jahren druckte, gehören zu den frühesten Beispielen für den Druck mit beweglichen Lettern. In den sechziger Jahren des 16. Jahrhunderts hielt man es dann für notwendig, die gesamte Anlage abzureißen und von Grund auf neu zu planen, wobei man sich, wie oben erwähnt, der jüngsten Entwürfe der Festungsarchitektur bediente. Für die Umsetzung dieses Planes musste eine große Anzahl von Gebäuden abgerissen werden, darunter die Dominikanerkirche, in der viele der zyprischen Könige aus dem Geschlecht der Lusignan beigesetzt worden waren. Die Baumaßnahmen waren noch nicht völlig abgeschlossen, als die osmanische Eroberung begann. Nikosia fiel im September 1570 nach einem sechswöchigen Kampf. Kyrenia ergab sich, ohne Widerstand zu leisten. In Famagusta hingegen hielt die venezianische Garnison der Belagerung vom September 1570 bis zum August 1571 stand und ergab sich erst, als alle Vorräte an Nahrungsmitteln und Schießpulver verbraucht waren.

RHODOS UND DER JOHANNITERORDEN

Der Verlust des fränkischen Syrien zwang die Ritter des Johanniterordens, eine neue Aufgabe zu finden. Sie richteten sich zunächst auf Zypern ein, aber als klar wurde, dass an eine Rückkehr ins Heilige Land nicht zu denken war, begannen sie 1306 mit der Eroberung der zum Byzantinischen Reich gehörigen Insel Rhodos. Es scheint bis 1309 gedauert zu haben, bis sich die ganze Insel in ihrer Hand befand, doch dann blieb sie bis 1522 das Hauptquartier des Ordens (siehe Kapitel 13) und diente als Stützpunkt, von dem aus man den Versuch unternahm, die muslimischen Beute- und Expansionszüge zu stoppen. Die Johanniter besetzten außerdem eine Reihe von kleineren Inseln in der Nähe. Obwohl sie sich durchaus bemühten, die Schiffahrtsrouten zu schützen, wurden sie im Westen ständig kritisiert, die Einkünfte aus ihren großen Ländereien im Westen unzureichend einzusetzen. Wie weiter unten berichtet wird, nahmen sie 1344 an einem erfolgreichen Angriff auf Smyrna teil. Sie mussten die Hauptlast der Verteidigung der Stadt tragen, bis sie schließlich 1402 von Timur erobert und zerstört wurde.

Ende des 15. Jahrhunderts waren die Johanniter auch an Versuchen beteiligt, das südliche Griechenland zu verteidigen, das damals stark unter den Druck der Türken geriet, doch fehlte es ihnen an Ressourcen, um effektiv in die dort immer chaotischer werdende Lage einzugreifen. Timurs Sieg über den osmanischen Sultan Bayesid I. bei Ankara (1402) verminderte den türkischen Druck auf Griechenland, und die Johanniter, die sich mit den anderen christlichen Herrschern in der Region überworfen hatten, nutzten die Gelegenheit zum Rückzug. Da sie ihre Einkünfte nicht mehr auf Griechenland und Smyrna verwenden mussten, konzentrierten sie ihre Verteidigungsanstrengungen auf Rhodos, die in der Nähe auf dem Festland gelegene Festung Bodrum und die umliegenden Inseln.

Im 15. Jahrhundert wurde Rhodos als Stützpunkt von Freibeutern berüchtigt. 1440 und 1444 ergriff der Mamlukensultan Vergeltungsmaßnahmen, indem er mit seiner Flotte die Besitzungen der Johanniter angreifen ließ. Anders als Zypern, das in den zwanziger Jahren des 15. Jahrhunderts unter solchen Verteidigungsschlägen schwer zu leiden hatte, waren die Johanniter gut vorbereitet und hatten keine Mühe, die Angriffe abzuwehren. Eine unmittelbarere Bedrohung für sie stellten die Osmanen dar. 1453 hatten die Türken Konstantinopel erobert und bis 1460 fast das gesamte südliche Griechenland überrannt; 1462 besetzten sie Lesbos und 1470 Negroponte. Rhodos blockierte praktisch die weitere Expansion nach Süden und Osten. In den siebziger Jahren kam es wiederholt zu Überfällen der Türken auf die Besitzungen des Ordens, 1480 unternahmen sie dann einen groß angelegten Versuch, die Insel zu erobern und die Ritter zu vertreiben. Die Belagerung der Stadt Rhodos dauerte fast drei Monate, musste am Ende jedoch abgebrochen werden. Obwohl es den Johannitern gelungen war, die Angreifer abzuwehren, waren sie danach sehr geschwächt; dass sie trotzdem standhielten, muss auf die Atempause zurückgeführt werden, die ihnen der Tod Mehmeds II. im folgenden Jahr und die

DIE DOMINIKANERKIRCHE VON ANDRAVIDHA. Andravidha, im Nordwesten der Peloponnes gelegen, war die bevorzugte Residenz der Fürsten von Achaia, deren Hof im 13. Jahrhundert für seinen höfischen Glanz und sein ritterliches Wesen berühmt war.

Nachfolgestreitigkeiten im Osmanischen Reich verschafften; sie spielten den Westmächten die Chance in die Hände, den neuen Sultan Bajesid II. durch die Drohung, einen bei ihnen im Exil lebenden Thronprätendenten freizulassen, von weiteren Angriffen auf christliche Territorien abzuhalten. Erst 1522 führten die Osmanen wieder eine groß angelegte Invasion durch. Dabei kommandierte Sultan Süleyman der Prächtige die Truppen persönlich. Wie im Jahre 1480 schlossen die Türken die Stadt Rhodos ein, doch dieses Mal musste sie sich nach einer sechsmonatigen Belagerung ergeben.

DAS FÜRSTENTUM ACHAIA

Am Ende des 13. Jahrhunderts hatte das fränkische Fürstentum Achaia bereits seine Blütezeit überschritten. Die Niederlage, die ihm die Griechen 1259 in der Schlacht bei Pelagonia zugefügt hatten, führte zur Rückeroberung des südöstlichen Teils der Peloponnes durch das Byzantinische Reich und für die Franken zur Aussicht auf weitere Verluste. Auf seiner Suche nach einem Schutzherrn hatte sich Prinz Wilhelm II. an Karl I. von Anjou, den König beider Sizilien gewandt und 1267 dessen Suzeränität anerkannt. Karl, der darauf hoffte, die Byzantiner wieder zu verdrängen und das Lateinische Kaiserreich von Konstantinopel wiederherzustellen, war ein natürlicher Verbündeter. Doch nach der Rebellion von 1282, die als ›Sizilianische Vesper‹ in die Geschichte einging, konnten seine Nachfolger nicht mehr die notwendige militärische und finanzielle Hilfe zur Verfügung stellen. Sie konnten jedoch ihre Rolle als Oberherren nutzen, um in die inneren Angelegenheiten des Fürstentums einzugreifen, als das Aussterben der männlichen Linie des Fürstengeschlechts der Villehardouin (1278) ihnen dazu die Möglichkeit bot. Zwischen 1289 und 1297 wurde das Fürstentum von Isabella, der Tochter Wilhelms II., und ihrem Gatten Florens von Hainault regiert, doch nach dem Tode von Florens versuchten die angevinischen Könige Neapels, Isabella und deren Tochter Mahaut durch ein Mitglied ihres Hauses zu verdrängen. Nur kurz war diese Absicht im Schwange, als 1313 andere Überlegungen dazu führten, die Hochzeit Mahauts mit Ludwig, einem jüngeren Bruder des Herzogs von Burgund, zu betreiben. An diesem kritischen Punkt wurde die Vorherrschaft der Anjou durch einen aragonesischen Bewerber herausgefordert, Ferdinand, den jüngeren Sohn König Jakobs I. von Mallorca. Da die aragonesische Katalanische Kompanie bereits im benachbarten Herzogtum Athen herrschte, war die Möglichkeit gegeben, dass die Aragonesen die Herrschaft über das gesamte lateinische Griechenland übernehmen könnten. Das sollte jedoch nicht geschehen. Der Krieg zwischen den beiden feindlichen Parteien endete im Juli 1316 mit einer offenen Feldschlacht bei Manolada, in der Ferdinand getötet wurde. Ludwig von Burgund starb bald darauf. In einem Willkürakt ließ daraufhin König Robert von Neapel die verwitwete Fürstin Mahaut absetzen und 1322 seinen Bruder Johann von Gravina als Fürsten einsetzen. Mahaut starb 1331 als Gefangene in Neapel.

BODONITSA IN DER NÄHE DER ANTIKEN THERMOPYLEN war eine wichtige Festung des fränkischen Griechenland gegen Eindringlinge aus dem Norden. Es war die Hauptfestung eines weitgehend unabhängigen Markgrafen.

Aber auch die direkte Herrschaft der Anjou half nicht, die Probleme des Fürstentums zu lösen. Um 1320 hatten die Byzantiner auf der Peloponnes Gewinne erzielt, die das Fürstentum Achaia in der Folge fast ganz auf die Küstenbereiche im Westen und Norden der Halbinsel beschränkten. 1325 bis 1326 führte Johann von Gravina einen beträchtlichen, aber, wie das Ergebnis wies, erfolglosen Feldzug, um verlorenes Terrain zurückzugewinnen. Danach zog er sich nach Italien zurück und sollte sein Fürstentum niemals wiedersehen. Vielmehr regierte er mittels einer Reihe von Statthaltern, und dieses Verfahren setzte sich auch nach 1332 fort, als er als Teil eines Familienarrangements seine Rechte auf Achaia an seinen jugendlichen Neffen Robert von Tarent abtrat. Seit 1297 hatte in Achaia kein Fürst mehr residiert, und so verwundert es nicht, dass die verbliebenen Lehnsträger begannen, ihre eigene Politik zu verfolgen und die Forderungen ihrer Herrscher zu missachten. 1338 brachte Katharina von Valois, die Mutter Roberts und Titularkaiserin des Lateinischen Kaiserreiches von Konstantinopel, eine beträchtliche Streitmacht aus Italien ins Land, um die fürstliche Autorität wiederherzustellen. 1341 verließ sie das Fürstentum wieder, ohne die Barone zur Räson gebracht zu haben. Erbittert über die Politik der Anjou, die willkürlich zwischen einer Laisser-faire- und einer interventionistischen Haltung schwankte, brachten sie in den vierziger Jahren des 14. Jahrhunderts den byzantinischen Machthaber Johannes Kantakuzenos und den König von Mallorca als mögliche Alternativen zur Oberherrschaft der Neapolitaner ins Spiel. Sie wollten einen Herrscher, der sie verteidigen und ihren Besitz schützen, sich jedoch nicht in die inneren Angelegenheiten einmischen sollte. Diese Forderung war zu groß, und überdies war keiner der Kandidaten in der Lage, diese Rolle zu übernehmen.

Unter der Patronage Katharinas von Valois hatte in den dreißiger Jahren ihr florentinischer Ratgeber und Finanzier, Niccolo Acciaiuoli, begonnen, Lehnsgüter anzuhäufen und sich innerhalb des Fürstentums Geltung zu verschaffen. 1358 gewährte ihm der machtlose und im Ausland weilende Titularfürst Robert von Tarent die einträgliche und strategisch wichtige Herrschaft über Korinth. Zu dieser Zeit wurden die Streifzüge der Türken zu einem großen Problem; es war ersichtlich, dass die Anjou nichts tun konnten, um ihnen entgegenzutreten. Nach Roberts Tod im Jahre 1364 ließ sich das Herrschergeschlecht auf einen Streit um die Frage des rechtmäßigen Nachfolgers ein, während es zur selben Zeit Achaia weitgehend seinem Geschick überließ. 1377 verpachtete Königin Johanna von Neapel das Fürstentum an den Johanniterorden. Sie führten die aus Gascognern und Navarresen zusammengesetzte Söldnertruppe ins Land, die unter dem Namen Navarresische Kompanie bekannt ist. In den späten siebziger Jahren des 14. Jahrhunderts war Niccolo Acciaiuolis Neffe Nerio zum Herrn über Korinth geworden und hatte Vostitsa am Golf von Korinth und Megara dem geschwächten Regime der Katalanen in Athen abgenommen; dadurch hatte er die Vorherrschaft über die gesamte Region erlangt. 1379 fiel mit stillschweigender Duldung Nerios ein Teil der Navarresischen Kompanie in das Herzogtum Athen ein und eroberte Theben, die Hauptstadt, während die Katalanen sich nur mehr in Athen behaupten konnten. Der Rest der Kompanie blieb in Achaia, wo sich ihre Kommandanten der Herrschaft über die Städte und Festungen der fürstlichen Domäne bemächtigten. Sie behielten de facto ihre Macht, als die Johanniter 1381 das Fürstentum formell an Königin Johanna zurückgaben. In den frühen achtziger Jahren beendete eine Serie politischer Krisen in Süditalien, die den Sturz Johannas bewirkten, alle Ambitionen der Anjou auf die Oberherrschaft über Achaia. 1396 belehnte König Ladislaus von Neapel den Führer der Navarresen, Peter von San Superan, mit dem Titel des Fürsten von Achaia.

Die wachsende Türkengefahr zwang die verschiedenen christlichen Mächte auf der Peloponnes zu einer leidlichen Verständigung. Die Navarresen wandten sich an die Venezianer, die dank ihrer Flotte und ihrer Herrschaft über Koron und Modon, Kreta und Negroponte die wichtigste Land- und Seemacht in der Region waren. Nerio Acciaiuoli wandte sich an Theodoros Palaiologos, den byzantinischen Despoten von Morea, mit dem er 1388 seine Toch-

KATARINA CORNARO (*links*), die letzte Königin Zyperns, war von 1474 bis 1489 eine Marionettenherrscherin Venedigs, wohin sie auch nach ihrer Abdankung zurückkehrte. Gentile Bellinis Porträt ist das einzige authentische, zeitgenössische Bildnis der reichen Patrizierin; es entstand im Anschluss an ihre Rückkehr nach Venedig.

DER HAFEN UND DIE STADT CHIOS IM 16. JAHRHUNDERT (*unten*). Chios befand sich von 1304 bis 1329 und von 1346 bis 1566 unter genuesischer Herrschaft. Es war ein bedeutendes Zentrum der Mastixgewinnung und zugleich ein wichtiger Anlaufhafen für den Fernhandel zum Westen beziehungsweise zum Mamlukensultanat.

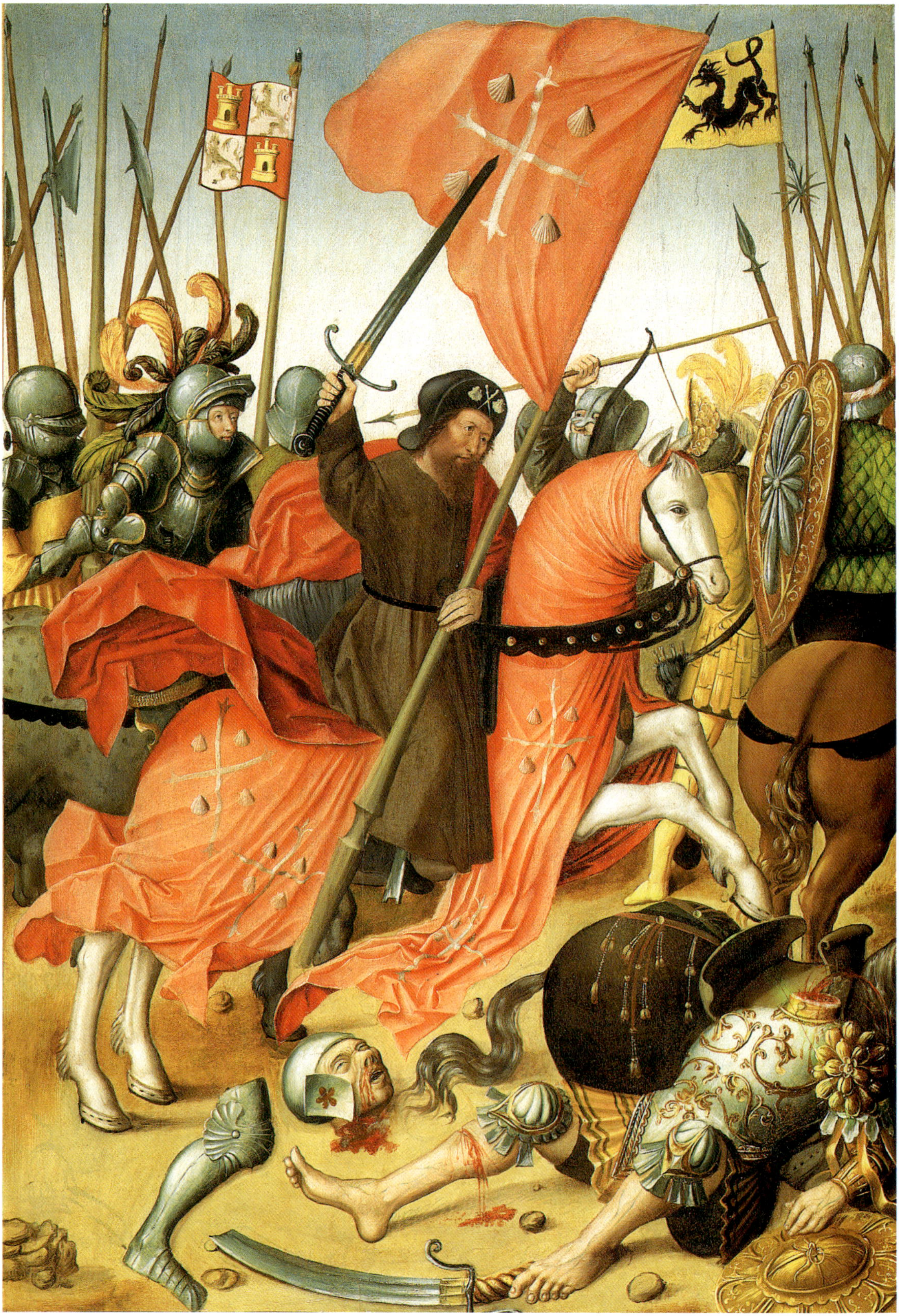

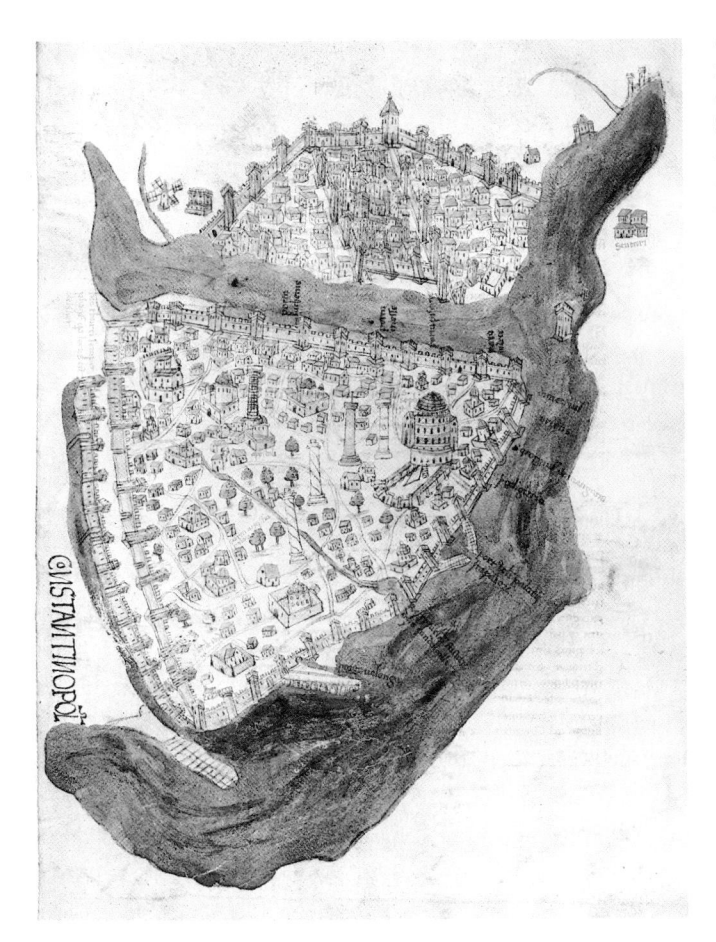

CHRISTOFORO BUONDELMONTIS PLAN VON KONSTANTINOPEL entstand gegen 1420. Die Hagia Sophia ist das große Gebäude rechts innerhalb der Stadt; jenseits des Goldenen Horns erkennt man die blühende Vorstadt Pera, die sich seit 1261 im Besitz Genuas befand.

ter verheiratete. Im selben Jahr gelang es ihm, die Herrschaft über Athen zu gewinnen. Eine gemeinsame Front gegen die Türken erwies sich jedoch als brüchig. Als die Byzantiner Argos besetzten, eine Stadt, die die Venezianer gerade von der Witwe ihres letzten Herrschers gekauft hatten, führte das zu einem dauerhaften Kleinkrieg, der sich verschärfte, als die Navarresen Nerio Acciaiuoli während der Verhandlungen zur Beilegung des Streites verräterischerweise gefangen nahmen. 1394 starb Nerio, und Theodoros bemächtigte sich Korinths. Zu diesem Zeitpunkt hatten die Osmanen bereits die nördliche Küste des Golfs von Korinth erreicht,

DAS GEMÄLDE, das dem Umkreis des Juan de Flandes zugewiesen wird und wohl im zweiten Jahrzehnt des 16. Jahrhunderts entstand, zeigt das Eingreifen des heiligen Jakob (spanisch Santiago) während des legendären Sieges über die Mauren bei Clavijo (9. Jahrhundert), auf den später fälschlich die Gründung des Santiagoordens zurückgeführt wurde; der Heilige und sein Schimmel tragen das Kreuz dieses Ordens.

und Einfälle in die Peloponnes forderten 1387, 1394 bis 1395 und 1397 ihren Preis. 1397 vereinbarte Theodoros mit dem Johanniterorden, dass dieser die Besatzung Korinths übernehmen sollte; und im Jahr 1400 war er sogar bereit, den Verkauf seines gesamten Despotats an den Orden in Erwägung zu ziehen. Die osmanische Niederlage gegen Timur (1402) milderte den Druck. 1402 starb Peter von San Superan und 1404 schob Centurione Zaccaria, der Neffe von Peters Witwe und Mitglied einer alteingesessenen Adelsfamilie, die Erben Peters beiseite und ließ sich selbst durch den König von Neapel zum Fürsten von Achaia ernennen. Ihm blieb es überlassen, in den nächsten 25 Jahren den Untergang seines Fürstentums zu erleben. Es erlag nicht den Türken, sondern der aggressiven Gewinnsucht der Despoten von Morea. Die Todesstunde schlug dem Fürstentum schließlich im Jahre 1430, während das byzantinische Despotat noch bis zur osmanischen Eroberung im Jahr 1460 weiterbestand.

DAS HERZOGTUM ATHEN

Im 13. Jahrhundert hatte das Herzogtum Athen unter dem burgundischen Geschlecht der La Roche eine Blüte erlebt. Trotz der wechselnden Geschicke ihrer Nachbarn im Norden und Süden hatten es die athenischen Herzöge verstanden, ihren Besitz mehr als nur zu bewahren; das Herzogtum genoss Wohlstand, dynastische Stabilität und militärische Erfolge. 1308 starb Herzog Guido II., ohne Nachkommen zu hinterlassen, und das Herzogtum ging an einen Vetter, Walter von Brienne, über.

Kurze Zeit nach seinem Amtsantritt tauchte an der Nordgrenze jene Söldnerarmee auf, die als »Katalanische Kompanie« bekannt wurde. Diese Streitmacht war in Süditalien während der Kämpfe zwischen dem Haus Anjou und den Aragonesen entstanden, zu denen es nach der Sizilianischen Vesper von 1282 kam. 1303 hatte die Katalanische Kompanie ihre Dienste dem byzantinischen Kaiser angeboten, der sie im Krieg gegen die Türken in Kleinasien einsetzte; als er ihre Forderungen nicht erfüllte, wandten sie sich gegen ihren Brotgeber und fügten dem Byzantinischen Reich in Thrakien immensen Schaden zu, bevor sie nach Thessalien abzogen. Walter von Brienne glaubte, er könnte diese Söldnertruppe einsetzen, um seinen eigenen Ambitionen auf eine Vormachtstellung in der Region Nachdruck zu verleihen. Ein Feldzug des Jahres 1310 erwies sich als sehr erfolgreich, doch der Athener Herzog war nicht darauf vorbereitet, die Söldner ausreichend zu entlohnen. Sie fielen daraufhin in sein Herzogtum ein und vernichteten im März 1311 seine Streitkräfte in einer Schlacht am Fluss Kephissos. Die athenischen Ritter, die von Kontingenten aus anderen fränkischen Gebieten Verstärkung erhalten hatten, wurden – wie drei Jahre später die Engländer in der Schlacht von Bannockburn gegen die Truppen des schottischen Königs – beim Sturmangriff in einen Sumpf gelockt. Der Blutzoll war enorm. Walter von Brienne kam in der Schlacht ums Leben, und die Katalanische Kompanie konnte sein Herzogtum unter ihre Herrschaft bringen.

Dem neuen Regime fehlte allerdings die internationale Anerkennung. Die Katalanen wandten sich, was nahe lag, mit der Bitte um militärische Unterstützung an das aragonesische Königshaus und akzeptierten nacheinander mehrere Mitglieder aus der sizilischen Linie dieses Geschlechts als nominelle Oberherren und Herzöge. Doch die anhaltende Feindschaft, die die Anjou in Neapel, die Franzosen und die Päpste gegenüber den Aragonesen hegten, sorgten dafür, dass die Katalanen isoliert blieben. Zwischen dem katalanischen Athen und dem angevinischen Fürstentum Achaia konnte es keine friedliche Zusammenarbeit geben. Damit hörte die wechselseitige Hilfe auf, die noch im vorigen Jahrhundert die Beziehungen zwischen den beiden großen fränkischen Fürstentümern im südlichen Griechenland bestimmt hatte.

Das Geschlecht der Brienne, das sowohl in Frankreich als auch in Neapel über gute Verbindungen verfügte, konnte auf die päpstliche Unterstützung zählen: Als 1331 Walters Sohn Walter II. bei einem Versuch, sein väterliches Erbe zurückzugewinnen, eine beträchtliche Armee ins Land führte, hatte das Unternehmen den Status eines Kreuzzuges. Trotzdem gelang es ihm nicht, nennenswerte Vorteile gegen die Katalanen zu erzielen, obwohl er und seine Erben weiterhin gegen sie Intrigen spannen. Bis in die siebziger Jahre des 14. Jahrhunderts blieb die Führung der Katalanen mit der päpstlichen Exkommunikation belegt. Erst angesichts der wachsenden Türkengefahr kam es seit den vierziger Jahren des 14. Jahrhunderts schrittweise zu einer Lockerung der päpstlichen Haltung.

In den ersten Jahrzehnten des 14. Jahrhunderts war die Katalanische Kompanie eine furchteinflößende Macht gewesen, die immer wieder militärische Erfolge vorweisen konnte. Doch im Laufe der Jahre nahm ihre Stärke immer mehr ab. 1379 fiel die Navarresische Kompanie in das Herzogtum ein und besetzte Theben, so dass die Katalanen danach, wie schon oben erwähnt, fast nur noch auf Athen beschränkt waren.

Nutznießer war der florentinische Herrscher von Korinth, Nerio Acciaiuoli, der Mitte der achtziger Jahre fast das gesamte Gebiet der Katalanen besetzt hatte und seine Eroberung 1388 mit der Besetzung der Athener Akropolis krönte. Nerio wandte sich an König Ladislaus von Neapel, um seine Eroberung legitimieren zu lassen, aber bei seinem Tode bemächtigte sich der Despot von Morea Korinths, während die Venezianer, darauf bedacht, einer türkischen Machtübernahme zuvorzukommen, die Stadt Athen besetzten. Ihre Herrschaft dauerte dort bis 1402, als Nerios Bastard Antonio, der währenddessen Theben unter seine Kontrolle gebracht hatte, ihnen die Stadt entriss.

In Venedig wurde Antonios Erfolg als eine Demütigung empfunden, doch als klar wurde, dass er seinen Eroberungszug nicht nach Negroponte fortsetzen würde, gaben die Venezianer sich zufrieden. Antonio konnte bis zu seinem Tode 1435 in Athen herrschen. Die osmanische Bedrohung, die in den neunziger Jahren des 14. Jahrhunderts groß gewesen war, ließ nach, und Athen konnte noch einmal ein gewisses Maß an Wohlstand genießen. Nach 1435 ging das Herzogtum an Antonios Verwandte über. Die Familie behielt die Stadt bis zur türkischen Machtübernahme im Jahre 1456 und Theben bis 1460, als die Osmanen den letzten Herzog ermorden ließen.

DIE GENUESEN IN DER ÄGÄIS UND IM SCHWARZEN MEER

Der Vierte Kreuzzug hatte Venedig zur führenden westlichen Seemacht im fränkischen Griechenland gemacht, und entsprechend erlitten die Interessen Genuas, ihrer stärksten Rivalin, eine Zeit lang Schaden. Mit dem Untergang des Lateinischen Kaiserreichs im Jahre 1261 wendete sich jedoch das Blatt. Damals erhielten sie Pera, die Vorstadt Konstantinopels auf der anderen Seite des Goldenen Horns, die sie in ein wichtiges Handelszentrum ausbauten. Doch ihr wirtschaftlicher Unternehmungsgeist zielte weiter. 1280 hatte Genua die Kontrolle über Kaffa auf der Krim übernommen, und bis spät ins 15. Jahrhundert waren genuesische Kaufleute auch noch in vielen anderen Handelszentren der Schwarzenmeerküste anzutreffen. Diese Häfen gewährten ihnen Zugang nach Russland und, wichtiger noch, nach Asien. Schon vor dem Ende des 13. Jahrhunderts befuhren genuesische Schiffe das Kaspische Meer, und es gab eine beträchtliche Gemeinde genuesischer Handelsleute in Täbris. In der ersten Hälfte des 14. Jahrhunderts treffen wir sie als Händler in Indien und China an. Handelsunternehmungen in die weite Ferne Asiens führten entweder über Pera und das Schwarze Meer oder über die Hafenstadt Ayas im kilikischen Armenien. Eine Unterbrechung der Handelsrouten in Innerasien und das schwindende Vertrauen nach der großen Pestepidemie führten dazu, dass solche Wagnisse nach 1350 praktisch aufhörten; trotzdem war immer noch beträchtlicher Profit aus dem Handel im Schwarzen Meer, in der Ägäis und der Levante zu ziehen.

Den Genuesen war an Landerwerb um seiner selbst willen wenig gelegen. Sie waren nur an Orten interessiert, an denen ihre Kaufleute sicher Handel treiben konnten. Kaffa blieb bis 1475 in ihrer Hand, Pera bis 1453 und Famagusta auf Zypern, das sie 1373 eingenommen hatten, bis 1464. Die Rivalität mit Venedig war groß. Seit Beginn des 13. Jahrhunderts hatte Venedig die Gewässer der südlichen und westlichen Ägäis beherrscht; Genua suchte im Gegensatz dazu seinen Einfluss im östlichen und nördlichen Teil geltend zu machen. Doch es blieb den einzelnen Genuesen überlassen, Territorium zu erwerben. Kaiser Michael VIII. Palaiologos hatte in den sechziger Jahren des 13. Jahrhunderts dem Geschlecht der Zaccaria Phokaia an der Westküste Kleinasiens und das Recht auf Ausbeutung der dortigen Alaunvorkommen überlassen. Die Zaccaria gründeten dann Neu-Phokaia, und 1304 besetzte Benedetto Zaccaria die nahe gelegene byzantinische Insel Chios. Die Herrschaft seiner Familie auf Chios dauerte bis 1329, als die Griechen sie zurückgewinnen konnten. Ab 1346 gerieten Chios und Phokaia jedoch wieder in genuesische Hände; sie wurden jetzt von einem Geschäftskonsortium, der *mahona* von Chios, regiert. Die Insel war für ihre Mastixproduktion bekannt, doch die Genuesen entwickelten ihren Hafen auch zu einem Umschlagplatz für andere Güter, vor allem für Alaun aus Phokaia und für Sklaven. In der ersten Hälfte des 14. Jahrhunderts begannen die Genuesen, begehrliche Blicke auf die nördlich gelegene Insel Lesbos zu werfen, doch erst 1354 bemächtigte sich der genuesische Abenteurer Francesco Gattilusio, der durch seine Beteiligung bei dem Staatsstreich, der Johannes VI. Kantakuzenos vom Thron stieß, bekannt geworden war, der Insel. Die Osmanen eroberten 1455 Phokaia und Neu-Phokaia sowie 1462 Lesbos; Chios hingegen blieb bis 1566 in den Händen der Genuesen.

DIE VENEZIANISCHE ROMANIA

In der Folge des Vierten Kreuzzuges erlangte Venedig die direkte Herrschaft über Kreta und die beiden Häfen Koron und Modon an der Südspitze der Peloponnes und ermutigte zugleich einzelne Mitglieder der venezianischen Patrizierfamilien, eigene Herrschaften auf vielen kleineren Inseln der Ägäis zu errichten. Den meisten Nutzen aus dieser Politik zogen die Sanudi, die seit dem frühen 13. Jahrhundert über die Kykladen und Sporaden mit dem Titel eines »Herzogs von Naxos« oder »Herzogs des Archipelagus« herrschten. 1383 ging ihr Herzogtum auf das Geschlecht der Crispi über. Weitere Venezianer errichteten eigene Herrschaften auf kleineren Inseln, die sie als Vasallen der Herzöge von Naxos innehatten. Formell waren die Sanudi Vasallen der Fürsten von Achaia und somit theoretisch nicht von Venedig abhängig, doch die Venezianer stellten sicher, dass die Inseln unter der Herrschaft ihrer Landsleute blieben, um die Zufahrtswege nach Konstantinopel in befreundeten Händen zu wissen. Die Sanudi waren energische Herrscher, doch auch sie konnten nicht verhindern, dass die Inseln von Piraten heimgesucht und besonders einige der kleineren von türkischen Sklavenjägern systematisch entvölkert wurden. Häufig mussten die Herrscher Siedler von anderswoher in ihre Länder bringen, um die Bevölkerungsverluste auszugleichen. Die Inseln wurden als Korsarenstützpunkte berüchtigt; die generell instabile politische und militärische Lage wurde durch einige lang andauernde Fehden zwischen örtlichen Magnaten noch verschärft. Seit den zwanziger Jahren des 15. Jahrhunderts waren die Herzöge von Naxos den Osmanen tributpflichtig, doch sollte ihr Herzogtum noch lange Zeit bestehen. Der letzte Herzog wurde erst 1566 abgesetzt, und Spuren der christlichen Herrschaft auf den kleineren Inseln der Ägäis gab es sogar noch bis 1617, als eine Gruppe kleiner Inseln, von denen Siphinos die bedeutendste war, endgültig unter direkte türkische Herrschaft kam. Venedig selbst hielt Tenos und Kythera bis ins 18. Jahrhundert.

Im frühen 13. Jahrhundert hatte Venedig den Vorteil der politischen Lage im früheren Byzantinischen Reich genutzt, um strategisch günstige Posten an der Hauptschifffahrtsroute nach Konstantinopel und dem Schwarzen Meer unter seine Herrschaft zu bringen. Koron und Modon, »die beiden Augen der Republik«, an der Südwestspitze Griechenlands gelegen, waren nützliche Anlaufhäfen auf dem Weg in die Ägäis und in die Levante. In größerer Nähe von Konstantinopel war die Insel Negroponte (oder Euboia) Teil des Gebiets gewesen, das Venedig nach dem Vierten Kreuzzug zugesprochen werden sollte; aber sie kam dann unter die Herrschaft dreier lombardischer Familien, die die Insel von Venedig als Lehen erhielten. Ein venezianischer *bailo* kontrollierte den Haupthafen, die Stadt Negroponte, doch erlangte Venedig nur schrittweise die direkte Herrschaft über den Rest der Insel; dieser Prozess war erst in den achtziger Jahren des 14. Jahrhunderts abgeschlossen. Negroponte blieb die wichtigste venezianische Besitzung zwischen Kreta und Konstantinopel, bis die Insel 1470 in die Hände der Türken fiel. Es gab zwei größere Unterbrechungen in der Kette der venezianisch kontrollierten Häfen auf der Route nach Konstantinopel. Die eine befand sich am Eingang zur Adria. Nach 1204 hatten die Venezianer gehofft, Korfu zu erhalten, doch diese Insel wurde ihnen verweigert. Doch 1386 konnten sie diese schließlich erwerben und behaupteten sie bis zum Untergang der Republik im Jahre 1797. Die zweite Schwachstelle lag direkt vor Konstantinopel selbst. Hier forderten die Venezianer die strategisch günstig gegenüber dem Eingang zu den Dardanellen gelegene Insel Tenedos. Da jedoch auch ihre Rivalen, die Genuesen, sie besitzen wollten, führten die gegensätzlichen Absichten der beiden Republiken zu einem Krieg. Die Feindseligkeiten dauerten von 1376 bis 1381 und endeten, trotz des dramatischen Schauspiels einer genuesischen Seeblockade Venedigs, unentschieden: Tenedos wurde zu einem Niemandsland erklärt, seine griechischen Einwohner wurden von der Insel vertrieben.

Nach dem Krieg um Tenedos lieferte das Anwachsen der osmanischen Macht zusammen mit der Schwäche der lateinischen Fürstentümer Südgriechenlands und dem faktischen Ende aller Ambitionen der Könige Neapels, über diese die Suzeränität auszuüben, Venedig die Gelegenheit und den Vorwand, um zusätzliche Territorien zu erwerben. Neben Korfu gewann die Republik weitere Stützpunkte im heutigen Albanien am Eingang zur Adria. Weiter südlich

MODON auf einem Holzschnitt des Gio Franco Camocio (1571). Die Hafenstadt wurde von den Venezianern nach dem Vierten Kreuzzug erworben und blieb ein wichtiger Anlaufhafen für die venezianische Schiffahrt nach Konstantinopel und zur Levante, bis sie zu Beginn des 16. Jahrhunderts in die Hände der Osmanen fiel.

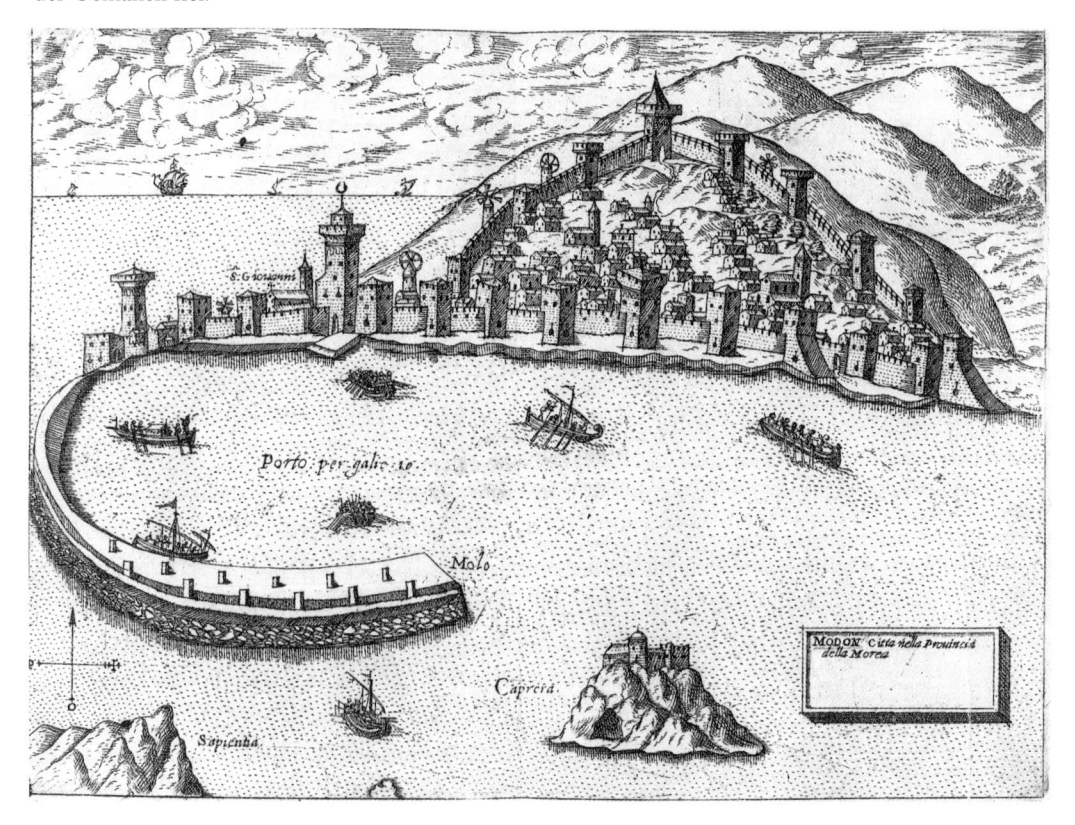

gewann sie 1407 Lepanto (Naupaktos) am Golf von Korinth und 1417 Navarino an der Westküste der Peloponnes. An der ägäischen Küste hatten die Venezianer 1388 Argos und Nauplia gekauft, und 1462 kam schließlich Monembasia unter ihre Kontrolle. Für wenige Jahre (1423–1430) flatterte, wie wir gesehen haben, das Banner des heiligen Markus sogar über Athen und Thessalonike (Saloniki). Mit der Zeit erlagen all diese Erwerbungen dem osmanischen Druck. Der Fall Konstantinopels im Jahre 1453 hatte zur Folge, dass diese Inseln, Häfen und Festungen ihren Bezugspunkt verloren. An sich waren sie immer noch wertvoll genug, doch zunehmend verlagerten sich Venedigs wirtschaftliche und politische Interessen von der Romania auf ihre norditalienischen Besitzungen, die die Republik im 15. Jahrhundert stark erweiterte. Venedig konnte die Osmanen nicht aufhalten. Um ihre Handelsinteressen zu bewahren, verfolgten die Venezianer eine Beschwichtigungspolitik. Als diese Versuche scheiterten, kam es zu Kriegen: Von 1463 bis 1479 verloren die Venezianer Negroponte, von 1499 bis 1503 Modon, Koron und Navarino, von 1537 bis 1540 Monembasia, Nauplia und einige Inseln, darunter Aigina, von 1570 bis 1573 büßten sie schließlich Zypern ein.

Zypern und Kreta waren die beiden größten Besitzungen Venedigs im östlichen Mittelmeerraum. Zypern befand sich weniger als hundert Jahre in den Händen der Venezianer und genoss unter ihrer Herrschaft eine Zeit relativen Friedens und Wohlstands. Kreta hingegen war schon nach dem Vierten Kreuzzug in den Besitz der Republik gekommen und blieben fast fünfhundert Jahre lang.

Sobald die Venezianer die anfänglichen Probleme bei der Herrschaftsübernahme gelöst hatten, sahen sie sich mit einer Reihe von Rebellionen der ortsansässigen Grundbesitzer konfrontiert. Die schwerste Rebellion begann in den achtziger Jahren des 13. Jahrhunderts unter der Führung des Alexis Kallergis und dauerte 16 Jahre. Am Ende mussten die Venezianer den eingeborenen Kretern erlauben, ihr Eigentum und ihre Gebräuche zu behalten. Sie mussten sogar gegenüber der orthodoxen Kirchenhierarchie Zugeständnisse machen. 1363 rebellierten dann die venezianischen Siedler gegen ihre Mutterstadt. Übertriebene Forderungen der venezianischen Behörden der Insel hatten die Rebellion entfacht. Sie dauerte bis 1367 und wurde seitens der Regierung mit erbarmungsloser Grausamkeit unterdrückt. Der kulturelle Austausch zwischen Griechen und Lateinern schritt voran und die Insel erlebte eine Blütezeit, die nur von türkischen Einfällen 1538, 1562 und 1567 unterbrochen wurde.

Die Venezianer scheuten keine Kosten, um die größten Städte zu befestigen, wie die Festung und die Mauern von Iraklion (oder Kandia, wie es damals hieß) sowie das mächtige Fort von Rethymnon bezeugen. Die militärischen Planer erkannten jedoch, dass die Verteidigung der Insel, falls die Türken sie ernsthaft angreifen wollten, von Venedigs Fähigkeit abhängen werde, seine Flotte einzusetzen, um die Invasionsstreitkräfte von ihrem Nachschub abzuschneiden. Erst 1645 erfolgte der endgültige Schlag: Die Türken nutzten die christliche Unentschiedenheit, um die Initiative zu ergreifen. Bis 1648 hatten sie ganz Kreta mit Ausnahme von Iraklion unter ihre Kontrolle gebracht. Die Belagerung Iraklions währte 21 Jahre, und der »Krieg um Kandia« wurde in ganz Europa als ein Ereignis von homerischen Dimensionen verstanden. Während jener Zeit gewann Venedig mehrere größere Seegefechte. Als Iraklion schließlich 1669 übergeben werden musste, sicherte sich die Republik in Suda, Spinalonga und Grabusa Flottenstützpunkte auf der Insel, die sie bis 1715 behielt; ebenso die Inseln Tenos und Kythera sowie einige Gebiete in Kroatien, die sie erst kürzlich dem Osmanischen Reich abgenommen hatte.

Die Übergabe Iraklions bedeutete nicht das Ende des venezianischen Engagements in der Romania. 1684 bildete sich unter der Führung von Papst Innozenz XI. die Heilige Liga aus Venedig, Österreich und Polen, um Krieg gegen das Osmanische Reich zu führen. Die Venezianer führten einen Feldzug, bei dem das südliche Griechenland überrannt wurde. In der geschichtlichen Erinnerung ist vor allem die Zerstörung des Parthenons während der Belagerung Athens (1687) geblieben.

Im Frieden von Karlowitz (1699) wurde Venedig der Besitz der Peloponnes bestätigt, doch 1715 konnten die Osmanen die Halbinsel ohne großen Widerstand zurückerobern. Als 1718 im Frieden von Passarowitz die Feindseligkeiten beigelegt wurden, behielt Venedig die Ionischen Inseln sowie die in der Nähe liegenden Festlandsstützpunkte Butrinto, Parga, Prevéza und Vonitza.

DIE FESTUNG IRAKLION AUF KRETA bewacht den Hafeneingang; der vorhandene Bau wurde überwiegend im zweiten Viertel des 16. Jahrhunderts von den Venezianern errichtet.

DIE VENEZIANISCHE BURG BEI RETHYMNON AUF KRETA wurde im späten 16. Jahrhundert nach dem Fall Zyperns ausgebaut. Im Schutz ihrer Mauern lagen die örtliche katholische Kathedrale und die venezianischen Verwaltungseinrichtungen.

Während des Spätmittelalters zeichnete sich der lateinische Osten vor allem durch Vielfalt und Zersplitterung aus. Auf den ersten Blick sehen wir in gefährdeter Lage am Rande der muslimischen Welt eine Reihe von Außenposten des Westens, in denen französische und italienische Grundbesitzer über griechische Bauern herrschten, während auf den Meeren venezianische und genuesische Kaufleute und Seefahrer um Handelsvorteile kämpften. Bei genauerer Untersuchung zeigt sich jedoch ein komplexeres Beziehungsgefüge. Die Orientkreuzzüge waren in erster Linie gegen die muslimische Welt gerichtet, doch alle Länder des Ostens, die jetzt noch unter lateinischer Herrschaft standen, waren den christlichen Griechen entrissen worden. Im 13. Jahrhundert hatten die Byzantiner einige Erfolge bei der Rückgewinnung verlorener Territorien, doch außer auf der Peloponnes, wo die Despoten von Morea dem Fürstentum Achaia 1430 ein Ende setzen konnten, stellten sonst nach 1300 die Byzantiner keine Bedrohung mehr für die lateinischen Besitzungen dar. Im 14. Jahrhundert waren es vielmehr wiederum die Lateiner, die auf Kosten der Byzantiner Gewinne machten, indem sie Rhodos, Chios und Lesbos in Besitz nahmen. Venedig und Genua profitierten von den Thronstreitigkeiten, die seit den dreißiger Jahren des 14. Jahrhunderts das Byzantinische Reich erschütterten, und fachten sie weiter an. In den fünfziger Jahren beispielsweise unterstützte Venedig aktiv den Kaiser Johannes VI. Kantakuzenos, während Genua sich auf die Seite seines Rivalen Johannes V. stellte. In den siebziger Jahren stützten die Venezianer dann Johannes V., weil sie hofften, die begehrte Insel Tenedos von ihm zu erhalten, während sich Genua hinter dessen rebellischen Sohn Andronikos stellte, um die Hoffnungen der venezianischen Konkurrenten zu hintertreiben und die Insel für sich in Besitz zu nehmen. Im 14. und frühen 15. Jahrhundert beherrschten die Italiener das Wirtschaftsleben von Byzanz in immer größerem Umfang und bereicherten sich auf Kosten der Griechen. Die genuesische Kolonie Pera blühte, während Konstantinopel dahinsiechte. 1343 wurden die byzantinischen Kronjuwelen in Venedig verpfändet und niemals ausgelöst.

Obwohl die byzantinischen Kaiser gelegentlich von Kreuzzugsunternehmungen des Westens profitierten, konnten oder wollten die Lateiner der Ägäis ihnen angesichts der osmanischen Bedrohung keine entscheidende Hilfe leisten. Nicht einmal die Johanniter auf Rhodos waren in der Lage, in spürbarer Weise auf das Geschick des Reiches einzuwirken. Die Haltung sowohl der Griechen als auch der Lateiner gegenüber den Türken konnte gelegentlich durchaus zwiespältig sein. Während des byzantinischen Bürgerkrieges in den vierziger Jahren des 14. Jahrhunderts verbündete sich Johannes Kantakuzenos mit dem Osmanenführer Orkhan, an den er 1346 seine Tochter verheiratete. 1352 schlossen dann auch die Genuesen, die mit Kantakuzenos verfeindet waren, ein formelles Bündnis mit dem Osmanensultan. In dem politischen Durcheinander dieser Jahre konnten sich die Türken erstmals auf europäischem Boden festsetzen. 1387 setzte der Despot von Morea türkische Truppen in seinem Krieg gegen das Fürstentum Achaia ein; 1388 warfen die Venezianer Nerio Acciaiuoli, dem Herrn von Korinth, vor, er unterstütze die Türken, indem er venezianische Territorien angreife; 1394 bis 1395 griffen die Türken zusammen mit Peter von San Superan, dem Herrscher Achaias, den Despoten an. Bei dem bunten Wechsel der Bündnisse, der diese Jahre prägt, waren Lateiner und Griechen gleichermaßen leicht gewillt, sich mit den Türken gegen andere Christen zu verbünden. Manchmal taten sie das aus Angst vor türkischen Repressionen, falls sie deren Unterstützungsforderungen ablehnten; in anderen Fällen setzten sie vorsätzlich auf die Türken, um ihren eigenen Glaubensbrüdern zu schaden. So drohten Antonio Acciaiuoli und die Türken 1399 mit der Eroberung Athens, das früher Antonios Vater gehört hatte, aber jetzt von den Venezianern besetzt war. Von den christlichen Herrschern der Romania ließen sich nur Venedig und der Ordensstaat auf Rhodos niemals auf Bündnisse mit den Osmanen ein, während Genua in den hundert Jahren von der Mitte des 14. Jahrhunderts an eine lange und gewinnträchtige Allianz mit ihnen unterhielt. Die Genuesen mischten sich sogar in die Thronstreitigkeiten ein, die von Zeit zu Zeit das Sultanat heimsuchten, so als sie beispielsweise 1421 Murad II. Schiffe und Truppen für den Kampf gegen seinen Bruder Mustafa zur Verfügung stellten. Die osmanisch-genuesische Allianz endete 1450 mit einem offenbar grundlosen türkischen Angriff auf Lesbos. In den Jahren, die auf den Fall Konstantinopels folgten, verloren die Genuesen mit Ausnahme der Insel Chios schnell alle ihre Besitzungen im Schwarzen Meer und in der Ägäis an die Türken.

Auf Zypern war die politische Lage weniger verworren. Die Beziehungen zwischen den zyprischen Königen und den Herrschern des kilikischen Armenien, des einzigen anderen christlichen Königreiches in der Nähe, waren in der Regel schlecht. Die Probleme waren im ersten Jahrzehnt des 14. Jahrhunderts entstanden. Amalrich von Tyros, der 1306 die Macht auf Zypern an sich gerissen hatte, hatte die Schwester des Königs von Armenien geheiratet und ihre Nachkommen, die dem herrschenden Zweig der Lusignan auf Zypern feindlich gesinnt waren, behielten im armenischen Königreich ihre herausragende Stellung. Zwischen 1342 und 1344 und erneut in den siebziger Jahren des 14. Jahrhunderts, als das Königreich Armenien seinem Ende entgegenging, okkupierten Amalrichs Nachkommen den armenischen Thron. Das schlechte Einvernehmen zwischen den zyprischen Königen und ihren armenischen Vettern wurde durch die wirtschaftliche Konkurrenz der Handelshäfen Famagusta und Ayas noch verschärft. Insgesamt wurde weniger militärische Hilfe nach Armenien gesandt, als es sonst der Fall gewesen wäre. Andererseits mussten sich die Herrscher Zyperns niemals mit einer muslimischen Macht gegen andere Christen verbünden, wenn auch in den vierziger Jahren des 15. Jahrhunderts der Suzerän der Insel, der ägyptische Sultan, forderte, dass die Zyprioten seine Flotte bei dem Angriff gegen Rhodos mit Nachschub versorgten. Einmal hingegen erwog eine christliche Macht ernsthaft ein gegen Zypern gerichtetes Bündnis mit den Muslimen. 1383 wollten die Genuesen ihren Kandidaten Jakob I. auf den zyprischen Thron setzen. Als ihre Pläne auf Widerstand stießen, erwogen sie, türkische Truppen des nahe gelegenen Emirats Karamania auf die Insel zu bringen, um ihren Willen durchzusetzen. Es erwies sich schließlich als unnötig und konnte auch den Zyprioten nur recht sein.

Es wäre offenkundig falsch anzunehmen, die Menschen des lateinischen Ostens im Spätmittelalter hätten christlicher Solidarität den höchsten Wert beigemessen und keine freundlichen Beziehungen zu ihren muslimischen Nachbarn unterhalten. Auf lange Sicht beherrschte zwar der Kampf gegen die Türken die Geschichte der Region, doch Rivalitäten zwischen konkurrierenden christlichen Mächten konnten gelegentlich durchaus zu militärischen Kooperationen mit ihnen führen. Doch solche Bündnisse bargen die Gefahr türkischer Expansionen auf Kosten der Christen. Aber die Überlegung, ein Kampf zwischen christlichen Mächten werde muslimische Eroberungen erleichtern, zählte nicht unbedingt viel. Blutige Kriege zwischen Christen waren an der Tagesordnung. Sie reichten von Fehden zwischen den Herrschern kleinerer Inseln in der Ägäis oder Piraterie bis hin zu Konflikten zwischen Großmächten des christlichen Europa. In der ersten Hälfte des 14. Jahrhunderts warf der Konflikt zwischen den Franzosen und Aragonesen seinen Schatten auf den lateinischen Osten. Ab den achtziger Jahren des 13. Jahrhunderts konzentrierte sich dieser Konflikt auf den verbissenen Kampf zwischen den Aragonesen und dem Haus Anjou – einer Nebenlinie des französischen Herrscherhauses – um die Herrschaft über den Süden Italiens. Achaia war ein Vasallenstaat der Anjou; Athen, das der Katalanischen Kompanie unterstand, suchte die Unterstützung Aragoniens. Zwischen beiden Fürstentümern konnte es keine Zusammenarbeit und keine Verständigung geben. Es überrascht nicht, dass Walter von Brienne, der französische Thronfolger im Herzogtum Athen in den dreißiger Jahren des 14. Jahrhunderts, die Anjou gegen die Vorherrschaft der Katalanischen Kompanie um Hilfe ersuchte. Seit den siebziger Jahren des 13. Jahrhundert hatten sich die Anjou und die zyprischen Könige um den Besitz der Krone des Königreiches Jerusalem gestritten. Im frühen 14. Jahrhundert übernahmen die französischen Könige die Führung bei dem Versuch, einen Kreuzzug zu organisieren, um das Heilige Land zurückzugewinnen; doch sie konnten damit, wie wir gesehen haben, in Zypern keine Sympathie erregen, da die Könige von Zypern wussten, dass sie nicht darauf hoffen durften, in Jerusalem als Könige eingesetzt zu werden, und weil Zypern im Falle eines Scheiterns des Kreuzzugs wahrscheinlich die volle Last muslimischer Vergeltungsmaßnahmen hätte tragen müssen. Im zweiten Jahrzehnt des 14. Jahrhunderts war König Heinrich II. von Zypern, der keine leiblichen Erben besaß, gewillt, sein Königreich an das aragonesische Königshaus übergehen zu lassen. In der Folge kam es zwar weder zu einem von den Franzosen angeführten Kreuzzug, noch zur Herrschaft der Aragonesen auf Zypern, aber die Dinge hätten sich auch anders entwickeln können. Das Haus Anjou hatte noch andere Eisen im Feuer, so den Sturz der byzantinischen Kaiser und die Wiederherstellung des Lateinischen Kaiserreichs; es kann kein Zweifel daran bestehen, dass dieses zunehmend unrealistischer werdende Ziel päpstliche Versuche hemmte, den Byzantinern Hilfe zu bringen. Mitte des 14. Jahrhunderts schwand jedoch die Macht der Anjou in Italien, und Frankreich war voll mit seinem Krieg gegen England beschäftigt. Zur selben Zeit wurde den Aragonesen deutlich, dass sie im lateinischen Osten nicht effektiv eingreifen konnten. Die Hegemonie Genuas und Venedigs war so erdrückend, dass aragonesische Kaufleute nur einen ganz bescheidenen dritten Platz einnehmen konnten, und mit dem Sturz der Herrschaft der Katalanischen Kompanie in Athen schwand der aragonesische Einfluss vollends dahin.

In der Ägäis und den angrenzenden Gewässern des Mittelmeeres, wo die Seeverbindungen vielfach wichtiger waren als die Landverbindungen, war die Herrschaft über die Meere von entscheidender Bedeutung. Herrscher wie der Ordensmeister der Johanniter oder die Könige von Zypern besaßen Schiffe, mit denen sie die Meere schützen und die Piraterie eindämmen konnten, doch die größte Flottenmacht lag in den Händen Genuas und Venedigs. In einem Zeitalter, in dem die Galeeren der Handelsflotte zugleich als Kriegsschiffe eingesetzt werden konnten, bedeutete die Vorherrschaft der beiden Republiken im Handel zwischen Europa und dem östlichen Mittelmeerraum zugleich eine Machtkonzentration. Genua und Venedig konnten ihre Flotten einsetzen, um ihre Handelsinteressen zu schützen, und mit dem Aufbau ihrer Handelsflotte verstärkten sie zugleich ihre Kriegsflotten. Im Falle Venedigs griff die Regierung in einem erheblichen Ausmaß regelnd in die Schifffahrt ein, und es lag in der politischen Absicht, Anlaufhäfen entlang der Schifffahrtsroute nach Konstantinopel und in den Orient unter die Herrschaft der Republik zu bringen. In Genua gab es zwar eine solche zentrale Steuerung nicht, doch auch die Genuesen waren in ihren Versuchen, Handelszentren in ihren alleinigen Besitz zu bringen, nicht weniger aggressiv als ihre venezianischen Konkurrenten. Beide Seemächte konkurrierten um Märkte und Handelsprivilegien und beide waren bereit, ihre Macht zu demonstrieren, damit ihre Kaufleute weiterhin den Profit unter möglichst wenigen Handelshemmnissen vermehren konnten.

Die genuesischen Beziehungen zu Zypern sind ein gutes Beispiel, wie sich dieser Durchsetzungswille in der Praxis auswirken konnte. Seit dem frühen 13. Jahrhundert genossen die Genuesen auf der Insel Handelsprivilegien. Gegen 1300 waren jedoch ihre Beziehungen zur zyprischen Regierung schlecht geworden. Das lag teilweise daran, dass die Zyprioten nach genuesischer Ansicht zu große Sympathie für Venedig, die Konkurrentin, gezeigt hatten, und teilweise auch an dem Versuch Zyperns, die genuesischen Privilegien zu beschneiden und das päpstliche Embargo gegen den Handel in mamlukischen Häfen durchzusetzen. Die Genuesen nahmen diese Versuche nicht gerade freundlich auf, da sie ihrer Meinung nach ihre Möglichkeiten beschneiden sollten, unter möglichst geringem Kostenaufwand Handel zu treiben, wo und wann es ihnen gefiel. Im zweiten Jahrzehnt des 14. Jahrhunderts war die Lage so kritisch geworden, dass die Genuesen Strafaktionen gegen die zyprische Küste durchführten. Die zyprischen Regierungen waren naturgemäß darauf bedacht, so viel wie möglich von den Handelsgewinnen abzuschöpfen, und waren nicht bereit, weitere Souveränitätsverluste hinzunehmen, um dadurch Überseekaufleute an ihr Gestade zu locken. Doch andererseits brauchte Zypern die genuesischen Kaufleute auch, wollte es seinen Wohlstand bewahren, und der Handel wurde vor dem Hintergrund meist geringfügiger Streitigkeiten fortgesetzt. 1364 kam es allerdings in Famagusta zu einem ernsteren Zwischenfall, bei dem einige Bürger Genuas ihr Leben verloren. Bei dieser Gelegenheit gab König Peter I. allen Schadenersatzforderungen Genuas nach, weil er verhindern wollte, dass sein geplanter Kreuzzug durch Streitigkeiten mit dieser Seerepublik behindert würde. 1372 wies Zypern jedoch nach einem ähnlichen Zwischenfall Reparationsforderungen Genuas zurück, was, wie schon erwähnt wurde, zum Krieg führte. 1373 schickten die Genuesen eine Kriegsflotte, eroberten Famagusta und fügten der Insel großen Schaden zu. Sie behielten Famagusta als eine sichere Basis für ihren Handel und versuchten, allerdings mit wechselndem Erfolg, die Lusignan zu Tributzahlungen zu zwingen. Man kann zwar sagen, dass sich Zypern diese Katastrophe weitgehend selbst zuzuschreiben hatte, aber es bleibt die Tatsache, dass Genua seine Flottenmacht einsetzte, um die Interessen seiner Kaufleute zu schützen und zu vergrößern, und dabei einen wichtigen Vorposten der Christenheit erheblich schwächte.

Aus dem Handel ließen sich riesige Profite ziehen. Der Kampf um einen möglichst großen Anteil brachte Venedig und Genua häufig in Konflikt. Zwischen den fünfziger Jahren des 13. Jahrhunderts und 1381 kam es zu vier größeren Kriegen zwischen den beiden Republiken. Einer davon, der Krieg von Saint Sabas, der 1256 ausbrach, hatte seine Ursache in Streitigkeiten um Besitzungen in Akkon, doch die anderen drei, die Kriege von 1294 bis 1299, 1350 bis 1355 sowie 1376 bis 1381, entsprangen hauptsächlich aus der Konkurrenzsituation in der Romania. Obwohl sich viele Kampfhandlungen im Westen ereigneten, lieferte jedesmal der Handel mit Konstantinopel und der Schwarzmeerregion den Kriegsgrund. Paradoxerweise führten militärische Erfolge nicht unbedingt zu einer Handelshegemonie, und nie konnte eine Seite durch einen entscheidenden Sieg die Handelsaktivitäten des Gegners unterbinden. Genuas Scheitern im Krieg von Tenedos, der so kurz nach der kostspieligen Zyperninvasion kam, leitete eine Epoche politischer Unsicherheit ein, während der genuesische Interessen im östlichen Mittelmeerraum schrittweise zurückgedrängt wurden. Im 15. Jahrhundert behielt Venedig den größten Anteil am Handel mit Ägypten und Syrien und trug die Hauptlast in den Auseinandersetzungen mit der osmanischen Marine in der Ägäis und den umliegenden Gewässern, während Genua die Vorrangstellung Venedigs nicht mehr in Frage stellte. Kreta und ab den siebziger Jahren des 15. Jahrhunderts auch Zypern waren wertvolle venezianische Besitzungen. Damit ließ sich das genuesische Chios nicht vergleichen.

In keiner der lateinischen Besitzungen des Ostens stellten die Westeuropäer jemals die Mehrheit der Einwohner. Vor allem in den ländlichen Gebieten war die Bevölkerung überwiegend griechisch. Die Häfen hingegen waren kosmopolitisch geprägt. Famagusta beispielsweise besaß eine große Arabisch sprechende Gemeinde von Syrern, die Seite an Seite mit Griechen und Franken, Italienern, Juden und Armeniern lebten. Viele Menschen, selbst durchaus arme, besaßen Sklaven, die nach den erhaltenen Dokumenten slawischer, asiatischer oder afrikanischer Herkunft waren. Es gab stets eine nur kurz am Ort verweilende Bevölkerung von Kaufleuten und Seefahrern, doch von den längerfristig Ansässigen besaßen viele das Bürgerrecht Venedigs oder Genuas, auch wenn sie nie in ihrer angeblichen Herkunftsstadt gelebt hatten. Von dem frühen 15. Jahrhundert an gibt es Beweise, dass eine Lingua franca, die sich aus Wörtern und Sätzen aller vor Ort vertretenen Sprachen zusammensetzte, im alltäglichen Gebrauch war. Die meisten Menschen europäischer Herkunft im Osten sprachen wahrscheinlich eine Form des Italienischen. In Zypern, Achaia und Athen waren die ersten feudalen Grundbesitzer Franzosen gewesen, doch wurden sie später von Italienern und Katalanen überlagert. In Athen kam dieser Wechsel gewaltsam zustande, nämlich 1311 mit der Machtübernahme der Katalanischen Kompanie. In Achaia wurden die Adligen mit französischen Namen während des 14. Jahrhunderts von Italienern abgelöst. In Zypern verlief dieser Prozess langsamer, obwohl schon am Ende des 14. Jahrhunderts ein westlicher Besucher der Insel mit offensichtlicher Verwunderung feststellte, der König spreche »ein sehr gutes Französisch«. Erst unter Jakob II. und in den Jahren des Bürgerkrieges von 1460 bis 1464 herrschten spanische und italienische Namen im Adel der Insel vor.

In der frühen Phase der lateinischen Herrschaft hielten sich die westlichen Eroberer im Allgemeinen von der Masse der Bevölkerung getrennt. Doch schrittweise brachen angesichts von Mischehen und der bestehenden Enge des Zusammenlebens die Schranken, und es kam zu kulturellem Austausch zwischen den verschiedenen Bevölkerungsgruppen. Doch blieb das religiöse Bekenntnis ein bestimmender Faktor. Die westlichen Herrscher setzten überall lateinische Bischöfe und Geistliche ein und versuchten, den griechischen Klerus in eine untergeordnete Stellung zu zwingen. In der Regel wurden Maßnahmen wie die Übertragung von Stiftungen an die Lateiner und die Beseitigung oder Verkleinerung griechischer Bistümer ergriffen. Der griechische Klerus musste sich verpflichten, die geistliche Jurisdiktion seiner lateinischen Oberen und letztlich die des Papstes anzuerkennen. Viele der griechischen Geistlichen fügten sich widerwillig, andere jedoch setzten sich zur Wehr und brachten ihren Rechtsstreit in Rom vor. Die lateinischen Herrscher wussten, dass sie vorsichtig vorgehen mussten. Wenn sie dem griechischen Klerus zu große Freiheit gewährten, konnte er zum Zentrum der Unzufriedenen werden; behandelte man ihn zu schlecht, waren wiederum Ausbrüche des Volkszorns zu fürchten. In Zypern hatte spätestens seit 1300 jeder lateinische Bischof einen griechischen Koadjutor, der für die Priester und Kirchen des griechischen Ritus in der Diözese verantwortlich war. Im 14. Jahrhundert griffen die Behörden der Insel wenigstens zweimal ein, um zu verhindern, dass Kleriker, die gerade neu aus Westeuropa angekommen waren, den Versuch machten, den Griechen den lateinischen Ritus aufzuzwingen, was einen Aufruhr hätte auslösen können. In der Praxis entwickelte sich zwischen Griechen und Lateinern ein Modus Vivendi. Er entsprach zwar nicht den Wünschen der Theologen und Pamphletisten beider Seiten, scheint aber den größten Teil der Bevölkerung zufrieden gestellt zu haben. Im 14. Jahrhundert blieben immer mehr Mitglieder des lateinischen hohen Klerus von ihren Diözesen fern, und auch das mag zur Verminderung der Spannungen beigetragen haben. Die politischen Krisen, die Pestepidemie und das Schisma von 1378 trugen dazu bei, das lateinische Kirchenestablishment im Osten weiter zu schwächen, und dieser Niedergang setzte sich auch im 15. Jahrhundert fort.

Vor diesem Hintergrund finden wir vom 14. Jahrhundert an Klagen, dass lateinische Christen griechische Gottesdienste besuchten. In vielen Fällen mag das Fehlen lateinischer Priester die Ursache für dieses Verhalten gewesen sein, doch oft taten die Menschen das auch aus freien Stücken: Die Mischehen und die Zweisprachigkeit müssen Auswirkungen auf die gesellschaftliche und religiöse Einstellung gehabt haben. Gelegentlich finden sich auch Beispiele von Griechen oder anderen Ostchristen, die zum römischen Glauben konvertierten. Das zyprische Geschlecht der Audeth im 15. Jahrhundert dient als Beispiel für den Zerfall traditioneller Loyalitätsverhältnisse. Ursprünglich waren sie syrische Jakobiten, doch in den fünfziger Jahren des 15. Jahrhunderts treffen wir ein Mitglied dieser Familie als Domherrn an der Kathedrale von Nikosia an und später als lateinischen Titularbischof von Tortosa; ungefähr zur selben Zeit stiftete ein anderer Angehöriger dieser Familie in seinem Testament Seelenmessen in jakobitischen, koptischen, maronitischen, griechischen und armenischen Kirchen sowie in der lateinischen Kathedrale von Nikosia.

Es ist schwer einzuschätzen, wie verbreitet solche Wechsel in der Glaubensrichtung waren und welche Ursachen sie im Einzelnen motivierten. Die Verwischung der Grenzen zwischen den Konfessionen zeigt sich auch in der zeitgenössischen Kunst und Architektur. So gibt es Ikonen, die eindeutig Werke griechischer Meister sind, aber lateinische Inschriften tragen, und andere, die griechische Inschriften tragen, aber von Lateinern gestiftet wurden; ein zyprischer König stellte eine lateinische Liturgie zusammen, der beim Fest des griechischen Heiligen Hilarion Verwendung finden sollte; in Famagusta wurde im 14. Jahrhundert die griechische Kathedrale durchgängig im Stil der italienischen Gotik umgebaut; anderswo finden sich Vermischungen architektonischer Stilformen westlicher und östlicher Provenienz. Einige Kirchengebäude zeigen Spuren baulicher Veränderungen, die darauf hindeuten, dass separate Altäre für die Gottesdienste lateinischer und griechischer Priester vorhanden waren. In Kreta war diese wechselseitige Befruchtung der künstlerischen Traditionen besonders ertragreich; es entwickelte sich dort eine einflußreiche Malerschule, deren berühmtester Vertreter El Greco wurde. Im 16. und 17. Jahrhundert brachte Kreta eine griechische Literatur hervor, die weitgehend von italienischen Vorbildern bestimmt war. Westliche Reisende blickten manchmal misstrauisch auf jene lateinischen Siedler des Ostens, die sich in Sprache und Kleidung ihren griechischen Nachbarn angenähert hatten; diese Veränderungen zeigen, dass die Gesellschaft nicht mehr polarisiert, sondern in beträchtlichem Ausmaß zu einem neuen Ganzen verschmolzen war.

Auf Zypern beschäftigten die Könige üblicherweise orthodoxe Griechen in ihrer zentralen Finanzverwaltung, dem *secrète*; die Briefe dieser Behörde wurden in französisch, italienisch oder griechisch abgefasst, wie es die Zweckdienlichkeit gerade erforderte. Im 14. und 15. Jahrhundert scheint eine eng verbundene Gruppe orthodoxer Beamtenfamilien das Personal dominiert zu haben. Der im frühen 15. Jahrhundert lebende zyprische Historiker Leontios Makhairas gehörte einer dieser Familien an; seine Chronik, die von der griechischen Volkssprache seiner Zeit beeinflusst ist, zeigt, in welchem Ausmaß westliche Lehnwörter von der örtlichen griechischen Bildungsschicht aufgenommen worden waren. Sie spiegelt zugleich die Einstellung eines typischen Mitglieds dieser Klasse wider: selbstbewusst und verteidigungsbereit hinsichtlich seines orthodoxen Glaubens, mit einer leicht sentimentalen Sehnsucht nach der imperialen Ordnung der Vergangenheit; spöttisch gegenüber Konvertiten zum Katholizismus; zugleich jedoch loyal und respektvoll gegenüber seinen Königen aus dem Geschlecht der Lusignan.

Die Herrscher des lateinischen Ostens waren weitgehend damit zufrieden, ihre Untertanen so weiterleben zu lassen, wie sie das schon immer getan hatten. Auf Kreta und in Südgriechenland hatte eine Klasse griechischer Landbesitzer die fränkische Machtübernahme unbeschadet überstanden; gegen 1300 hatten sie die Machthaber davon überzeugt, sie als einen integralen Bestandteil der gesellschaftlichen Hierarchie zu akzeptieren. Ländliche Gemeinden behielten in der Regel ihre frühere Organisationsform bei, mit dem Unterschied, dass der Herrscher oder Landbesitzer, an den jetzt Abgaben geleistet werden mussten, nun ein Franke und kein Grieche mehr war. Es gibt keinen Grund zu vermuten, dass die lateinischen Herrscher mit ihren Bauern härter umgegangen seien als ihre Vorgänger, es wäre eher noch möglich, dass sich das Los der *paroikoi*, der Leibeigenen, etwas verbesserte. Neben ihren Einkünften aus der Landwirtschaft konnten die meisten Herrscher mit einem Anteil aus den Handelsprofiten rechnen. Die venezianischen Gebiete wurden von Beamten verwaltet, die die Republik entsandte. Für jene war die Erleichterung und Verbesserung der Handelsbedingungen für venezianische Kaufleute eine ihrer vornehmsten Pflichten. Die Förderung der Handelsinteressen war nämlich der eigentliche Grund für das Vorhandensein vieler überseeischer Besitzungen der Republik. Doch alle Herrscher profitierten von den Handelszöllen, ebenso von dem allgemeinen Wohlstand, den ein blühender Handel mit sich brachte.

In manchen Fällen mussten Herrscher oder Grundbesitzer in Landwirtschaft und Produktionsanlagen investieren. Ein gutes Beispiel stellt die Zuckerproduktion auf Kreta und Zypern dar. Der Anbau des Zuckerrohrs erforderte eine gute Versorgung mit Wasser, und so brachte dieser Erwerbszweig fast immer Veränderungen in der landwirtschaftlichen Nutzung mit sich, wobei an die Stelle des Anbaus verschiedener Feldfrüchte eine Monokultur trat. Zuckerfabriken, wie sie in Kouklia und Episkopi auf Zypern ausgegraben wurden, waren teuer in der Errichtung und benötigten viele Arbeitskräfte. Die Eigentümer mussten daher ein beträchtliches Kapital besitzen. Wahrscheinlich setzten sie für die Arbeit in den Fabriken Sklaven ein. Es ist kein Wunder, dass sich nur die reichsten Einzelpersonen und Korporationen mit der Zuckerproduktion befassen konnten: Die Anlagen in Kouklia gehörten dem zypri-

ZWEI RHODISCHE GALEEREN unter Führung des Johanniters Georges de Bosredon besiegen die Türken, um 1460. Illustration aus einem um 1475 entstandenen Stundenbuch für Pierre de Bosredon, den Johanniterprior der Champagne. Das Buch enthält eine Liste von sechzig Johannitern, die an dieser kriegerischen Aktion teilnahmen.

DAS ANONYME, AUS GRAZ STAMMENDE GEMÄLDE zeigt Konrad von Stauchwitz, den Landkomtur von Österreich, in Anbetung vor der Madonna, dem heiligen Christopherus und der heiligen Anna. Der Ritter trägt eine juwelengeschmückte Rüstung; den Schild und die Fahne des Deutschen Ordens hat er niedergelegt. Unter dem Bild finden sich die Namen und Wappen der vier Großeltern des Landkomturs, die wahrscheinlich dargestellt wurden, um seinen Adel besonders zu betonen.

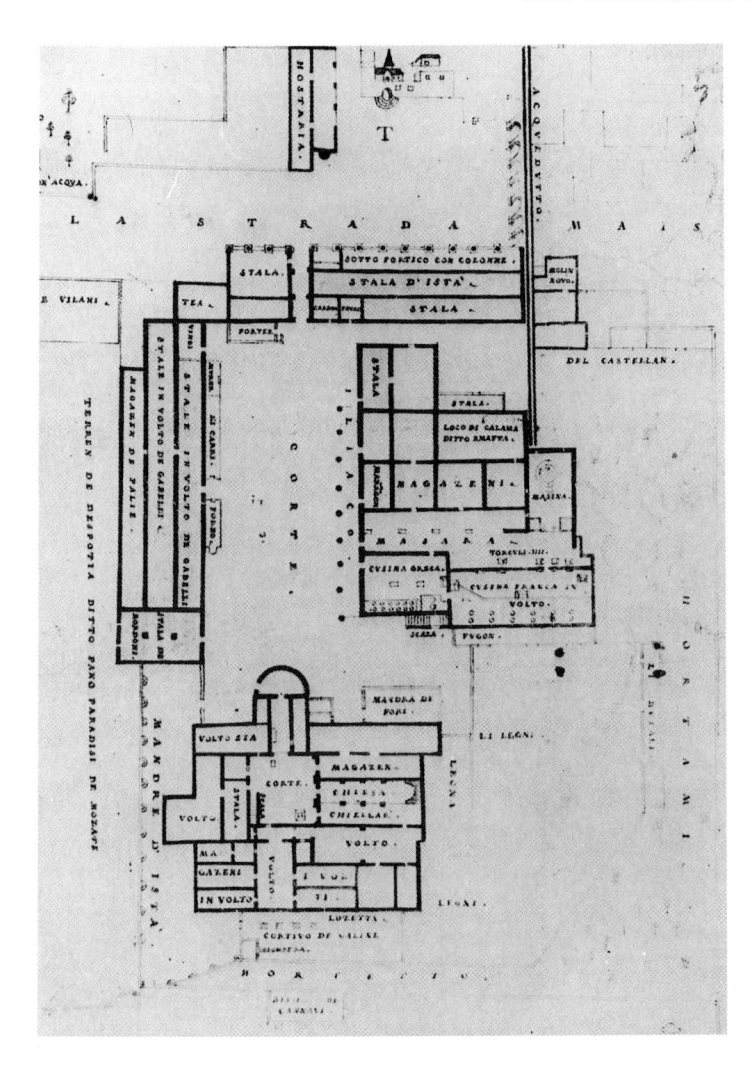

DER VENEZIANISCHE GRUNDRISS DER ZUCKERFAKTOREI BEI EPISKOPI – das »Castello de Piscopia« – ist auf 1551 datiert. Das Landgut, das im Süden Zyperns in der Nähe von Kolossi liegt, befand sich ab der Mitte des 14. Jahrhunderts im Besitz des venezianischen Patriziergeschlechts der Cornaro.

schen König; die in Kolossi den Johannitern; jene in Episkopi dem venezianischen Geschlecht der Cornaro. Das Produkt wurde fast ausschließlich nach Westeuropa exportiert. Im Falle der Johanniter und der Cornaros wanderte auch der größte Teil der Profite ins Ausland, nach Rhodos beziehungsweise Venedig, wo sie das Vermögen einer der führenden venezianischen Patriziergeschlechter vergrößerten. Dieses Beispiel einer halb landwirtschaftlichen, halb industriellen Produktion führt naturgemäß zu der Frage, inwieweit die lateinischen Regime des östlichen Mittelmeerraums die kolonialen Unternehmungen einer späteren Epoche vorwegnahmen. In mancher Hinsicht erinnert die zyprische Zuckerindustrie an die späteren Plantagen in der Karibik; doch kann von einer genauen Entsprechung nicht die Rede sein.

Überall im lateinischen Osten stellten Ausländer die herrschende Elite, die in eine Gesellschaft einbrachen, deren Sprache, Religion und gesellschaftliche Organisation sich von ihrer

DIE FESTUNG KOLOSSI BEI LIMASSOL gehörte dem Johanniterorden und war das Zentrum für die Verwaltung seiner ausgedehnten Besitzungen auf Zypern. Das vorhandene Gebäude wurde in der Mitte des 15. Jahrhunderts errichtet.

eigenen unterschied. Das war keineswegs die Ausnahme: Die herrschende Elite im Osmanischen Reich war für die Einheimischen genauso fremd, zumindest in den europäischen Gebieten, und die mamlukische Elite in Ägypten gehörte auch nicht dem ägyptischen Volk an und hielt sich von ihm fern. Die lateinischen Regime unterschieden sich auch untereinander erheblich. In den venezianischen Besitzungen wurden die örtlichen Gouverneure direkt von der Republik auf eine bestimmte Zeit ernannt; sie hatten ihr Territorium in Übereinstimmung mit den Forderungen der Republik zu verwalten. Am anderen Ende des Spektrums standen die zyprischen Könige, die niemandem verantwortlich waren und ihr Reich im eigenen Interesse regierten. Im politischen Sinn können daher die venezianischen Häfen und Inseln als Kolonien bezeichnet werden, das Zypern der Lusignan jedoch nicht. Die genuesischen Besitzungen, die eine größere Autonomie besaßen als die venezianischen, sowie das Fürstentum Achaia und das Herzogtum Athen, die der Souveränität der Anjou beziehungsweise der Aragonesen unterstanden, liegen zwischen den beiden Extremen.

Lässt sich aber der lateinische Osten in ökonomischer Hinsicht als Kolonialgebiet auffassen? Sowohl Venedig als auch Genua bezogen aus ihren Überseeterritorien Nahrungsmittel und Rohstoffe: Wein, Olivenöl, Getreide, Dörrfrüchte, Alaun aus dem genuesischen Phokaia, Zucker und später auch Baumwolle aus Kreta und Zypern. Insbesondere die Venezianer waren eifrig darauf bedacht, dass ihre eigenen Kaufleute und Reeder den Handel zwischen Venedig und den östlichen Märkten bedienten, aber in Genua gab es geringere Beschränkungen, so dass Schiffe mit Produkten aus den genuesischen Besitzungen im Osten nicht unbedingt gezwungen waren, ihre Ladung in Genua zu löschen. Obwohl also der lateinische Osten Rohstoffe nach Europa lieferte, kann wiederum nur im Falle Venedigs eindeutig von einem kolonialen Verhältnis gesprochen werden. Die Produkte der übrigen Gebiete wurden auch in anderen Teilen der Mittelmeerwelt verkauft. Die wertvolleren Waren, etwa Seide aus Theben, Mastix aus Chios sowie Zucker, erforderten höhere Investitionen, sie führten jedoch niemals so ausschließlich zu Monokulturen, wie sie später die Kanarischen Inseln, die Karibik oder den Süden der Vereinigten Staaten prägten. Entsprechend war auch nirgendwo im lateinischen Osten die vollständige Abhängigkeit von nur einem Produkt gegeben, was die Gefahr einer wirtschaftlichen Katastrophe in sich birgt, wenn der Markt für dieses Produkt zusammenbricht.

Die Vorstellung, dass die Ökonomie vor Ort so eingerichtet wurde, dass sie den Interessen der fernen Führungsmacht dienen konnte, trifft nicht zu. Die italienischen Seerepubliken bezogen einen beträchtlichen Anteil ihres Reichtums aus dem Fernhandel mit Luxusgütern. Für den lateinischen Osten ergab das einen Profitanteil am Durchgangshandel. Konstantinopel, Famagusta und Ayas im kilikischen Armenien sowie die Schwarzmeerhäfen blühten, zumindest einige Zeit lang, als Umschlagplätze für den Handel mit Gewürzen aus dem fernen Orient, und ihr Wohlstand hing ganz entscheidend von der dauerhaften Anwesenheit westlicher Kaufleute ab. Diese besaßen in ihrer Gesamtheit große wirtschaftliche Macht, doch erlaubte diese ihnen nicht notwendigerweise, einen dominierenden Einfluss auf die Politik der jeweiligen Mächte auszuüben.

In ländlichen Gebieten nutzten die Grundbesitzer ihre Rechtsansprüche auf das Land und die Bauern aus und schöpften die Profite ab. Viele von ihnen, selbst im venezianischen Kreta, lebten auf ihren Besitzungen. Andere hingegen nicht, was bedeutete, dass die Profite aus der Landwirtschaft der jeweiligen Gesamtwirtschaft entzogen werden konnten. So zogen beispielsweise die Cornaro, ein venezianisches Patriziergeschlecht, einen Teil des Profits aus den Zuckerplantagen und -raffinerien von Episkopi auf Zypern ab, um ihren Reichtum zu vermehren. Gewiss nahmen die Produktionsstätten der Cornaro spätere koloniale Unternehmen vorweg, aber wahrscheinlich handelten sie auch nicht anders als die früheren byzantinischen Grundbesitzer, die ebenfalls landwirtschaftliche Profite aus den Provinzen des Reiches herausgezogen hatten, um sie für sich und ihre Geschlechter in Konstantinopel zu verwenden.

In einem früheren Kapitel dieses Buches wurde die Frage gestellt, ob Palästina und Syrien im hohen Mittelalter möglicherweise religiöse Kolonien waren. Diese Gebiete waren jetzt verloren, und die westliche Gesellschaft des lateinischen Ostens im Spätmittelalter als eine koloniale zu bezeichnen geht zu weit. Die Herrscher, Siedler und Kaufleute waren darauf bedacht, genug Geld zu verdienen, um ihren Lebensunterhalt zu bestreiten. In mancher Hinsicht handelten sie ähnlich den Pflanzern und Kolonialbeamten jüngerer Zeiten. Doch wenn man die Aufmerksamkeit ausschließlich auf solche Züge richtet, verzerrt man die Realität. Die westliche Herrschaft unterschied sich wenig von früheren. Die Lateiner legten es nicht darauf an, die Gesellschaft zu verändern, und der einheimischen Bevölkerung ging es wahrscheinlich nicht schlechter als zuvor. Für einen Idealismus, der mit dem der Kreuzfahrer des 12. Jahrhunderts vergleichbar gewesen wäre, fehlen die Hinweise, doch bei allem Bedürfnis, Geld einzunehmen und ihre Besitzungen zu bewahren, starb doch bei den Lateinern auch die Vorstellung nicht aus, dass sie die Mächte des Islam in Schach zu halten und die Christenheit zu verteidigen hätten. Die Herrscher Zyperns, die Johanniter auf Rhodos und die Venezianer in ihrem jahrhundertelangen Kampf gegen die Türken – sie alle hielten es für ihre religiöse Pflicht, den muslimischen Angriffen standzuhalten. Wenn sich ihre religiöse Motivation mit der Verteidigung der eigenen Einkünfte vermischte, so waren sie gewiss weder die ersten noch die letzten, auf die das zutraf.

13
DIE RITTERORDEN
1312 BIS 1798

ANTHONY LUTTRELL

Das späte Mittelalter: Ordensstaaten und Orden im Nationalstaat

Zu Beginn des 14. Jahrhunderts unterschied sich der formelle Status des Mitglieds eines Ritterordens der lateinischen Kirche nicht wesentlich von dem zur Zeit der Ordensgründungen im 12. Jahrhundert, obwohl die Kodifizierung des geistlichen Rechts fortschritt und neue Statuten und andere Gesetze innerhalb der einzelnen Orden erlassen wurden. Es war nicht mehr üblich, dass die Brüder ausschließlich aus geistlichem Enthusiasmus oder durch die Aussicht auf Kämpfe, die direkt zur Wiedereroberung des Heiligen Landes führen sollten, zum Eintritt bewogen wurden. Doch die meisten Orden nahmen weiterhin die Armuts-, Keuschheits- und Gehorsamsgelübde ab, und alle Ritterorden verpflichteten ihre Mitglieder auf die Ordensregel. Jeder Orden besaß ein solches von den Päpsten bestätigtes Statut. Dass die Päpste in der Lage waren, in die inneren Angelegenheiten eines Ordens einzugreifen, ja ihn sogar aufzulösen, wurde dramatisch bewiesen, als Papst Clemens V. 1312 die Templer aufhob.

Abgesehen von Preußen und Livland kam es nun immer seltener vor, dass die Brüder gegen ungläubige Feinde in den Krieg ziehen mussten; meist nahmen sie eine sichere, wenn auch unscheinbare Position innerhalb der jeweiligen Gesellschaft ein. Es kam auch immer seltener vor, dass sie ein liturgisch ausgerichtetes Leben in einer Gemeinschaft religiös bestimmter Menschen führten. Die verschiedenen Ritterorden unterschieden sich zwar stark voneinander, doch im Allgemeinen nahmen sie Ritter, Dienstleute, Priester und Nonnen auf, die sich offiziell alle in erster Linie der bewaffneten Auseinandersetzung gegen die Ungläubigen verschrieben hatten. Ihre Mitglieder durften zumindest den Ordensregeln nach keine Kreuzzugsgelübde ablegen, obwohl sie natürlich an Kreuzzügen gegen die Ungläubigen teilnahmen. Bis 1312 hatte sich eine deutliche Kluft zwischen dem anhaltenden Heiligen Krieg der Ritterorden, deren Mitglieder – außer in besonderen Situationen – nicht gegen Mitchristen kämpfen sollten, und den päpstlicherseits proklamierten Kreuzzügen herausgebildet, die eines besonderen Anlasses bedurften und sich häufiger gegen Katholiken und andere Christen als gegen Ungläubige richteten.

RHODOS. Die dünnen vorgehängten Mauern und hohen Türme der Hafenbefestigung stammen noch aus der Zeit vor dem Gebrauch des Schießpulvers; sie entstanden gegen 1480. Auf diesem Stich aus dem Jahre 1853 ist auf dem Hügel im Hintergrund der 1856 zerstörte Palast des Ordensmeisters erkennbar.

Die psychologische Wirkung der Templeraffäre muss sehr groß gewesen sein, aber es gibt wenig unmittelbare Hinweise auf einen Rückgang der Beitrittsbereitschaft zu den übrigen Ritterorden. Die Funktion der Orden war schon zuvor Thema weit verbreiteter Kritik und einer Debatte gewesen, in der man erwog, alle Orden in einem zu vereinigen oder sogar ihre Ländereien zu konfiszieren. Darüber hinaus setzte der Papst 1310 eine Untersuchungskommission ein, die den schwersten Beschuldigungen gegen die Tätigkeit des Deutschen Ordens in Livland nachgehen sollte. 1309 verlegte der Orden seinen Hauptkonvent, das heißt seine Zentrale, von Venedig nach Marienburg in Preußen, während der Johanniterorden 1306 mit der Eroberung von Rhodos begann. Diese Invasion mit teils piratischen Zügen war wahrscheinlich erst 1309 abgeschlossen, begann jedoch ein Jahr vor dem Schlag gegen die Templer (1307). Vielleicht reichte sie aus, um dem Johanniterorden ein ähnliches Schicksal zu ersparen. Obwohl sich ihr Angriff im Wesentlichen gegen christliche Schismatiker, die Griechen, richtete, bot er den Johannitern eine Fülle leicht nachvollziehbarer Rechtfertigungsgründe in Bezug auf ihre Hauptaufgabe, den Kampf gegen die Ungläubigen. Zugleich verschaffte er ihnen eine Unabhängigkeit, wie sie sie auf Zypern nicht besessen hatten. Der daraus resultierende Prestigegewinn wurde von dem Ordensmeister Foulques von Villaret klug genutzt. Er reiste in den Westen und initiierte einen vom Papst und den Johannitern getragenen Kreuzzug, dessen Truppen unter seiner Führung 1310 von Italien absegelten und auf dem anatolischen Festland Eroberungszüge gegen die Türken unternahmen. Nach 1312 war der Johanniterorden in ganz Westeuropa damit beschäftigt, den enormen Landbesitz der Templer, den er vom Papst erhalten hatte, zu ordnen und in den eigenen Besitz einzugliedern. Außerdem durchlebte der Orden eine tiefe Finanzkrise, die durch die kostspielige Eroberung von Rhodos und die Extravaganzen des Ordensmeisters Foulques von Villaret ausgelöst worden war, die 1317 zu seiner Absetzung und anschließend zu internen Querelen führten, die dem Orden schadeten. Die spanischen Könige akzeptierten die Zusammenlegung der Reichtümer und Ressourcen des Johanniter- mit denen des Templerordens nur äußerst widerwillig. Sie behaupteten hartnäckig, die Templer hätten ihren Besitz für ihren Beitrag zur Reconquista, nicht jedoch für Wiedereroberungen im östlichen Mittelmeerraum erhalten. In Kastilien wurde vielfach Templerbesitz vom Adel mit Beschlag belegt, während in Valencia und Portugal neue nationale Ritterorden gegründet wurden.

Papst Clemens V. rettete zwar den Templerorden nicht, bewahrte aber die meisten Besitztümer des Ordens vor dem Übergang in weltliche Hände und verteidigte zugleich das Prinzip, dass sich weltliche Mächte weder in die inneren Belange der geistlichen Ritterorden einmischen noch über sie urteilen sollten. Die Interessen der einzelnen Orden wichen häufig von

EIN UNBEKANNTES MITGLIED DES MONTESAORDENS AUS VALENCIA, wahrscheinlich ein Ritter, kniet als Stifter vor der Madonna der Ritter des Montesaordens, die gegen Ende des 15. Jahrhunderts wahrscheinlich von Paolo di San Leocadio gemalt wurde.

denen des Papstes ab, doch von 1312 bis 1378 nutzten die Päpste von Avignon ihre Möglichkeit, die Orden zu ermutigen, zu rügen und manchmal auch zu bedrohen. Sie übten die Funktion eines Berufungsgerichts für die Ordensbrüder aus, legten interne Streitigkeiten bei und intervenierten wiederholt in allen Ländern der lateinischen Christenheit, um die Interessen und Privilegien der Orden zu schützen. Eine Anzahl unbedeutender Orden, so der englische Orden des heiligen Thomas, der in Zypern eine kleine Einrichtung unterhielt, gaben im 14. Jahrhundert alle militärischen Ambitionen auf. Im Baltikum versuchten die Päpste, die Aktivitäten des Deutschen Ordens, der auf eine so weite Entfernung nur schwer zu kontrollieren war, gegen die Interessen der anderen Mächte abzuwägen, die ebenfalls versuchten, die heidnischen Litauer und Liven zum Christentum zu bekehren; bei Streitigkeiten mit den Franziskanern, dem Erzbischof von Riga, dem König von Polen und anderen weltlichen Herrschern umgingen die Ordensbrüder häufig die Befehle des Papstes. 1319 entschied Papst Johannes XXII. den Verfassungsstreit innerhalb des Johanniterordens, indem er den tüchtigen Hélion von Villeneuve zum neuen Ordensmeister bestimmte. Von Avignon aus drängten die Päpste auf Aktionen und Reformen, nachdem sich Rhodos zu einem herausragenden antitürkischen Bollwerk entwickelt hatte. Die in Avignon residierenden Päpste erweiterten die Eingriffe der Kurie in alle innerkirchlichen Belange in starkem Maße und versuchten gelegentlich auch, Ämterbesetzungen innerhalb der Ritterorden zu beeinflussen – insbesondere in Italien, wo sie eine Anzahl von Johannitern als Leiter der päpstlichen Provinzen einsetzten. Doch verfuhren die Päpste mit dem Johanniterorden und dem Deutschen Orden vorsichtiger; erst 1377 setzte Gregor XI., der zuvor eine allgemeine Überprüfung der Ressourcen des Johanniterordens angeordnet hatte, einen langjährigen Günstling namens Juan Fernández de Heredia als Ordensmeister auf Rhodos ein. In der Folge verschlechterte sich die Lage für alle Orden außer für den Deutschen, weil die Päpste immer mehr in die Ämterbesetzungen und Wahlen eingriffen und zudem den Orden ihre Ländereien durch päpstliche Vorbehalte oder als Geschenke an Günstlinge, Verwandte und andere zeitweilig oder auf Dauer entzogen.

In Spanien waren die Muslime 1312 schon weit in den Süden zurückgedrängt; kriegerische Aktivitäten gegen sie gab es nur noch sporadisch. Die Ritterorden fuhren fort, ihre umfangreichen Besitzungen auszubauen und zu nutzen, doch die spanischen Könige waren darauf bedacht, Ländereien, Rechte und Privilegien, die sie den Ritterorden vorher gewährt hatten, zu kontrollieren und, wenn möglich, wieder einzuziehen. Die aragonesische Krone sicherte sich Ländereien der Templer und Johanniter in Valencia für den neuen Orden von Montesa, der die Grenze gegen die Mauren bei Murcia schützen sollte. 1317 wurde vereinbart, dass der Leiter des aragonesischen Johanniterordens dem König persönlich huldigen sollte, bevor er seine Amtsgeschäfte antrat. Der König, der bereits verhindern konnte, dass Geld und Soldaten nach Rhodos abwanderten, gewann nun eine Kontrollmöglichkeit über die Ämterbesetzungen des Ordens und konnte einen Teil der Ritter und Einkünfte der Johanniter für eigene Zwecke einsetzen. Wie wichtig das war, erwies sich eindrucksvoll während der großen Aufstände von 1347 und 1348, als alle Ritterorden zum König standen, und von 1356 an in den

AUF DIESER MINIATUR (um 1430) präsentiert Rabbi Moses Arrangel dem Meister des Calatravaordens, Luís de Guzmán, seine Übersetzung der Bibel vom Hebräischen ins Spanische. Der Meister ist auf seinem Thron dargestellt; er hält das Zeremonialschwert. Ritter des Ordens, am roten Kreuz kenntlich, umringen den Übersetzer, während andere Brüder, die keine Schwerter tragen, karitative Taten ausführen, Nahrung und Kleidung an Bedürftige verteilen, die Beladenen trösten und die Toten begraben.

Kriegen mit Kastilien. Die Versuche des Königs, den unbedeutenden Orden von San Jorge de Alfama aufzuwerten, waren wenig erfolgreich. 1378 wurden der Ordensmeister und seine Schwester von afrikanischen Piraten aus Alfama entführt, 1400 ging San Jorge de Alfama in dem Orden von Montesa auf. Zwei Jahre später wollte König Martin I. alle aragonesischen Ritterorden, auch die Johanniter, in *maestrats* (Ämter) unter königlicher Aufsicht umwandeln und sie zur See gegen die Mauren einsetzen. 1451 dachte Alfons V. daran, den Orden von Montesa, der keine eigene militärische Funktion besaß, auf Malta anzusiedeln.

Die kastilischen Orden von Santiago, Alcántara und Calatrava behielten ihre ursprüngliche Tätigkeit der Verwaltung und Verteidigung ihrer ausgedehnten andalusischen Latifundien gegen die Mauren bei, obwohl die Grenze weit in den Süden verschoben war und viele Besitzungen nun im Hinterland lagen. Bis tief ins 15. Jahrhundert hinein mussten die Orden immer noch Bauern in Grenzdörfern ansiedeln, die von ihren ehemaligen maurischen Bewohnern verlassen worden waren. Solche Neuansiedlungen hatten die Orden auch anderswo vorgenommen, beispielsweise die Johanniter des Languedoc im 14. Jahrhundert. Die kastilischen Orden hatten jedoch auch andere Funktionen: Der Alcántaraorden beispielsweise bewachte die portugiesische Grenze in der Estremadura. 1331 verwarf der Papst eine alte Forderung Alfons' XI., aus den Besitzungen der kastilischen Tempelritter einen neuen Orden zu gründen. Diese Weigerung schien sich als richtig zu erweisen, als sich alle spanischen Ritterorden in der siegreichen Schlacht am Fluss Salado (1340) bewährten, die schließlich zur Einnahme von Algeciras führte (1344). Bald danach jedoch kamen die Versuche zu einer Wiedereroberung der gut bewehrten Bergfestung Granada zum Erliegen, als in Kastilien ein lang anhaltender Bürgerkrieg ausbrach, der die Orden tief in die Intrigen der Adelsgeschlechter und in schwerwiegende politische Konflikte hineinzog. So wie der Orden von Montesa setzten auch die kastilischen Orden ihre Ressourcen nur gelegentlich zum Kampf gegen die Ungläubigen ein. 1361 kämpften die Meister der drei kastilischen Ritterorden und der Prior der Johanniter in einer Armee des Königs, die zunächst einen Sieg gegen die Mauren errang, dann aber vor Guadix geschlagen wurde. Der Meister des Calatravaordens geriet dabei in Gefangenschaft.

In Kastilien blieb die Lage an der maurischen Grenze lange unverändert. In den 110 Jahren zwischen 1350 und 1460 herrschte mit Ausnahme von 25 Jahren ständig Waffenstillstand. Gegen 1389 führten die Meister des Calatrava- und des Alcántaraordens einen militärischen Streifzug bis an die Tore Granadas. Sie plünderten die Vorstädte und forderten den muslimischen König heraus. Als 1394 Martín Yáñez de la Barbuda, der Meister des Alcántaraordens, den Waffenstillstand brach und – beseelt von der Hingabe an die Idee des Heiligen Krieges – einen kühnen Einfall unternahm, der ihm den Tod brachte, entschuldigte sich der König, der versucht hatte, den Ordensmann zurückzuhalten, bei dem Herrscher Granadas. Es war der Regent Ferdinand, der die Reconquista in Kastilien wiederaufnahm, als er mit Hilfe der Ritterorden 1410 Antequera eroberte. Jene bemannten auch weiterhin Festungen und führten an der Grenze Krieg, wobei die Ordensmeister häufig Armeen des Königs kommandierten. Oft agierten sie dabei allerdings nicht als Ordensritter, sondern als königliche Offiziere, die Truppen in die Schlacht führten, die nicht dem Orden angehörten. Der Calatravaorden beteiligte sich jedoch zwischen 1455 und 1457 an sechs Grenzkriegen, und der Meister dieses Ordens eroberte 1462 Archidona. Brüder aller Ritterorden nahmen an den schweren und mühseligen Feldzügen teil, die schließlich 1492 mit der Eroberung Granadas endeten; die Meister der Orden von Santiago und Calatrava fielen beide 1482 bei Loja, der Meister des Ordens von Montesa 1488 bei Beza. Die Ritterorden stellten Geld, Nahrungsmittel und Truppen zur Verfügung. Von den etwa 10 000 Kavalleristen, die 1491 vor Granada zusammenkamen, stellten der Santiagoorden 962 (neben 1 915 Infanteristen), der Alcántaraorden 262 und der Johanniterorden 62. Die Größe des Kontingents des Calatravaordens war nicht angegeben, doch 1489 umfasste es 400 Reiter.

Die kastilischen Orden waren nationale Vereinigungen, an deren Spitze große Magnaten standen, die für die Krone am Maurenkrieg, an anderen Kriegen des Staates und an Bürgerkriegen teilnahmen. Der religiöse Aspekt spielte bei den meisten dieser Orden keine große Rolle. Ihre Truppen und Mittel wurden in nationale Armeen eingegliedert und im Auftrag des Königs eingesetzt. In ganz Kastilien bezogen die drei größten Orden, und in geringerem Maß auch die Johanniter, immense Einkünfte aus der Zucht von Schafen, deren Herden das Land auf ihren jahreszeitlich bedingten Wanderungen durchzogen. Während der Johanniterorden zum größten Grundbesitzer in Aragonien geworden war, besaß der Alcántaraorden fast die Hälfte der Estremadura und der Santiagoorden große Landgebiete in Neu-Kastilien. Dieser Reichtum diente dem Unterhalt der Ordensritter, die aus dem Kleinadel stammten und wenig Interesse am Heiligen Krieg hatten, aber oft eifrige und fähige Kämpfer waren. Diese Ritterorden waren nur innerhalb eines Königreiches tätig. Wie groß ihre Macht und Selbständigkeit auch war, es gab keine Möglichkeit für sie, einen autonomen Ordensstaat nach dem Muster von Preußen und Rhodos zu begründen, denn ihr Reichtum und Einfluss machte es für die Könige zu einer lebenswichtigen Aufgabe, sie unter Kontrolle zu halten. Die Herrscher konnten auch in die Wahlen der Amtsträger eingreifen und die Päpste überreden, für die Wahl minderjähriger oder unehelich geborener Ordensmeister ihren Dispens zu erteilen. Gelegentlich verweigerten die Monarchen die Anerkennung eines gewählten Ordensmeisters, zwangen andere zur Abdankung oder ließen sie sogar ermorden. Trotz mehrfacher Widerstände und vieler Rechtsstreitigkeiten setzten der König und der Hochadel wiederholt die Wahl von Ordensmeistern aus dem Kreis ihrer Günstlinge, und mehr noch, ihrer ehelichen und unehelichen Söhne durch. So verschaffte beispielsweise Fernando de Antequera seinen Söhnen 1409 die Meisterwürde des Alcántara- und des Santiagoordens, indem er versprach, ihre Einkünfte für den Krieg um Granada zur Verfügung zu stellen. Es gab allerdings auch vorbildliche Ordensritter, und wiederholt wurden ernsthafte, aber wirkungslose Versuche zu einer Reform unternommen, die allerdings wenig Unterstützung vom Papst erhielten, der es den Herrschern vielmehr wiederholt erleichterte, die bestehenden Bestimmungen zu umgehen. Verheiratete Herrscher konnten die Meisterwürde nicht innehaben, doch es war möglich, ihnen die Verwaltung eines Ordens zu gewähren. So ernannte beispielsweise Papst Calixtus III. im Jahre 1456 Heinrich IV. von Kastilien zum Verwalter der Orden von Santiago und Calatrava. Das politische Engagement der Ordensmeister trug mit dazu bei, die Orden ihren eigentlichen Aufgaben zu entfremden. Die Brüder wurden in Intrigen, Spaltungen und Gewalttätigkeiten hineingezogen, in denen sie häufig gegeneinander kämpften. Die Johanniter und der Deutsche Orden ließen solche Probleme nicht aufkommen, indem sie den größten Teil des ortsansässigen Adels ihrer Ordensstaaten vom Eintritt in die Orden ausschlossen.

Portugal besaß kein Grenzgebiet mehr zu den Ungläubigen. Der portugiesische Zweig des Santiagoordens wählte einen eigenen Meister und war weitgehend unabhängig geworden, während Avis ein ausschließlich nationaler Orden war. Das traf auch auf den Orden Christi zu, der 1319 aus dem Templervermögen gestiftet worden war. Die portugiesischen Orden, wie auch die Johanniter, beteiligten sich 1340 an der Schlacht gegen die Mauren am Fluss Salado, wurden aber jahrzehntelang ganz von der portugiesischen Innenpolitik absorbiert und waren weitgehend der Krone unterworfen, die, wie in Kastilien, königliche Prinzen und Günstlinge als Ordensmeister durchsetzte. Die portugiesischen Johanniter wurden 1375 auf neun Jahre von allen Zahlungen an die Ordensleitung in Rhodos befreit. 1385 führte der Regent, ein illegitimer Sohn Peters I., der von dem Meister des Christusordens aufgezogen und seinerseits Meister des Avisordens geworden war, den nationalen Widerstand gegen eine Invasion der Kastilianer an und wurde als Johann I. König von Portugal. Die Ritterorden wandten sich für kurze Zeit wieder dem Heiligen Krieg zu, als Portugal die Reconquista nach Übersee ausweitete; bei der Eroberung Ceutas fochten der Meister des Christusordens und der Prior der portugiesischen Johanniter mit. Papst Martin V. ernannte um 1418 den Prinzen Heinrich zum Regenten des Christusordens, so dass der Prinz die Brüder und deren Reichtum zur Finanzierung seiner folgenschweren Entdeckungsreisen heranziehen konnte. 1443 übertrug der Papst diesem Orden den Rechtsanspruch auf alle Länder, die er künftig in Marokko, auf den Inseln des Atlantik und darüber hinaus in Besitz nehmen würde. Der Christusorden erhielt weit reichende materielle und geistliche Privilegien auf den atlantischen Inseln, an der afrikanischen Westküste und schließlich in Asien; 1457 gewährte ihm Heinrich ein Zwanzigstel der Einkünfte aus Guinea. Seinen großen, in Übersee erworbenen Reichtum stellte der Orden später in seiner spektakulären Priorei bei Tomar mit ihren zahlreichen prächtigen Säulengängen zur Schau. Die Einmischung des Königs in die Angelegenheiten der Orden, deren Verwicklungen in die weltliche Politik, interne Streitigkeiten und die wiederholten Ernennungen von Prinzen aus dem Königshaus zu Ordensmeistern, wodurch die Orden und ihre Einkünfte unter Kontrolle gehalten werden sollten – all diese Erscheinungen setzten sich in Portugal fort, während die Teilnahme an den päpstlich sanktionierten Kreuzzügen gegen die Ungläubigen in Marokko episodisch blieb. Die Kontingente der drei portugiesischen Orden nahmen 1437 an dem erfolglosen Angriff auf Tanger teil und die portugiesischen Johanniter kämpften 1471 bei Arzila. Doch widersetzten sich die drei nationalen Orden und auch der portugiesische Zweig der Johanniter der 1456 vom Papst erhobenen Forderung, militärische Vorposten zu errichten und jeweils ein Drittel ihrer Brüder in Ceuta zu stationieren. 1467 musste die päpstliche Kurie sogar der Forderung zustimmen, dass die portugiesischen Orden nicht verpflichtet seien, sich an einem Angriffskrieg zu beteiligen, eine Entscheidung, die in Portugal Proteste hervorrief.

In den baltischen Gebieten Preußens und Livlands, die durch einen großen, stets umstrittenen Gebietsstreifen getrennt waren, stellte sich der Deutsche Orden schon seit langer Zeit einer anderen, kontinental ausgerichteten Aufgabe. Die Konfrontation hatte zwar gegenüber dem 13. Jahrhundert nachgelassen, vor allem in den friedlicher gewordenen westlichen Landesteilen Preußens, aber sie war immer noch vorhanden und konnte zu brutalen Wutausbrüchen führen. Der Deutsche Orden hatte weiterhin einige Besitzungen im Mittelmeerraum inne, vor allem in Sizilien und Apulien, neben seinen ausgedehnten Kommenden und Rekrutierungs-

DAS PORTAL DER KIRCHE des Großkonvents des portugiesischen Christusordens zu Tomar ist in dem schmuckreichen Emanuelinischen Stil des frühen 16. Jahrhunderts errichtet *(oben)*. Neben ihr erkennt man das festungsartige Äußere der achteckigen Templerkapelle mit den kräftig ausgebildeten Zinnen.

DER KONVENTSBEREICH der aus Backstein errichteten Festung Marienburg, der Zentrale des Deutschen Ordens in Preußen *(links)*. Zu erkennen sind der große Hof, der Palast des Hochmeisters, die Wohnquartiere der Brüder, der Latrinenturm und weitere Verwaltungsbauten (siehe den Grundriss auf Seite 394).

RITTER DES DEUTSCHEN ORDENS IN DER SCHLACHT. Sie tragen schwarze Kreuze auf ihren weißgrundigen Schilden und als Wimpel an ihren Helmen. Das Fresko in der Kirche von Bunge auf Gotland stellt wahrscheinlich die Besetzung Gotlands dar, wo die Ritter von 1398 bis 1409 herrschten.

gebieten in Franken und Thüringen, am Rhein und in weiteren deutschen Ländern. Obwohl der Orden bei der Rekrutierung neuer Mitglieder an Deutschland gebunden war, war er doch nicht so in ein Königreich eingebunden wie die spanischen Orden. Preußen und Livland lagen außerhalb der Grenzen des Heiligen Römischen Reiches und standen nur in einem unbestimmten, losen und umstrittenen Abhängigkeitsverhältnis zu Kaiser und Papst. Es gab einen bitteren Streit über die eigentlichen Aufgaben des Ordens: Die Brüder im Baltikum forderten die Verlegung der Zentrale in den Norden, um die doppelte Belastung des Ordens in Preußen und im Orient durch die Entscheidung zu beenden, sich ganz auf den Kampf gegen die Litauer zu konzentrieren; andere hingegen wollten Jerusalem als Ziel nicht aus den Augen verlieren. Schließlich verlegte 1309 der Hochmeister Siegfried von Feuchtwangen ohne Zustimmung der Brüder den Sitz des Konvents von Venedig nach Preußen. Sein Nachfolger Karl von Trier wurde 1317 nach Deutschland verbannt, im selben Jahr, in dem der Johanniterkonvent seinen Ordensmeister absetzte. Der nächste Hochmeister, Werner von Orselen, wurde 1324 in Preußen gewählt, und seither regieren die Ordensmeister von ihrer imposanten Ordensburg Marienburg an der Nogat aus über einen prächtigen Hofstaat. Der Hochmeisterpalast, das Kapitelhaus und die Kapelle gehören zu den bedeutendsten Leistungen der Backsteingotik des Ostseeraums.

1310 wurden schwere Anklagen gegen den Orden erhoben: Er habe Christen in Livland massakriert, die Ortskirche brutal geplündert, den Erzbischof von Riga angegriffen, mit den Heiden Handel getrieben, das Bekehrungswerk behindert und zahlreiche Konvertiten zur Apostasie verleitet. Der Orden befand sich in großer Gefahr, ihm drohte die Auflösung. Es kam zu komplizierten Verhandlungen mit den Litauern, deren vorgetäuschte Konversion zum Christentum dem Orden Schwierigkeiten bereitete und ihn diskreditierte. Dennoch machte er, trotz bewaffneten Widerstands seitens der Polen, merkliche Fortschritte. Viele neue Gebiete kamen hinzu: Danzig und das östliche Pomerellen wurden 1308 erobert, Estland, nördlich von Livland gelegen, 1346 von den Dänen gekauft, aber der hartnäckige und wirkungsvolle Widerstand der heidnischen Litauer sowie das Bedürfnis des Ordens, Beute und Konvertiten zu gewinnen, machten zahlreiche Feldzüge notwendig. Unter Winrich von Kniprode, dem Hochmeister von 1352 bis 1382, wurden die Litauer mit Hilfe westeuropäischer Adliger, die von den prestigeträchtigen *Reisen* des Ordens angelockt wurden, beeindruckend geschlagen. Jean de Boucicaut, der spätere Marschall von Frankreich, nahm in seiner Jugend dreimal an solchen militärischen Expeditionen teil, der spätere König Heinrich III. von England zweimal. Häufig kam es in einem Jahr zu zwei Feldzügen in Preußen und einem in Livland. Diese

AUFRISS UND GRUNDRISS der großen Wassermühle des Deutschen Ordens in Danzig (14. Jahrhundert): ein Beispiel für die effiziente Nutzung von Technik und Wirtschaft, die die Organisation des Ordensstaates bestimmte.

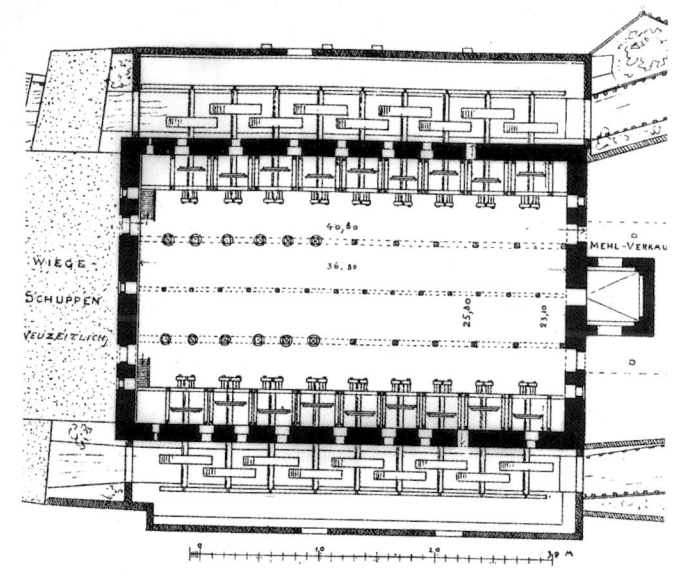

Feldzüge brachten Tod und Zerstörung, die Brüder ihrerseits erlitten in ihrem ständigen Krieg Verluste in einem Umfang, wie er in Rhodos oder Spanien unbekannt war. Paradoxerweise führte gerade der Erfolg des Deutschen Ordens seinen Sturz herbei: 1386 schlossen die mächtigen Litauer ein Bündnis mit den Polen, und ihr formeller Übertritt zum Christentum (1389) entzog dem Deutschen Orden die Rechtfertigung für seinen Heiligen Krieg. Dass der Orden dennoch den Krieg fortsetzte, belegt, dass seine Ziele mindestens gleichermaßen christlich-religiös und national-politisch motiviert waren. Schließlich vereinten sich die Feinde des Ordens in dem Bemühen, ihm die eroberten Länder wieder abzunehmen. 1410 vernichtete das zahlenmäßig überlegene Heer des Königreiches Polen und seiner Verbündeten die Armee des Ritterordens in der Schlacht bei Tannenberg.

Der Deutsche Orden brachte deutsche Siedler ins Land und bekehrte viele einheimische Heiden zum Christentum. Der Kolonisierungsprozess war wesentlich umfassender als jener, den die kastilischen Orden in Andalusien durchführten. Der Orden schuf ein Modell administrativer Effizienz und einheitlicher Bürokratie, einen »Ordensstaat« par excellence. Während Preußen mit seinen vielleicht 350 000 Einwohnern kein Geld von den Kommenden in Deutschland benötigte, blieb der Orden doch auf einen ständigen Zustrom neuer Brüder aus Deutschland angewiesen. Die preußischen Kommenden zahlten keine regelmäßigen Abgaben, die mit denen der Johanniter vergleichbar gewesen wären, und die deutschen Ordenshäuser sandten kaum Geld, doch erzielte der Orden in Preußen selbst Einkünfte aus dem Handel, der Verpachtung von Ländereien, aus Beutezügen und aus Abgaben anlässlich der häufigen Amtswechsel von Brüdern. Im 15. Jahrhundert wurden dann auch die Untertanen des Ordens besteuert. Die Einkünfte aus verschiedenen Quellen wurden speziellen Kassen zugewiesen, wie das auch bei dem Montesaorden und den kastilischen Orden geschah. Manche Ordensbrüder zahlten ihre Beitrittsspende, wurden in ein Ordenshaus in Deutschland aufgenommen und blieben dort für den Rest ihres Lebens. Anderen wurde in Deutschland die Aufnahme verweigert, sie reisten dann mit ihren Waffen, drei Pferden und sechzig Gulden nach Preußen oder Livland. Diejenigen, die nach Preußen kamen – viele davon stammten aus Franken –, kehrten selten in ihre Heimat zurück. Die Priester und die dienenden Brüder des Ordens wurden hingegen hauptsächlich aus den Deutschen rekrutiert, die sich in Preußen angesiedelt hatten.

In dem Regierungszentrum, der Marienburg, gab es vielleicht hundert Ordensbrüder und weitere hundert in den örtlichen Kommenden; manche Ordenshäuser besaßen weniger als zehn Brüder, andere über achtzig. Kapitelsitzungen gab es nur noch selten, sie waren kein dem Johanniterkonvent vergleichbares Kontrollinstrument. Die höheren Amtsträger des Deutschen Ordens besaßen jedoch große Verwaltungserfahrung und konnten, wie die Oligarchie der Johanniter, ihrem Meister Zügel anlegen. Er war verpflichtet, den Rat seiner hohen Beamten und der Komture einzuholen; es kam vor, dass Hochmeister bedroht oder abgesetzt wurden, und einer wurde sogar ermordet. Einige der hohen Amtsträger residierten auf der Marienburg, wo sie den Ordensschatz hüteten, andere besaßen eigene Residenzen, so etwa der Ordensmarschall in Königsberg. Die von ihrer Zahl her größte Klasse, die Ritter, bilde-

RUINEN UND ACHTECKIGER TURM DER DEUTSCHORDENSBURG WEISSENSTEIN in Estland, dem nördlichsten Teil des livländischen Ordensstaates; die Ordensritter hielten diese ferne Region bis 1561.

ten eine überwiegend aristokratische Militärkaste, die sich den deutschen Untertanen, den Siedlern entfremdete. Diese konnten dem Orden in der Regel nur als Priester oder als dienende Brüder beitreten und waren an der Regierung nicht beteiligt. Der Deutsche Orden unterhielt keine Flotte, seine Armee war jedoch gut bewaffnet, seit etwa 1380 auch mit Geschützen; seine Festungen waren gut gesichert. Nach 1410 führte der Zwang, kostspielige Söldner anzuheuern, zu immer unerträglicheren finanziellen Belastungen.

SITZUNG EINES GENERALKAPITELS DER JOHANNITER, wahrscheinlich auf Rhodos; ein Schreiber führt das Protokoll. Der 1493 veröffentlichte Holzschnitt zeigt die Legislative des Ordens, die Statuten verabschiedete, Streitigkeiten schlichtete und den Vertretern der westlichen Ordensprovinzen eine gewisse konstitutionelle Kontrolle der Ordensmeister ermöglichte.

Weiter im Norden, in Livland, führte der Deutsche Orden einen ganz anderen Heiligen Krieg. Dort hatte der Orden eine fast unabhängige Herrschaft aufgebaut, die manche Charakteristiken eines separaten Ordensstaates mit eigener innerer Organisation und einer eigenen Politik besaß. Es gab einen eigenen livländischen Meister, der von dem in Preußen residierenden Hochmeister aus zwei Kandidaten gewählt wurde, die in Livland benannt worden waren; ab 1438 wählten die livländischen Brüder ihren Ordensmeister praktisch selbständig.

Livland bildete keinen einheitlichen Staat wie Preußen, da drei Bischöfe weite Territorien beherrschten und in Estland die Ritterklasse eine Art weltlicher Regierung bildete. Die livländischen Ordensbrüder kamen vor allem aus Norddeutschland und dem Rheinland, manche Priester und dienenden Brüder auch aus Livland selbst. Die Bedingungen, unter denen die Brüder hier dienten, waren wesentlich härter als in Preußen; der Abnutzungskrieg im Osten war von nie endenden Streifzügen durch raue Wälder, von Verwüstungen, von Waffenstillständen und wechselnden Bündnissen geprägt. Die Ausbeutung war schärfer ausgeprägt, es gab kaum Mischehen zwischen der deutschen Siedlerminderheit und der einheimischen Bevölkerung. Die livländischen Brüder wurden von der Katastrophe von Tannenberg, an der sie keinen Anteil hatten, kaum berührt; sie verfolgten weiter eine aggressiv heidenfeindliche Politik und kämpften wiederholt mit den schismatischen Russen. Wie in Preußen gab es jedoch auch schwere innere Konflikte, bei denen es hauptsächlich darum ging, wer die Einkünfte kontrollierte. 1477 setzten die livländischen Brüder ihren Ordensmeister Johann Wolthuss ab, der zahlreicher Verbrechen beschuldigt wurde. Ihm wurde vorgeworfen, dass er gegen alle Ratschläge einen Krieg gegen die Russen vorbereitet und sich eine Reihe von Kommenden und ihren Besitz persönlich angeeignet hätte. Die Kriege mit den Russen setzten sich fort; 1501 beispielsweise verheerten die Russen das östliche Livland, wurden jedoch im folgenden Jahr von dem Ordensmeister Wolter von Plettenberg geschlagen, der überhaupt viel dazu beitrug, die Lage in Livland zu stabilisieren.

Weit entfernt im Süden, auf Rhodos, sicherten sich die Johanniter derweil eine doppelte Funktion. Sie bewachten und schützten die Schiffahrt der Lateiner und stellten sich erst den türkischen Emiren auf dem Rhodos gegenüber liegenden Festland und später der Macht des im Norden rapide wachsenden Osmanischen Reiches entgegen. Der Deutsche und die spanischen Orden waren im wesentlichen national einheitlich, während die Johanniter eine wirklich internationale Organisation bildeten, die Angriffe überleben konnte, die in den einzelnen Königreichen gegen sie gerichtet waren. Die Anstrengungen der Johanniter waren weniger auf ein Problem konzentriert und ihre militärischen Aktionen weniger kontinuierlich und umfangreich, sie waren deshalb jedoch keineswegs eine in sich schwächere Körperschaft.

Die günstige Insellage erlaubte es dem Ordensstaat, über mehrere Jahrhunderte zu existieren. Seine Verfassung legte dem Meister Beschränkungen auf. Zwar genoss er auf Rhodos weitgehende Vollmachten, doch wurde seine Herrschaft über den gesamten Orden durch die multinationale Oligarchie des Konvents der hohen Amtsträger, die regelmäßigen Generalkapitel und bestimmte verfassungsmäßige Beschränkungen, zum Beispiel hinsichtlich der Verfügungsgewalt über das Amtssiegel, begrenzt. Andere Einrichtungen, etwa die sprachlichen Gruppenbildungen der *langues* oder die *auberges* als Sitze der *langues*, waren zwar eine Quelle endloser Streitigkeiten, dienten aber auch dazu, die Ämter auf mehrere Personen zu verteilen und Spannungen zwischen Brüdern verschiedener Nationalität auszugleichen.

Rhodos war vergleichsweise klein und seine Ressourcen begrenzt, aber es ließ sich mit Bollwerken aus Stein befestigen und mit einem Minimum an Kämpfern verteidigen. Es kam selten zu bewaffneten Konflikten, Schiffe und Söldner wurden nur angeheuert, wenn das erforderlich

DIE ZEITGENÖSSISCHE MINIATUR zeigt die osmanische Belagerung Maltas im Jahre 1480, der die Johanniter erfolgreich Widerstand leisteten. Erkennbar sind das türkische Feldlager, der Angriff auf den Nikolausturm, der Artilleriebeschuss auf die veralteten Befestigungsanlagen und der durchbrochene Sperrbaum vor dem Nordhafen.

war. Die Anzahl der Ordensbrüder auf Rhodos schwankte beträchtlich, zwischen etwa 250 und 450. Anders als in Preußen brauchte man auf Rhodos keine zusätzlichen Kämpfer – sie wurden vielmehr manchmal regelrecht abgewiesen –, sondern Geld, insbesondere zur Bezahlung der notwendigen Lebensmitteleinfuhren. Manches wurde durch die Nutzung des Hafens und den Ausbau der Wirtschaft auf der Insel erschlossen; das Übrige kam meist von den Prioreien im Abendland, deren Fortbestand dadurch gerechtfertigt werden musste, dass in gewissem Umfang der Heilige Krieg aufrechterhalten wurde. Der insuläre Ordensstaat brauchte die Ausbildung einer Marinetradition und Regierungs- und Wirtschaftseinrichtungen, die geeignet waren, Verteidigungsmaßnahmen zu ermöglichen. Der Hafen bot Schifffahrtsmöglichkeiten, Pilger, Piraten, Waren und Zolleinnahmen; die Insel wurde bevölkert, um Nahrungsmittel zu produzieren und Hilfstruppen zur Verfügung zu haben; die Wälder der Insel lieferten das Holz für den Schiffbau; die Bewohner errichteten und bemannten Türme und Festungen oder dienten als Ruderer auf den Galeeren. Rhodos war durch eine bedingte Kapitulation in den Besitz des Ordens gelangt; die griechischen Einwohner, 1522 vielleicht etwa 20000 Seelen, wurden ausreichend versorgt und geschützt und hatten ihre Vertreter bei der Verwaltung. Sie waren unierte Christen, erkannten also die Autorität des Papstes an, behielten jedoch ihre griechische Liturgie bei. Insgesamt fühlte sich die Bevölkerung gut behandelt und war zur Zusammenarbeit bereit.

Mit der Verlagerung von Zypern nach Rhodos hatte der Johanniterorden dem alten, nach Jerusalem gerichteten Kreuzzug den Rücken gekehrt, wenn er auch weiterhin gelegentlich den Christen im kilikischen Armenien half und seine durch die Zuckerproduktion einträgliche Priorei auf Zypern beibehielt. Nach 1306 bestand seine Leistung erst einmal darin, dass er die Flottenaktivitäten der Türken von Mentesche unterband, wodurch das Zentrum der türkischen Expansion nach Norden, ins Emirat Aidin mit seinem Hafen Smyrna, abgedrängt wurde. Der Johanniterorden beteiligte sich an Flottenligen der Lateiner gegen den Emir Umur von Aydin, so auch im Jahr 1334. Die Finanzen des Ordens waren damals wieder in Ordnung gebracht, doch Papst Benedikt XII. lehnte die Kreuzzugsvorschläge des Ordens, die 1335 und 1336 unterbreitet wurden, ab. Wahrscheinlich wollte er verhindern, dass der Orden seine beträchtlichen Kredite bei den Florentiner Hausbanken des Papstes abzog. Letztendlich verloren die Johanniter zwischen 1343 und 1345 die enorme Summe von 360000 Gulden, als die Banken der Bardi, Acciaiuoli und Peruzzi bankrott gingen. In der Folge schränkten der Hundertjährige Krieg und andere Kriege, die große Pestepidemie von 1347 und der allgemeine ökonomische und demographische Niedergang in Westeuropa die Neuverpflichtung von Mitgliedern, die Ressourcen und militärischen Möglichkeiten des Ordens erheblich ein. Die Wirkungsmöglichkeiten der Johanniter hingen ebenso jedoch sehr von ihrer Effizienz und ihren Erfahrungen wie von ihren Ressourcen ab. Die eine Galeere oder die zwei Galeeren sowie die fünfzig oder hundert Ordensbrüder mit ihren Hilfstruppen, die Rhodos schützten, konnten eine wichtige Rolle spielen. Der Orden beteiligte sich an dem Kreuzzug zur Eroberung Smyrnas (1344) und an der nachfolgenden Verteidigung der Stadt; von 1374 an hatte der Orden die alleinige Verantwortung für diese Stadt inne, bis sie 1402 verloren ging. Fünfzig Ordensritter kämpften 1359 bei Lampsakos in den Dardanellen gegen die Osmanen; Johannitertruppen fochten zwischen 1361 und 1367 an der Zypern gegenüberliegenden Küste Anatoliens. Etwa hundert Ordensritter beteiligten sich mit vier Galeeren unter dem Kommando ihres Admirals Ferlino d'Airasca an dem großen Kreuzzug, der 1365 zur Plünderung Alexandrias führte. Von 1373 an war der Johanniterorden praktisch die einzige militärische Macht, über die der Papst zur Verteidigung Konstantinopels verfügen konnte. Doch führte der byzantinische Vorschlag aus dem Jahr 1374, dass die Johanniter die Verteidigung Thessalonikes und einer weiteren byzantinischen Stadt, wahrscheinlich Gallipolis, übernehmen sollten, zu keinem Ergebnis. Das von Papst Gregor XI. angeregte *passagium*, das 1378 nach Vonitza in Epiros segelte, war äußerst klein; es wurde von den christlichen Albanern von Arta vernichtet, die den Ordensmeister Juan Fernández de Heredia gefangen nahmen, um Lösegeld zu erpressen.

Der nächste Ordensmeister Philibert von Naillac und einige wenige weitere Ordensritter nahmen an dem Kreuzzug von 1396 teil; ihnen war die Rettung König Sigismunds von Ungarn nach der Niederlage bei Nikopolis zu verdanken. Seit etwa 1356 scheint es in Avignon und Rhodos eine Partei gegeben zu haben, die mit Nachdruck eine breitere ökonomische Grundlage für den Orden und prestigeträchtigere Möglichkeiten anstrebte, um den osmanischen Vormärschen entgegentreten zu können. Sie wollte dafür den Orden nach Südgriechenland verlegen, so dass die Johanniter dort gleichsam ein Gegenstück zum preußischen und livländischen Ordensstaat hätten bilden sollen. Gegen 1377 pachtete der Orden auf fünf Jahre das Fürstentum Achaia, musste es jedoch nach dem Debakel bei Vonitza wieder aufgeben. Zwischen 1383 und 1389 kam es erneut zu Versuchen, die Johanniter auf der Peloponnes zu etablieren; nach der Niederlage von Nikopolis 1396 pachteten sie mehrere Jahre das byzantinische Despotat im Osten der Peloponnes und verteidigten den Isthmus von Korinth gegen osmanische Invasionen. Obwohl der Orden durch das allgemeine Scheitern des Westens im Widerstand gegen die Türken in seinen Möglichkeiten stark eingeschränkt war, bildete er doch ein wirksames Element bei der Verteidigung des christlichen Europa, ob er nun allein oder als Teil eines allgemeinen Kreuzzuges operierte.

Das päpstliche Schisma von 1378 spaltete den in der gesamten Christenheit vertretenen Johanniterorden und bot verstärkt Gelegenheit zu Ungehorsam und zur Zurückhaltung der für Rhodos bestimmten Gelder. Der französisch dominierte Konvent von Rhodos stand treu zu den Päpsten in Avignon. Die englische Krone unterstützte die römischen Päpste, gestattete jedoch, dass englische Männer und englisches Geld nach Rhodos gingen. Angeblich unterstützten nur neun von 21 Prioreien im westlichen Abendland den dortigen Konvent. Doch ein Generalkapitel, das 1410 in Aix-en-Provence abgehalten wurde, zeigte eine bemerkenswerte Solidarität innerhalb des Gesamtordens, dem es gelang, sein eigenes Schisma sieben Jahre vor dem Ende des päpstlichen Schismas zu überwinden. Unglücklicherweise führte der finanzielle Druck, unter dem die rivalisierenden Päpste standen, zur stärkeren Ausbeutung einträglicher Pfründe. Damit verloren die Ordensbrüder die Unterstützung, auf die sie wegen ihres Dienstes auf Rhodos Anspruch zu haben glaubten. Als sich 1413 herausstellte, dass Papst Johannes XXIII. die reiche Johanniterkomturei auf Zypern an den fünfjährigen Sohn des Königs Janus verkauft hatte, drohte der Konvent mit dem Abzug aus Rhodos. Das päpstliche Schisma wurde 1417 auf dem Konzil zu Konstanz beigelegt, wo der Ordensmeister der Johanniter als Wächter des Konklave fungierte. Auf diesem Konzil kam es auch zu dem heftigen Streit über die Aktivitäten des Deutschen Ordens, worin dieser behauptete, die Litauer seien keine Christen und die Polen hätten sich mit ihnen verbündet, während die Polen dem Orden vorwarfen, ihm sei es nicht einmal gelungen, die Preußen zu bekehren.

Gelegentlich nahmen die Johanniter weiterhin an militärischen Operationen außerhalb von Rhodos teil, doch zunehmend geriet die Insel selbst unter direkten Druck. 1402 ging Smyrna an Timur Lenk verloren, und bald danach verließen die Johanniter Morea. Ein Brückenkopf, der eine direkte Konfrontation mit den Türken auf dem asiatischen Festland ermöglichte, war politisch erforderlich. 1407 oder 1408 errichteten die Johanniter deshalb als Ersatz für das verlorene Smyrna die Festung Bodrum gegenüber der Insel Kos. Dieses Projekt brachte dem Orden Prestige, Ablässe und Steuerbefreiungen ein, so dass sich die neu errichtete Festung weniger als strategischer Vorteil, denn als profitable Investition erwies. Auch das große neue Hospital, das auf Rhodos ab 1440 errichtet wurde und die Pilger stark beeindruckte, war eine erfolgreiche Propagandainitiative. Es kam zu einer Reihe von Waffenstillständen, die gelegentlich von Feindseligkeiten unterbrochen wurden. Invasionsversuche des ägyptischen Mamlukensultanats konnten zwischen 1440 und 1444 erfolgreich zurückgeschlagen werden; erst 1480 kam es zum ersten ernst zu nehmenden Angriff der Osmanen. Bei dieser Gelegenheit leitete der Ordensmeister Pierre d'Aubusson, der später Kardinal wurde, die heldenmütige Verteidigung der Stadt mit Geschick und Entschlossenheit. Danach wurden massive Befestigungsanlagen errichtet, um der immer durchschlagskräftiger werdenden türkischen Artillerie Widerstand leisten zu können. Klug hielten die Johanniter den osmanischen Sultan in Schach, indem sie nach 1482 Dschem, den aufständischen Bruder des Herrschers, in ihre Gewalt brachten. Obwohl die Insel durch den weiteren Vormarsch des Osmanischen Reiches auf dem Balkan weiter isoliert wurde, blühte sie als ein sicheres Bollwerk für den Handel und die Piraterie der Lateiner in der Levante. Besonders lukrativ für den Orden war der sogenannte *corso*, seinem Wesen nach eine Form öffentlich lizensierter privater Piraterie mit dem Anstrich eines Heiligen Krieges, der Mamluken, Osmanen und Venezianer gleichermaßen verärgerte. Der Orden, der auf den Handel mit dem asiatischen Festland angewiesen war und nur über eine kleine Flotte verfügte, sah sich auf unbedeutende Operationen beschränkt, fügte jedoch 1510 der mamlukischen Flotte eine schwere Niederlage zu. Nach der osmanischen Eroberung Ägyptens blockierte Rhodos die türkischen Verbindungswege von Konstantinopel nach Ägypten, weshalb die Türken eine zweite Belagerung unternahmen, bei der die Venezianer auf Kreta und die anderen lateinischen Mächte den tapferen Verteidigern nur unzureichende Hilfe sandten. Der Johanniterorden, dem es nicht gelang, eine antiosmanische Koalition zustande zu bringen, musste schließlich kapitulieren und die Insel im Januar 1523 aufgeben.

DIE STRUKTUR DER RITTERORDEN

Alle Ritterorden waren auf Einkünfte angewiesen. Diese bezogen sie hauptsächlich aus Ackerbau und Viehzucht auf ihren Landgütern, die sie entweder selbst bewirtschafteten oder aber verpachteten. Weitere Einnahmequellen waren unter anderem Lehnsrechte und Gerechtsame, Mieten in den Städten, Pensionsverkäufe, Kapitalinvestitionen, päpstliche Ablässe sowie Handelsaktivitäten. Die Brüder des Deutschen Ordens außerhalb Deutschlands lebten von ihren Einkünften in Preußen und Livland. Im Allgemeinen unterschieden sich die Häuser der Ritterorden von anderen religiösen Gemeinschaften darin, dass sie nicht nur für ihre Selbstversorgung arbeiten, sondern darüber hinaus einen Überschuss erwirtschaften mussten, um ihren zentralen Konvent und die Brüder im aktiven Militärdienst zu unterhalten. Traditionell waren die Besitzungen der Orden in Prioreien oder Provinzen unterteilt, denen jeweils wieder viele Komtureien oder Präzeptorien unterstanden (auch *domus, encomiendas* und so weiter genannt). Die Komture bewirtschafteten ihre Güter, verpachteten sie auch zunehmend, und zahlten ihre Abgaben an die zuständige Priorei oder Provinz, manchmal auch an einen bestallten Geldeinnehmer; diese Stellen führten dann eine Gesamtsumme an den Ordensschatz ab. Aber oft flossen die Einkünfte eines bestimmten Ordenshauses auch dem Prior einer Provinz oder dem Ordensmeister zu. Nach 1319 verwendete der Orden von Montesa ein System, das nicht darauf beruhte, dass die einzelnen Ordenshäuser Abgaben zahlten, sondern darauf, dass die Einkünfte der Häuser, meist in Form von Zehnten oder Einkommenssteuern, an verschiedene Amtsträger und für verschiedene Zwecke verteilt wurden. So wurden verschiedene Anteile an den Ordensmeister und andere zur Verteidigung der Grenze gegen die Mauren abgeführt. In ähnlicher Weise wiesen auch die drei kastilischen Häuser und der Deutsche Orden Einkünfte bestimmter Gebiete oder Komtureien direkt ihren Meistern zu, die ihre eigene Kasse oder *mensa* besaßen. Der Johannitermeister erhielt einen großen Teil der Einkünfte aus Rhodos beziehungsweise, nach 1530, aus Malta.

Trotz eines ausgebauten Systems von Bestandsaufnahmen und Visitationen der einzelnen Häuser hatten die leitenden Behörden der Orden nur ungenaue und unvollständige Vorstellungen über ihre Gesamteinkünfte und die Anzahl ihrer Männer sowie darüber, welcher Anteil dieser Ressourcen sich jeweils im Bedarfsfall von der Zentrale mobilisieren ließ. Ihre Statistiken waren immer unvollständig und beruhten auf Schätzungen. In manchen Fällen gab es nur sehr wenige Ritter, von denen einige auch schon zu alt waren, um noch kämpfen zu können; manchmal fehlte es an Ordensbrüdern im dienenden Rang und manchmal gab es einen Überschuss an Priestern. Im Jahr 1374 auf 1375 lieferten die Johanniterprioreien des Westens 46 000 Gulden nach Rhodos. Gegen 1478 empfing der Konvent 80 500 Rhodos-Gulden aus den westlichen und 11 550 Rhodos-Gulden aus den östlichen Besitzungen des Ordens, also insgesamt 92 050 Gulden, die überwiegend für den Unterhalt von nicht weniger als 450 Ordensbrüdern und einer Anzahl bezahlter Hilfstruppen auf Rhodos und Bodrum aufgewendet wurden. 7 000 Rhodos-Gulden flossen an das Hospital. 1519 hieß es, dass der Orden 47 000 Dukaten jährlich aus den Einkünften des *corso* brauchte. Wie bereits erwähnt, lag die Zahl der Johanniter im Osten während des 15. Jahrhunderts zwischen 250 und 450, wovon die meisten Ritter waren, während die Zahl der Brüder des Deutschen Ordens in Preußen 1379 bei über 700, 1450 bei 400, 1513 bei 160 und 1525 bei 55 lag. Dieser dramatische Rückgang lässt sich teilweise auf die großen Gebietsverluste zurückführen, vor allem nach 1466. Die Einkünfte, die in Preußen erzielt wurden, stiegen bis 1410 an, gingen dann zurück, blieben jedoch zwischen ungefähr 1435 und 1450 stabil. Etwa 540 Ritter und dienende Brüder des Johanniterordens verteidigten Malta im Jahre 1565; 1631 zählte der gesamte Orden 1 755 Ritter, 148 Kapläne

DIE LÄNDLICHE KOMMANDATUR COURVAL IN CALVADOS gehörte mit den Scheunen und der großen Kapelle zur französischen Priorei des Johanniterordens, nachdem dieser sie 1312 aus dem Templerbesitz erhalten hatte. 1373 wurde die Kommandantur, die in der Regel »gute Einkünfte« lieferte, infolge von Krieg und Pest niedergebrannt und zerstört.

und 155 dienende Brüder, insgesamt also 2058 Mitglieder, wovon die drei französischen Provinzen allein 995 Mitglieder oder fast die Hälfte stellten. In diesem Jahr waren 226 Brüder auf Malta stationiert.

Die spanischen Orden hatten viele Mitglieder und verfügten über reiche Einkünfte: Der Calatravaorden brachte es allein um 1500 auf Jahreseinnahmen von 61 000 Dukaten, was etwa einem Zwölftel der Jahreseinkünfte der kastilischen Krone entsprach. Von diesen Einkünften floss etwas mehr als die Hälfte dem Ordensmeister zu. Allerdings wurde von all diesem Reichtum wenig für militärische Aufgaben verwendet. In der neueren Zeit lagen die Einnahmen des Johanniterordens aus seiner Wirtschaftstätigkeit wesentlich höher als die der anderen Orden. Ab 1776 brachte die Baumwollernte Malta größere Gewinne als der Orden; der höchste Jahresgewinn aus dem Export betrug 1787/1788 etwa 2 800 000 Scudi. Der Ordensmeister erhielt jährlich ungefähr 2 000 000 Scudi von der Insel, während die Jahreseinkünfte des Ordensschatzes 1 315 000 Scudi betrugen und überwiegend von außerhalb kamen. Weiterhin sollen einzelne Brüder bis zu 1 000 000 Scudi jährlich für ihre privaten Aufwendungen eingeführt haben. Die Finanzierung der Johannitermetropole La Valetta hing von ihren Kolonien, den Prioreien Westeuropas, ab.

Doch die Kommenden brachten nicht nur Geld und Kämpfer hervor. Sie waren wichtige Zentren für die Rekrutierung und Ausbildung der Mitglieder, dienten als Ruhesitze für die Alten, als Wohnsitze der vielen Priester des Ordens und stellten den Kontakt zur Öffentlichkeit her. Alle Brüder hatten die Gelübde abgelegt und eine ihrer Funktionen war das Gebet, dessen spiritueller Wert nicht quantifiziert werden konnte, obschon dem Orden durch Stiftungen von Seelenmessen zusätzliche Einnahmen zuflossen. Viele Brüder gehörten dem Priesterstand an. In bestimmten Gebieten und Ordenshäusern bildeten sie die klare Mehrheit und leiteten und verwalteten die Kommenden. Auch dort, wo ein Orden nicht die Grundherrschaft innehatte, konnte er Hospize, Hospitäler und Friedhöfe, Kirchspiele und Schulen, Kirchen und Kapellen besitzen. Die Orden bauten und unterhielten Kirchen und andere Gebäude, die im Laufe der Zeit immer prächtiger und aufwendiger wurden. Die Kirchen besaßen ihre eigenen Liturgien, Schutzheiligen, Gemälde und Reliquien, die den Gemeinschaftsgeist aufrechterhielten und die Unterstützung der Öffentlichkeit anzogen. Der Deutsche Orden beschäftigte spezielle Vorleser, die den Brüdern, von denen manche Analphabeten

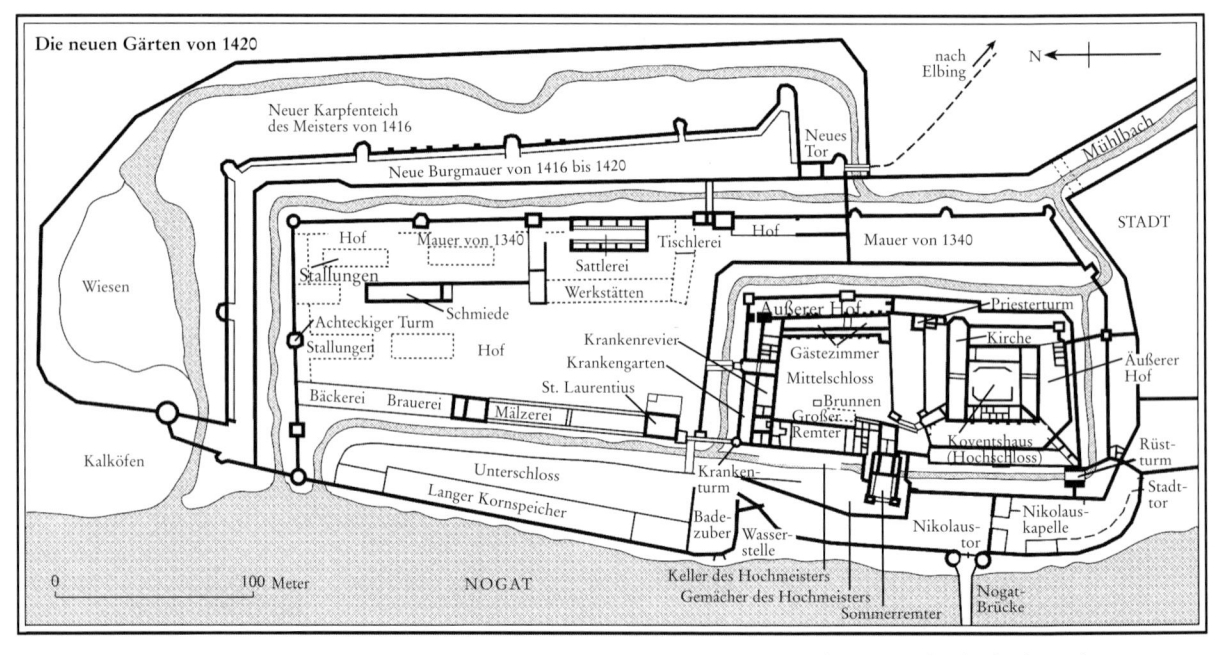

DER GRUNDRISS DER DEUTSCHORDENSFESTUNG MARIENBURG (in größerem Maßstab als der nebenstehende Plan von Rhodos) gegen 1420; die Quartiere des Meisters und der Ordensbrüder liegen innerhalb der inneren Umwallung *(oben)*.

DAS RHODOS DER JOHANNITER besaß dünne mittelalterliche Mauern *(rechts)* mit hohen Türmen und, vorgelagert, niedrige frühneuzeitliche Befestigungsanlagen und Bastionen zum Schutz gegen Kanonenbeschuss. Der Johanniterkonvent und der Palast des Ordensmeisters im Norden waren durch eine starke Mauer von der Stadt, dem *Borgo*, abgetrennt.

waren, während der gemeinschaftlichen Mahlzeiten in der Landessprache vorlasen. Manche Orden verfügten über Heilige aus den eigenen Reihen, und im 16. Jahrhundert ließ zumindest der Johanniterorden eine Reihe von Brüdern, darunter auch ein paar erfundene, heilig sprechen. Die Ritterorden unterhielten naturgemäß umfangreiche Verwaltungsarchive, mit deren Hilfe sich leicht die Ordensgeschichte schreiben ließ, was seinerseits großen Nutzen als Propagandamaßnahme hatte.

In den meisten Fällen hatten die Orden immer eine militärische Komponente besessen und manche der kämpfenden Brüder waren keine Ritter, sondern Dienstleute von vergleichweise niedriger sozialer Abkunft. Im 14. Jahrhundert entstammten viele Ordensritter dem Bürgertum, den Grundbesitzern und dem Kleinadel, obwohl die regionalen Unterschiede in dieser Hinsicht sehr groß waren und es immer auch Angehörige des Hochadels in den Reihen der

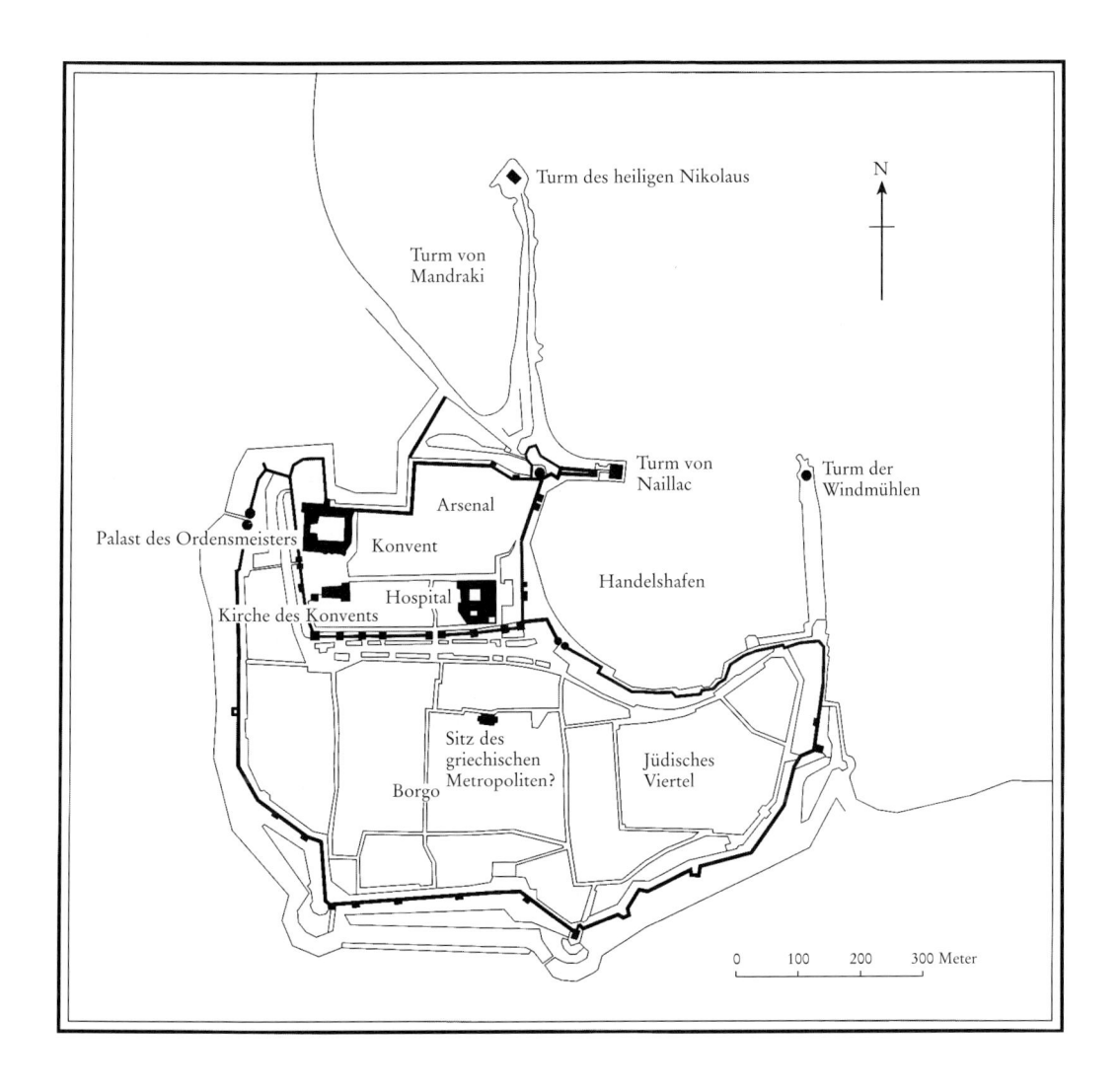

Ordensbrüder gab. Da die tiefe wirtschaftliche Krise des 14. Jahrhunderts den realen Wert der Ordenseinkünfte verminderte, entwickelte sich ein scharfer Konkurrenzkampf um ihren Reichtum. Im Johanniterorden zumindest wurde es zur gewöhnlichen Erscheinung, dass einem Komtur zwei oder mehr Ordenshäuser unterstanden. Naturgemäß definierte diese Elite die Zugangsbedingungen in einer Form, die Konkurrenz ausschließen sollte – ein Trend, der sich überhaupt in der westeuropäischen Gesellschaft dieser Zeit beobachten lässt. Schrittweise wurden die Zugangsbedingungen verschärft; für den Ritterrang musste der Adelsnachweis geführt werden. 1427 verlangten die Johanniter Kataloniens dafür drei vereidigte Zeugen und urkundliche Nachweise. Beim Deutschen Orden und bei weiteren Orden kam diese Forderung im 15. Jahrhundert auf, um 1500 war der Adelsnachweis zur Regel geworden. Überall verstärkten die Aristokraten ihre Stellung gegenüber dem Bürgertum und den Grundbesitzern; in Kastilien sollten die Adelsnachweise den »Makel« verhindern, dass Brüder jüdischer Abstammung in den Orden gelangten. Zwar ließ der Deutsche Orden bis ins späte 15. Jahrhundert den Gebrauch persönlicher Siegel und die Errichtung von Grabmonumenten nicht zu, doch anderswo wurden das Armutsgelübde und die Bestimmungen zur Beschränkung des persönlichen Eigentums durch das Anwachsen privater Stiftungen, das Errichten von Grabmälern, den Gebrauch von Siegeln mit dem Familienwappen und andere Bekundungen familiärer und sozialer Verbundenheit laufend verletzt.

Der Sturz der Templer verstärkte die Kritik an den Ritterorden, für die sich in vielen Kreuzzugstraktaten der Jahrzehnte nach 1291 Hinweise finden. Manche Autoren sprachen sich für einen einzigen Orden aus, viele votierten für nationale Orden und andere schlugen vor, dass Jerusalem nach seiner Rückeroberung ein Ordensstaat unter der Führung eines neu zu gründenden Ritterordens werden sollte. Die christlichen Opfer des Deutschen Ordens protestierten wiederholt gegen dessen Vorgehensweise, aber sonst gab es erstaunlich wenig theoretische Auseinandersetzungen über die Ritterorden als solche. Vor 1389 kritisierte Philip von Mézières, ein früherer Kanzler des Königreichs Zypern und Kreuzzugsfanatiker, der voll des Lobes für den Deutschen Orden war, den angeblichen Niedergang der Johanniter; doch seine Kritik, dass sie nur deshalb in Rhodos dienten, um sich eine gute westliche Pfründe zu sichern, verkannte das Prinzip ihres Finanzierungssystems. Philip von Mézières' eigener Plan für einen neuen Orden beruhte immer noch auf der Vorstellung einer adligen Bruderschaft, deren Ziel die Wiedereroberung Jerusalems und die anschließende Verteidigung der Stadt mit Hilfe eines monarchischen Ordensstaates war, dessen Mitglieder alle im Orient leben sollten, während verlässliche weltliche Vertrauensmänner ihre Güter und Einkünfte im Westen verwalteten. Er schlug vor, dass es, wie beim Santiagoorden, den Rittern freistehen sollte zu heiraten, wobei sie sich dann nur zur ehelichen Keuschheit verpflichten müssten. Kurios genug war es, nebenbei bemerkt, dass die Ehefrauen verstorbener Ordenbrüder, die in den Santiagoorden aufgenommen wurden, angeben mussten, ob sie den Wunsch hatten, wieder zu heiraten.

Es gab innerhalb und außerhalb der Ritterorden viele Vorschläge, dem einen oder anderen Missbrauch vorzubeugen und immer wieder Verurteilungen im Zusammenhang mit Fragen des Gottesdienstes, der Bezahlung der Abgaben, der Abwesenheit von der zugewiesenen Kommende, der Nichtteilnahme am Konventsleben, doch nur wenige Männer von geistlichem und intellektuellem Format fühlten sich von den spätmittelalterlichen Ritterorden angezogen. Keiner von diesen erlebte eine so grundsätzliche Reformbewegung, wie es sie bei den Franziskanern oder Augustinern gab. Seit dem 14. Jahrhundert wurden die Ordensgelübde nach und nach aufgeweicht, weniger allerdings bei den Johannitern und im Deutschen Orden. Das Wertebewusstsein und die Disziplin verfielen, weil die Vernachlässigung des bewaffneten Dienstes, Privatwohnungen, Ausweitungen des persönlichen Besitzes, Chancen für finanzielle Vorteile und weitere Ausnahmen von den strengen Vorschriften insgesamt dazu angetan waren, den moralischen Gehalt der Lebensführung der Brüder zu vermindern. Das Verpachten von Kommenden, der Verkauf von Pensionen an Laien spiegelten die wachsende Betonung der materiellen und geldlichen Belange wider, wie auch die Aufnahmegebühren und Leibrenten für einzelne Brüder, die es beispielsweise im Deutschen Orden gab. Zunehmend bot die Aufnahme in einen Orden den Zugang zu einer Sinekure innerhalb einer privilegierten adligen Körperschaft, die ein reichliches Auskommen für das ganze Leben ermöglichte. 1449 meinte der örtliche Adel gegenüber dem Komtur des Deutschen Ordens in Altenbiesen: »Wozu brauchen wir den Orden denn noch, wenn er weder Hospiz noch Wohnsitz für den Adel sein soll?«

DIE RITTERORDEN DER FRÜHEN NEUZEIT: AUF DEM WEG ZUR KONTROLLE DURCH DIE NATIONALEN STAATEN

Zwischen 1487 und 1499 wurden die kastilischen Ritterorden praktisch verstaatlicht; 1523 wurden die Johanniter von der Insel Rhodos vertrieben; 1525 wurde der preußische Teil des Ordensstaates zu einem weltlichen Herzogtum unter polnischer Oberhoheit. Unter vergleichsweise harten Bedingungen hatte der Deutsche Orden effizient gehandelt. Sein großer Territorialbesitz mit den entsprechenden Einkünften, seine herausragende Organisation und Nachrichtenübermittlung ermöglichten es ihm, viel wirkungsvoller vorzugehen als die Johanniter. Die Bekehrung Litauens, der Niedergang der Feldzüge nach 1410, die gegen den Orden gerichteten diplomatischen Bündnisse sowie die Kosten für die Söldner, die nun in Dienst genommen werden mussten, senkten den Wohlstand des Ordensstaats. In mehrfacher Hinsicht war es gerade die Effektivität dieses Staatswesens, die seine Grundfesten erschütterte. Die reicheren Kreise innerhalb der preußischen Gesellschaft, die weitgehend von der Ordensmitgliedschaft und der Regierung des Landes ausgeschlossen waren, leisteten dem Orden, der ihre militärischen Dienste nicht mehr benötigte und versuchte, sie durch Bauern zu ersetzen, von denen er für die Bezahlung der Truppen Abgaben und Steuern erheben konnte, in wachsendem Maße Widerstand. 1410 stellte der Orden eine große Armee zusammen und auch nachdem bei Tannenberg etwa 300 Ritter umgekommen oder in Gefangenschaft geraten waren, gelang es ihm, unter Führung des selbstherrlichen Heinrich von Plauen, Marienburg zu behaupten. Jener wurde noch im gleichen Jahr zum Hochmeister gewählt, 1413 jedoch abgesetzt. In der Folge führten ständige Kriegszüge zur Entvölkerung und Verwüstung von Dörfern; zwischen 1437 und 1454 gab es eine Zeit der Erholung, doch die Zahl der Brüder musste niedrig gehalten werden. Einige Mitglieder des Deutschen Ordens beteiligten sich an Kämpfen gegen die Türken, so zwischen 1429 und 1434, doch wiederholte Vorschläge Kaiser Sigismunds und anderer Persönlichkeiten, der Orden solle eine neue Funktion übernehmen und – als festländische Entsprechung zu den Johannitern – die Osmanen auf dem Balkan bekämpfen, brachten kein endgültiges Ergebnis, obwohl es 1418 sogar das Projekt gab, der Orden solle seinen Sitz nach Rhodos oder Zypern verlegen. In Preußen entfachte ein Adelsbündnis, das 1440 gegründet worden war, einen Bürgerkrieg und eine polnische Intervention; 1454 kämpften die Ordensbrüder gegen ihre eigenen Untertanen. Als es dem Königreich Polen 1457 gelang, den Söldnern des Ordens Marienburg abzugewinnen, verlegte der Konvent seinen Sitz nach Königsberg. Im Frieden von 1466 verlor der Orden weitere Gebiete und musste sich angeblich auch zur Heeresfolge für die polnische Krone verpflichten. Für sein polnisches Problem fand der Orden niemals eine befriedigende Lösung. Zu deutlich hatte er sich der Unterdrückung von Glaubensbrüdern schuldig gemacht und konnte kaum für sich in Anspruch nehmen, seine Politik diene der Verteidigung Europas.

Das Vorhaben, die baltischen Länder zu besiedeln und zu bekehren, bot wenig Zukunftschancen. Innerhalb des Ordens kam es wiederholt zu Streitigkeiten zwischen den preußischen, deutschen und livländischen Meistern, ebenso zwischen formlosen Verbindungen von Brüdern, die aus Franken, dem Rheinland und weiteren Landsmannschaften stammten. In Livland stammten gegen 1450 fast alle Brüder entweder aus Westfalen – etwa 60 Prozent – oder aus dem Rheinland – etwa 30 Prozent. Zwar war gelegentlich von *Zungen* die Rede und es gab zeitweilig Vereinbarungen über die Ämterverteilung unter den Landsmannschaften, aber dennoch waren die *Zungen* wenig mehr als Rekrutierungsgebiete. Anders als die *langues* des Johanniterordens auf Rhodos dienten sie nicht dazu, den Vorrang festzulegen oder Konflikte über die Verteilung von Ämtern und Einkünften zu regeln. In ganz offener Weise frönten die Brüder einem aufdringlichen Aristokratismus und gaben sich der Korruption hin; in Preußen bildeten sie eine mächtige Oligarchie, die nach 1466 die Politik der Hochmeister diktierte. Ihre Entwicklung zu einem selbstbezogenen Stand erwies sich als gefährlich: Sie erleichterte die Säkularisierung des Ordensstaates. Der Staat der Johanniter war wesentlich kleiner, ließ sich aber mit geringerem Aufwand verteidigen. Der Orden war weitaus flexibler, und seine größeren Handlungsoptionen gestatteten es ihm, noch zu einer Zeit militärische Aufgaben wahrzunehmen, als der Deutsche Orden den Heiligen Krieg praktisch aufgegeben hatte. 1523 veröffentlichte Luther seine Schrift *An die Herrn Deutschs Ordens*; 1525 trat der letzte preußische Ordensmeister, Albrecht von Brandenburg-Ansbach, zum lutherischen Glaubensbekenntnis über, huldigte dem König von Polen und regierte Preußen fortan als erblicher, weltlicher Herzog. Von den 55 Brüdern, die es in Preußen noch gab, blieben nur sehr wenige katholisch. Der preußische Ordensstaat war zu einer mehr politischen als religiösen Einrichtung geworden, dem in erster Linie am Weiterleben seiner von außen kommenden Oligarchie lag und dem eine feste moralische Grundlage fehlte. In dieser Form konnte er gegen die angrenzenden weltlichen Staaten nicht bestehen und der deutsche Orden verlor seinen Hochmeister und sein territoriales Zentrum. Trotzdem lebte der deutsche Zweig des Ordens weiter und, bis 1561, auch der livländische. Aber auch der Johanniterorden bekam die Auswirkungen der Reformation zu spüren; protestantische Herrscher lösten die Prioreien in ihren Ländern auf oder säkularisierten sie: 1527 in Schweden, 1536 in Dänemark, 1540 in England.

Die fortschreitende Verstaatlichung der spanischen Orden setzte schon vor 1492, dem Ende der Reconquista, ein. Nach der Eroberung Granadas hatte die Krone Kastiliens eine starke Stellung inne, und sie war entschlossen, die anarchischen Streitereien um die Meisterwürde zu beenden. Zwischen 1489 und 1494 übernahm König Ferdinand die Leitung der drei kastilischen Orden. Die Brüder leisteten kaum Widerstand, als ein königlicher Rat eingesetzt wurde, um sie zu kontrollieren, doch bestanden die Kapitel, die Wahlvorgänge und – eingeschränkt – auch die Kommenden noch fort. Die Orden von Calatrava, Montesa und Avis blieben weiterhin an die Zisterzienser gebunden. 1523 vereinigte Papst Hadrian VI. die drei kastilischen Orden formell und auf Dauer mit dem Staat. Der Krone standen fortan die drei Meisterwürden mit ihren dazu gehörigen hohen Einkünften zur Verfügung; sie wurden auf 110 000 Dukaten pro Jahr geschätzt – ungefähr die Hälfte der Jahreseinkünfte der Orden. Dieser Kronanteil wurde 1525 den Fuggern überschrieben. Der Orden von Montesa wurde 1587 mit der Krone von Aragonien vereinigt. Auch die Herrschaft über die portugiesischen Orden, die sich allesamt weigerten, in Übersee zu wirken, ging an die Krone über, die einige der Komtureien dazu verwendete, Leistungen von Männern zu belohnen, die sich in Afrika oder Asien im Kampf gegen die Ungläubigen ausgezeichnet hatten. Die drei Orden verloren ihren militärischen Charakter, doch einige Brüder beteiligten sich als Einzelpersonen auch weiterhin an Feldzügen; mindestens 28 von ihnen wurden auf dem marokkanischen Kreuzzug von 1578 bei Alcazar getötet oder gefangengenommen.

Mit den Jahren befreiten päpstliche Bullen die spanischen Brüder von den Einschränkungen, die ihnen hinsichtlich Ehe, persönlichem Besitz, Einhalten der Fastenzeiten und Gebete sowie des Wohnsitzes auferlegt worden waren. Als die Krone die Komtureien verpachtete, wurden viele Brüder zu Pachtherren, die ihre Ordensmitgliedschaft wegen der Ehre, des Adels und ihrer Karriere schätzten. Die Einrichtung einer stehenden königlichen Armee beraubte die Orden ihres militärischen Wertes als einer ständig bereit stehenden Eingreiftruppe. In der Folge wurden sie immer mehr zu einem Mittel für königliche Gunstbeweise; man nahm Brüder auf, auch wenn sie noch Kinder waren. 1536 begann Karl V. mit der Auflösung der Ordensbesitzungen, um aus dem Erlös seine Verteidigung der Christenheit zu finanzieren. Er verkaufte 14 von 51 Komtureien des Calatrava-, 13 von 98 des Santiago- und drei von 38 des Alcántaraordens; das verschaffte ihm eine Einnahme von etwa 1 700 000 Dukaten. Die Krone konnte die Ordensmitgliedschaft an Interessierte verkaufen; dem Käufer brachte das Prestige, aber keinen Gewinn. Die Komtureien mit ihren Pachtverträgen sicherten jedoch ein Einkommen. Die Verwaltung der Ordenslatifundien durch Komture, die häufig weder auf ihren Gütern lebten noch etwas in sie investierten, erwies sich aber als ökonomisch ineffizient.

Die Krone rechtfertigte ihre Einverleibung der kastilischen Orden natürlich mit der alten Argumentation, dass auf diese Weise deren Ressourcen weiterhin der Bekehrung der Heiden und dem Heiligen Krieg zugute kommen würden, denn schließlich lag Nordafrika, wie Granada, auf dem Weg nach Jerusalem. 1506 veranstaltete König Ferdinand ein Kapitel des Santiagoordens, das beschloss, einen Konvent in Oran einzurichten. Es folgten Pläne, den Calatrava- und Alcántaraorden in Bougie beziehungsweise Tripolis anzusiedeln. Obwohl sie auch im 17. Jahrhundert noch erörtert wurden, erfüllten sich diese afrikanischen Pläne nicht, ähnlich wie die Projekte für den Deutschen Orden auf dem Balkan, während mit der Entscheidung Karls V., dem Johanniterorden Tripolis und Malta zuzuweisen (1530), die gleiche Politik erfolgreich in die Tat umgesetzt wurde. Einzelne Brüder der kastilischen Orden hatten häufig militärische Posten inne, doch insgesamt blieben die Orden weitgehend untätig. Zwischen 1518 und 1598 dienten von 1291 Rittern des Santiagoordens gerade einmal fünfzig bis sechzig in Kämpfen gegen die Ungläubigen. Wenigstens acht Mitglieder des Santiagoordens nahmen am Tunisfeldzug von 1535 teil; 1565 halfen andere bei der Verteidigung Maltas, wobei sich einer von ihnen, Melchior de Robles, besonders auszeichnete und bei den Kampf-

DAS ZEITGENÖSSISCHE FRESKO des Matteo Pérez d'Aleccio im Ordensmeisterpalast von La Valletta stellt die türkische Belagerung Maltas dar. Neben dem Malteserbanner flattert die Fahne des Santiagoordens, als die ersten Entsatztruppen aus Sizilien unter Führung des Melchior de Robles, eines Santiagoritters, im Juli 1565 in Malta landen.

handlungen fiel. Ab 1532 verwandte der Santiagoorden jährlich 14 000 Dukaten für den Unterhalt von drei bis vier Galeeren, die im Mittelmeer stationiert waren, nach 1561 als Teil der königlichen Flotte; die Ordensstatuten verlangten als Eintrittsbedingung, allerdings ohne dass die Forderung durchgesetzt wurde, die Ableistung eines sechsmonatigen Kriegsdienstes zur See. Der Wert der genannten Galeeren war teilweise nur symbolisch, doch leisteten sie unter Luis de Requesens, dem *comendador mayor* von Kastilien, wertvolle Hilfe in der Schlacht bei Lepanto (1571). Korruption führte nicht notwendig zur Untätigkeit: Luis de Requesens war beispielsweise mit elf Jahren in den Santiagoorden aufgenommen worden, während Alvaro Bazán, der sich in Malta und bei Lepanto auszeichnete, 1528 sogar schon als Zweijähriger Mitglied geworden war. Nach 1571 konzentrierten sich die militärischen Anstrengungen Spaniens hauptsächlich auf das nördliche Europa, so dass die Möglichkeiten der Orden, sich an Heiligen Kriegen zu beteiligen, zurückgingen. Und viele Brüder nahmen ihre Pflichten gar nicht zur Kenntnis: So erntete der Dichter Luís de Góngora herbe Kritik, weil er nicht dem Gebot des Königs nachkam, im afrikanischen Marmora Kriegsdienst zu leisten (1614).

Während die spanischen Ritterorden und der Deutsche Orden fundamentale Veränderungen erlebten und jeden missionarischen Charakter einbüßten, setzten die Johanniter ihre kriegerische Tradition fort. Nur wenige weltliche Herrscher konnten sie in ihren Staaten beseitigen, Kaiser und Papst ließen ihnen weiter Unterstützung zukommen, und Clemens VII., der 1523 zum Papst gewählt wurde, wobei der Meister des Johanniterordens als Wächter des Konklaves amtierte, hatte sogar selbst diesem Orden angehört. Acht demoralisierende Jahre lang zog Philippe Villiers de l'Isle Adam nach 1523 mit dem Rest seines Konvents von Kreta nach Messina und weiter nach Civitavecchia, Viterbo, Villefranche, Nizza und Syrakus. Sie hielten die institutionelle Kontinuität aufrecht und suchten nach einem neuen Stützpunkt. Die Johanniter waren überwiegend Franzosen, doch es war der spanische König, Kaiser Karl V., der ihnen schließlich die winzige öde Insel Malta zugestand. Gemeinsam mit der nahe gelegenen Insel Gozo erhielten sie diese von der sizilischen Krone zum Lehen, mit der Verpflichtung, den Brückenkopf Tripolis auf dem afrikanischen Festland zu verteidigen, den die Spanier 1510 erobert hatten. Obwohl sie immer noch auf die Rückeroberung von Rhodos oder auf Eroberungen in Griechenland hofften, bezogen die Ordensritter in Begleitung einiger ihrer lateinischen und griechischen Untertanen aus Rhodos im Jahre 1530 widerwillig die Meeresfestung und ihre Vorstadt Birgu. Sie hatten kaum eine andere Wahl. Angesichts des französisch-türkischen Bündnisses nahm die Ordensgeschichte eine Wendung in Richtung Spanien; denn von 1536 bis 1553 war ein Spanier, der Aragonese Juan de Homedes, Ordensmeister.

Der Johanniterorden, der seit dieser Zeit auch Malteserorden genannt wird, setzte seine Flottenaktivitäten fort: In Griechenland wurde 1531 Modon geplündert, in Afrika 1535 Tunis, Djerba 1539 und so weiter. Malta bot mit seinem ausgezeichneten Hafen die nötige Unabhängigkeit; zwischen dem spanischen Sizilien und dem osmanischen Afrika gelegen, war es eine geeignete Basis, um den Krieg gegen Armaden oder Piratenflotten der Ungläubigen fortzuführen. Die Malteser handelten steuerfreie Getreideimporte mit Sizilien aus und errichteten kleinere Befestigungsanlagen am Haupthafen. Sie waren mit einigen ihrer Reliquien und einem Teil ihrer Archive angekommen und zeigten eine außerordentliche Anpassungsfähigkeit, indem sie die Verwaltung ihres Ordensstaats bruchlos von einer Insel auf die andere überführten und wieder einmal bewiesen, dass das Überleben eines Ritterordens nicht von einer bestimmten territorialen Basis abhängen musste. 1551 ging das unzureichend befestigte und verteidigte Tripolis verloren. Gozo wurde schwer verwüstet. Die Seefestung San Angelo, die nahe gelegene neue Stadt Isola oder Senglea sowie die Festung San Elmo am Eingang des Hafens waren erheblich verstärkt worden, als die Osmanen 1565 Malta angriffen. Die Türken wandten eine schwerfällige Taktik an. Der Ordensmeister Jean de la Valette, ein Veteran der Belagerung von Rhodos (1522), leistete entschlossen und mit taktischer Überlegenheit Widerstand, wobei ihm die ortsässige Bevölkerung half; die strategische Übersicht beim Einsatz der Entsatztruppen, die von García de Toledo, einem Komtur des Santiagoordens und Vizekönig von Sizilien, geführt wurden, erwies sich am Ende als entscheidend. Der Malteserorden errang großes Prestige, weil er so zäh an einer praktisch nicht zu verteidigenden Stellung festgehalten hatte; den Osmanen war es nicht gelungen, diese potenziell für weitere Angriffe geeignete Basis zu besetzen.

Bei der Seeschlacht sechs Jahre später, in der die Türken bei Lepanto geschlagen wurden, fochten auch fünf Galeeren und hundert Ritter mit, die der neue Ritterorden des heiligen Stefan (Santo Stefano) abgestellt hatte. Dieser Orden war 1562 von Cosimo I. de Medici gegründet worden, dem Großherzog der Toskana, der auch die Position des erblichen Großmeisters einnahm. Er wandelte einen Teil der schwachen toskanischen Seestreitkräfte in eine stehende Kriegsflotte nach dem Vorbild der maltesischen um. Sie sollte zugleich die toskanischen Strände und die dortige Schifffahrt schützen und durch die Schaffung eines neuen Adels zur Konsolidierung des neugebildeten Staatswesens beitragen, vor allem bei denjenigen Untertanen, die nicht Florentiner waren. In vielen Florenz feindlich gesinnten Städten, etwa in Siena und Lucca, fühlte sich der einheimische Adel weiterhin den Maltesern verbunden, doch anderswo zog der Stefansorden viele Familien von den Maltesern ab, wiewohl seine Ritterschaft geringeres Prestige genoss. Man konnte dem Stefansorden als Ritter beitreten und sich so den Status eines Adligen erwerben, indem man eine neue Kommende nach dem *Jus patronatus* stiftete; diese Kommende konnte nach dem Tod auf einen Sohn vererbt werden, da der Orden, wie der Santiagoorden, Verheiratete zuließ. Die Ritter waren zu einem dreijährigen Militärdienst verpflichtet, der teilweise zur See abgeleistet werden musste. Da sich fehlender Adel von mütterlicher Seite durch eine zusätzliche Zahlung ausgleichen ließ und da nach Rücktritten noch lebender Komture Familienangehörige nachrücken konnten, war es für ein Geschlecht möglich, in schneller Folge viele Angehörige zu nobilitieren. Der Stefansorden verfuhr somit in den Fragen des Zölibats und der Nobilitierung ganz anders als die Johanniter, doch leistete auch er einen bedeutenden Beitrag zum Heiligen Krieg im Mittelmeer.

Der Stefansorden besaß eine eigene Flottenakademie, sein Konvent und die Konventskirche in Pisa wurden von Giorgio Vasari entworfen. Schnell verfügte der Orden über hunderte von Rittern, von denen manche auch nicht aus der Toskana stammten; zwischen 1563 und

DAS ANONYME, AUS DEM 17. JAHRHUNDERT STAMMENDE GEMÄLDE zeigt den Bau der Galeeren des Stefansordens im toskanischen Livorno; im Vordergrund steht ein Mitglied des Ordens, kenntlich an dem Kreuz auf seiner Brust.

1737 wurden nicht weniger als 695 Komtureien begründet. Von ihrem Stützpunkt in Livorno aus verteidigte seine gutorganisierte Flotte den toskanischen Handel und die Küsten. Sie bekämpfte die Ungläubigen auch im offenen Mittelmeer, oft Seite an Seite mit maltesischen Schiffen. Für den Entsatz von Malta (1565) stellte der Stefansorden zwei Galeeren. Toskanische Galeeren, manchmal mehr als zehn, kämpften vor der afrikanischen Küste, in der Ägäis und um Zypern, am erfolgreichsten unter ihrem bedeutendsten Admiral, Jacopo Inghirami. Sie kreuzten im Geschwader und teilten die Beute und die Lösegelder für Gefangene untereinander auf, doch anders als bei den Johannitern gab es die Institution des halb privaten *corso* nicht. Nach 1584 verlegte der Orden das Schwergewicht seiner christlichen Piraterie aus dem westlichen Mittelmeerraum in die lohnenderen Jagdgründe der Levante. In den Jahren zwischen 1610 und 1618 erbeutete der Stefansorden im Westen 24 Schiffe der Berber und 1 409 Sklaven, in der Levante 49 türkische und griechische Schiffe sowie 1 114 Sklaven. In diesem Gebiet wurden auch mehrere Städte geplündert. Wie die Malteser und für kurze Zeit auch der Deutsche Orden beteiligte sich der Stefansorden an dem venezianisch-türkischen Krieg um den Besitz Kretas (1645 bis 1669), doch danach erlahmte er. 1737 wurde das Amt des Admirals abgeschafft, der Orden selbst 1809 von Napoleon aufgehoben. Im gleichen Jahr

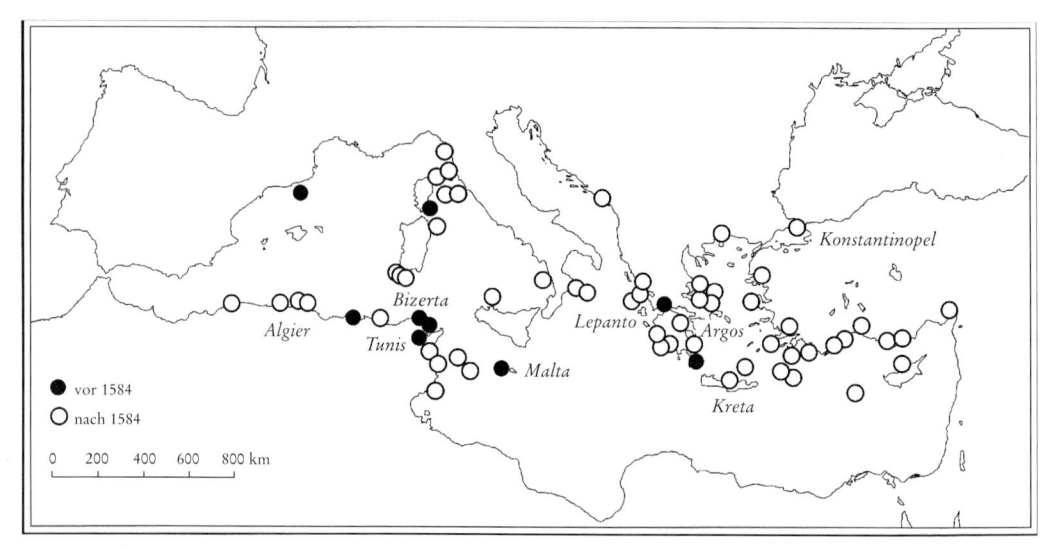

DIE EINSÄTZE EINES GESCHWADERS DES STEFANSORDENS im Mittelmeer zwischen 1536 und 1688; deutlich wird die spätere Ausweitung der Unternehmungen im östlichen Mittelmeer.

stürzte Napoleon den Deutschen Orden, der seine Besitzungen in den deutschen Landen verlor, in eine tiefe Krise. Das Hauptquartier wurde nach Wien verlegt, der Orden musste jedoch seinen militärischen Charakter und die Aussicht auf einen Ordensstaat aufgeben.

1568 versuchte Cosimo de Medici, den Pflegeorden des heiligen Lazarus in Santo Stefano aufgehen zu lassen, aber der Papst legte Teile dieses Ordens mit dem Mauritiusorden zusammen (1572) und übertrug dem Herzog von Savoyen, Emmanuel Philibert, dem »Eisenkopf«, die erbliche Meisterwürde unter der Auflage, zwei Galeeren zu unterhalten; diese waren tatsächlich 1574 vor Tunis im Einsatz, doch schlief die militärische Tätigkeit dieses Ordens schon nach 1583 ein. Immer noch wurden neue Ritterorden gegründet. Pius II. schuf 1459 den Bethlehemorden, wofür er die Güter mehrerer aufgehobener kleiner Orden verwendete. Die wenigen Brüder des neuen Ordens wollten unter ihrem Meister Daimberto de Amorosa die ägäische Insel Lemnos verteidigen, konnten sie jedoch gegen die Türken nicht halten; die Brüder zogen 1464 nach Syros weiter und gründeten dort ein Hospiz. Nach der venezianischen Rückeroberung von Lemnos im gleichen Jahr kehrten die Bethlehemiter dorthin zurück, doch fiel die Insel schon 1479 wieder an die Türken, und der Orden hörte praktisch zu bestehen auf. Viel später half Karl von Gonzaga, der Herzog von Mantua und Nevers, bei der Gründung eines päpstlichen Ritterordens, dem *Ordre de la Milice Chrétienne* (1619). Diese Gründung gehörte in den Zusammenhang weit fortgeschrittener französischer Planungen zur Bekämpfung der deutschen Protestanten und der Türken. 1623 wandelte Papst Urban VIII. ihn in einen regelrechten Ritterorden mit dem Gelöbnis der ehelichen Enthaltsamkeit um. Italiener und Deutsche kamen, Geld wurde zugeschossen und eine Flotte gebaut, doch weiter geschah nichts.

DIE NEUZEIT: DAS ÜBERLEBEN EINES ORDENSSTAATES

Nach 1561 bildete nur noch der Malteserorden eine einsatzfähige und unabhängige militärische Körperschaft. Er wurde von erfahrenen Kriegsleuten geführt, die ihr Handwerk verstanden; der Ordensmeister Jean de la Valette war 1540 gefangen genommen und über ein Jahr von den Muslimen festgehalten worden. Die Belagerung von 1565 gab den Maltesern einen neuen Daseinszweck und neues Selbstvertrauen. Sie begannen sofort mit dem Bau der neuen Konventsstadt La Valetta, die von Girolamo Cassar verschönert wurde, und eines umfangreichen Systems von Befestigungsanlagen, die um den Haupthafen verteilt waren. Das Eiland wurde zu einem mächtigen Abschreckungsmittel, weil von dort aus die strategischen Verbindungswege zwischen Istanbul und Alexandria bedroht werden konnten, von denen die Geschlossenheit einer islamischen Front von Ägypten bis Tunis, Algier und Marokko in mancher Hinsicht abhängig war. Gegen diese drohende Gefahr bildete Malta ein festes Bollwerk. Die Ordenspropaganda betonte folglich auch die muslimische Solidarität, um die Furcht vor

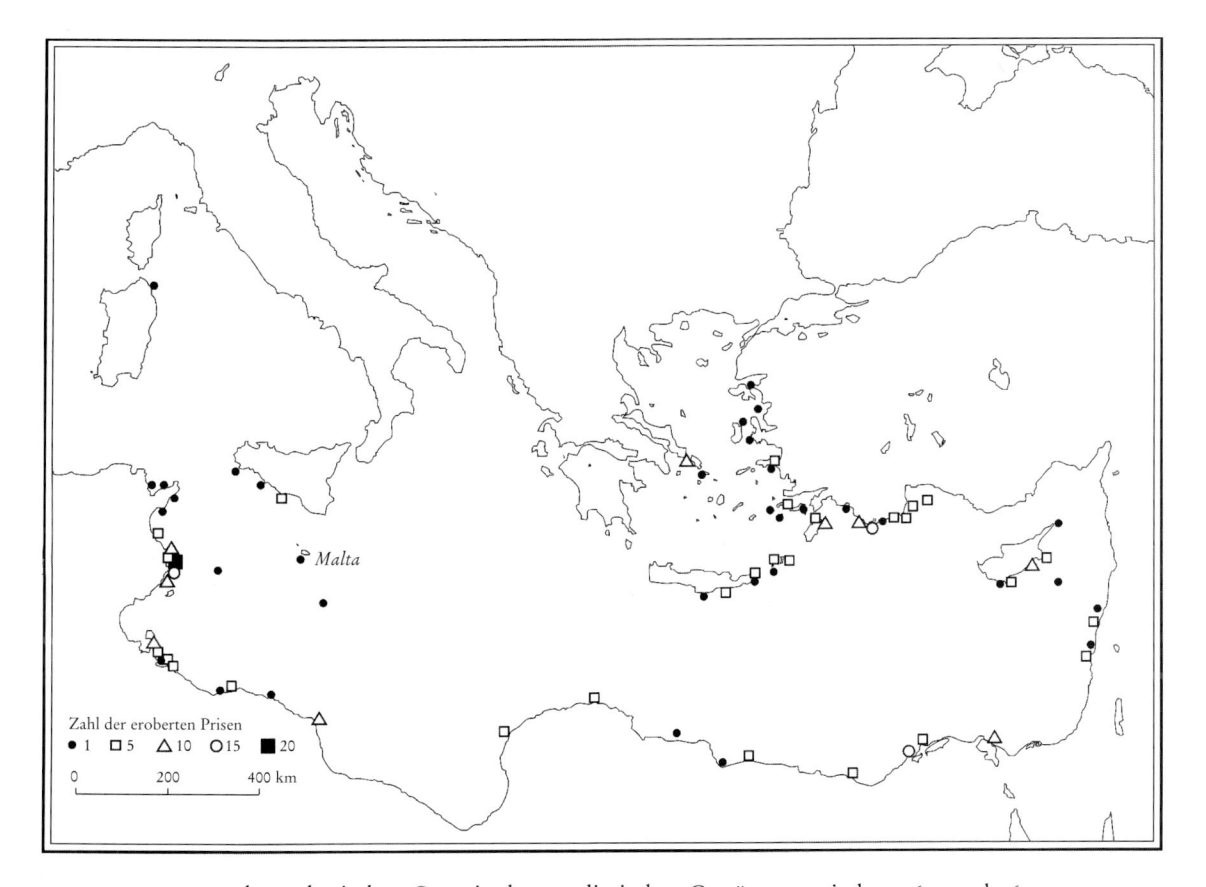

EROBERTE PRISEN des maltesischen *Corso* in den muslimischen Gewässern zwischen 1654 und 1694.

den Ungläubigen am Leben zu erhalten und um gleichzeitig die unabhängige Stellung des Ordens und die Idee des Heiligen Krieges, wovon sie ideologisch abhing, zu rechtfertigen. Maltas massive steinerne Befestigungsanlagen, die niemals ernsthaft angegriffen wurden – ein Beweis für ihre Wirksamkeit –, vermittelten den Eindruck eines Regimes, das unter einer Invasionsphobie zu leiden schien. Eine gewisse Bedrohung blieb freilich immer bestehen, doch da man ständig meinte, die Befestigungsanlagen müssten modernisiert werden, erstreckten sie sich schließlich über weite Teile der Insel; das letzte größere Bauwerk, das bei dieser eigentlich unausgesetzten Bautätigkeit entstand, war das Fort Tigné, das erst 1794 fertig gestellt wurde. Der Bau der Anlagen machte einen großen finanziellen Aufwand und hohe Steuern erforderlich; er vermittelte jedoch den Einwohnern ein Gefühl der Sicherheit und gab ihnen Arbeit. Docks und Arsenale unterstützten die Flottenkampagnen; die Wirtschaft der Insel blühte in vielen Bereichen auf, weil der Hafen und die neuen Städte, das Hospital und die Quarantänestationen sowie die gut gelegenen Umschlagplätze für den Handel alle stark expandierten. Im Verlauf von hundert Jahren konnte sich die Einwohnerzahl von Malta und Gozo fast verdoppeln: von 49 500 im Jahre 1680 auf 91 000 im Jahre 1788. Obwohl einige unzufrieden mit der Regierung waren – ähnlich war es überall in Westeuropa –, wurde die maltesische Bevölkerung, wie vor ihr die rhodische, vom Orden im Allgemeinen gut behandelt und war ruhig. Die erreichten Leistungen des Ordensstaates wurden durch unaufhörliche diplomatische Interventionen an den Höfen des Papstes, des französischen Königs, der Venezianer und anderswo abgesichert. Viele Malteserritter standen an ausländischen Höfen im Dienst. La Valetta wurde eine bedeutende Ausbildungsstätte für Flottenoffiziere, von denen manche in den französischen Dienst traten; im 18. Jahrhundert allerdings gingen die kriegerischen Einsätze zurück, wie überhaupt die osmanische Bedrohung schwand.

Maltas militärische Leistung gründete in zahllosen kleineren Aktionen. Die Johanniter kontrollierten praktisch die See zwischen Tunis und Kalabrien, wobei ihr Ziel nicht so sehr darin bestand, zu töten und Schiffe zu versenken, als Beute und Sklaven zu machen sowie Muslime gefangen zu nehmen, für die sich Lösegeld erzielen ließ. Das Geschick wogte auf und ab, und auch der Orden erlitt Verluste: Beispielsweise wurden 1570 drei seiner Galeeren gekapert, weshalb er im folgenden Jahr nur mit drei Schiffen bei Lepanto vertreten sein konnte. Nach dieser Schlacht stellten die großen Mächte niemals mehr eine so starke Flotte auf, weil das zu teuer geworden war. Vielmehr entwickelte sich im Mittelmeer ein Gleichgewicht der Kräfte, zu dessen Bestehen Malta wesentlich beitrug. Lepanto hatte die Stärke des Osmanischen Reiches nicht gebrochen; die Türken hatten vielmehr 1571 Zypern erobern und 1574 Tunis wieder unter ihre Herrschaft bringen können. Die Johanniter führten ihre aggressive Politik fort. 1611 beispielsweise griffen sie sowohl die griechische Stadt Korinth als auch Kerkenna vor der tunesischen Küste an; andererseits gab es 1614 einen kleineren Versuch der Türken, auf Malta zu landen. Bei der Verteidigung Kretas von 1645 bis 1669 kämpfte der Orden an der Seite Venedigs in einem Krieg, den ein Angriff der Malteser auf einen ägyptischen Konvoi ausgelöst hatte. Maltesische und toskanische Galeeren segelten auch danach noch gegen die Osmanen; die letzte größere militärische Operation des Malteserordens in der Levante fand im Rah-

AUSSCHNITT AUS EINEM ANONYMEN GEMÄLDE des 18. Jahrhunderts, das die Kaperung des Leitschiffes der Mauren von Tripolis durch die maltesische Flotte darstellt. Die Galeere mit den drei Flaggen war das Leitschiff der Malteser, dahinter ist ein schwerer Segler zu sehen, wie ihn die Malteser 1705 in Dienst stellten.

men des Türkenkrieges statt, der 1718 endete. 1705 hatten die Malteser zur Ergänzung ihrer Rudergaleeren schwere Segler eingeführt. Spezielle Stiftungen dienten zur Finanzierung dieser Schiffe, auf denen die Ritter vier sechsmonatige Dienstzeiten ableisten sollten, bevor ihnen die Beförderung winkte. Der Seekrieg ging zurück, wofür sich der Orden ein gut Teil des Verdienstes zuschreiben durfte, doch die Feindseligkeiten hörten niemals ganz auf. 1749 gab es einen Angriff auf Oran. Die Russen vernichteten 1770 die Seemacht der Osmanen, doch Gefahr bestand weiterhin; als der Ordensstaat kurz vor seinem Ende stand und im April 1798 ein tunesisches Schiff in der Nähe von Gozo gekapert wurde, besaß die maltesische Flotte immer noch vier Galeeren, zwei schwere Seglern und zwei Fregatten.

Wie auf Rhodos förderte auch auf Malta der *corso* die Wirtschaft und Beschäftigung auf der Insel. Der maltesische Corso war keine reine Piraterie; er ließ sich auch nicht mit dem üblichen, staatlich genehmigten privaten Freibeuterwesen vergleichen, bei dem es bestimmte gesetzliche Regelungen, aber keine religiösen Unterschiede gab. Er war vielmehr eine Art heiliger Krieg, der sich theoretisch auf Angriffe auf die Schifffahrt der Ungläubigen beschränken sollte, auch wenn dieses Gebot in der Praxis häufig überschritten wurde. Der Corso wurde vom Ordensmeister, dem zehn Prozent der Beute zustanden, lizensiert und von einem besonderen Tribunal überwacht. Er bot den Malteserrittern und anderen Personen die Möglichkeit, in ein Piraterieunternehmen zu investieren, indem sie ein Schiff ausrüsteten und den Gewinn aus Beute und Lösegeldern unter sich aufteilten. Große Beute wurde in der Ägäis und der Levante gemacht, als sich die Operationen von Tripolis zur Peloponnes, nach Rhodos und Zypern verlagerten. Wiederholt führten Angriffe, insbesondere auf die venezianische Schifffahrt, zu diplomatischen Zusammenstößen und dazu, dass die Einkünfte der Johanniterpriorei in Venedig beschlagnahmt wurden. Der Orden beteiligte sich zwar an vielen großen Kriegen des 16. Jahrhunderts und auch an den venezianisch-türkischen Kriegen zwischen 1645 und 1718, doch nach 1580 lag das Schwergewicht auf dem Corso. Wie seine nordafrikanischen Widersacher wurde auch Malta zu einem Korsarenstaat, dessen Schiffe an den Küsten des Maghreb operierten, wo sie häufig mit dem »Gegen-Corso« der Berber zusammenstießen; gelegentlich dehnten sich diese Operationen auch bis zum Atlantik aus. Maltesische Seeleute und Geldgeber partizipierten an den Corsos; die Ordensbrüder finanzierten nicht nur die Schiffe, sondern dienten auch auf ihnen: Von 483 bekannten Unternehmungen dieser Art im 18. Jahrhundert wurden 183, das sind 38 Prozent, von Malteserrittern geleitet. Die wachsende Vorherrschaft der Franzosen und deren Bündnis mit den Türken zwangen die Malteser, ihre Operationen in der Levante einzuschränken, und verminderten ihre Prisen. Bis 1675 gab es noch etwa zwanzig bis dreißig aktive Korsarenschiffe, doch bis 1740 fiel ihre Zahl auf zehn bis zwanzig, danach noch weiter; Lizenzen für die Levante wurden nicht mehr ausgegeben. Erst

ANTOINE DE FAVRAY malte mit seinem Porträt des portugiesischen Ordensmeisters Manoel Pinto de Fonseca (1747) eine Apotheose der Meisterwürde. Pinto, der Malta von 1741 bis 1773 regierte, deutet mit der Hand auf das Symbol der Souveränität.

nach der Krise von 1792 erfuhr der *Corso* eine kurze Wiederbelebung. Zu diesem Zeitpunkt diente der Orden, mit beträchtlichem Erfolg, nur noch als Ordnungsmacht, die die Sicherheit zur See gewährleistete. Wenn er auch keinen moralisch gerechtfertigten religiösen Krieg mehr führte, war seine Tätigkeit immer noch nützlich, weil sie der westlichen Wirtschaft zugute kam, indem sie osmanische Untertanen zwang, christliche Schiffe zu benutzen, wenn sie sicher reisen wollten.

Die Institutionen des Ordens blieben unverändert. Seine Verwaltung, die sich weit über den Inselstaat hinaus erstreckte, oblag hauptsächlich dem Ordensmeister. Zwischen 1526 und 1612 trat das Generalkapitel durchschnittlich alle sechs Jahre zusammen, doch zwischen 1631 und 1776, als eine finanzielle Krise das erforderlich machte, wurde nicht ein einziges einberufen. Der Johanniterorden, der niemals durchgreifend reformiert worden war, entwickelte in immer stärkerem Maße autokratische Züge; seine Meister strebten sogar nach Souveränität. Das südfranzösische Monopol auf die Meisterwürde war 1374 durchbrochen worden, und in der Folge gab es neben französischen auch spanische und italienische Ordensmeister; im 18. Jahrhundert amtierten zwei Portugiesen, Antonio Manoel de Vilhena und Manoel Pinto de Fonseca insgesamt 46 Jahre, davon letzterer 32 Jahre. Die Wahl eines Herrschers auf Lebenszeit sicherte Kontinuität und Stabilität angesichts des Zölibats, der eine Vererbung der Meisterwürde ausschloss; sie begünstigte allerdings mit dem System des Vorrangs der Amtsjahre eine Gerontokratie in den gesamten hohen Verwaltungsrängen. Die hohen Einkünfte des Meisters und seine Möglichkeiten der Patronage erlaubten ihm, Einfluss auszuüben, die Gremien auszuschalten und Ritter einzig aufgrund seiner Meisterwürde zu ernennen, wodurch er eine ungebührlich autokratische Stellung erlangte. Ein derartiges Verhalten führte 1581 zur Absetzung des Ordensmeisters Jean l'Evêque de la Cassière, der auf ungeschickte Weise versucht hatte, die Regelübertretungen der Brüder einzudämmen; erst nach einer größeren Umwälzung und einer Visite in Rom wurde er wieder in sein Amt eingesetzt.

Die Franzosen, in deren Land drei von sieben Provinzen des Johanniterordens lagen, klammerten sich zäh an die Länder, Kommenden und Einkünfte, von denen ihr Unterhalt abhing. Es gab skandalöse Einmischungen des Königs in die französische Priorei, gegen die jedoch nichts zu unternehmen war; und das System der Ämterbesetzungen wurde zu einem komplizierten bürokratischen Vorgang, bei dem Mehrfachberufungen, Wahrnehmung des Amtes in Abwesenheit und andere Missbräuche unterliefen. In die Ämterbestallungen mischten sich auch häufig die Päpste ein, weil sie dem Druck bestimmter Personen und Herrscher nichts entgegensetzen konnten; diese Einmischungen trugen in allen Ritterorden entscheidend dazu bei, die Moral zu untergraben. Nepotismus war überall zu finden: In einem besonders extremen Fall hatte der Großneffe des Johannitermeisters Adrien de Wignacourt die Komturei von Lagny-le-Sec 82 Jahre inne, da sein Großonkel sie ihm 1692 verschafft hatte, als der angehende Komtur ganze drei Jahre zählte. Manoel Pinto de Fonseca wurde als Zweijähriger in den Orden aufgenommen und starb als Ordensmeister im Alter von 92 Jahren. Dennoch war der Orden keineswegs der Dekadenz verfallen. Er blieb mächtig in Aragonien und Böhmen, in Teilen Süddeutschlands und in Italien, dort vor allem in Neapel und Sizilien. 1583, als unter 2000

ENTWURF FÜR DIE RESTAURIERUNG EINES EPITAPH-FENSTERS in Ternat in Belgien, das an den Johanniter Charles de Fourneau de Cruquembourg erinnerte, der gegen die Türken kämpfte und 1593 in Malta starb. Acht Familienwappen und -namen unterstreichen die adlige Herkunft dieses Ritters.

Ordensmitgliedern nur noch etwa 150 dienende Brüder und 150 Priester vertreten waren, hatten die Ritter entschieden das Übergewicht erlangt. Im Jahre 1700 gab es noch insgesamt etwa 560 Kommenden in Frankreich, auf der spanischen Halbinsel, in Italien und im Deutschen Reich.

Fast überall verlieh die Ordenstracht und das mit acht Sternen besetzte Kreuz den höchsten Adelsrang. Im politisch zersplitterten Italien trug der Malteserorden zur Bewahrung einer gesamtitalienischen Adelskaste bei, die gleicher Geburtsrang, gleiche Sitten und gleiche Ausbildung im Malteserkonvent miteinander verband. Diese Männer kannten einander als Mitglieder eines exklusiven, multinationalen Clubs, dessen Zugangsbedingungen durch den Familienbesitz von Kommenden nach dem *Jus patronatus* und durch immer schärfere Anforderungen beim Adelsnachweis streng limitiert waren. Der schrittweise Übergang vom Pferd zur Galeere, die allgemeine Proletarisierung der Kriegskunst, das Entstehen nichtaristokratischer Dienstbürokratien an den Höfen hatten den alten Adel, dessen Vorstellungen von Ehre und Ritteridealen das längst veraltete Schwert symbolisierte, zu einer Randerscheinung gemacht. Während lebhafte Debatten den Begriff des Adels neu definierten und modifizierten, nutzte die europäische Aristokratie die Ritterorden nicht nur, um an ihrem ererbten Status festzuhalten und ihn zu verteidigen; sie versuchte auch, den neuen Adel und die Patrizierschaft am Eintritt in den Orden und damit am Zugang zu seinen Kommenden und Pfründen zu hindern. Beim Deutschen Orden und bei den Johannitern bildete sich dieses altadlige Kastenwesen in den Prioreien und Provinzen außerhalb der Ordensstaaten heraus, doch auf Malta, wie zuvor schon in Preußen und auf Rhodos, verhinderte diese oligarchische

Kaste, deren Angehörige nicht aus dem Ordensstaat kamen, weitgehend den Beitritt einheimischer Eliten und damit die Entwicklung eines störenden dynastischen Elements innerhalb der Ordensregierung.

In Westeuropa genossen die Malteserritter beträchtliches Ansehen und viele von ihnen verfügten über enge und einflussreiche familiäre oder politische Kontakte zu den Herrschern und Höfen ihrer Heimatprovinzen. Die päpstliche Rechtsprechung stellte nicht nur eine bloß theoretische Fessel dar; vielmehr wirkten sich fördernde, zuweilen auch schädigende Einmischungen des Papstes weiterhin auf die Politik des Ordens aus. Dass die Ritter im 18. Jahrhundert wegen ihres hohen Lebensstandards, angeblicher Sittenverderbnis und Tatenlosigkeit angegriffen wurden, war nicht immer unberechtigt, ähnelte jedoch in erstaunlicher Weise der Kritik, die schon im 14. Jahrhundert und noch früher gegen den Orden vorgebracht worden war. Trotz aller vorhandenen institutionellen Mängel verkörperte der Malteserorden keineswegs ein überholtes mittelalterliches Ideal, das sich in einem anachronistischen Staatswesen überlebt hatte. Die Zahl der Mitglieder stieg von 1715 im Jahre 1635 auf 2240 im Jahre 1740. Der frühneuzeitliche Adel war häufig hoch gebildet, und der Malteserorden besaß in seinen Reihen eine Vielzahl von Mitgliedern mit weit reichenden Kenntnissen, Interessen und Talenten in den Gebieten Kriegswissenschaft, Diplomatie, Naturwissenschaft und Kunst – Männer, die belesen waren und deren Tätigkeitsfelder sich über ganz Europa und bis nach Russland und Nord- und Südamerika erstreckten. Die Bibliothek von La Valetta spiegelte die Breite dieser theoretisch und praktisch ausgerichteten Kultur wider. Ein frühes Beispiel für einen so vielseitig interessierten Johanniter war der Humanist Sabba di Castiglione, der während seiner Stationierung auf Rhodos Skulpturen des klassischen Altertums sammelte, dann als Botschafter nach Rom gesandt wurde und seine Tage in der Kommende in Faenza beschloss, wo er eine Armenschule einrichtete.

Wie bei allen Orden wurden auch bei den Maltesern die Gelübde weitherzig interpretiert und das gemeinsame liturgische Leben immer mehr aufgegeben. Die Komture residierten häufig nicht vor Ort, sie verpachteten ihre Kommenden, die sie vorwiegend als Einnahmequellen ansahen; sie konnten sich einen beträchtlichen persönlichen Wohlstand verschaffen, der nach ihrem Tode zum Teil vererbt werden konnte und nicht gänzlich wieder dem Orden zufloss. Vertreter des Malteserordens nahmen an dem Konzil von Trient teil, dessen Aufgabe die Reform der katholischen Kirche war. Es ging für sie dabei allerdings nicht um die innere Reform des Ordens, sondern um eine erfolgreiche Verteidigung der Exemtion der Brüder und vor allem der für den Orden arbeitenden Personen von der Jurisdiktion der Bischöfe. Trotzdem gab es innerhalb des Ordens durchaus ein starkes Interesse an geistlichen Belangen, namentlich im Frankreich des 17. Jahrhunderts, bei denen der Malteserorden mit den Jesuiten und anderen neuen Bewegungen zusammenarbeitete, die im Gefolge des Konzils von Trient entstanden. Manche Johanniter engagierten sich im karitativen Bereich, in der Wohlfahrt und in der Mission, bei der Auslösung christlicher Gefangener aus den Händen der Muslime und bei der Förderung frommer geistlicher Werke. Viele suchten nach Wegen, auf denen ein Ordensmann, der nicht dem Priesterstand angehörte, seiner sowohl religiösen als auch kriegerischen Berufung nachkommen konnte. Das alles überschnitt sich mit der weiter bestehenden ritterlichen Funktion auf Malta, wo der symbiotische Austausch zwischen den Prioreien und dem Konvent sicherstellte, dass neue geistige Bewegungen nicht unbemerkt am Ordensstaat vorübergingen.

Die Folge dieses Austauschs war, dass das Auftreten aufklärerischer, ja sogar freimaurerischer Gedanken unter den Ordensrittern auf Malta die Unzufriedenheit mit dem Ancien Régime verstärkte. Häufig kam es zu Streitigkeiten der Ordensmeister mit Bischöfen, päpstlichen Inquisitoren und Vertretern des maltesischen Volkes und des maltesischen Klerus. Die drei französischen Provinzen mit ihren häufig gut verwalteten Landgütern und Forsten erwirtschafteten ungefähr die Hälfte der Auslandseinkünfte des Ordens und sicherten den Franzosen einen starken Anteil an den zu vergebenden Ämtern. Als die militärische Funktion des Ordens dahinschwand und seine Einkünfte zurückgingen, widmete sich der Orden unentschlossen einigen Plänen, etwa dem Abschluss von Bündnissen mit Russland, England oder Amerika, der Gründung einer äthiopischen Gesellschaft, der Errichtung einer polnischen Priorei, dem Erwerb von Landgütern in Kanada, der Inbesitznahme von Korsika. 1651 kaufte der Malteserorden drei Inseln in der Karibik, musste sie jedoch schon 1665 wieder verkaufen. 1792 konfiszierte die Nationalversammlung alle Besitzungen des Malteserordens in Frankreich, was gravierende finanzielle Auswirkungen haben musste; und 1798 fand Napoleon nur geringen Widerstand, als er den unschlüssigen deutschen Ordensmeister Ferdinand von Hompesch und seine Brüder von der angeblich unbezwinglichen Insel vertrieb. Etwa 200 der 330 Ordensritter auf der Insel waren Franzosen, und viele von ihnen waren, trotz der vorhandenen Demoralisierung und der unvorbereiteten Lage, in der Napoleon sie überrascht hatte, zum Widerstand bereit. Eine feste Führung und eine bessere Taktik hätten Malta vielleicht retten können, aber Defätisten und Bedenkenträger begünstigten eine Kapitulation. Die wenigen spanischen Ordensbrüder weigerten sich zu kämpfen. Es hatte kurz zuvor Anzeichen für eine Unzufriedenheit des Volkes mit den Rittern gegeben; einige maltesische Truppen hatten sich dem Eingreifbefehl widersetzt, es war in La Valetta zu Panik und Verwirrung, vereinzelt auch zu Rebellion und Sabotage gekommen. Eine Gruppe maltesischer Adliger forderte Verhandlungen; der Ordensmeister scheint – wohl zu Unrecht – den Ausbruch eines allgemeinen Aufstandes der maltesischen Bevölkerung befürchtet zu haben.

Frankreich und Spanien, die beiden Großmächte, die den Orden zuvor mehr als alle anderen unterstützt hatten, waren ihm nun feindlich gesinnt, und Hilfe ließ sich allenfalls von Russland und England erwarten, Staaten, in denen der Katholizismus bestenfalls geduldet war. Es konnte eigentlich gar nicht im Interesse Frankreichs liegen, den Orden zu vertreiben und die Insel in die Hand des Feindes geraten zu lassen, aber genau das geschah. Die Franzosen hatten wirtschaftlich davon profitiert, dass der Ordensstaat das mittlere Mittelmeer überwachte und ihnen der Hafen von Malta offen stand. Doch einige französische Ordensbrüder waren zu royalistisch, einige Pariser Revolutionäre zu dogmatisch gesinnt. Wahrscheinlich spielten die Konfiskationen von 1792, denen in der Folge schnell auch Beschlagnahmungen der Ordensbesitzungen in der Schweiz, in Italien und anderswo folgten, die entscheidende Rolle.

Der Ordensstaat schützte das Mittelmeer, und auch nach 1798 hätte er in den bewaffneten Konflikten, die einige europäische Mächte und sogar die Vereinigten Staaten von Amerika in den ersten Jahrzehnten des 19. Jahrhunderts austrugen, durchaus noch eine Rolle spielen können. Doch vielen Beobachtern erschien eine zuweilen arrogante Gesellschaft aristokratischer Ordensbrüder in einem Zeitalter der Revolution weitgehend überholt. Der Ordensstaat ging unter, nicht weil Malta unregierbar geworden wäre oder sich nicht mehr hätte verteidigen lassen, sondern weil seine Basis, die Nutzung großer Ländereien und weit reichender Privilegien, im Westen nicht länger akzeptiert wurde.

DIE NEUZEIT: DER NIEDERGANG DER MILITÄRISCHEN FUNKTION DER ORDEN

Der Deutsche Orden behielt auch noch, nachdem Malta 1798 gefallen war, eine – allerdings minimale – militärische Funktion. Er hatte zwar 1525 Preußen verloren, doch seine Besitzungen und Einkünfte in vielen katholischen und sogar einigen protestantischen Gebieten Deutschlands behauptet. Nach 1525 befand sich sein Hauptsitz im fränkischen Mergentheim, wo mehrere Jahrhunderte lang ein Hoch- und Deutschmeister in Personalunion mit dem Rang eines Reichsfürsten über einen winzigen barocken Hof herrschte. Unterdessen war Livland, wo der Orden immer noch viele Städte und Festungen beherrschte, weitgehend lutherisch geworden, doch setzten die katholischen Ordensbrüder ihren Kampf insbesondere gegen die orthodoxen Russen, aber auch gegen Widerstände aus den Reihen des estnischen und lettischen Volkes fort. 1558 nahm Iwan der Schreckliche die Einfälle in livländische Gebiete wieder auf; zwei Jahre später verlor der Orden Fellin. Dann trat 1561 auch der letzte livländische Meister Gotthard Ketteler zum Protestantismus über und säkularisierte den Ordensstaat. Teile Livlands kamen unter polnische Oberhoheit und der frühere Ordensmeister wurde erblicher Herzog von Kurland und Semgallen. Bis 1577 war der gesamte Deutsche Orden auf 171 Brüder zusammengeschmolzen.

Mergentheim war kein unabhängiger Ordensstaat, jedoch ein reichsunmittelbares Fürstentum, dessen Hoch- und Deutschmeister oftmals dem österreichischen Herrscherhaus entstammten, so auch Maximilian von Habsburg, der von 1595 an dieses Amt bekleidete. Der Deutsche Orden behielt die alten Mechanismen von Generalkapitel und Adelsnachweis als Eintrittsbedingung bei. Es gab viele Diskussionen über territoriale Ansprüche, selbst in Preußen, und Kompromisse mit den Protestanten, die sich vieler Kommenden bemächtigt hatten; großer Wert wurde auf die alten Traditionen und auf den deutschen Adel gelegt. Vielleicht vom Beispiel anderer deutscher Adliger beschämt, die auf Malta Dienst taten, erwog man wiederholt Pläne, die Verteidigung einer Festung zu übernehmen oder sogar den ganzen Orden an die türkische Grenze zu verlegen und die Ungläubigen in Ungarn zu bekämpfen, wie es die Deutschordensritter gelegentlich schon im 15. Jahrhundert getan hatten. Einige Brüder erinnerten an die mittelalterliche »Baumburg« von Thorn, wo sich die Ritter, die die Weichsel überschritten hatten und sich nicht anders zu helfen wussten, angeblich in einem großen Baum gegen die heidnischen Preußen verschanzt hatten; doch selbst wenn Maximilian von Habsburg nach 1595 einige Ordensritter gegen die Türken schickte, so dienten sie dort in Wahrheit als Mitglieder des kaiserlichen Gefolges und nicht als Angehörige eines Ritterordens. Während des 17. und 18. Jahrhunderts verlangte der Deutsche Orden den Adelsnachweis über fünf Generationen und hielt am Gelübde des Zölibats fest. Nach 1606 sollten alle Ritter mindestens drei Jahre Kriegsdienst geleistet haben, aber in Wahrheit konnten sie sich der Verwaltung einer Kommende, der Arbeit in der Bürokratie des Fürstentums in Mergentheim widmen oder auch eine militärische Laufbahn in einem stehenden Heer einschlagen. Ab 1648 genossen Lutheraner und Calvinisten gleiche Rechte – ein trikonfessioneller Orden war entstanden, eine Erscheinung, für die es nichts Vergleichbares gibt.

1658 plante der Orden einen gemeinsamen Feldzug mit Venedig und Malta; 1662 wollte man eine Galeerenflotte auf der Donau unterhalten. 1664 kämpfte der Hoch- und Deutschmeister Johann Kaspar von Ampringen mit einem Kontingent seiner Ritter in Ungarn gegen die Türken; 1668 führte er eine kleine und erfolglose militärische Operation gegen die Ungläubigen auf Kreta. Manche Brüder erfüllten ihren militärischen Pflichtdienst in Garnisonsstädten an der türkischen Grenze, und einige wenige verloren ihr Leben in den Türkenkriegen. Ab 1696 finanzierte der Ordensmeister ein Regiment innerhalb der kaiserlichen Armee; die Ordensbrüder wurden dabei aus den Kommenden des Ordens und als österreichische Offiziere bezahlt. 1740 waren Ordensritter am Ersten Schlesischen Krieg beteiligt, jedoch als Angehörige eines Fürstentums des Reiches und nicht als Mitglieder eines Ritterordens. Die militärischen Aktivitäten der Ordensbrüder waren damals schon sehr bescheiden geworden. 1699 hatte der Orden nur 94 Ritter und 58 Priester; in den 192 Jahren zwischen 1618 und 1809 dienten von 717 Ordensrittern, von denen 184 aus Franken stammten, wenigstens 362 irgendwann einmal als Offiziere, 89 von ihnen sogar im Generalsrang. Der Deutsche Orden lebte in Mergentheim bis 1809 weiter und verlegte dann seinen Sitz nach Wien. Wie Santo Stefano und die spanischen Orden war auch der Deutsche Orden in einer weltlichen Armee aufgegangen, allerdings nicht in gleichem Ausmaß: Sein Hauptsitz im Heiligen Römischen Reich, seine Ressourcen und seine Männer außerhalb der österreichischen Erblande hatten ihm einen bestimmten Grad an Unabhängigkeit erhalten.

Die spanischen Orden verloren ihren militärischen Charakter in weitaus stärkerem Maße. 1625 zählten die drei Orden insgesamt noch 1 452 Brüder, von denen 949, also nahezu zwei Drittel, dem Santiagoorden angehörten. Zwischen 1637 und 1645 forderte König Philipp IV. angesichts eines Krieges mit Frankreich die Ordensbrüder wiederholt auf, ihre militärische Pflicht zu erfüllen, doch der Adel hatte seine kriegerischen Gewohnheiten abgelegt und die Krone, die völlig ungeeigneten Kandidaten die Ritterwürde verliehen hatte, traf weithin nur auf Ausflüchte, Proteste und Entschuldigungen. 1640 kamen 1 543 Kombattanten für ein Bataillon aus allen Ritterorden, einschließlich des Montesaordens, zusammen; davon waren allerdings nur 169 Mann, ganze elf Prozent, tatsächlich Ordensritter; der Rest der Brüder war zu alt, zu jung, zu krank oder einfach nicht gewillt, an einem Krieg zur Verteidigung des eigenen Landes teilzunehmen. Sie sandten entweder Stellvertreter, deren Bezahlung sie übernahmen, oder zahlten eine Geldbuße, wenn sie sich nicht einfach der Einschreibung entzogen. Am Ende wurde das Bataillon zur Bekämpfung aufständischer Katalanen innerhalb Spaniens eingesetzt. Später löste man die Dienstpflicht weitgehend durch eine Geldzahlung ab. Das Ordensbataillon darf nicht als eine militärische Einrichtung von Ordensmännern verstanden werden: Wie bei den Deutschen Rittern, die gegen die christlichen Feinde des Hauses Österreich kämpften, ging es um die Verteidigung des Reiches eines weltlichen Herrschers. 1775 stellten die drei Regimenter, die die Orden von Alcántara, Santiago und Montesa unterhielten, für die Belagerung von Algier gerade jämmerliche 468 Mann ins Feld. Die kastilischen Orden lebten weiter als eine wichtige Bezugsquelle für Einkünfte und königliche Gunstbeweise, die einer Anzahl königlicher Diener ein auskömmliches Leben gewährleisteten. Zugleich führten sie, wie anderswo, zur Herausbildung einer Adelskaste mit Institutionscharakter. Das königliche Ordenskonzil sorgte weiterhin durch rigorose Aufnahmeprüfungen für ein Monopol des Geburts- oder Verdienstadels. Doch die spanischen Orden waren von ihrem Erscheinungsbild veraltet; ihre Struktur erfüllte keinerlei nützliche Funktion mehr. Die Orden in Portugal wurden zwischen 1820 und 1834 beseitigt, der Besitz aller drei Orden Kastiliens 1835 eingezogen.

Der Beitrag der Ritterorden, den sie zwischen 1312 und 1798 zum Heiligen Krieg leisteten, hing mehr von ihrer Leistungsstärke und Effektivität ab als von der Anzahl der Ordensbrüder. Sie stellten beispielsweise nur wenige der 208 christlichen Galeeren, die 1571 den Sieg bei Lepanto erfochten. Doch schon der byzantinische Kaiser Manuel II. hatte 1409 geschrieben: »Lasse sich niemand von den wenigen Galeeren, die in Rhodos vor Anker liegen, zu der Annahme verleiten, die Johanniter seien schwach und unbedeutend; wenn sie es wollen, können sie eine große Mannschaft aus der ganzen Welt zusammenbringen, über die verstreut sie leben.« Es gab natürlich Brüder, die sich dem Dienst entzogen. Als 1411 sechs Johanniter der Venezianer Priorei in Treviso zusammentrafen, um vier Personen zu benennen, aus denen der Prior einen für den Dienst in Rhodos bestimmen sollte, suchte sich Angelo Rossi mit vielerlei Gründen der möglicherweise drohenden Pflicht zu entziehen: Er habe dem Prior bereits zehn Jahre in Rom gedient, er sei in einen langwierigen Prozess verwickelt, der dem Orden großen Schaden bringe, wenn er ihn aufgrund seiner Abwesenheit verliere, sein Bruder besitze eine große Familie, die seines Schutzes bedürfe, und außerdem sei er auch zu arm, um die Reise anzutreten. Während die gelegentliche Beteiligung der Ritterorden an Kreuzzugsunternehmungen und an der spanischen Reconquista dem Umfang nach begrenzt blieb, während die Erfolge des Deutschen Ordens, so wichtig sie auch für die Christianisierung und Kolonisierung des Baltikums gewesen sein mochten, schließlich zerfielen, waren die Verteidigung von Rhodos und Malta und der damit verbundene Abwehrkampf gegen die Türken doch große Leistungen. Nationale Interessen hatten immer dazu tendiert, die Ideale des Kreuzzuges in

EXERZIERÜBUNGEN VON INFANTERIEFÜSILIEREN, die im Regiment des Deutschen Ordens Dienst tun, Aquarell, um 1725. Der Orden unterhielt ein Regiment, das Teil der österreichischen Armee war; viele Ordensritter dienten in ihm.

den Hintergrund zu drängen. In der frühen Neuzeit überlebten die Ritterorden nur dort, wo sie sich als seltsame, halb weltliche Theokratien ein eigenes Territorium sichern und es behaupten konnten und doch zugleich auch eine militärische Aufgabe fanden, die den Fortbestand ihrer Besitztümer in den anderen Ländern, auf die sie letztendlich angewiesen waren, rechtfertigte. Gegen Ende dieses Zeitraums trafen diese Bedingungen nur noch auf den maltesischen Johanniterorden und, sehr bedingt, auf den Deutschen Orden zu.

Nach dem 16. Jahrhundert verfügten nur noch die Malteser über eine eigenständige militärische Strategie, die von der Leitung des Ordens bestimmt wurde, auch wenn der Stefansorden zeigte, wie ein regionaler Orden bei kluger und sicherer Führung die Traditionen der Kreuzzugsbewegung und die Mentalität des Adels für militärische Zwecke zu Lande und zu Wasser nutzen konnte. Nur die Malteser durften zu Recht behaupten, dass sie zwischen 1312 und 1798 keine durchgreifende Veränderung erlebt hatten. Die übrigen Orden leisteten lediglich geringfügige oder indirekte Beiträge zu der sie kontrollierenden Politik ihrer Landesherren. Abgesehen davon waren sie im Wesentlichen damit beschäftigt, ihr Überleben als aristokratische Körperschaften zu sichern, die hauptsächlich zu ihrem eigenen Vorteil existierten. Die nur in einem Staatsgebiet ansässigen Orden, aber auch manche Prioreien oder andere Abteilungen multinationaler Orden wurden von den weltlichen Staaten vereinnahmt; und trotzdem leisteten die Deutschordensritter und auch die spanischen und portugiesischen Orden noch kleinere militärische Beiträge innerhalb der staatlichen Heere und Kriegsflotten. Die Johanniter waren mit ihrer Konzentration auf eine an einen insulären Ordensstaat gebundene Flotte am erfolgreichsten, doch auch sie blieben von ihren Prioreien in Westeuropa abhängig. Das wurde etwa 1413 deutlich, als die Ritter damit drohten, Rhodos zu verlassen, wenn sie nicht finanzielle Hilfe aus Westeuropa erhielten; sie änderten ihre Meinung erst, als die fälligen Abgaben aus England eintrafen. Wie abhängig sie von den finanziellen Zuwendungen blieben, belegt nicht zuletzt auch der finanzielle Zusammenbruch des Ordens nach den Konfiskationen, die ab 1792 erfolgten.

Die Ritterorden waren ein Teil des zum Untergang verurteilten Ancien Régime, und mit dessen Beseitigung hörten auch sie auf, als militärische Einrichtungen zu bestehen. Obwohl insbesondere Malta immer noch eine gewisse Anziehungskraft auf die kriegerisch Gesinnten besaß, gelang es den Orden kaum mehr, die aggressiven Instinkte dieser militärischen Klasse auf die Idee eines Heiligen Krieges auszurichten. Die Konfiskationen und Aufhebungen, die durch die Französische Revolution von 1792 an und später durch Napoleon verfügt wurden, setzten der Existenz der Orden als militärischer Einrichtungen ein Ende, abgesehen von einer äußerst marginalen Rolle, die sie im habsburgischen Österreich weiterhin spielen konnten. Übrig blieben in manchen Fällen die priesterlichen Ordensmitglieder und die Nonnenkonvente. Es gab später auch zahllose Pläne für eine Neubelebung oder Renaissance der Ritterorden, teils als rein aristokratische Bruderschaften, teils als reine Schwindelunternehmen oder in Form freimaurerischer oder esoterischer Vereinigungen, die behaupteten, in der Nachfolge der Templer zu stehen. Die Ritterorden hatten ihr Teil dazu beigetragen, das Gemeinschaftsideal eines christlichen heiligen Krieges aufrechtzuerhalten. Als internationale militärische Eingreiftruppe, deren Mitglieder aus verschiedenen Ländern kamen, und als kosmopolitische Vereinigung zur Krankenpflege war der Johanniterorden seiner Zeit voraus. Nach 1798 lebten die Ritterorden weiter, wenn auch nicht als militärische Einrichtungen: durch ihre Bauten und Kunstwerke, ihre Archive und Chroniken, aber vor allem durch ihre karitative Tätigkeit und die Krankenpflege.

14
DAS BILD DER KREUZZÜGE IM 19. UND 20. JAHRHUNDERT

ELIZABETH SIBERRY

Nach dem Frieden von Karlowitz (1699) war die Gefahr einer osmanischen Invasion in Mitteleuropa gebannt. Man konnte den muslimischen Orient nun gelassen betrachten. Die Briefe der Mary Wortley Montagu (1689 bis 1762), der Frau des britischen Gesandten am osmanischen Hof in Konstantinopel, die das türkische Leben in anschaulichen Details beschrieben, erfreuten sich nach ihrer Veröffentlichung 1763 großer Beliebtheit beim Publikum. Es gab den Divan Club, der nur Mitglieder aufnahm, die, wie der Dandy Sir Francis Dashwood (1708 bis 1781), im Osmanischen Reich geweilt hatten. Ein Porträt Dashwoods, das sich in seinem Anwesen West Wycombe Park in Buckinghamshire befindet, zeigt ihn in orientalischer Tracht mit Turban; das Bild trägt die Aufschrift »El Faquir Dashwood Pasha«. Eine Orientmode breitete sich aus, für die Mozarts Oper *Die Entführung aus dem Serail* (1782) und die zahlreichen, äußerst beliebten Übersetzungen der Geschichten aus *Tausendundeiner Nacht* Beispiele sind. Selbst auf die Gartenarchitektur griff diese Mode über: Ein türkisches Zelt war die Attraktion der Gärten von Painshill, die im 18. Jahrhundert in Surrey angelegt wurden.

Napoleons Ägyptenfeldzug (1798) regte das Orientinteresse weiter an. Das Heer wurde begleitet von Ingenieuren und Gelehrten, die ihre Forschungsergebnisse später veröffentlichten. Schon bald gab es einen regelrechten Strom von Topographen, Künstlern und Schriftstellern, welche die biblischen Stätten aufsuchten und ihre Eindrücke künstlerisch umsetzten. Die Liste der Namen ist zu lang, um sie vollständig aufzuführen. Genannt seien nur die französischen Dichter Alphonse de Lamartine und Gérard de Nerval, der englische Romancier Anthony Trollope – der für seinen Arbeitgeber, die englische Postverwaltung, 1858 einen Vertrag mit Ägypten aushandelte –, die Künstler David Roberts, Edward Lear und Jean-Léon Gérôme.

Das Interesse an muslimischer Kultur, Geschichte und Religion spiegelte sich in zahlreichen Monographien wider, nach 1820 auch in der Gründung gelehrter Gesellschaften, deren Ziel die Erforschung des Orients war. Im Verlauf des 19. Jahrhunderts wurde das Reisen bequemer und sicherer; die Zahl der Besucher, die mit Reiseführern ausgestattet die Länder bereisten, wuchs; das Zeitalter der Pauschalreisen und des Tourismus kündigte sich an.

Wie sich das Interesse am Nahen und Mittleren Osten entwickelte, ist ein vieluntersuchtes Thema. Ein Aspekt ist hingegen weitgehend unbeachtet geblieben: der Umgang mit den Kreuzzügen als einem geschichtlichen Phänomen und als einer Quelle der Imagination. Die Geschichtsschreiber des 18. Jahrhunderts betrachteten die Kreuzzüge skeptisch, wie es ihrer Einstellung zum Mittelalter und seinem Ritterbegriff entsprach. Edward Gibbon schrieb in seinem berühmten Werk *The Decline and Fall of the Roman Empire*, die Kreuzzüge hätten »den Reifungsprozess Europas aufgehalten und nicht beflügelt«, sie hätten Energien zerstreut, die zu Hause nutzbringender hätten angewendet werden können. Voltaire und David Hume äußerten sich ebenfalls ablehnend, der schottische Historiker William Robertson nannte die Kreuzzüge sogar »ein einzigartiges Denkmal menschlicher Torheit«, auch wenn er ihnen einige günstige Auswirkungen auf die Entwicklung des Handels und das Aufblühen der italienischen Städte nicht absprach.

Die Äußerungen aus dem 19. Jahrhundert waren zwar gegenüber einzelnen Aspekten der Kreuzzugsbewegung nicht unkritisch, betrachteten sie aber insgesamt eher verklärend: als Manifestation der christlichen Ritterlichkeit gegenüber dem exotischen, muslimischen Feind. Ohne die Gefahr zu übersehen, dass beim Herausgreifen eines einzelnen Themas diesem leicht eine allzu große Bedeutung zugeschrieben werden könnte, lohnt es sich dennoch, die im 19. und frühen 20. Jahrhundert herrschenden Vorstellungen und Bilder von den Kreuzzügen in ihrer ganzen Vielfalt und in ihren Anwendungsformen näher ins Auge zu fassen, verraten sie doch viel über die moderne Einstellung sowohl gegenüber dem Orient als auch gegenüber dem Mittelalter.

Es liegt nahe, mit jenen zu beginnen, die das Heilige Land aus erster Hand kannten. Die meisten Reisenden waren zweifellos vor allem an den Stätten interessiert, die in der Bibel erwähnt wurden, doch einige scheinen sich durchaus auch des Erbes der Kreuzfahrerzeit bewusst gewesen zu sein, allerdings durchaus nicht immer mit Sympathie. So bemerkte Edward Daniel Clarke in seinen 1812 veröffentlichten *[Travels in] Various Countries of Europe, Asia and Africa*: »Es ist ein sehr verbreiteter Irrtum, alles Barbarische jener Zeiten den Mohammedanern zuzuschreiben, den Christen hingegen eine höhere Kultur, als sie wirklich besaßen. Eine genaue Betrachtung der Geschichte ergibt, dass die Sarazenen, wie man sie nannte, aufgeklärter waren als diejenigen, welche in ihre Länder einfielen; auch findet sich kein Hinweis, dass sie sich jemals über Zerstörungstaten freuten ... Die Tücke und das schamlose Verhalten, das die Christen bei ihren Kriegen im Heiligen Land an den Tag legten, sind kaum je übertroffen worden.«

Im Allgemeinen wurden jedoch die Kreuzzüge wohlwollender beurteilt. Der französische Schriftsteller Chateaubriand verließ Paris im Juli 1806, kam im September in Konstantinopel an und erreichte sein eigentliches Reiseziel, Jerusalem, am 7. Oktober. Nach seiner Rückkehr schrieb er eine Darstellung seiner Reise, den *Itinéraire de Paris à Jérusalem*, der 1811 veröffentlicht wurde. Dieser Reisebericht wurde im frühen 19. Jahrhundert zum populärsten Buch über Palästina und erlebte innerhalb von drei Jahren zwölf Auflagen. Als Kind hatte die Mutter dem Autor Rittergeschichten vorgelesen und ihm von seinem Vorfahren Gottfried IV. von

Chateaubriand erzählt, der an einem Kreuzzug Ludwigs des Heiligen teilgenommen hatte. Chateaubriands Reisetagebuch ist voller Anspielungen auf die Kreuzzugsbewegung: »Wir reisten nach Jerusalem unter dem Banner des Kreuzes. Vielleicht bin ich der letzte Franzose, der aus seiner Heimat zu einer Reise ins Heilige Land mit den Vorstellungen, den Empfindungen und den Zielen eines Pilgers aufbricht.« Chateaubriand kritisierte diejenigen, die den moralischen Wert oder die Berechtigung der Kreuzzüge in Frage stellten; für die Muslime brachte er wenig Sympathie oder Verständnis auf. In Jerusalem las er Tassos *La Gierusalemme liberata*, das italienische Epos des 16. Jahrhunderts, das vor dem Hintergrund des Ersten Kreuzzugs spielt. Dieses Werk erfreute sich bis ins 19. Jahrhundert hoher Popularität, es erlebte viele Auflagen und Übersetzungen. Für Chateaubriand war der Höhepunkt seiner Reise, als er an Christi Begräbnisstätte mit dem Schwert Gottfrieds von Bouillon zum Ritter des Heiligen Grabes geschlagen wurde. Als solcher gelobte er in voller Bewaffnung, mit den anderen Rittern für die Befreiung des Heiligen Grabes »aus der Herrschaft der Ungläubigen« zu kämpfen. Wenn man den Berichten anderer Jerusalembesucher des 19. Jahrhunderts glauben darf, war diese Zeremonie bei den Besuchen prominenter Westeuropäer durchaus üblich. Die wichtigsten Requisiten waren dabei Gottfrieds Sporen, Kette und Schwert; nach der Zeremonie mussten die frisch gebackenen Ritter ein Fest ausrichten. In einer muslimischen Stadt entbehrten derartig dramatische Zeremonien nicht einer gewissen Ironie. Ein späterer Beobachter berichtete, sie »fanden unter den Augen der muslimischen Effendis statt, die auf der Veranda saßen, ruhig ihre Tschibuks rauchten oder ihre Sorbets schlürften und nicht die geringste Ahnung hatten, welche Gelübde und Versprechungen hier abgegeben wurden«.

Auch der spätere englische Premierminister Benjamin Disraeli interessierte sich für die Kreuzzüge. Als 27jähriger unternahm er 1831, sechs Jahre vor seiner ersten Wahl ins Unterhaus, seine Kavalierstour und besuchte Konstantinopel, Kairo und Jerusalem. Dort besichtigte er neben den berühmten biblischen Stätten auch die Gräber der Könige von Jerusalem. Auch nach seiner Rückkehr nach England blieb er vom Orient, seinen Stätten und seiner Geschichte fasziniert. Dieser bildete in einigen seiner Bücher den Hintergrund, auch in dem Roman, der ihm wohl von seinen belletristischen Arbeiten der liebste war: *Tancred; or, The New Crusade* (1847), dem letzten Teil seiner *Young-England*-Trilogie. Der Held dieses Romans ist ein junger Adliger, der alle Privilegien von Reichtum und Macht genießt. Er entscheidet sich jedoch, den Verlockungen der Macht und der irdischen Besitztümer zu entsagen und dem Beispiel eines seiner Ahnen zu folgen, der am Kreuzzug teilnahm und angeblich Richard Löwenherz das Leben rettete. Er entschließt sich, eine Pilgerfahrt ins Heilige Land anzutreten. In dem Roman werden die Leistungen der Kreuzfahrer anhand von Gobelins in Erinnerung gerufen, die in einem Saal von Tancreds Familiensitz hängen, der Kreuzfahrergalerie. Disraeli klagt: »Vor mehr als sechshundert Jahren sandte England seinen König und die Blüte seiner Ritter und Gemeinen, um Jerusalem aus den Händen derjenigen zu retten, die sie für Ungläubige hielten, und heute verschwendet es, anders als im Dritten Kreuzzug, seine überschüssigen Energien auf den Bau von Eisenbahnen.« Auch in anderen Romanen des späteren Premierministers finden sich Anspielungen auf die Kreuzzüge, so gehören zu den Kostü-

DAS BILD DER KREUZZÜGE IM 19. UND 20. JAHRHUNDERT 421

BRONZENER LORBEERKRANZ VOM GRABE SALADINS in Damaskus, gestiftet von Kaiser Wilhelm II., nach dem Ersten Weltkrieg von T. E. Lawrence als Trophäe nach London gebracht.

men auf dem Maskenball in Eton, der in *Coningsby* beschrieben wird, »Helden des Heiligen Grabes«, und der Marquis von Sidonia kommentiert: »Nicht die Vernunft war es, die die Sarazenen aus der Wüste heraussandte, um die Welt zu erobern, noch war sie es, die die Kreuzzüge inspirierte. ... Der Mensch ist nur dann wahrhaft groß, wenn er aus Leidenschaft handelt, nur dann unüberwindlich, wenn er die Einbildungskraft weckt.«

Mark Twain besuchte auf seiner Reise durch das Heilige Land das Schlachtfeld von Hattin (*The Innocents Abroad*, 1869). Und während er die Wunder der italienischen Renaissance mit zynischer Distanz betrachtete, empfing er einen tiefen Eindruck von dem angeblichen Schwert Gottfrieds von Bouillon: »Kein Schwert der gesamten Christenheit übt einen solchen Zauber aus – kein Schwert unter allen, die in den altehrwürdigen Hallen Europas rosten, erregt im Hirn des Betrachters solch romantische Visionen wie dieses. ... Es weckt in jedem Menschen die Erinnerungen an die heiligen Kriege, die lange Jahre in seinem Gedächtnis schliefen, und bevölkert seine Gedanken mit den Bildern von Gepanzerten. ... Es spricht zu ihm von Balduin und Tankred, von dem fürstlichen Saladin und dem großen Richard Löwenherz.«

Auch der deutsche Kaiser Wilhelm II. reiste ins Heilige Land, nach Ägypten und Syrien, eine Reise, die 1898 von Thomas Cook arrangiert wurde. Ziel der Reise war die Einweihung der von deutschen Protestanten gebauten Erlöserkirche in Jerusalem. In Jerusalem besuchte der Kaiser jedoch auch die neu gegründete Kolonie des Deutschen Templerordens, und da er sich selbst als Kreuzfahrer oder zumindest als Erbe von Kreuzfahrern sah, wünschte er, die Altstadt zu Pferde zu betreten. Traditionell war diese Form, eine Stadt zu betreten, für Eroberer reserviert. Damit der Kaiser seinen Willen haben konnte, wurde die Stadtmauer in der Nähe des Tors nach Jaffa geschleift und der Graben aufgefüllt: So ritt der Kaiser wohl in die Stadt, aber nicht durch ein Tor der Stadt ein. Um dem Schauspiel größeren Glanz zu verleihen, posierte Wilhelm dabei in der weißen Uniform eines Feldmarschalls. In Damaskus legte er eine seidene Fahne und einen bronzenen Lorbeerkranz, der die Aufschrift trug: »Einem großen Kaiser von einem anderen«, auf Saladins Grab nieder. Den Kranz brachte Thomas Edward Lawrence nach dem Ersten Weltkrieg als Beutestück nach Großbritannien; er befindet sich heute im Londoner Imperial War Museum.

Auch Lawrence war sich natürlich der Kreuzfahrervergangenheit bewusst. Seine Dissertation hatte die Kreuzfahrerfestungen zum Gegenstand, und einer seiner Vorfahren soll Richard Löwenherz bei der Belagerung Akkons begleitet haben. In seinem Buch *Seven Pillars of Wisdom* schrieb »Lawrence von Arabien«: »Ich fühlte, dass ein einziger Blick auf Syrien die strategischen Überlegungen, die mir die Kreuzfahrer und die ersten arabischen Eroberer dieses Landes vermittelt hatten, klären und sie an die beiden neuen Faktoren, die Eisenbahnen und Murray auf dem Sinai, anpassen konnte.« In seinem Nachruf auf den Kriegshelden meinte Edward Morgan Forster, dass die Idee des Kreuzzuges von einer Schar von Männern, die ihr Land verlassen, um in einem anderen edle Taten zu vollbringen, Lawrence sowohl in Arabien als auch später bei der Luftwaffe begeistert habe.

In den dreißiger und vierziger Jahren des 19. Jahrhunderts errichteten europäische Staaten Konsulate im Heiligen Land: Großbritannien im Jahre 1838, Frankreich, Sardinien und Preußen 1843, Österreich 1849 und Spanien 1854. Die Memoiren des britischen Konsuls James Finn, der das Amt von 1845 bis 1863 innehatte, geben ein anschauliches Bild von den nationalen Rivalitäten, von denen manche bis in die Kreuzzugszeit zurückreichten. Die Konsuln verweisen auf die Kreuzfahrervergangenheit, um die Stellung ihrer Länder herauszustreichen. Der französische Konsul scheint den Vorrang über seine Kollegen beansprucht zu haben, weil sein königlicher Herr »Beschützer der Christen des Orients« hieß; der sardinische Konsul trug die Uniform eines Repräsentanten des Königs von Jerusalem, ein Titel, den außer dem König von Sardinien auch noch der österreichische Kaiser für sich beanspruchte. Finn bemerkte zu den Ansprüchen der Franzosen: »Es trifft zu, dass die Franzosen in der Türkei eine hohe Stellung zu behaupten haben, weil sie nicht nur durch allgemeine Zustimmung Beschützer der Christen des Orients sind, sondern auch, weil sie beanspruchen, die rechtmäßigen Erben der Kreuzfahrer zu sein. Nach ihrer Ansicht waren andere Nationen lediglich zugelassen, ihnen in den Heiligen Kriegen zu helfen; doch Peter der Einsiedler war Franzose, das Konzil von Clermont war ein französisches Konzil, Gottfried von Bouillon und sein Bruder Balduin waren Franzosen, und den letzten Kreuzzug führte der heilige Ludwig höchstpersönlich.« Zahlreiche Mitglieder der europäischen Königshäuser statteten Jerusalem Mitte des 19. Jahrhunderts ihren Besuch ab; Mrs. Finn berichtet in ihren Memoiren, dass Eduard, der Prinz von Wales und spätere König Eduard VII., 1862 sein Zelt unter der großen Pinie aufschlug, wo Gottfried von Bouillon 1099 sein Lager hatte: »Der Pascha wusste davon aber nichts.« Man fand auch erwähnenswert, dass Eduard der erste britische Thronerbe war, der seit dem Kreuzzug seines Namensvetters im Jahre 1270 seinen Fuß auf den palästinischen Boden setzte.

Die Ideen und Regeln des mittelalterlichen Ritterwesens waren ein faszinierendes Thema für die Viktorianer. Kenelm Digby benannte zwei der vier Bände seines populären Handbuchs über das Ritterwesen, *The Broad Stone of Honour*, nach Kreuzzugshelden: *Godefridus* und *Tancredus*. Die Argumente, die die Kreuzzugskritiker des 18. Jahrhunderts vorgebracht hatten, wies Digby zurück. Er schrieb, die Kreuzzüge »waren gerechtfertigt, welches moralische oder politische Prinzip man auch zugrunde legt«; die Verbrechen der Kreuzfahrer seien »stark übertrieben« worden; es sei das Recht der Christen gewesen, die Sarazenen daran zu hindern, »durch ihre Überredungskünste oder durch offene Verfolgungen den Glauben zu verletzen«. Gottfried von Bouillon und Tankred waren Digbys Lieblingshelden, doch war er auch voll des Lobes für die durchschnittlichen Kreuzfahrer: »Deutschland, Frankreich und England sandten die Blüte ihrer Jugend und ihres Adels; Männer, die nicht von niedrigen Instinkten oder selbstsüchtigen Erwartungen geleitet waren, sondern mit einem reinen Herzen, in dem die Segenswünsche ihres Landes widerklangen, auszogen, um eine ihnen teure Sache zu verteidigen und die verfolgten Diener unseres Herrn vor Beleidigung und Verbrechen zu schützen.«

Menschen, die ihren Zeitgenossen als Inbegriffe ritterlicher Tugenden erschienen, wurden zuweilen als Kreuzfahrer beschrieben. Beispielsweise schrieb 1837 George Smythe, Lord Strangford, Folgendes über seinen Freund, Lord John Manners:

> »Thou shouldst have lived, dear friend, in those old days
> When deeds of high and chivalrous enterprise
> Were gendered by the sympathy of eyes
> That smiled on valour – or by roundelays
> Sung by the palmer minstrel to their praise
> Then surely some Provençal tale of old
> That spoke of Zion and Crusade, had told
> Thy knightly name and thousand gentle ways.
>
> Hättest du, mein Freund, in jenen alten Tagen gelebt,
> Als Taten kühnen, ritterlichen Wagemuts
> Vom Zuspruch der Augen erzeugt wurden,
> Die der Tapferkeit zulächelten – oder von Refrainliedern,
> Die ein frommer Sänger zu ihrem Lob anstimmte,
> Dann würde gewiss eine alte provenzalische Sage,
> Die von Zion und dem Kreuzzug kündet,
> Deinen ritterlichen Namen und deine edlen Züge melden.«

Und Charles Lister, der Sohn von Lord Ribblesdale, der später im Ersten Weltkrieg fiel, besuchte mit einer Gruppe von Freunden Konstantinopel und wurde, vielleicht wie Disraelis Tancred, »von dem Geist der alten Kreuzfahrer ergriffen«.

Auf ähnliche Vorstellungen griff einige Jahre später John Buchan zurück, als er Aubrey Herbert, der als Nachrichtendienstoffizier der Briten im Nahen Osten arbeitete, als »eine Art Überlebenden aus Kreuzfahrerzeiten« beschrieb. Herbert, der manche Züge mit Thomas Edward Lawrence, auch einem Freund Buchans, gemeinsam hatte, lieferte ohne Zweifel das Vorbild für die Figur des Sandy Arbuthnot in Buchans Roman *Greenmantle*: »Einst hätte er einen Kreuzzug angeführt oder einen neuen Weg nach dem fernen Indien entdeckt. Heutzutage schweifte er bloß umher, wenn ihn der Geist ergriff.« In einem späteren Roman Buchans, *The Island of Sheep*, spricht Arbuthnot im Oberhaus über nahöstliche Angelegenheiten. Es scheint, als hätte das Ende von *Greenmantle* ursprünglich in Istanbul spielen und die Handlung eine Art Kreuzzug gegen einen Plan der Deutschen sein sollen, eine islamische Revolution gegen den Landweg nach Indien anzuzetteln; doch nach dem fehlgeschlagenen Dardanellenfeldzug musste die Geschichte umgearbeitet werden. In einen ganz anderen Zusammenhang führt die Aussage des norwegischen Entdeckers Amundsen, er sei »eine Art Kreuzfahrer der Erforschung der Arktis. Ich wollte für eine Sache leiden – nicht in der brennenden Wüstenhitze auf dem Weg nach Jerusalem, sondern in der eisigen Kälte des Nordens.«

Englische Adelsgeschlechter waren sehr stolz auf ihre Kreuzfahrerahnen. Hinweise auf solche Ahnen bieten die Wappen der Geschlechter. So führen die Wards, Viscounts of Bangor, das Motto: *Sub cruce salus* (»Das Heil ist unter dem Kreuz«); die Schildträger ihres Wappens sind ein bewaffneter Ritter mit einem roten Kreuz auf der Brust und ein türkischer Fürst ohne Turban mit gefesselten Händen. Die de Vere führen einen fünfzackigen Stern, angeblich der Ausweis ihrer Kreuzfahrervergangenheit. Eine 1824 erschienene englische Übersetzung von Tassos *La Gierusalemme liberata* bot ihren Lesern eine Liste »der Personen des englischen Adels und der englischen Gentry, die am Kreuzzug teilnahmen«. In ihr wurden unter anderem Roger de Clinton aufgeführt, der in der Schlacht von Antiochia zu Tode kam, ein Vorfahr der Earls von Lincoln und des gegenwärtigen Herzogs von Newcastle, und Ingelram von Fiennes, ein Urahn der Adelsfamilien Saye und Sele. Manche Geschlechter bewahrten Amulette und seltsame Gegenstände, die die Familienüberlieferung mit den Kreuzzügen in Verbindung brachte und die sie ihren Besuchern gerne und mit Stolz vorführten. So besaß die Familie Macpherson of Cluny einen Gürtel aus rotem Maroquin, den angeblich ein Kreuzfahrer aus dem Heiligen Land mitgebracht hatte; er sollte Frauen im Kindbett zu einer glücklichen Entbindung verhelfen.

Der gleiche Ahnenstolz fand sich auch im französischen Adel des 19. Jahrhunderts. Der »Bürgerkönig« Louis Philippe schreibt in seinen Memoiren, dass Kreuzzugswappen geradezu zu »Erblehen« wurden und es in den dreißiger Jahren zu erbitterten Machtkämpfen unter den Adelsgeschlechtern kam, wessen Wappen mit in die *Salles des croisades* in Versailles aufgenommen werden sollte, die der König für die Geschlechter reserviert hatte, deren Vorfahren Frankreich in den Kreuzzügen Ehre gemacht hatten. Einige Familien griffen deshalb auch, um ihre Ansprüche nachzuweisen, auf die Dienste des gewerbefleißigen Monsieur Courtois zurück, eines geschickten Urkundenfälschers. Es war nur angemessen, dass solche Ansprüche von dem Prinzen de Joinville untersucht wurden.

Auch manchen Romanhelden wurde von ihren Erfindern Kreuzfahrerblut verliehen. G. A. Lawrence' *Guy Livingstone* besitzt nicht nur die Gesichtszüge »eines jener steinernen Kreuzfahrer, die aus ihren Nischen im Rund der Templerkirche auf uns herabblicken«, sondern ist zudem der Nachfahre von Sir Malise »Point de Fer« Livingstone, einem Teilnehmer des Dritten Kreuzzuges, der in Askalon Seite an Seite mit Richard Löwenherz kämpfte. Und in seinem Roman *Guy Mannering* lässt Sir Walter Scott einen Laird aus Galloway einem englischen Besucher erzählen: »Ich wünschte, Sie hätten meinen Vater die Geschichten über die früheren Schlachten der Macdingawaies erzählen hören, ... wie sie ins Heilige Land segelten – das heißt nach Jerusalem und Jericho ... und wie sie Reliquien heimbrachten, wie sie die Katholiken haben, und außerdem ein Banner, das oben auf dem Speicher liegt.«

Vor diesem Hintergrund ist es nicht erstaunlich, dass es im 19. Jahrhundert, beispielsweise auch in England, Versuche gab, die Ritterorden neu zu gründen oder gar einen Kreuzzug zu veranstalten. Der Johanniterorden, jetzt allgemein als Malteserorden bekannt, hatte Napoleons Einnahme Maltas im Jahre 1798 überlebt; nach 1827 gab es einen Versuch, die englische *langue* des Ordens neu zu beleben, woran sich ein buntes Häuflein viktorianischer Exzentriker beteiligte. Die Schlüsselrolle bei dem Versuch, den Templerorden in England neu zu begründen, fiel Sir Sidney Smith zu, der 1799 Akkon heldenmütig gegen die Franzosen verteidigt hatte. Smith verstand sich zweifellos als Kreuzritter einer späteren Zeit. Die zweite Schlüsselfigur bei dem Gründungsversuch war Charles Tennyson d'Eyncourt, der Onkel des Dichters Alfred Tennyson. Smith tat sich mit dem freimaurerisch ausgerichteten neuen französischen Templerorden zusammen, der ihn als Großprior von England anerkannte. Er trat dann allerdings diesen Titel an den Herzog von Sussex ab, einen Sohn Georgs III., um so dem Orden Unterstützung zu verschaffen; doch der Zuspruch blieb gering, und der englische Zweig des Ordens überlebte seine Gründer nicht lange.

Der wichtigste Propagandist des Kreuzzugsgedankens in England war Sir William Hillary, ein Ritter der englischen *langue* und Gründer der Royal National Lifeboat Institution. Als er erfuhr, dass Akkon 1840 wieder unter die Herrschaft des türkischen Sultans zurückgekehrt war, verfasste er das Pamphlet *Suggestions for the Christian reoccupation of the Holy Land as a sovereign state by the Order of St. John of Jerusalem* (»Vorschläge für eine christliche Wiedereroberung des Heiligen Landes und die Errichtung eines souveränen Ordensstaates der Johanniter«). Hillary meinte: »Die christliche Eroberung des Heiligen Landes war viele Jahrhunderte lang das wichtigste Thema, worauf sich das Interesse der Menschheit richtete.« Hillary malte sich die Errichtung eines Protektorats aus, durch das Akkon in christlicher Hand bleiben und der Johanniterorden in seinem alten Glanz erstrahlen würde. 1841 veröffentlichte er eine *Address to the Knights of St. John on the Christian occupation of the Holy Land* (»Adresse an die Ritter des Johanniterordens, die christliche Besetzung des Heiligen Landes betreffend«), die wiederum eine Sprache verwendet, die an die mittelalterliche Kreuzzugspropaganda erinnert: »Es bleibt mir nur, in aller Ehrerbietung meine ritterlichen Mitbrüder dringend zu bitten, ... einen neuen Kreuzzug aufzustellen, nicht um, wie in jenen alten Tagen, das Heilige Land mit Gemetzeln und Blutvergießen heimzusuchen. Ein Kreuzzug der Liebe soll es sein.« Die englische *langue* tat ihr Bestes, um Hillarys Pläne zu fördern, doch angesichts ihrer eigenen Kämpfe um Anerkennung und der komplizierten politischen Lage jener Zeit führten all diese Anstrengungen zu nichts.

Die Vorstellungswelt der Kreuzzüge wurde auch auf die zeitgenössischen politischen Konflikte angewendet. Der Krimkrieg beispielsweise wurde als eine Art Kreuzzug zur Rettung der Heiligen Stätten betrachtet, obwohl bei dieser Gelegenheit die Nationen, die an den Kreuzzügen teilgenommen hatten, Alliierte der muslimischen Türken waren. Der britische Konsul in Jerusalem während jener Jahre kommentierte: »Der Schlachtruf ›Gott will es!‹, der den Ersten Kreuzzug antrieb, richtete sich gegen die muslimischen Inhaber des Heiligen Grabes; die Kriegsrufe aber, um die es jetzt geht, wurden von Repräsentanten der gleichen Nationen vorgebracht, die in jenem Ersten Kreuzzug fochten: jetzt aber zur Verteidigung der muslimischen Besitzer des begehrten Schatzes und gegen eine Macht (Russland), die erst nach der Kreuzzugszeit durchgängig christlich wurde und gleichermaßen Anspruch auf das Heilige Grab erhebt.«

Im 19. Jahrhundert begann auch die wissenschaftliche Erforschung der Kreuzzüge. 1806 veranstaltete das Institut de France einen akademischen Wettbewerb zu der Frage nach dem Einfluss der Kreuzzüge auf die Freiheit, die Kultur, den Handel und den Gewerbefleiß in Europa. Preisgekrönt wurde die Abhandlung des Göttinger Geschichtsprofessors A. H. L. Heeren, der sich auf die Quellensammlung von Jacob Bongars, *Gesta Dei per Francos*, stützte, die 1611 in Hannover erschienen war. Zu Beginn des 19. Jahrhunderts stand das Zusammentragen, Edieren und Übersetzen der westeuropäischen Quellentexte zur Kreuzzugsgeschichte noch in den Anfängen. Zwar hatten die Benediktiner diese Aufgabe in Angriff genommen, doch ihre Bemühungen wurden durch die Französische Revolution unterbrochen. Fertiggestellt wurde diese Sammlung schließlich von der Académie des Inscriptions et Belles Lettres, die zwischen 1841 und 1906 das Werk unter dem Titel *Recueil des Historiens des Croisades* herausgab – 16 Bände mit den Schriften westeuropäischer, arabischer, griechischer und armenischer Geschichtsschreiber sowie zwei Bände mit Rechtstexten. 1875 gründete Graf Paul Riant die Société de l'Orient Latin, die die zwei Bände *Archives de l'Orient Latin* vorlegte und die Zeitschrift *Revue de l'Orient Latin* herausgab. Neben Riant gehören Wilken, Röhricht, Hagenmeyer und Michaud zu den großen Kreuzzugshistorikern des 19. Jahrhunderts.

Die Laufbahn von Joseph Michaud (1767 bis 1839) vermittelt einen Eindruck von der Vorgehensweise der Kreuzzugsgeschichtsschreibung des 19. Jahrhunderts, ein Thema, das einer eigenen Betrachtung würdig ist. Michauds dreibändige *Histoire des croisades* und seine vierbändige *Bibliothèque des croisades* – übersetzte Quellenauszüge – erschienen 1829. Von 1830 bis 1831 reiste der Gelehrte nach Konstantinopel, Syrien, Palästina und Ägypten. Zusammen mit zwei Ingenieuren untersuchte er den Reiseweg des Ersten Kreuzzuges und ließ sich, wie Chateaubriand, in Jerusalem zum Ritter des Heiligen Grabes schlagen. Nach seiner Rückkehr revidierte Michaud seine *Histoire* im Licht der gesammelten neuen Erkenntnisse. Obwohl er das Verhalten der Kreuzfahrer durchaus kritisierte, war für ihn die Kreuzzugsbewegung dennoch »einer der wichtigsten Abschnitte der Menschheitsgeschichte. Er ... bietet dem Staatsmann, dem Philosophen, dem Dichter, dem Romancier und dem Staatsbürger eine Fülle nachdenkenswerten Stoffs.«

Michauds Analyse scheint die Vorstellungskräfte des Volkes und der Künstler jedoch kaum gefesselt zu haben. Die zahlreichen musikalischen, künstlerischen oder literarischen Behandlungen von Kreuzzugsthemen beruhen im Allgemeinen auf Tassos Beschwörung des Ersten Kreuzzuges oder auf Reminiszenzen der Romane Walter Scotts und nicht auf Michauds wissenschaftliche Arbeit oder den Chroniken eines Fulcher von Chartres, Johann von Joinville oder Gottfried von Villehardouin.

DIE KREUZFAHRER AM HEILIGEN GRAB IN JERUSALEM (1828/1829), Fresko des Nazareners Joseph von Führich im Tassosaal des Cassino Massimo in Rom. Das Fresko belegt die lang anhaltende Popularität von Tassos Epos *La Gierusalemme liberata* (»Das befreite Jerusalem«) als Quelle für Kreuzzugsdarstellungen.

Torquato Tassos 1581 erschienenes Epos *La Gierusalemme liberata* erzählt die Geschichte des Ersten Kreuzzuges, wobei drei Nebenhandlungen um vereitelte Liebe und neue Charaktere, wie der christliche Ritter Rinaldo und die Zauberin Armida, eingebaut wurden, um die Haupthandlung zu beleben. Diese Mischung übte auf Komponisten und Künstler großen Reiz aus; die Rezeption Tassos lässt sich seit dem frühen 17. Jahrhundert allenthalben aufspüren. Im 19. Jahrhundert setzten sich zwei berühmte Komponisten mit Tasso auseinander: Gioacchino Rossinis Oper *Armida* wurde 1817 uraufgeführt; Johannes Brahms komponierte eine dramatische Kantate *Rinaldo*. Auch zahllose Maler nahmen sich das Epos im 19. Jahrhundert zum Vorbild, wobei vor allem der Tasso-Saal des Cassino Massimo in Rom genannt werden muss, den der österreichische Nazarener Joseph von Führich ausmalte. Sir Walter Scott, William Wordsworth, Robert Southey und Thomas de Quincey hatten Tasso in der Übersetzung gelesen, und Digby zitiert das Epos in *The Broad Stone of Honour* in einem Atemzug mit Primärquellen aus der Zeit der Kreuzzüge.

REBECCA UND SIR BRIAN DE BOIS GUILBERT auf dem Gemälde Léon Cogniets (1831). Eine Szene aus Walter Scotts historischem Roman *Ivanhoe*, der zur Zeit des Dritten Kreuzzuges spielt.

DIE NACHTWACHE DES KREUZRITTERS, die romantische Vision eines den Elementen preisgegebenen Ritters von Karl Friedrich Lessing.

Zu den englischen Tasso-Übersetzern des 19. Jahrhunderts gehörte J. H. Wiffen, der Bibliothekar von Woburn Abbey. In der Einleitung zu dieser Arbeit bezog er sich auf die kürzlich veröffentlichte *History of the Crusades* (1820) von Charles Mills, meinte jedoch: »Mr. Mills hat ... in den Farben der Wirklichkeit die Eigenart dieser einzigartigen Unternehmungen gemalt. Doch wer wollte sich dennoch nicht gerne weiter der Illusion hingeben, die, ob sie nun den Liedern der Minnesänger oder der bezaubernden Erzählung Tassos entstammt, den Charakter des Kreuzfahrers mit solcher Hingabe, Großherzigkeit und Liebe ausschmückt.« Doch nicht alle Bewunderer Tassos betrachteten die Kreuzzüge mit dem gleichen verklärten Blick. Ein Kritiker meinte: »Der große Einwand gegen Tassos Poem ist die falsche Ansicht, die er von den Leistungen vermittelt, die er verherrlicht. ... Wir müssen vergessen, dass die Verbrechen und Grausamkeiten der Kreuzfahrer und ihr Fanatismus sie tief unter ihre moslemischen Gegner stellten, und wir müssen uns gleichzeitig um den Glauben bemühen, die Befreiung Jerusalems sei ein Ereignis gewesen, das des Eingreifens des höchsten Wesens würdig war.«

GLASFENSTER MIT DER DARSTELLUNG EINES JOHANNITERS im Musikzimmer (1932 bis 1936) von Dinmore, Herefordshire. Die Fenster des Musikzimmers präsentieren Szenen aus dem Leben eines mittelalterlichen Kreuzritters.

Sir Walter Scotts historische Romane waren zweifellos die beliebtesten Werke dieser Gattung im 19. Jahrhundert. Vier seiner Bücher haben die Kreuzzüge zum Hintergrund oder sogar zum zentralen Thema: *Ivanhoe* (1819), *The Talisman* und *The Betrothed*, beide zusammen als *Tales of the Crusaders* veröffentlicht (1825), sowie *Count Robert of Paris* (1831). Von ihnen war *Ivanhoe* das weitaus populärste; es inspirierte Komponisten, Maler und Dramatiker. Im Oktober 1826 besuchte Sir Walter Scott in Paris eine Aufführung der gleichnamigen Oper Rossinis und notierte in seinem Tagebuch: »Am Abend im Odeon, wo wir Ivanhoe sahen. Prächtige Ausstattung, die normannischen Soldaten trugen spitze Helme und so etwas Ähnliches wie Panzerhemden. Das machte gute Wirkung. ... Das Werk ist eine Oper und natürlich wird die Handlung stark verstümmelt, der Dialog besteht zu großen Teilen aus Unsinn.« Auch Sir Arthur Sullivan, den man hauptsächlich als Komponisten der Operetten kennt, für die William Schwenck Gilbert die Libretti lieferte, schrieb eine *Ivanhoe*-Oper. Von den Gemälden mit dieser Thematik sei Leon Cogniets *Rebecca [und] Sir Brian de Bois Guilbert* genannt, das sich heute in der Londoner Wallace Collection befindet. Opern und Gemälde veranlasste auch der Roman *The Talisman*, ein Buch, das während des Dritten Kreuzzuges spielt und dessen Haupthelden Richard Löwenherz und Saladin sind. Wenn Scott auch kein unkritischer Beobachter war und in seinem *Essay on Chivalry* für die *Encyclopaedia Britannica* den Wert der Kreuzzüge bezweifelte (1818), zeichnete er doch in seinen Romanen ein romantisch verklärtes Bild der Kreuzzugsbewegung.

Die Kreuzzüge boten der romantischen Vorstellungswelt reiches Material und ermöglichten eigenwillige Interpretationen der zugrunde liegenden historischen Ereignisse. Drei Gemälde mögen die Bandbreite dieser Vorstellungswelt illustrieren. *Die Nachtwache des Kreuzfahrers* von dem deutschen Maler Karl Friedrich Lessing, 1836 entstanden, zeigt einen einsamen, den Elementen preisgegebenen Kreuzfahrer, der an den verlassenen König Lear auf der Heide erinnert. Die Kreuzzüge waren offenkundig ein Lieblingsthema nicht nur Lessings, sondern der Düsseldorfer Malerschule überhaupt, wobei hier der indirekte Einfluss Walter Scotts spürbar ist. Ein ganz anderes Bild von den Kreuzfahrern hatte der amerikanische Maler George Inness. Auf seinem Gemälde *Der Zug der Kreuzfahrer*, das jetzt im Fruitlands Museum in der Nähe von Boston ausgestellt ist, sehen wir einen Trupp von Kreuzfahrern, kenntlich an dem roten Kreuz auf ihren Überwürfen, die vor einem malerischen, romantischen Landschaftshintergrund über eine Brücke reiten. Der Präraffaelit William Bell Scott, ein Freund des Malers und Dichters Dante Gabriel Rossetti, versuchte hingegen, das Wiedersehen eines Kreuzfahrers mit seinen Angehörigen zu gestalten: *Die Rückkehr von einem langen Kreuzzug* porträtiert einen Kreuzfahrer, der nach langer Abwesenheit zu seiner Frau und seinem Sohn heimkehrt. Die verblüffte Gattin erkennt ihn kaum wieder, vielleicht hat sie ihn für tot gehalten; der Sohn versteckt sich furchtsam hinter dem Rücken seiner Mutter vor diesem seltsam gewandeten Fremdling.

In den dreißiger Jahren unseres Jahrhunderts baute Richard Hollins Murray, der Mann, der die rückstrahlenden Fahrbahnmarkierungen erfand, auf dem von ihm gekauften Anwesen Dinmore in Herefordshire, einer früheren Johanniterkomturei, ein Musikzimmer und Wandelgänge, die als Gedächtnisstätte für die Kreuzzüge und den Johanniterorden ausgestaltet wurden. Es gibt hier Fenster mit Glasmalereien, Skulpturen und Gemälde, auf denen Johanniter und Templer dargestellt sind, sowie eine Serie von Wappen der Familien aus Herefordshire, die an Kreuzzügen teilnahmen. Auf einer Wandbildreihe in den Wandelgängen sind ein junger Mann, der zum Kreuzzug aufbricht, sowie Gottfried von Bouillon beim Betreten Jerusalems zu sehen; die Glasfenster des Musikzimmers zeigen Szenen aus dem Leben eines Ritters zur Zeit der Kreuzzüge.

In der Musik finden wir die eigenartige Oper *Le Comte Ory* von Gioacchino Rossini, die 1828 uraufgeführt wurde. Im Mittelpunkt der Handlung steht die Schwester des Grafen von Fourmoutiers, der fern der Heimat auf einem Kreuzzug ist. Der Graf Ory und sein Freund Raimbaud versuchen das Mädchen zu verführen, wobei sie sich zuerst als Eremiten und danach als Nonnen verkleiden. Bevor sie jedoch ihre Absichten verwirklichen können, kehrt der Graf zurück. Giuseppe Verdis 1857 uraufgeführte Oper *Aroldo*, die Umarbeitung des durchgefallenen *Stiffelio*, führt den Kreuzfahrer Aroldo, der gerade aus Palästina heimgekehrt ist, wo er in der Armee des Richard Löwenherz kämpfte, und seine Frau Mina vor, die in der Zwischenzeit Ehebruch begangen hat. Nach den unvermeidlichen Verwirrungen und überraschenden Wendungen der Handlung endet die Oper mit einer Versöhnungsszene am Ufer des Loch Lomond.

Auch romantische Dramatiker, Dichter und Romanciers ließen sich von den Kreuzzügen inspirieren. Neben Walter Scott spielte auch Charles Kingsley mit dieser Thematik. In *The Saint's Tragedy*, worin das Leben der heiligen Elisabeth von Ungarn, der Ehefrau des Kreuzfahrers und Landgrafen Ludwig von Thüringen, behandelt ist, schreibt er: »Wie unsere tapferen Kreuzfahrerahnen für Gott und nicht für Gold fochten und starben; möge ihre Liebe, ihr Glaube, ihr unbedachter Wagemut, vom zeitlichen Abstand gemildert, Glanz über jene vergangenen Tage breiten.« Als das Herrscherpaar voneinander Abschied nimmt, stimmen die Kreuzfahrer einen Chor an:

> The tomb of God before us,
> Our fatherland behind,
> Our ships shall leap o'er billows steep,
> Before a charmed wind.
>
> The red cross knights and yeomen
> Throughout the holy town,
> In Faith and might, on left and right,
> Shall tread the paynim down.

Mit dem Heiligen Grab vor uns und unserem Vaterland im Rücken werden unsere Schiffe über hohe Wogen gleiten, getrieben von einem verzauberten Wind.

Die Ritter des roten Kreuzes und ihre Mannen werden in der gesamten heiligen Stadt mit Glauben und Stärke zur Rechten und Linken die Heiden niederwerfen.

Eine ähnlich romantisierende Ansicht der Kreuzzüge findet sich in den *Ecclesiastical Sonnets* von William Wordsworth. In seiner überblicksartigen Betrachtung der Kirchengeschichte sind den Kreuzzügen vier Sonette gewidmet, darunter eines mit dem schlichten Titel *Crusaders* (»Die Kreuzfahrer«), das so lautet:

> Furl we the sails, and pass with tardy oars
> Through these bright regions, casting many a glance
> Upon the dream-like issues – the romance
> Of many coloured life that Fortune pours
> Round the crusaders, till on distant shores
> Their labours end; or they return to lie,
> The vow performed, in cross legged effigy,
> Devoutly stretched upon their chancel floors.
> Am I deceived? Or is their requiem chanted
> By voices never mute when Heaven unties
> Her inmost, softest, tenderest harmonies;
> Requiem which earth takes up with voice undaunted,
> When she would tell how Brave, and Good, and Wise,
> For their high guerdon not in vain have panted.

Reffen wir die Segel, und gleiten wir mit langsamem Ruderschlag durch diese heiteren Gegenden, werfen wir manchen Blick auf diese Träumereien – den Zauber des bunten Lebens, den Fortuna um die Kreuzfahrer ausschüttet, bis an fernen Gestaden ihre Mühen enden; oder bis sie, falls sie zurückkehren und ihr Gelübde erfüllt haben, mit übereinander geschlagenen Beinen nach dem Vorbild des Gekreuzigten in Anbetung ausgestreckt auf dem Fußboden vor dem Altar liegen. Täuscht mich ein Wahn? Oder wird ihr Requiem von Stimmen gesungen, die nie verstummen, wenn der Himmel seine innerlichsten, süßesten, zartesten Harmonien entbindet; ein Requiem, das die Erde mit unerschrockener Stimme aufnimmt, wenn sie erzählt, wie die Tapferen, Guten und Weisen nicht umsonst nach hohem Lohne lechzten.

Ein weiteres Beispiel für einen Kreuzzugsroman ist *Hubert's Arthur* von Frederick Rolfe, Baron Corvo. Rolfe spinnt hier ein komplexes erzählerisches Gewebe um Arthur, einen Herzog der Bretagne, der nach Akkon segelt, in Schlachten kämpft und die Sarazenen besiegt, schließlich Jerusalem einnimmt und die Hand seiner Königin gewinnt.

AUF DIESEM GEGEN 1600 ENTSTANDENEN ANONYMEN BILD sind turbantragende Türken vor der legendären Baumfestung abgebildet, in der die Deutschordensritter angeblich 1231 den Preußen Widerstand leisteten. Die unhistorische Zusammenstellung unterstreicht die Beteiligung des Deutschen Ordens an den zeitgenössischen Kämpfen. Das Wappen lässt vermuten, dass Kaspar Matthäus von Wolkenstein-Trostburg, der Ordenskomtur von Sterzing, das Gemälde in Auftrag gab.

DER ZUG DER KREUZFAHRER (*oben*), ein romantisierendes Gemälde des amerikanischen Landschaftsmalers George Inness (1825 bis 1894).

DIE RÜCKKEHR VON EINEM LANGEN KREUZZUG des schottischen Malers und Dichters William Bell Scott (1811 bis 1890). Nach seiner langen Reise trifft der Kreuzfahrer bei Frau und Sohn auf gemischte Gefühle (*rechts*).

Die Kreuzzüge hatten auch für das spektakuläre Revuetheater ihren Reiz, das im England des 19. Jahrhunderts seinen Platz in Astleys Amphitheater in London hatte. 1810 brachte Astley die Produktion *The Blood Red Knight* heraus, die 175 Vorstellungen erlebte und einen Gewinn von 18000 Pfund einspielte. In dem Stück ging es um die Versuche des Blutroten Ritters, Isabella, die Frau seines Bruders Alphonso, eines Kreuzritters, zu verführen. Alphonso kehrt zurück, wird geschlagen und ruft Verstärkung herbei. Wie das Spektakel endete, verrät der Theaterzettel: »Die Burg wird im Sturmangriff erobert, auf dem sie umgebenden Fluss sieht man mit Kriegern bemannte Boote, während die Zinnen der Burg heftig von Reitern und Fußsoldaten umkämpft sind. Man sieht, wie Männer und Pferde erschlagen werden und in verschiedenen Posituren sterben, während andere Krieger und Pferde im Fluss untergehen. Es ergibt sich eine völlig neue Gesamtwirkung, die es bisher weder hier noch irgendwo sonst in Europa zu sehen gab. Das Stück endet mit der vollständigen Niederlage des Blutroten Ritters.«

1835 wurde *The Siege of Jerusalem* gegeben, eine Mischung aus Wahrheit und Phantasie, bei der die Zuschauer Saladins Eroberung der Heiligen Stadt, das Tote Meer, die Ankunft der französischen und österreichischen Flotte, die sonnendurchglühte Wüste, Saladins weißen Stier Coraccio, ein großes asiatisches Ballett und Divertissement sowie den Streit zwischen dem Leopardenritter und dem Templer (aus Walter Scotts *The Talisman*) zu sehen bekamen. Das Ganze endete mit einem Fest Saladins und den letzten Tagen des Dritten Kreuzzuges – fürwahr ein abendfüllendes Spektakel. 1843 brachte eine neue Produktion, *Richard and Saladin; or, The Crusaders of Jerusalem*, ein Zusammentreffen der beiden Helden des Dritten Kreuzzuges.

Das Theater im eigentlichen Sinne ließ sich im 19. Jahrhundert seltener auf die Kreuzzugsthematik ein und trug daher auch weniger zum Vorstellungsbild über die Kreuzzüge bei. Es gab natürlich eine Anzahl Opernlibrettos. *Die Kreuzfahrer*, ein Schauspiel des Vielschreibers August von Kotzebue, bildete die Grundlage für das Libretto der gleichnamigen Oper von Louis Spohr, in der es um eine Liebesgeschichte vor dem Hintergrund des Ersten Kreuzzuges ging. Henry Arthur Jones allerdings behandelte in seinem Drama *The Crusaders* etwas anderes, nämlich die soziale Reformbewegung des 19. Jahrhunderts: »Das Banner der sozialen Reform ist der Punkt, an dem heute alles zusammenläuft, was in unserer Welt an Edelstem und Verkommenstem, an Weisestem und an Törichtstem vorhanden ist. ... Diese Bewegung bildet wahrhaftig ein so dramatisches Element im Leben des 19. wie die Kreuzzüge im Leben des 13. Jahrhunderts.«

Auch wenn romantisierende und eigenwillige Interpretationen vorherrschten, heißt das jedoch nicht, dass sich die Schriftsteller, Maler oder Komponisten des historischen Kontextes nicht bewusst gewesen wären, in dem sie arbeiteten. Eine klare Korrelation zwischen bestimmten Ereignissen im Nahen Osten, wie etwa dem Aufstieg und Fall des ägyptischen Herrschers Mehmet Ali und seines Sohnes Ibrahim – dessen Niederlage bei Akkon im Jahre 1840 Sir William Hillary zu seinem Kreuzzugsaufruf veranlasste –, und der häufigen Verwendung von Kreuzzugsbildern und -metaphern scheint es im 19. Jahrhundert zwar nicht zu

434   ELIZABETH SIBERRY

DIE KREUZZÜGE ALS POPULÄRES SPEKTAKEL. Das Plakat wirbt für die Aufführung von *The Siege of Jerusalem* in Astleys Amphitheater, London, 1835. Die Geschichte basierte – sehr frei – auf den historischen Ereignissen des Dritten Kreuzzuges.

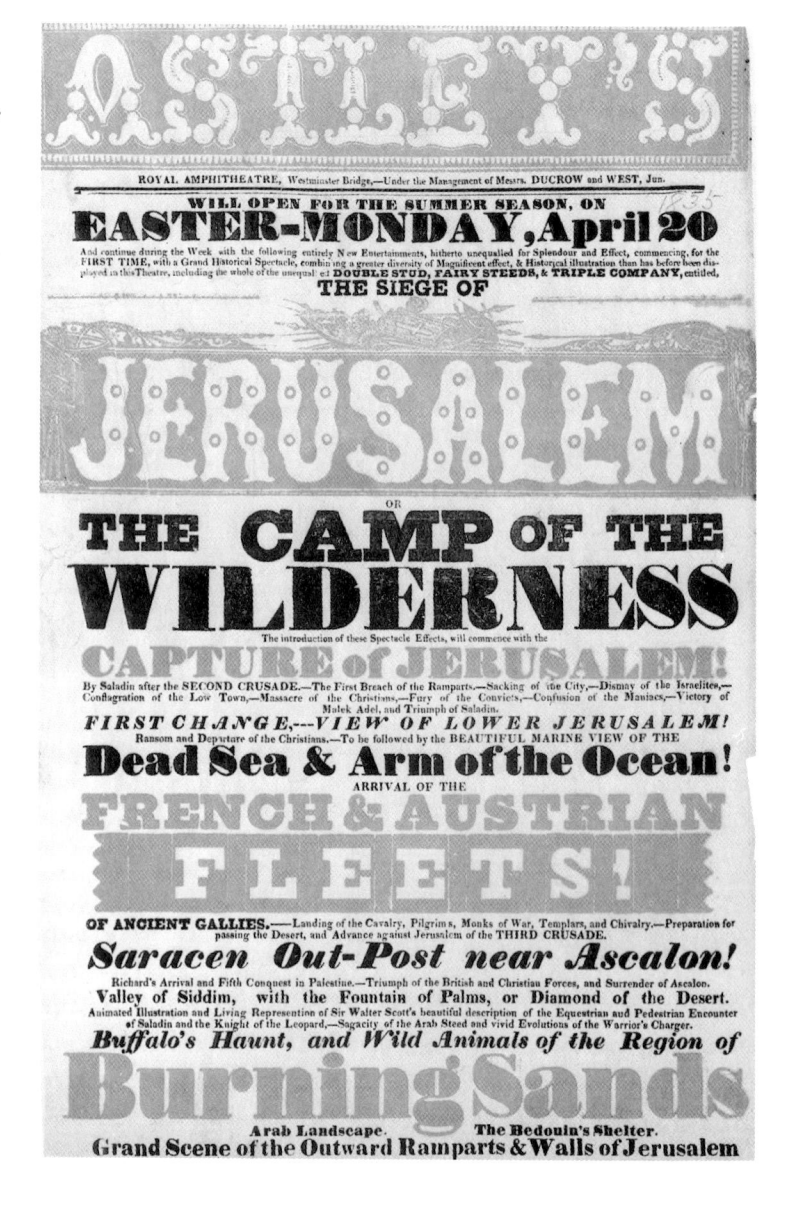

geben. Dennoch diente das Mittelalter, und speziell die Kreuzzüge, häufig als Inspirationsquelle für bestimmte Vorhaben. Disraelis *Tancred* beispielsweise muss im Kontext seiner politischen Pläne für eine Osterweiterung des britischen Empire gesehen werden. Eine weitere wichtige Variation des Kreuzzugsthemas war die Verherrlichung nationaler Helden und Traditionen aus der Kreuzfahrerzeit.

England rühmte sich natürlich seines Königs Richard Löwenherz; er war das Sujet zahlloser Gemälde. Eine Bronzestatue des Königs von Baron Marochetti steht heute vor dem Par-

RICHARD I. LÖWENHERZ ALS KREUZFAHRER *(links)*. Statue von Baron Marochetti vor dem Parlamentsgebäude in London.

GOTTFRIED VON BOUILLON, DER BELGISCHE NATIONALHELD *(rechts)*. Statue von Simonis auf der Grand Place in Brüssel.

lamentsgebäude in London. Frankreich wiederum besaß den heiligen Ludwig. Und, wie wir schon oben berichteten, boten die *Salles des croisades* in Versailles mit Bildern berühmter Schlachten und Belagerungen und Porträts französischer Kreuzfahrerhelden eine Geschichte der französischen Teilnahme an der Kreuzzugsbewegung. Ein weiteres Beispiel französischer Historienmalerei mit Kreuzzugssujet ist *Der Einzug in Konstantinopel* von Eugène Delacroix, eine Szene aus dem Vierten Kreuzzug. Das Bild, das sich heute im Pariser Louvre befindet, zeigt die adligen Eroberer Konstantinopels, wie sie die Stadt zu Pferde betreten und von den Einwohnern um Gnade angefleht werden; man muss mit Recht bezweifeln, dass Gottfried von Villehardouin in diesen noblen Siegern seine Kreuzfahrer wiedererkannt hätte. Der nationale Kreuzzugsheld Belgiens hieß Gottfried von Bouillon. Ein Reiterstandbild des Bildhauers Simonis wurde 1851 im Kristallpalast ausgestellt und steht heute auf der Grand Place in Brüssel. Es zeigt einen adligen Heerführer; in der Stadt Bouillon findet sich hingegen das Standbild eines jugendlicheren Gottfried, der sehnsüchtig über das Tal seiner Heimat hinausblickt. Auf eine viel alltäglichere Ebene führt uns ein *Catalogue of Furniture and Household Requisites*, der 1883 in London aufgelegt wurde. Dieser Katalog hatte auch bronzene Reiterstatuen von Richard Löwenherz, Ludwig dem Heiligen und Gottfried von Bouillon in seinem Angebot; man konnte sie sich per Post zustellen lassen.

DIE SCHLACHT VOR ANTIOCHIA (Schopin) und die Predigt des Zweiten Kreuzzugs (Signol). Zwei Beispiele für die Kreuzzugsgemälde der *Salles des Croisades* in Versailles.

In Italien weckte Tomasso Grossis Poem *I Lombardi alla prima crociata* den Stolz auf die Leistungen der einheimischen Kreuzfahrer, regte eine Anzahl von Historienmalern zu Bildern an und bot Verdi den Stoff für seine gleichnamige Oper, die 1843 in Mailand uraufgeführt wurde. Zeitgenössische Berichte bemerken, dass die Oper das italienische Nationalgefühl ansprach: Offenbar identifizierten sich die Mailänder mit den Lombarden und setzten das Heilige Land mit Italien gleich, das, wie Palästina, unter der Fremdherrschaft eines anderen Staates, des Kaiserreichs Österreich, stand. Die großen Ensembleszenen, die etwa die Kreuzfahrer vor Jerusalem zeigten, ließen der von romantischen Mittelaltervorstellungen geprägten Phantasie einen weiten Spielraum bei Inszenierung und Bühnenbild. Verdi brachte einige Jahre später eine französische Version dieser anpassungsfähigen Oper heraus: *Jérusalem* wurde in den Tuilerien vor König Louis Philippe gespielt und trug dem Komponisten die Mitgliedschaft in der Ehrenlegion ein.

Der Ägyptenfeldzug Ludwigs des Heiligen war das Thema einer Oper Giacomo Meyerbeers, obwohl Johann von Joinville die Handlung, in der Johanniter, eine Sarazenenprinzessin und ein christlicher Konvertit figurierten, kaum erkannt hätte. Wieder einmal hatten sich die Ausstatter um besonders aufwendige und exotische Kostüme und Bühnenbilder bemüht, die freilich kaum einen Bezug zur Lebenswirklichkeit des 13. Jahrhunderts besaßen. Viel später schrieb der Norweger Edvard Grieg die Bühnenmusik zu einem Schauspiel *Sigurd Jorsalfar* (»Sigurd der Kreuzfahrer«), dessen Thema der Kreuzzug war, der den norwegischen König Sigurd I. 1107 ins Heilige Land geführt hatte. Es war nicht ohne symbolische Bedeutung, dass dieses Stück 1905 anlässlich der Inthronisation König Hakons VII. im wieder unabhängig gewordenen Königreich Norwegen aufgeführt wurde.

Eine besonders wichtige Rolle spielte die Kreuzfahrersymbolik im 20. Jahrhundert in den Darstellungen und in der literarischen Verarbeitung des Ersten Weltkrieges. Nicht alle Autoren legten das Gewicht auf die großen Verluste an Menschenleben und auf die harte Realität des Stellungskrieges in den Schützengräben. Manche romantisierten diesen Krieg, vielleicht um die Realität zu verdrängen, stellten ihn als einen Kreuzzug zur Verteidigung der Freiheit, zur Verhinderung der Vorherrschaft des preußischen Militarismus in Europa und zur Befreiung der heiligen Stätten aus muslimischer Hand dar.

In Großbritannien nahmen anglikanische Kirchenmänner die Idee des heiligen Krieges in ihre Predigten auf, vor allem der Londoner »Bischof der Schlachtfelder«, Winnington-Ingram, und Basil Bourchier, ein Vikar von St. Judas in Hampstead und späterer Militärgeistlicher. Letzterer schrieb: »Nicht nur ist dies ein heiliger Krieg, sondern der heiligste Krieg, der je stattfand. ... Odin marschiert gegen Christus. Berlin will den Vorrang über Bethlehem gewinnen. Jeder Schuss, der abgefeuert wird, jeder Bajonettstoß, der sein Ziel findet, jedes Leben, das geopfert wird, gilt der Ehre Seines Namens.« Bourchier sah den Dardanellenfeldzug als den letzten der Kreuzzüge an, der zur Rettung des Heiligen Landes »aus dem besudelnden Zugriff der Ungläubigen« führen werde.

Doch diese Rhetorik wurde nicht nur von Kirchenleuten angewandt. In einer Rede vom Mai 1916 mit dem Titel »Den Krieg gewinnen« erklärte Lloyd George: »Junge Männer aus

DER KREUZZUG AUF DER OPERNBÜHNE. Szenenbild des Hafens von Damiette für eine Aufführung von Meyerbeers *Il Crociato in Egitto* in der Mailänder Scala, 1826.

allen Teilen dieses Landes strömten zur Fahne des internationalen Rechts wie zu einem großen Kreuzzug.« Eine Sammlung von Reden des englischen Premiers aus den Jahren 1915 bis 1918 wurde unter dem Titel *The Great Crusade* veröffentlicht.

F. W. Orde Ward publizierte 1917 einen Band sogenannter patriotischer Lyrik, betitelt mit *The Last Crusade*, und Katherine Tynan, deren beide Söhne in der Armee dienten, reimte:

»Your son and my son, clean as new swords
Your man and my man and now the Lord's
Your son and my son for the Great Crusade
With the banner of Christ over them – our knights new made.

Dein Sohn und mein Sohn, rein wie neue Schwerter, dein Mann und mein Mann und nun des Herrn, dein Sohn und mein Sohn für den großen Kreuzzug, über ihnen das Banner des Herrn – unsere neu geschlagenen Ritter.«

Die Kreuzzugsmotivik wird vor allem auch in Berichten über den Dardanellenfeldzug und den palästinischen Kriegsschauplatz angeschlagen. Der Dichter Rupert Brooke nannte sich selbst in einem Brief an seinen Freund Jacques Raverat einen Kreuzfahrer, und Major Vivian Gilbert schrieb das Buch *The Romance of the Last Crusade – with Allenby to Jerusalem* (1923) über seine Kriegserlebnisse in Palästina. Das Buch widmete er »den Müttern aller Söhne, die für die Freiheit des Heiligen Landes kämpften«; es beginnt mit Brian Gurnay, der 1914 gerade sein erstes Jahr in Oxford hinter sich hat und von den Kreuzzugstaten seines Ahnen, Sir Brian de Gurnay, eines Teilnehmers am Dritten Kreuzzug, träumt. Der junge Brian sehnt sich nach einem neuen Kreuzzug, der Jerusalem befreit: »Um für deine Sache zu kämpfen, um am letzten Kreuzzug teilzunehmen, will ich gerne meine Gebeine im Heiligen Land zurücklassen. Oh, hätte ich die Chance, zu handeln wie jene Ritter der Vergangenheit, und könnte eine Sache vollbringen, die sich wirklich lohnt.« Nach der Angabe eines anderen Veteranen des Allenby-Feldzuges wurde der Befehl ausgegeben, dass die Soldaten nicht als Kreuzfahrer angeredet werden sollten. Doch auch wenn das offiziell verboten war, sahen sich viele in der Nachfolge der Kreuzzüge. Gilbert schrieb über die Soldaten, die er befehligte: »Was machte es schon, dass wir graue Khakiuniformen trugen statt glänzender Rüstungen. Der Geist der Kreuzfahrer beseelte alle meine Männer, die sich so hochgestimmt auf das große Abenteuer vorbereiteten. Und selbst wenn sie nur hässliche kleine Mützen statt Helmen mit stolzer Federzier trugen, war ihr Mut nicht genauso groß, ihr Idealismus nicht genauso stark wie der jener Ritter der Vergangenheit, die sich mit unerschütterlichem Glauben unter der Führung Richard Löwenherz' aufgemacht hatten, um das Heilige Land zu befreien?« Gilbert schrieb, dass von allen Kreuzzügen, die Jerusalem befreien wollten, nur zwei Erfolg gehabt hätten: »Den ersten führte Gottfried von Bouillon, den zweiten Edmund Allenby.« Es gab sogar Kreuzzugs-

EIN CARTOON DES PUNCH anlässlich der Eroberung Jerusalems durch Allenby im Dezember 1917 zieht eine direkte Parallele zu Richard I. Löwenherz und dem Dritten Kreuzzug.

cartoons im Punch. Ein Cartoon aus dem Dezember 1917, der die Überschrift »Der letzte Kreuzzug« trug, zeigte einen Richard Löwenherz, der sehnsüchtig nach Jerusalem blickte. Die Bildunterschrift lautete: »Endlich wird mein Traum wahr.«

Einige Mahnmale für den Ersten Weltkrieg greifen ebenfalls die Kreuzzugsmotivik auf, so das kreuzförmige Denkmal in Sledmore in der Grafschaft Yorkshire, dem Sitz von Sir Mark Sykes. Als Sir Mark 1919 starb, war ein Feld noch unausgefüllt. Sein Denkmal zeigt auf einer Messingtafel eine Figur mit Rüstung und Schwert, unter deren Füßen ein Muslim liegt. Über ihr befindet sich ein Schriftband mit den Worten »Laetare Jerusalem«, im Hintergrund ist die Silhouette der Stadt zu sehen. Für den Wettbewerb um das Kriegerdenkmal in Paisley reichte die Bildhauerin Getrude Alice Meredith Williams einen Entwurf mit dem Titel *The Spirit of the Crusaders* ein; er zeigt einen mittelalterlichen Ritter in voller Rüstung zu Pferde, flankiert von vier Soldaten in der Uniform des Ersten Weltkrieges.

Als der Erste Weltkrieg vorbei war, wurden auch auf der Friedenskonferenz von Versailles Kreuzzugsreminiszenzen laut. Als einer der französischen Vertreter die Ansprüche Frankreichs auf Syrien bis zu den Kreuzzügen zurückverfolgte, kommentierte der Emir Faisal: »Wären Sie so freundlich, mir einmal zu sagen, wer eigentlich in den Kreuzzügen gesiegt hat?«

SIR MARK SYKES ALS KREUZFAHRER *(links)*. Gedenkplatte vom Eleonorenkreuz in Sledmere, Yorkshire.

DER GEIST DER KREUZFAHRER von Gertrude Alice Meredith William *(rechts)*. Modell für das Kriegerdenkmal von Paisley, 1921.

Auch im Spanischen Bürgerkrieg operierten beide Seiten mit der Kreuzzugsmotivik, um ihre Sache zu propagieren. Einerseits behauptete Franco, einen »Kreuzzug der Befreiung« zu führen, der Spanien vor Kommunismus und Atheismus retten sollte, und ließ sich auf Plakaten und Gemälden als Kreuzritter darstellen. Andererseits wurden die Angehörigen der Internationalen Brigaden als »Kreuzfahrer für die Freiheit« gefeiert. Eine mehrbändige Geschichte des Bürgerkrieges, die in Madrid von 1940 bis 1943 erschien, nannte sich *Historia de la cruzada española*, und das Wort »Kreuzzug« tauchte wiederholt in Titeln autobiographischer Darstellungen und Romane zum spanischen Bürgerkrieg auf. So schrieb Jason Gurney, ein Interbrigadist, der 1937 verwundet wurde, in seinem 1974 veröffentlichten Buch *Crusade in Spain*: »Der Kreuzzug richtete sich gegen die Faschisten, die Sarazenen unserer Generation.« Es war »einer der zutiefst empfundenen ideologischen Kreuzzüge in der Geschichte Westeuropas«.

Die Kreuzzugsmotivik wurde auch auf den Zweiten Weltkrieg angewendet. General Eisenhowers Darstellung dieses Krieges wurde 1948 unter dem Titel *Crusade in Europe* veröffentlicht. Für ihn war der Zweite Weltkrieg auch eine Art persönlicher Kreuzzug: »Nur durch die Zerschlagung der Achse war eine anständige Welt möglich; der Krieg wurde für mich ein Kreuzzug im traditionellen Sinne dieses so häufig missbrauchten Wortes.« Im November 1941 trug eine Operation zur Durchbrechung der Belagerung von Tobruk den Decknamen »Operation Kreuzfahrer«, und Eisenhowers Tagesbefehl vom 6. Juni 1944 lautete: »Soldaten, Seeleute und Piloten der alliierten Einsatzkräfte! Ihr seid dabei, auf einen großen Kreuzzug zu gehen, ... die Hoffnungen und Gebete aller freiheitsliebenden Menschen überall auf der Welt begleiten euch.« Kreuzzugssymbolik findet sich auch in Stefan Heyms Roman *The Crusaders* (1948; deutsch 1950 unter dem Titel *Kreuzfahrer von heute*, später: *Der bittere Lorbeer*). Heym, der 1933 vor den Nazis fliehen musste, beschreibt darin den Zweiten Weltkrieg als einen »notwendigen, heiligen Kreuzzug«, um einen Tyrannen aufzuhalten.

Die Art und Weise, wie Vorstellungen und Motive des Kreuzzugswesens im 19. und frühen 20. Jahrhundert verwendet wurden, ist also höchst unterschiedlich. Obwohl sich die Geschichtswissenschaft im 19. Jahrhundert diesem Thema zuzuwenden begann, war das populäre Bild weitgehend von romantischen Vorstellungen bestimmt und hatte wenig Ähnlichkeit mit der Realität der Kreuzzüge, wie sie die Augenzeugenberichte festhielten. Komponisten, bildende Künstler und Schriftsteller ließen ihrer Phantasie freien Lauf, wobei sie nicht auf die mittelalterlichen Chroniken, sondern hauptsächlich auf Torquato Tasso und Walter Scott zurückgriffen. Das kann auch kaum überraschen, wollten sie doch die Wünsche eines Publikums befriedigen, das romantische Klischeevorstellungen über das Leben im Mittelalter und die Leistungen der christlichen Ritter hatte und von Reiseerzählungen über den exotischen Orient fasziniert war. Kreuzfahrerhelden wie Richard Löwenherz oder Gottfried von Bouillon waren in England beziehungsweise Belgien Nationalhelden. Auch auf Tageskonflikte wurde die Kreuzfahrersymbolik angewandt, vor allem im Ersten Weltkrieg, und dabei ganz besonders auf Allenbys Palästina-Feldzug. Das eigenartigste Beispiel eines Missbrauchs dieser Symbolik bot der Krimkrieg, der in westeuropäischen Ländern als Kreuzzug bezeichnet wurde, obwohl man doch mit den muslimischen Türken verbündet war.

15
DIE RENAISSANCE UND DAS WEITERLEBEN DER KREUZZUGSBEWEGUNG

JONATHAN RILEY-SMITH

Die Kreuzzüge werden bis in die Gegenwart in ideologischen Auseinandersetzungen bemüht. Bilder, Motive und Parolen der Kreuzzüge und ihres islamischen Gegenstücks, des Dschihad, werden immer wieder in gewalttätigen Konflikten zwischen Christen und Muslimen auf dem Balkan oder im Nahen Osten zitiert. Die Maroniten des Libanon, die seit 1181 mit der römischen Kirche uniert sind, bewahren sich eine nostalgische Erinnerung an die Jahrhunderte westlicher Vorherrschaft, eine Epoche, die ihre Historiker als ein goldenes Zeitalter priesen. In Europa hingegen werden die Motive zumeist metaphorisch verwendet und haben ebenso wenig mit der ursprünglichen Idee zu tun wie die Kreuzzugsrhetorik, der wir im vorigen Kapitel begegnet sind. Die Theologie der Gewalt, die den Kreuzzügen zugrunde lag, erfuhr jedoch durch einen militanten Flügel der christlichen Befreiungsbewegung insbesondere in Südamerika eine erstaunliche Wiederbelebung.

Christliche Rechtfertigungen von Gewalteinsatz basieren oft auf der Überzeugung, dass Christus an dem Erfolg eines bestimmten religiösen oder politischen Systems oder an Ereignissen unmittelbaren Anteil nimmt. Seine Pläne für die Menschheit sind daher direkt mit deren Erfolg oder Scheitern verbunden. Für die modernen Apologeten christlicher Gewaltausübung zielen die Pläne Christi auf etwas, das sie Befreiung nennen. In diesem Prozess der Befreiung und in den Manifestationen menschlichen Fortschritts ist Christus wahrhaft gegenwärtig, denn er selbst ist der Befreier, die vollständigste Verkörperung der Befreiung, die er der Menschheit als Geschenk anbietet. Wenn die einzige Möglichkeit zur Verteidigung seiner Absichten gegen Feinde darin besteht, Gewalt auszuüben, dann entspricht dies den Absichten Christi innerhalb des historischen Prozesses. Damit wird die Beteiligung am christlichen Krieg zur moralischen Pflicht für alle, die dazu geeignet sind. Aus diesen Überlegungen heraus bestanden Mitglieder eines Unterkommitees im Weltrat der Kirchen in einem 1973 veröffentlichten Bericht darauf, dass unter bestimmten Umständen eine Beteiligung am bewaffneten Kampf eine moralische Verpflichtung sei. Ähnlich argumentierte Camilo Torres, die tragischste Figur der christlichen Befreiungsbewegung, ein kolumbianischer Priester und Soziologe, der seinen Orden verließ, sich der Guerilla anschloss und im Februar 1966 getötet wurde: »Der Katholik, der kein Revolutionär ist, lebt in Todsünde.« Dass diese nur mündlich überlieferte Äuße-

DIE JUNGFRAU MARIA UND EIN MARONITISCHER SOLDAT. Die ersten Kreuzfahrer zogen hinter einem Banner der heiligen Jungfrau ins Feld; Maria war auch die Schutzpatronin der Templer und des Deutschen Ordens. Die maronitischen Christen des Libanon, die seit 1181 mit Rom uniert sind, romantisieren noch heute das Zeitalter der Kreuzzüge.

rung tatsächlich seine Ansicht war, bestätigt eine schriftliche Aussage vom August 1965, dass »für die Christen, die in der Revolution das einzig wirksame und effektive Mittel zur Verwirklichung der Nächstenliebe erblicken, sie nicht nur erlaubt, sondern zwingend geboten ist«. Das von der Nächstenliebe gebotene Engagement war ein herausragendes Thema in Torres' Schriften, und es kann kaum einen Zweifel geben, dass seine Handlungen von einem tiefen Gefühl der Nächstenliebe geleitet waren. Im Juni 1965, als er bereits an die Teilnahme im bewaffneten Kampf gedacht haben muss, schrieb er in einer Stellungnahme zu seinem Verzicht auf die Priesterwürde: »Nur durch die Revolution, durch die Veränderung der konkreten Bedingungen in unserer Gesellschaft, können wir die Menschen befähigen, einander zu lieben ... Ich habe mich entschlossen, mich selbst der Revolution anzuschließen und darin meine Arbeit zu tun, dass ich die Menschen lehre, Gott zu lieben, indem sie einander lieben. Ich betrachte diese Handlungsweise als wesentlich, weil ich Christ, weil ich Priester und weil ich Kolumbianer bin.« Torres' gewaltsamer Tod beeindruckte seine Sympathisanten als Ausdruck seiner Nächstenliebe. Ein Guerillaführer erklärte: »Er verband die wissenschaftliche Konzeption des revolutionären Krieges, den er als das einzig effektive Mittel zur Entwicklung des Befreiungskampfes ansah, mit einer tiefen Christlichkeit, die er in der Form einer grenzenlosen Liebe zu den Armen, den Ausgebeuteten und Unterdrückten und in der vollständigen Hingabe an den Kampf zu ihrer Befreiung lebte.« Ein argentinischer Priester wurde mit folgender Äußerung zitiert: »Christus ist die Liebe, und ich wollte ein Mann der Liebe sein; doch Liebe kann nicht existieren in einer Herr-Knecht-Beziehung. Camilos Tod bedeutete für mich, dass ich mich der Zerschlagung dieser Herr-Knecht-Beziehung in Argentinien zu weihen hatte. Ich musste *mit* den Sklaven, *mit* dem Volk kämpfen, wie sie *ihren* Kampf austrugen, nicht mit den Mitteln eines elitären Lehrers ..., sondern als tatsächlich Beteiligter, *mit* ihnen, nicht *für* sie, in all ihrem Elend, ihrem Scheitern, ihrer Gewalt. Könnte ich dies nicht, dann wäre ich kein Mann des Volkes, kein Mann Gottes, ich glaubte nicht an Brüderlichkeit und damit nicht an Nächstenliebe.« Ein katholischer Theologe erhob Torres geradezu in den Rang eines Kreuzzugsmärtyrers, als er ihn zu »den reinsten, edelsten, wahrsten Vertretern und Märtyrern der neuen Christenheit« zählte. Die Argumentation erinnert gelegentlich an die Rechtfertigung der Ketzerverfolgung: In einer Revolution, nicht nur in einer gewalttätigen, erweise man nicht nur den Unterdrückten, sondern auch den Unterdrückern Nächstenliebe, weil man sie von ihrem sündigen Leben befreie.

Damit kehrte religiös motivierte Gewalt, in diesem Fall die bewaffnete Rebellion, wieder auf den christlichen Schauplatz zurück. Die Institutionen jedoch, die auf die Kreuzfahrerzeit

DIE RENAISSANCE DER CHRISTLICH GERECHTFERTIGTEN GEWALTAUSÜBUNG. Camilo Torres, ein kolumbianischer Priester und Soziologe, schloss sich den Revolutionären an und wurde nach seinem Tod von den Anhängern der Befreiungstheologie als Märtyrer verehrt.

DIE TRADITIONEN DER JOHANNITER LEBEN WEITER. Die englische Johanniterambulanz im Einsatz. Die fünf bestehenden Johanniterorden führen die ursprüngliche Aufgabe des Ordens fort.

zurückgehen, lehnen den bewaffneten Kampf heute ab. Natürlich ist die Verbindung vieler Institutionen zu den Kreuzzügen ohnehin nur noch sehr indirekt: Die Maronitischen und Armenischen Unierten Kirchen, viele Titularbischofssitze der Katholischen Kirche und die etwa 26 religiösen und Ritterorden, darunter der Prediger- beziehungsweise Dominikanerorden, haben heute nichts mehr mit Kreuzzügen zu tun. Andere, darunter die spanischen Ritterorden, haben sich in ihrer Funktion bis zur Unkenntlichkeit verändert. Lediglich zwei Orden haben sich seit den Tagen der Kreuzzüge kaum verändert, auch wenn sie sich als Einrichtungen sehr unterschiedlich entwickelt haben.

Der erste dieser Orden ist der *Ordo Equitum Hospitalariorum Sancti Johannis de Jerusalem* – derselbe Johanniterorden, der in Palästina und Syrien, auf Zypern, Rhodos und Malta einen

DER DEUTSCHE ORDEN HEUTE. Der katholische Deutsche Orden ist heute ein reiner Priesterorden. Links: Ein Ordensritter liest die Messe. Rechts: Die Kirche des Deutschen Ordens in Wien.

so wichtigen Beitrag zur Kreuzzugsgeschichte leistete. Nachdem Napoleon Malta im Jahre 1798 erobert hatte, spaltete sich der verarmte Orden auf. Die Provinzen, oder was von ihnen übrig war, entwickelten sich unabhängig von der Zentrale des Ordens. Diese war ohnehin in tiefem Chaos versunken, nachdem eine Gruppe von Brüdern den russischen Zaren Paul I. zum Ordensmeister gewählt hatte, obwohl dieser weder katholisch noch unverheiratet war und auch die Gelübde nicht abgelegt hatte. Pauls Meisterwürde, die der Papst stillschweigend anerkannte, dauerte nicht lang. Nach seiner Ermordung führte der Orden dreißig Jahre lang ein Wanderleben, bis er 1834 seine Zentrale in Rom errichtete. Langsam begann der Neuaufbau. Die Pläne, sich als eine Militärmacht auf einem unabhängigen Territorium zu etablieren – in den zwanziger Jahren des 19. Jahrhunderts hatte man auf eine griechische Insel spekuliert, die den Türken abgerungen werden sollte; in den dreißiger Jahren wurde die Aufrichtung eines Ordensstaats in Algerien erwogen –, wurden fallen gelassen, und der Orden kehrte zu seiner ursprünglichen Hauptaufgabe zurück, der Sorge für Arme und Kranke, der er sich zunächst im Kirchenstaat und später dann in aller Welt widmete. Obwohl die Zahl der Ritter, die ein Gelübde abgelegt haben, relativ klein ist, hat der Orden heute über 10 000 Laienmitglieder.

Indirekt mit dem alten Orden verbunden sind vier Johanniterorden, bei denen es sich um überwiegend oder ausschließlich protestantische Bruderschaften handelt. Sie unterstehen folglich nicht der katholischen Kirche, sondern sind vielmehr Ritterorden unter dem Patronat weltlicher Souveräne: dem deutschen Bundestag und den Königshäusern von Schweden, der Niederlande und des Vereinigten Königreiches. Drei von ihnen, die *Ballei Brandenburg des*

DIE EINZIGEN DEUTSCHORDENSRITTER VON HEUTE. Kapitelsitzung der Ballei Utrecht des Deutschen Ordens. Die Gemälde an der Wand zeigen sämtliche Komture des Ordens; bis heute werden sie in voller Rüstung gemalt.

Ritterlichen Ordens Sankt Johannis vom Spital zu Jerusalem (auch kurz als »Die Johanniter« bezeichnet), der *Johanniterorden i Sverige* und der *Johanniter Orde in Nederland*, leiten sich von der brandenburgischen Ballei ab, einer Provinz des alten Ordens, die sich zur Zeit der Reformation vom Mutterorden trennte und zu einer protestantischen Bruderschaft wurde, obwohl sie einen gewissen Kontakt zu der Regierung in Malta hielt. Der vierte der Orden, *The Grand Priory of the Most Venerable Order of the Hospital of St John in Jerusalem*, entstand aus einem Versuch, den die französischen *langues* 1827 in England unternahmen. Sie wollten auf dem Londoner Markt Geld auftreiben, um eine kleine Flottenexpedition auszurüsten, die von England absegeln und den Griechen Hilfe gegen die Türken bringen sollte. Als Gegenleistung war den *langues* eine Insel in der Ägäis versprochen worden, als erster Schritt zu einer Rückeroberung von Rhodos. Alle, die in das Unternehmen investieren wollten, und alle Offiziere der Söldnerarmee sollten als Ritter in den Malteserorden aufgenommen werden. Dieser englische Orden wurde von der Ordensleitung in Rom nicht anerkannt, erwarb sich jedoch durch seine wohltätige Arbeit, unter anderem den Aufbau der Johanniterambulanz, die Anerkennung von Königin Victoria, die die englischen Johanniter 1888 zu einem Orden der britischen Krone erhob.

Die zweite noch bestehende Kreuzfahrerinstitution ist der Deutsche Orden, mit Zentrale in Wien. Seit 1923 allerdings ist er ein reiner Priesterorden. Deutsche Ritter gibt es nur noch in einem weiteren interessanten Überbleibsel, dem *Ridderlijke Duitse Orde Balije van Utrecht* (»Deutsche Ritterordensballei Utrecht«). Wie bei den brandenburgischen Johannitern handelt es sich um eine Ordenskomturei, die sich zur Zeit der Reformation in eine protestantische Adelsbruderschaft verwandelte.

Diese Überbleibsel der Kreuzzugszeit sind aktive christliche Wohltätigkeitsorganisationen, die sich der Kranken- und Altenpflege verschrieben haben. Die Orden hatten den Kampf gegen die Ungläubigen immer mit der Sorge für die Kranken verbunden, was zeigte, wie eng im mittelalterlichen Leben Krieg und Caritas miteinander verbunden waren. Diese Tradition hat es den Orden ermöglicht, sich von ihren militärischen Aufgaben loszusagen und doch ihren Wurzeln treu zu bleiben. In ihren heutigen Tätigkeiten schwingt entfernt ein Echo der mittelalterlichen Überzeugung mit, dass Kreuzzüge ein Akt der Nächstenliebe seien.

DER EINZUG DER KREUZFAHRER IN KONSTANTINOPEL. Eine Szene aus dem Vierten Kreuzzug, interpretiert von Eugéne Delacroix (1798 bis 1863). Das Gemälde war ursprünglich in den *Salles des Croisades* in Versailles ausgestellt.

DIE JOHANNITER HEUTE. Ritter des Malteserordens bei ihrer jährlichen Pilgerschaft nach Lourdes. Es gibt immer noch einen Kern von Ordensbrüdern, die die Gelübde abgelegt haben; die meisten Malteser sind aber heute als Laienmitglieder dem Orden verbunden.

ZEITTAFEL

1095	(März) Konzil von Piacenza
	(Juli – September 1096) Predigtreise Papst Urbans II.
	(27. November) Proklamation des Ersten Kreuzzugs auf dem Konzil von Clermont
	(Dezember – Juli 1096) Judenverfolgungen in Westeuropa
1096–1102	Der Erste Kreuzzug
1096	Papst Urban vergleicht die spanische Reconquista mit dem Kreuzzug
1096–1097	Ankunft der Armeen der zweiten Welle des Kreuzzugs in Konstantinopel
1097	(1. Juli) Schlacht von Dorylaion
	(21. Oktober – 3. Juni 1098) Belagerung von Antiochia
1098	(10. März) Balduin von Boulogne übernimmt die Herrschaft in Edessa
	(28. Juni) Schlacht von Antiochia
1099	(15. Juli) Eroberung Jerusalems durch die Kreuzfahrer
	(22. Juli) Gottfried von Bouillon zum ersten lateinischen Herrscher Jerusalems gewählt
1101	(August – September) Die letzte Welle der Armeen des Ersten Kreuzzugs wird in Kleinasien von den Türken geschlagen
1107–1108	Kreuzzug des Bohemund von Tarent
1108	(September) Bohemund ergibt sich den Griechen
1109	(12. Juli) Einnahme von Tripolis
1113	Erstes päpstliches Privileg an den Johanniterorden
1114	Katalanischer Kreuzzug zu den Balearen
1118	Spanien-Kreuzzug des Papstes Gelasius II.
	(19. Dezember) Eroberung Saragossas durch die Kreuzfahrer
1119	(27. Juni) Schlacht auf dem Blutfeld
1120–1125	Kreuzzüge des Papstes Calixtus II. in den Orient und nach Spanien
1120	Gründung des Templerordens
1123	(März – April) Kreuzzugsdekret des Ersten Laterankonzils
1124	(7. Juli) Einnahme von Tyros durch die Kreuzfahrer
1125–1126	Einfall Alfons' I. von Aragonien in Andalusien
1128–1129	Orientkreuzzug des Hugo von Payns
1129	(Januar) Anerkennung des Templerordens durch das Konzil von Troyes
	(November) Kreuzfahrer greifen Damaskus an
1135	(Mai) Konzil von Pisa; Kreuzzugsablässe für den Kampf gegen den Gegenpapst und die Normannen Süditaliens
1139–1140	Kreuzzug in den Orient
1144	(24. Dezember) Fall Edessas an die Muslime
1145	(1. Dezember) Papst Eugen III. proklamiert in der Bulle *Quantum praedecessores* den Zweiten Kreuzzug
1146–1147	Der heilige Bernhard von Clairvaux predigt den Zweiten Kreuzzug
1146	Judenverfolgungen im Rheinland
1147–1149	Der Zweite Kreuzzug
1147	(13. April) Papst Eugen autorisiert neben dem Orientkreuzzug auch Kreuzzüge in Spanien und an der deutschen Ostgrenze
	(24. Oktober) Eroberung Lissabons

1148	(24.–28. Juli) Rückzug der Kreuzfahrer von der Belagerung von Damaskus
1149	(15. Juli) Weihe des Neubaus der Jerusalemer Grabeskirche
1153	Kreuzzug in Spanien
1154	(25. April) Besetzung von Damaskus durch Nur ad-Din
1157–1184	Eine Reihe von päpstlichen Kreuzzugsaufrufen führen nur zu kleineren Feldzügen in den Orient
1157–1158	Kreuzzug in Spanien
1158	Gründung des Calatravaordens
1163–1169	Ägyptenfeldzüge König Amalrichs von Jerusalem
1169	Fertigstellung der Umgestaltung der Geburtskirche in Bethlehem, gestiftet vom byzantinischen Kaiser Manuel I. Komnenos, König Amalrich von Jerusalem und von Ralph, Bischof von Bethlehem
	(23. März) Ägypten unterwirft sich Nur ad-Dins Feldherrn Saladin
1170	Gründung des Santiagoordens
1171	Kreuzzug im Ostseeraum
1172	(10. September) Saladin hebt das Kalifat der Fatimiden auf
ca. 1173	Gründung des Montegaudioordens
1174	(15. Mai) Tod Nur ad-Dins
	(28. Oktober) Saladin übernimmt die Macht in Damaskus
1175	Kreuzzug in Spanien
ca. 1176	Gründung der Orden von Avis (als Orden von Evora) und des Ordens von Alcántara (als Orden des heiligen Julián von Peirero)
1177	Orientkreuzzug Philipps von Flandern
1183	(11. Juni) Aleppo unterwirft sich Saladin
1186	(3. März) Mossul unterwirft sich Saladin
1187	(4. Juli) Schlacht von Hattin
	(2. Oktober) Saladin erobert Jerusalem
	(29. Oktober) Papst Gregor VIII. proklamiert in seiner Bulle *Audita tremendi* den Dritten Kreuzzug
1188	(Januar) Einführung des Saladin-Zehnten in England
1189–1192	Dritter Kreuzzug
1189	(3. September) Portugiesische Kreuzfahrer erobern Silves
1190	(10. Juni) Kaiser Friedrich I. Barbarossa ertrinkt in Kilikien
1191	(Juni) Richard I. Löwenherz von England erobert Zypern
	(12. Juli) Akkon kapituliert vor Richard Löwenherz und Philipp II. August von Frankreich
	(7. September) Schlacht von Arsuf
1192	(2. September) Vertrag von Jaffa
1193–1230	Der livländische Kreuzzug (erneuert 1197, 1199)
1193	Kreuzzug in Spanien
1197–1198	Deutscher Kreuzzug nach Palästina
1197	Kreuzzug in Spanien
1198	Gründung des Deutschen Ordens
	(August) Papst Innozenz III. proklamiert den Vierten Kreuzzug
1199	(24. November) Proklamation eines Kreuzzugs gegen Markward von Anweiler
	(Dezember) Besteuerung der Kirche für Kreuzzugszwecke eingeführt
ca. 1200	Gründung des Ordens von San Jorge de Alfama
1202	Errichtung des Ordens der Schwertbrüder
1202–1204	Der Vierte Kreuzzug

1202	(24. November) Kreuzfahrer erobern Zara
1204	Papst Innozenz führt die ständige Rekrutierung für den livländischen Kreuzzug ein
	(12.–15. April) Die Kreuzfahrer plündern Konstantinopel
	(9. Mai) Balduin von Flandern zum ersten lateinischen Kaiser von Konstantinopel gewählt
1204–1205	Gottfried von Villehardouin und Wilhelm von Champlitte erobern die Peloponnes
1206	Dänischer Kreuzzug nach Ösel
1208	(14. Januar) Ermordung Peters von Castelnau, des päpstlichen Legaten für das Languedoc
	Proklamation des Albigenserkreuzzugs
1209–1229	Der Albigenserkreuzzug
1209	(22. Juli) Plünderung von Béziers
1211	Der König von Ungarn überträgt dem Deutschen Orden eine Mark in Siebenbürgen
1212	Der Kinderkreuzzug
	Kreuzzug in Spanien
	(17. Juli) Schlacht von Las Navas de Tolosa
1213	(April) Papst Innozenz III. proklamiert den Fünften Kreuzzug; die spanischen Kreuzzüge und der Albigenserkreuzzug werden hinter den orientalischen Kriegsschauplatz zurückgestellt
	(12. September) Schlacht von Muret
1215	Predigerorden (Dominikaner) in Toulouse
	(14. Dezember) Das Vierte Laterankonzil verabschiedet die Verordnung *Ad liberandam*, die eine regelmäßige Besteuerung der Kirche für Kreuzzugszwecke ermöglicht
1216	(28. Oktober) König Heinrich III. von England nimmt das Kreuz gegen englische Rebellen
1217–1229	Fünfter Kreuzzug
1218	(27. Mai – 5. November 1219) Belagerung von Damiette
1219	Dänischer Kreuzzug nach Estland
1221	(30. August) Die Kreuzfahrer werden in Ägypten bei Al-Mansura geschlagen
1225	Der Deutsche Orden wird nach Preußen gerufen
1226	Wiederaufnahme des Albigenserkreuzzugs
1227	Kreuzzugserlass gegen die bosnischen Häretiker (erneuert 1234)
1228–1229	Kreuzzug Kaiser Friedrichs II. (letzter Abschnitt des Fünften Kreuzzugs)
1229–1233	Bürgerkrieg auf Zypern
1229	(18. Februar) Jerusalem den Christen durch Vertrag zurückgegeben
	(12. April) Der Friede von Paris beendet den Albigenserkreuzzug
	Der Deutsche Orden beginnt die Eroberung Preußens
1229–1253	Kreuzzug in Spanien
1229–1231	Kreuzzug Jakobs I. von Aragonien nach Mallorca
1231	Kreuzzug des Johann von Brienne zur Unterstützung Konstantinopels
	Kreuzzug Ferdinands III. von Kastilien in Spanien
1232–1234	Kreuzzug gegen die häretischen Stedinger in Friesland
1232–1253	Jakob I. von Aragonien erobert Valencia
1236	Proklamation eines neuen Kreuzzugs zur Hilfe für Konstantinopel
	(29. Juni) Ferdinand III. von Kastilien erobert Córdoba
1237	Der Deutsche Orden vereinigt sich mit den livländischen Schwertbrüdern
1239–1240	Kreuzzug zur Unterstützung Konstantinopels
1239–1241	Kreuzzüge des Thibaut von Champagne und des Richard von Cornwall
1239	Proklamation des Kreuzzugs gegen Kaiser Friedrich II. (erneuert 1240, 1244)
	Schwedischer Kreuzzug gegen Finnland
1241	Proklamation des Kreuzzugs gegen die Mongolen (erneuert 1243, 1249)

1242	Erster preußischer Aufstand gegen den Deutschen Orden
	(5. April) Schlacht am Peipussee
1244	(16. März) Fall von Montségur
	(11. Juli – 23. August) Fall Jerusalems an die Chwarizmier
	(17. Oktober) Schlacht von La Forbie
1245	Dem Deutschen Orden wird erlaubt, in Preußen einen ständigen Kreuzzug zu führen
1248–1254	Erster Kreuzzug Ludwigs IX. des Heiligen von Frankreich
1248	(Oktober) Aachen von Kreuzfahrern gegen Kaiser Friedrich II. erobert
	(23. November) Ferdinand III. von Kastilien erobert Sevilla
1249	(6. Juni) Eroberung von Damiette
1250	(8. Februar) Niederlage der Kreuzfahrer bei Al-Mansura in Ägypten
1250–1254	Aufenthalt des heiligen Ludwig in Palästina
1251	Erster Schäferkreuzzug
1254	Kreuzzug König Ottokars II. von Böhmen, Rudolfs von Habsburg und Ottos von Brandenburg gegen Preußen; Gründung Königsbergs
1255	Kreuzzüge gegen Manfred von Hohenstaufen, Ezzelin und Alberich von Romano
1256–1258	Krieg von Saint-Sabas in Akkon
1258	(10. Februar) Die Mongolen plündern Bagdad
1259	Niederlage der Franken gegen die Griechen in der Schlacht von Pelagonia
1260	Niederlage der livländischen Deutschordensritter gegen die Litauer in der Schlacht von Durbe
	Zweiter preußischer Aufstand
	Kastilischer Kreuzzug nach Salé in Marokko
	(3. September) Schlacht von Ain Dschalut
	(23. Oktober) Baibars wird Sultan von Ägypten
1261	(25. Juli) Eroberung Konstantinopels; Wiederherstellung des Byzantinischen Reiches
1265–1266	Kreuzzug Karls von Anjou nach Süditalien
1266	(26. Februar) Schlacht von Benevent
1268	(18. Mai) Fall von Antiochia an die Mamluken
1268	(23. August) Schlacht von Tagliacozzo
1269–1272	Zweiter Kreuzzug des heiligen Ludwig
1269	Aragonesischer Kreuzzug nach Palästina
1270	(25. August) Tod des heiligen Ludwig in Tunesien
1271–1272	Prinz Eduard von England in Palästina
1274	(18. Mai) Kreuzzugsdekret *Constitutiones pro zelo fidei* des Zweiten Konzils von Lyon
ca. 1275	Gründung des Ordens von Santa Maria de España
1277	(September) Vertreter Karls von Anjou, der die Krone von einem Prätendenten gekauft hat, kommen in Akkon an; Spaltung des Königreichs Jerusalem
1282	(30. März) Sizilianische Vesper
1283–1302	Kreuzzug gegen Sizilianer und Aragonesen
1285	Französischer Kreuzzug gegen Aragonien
1286	(4. Juni) Königreich Jerusalem unter Heinrich II. von Zypern wiedervereint
1287	(18. Juni) Orientkreuzzug der Alice von Blois
1288	Orientkreuzzug des Johann von Grailly
1289	(26. April) Tripolis fällt an die Mamluken
1290	Orientkreuzzüge des Otto von Grandson und von Norditalienern
1291	(18. Mai) Akkon fällt an die Mamluken
	(Juli) Fall Sidons und Beiruts
	August) Die Christen evakuieren Tortosa und das Château Pélerin

1302	Muslime erobern die von Templern gehaltene Insel Ruad
	Vermutliches Ende der lateinischen Herrschaft über Dschubail
	(31. August) Vertrag von Caltabellotta
1306	Beginn der Besetzung von Rhodos durch die Johanniter
1306–1307	Kreuzzug gegen die Anhänger des Fra Dolcino in Piemont
1307	Kreuzzug proklamiert zur Unterstützung der Ansprüche Karls von Valois auf Konstantinopel
	(13. Oktober) Verhaftung aller Templer in Frankreich
1309	Volkskreuzzug
	Der Deutsche Orden verlegt die Zentrale nach Marienburg in Preußen
1309–1310	Kastilischer und aragonesischer Kreuzzug in Spanien
	Kreuzzug gegen Venedig
1310	Johanniterkreuzzug, Festigung der Herrschaft auf Rhodos
1311	Johanniterhauptquartier in Rhodos bezogen
	(15. März) Schlacht von Halmyros am Fluss Kephissos; die Katalanische Kompanie übernimmt die Herrschaft in Athen und Theben
1312	(3. April) Aufhebung des Templerordens
	(2. Mai) Papst Clemens V. überträgt die Mehrzahl der Templerbesitzungen an den Johanniterorden
1314	Kreuzzug in Ungarn (erneuert 1325, 1332, 1335, 1352, 1354)
	(18. März) Der letzte Großmeister des Templerordens, Jakob von Molay, und Gottfried von Charney sterben auf dem Scheiterhaufen
1317	Gründung des Ordens von Montesa
1319	Gründung des Christusordens
1320	Zweiter Schäferkreuzzug
1321	Kreuzzug gegen Ferrara, Mailand und die Ghibellinen der Mark Ancona und des Herzogtums Spoleto (1324 auch auf Mantua ausgeweitet)
1323	Norwegischer Kreuzzug gegen die Russen in Finnland
1325	Kreuzzug in Polen (erneuert 1340, 1343, 1351, 1354, 1355, 1363, 1369)
1327	Kreuzzugsplan gegen die ungarischen Katharer
1328	Kreuzzug gegen König Ludwig IV. von Deutschland proklamiert
	Kreuzzug in Spanien
1330	Kreuzzugsplan gegen die Katalanische Kompanie in Athen
1331	Neuer Orientkreuzzug proklamiert
1332–1334	Erste Kreuzzugsliga
1334	Schiffe der Kreuzzugsliga schlagen die Türken im Golf von Adramyttion
1337	Ayas fällt an die Mamluken
1340	Kreuzzug gegen böhmische Häretiker
	(30. Oktober) Schlacht am Fluss Salado
1342–1344	Belagerung von Algeciras
1344	Kreuzzugsplan gegen die Kanarischen Inseln
	(28. Oktober) Die Kreuzzugsliga besetzt Smyrna
1345–1347	Kreuzzug des Humbert, Dauphin von Vienne
1345	Genuesischer Kreuzzug zur Verteidigung Kaffas gegen die Mongolen
1348	Kreuzzug König Magnus' von Schweden gegen Finnland (erneuert 1350, 1351)
1349–1350	Belagerung von Gibraltar
1353–1357	Kreuzzug zur Rückgewinnung der Herrschaft über den Kirchenstaat in Mittelitalien
1354	Vorschlag für einen Afrikakreuzzug
	Kreuzzug gegen Cesena und Faenza

1359	Eine Kreuzzugsliga schlägt die Türken bei Lampsakos
1360	Kreuzzug gegen Mailand (erneuert 1363, 1368)
1365–1367	Kreuzzug König Peters I. von Zypern
1365	(10. Oktober) Peter I. erobert Alexandria und hält die Stadt sechs Tage
1366	(August – Dezember) Kreuzzug des Amadeus von Savoyen nach Bulgarien und zu den Dardanellen
1374	Der Johanniterorden übernimmt die Verteidigung Smyrnas
1377	Achaia auf fünf Jahre an die Johanniter verpachtet, Errichtung der Herrschaft der Navarresischen Kompanie
1378	Gefangennahme des Johannitermeisters Juan Fernández de Heredia durch Albaner
1379	Die Navarresische Kompanie erobert Theben
1383	Kreuzzug des Bischofs von Norwich in Flandern gegen die Anhänger des Papstes von Avignon
1386	Kreuzzug des Johann von Gaunt in Kastilien
	Union zwischen Polen und Litauen; Beginn der Christianisierung Litauens
1390	Kreuzzug gegen Mahdia
1394	Proklamierung des Nikopolis-Kreuzzugs
1396	Der Kreuzzug von Nikopolis
	(25. September) Schlacht von Nikopolis
1398	Proklamation des Kreuzzugs zur Verteidigung Konstantinopels (erneuert 1399, 1400)
1399–1403	Kreuzzug des Johann Boucicaut
1402	(Dezember) Timur Lenk (Tamerlan) erobert Smyrna
1410	(15. Juli) Schlacht von Tannenberg
1420–1431	Die Hussitenkreuzzüge
1420	Erster Hussitenkreuzzug
1421	Zweiter Hussitenkreuzzug
1422	Dritter Hussitenkreuzzug
1426	(7. Juli) Schlacht von Khirokitia
1427	Vierter Hussitenkreuzzug
1431	Fünfter Hussitenkreuzzug
1432	Der griechische Despot von Morea erobert das Fürstentum Achaia
1440–1444	Mamlukischer Angriff auf Rhodos
1443	(1. Januar) Proklamation des Kreuzzugs von Warna
1444	Kreuzzug von Warna
	(19. November) Niederlage der Kreuzfahrer bei Warna
1453	(29. Mai) Die Türken erobern Konstantinopel
	(30. September) Proklamation eines neuen Orientkreuzzugs (erneuert 1455)
1454	(17. Februar) Fasanenfest in Lille
1455	Genuesischer Kreuzzug zur Verteidigung von Chios
1456	Kreuzzug des heiligen Johann von Capistrano
	(4. Juni) Athen von den Osmanen besetzt
	(22. Juli) Verteidigung Belgrads durch ein Kreuzfahrerheer unter Johann Hunyadi und dem heiligen Johann von Capistrano
1457	Eine päpstliche Flotte erobert Samothrake, Thasos und Lemnos
1459–1460	Kreuzzugskongress von Mantua
1459	Gründung des Bethlehemordens
1460	(14. Januar) Papst Pius II. proklamiert einen großen Kreuzzug
1462	Lesbos fällt an die Türken

1464	(15. August) Papst Pius II. stirbt während der Ankunft des Kreuzzugs in Ancona
1470	Euboia von den Türken erobert
1471	(31. Dezember) Proklamation eines Kreuzzuges
1472	Eine Kreuzzugsliga greift Antalya und Smyrna an
1480	(23. Mai – Ende August) Türkische Belagerung von Rhodos
	(11. August) Die Türken erobern Otranto
1481	(8. April) Kreuzzug zur Rückeroberung Otrantos proklamiert
	(10. September) Otranto von den Türken zurückerobert
1482–1492	Kreuzzug in Spanien
1487	Malaga fällt in die Hände der christlichen Spanier
1489	Baza, Almería und Guadix fallen an die Spanier
	Ende des Königreichs Zypern
1490–1492	Belagerung Granadas
1490	Ein Kongress in Rom plant einen neuen Kreuzzug
1492	(2. Januar) Granada fällt in die Hände der christlichen Spanier, Ende der Maurenherrschaft in Spanien
1493	Kreuzzug in Ungarn
1499–1510	Spanischer Kreuzzug in Nordafrika (1497 Melilla, 1505 Mers el-Kebir, 1508 Kanarische Inseln, 1509 Oran, 1510 Algier, Bougie und Tripolis)
1499	Die Türken erobern Lepanto
1500	Die Türken erobern Koron und Modon
	(1. Juni) Proklamation eines Kreuzzugs
1512–1517	Das Fünfte Laterankonzil diskutiert die Kreuzzugsfrage
1513	Kreuzzug in Osteuropa proklamiert
1516–1517	Osmanische Eroberung des Mamlukenreichs
1517	(11. November) Kreuzzug proklamiert
1520	(Juni) Die Könige von Frankreich und England treffen sich zur Vorbereitung eines neuen Kreuzzugs
1522	(Juli – 18. Dezember) Belagerung von Rhodos, Kapitulation der Johanniter
1523	(1. Januar) Die Johanniter verlassen Rhodos
1525	Albrecht von Brandenburg, Hochmeister des Deutschen Ordens, tritt zum Protestantismus über. Preußen Herzogtum unter polnischer Oberhoheit
1526	Ende des Königreiches Ungarn nach der Niederlage bei Mohács
1529	(26. September – Oktober) Erste Belagerung Wiens durch die Türken
1530	(2. Februar) Kreuzzug proklamiert
	(23. März) Kaiser Karl V. (als König von Sizilien) überlässt den Johannitern Malta und Tripolis
1535	(Juni – Juli) Kreuzzug Kaiser Karls V. gegen Tunis
1537–1538	Kreuzzugsliga im östlichen Mittelmeer
1538	(27. September) Flotte der Kreuzzugsliga vor Prevéza geschlagen
1540	Nauplia und Monemvasia fallen in türkische Hand
1541	(Oktober – November) Kreuzzug Karls V. gegen Algier
1550	(Juni – September) Kreuzzug Karls V. gegen Mahdia
1551	(14. August) Die Johanniter kapitulieren in Tripolis
1562	Gotthard Ketteler, livländischer Landmeister des Deutschen Ordens, tritt zum Protestantismus über und wird Herzog von Kurland unter polnischer Lehnshoheit
	Gründung des Stefansordens
1565	(19. Mai – 8. September) Große Belagerung Maltas durch die Türken
1566	Chios fällt in türkische Hand

1570–1571	Heilige (Kreuzzugs-)Liga (erneuert 1572)
	Zypern fällt in türkische Hand
1570	(9. September) Nikosia von den Türken erobert
1571	(5. August) Famagusta von den Türken erobert
	(7. Oktober) Schlacht bei Lepanto
1572	Flotte der Liga operiert im östlichen Mittelmeer
	Union des Lazarus- und des Mauritiusordens
1573	(11. Oktober) Don Juan d'Austria erobert Tunis
1574	(August – September) Tunis von den Türken zurückerobert
1578	Kreuzzug des Königs Sebastian von Portugal gegen Marokko
	(4. August) Schlacht von Alcazarquivir
1588	Die spanische Armada gegen England
1614	Türkischer Angriff auf Malta
1617	Gründung des Ordre de la Milice Chrétienne
1645–1669	Kreta von den Türken erobert; Verteidigung durch eine Kreuzzugsliga
1664	Angriff der Malteser auf Algier
1669	(26. September) Iraklion (Kandia) kapituliert vor den türkischen Belagerern
1683	(14. Juli – 12. September) Zweite osmanische Belagerung Wiens
1684–1697	Heilige (Kreuzzugs-)Liga
1685–1687	Die Venezianer besetzen die Peloponnes
1686	Die christlichen Streitkräfte erobern Buda
1699	Frieden von Karlowitz
1707	Die Malteser helfen bei der Verteidigung Orans
1715	Rückeroberung der Peloponnes durch die Türken
1741–1773	Manoel Pinto, der Großmeister des Malteserordens, übernimmt die volle Souveränität
1792	Beschlagnahme der Malteserbesitzungen in Frankreich
1798	(13. Juni) Malta kapituliert vor Napoleon

KARTEN

458 KARTEN

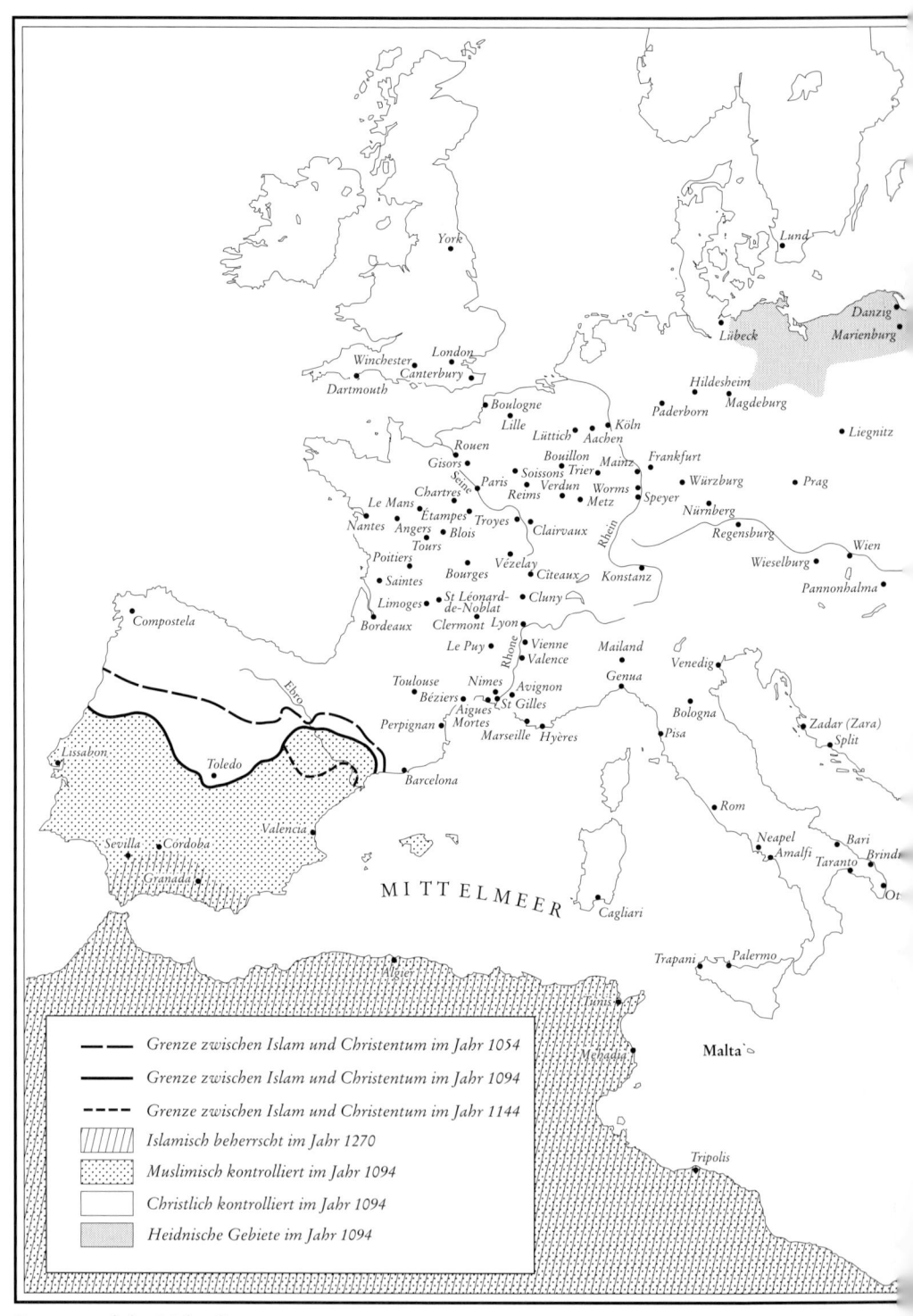

	Grenze zwischen Islam und Christentum im Jahr 1054
	Grenze zwischen Islam und Christentum im Jahr 1094
	Grenze zwischen Islam und Christentum im Jahr 1144
	Islamisch beherrscht im Jahr 1270
	Muslimisch kontrolliert im Jahr 1094
	Christlich kontrolliert im Jahr 1094
	Heidnische Gebiete im Jahr 1094

Europa und der Nahe Osten vor 1300

KARTEN 459

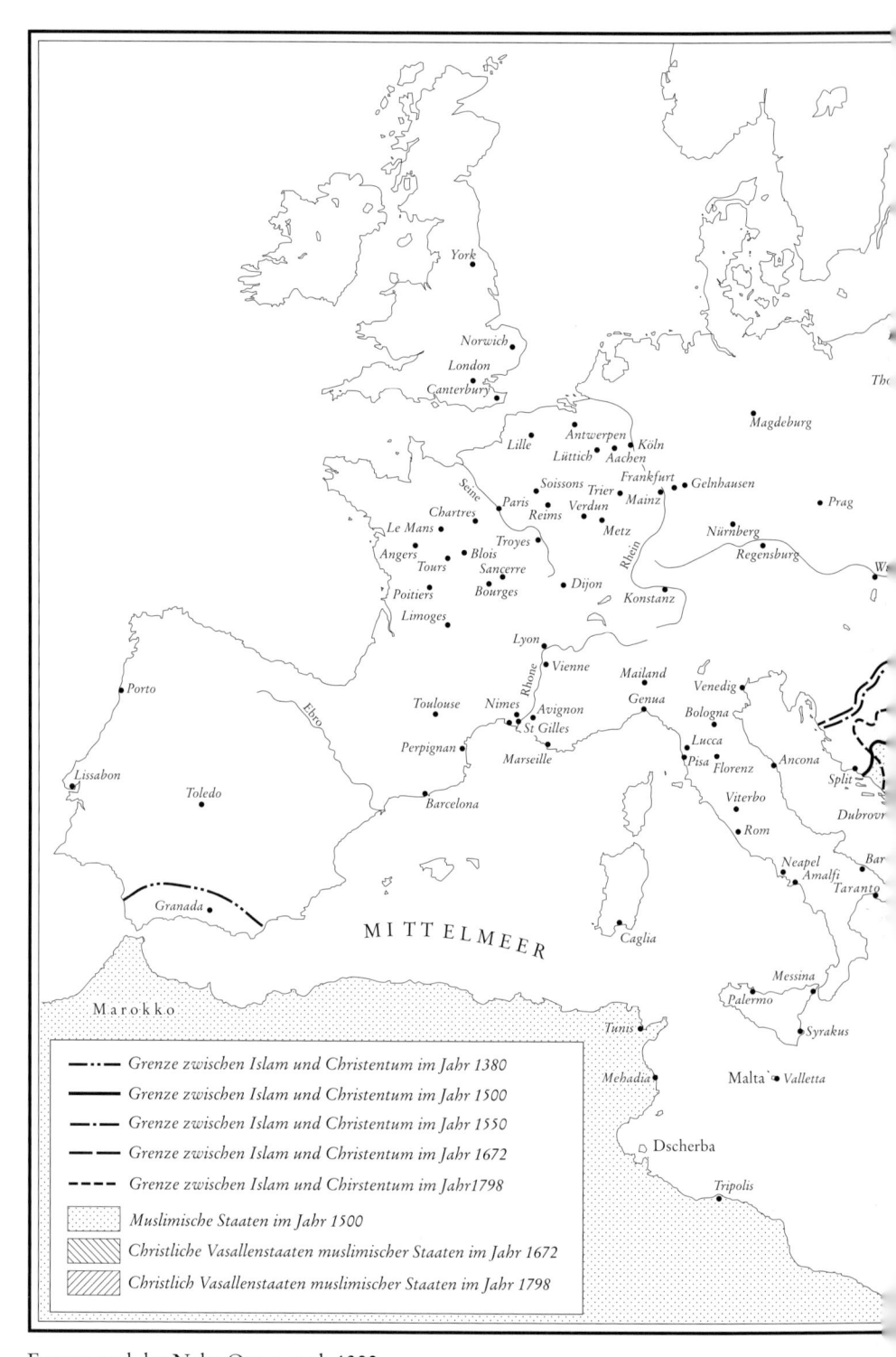

460 KARTEN

——·—— Grenze zwischen Islam und Christentum im Jahr 1380
———— Grenze zwischen Islam und Christentum im Jahr 1500
—·—·— Grenze zwischen Islam und Chirstentum im Jahr 1550
— — — Grenze zwischen Islam und Christentum im Jahr 1672
- - - - Grenze zwischen Islam und Chirstentum im Jahr 1798
▫▫▫ Muslimische Staaten im Jahr 1500
▨▨▨ Christliche Vasallenstaaten muslimischer Staaten im Jahr 1672
▨▨▨ Christlich Vasallenstaaten muslimischer Staaten im Jahr 1798

Europa und der Nahe Osten nach 1300

KARTEN 461

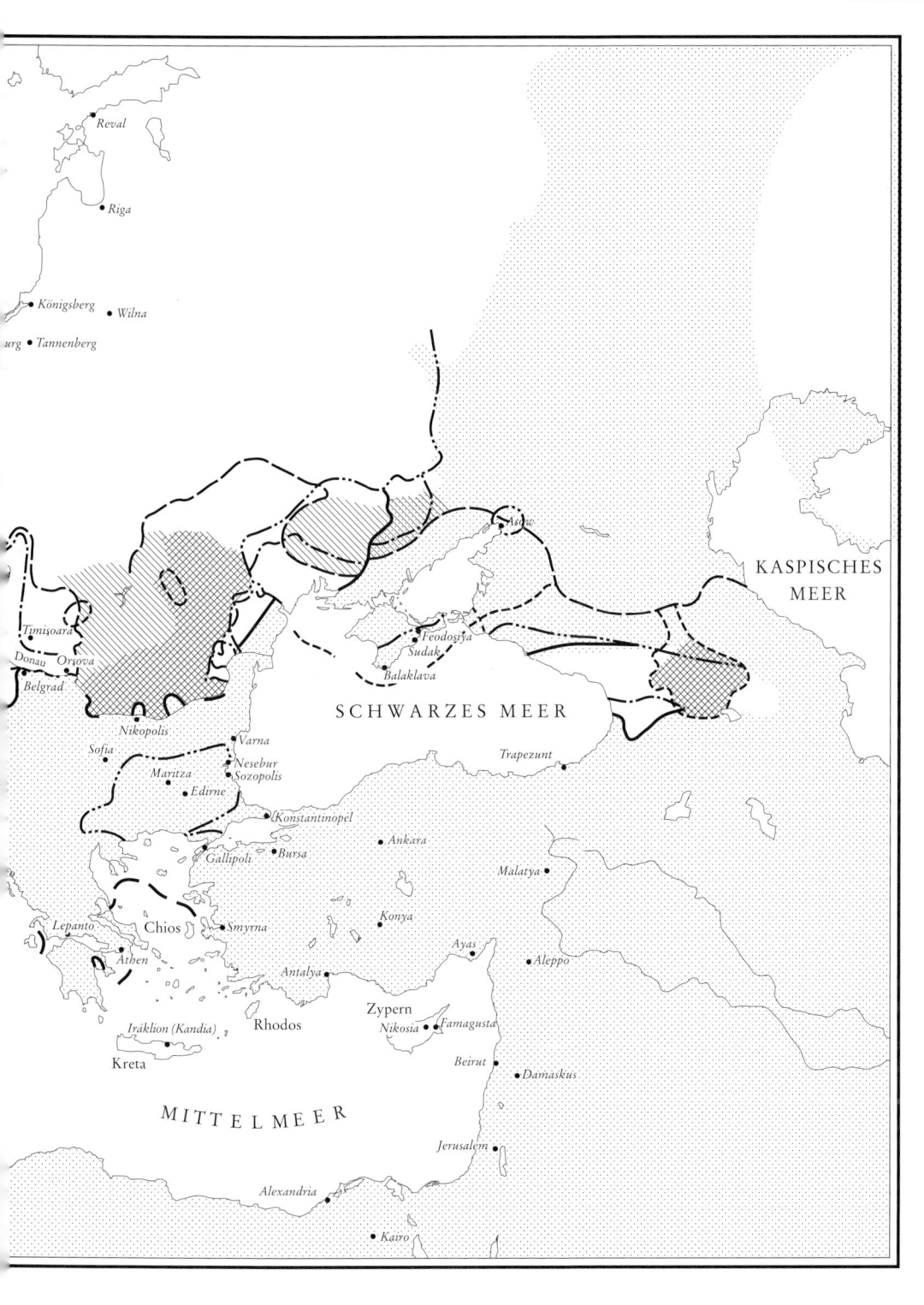

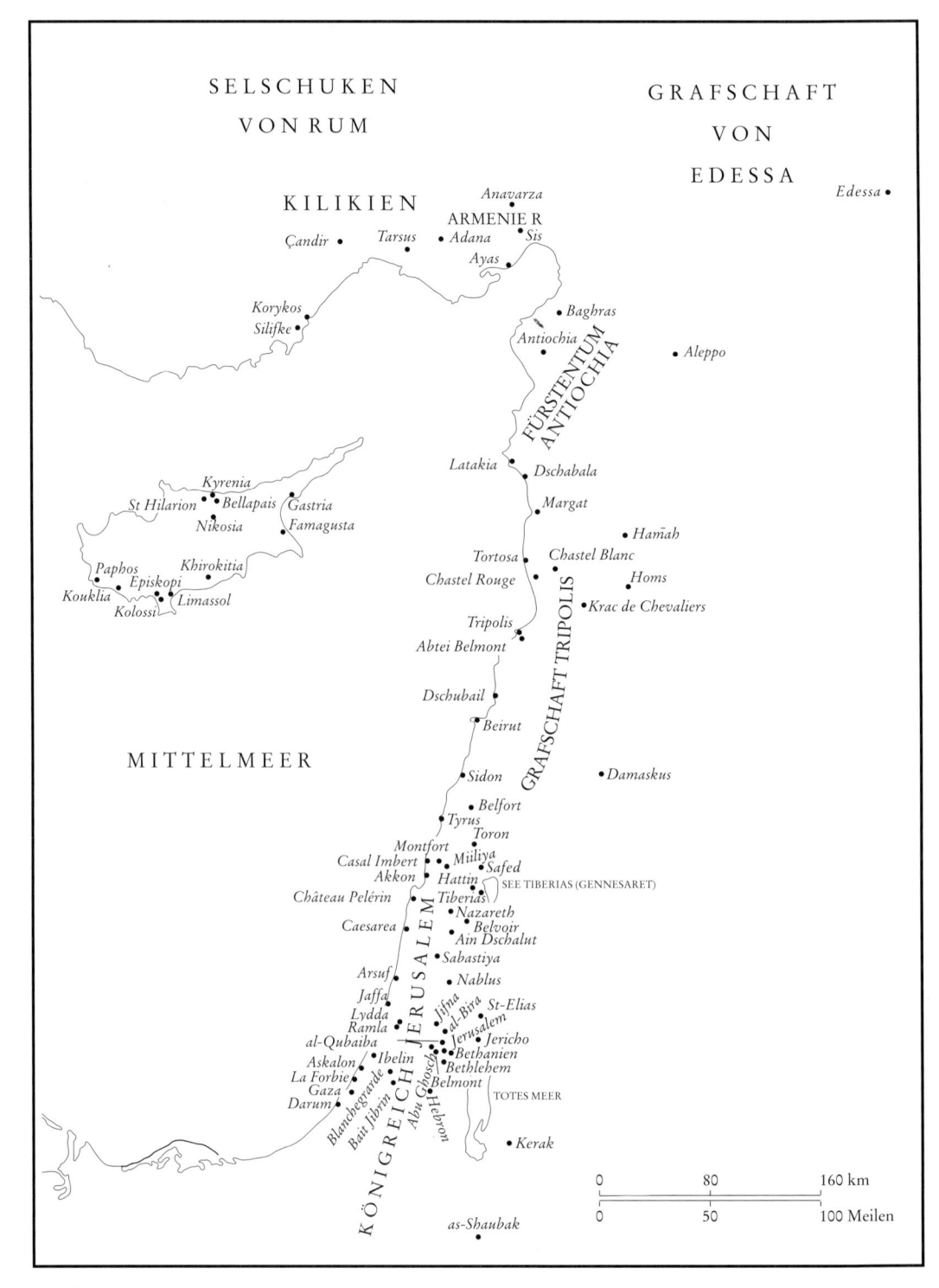

Der lateinische Orient

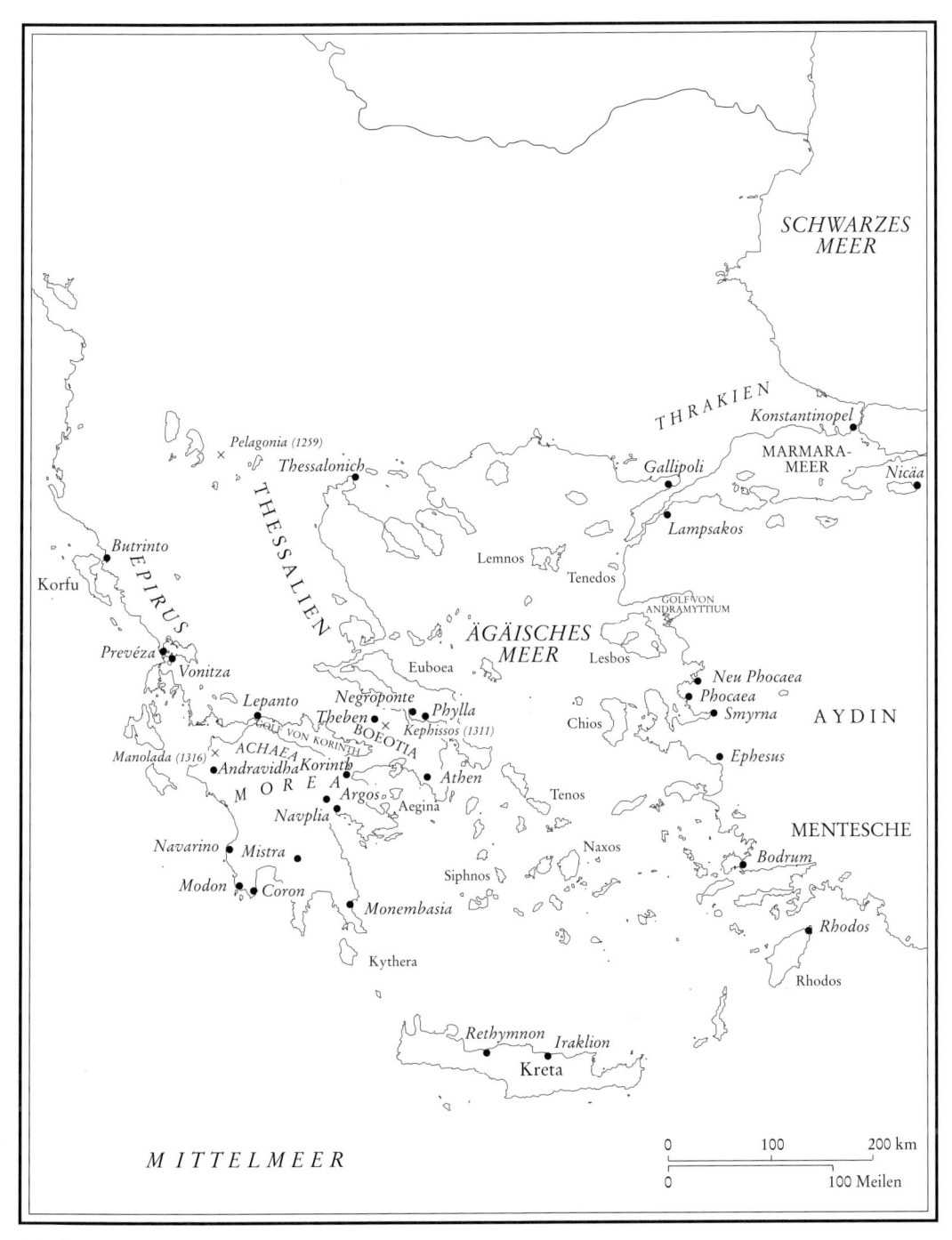

Die Ägäis

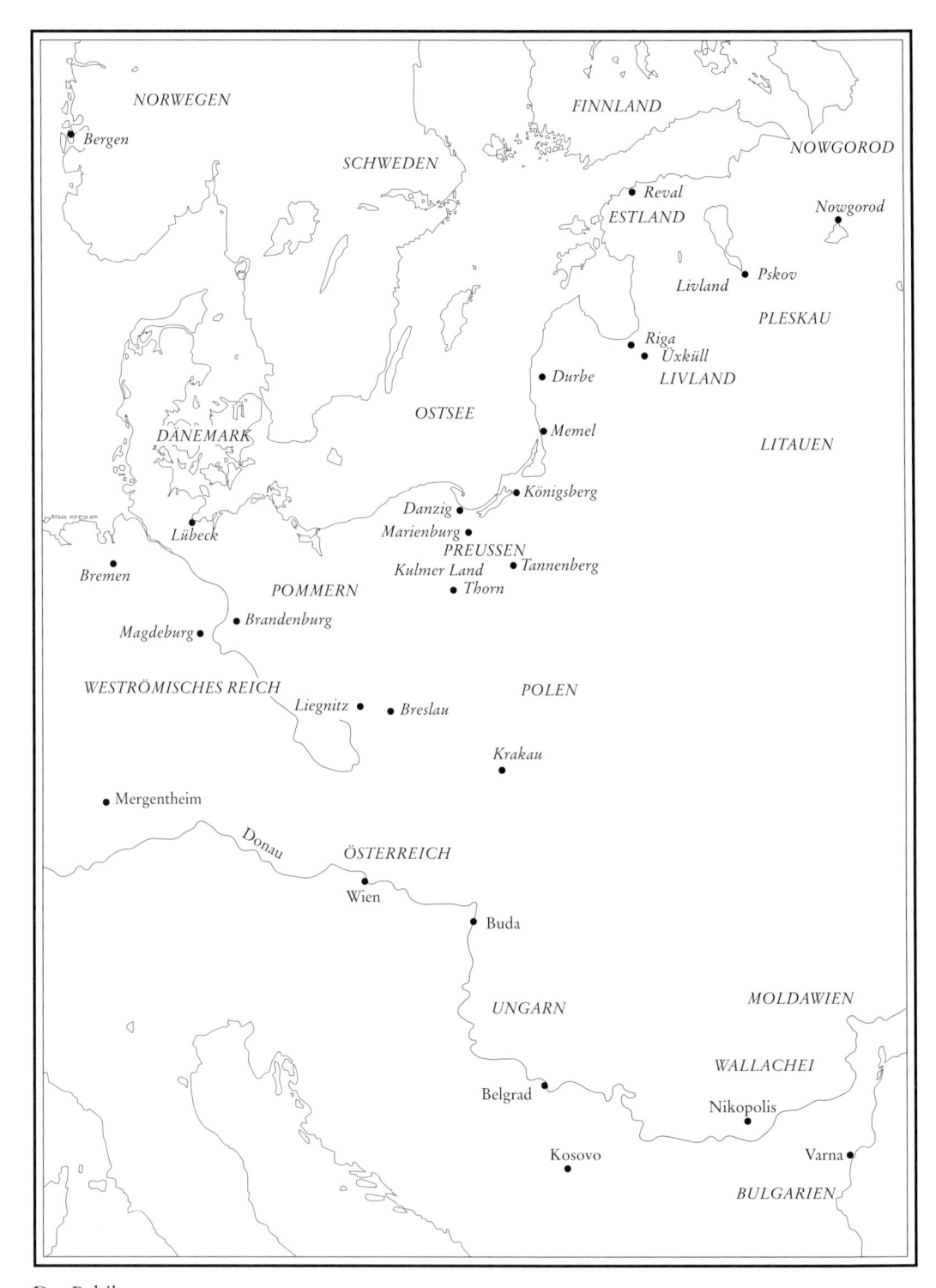

Das Baltikum

Spanien und Nordafrika

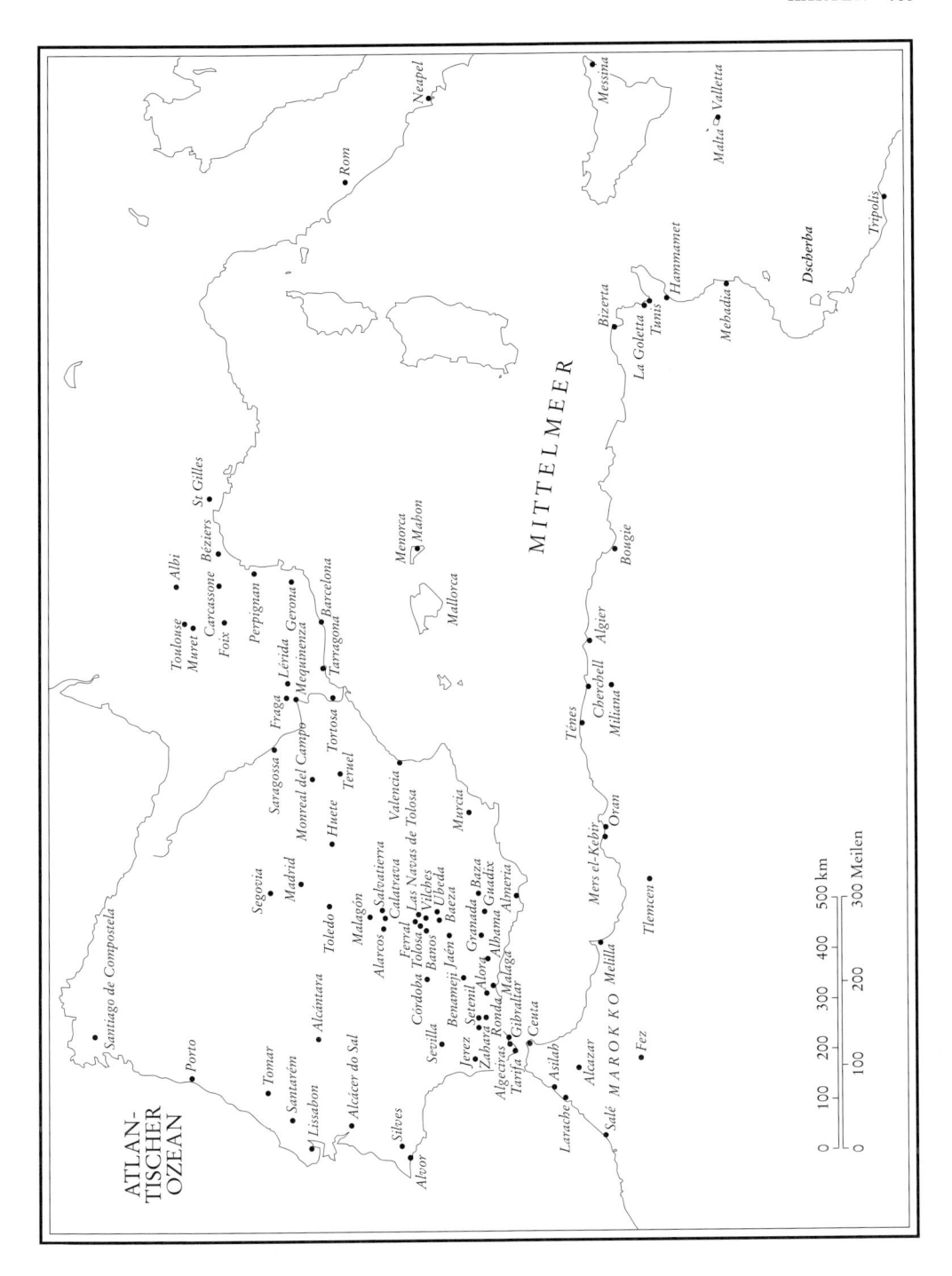

WEITERFÜHRENDE LITERATUR

BIBLIOGRAPHIEN

H. E. Mayer, *Bibliographie zur Geschichte der Kreuzzüge* (Hannover 1960).

Ders., J. McLellan und H. W. Hazard, »*Select Bibliography of the Crusades*«, in K. M. Setton (Hg.), *A History of the Crusades*, 6. Band, hg. v. H. W. Hazard und N. P. Zacour (Madison, Wisconsin 1989), S. 511–664.

GESAMTDARSTELLUNGEN

P. Alphandéry und A. Dupront, *La Chrétienté et l'Idée de Croisade*, 2 Bände (Paris 1954–1959; Nachdruck 1995).

H. E. Mayer, *The Crusades*, engl. Üb. v. J. Gillingham, 2. Auflage (Oxford 1988).

D. C. Nicolle, *Arms and Armour of the Crusading Era, 1050–1350*, 2 Bände (White Plains, New York 1988).

J. H. Pryor, *Geography, Technology and War: Studies in the Maritime History of the Mediterrenean, 649–1571* (Cambridge 1988).

J. Riley-Smith, *Die Kreuzzüge. Kriege im namen Gottes* (Freiburg, 1999).

Ders. (Hg.), *Großer Bildatlas der Kreuzzüge* (Freiburg, 1992).

S. Runciman, *Geschichte der Kreuzzüge*, üb. v. Peter de Mendelssohn, 3 Bände (München 1957–1960).

K. M. Setton (Hg.), *A History of the Crusades*, 6 Bände, 2. Auflage (Madison, Wisconsin 1969–1989).

IDEOLOGIE UND SPIRITUALITÄT DER KREUZZÜGE

E. O. Blake, »*The Formation of the ›Crusade Idea‹*«, Journal of Ecclesiastical History 21 (1970), S. 11–31.

J. A. Brundage, *Medieval Canon Law and the Crusader* (Madison, Wisconsin und London 1969).

M. G. Bull, *Knightly Piety and the Lay Response to the First Crusade: The Limousin and Gascony, c.970–c.1130* (Oxford 1993).

P. J. Cole, *The Preaching of the Crusades to the Holy Land, 1095–1270* (Cambridge, Massachusetts 1991).

E. Delaruelle, *L'Idée de croisade au moyen âge* (Turin 1980).

C. Erdmann, *The Origin of the Idea of Crusade*, engl. Üb. M. W. Baldwin und W. Goffart (Princeton, New York. 1977).

J. Gilchrist, »*The Erdmann Thesis and the Canon Law, 1083–1141*«, in P. W. Edbury (Hg.), *Crusade and Settlement* (Cardiff 1985), S. 37–45.

E.-D. Hehl, *Kirche und Krieg im 12. Jahrhundert: Studien zu kanonischem Recht und politischer Wirklichkeit* (Stuttgart 1980).

N. J. Housley, *The Later Crusades, 1274–1580: From Lyons to Alcazar* (Oxford 1992).

B. Z. Kedar, *Crusade and Mission: European Approaches toward the Muslim* (Princeton, New York 1984).

J. Riley-Smith, *The First Crusade and the Idea of Crusading* (London und Philadelphia 1986).

Ders., *What were the Crusades?*, 2. Auflage (London 1992).

F. H. Russell, *The Just War in the Middle Ages* (Cambridge 1975).

E. Siberry, *Criticism of Crusading, 1095–1274* (Oxford 1985).

DIE KREUZZUGSBEWEGUNG 1095–1274

R. Chazan, *European Jewry and the First Crusade* (Berkeley, Los Angeles und London 1987).
C. R. Cheney, *Pope Innocent III and England* (Stuttgart 1976).
E. Christiansen, *The Northern Crusades: The Baltic and the Catholic Frontier 1100–1525* (London 1980).
P. J. Cole, *The Preaching of the Crusades to the Holy Land, 1095–1270* (Cambridge, Massachusetts 1991).
G. Constable, »The Second Crusade as seen by Contemporaries«, Traditio 9 (1953), S. 213–279.
Ders., »Medieval Charters as a Source for the History of the Crusades«, in P. W. Edbury (Hg.), *Crusade and Settlement* (Cardiff 1985), S. 73–89.
Ders., »The Financing of the Crusades in the Twelfth Century«, in B. Z. Kedar, H. E. Mayer und R. C. Snail (Hg.), *Outremer: Studies in the History of the Crusading Kingdom of Jerusalem presented to Joshua Prawer* (Jerusalem 1982), S. 64–88.
H. E. J. Cowdrey, »Pope Urban II's Preaching of the First Crusade«, History 55 (1970), S. 177–188.
G. Dickson, »The Advent of the Pastores (1251)«, Revue Belge de Philologie et d'Histoire 66 (1988), S. 249–267.
V. Epp, *Fulcher von Chartres: Studien zur Geschichtsschreibung des Ersten Kreuzzugs* (Düsseldorf 1990).
R. A. Fletcher, »Reconquest and Crusade in Spain c.1050–1150«, Transactions of the Royal Historical Society 5. Reihe, 37 (1987), S. 31–47.
J. France, *Victory in the East: A Military History of the First Crusade* (Cambridge 1994).
M. Gervers (Hg.), *The Second Crusade and the Cistercians* (New York 1992).
J. B. Gillingham, *Richard the Lionheart*, 2. Auflage (London 1989).
J. Goñi Gaztambide, *Historia de la Bula de la cruzada en España* (Vitoria 1958).
N. J. Housley, *The Italian Crusades: The Papal-Angevin Alliance and the Crusades against Christian Lay Powers, 1254–1343* (Oxford 1982).
P. Jackson, »The Crusades of 1239–41 and their Aftermath«, Bulletin of the School of Oriental and African Studies 50 (1987), S. 32–60.
Ders., »The Crusade against the Mongols (1241)«, Journal of Ecclesiastical History 42 (1991), S. 1–18.
W. C. Jordan, *Louis IX and the Challenge of the Crusade: A Study in Rulership* (Princeton, New York 1979).
S. D. Lloyd, *English Society and the Crusade, 1216–1307* (Oxford 1988).
D. W. Lomax, *The Reconquest of Spain* (London und New York 1978).
J. M. Powell, *Anatomy of a Crusade, 1213–1221* (Philadelphia 1986).
D. E. Queller, *The Fourth Crusade: The Conquest of Constantinople 1201–1204* (Philadelphia 1977).
J. Richard, *Saint Louis: Crusader King of France*, engl. Üb. von J. Birrell (Cambridge 1992).
Riley-Smith, *The First Crusade and the Idea of Crusading* (London und Philadelphia 1986).
R. Rogers, *Latin Siege Warfare in the Twelfth Century* (Oxford 1992).
M. Roquebert, *L'Épopée Cathare*, 3 Bände (Toulouse 1970–1986).
H. Roscher, *Papst Innozenz III. und die Kreuzzüge* (Göttingen 1969).
C. J. Tyerman, *England and the Crusades, 1095–1588* (Chicago und London 1988).

DIE KREUZZUGSBEWEGUNG 1274–1700

A. S. Atiya, *The Crusade of Nicopolis* (London 1934).
E. Christiansen, *The Northern Crusades: The Baltic and the Catholic Frontier 1100–1525* (London 1980).
J. Goñi Gaztambide, *Historia de la Bula de la cruzada en España* (Vitoria 1958).
F. G. Heymann, *John Ziska and the Hussite Revolution* (Princeton, New York 1955).
N. J. Housley, *The Avignon Papacy and the Crusades, 1305–1378* (Oxford 1986).
Ders., *The Italian Crusades: The Papal-Angevin Alliance and the Crusades against Christian Lay Powers, 1254–1343* (Oxford 1982).

Ders., *The Later Crusades, 1274–1580: From Lyons to Alcazar* (Oxford 1992).

M. Keen, »Chaucer's Knight, the English Aristocracy and the Crusade«, in V. J. Scattergood und J. Sherborne (Hg.), *English Court Culture in the Later Middle Ages* (London 1983), S. 45–61.

D. W. Lomax, *The Reconquest of Spain* (London und New York 1978).

W. E. Lunt, *Financial Relations of the Papacy with England*, 2 Bände (Cambridge, Massachusetts 1939–1962).

W. Paravicini, *Die Preußenreisen des europäischen Adels*, bisher 3 Bände (Sigmaringen 1989 ff.).

S. Schein, *Fideles Crucis: The Papacy, the West, and the Recovery of the Holy Land, 1274–1314* (Oxford 1991).

R. C. Schwoebel, *The Shadow of the Crescent: The Renaissance Image of the Turk (1453–1517)* (Nieuwkoop 1967).

K. M. Setton, *The Papacy and the Levant (1204–1571)*, 4 Bände (Philadelphia, 1976–1984).

Ders., *Venice, Austria, and the Turks in the Seventeenth Century* (Philadelphia 1991).

C. J. Tyerman, *England and the Crusades, 1095–1588* (Chicago und London 1988).

KREUZZUGSLIEDER, KREUZZUGSDICHTUNG

E. Asensio, »¡Ay Iherusalem! Planto narrativo del siglo XIII«, Nueva Revista de Filologìa Hispánica 14 (1960), S. 274–270.

J. Bastin und E. Faral (Hg.), *Onze poèmes de Rutebeuf concernant la croisade* (Paris 1946).

J. Bédier und P. Aubry (Hg.), *Chansons de croisade* (Paris 1909).

M. Böhmer, *Untersuchungen zur mittelhochdeutschen Kreuzzugslyrik* (Rom 1968).

N. Daniel, *Heroes and Saracens: an Interpretation of the Chansons de geste* (Edinburgh 1984).

P. Hölzle, *Die Kreuzzüge in der okzitanischen und deutschen Lyrik des 12. Jahrhunderts: das Gattungsproblem »Kreuzlied« im historischen Kontext*, 2 Bände (Göppingen 1980).

H. W. Klein, *La Chanson de Roland* (München 1963) (= Klassische Texte des romanischen Mittelalters in zweisprachigen Ausgaben).

K. Lachmann, *Des Minnesangs Frühling*, 36. n. Auflage, hg. v. H. Moser u. H. Tervooren (Stuttgart 1977).

K. Lewent, *Das altprovenzalische Kreuzlied* (Erlangen 1905; Nachdruck Genf 1976).

U. Mölk, *Romanische Frauenlieder* (München 1989).

M. del C. Pescador del Hoyo, »Tres nuevos poemas medievales«, Nueva Revista de Filología Hispánica 14 (1960), S. 242–247.

M. Richey, *Medieval German Lyrics* (Edinburgh und London 1958).

D. Rieger, *Mittelalterliche Lyrik Frankreichs*, 2 Bände (Stuttgart 1980–1983).

M. de Riquier, *Los Trovadores: Historia literaria y Textos*, 3 Bände (London und Boston 1981).

S. N. Rosenberg und H. Tischler, *Chanter m'estuet: Songs of the Trouvères* (London und Boston 1981).

O. Sayce, *The Medieval German Lyric 1150–1170: The Development of Themes and Forms in their European Context* (Oxford 1982).

S. Schöber, *Die altfranzösische Kreuzzugslyrik des 12. Jahrhunderts* (Wien 1976).

E. Siberry, *Criticism of Crusading, 1095–1274* (Oxford 1985).

D. A. Trotter, *Medieval French Literature and the Crusades (1100–1300)* (Genf 1988).

M. Wehrli, *Deutsche Lyrik des Mittelalters* (Zürich 1962).

F.-W. Wentzlaff-Eggebert, *Kreuzzugsdichtung des Mittelalters: Studien zu ihrer geschichtlichen und dichterischen Wirklichkeit* (Berlin 1960).

DER ISLAM UND DIE KREUZZÜGE

C. Cahen, *Pre-Ottoman Turkey* (London 1968).

M. A. Cook (Hg.), *A History of the Ottoman Empire to 1730* (Cambridge 1976).

N. A. Daniel, *Islam and the West: The Making of an Image* (Edinburgh 1960).

Ders., *The Arabs and Medieval Europe*, 2. Auflage (London 1979).

R. Elgood, *Islamic Arms and Armour* (London 1979).

N. Elisséeff, *Nur ad-Din: Un grand prince musulman de Syrie au temps des croisades*, 3 Bände (Damaskus 1967).

R. Fletcher, *Moorish Spain* (London 1992).

F. Gabrieli, *Arab Historians of the Crusades* (London 1969).

H. A. R. Gibb, *Studies on the Civilization of Islam*, hg. v. S. J. Shaw und W. R. Polk (London 1962).

P. M. Holt, *The Age of the Crusades: The Near East from the Eleventh Century to 1517* (London und New York 1986).

R. S. Humphreys, *From Saladin to the Mongols: The Ayyubids of Damascus 1193–1260* (Albany 1977).

C. Imber, *The Ottoman Empire, 1300–1481* (Istanbul 1990).

H. Inalcik, *The Ottoman Empire: The Classical Age 1300–1600* (London 1973).

R. Irwin, *The Middle East in the Middle Ages: The early Mamluk Sultanate 1250–1382* (London und Sydney 1986).

S. K. Jayussi (Hg.), *The Legacy of Muslim Spain* (Leiden 1992).

M. A. Köhler, *Allianzen und Verträge zwischen fränkischen und islamischen Herrschern im Vorderen Orient: Eine Studie über das zwischenstaatliche Zusammenleben vom 12. bis 13. Jahrhundert* (Berlin und New York 1991).

B. Lewis, *The Muslim Discovery of Europe* (London 1982).

M. C. Lyons und D. E. P. Jackson, *Saladin: The Politics of Holy War* (Cambridge 1982).

J. S. Meisami (Hg. u. Üb.), *The Sea of Precious Virtues (Bahr al-Fava'id) A Medieval Islamic Mirror for Princes* (Salt Lake City 1991).

T. Nagel, *Timur der Eroberer und die islamische Welt des späten Mittelalters* (München 1922).

J. M. Powell (Hg.), *Muslims under Latin Rule, 1100–1300* (Princeton, New York 1991).

E. Sivan, *L'Islam et la Croisade: Idéologie et Propagande dans les Réactions Musulmanes aux Croisades* (Paris 1968).

P. Thorau, *The Lion of Egypt: Sultan Baybars I and the Near East in the Thirteenth Century*, üb. v. P. M. Holt (London und New York 1987).

Usamah ibn Munqidh, *Memoirs of an Arab Syrian Gentleman*, üb. v. P. K. Hitti (New York 1929).

DER LATEINISCHE ORIENT

B. Arbel, B. Hamilton und D. Jacoby (Hg.), *Latins and Greeks in the Eastern Mediterrenean after 1204* (London 1989).

E. Ashtour, *Levant Trade in the Later Middle Ages* (Princeton, New York 1983).

M. Balard, *La Romanie génoise (XIIe – début du XVe siècle)* (Genua 1978).

T. S. R. Boase (Hg.), *The Cilician Kingdom of Armenia* (Edinburgh und London 1978).

A. Bon, *La Morée franque: recherches historiques, topographiques et archéologiques sur la principauté d'Achaïe (1205–1430)* (Paris 1969).

D. S. Chambers, *The Imperial Age of Venice* (London 1970).

N. Cheetham, *Medieval Greece* (New Haven, Conneticut und London 1981).

P. W. Edbury, *The Kingdom of Cyprus and the Crusades, 1191–1374* (Cambridge 1991).

Ders., J. G. Rowe, *William of Tyre: Historian of the Latin East* (Cambridge 1988).

M.-L. Favreau-Lilie, *Die Italiener im Heiligen Land vom ersten Kreuzzug bis zum Tode Heinrichs von Champagne (1098–1197)* (Amsterdam 1989).

B. Hamilton, »Women in the Crusader States: The Queens of Jerusalem (1100–1190)«, in D. Baker (Hg.), *Medieval Women* (Oxford 1978), S. 143–173.

Ders., *The Latin Church in the Crusader States: The Secular Church* (London 1980).

G. Hill, *A History of Cyprus*, 4 Bände (Cambridge 1940–1952).

N. J. Housley, *The Later Crusades, 1274–1580: From Lyons to Alcazar* (Oxford 1992).

D. und I. Hunt (Hg.), *Caterina Cornaro, Queen of Cyprus* (London 1989).

D. Jacoby, *La Féodalité en Grèce médiévale. Les »Assises de Romanie«: sources, application et diffusion* (Paris 1971).

Ders., *Studies on the Crusader States and on Venetian Expansion* (London 1989).

B. Z. Kedar, »Gerard of Nazareth: A Neglected Twelfth-Century Writer in the Latin East«, Dumbarton Oaks Papers 37 (1983), S. 55–77.

Ders. (Hg.), *The Horns of Hattin* (Jerusalem 1992).

F. C. Lane, *Venice: a Maritime Republic* (Baltimore und London 1973).

R.-J. Lilie, *Byzanz und die Kreuzfahrerstaaten* (1991).

C. Marshall, *Warfare in the Latin East, 1192–1291* (Cambridge 1992).

H. E. Mayer, »*Studies in the History of Queen Melisende of Jerusalem*«, Dumbarton Oaks Papers 26 (1972), S. 93–182.

Ders., *Bistümer, Klöster und Stifte im Königreich Jerusalem* (Stuttgart 1977).

Ders., *Probleme des lateinischen Königreichs Jerusalem* (London 1983).

Ders., »*The Wheel of Fortune: Seignorial Vicissitudes under Kings Fulk and Baldwin III of Jerusalem*«, Speculum 65 (1990), S. 860–877.

D. M. Metcalf, *Coinage of the Crusades and the Latin East in the Ashmolean Museum Oxford* (London 1983).

D. M. Nicol, *Byzantium and Venice: A Study in Diplomatic and Cultural Relations* (Cambridge 1988).

J. Prawer, *The Latin Kingdon of Jerusalem: European Colonialism in the Middle Ages* (London 1972).

Ders., *Histoire du royaume latin de Jérusalem*, 2 Bände, 2. Aufl. (Paris 1975).

Ders., *Crusader Institutions* (Oxford 1980).

Ders., *The History of the Jews in the Latin Kingdom of Jerusalem* (Oxford 1988).

J. Richard, *Orient et Occident au moyen âge: contacts et relations (XIIe–XVe siècle)* (London 1976).

Ders., *Les relations entre l'Orient et l'Occident au moyen âge* (London 1977).

Ders., *The Latin Kingdom of Jerusalem*, üb. v. J. Shirley, 2 Bände (Amsterdam, New York und Oxford 1979).

J. Riley-Smith, *The Feudal Nobility and the Kingdom of Jerusalem, 1174–1277* (London 1973).

G. V. Scammell, *The World Encompassed: The First European Maritime Empires, c.800–1650* (London und New York 1981).

K. M. Setton, *The Papacy and the Levant (1204–1571)*, 4 Bände (Philadelphia, 1976–1984).

Ders., *Venice, Austria, and the Turks in the Seventeenth Century* (Philadelphia 1991).

R. C. Smail, *Crusading Warfare (1097–1193)*, 2. Aufl. m. e. Einl. v. C. Marshall (Cambridge 1995).

F. Thiriet, *La Romanie vénitienne au moyen âge* (Paris 1959).

S. Tibble, *Monarchy and Lordships in the Latin Kingdom of Jerusalem 1099–1291* (Oxford 1989).

ARCHITEKTUR UND KUNST DES LATEINISCHEN ORIENTS

B. Bagatti, *Gli antichi edifici sacri di Betlemme* (Jerusalem 1952).

M. Benvenisti, *The Crusaders in the Holy Land* (Jerusalem 1970).

T. S. R. Boase, *Castles and Churches of the Crusading Kingdom* (Oxford 1967).

H. Buchthal, *Miniature Painting in the Latin Kingdom of Jerusalem* (Oxford 1957).

H. Buschhausen, *Die süditalienische Bauplastik im Königreich Jerusalem von König Wilhelm II. bis Kaiser Friedrich II.* (Wien 1978).

P. Deschamps, *Les Châteaux des croisés en Terre Sainte*, 3 Bände (1. *Le Crac des Chevaliers*. 2. *La Défense du royaume de Jérusalem*. 3. *La Défense du comté de Tripoli et de la principauté d'Antioch*) und 3 Tafelbände (Paris 1934–1973).

Ders., *Romanik im Heiligen Land* (Würzburg 1992).

R. W. Edwards, »*Ecclesiastical Architecture in the Fortification of Armenian Cilicia*«, Dumbarton Oaks Papers 36 (1982), S. 155–176; 37 (1983), S. 123–146 (41 bzw. 91 Abb.).

Ders., *The Fortifications of Armenian Cilicia* (Washington, D. C. 1987).

C. Enlart, *Les monuments des croisés dans le royaume de Jérusalem: architecture religieuse et civile*, 2 Bde. u. 2 Tafelbde. (Paris 1925–1928).

Ders., *Gothic Art and the Renaissance in Cyprus*, übers. u. hg. v. D. Hunt (London 1987).

J. Folda, *Crusader Manuscript Illumination at Saint-Jean-d'Acre, 1275–1291* (Princeton, New York 1976).

Ders., *Crusader Art in the Twelfth Century* (Oxford 1982).

Ders., *The Nazareth Capitals and the Crusader Shrine of the Annunciation* (University Park, Pennsylvania 1986).

A. Gabriel, *La Cité de Rhodes MCCCX–MDXII*, 2 Bde. (Paris 1921–1923).
H. W. Hazard (Hg.), *The Art and Architecture of the Crusader States*, Bd. 4 in K. M. Setton (Hg.), *A History of the Crusades*, (Madison, Wisconsin 1977).
Z. Jacoby, »*The Workshop of the Temple Area in Jerusalem in the Twelfth Century: Its Origin, Evolution and Impact*«, Zeitschrift für Kunstgeschichte 45 (1982), S. 325–394.
N. Keenan-Kedar, »*The Cathedral of Sebaste: Its Western Donors and Models*«, in B. Z. Kedar (Hg.), *The Horns of Hattin* (Jerusalem 1992).
G. Kühnel, *Wall Paintings in the Latin Kingdom of Jerusalem, 1100 to 1291* (Berlin 1988).
T. E. Lawrence, *Crusader Castles*, hg. v. R. D. Pringle (Oxford 1988).
H. E. Mayer, *Das Siegelwesen in den Kreuzfahrerstaaten* (München 1978).
D. M. Metcalf, *Coinage of the Crusades and the Latin East in the Ashmolean Museum Oxford* (London 1983).
W. Müller-Wiener, *Castles of the Crusaders* (London 1976).
R. D. Pringle, *The Red Tower* (London 1986).
Ders., *The Churches of the Crusader Kingdom of Jerusalem. A Corpus*, 3 Bde. (Cambridge 1992 ff.).
K. Weitzmann, »*Icon Painting in the Latin Kingdom*«, Dumbarton Oaks Papers 20 (1966), S. 49–84 (68 Abb.).

DIE RITTERORDEN BIS 1798

U. Arnold (Hg.), *800 Jahre Deutscher Orden* (München 1990).
M. Barber, *The Trial of the Templars* (Cambridge 1978).
Ders., *The New Knighthood: A History of the Order of the Temple* (Cambridge 1994).
Ders. (Hg.), *The Military Orders: Fighting for the Faith and Caring for the Sick* (London 1995).
H. Boockmann, *Der Deutsche Orden: zwölf Kapitel aus seiner Geschichte* (München 1989).
M. Burleigh, *Prussian Society and the German Order: An Aristocratic Corporation in Crisis, c.1410–1466* (Cambridge 1984).
R. Cavaliero, *The Last of the Crusaders: The Knights of St John and Malta in the Eighteenth Century* (London 1960).
E. Christiansen, *The Northern Crusades: The Baltic and the Catholic Frontier 1100–1525* (London 1980).
A. Demurger, *Die Templer. Aufstieg und Untergang* (München 1997).
A. J. Forey, *The Templars in the Corona de Aragón* (London 1973).
Ders., *The Military Orders from the Twelfth to the Early Fourteenth Centuries* (London 1992).
Ders., *Military Orders and Crusaders* (Aldershot 1994).
E. Gallego Blanco (Üb.), *The Rule of the Spanish Military Order of St James, 1170–1493* (Leiden 1971).
M. Gervers, *The Hospitaller Cartulary in the British Library* (Cotton Ms Nero E VI) (Toronto 1981).
G. Guarnieri, *I Cavalieri di Santo Stefano nella Storia della Marina Italiana, 1562–1859*, 3. Auflage (Pisa 1960).
R. Hierstand, »*Kardinalbischof Matthäus von Albano, das Konzil von Troyes und die Entstehung des Templerordens*«, Zeitschrift für Kirchengeschichte 99 (1988), S. 295–325.
A. Hoppen, *The Fortification of Malta by the Order of St John, 1530–1798* (Edinburgh 1979).
N. J. Housley, *The Avignon Papacy and the Crusades, 1305–1378* (Oxford 1986).
Ders., *The Later Crusades, 1274–1580: From Lyons to Alcazar* (Oxford 1992).
E. J. King (Üb.), *The Rule, Statutes and Customs of the Hospitallers, 1099–1310* (London 1934).
E. Kollias, *The City of Rhoes and the Palace of the Master* (Athen 1988).
A.-M. Legras, *L'Enquête dans le Prieuré de France*, Einl. v. A. T. Luttrell (*L'Enquête pontificale de 1373 sur l'Ordre des Hospitaliers de Saint-Jean de Jérusalem*, 1, Paris 1987).
D. W. Lomax, *La orden de Santiago (1170–1275)* (Madrid 1965).
A. T. Luttrell, *The Hospitallers in Cyprus, Rhodes, Greece and the West (1290–1440)* (London 1978).
Ders., *Latin Greece, the Hospitallers and the Crusades, 1291–1440* (London 1982).

Ders., *The Hospitallers of Rhodes and their Mediterranean World* (London 1992).

V. Mallia Milanes (Hg.), *Hospitaller Malta 1530–1798: Studies in Early Modern Malta and the Order of St John of Jerusalem* (Malta 1993).

H. Nicholson, *Templars, Hospitallers and Teutonic Knights: Images of the Military Orders, 1128–1291* (Leicester 1993).

J. F. O'Callaghan, *The Spanish Military Order of Calatrava and its Affiliates* (London 1975).

Las Ordenes Militares en el Mediterráneo Occidental (s. XII–XVIII) (Madrid 1989).

Las Ordenes Militares en la Peninsula durante la Edad Media: Actas del Congreso internacional hispano-portugués (Madrid und Barcelona 1981).

Les Ordres militaires, la vie rurale et le peuplement en Europe occidentale (XIIe–XVIIIe siècles) (Flaran 6, Auch 1984).

P. Partner, *The Murdered Magicians: The Templars and their Myth* (Oxford 1982).

J. Riley-Smith, *The Knights of St John in Jerusalem and Cyprus c.1050–1310* (London 1967).

D. Seward, *The Monks of War: The Military Religious Orders* (London 1972).

A. Spagnoletti, *Stato, Aristocrazie e Ordine di Malta nell'Italia Moderna* (Rom 1988).

J. M. Upton-Ward (Üb.), *The Rule of the Templars* (Woodbridge 1992).

L. Wright, »*The Military Orders in Sixteenth- and Seventeenth-Century Spanish Society*«, Past and Present 43 (1969), S. 34–70.

19. UND 20. JAHRHUNDERT

D. D. Eisenhower, *Crusade in Europe* (London 1948).

M. Girouard, *The Return to Camelot: Chivalry and the English Gentleman* (New Haven, Connecticut und London 1981).

A. Marrin, *The Last Crusade: The Church of England in the First World War* (Durham, North Carolina 1974).

M. de Pierredon, *Histoire politique de l'ordre souverain de Saint-Jean de Jérusalem (Ordre de Malta)*, 2. Aufl., bisher 3 Bde. (Paris 1956ff.).

J. Riley-Smith, »*The Order of St John in England, 1827–1858*«, in M. Barber (Hg.), *Fighting for the Faith and Caring for the Sick* (London 1995).

N. Shepherd, *The Zealous Intruders: The Western Discovery of Palestine* (London 1987).

E. Siberry, »*Tales of the Opera: The Crusades*«, Medieval History (im Erscheinen begriffen).

Ders., »*Through the Artists' Eyes: The Crusades*, Medieval History (im Erscheinen begriffen).

Ders., »*Victorian Perceptions of the Military Orders*«, in M. Barber (Hg.), *Fighting for the Faith and Caring for the Sick* (London 1995).

M. A. Stevens (Hg.), *The Orientalists: Delacroix to Matisse – European Painters in North Africa and the Near East* (London 1984).

J. Sweetman, *The Oriental Obsession: Islamic Inspiration in British and American Art and Architecture, 1500–1920* (Cambridge 1988).

H. Thomas, *The Spanish Civil War*, 3. Aufl. (London 1990).

A. Wilkinson, *The Church of England and the First World War* (London 1978).

J. Wolffe, *The Protestant Crusade in Great Britain 1829–1860* (Oxford 1991).

BILDNACHWEISE

Verlag und Herausgeber danken den Institutionen und Personen, die die Erlaubnis zum Abdruck der Illustrationen auf folgenden Seiten erteilten:

11, 21, 38 (oben und unten), 39, 64, 66, 67, 80, 95, 120 (rechts), 124, 221, 223, 266, 277, 281, 301 (unten), 314, 318, 325, 340, 347, 358, 374, 386: British Library [Add Ms 42130 fo. 82; J. G. Schlegel, Vienna Gloriosa, 1703, 569 h 23; IA 8007; Ms Nero CIV fo. 34; Ms Nero CIV fo. 38; Ms Nero CIV fo. 31; Ms 812435 fo. 85; Ms Roy 2A XII fo. 220; Add Ms 42130 fo. 82; Add Ms 19829; P. H. Michel, Fresques de Tavant, 1944; Ms Roy 14C Vii fo. 9; Ms Arundel 83 fo. 55 verso; 10075 i 5; K. H. Clasen, »Die mittelalterliche Kunst im Gebiete des Deutschordensstaates Preußens« Stürz Weidlich Kraft; Or Ms 1938; Add Ms 18803; Ms 27695 fo. 13; Ms Roy 20B VI fo. 2; Ms Harley 4379 fo. 60 verso; Ms Harley 4380 fo. 118; AC 801/ 9 Tafel IV; K top 114; 47725; Maps C22 a 3; 1780 c 4 tome 2; G 4740(2) fo. ii]; **13:** Bibliothéque de l'Insti»ut de France, Fotos von Jean-Louis Charmet; **16:** Robert Polidori; **23, 87, 98, 381 (oben), 435 (links):** Conway Library, Courtauld Institute of Art; **27, 35, 50 (oben), 120 (links), 143, 158, 249, 286, 301 (oben), 353, 388:** © photos Bibliothéque Nationale de France [Ms Lat 6 fo. 145 verso; Ms lat 5301 fo. 221; Ms fr 9084 fo. 53; Ms fr 12472 fo. 102; Ms fr 2628 fo. 300 verso; Ms lat 8504 fo. 1; Ms espagnol 30 fo. 4–5; Ms lat 7270 fo. 117; Ms lat 4825 fo. 37; Ms lat 6067 fo. 80 verso]; **31:** Abtei Notre-Dame-de-la-Régle, Limoges. Phototéque du Musée. Foto M. Marcheix; **34:** Photo Zodiaque; **36, 78:** Roger-Viollet; **41:** BMIU Clermont-Ferrand [Ms 145]; **42:** Poitiers, Bibliothéque Municipale; **43:** IBM France; **44:** © Jean Dieuzaide; **47:** Den Haag, Koninklijke Bibliotheek [Ms 76 F5 fo. 1 recto]; **50 (unten), 75, 216, 226:** Master and Fellows of Corpus Christi College, Cambridge [CCC Ms 26 S. 279; Ms 16 fo. 55 verso; Ms 26 fo. iii verso; Ms 170 verso]; **53, 165, 312:** Biblioteca Apostolica Vaticana [Ms Vat Lat 2001 fo. 1 recto; Reg Lat 737 fo. 383 verso; Chigi LVIII 296 186 verso]; **52:** Bibliothéque Municipale Ch,teauroux, Foto: Equinoxe; **54, 57, 132, 217, 222, 238 (unten), 283, 327, 377:** Mas; **58:** Walters Art Gallery, Baltimore; **61, 113, 123, 141:** Bodleian Library, Oxford [Ms Laud Misc 587 fo. 1; Ms Bodl 264 fo. 2 verso; Ms Bodl 264 fo. 180 verso; Ms Tanner 190 fo. 297]; **74, 234:** © RCHME Crown Copyright; **84:** Bibliothéque Municipale de BesanÁon; **88:** The Pierpont Morgan Library, New York [M 736 fo. 7 verso]; **92 (links):** Landesdenkmalamt Baden-Württemberg; **92 (rechts):** Osvaldo Böhm, Venedig; **93, 304, 306, 310 (links), 319:** Archivi Alinari; **94, 139:** Werner Braun; **97 (oben):** Lauros-Giraudon; **97 (unten), 131:** Bürgerbibliothek, Bern [Cod 120 II fo. 107 recto; Cod 120 II fo. 129 recto]; **101, 333:** © Photo RMN/ Musée du Louvre; **104:** James Austin; **106, 186:** The Ancient Art and Architecture Collection, London; **108:** © Walter Scott (Bradford) Ltd; **111:** Musée Paul Arbaud, Aix-en-Provence; **114:** Conservation du patrimoine mobilier du Morbihan; **116, 117:** © DACS 1995, CNMHS/ J. Feuillie; **127:** Giraudon/ Bibliothéque des Beaux-Arts, Paris; **136:** Sonia Halliday Photographs/ Jane Taylor; **137, 200:** Österreichische Nationalbibliothek [NB 24376; NB 863]; **147, 149, 153, 155, 163, 189, 191 (rechts), 193, 207, 243, 341, 343 (oben), 351:** A. F. Kersting; **150, 194, 195, 199, 202, 210:** Dr. Denys Pringle; **154, 342:** Ashmolean Museum, Oxford; **156:** Dr. Peter Lock; **164, 345 (oben):** Sonia Halliday und Laura Lushington; **169:** Israel Antiquities Authority; **170:** Ecole Biblique, Jerusalem; **172:** J. Catling Allen Photographic Library; **176:** Garo Nalbandian by courtesy of the University of North Carolina Photo Archive; **178 (links):** R. T. Latimer; **178 (rechts):** C. L. Striker; **179:** Ffotograff © James Nash; **182:** Biblioteca Riccardiana, Florenz, Foto D. Pineider [Ricc 323 c 14 verso]; **184:** The Menil Collection, Houston, Foto A. C. Cooper; **185, 281:** Biblioteca Medicea Laurenziana, Florenz, Fotos A. Scardigli [Ms Plu LXI 10; Rientali 387 c 36 verso]; **191 (links):** C. Enlart, Les monuments des croises en terre sainte, Paris 1925–28; **197:** Dr. Peter

Leach und the British School of Archaeology, Jerusalem; **203:** nach C. N. Johns, Guide to 'Atlit, Jerusalem 1947; **205:** Dr. Richard Cleave; **206:** Gertrude Bell Archive, University of Newcastle upon Tyne; **212:** Luftbild der zypriotischen Messbildstelle aus G. Perbellini, »Le fortificazioni di Cipro« Castellum 17, 1974; **215:** Nathan Meron, Jerusalem; **227:** Hirmer Fotoarchiv; **232:** Pitkin Pictorials Ltd; **238 (oben), 385:** Bildarchiv Foto Marburg [13.951; 152.496]; **240:** Herder Institut, Marburg/Lahn; **248:** Fot. Raimon (Móra d'Ebre); **253, 255, 293:** Museum »es Topkapi-Palastes, Istanbul; **258:** Ross Burns; **276:** Staatliche Museen Preußischer Kulturbesitz, Museum für Islamische Kunst; **287, 294:** The Metropolitan Museum of Art [Bashford Dean Memorial Collection, Bequest of Bashford Dean, 1929, 29.150.143; Harris Brisbane Dick Fund 1928, 28.85.7ab]; **295:** Sonia Halliday Photographs; **297, 436:** Musée de Versailles, © Photo RMN; **302:** »Die Ankunft des venezianischen Gesandten in Kairo.« nach Bellini, © DACS 1994/CNMHS; **310 (rechts):** Civico Museo d'Arte Antica, Castello Sforzesco, Mailans, Foto Saporetti; 316: Society of Antiquaries of London; **322:** © Photo RMN; **328:** Archivo Diocesano, Burgos; **330:** Museo Correr, Venedig, Foto Osvaldo Böhm; **332:** Edimedia, Paris; **335:** National Maritime Museum, London [BHC 0261]; **336:** The Trustees of the Ulster Museum; **343 (unten):** Antalya Museum; **345 (unten):** Direktor und Universitätsbibliothekar, John Rylands University Library of Manchester; **346:** Index; **349:** Paul Hetherington; **360:** Peter Clayton; **361:** Robert Harding Picture Library, Foto James Green; **369:** ASVe Misc. Mappe 1405 A/B/C/D, aus G. Perbellini, »Il castello della quaranta colonne in Paphos« Castellum 25/6, 1986; **370:** Ffotograff © Charles Aithie; **375:** Museo del Prado, Madrid; **381 (unten):** Muzeum Zamkowe w Malborku, Marienburg, Foto Lech Okónski; **382:** © Gotlands Fornsal, Foto Raymond Hejdström; **383:** Niels von Holst, Der deutsche Ritterorden und seine Burgen, Berlin: Gebr. Mann 1981; **393:** Dr. Michel Miguet; **400:** National Museum of Fine Arts, Valetta (Fresko aus dem Tagungssaal des Großen Rats); **403:** Scala, Florenz; **407:** Gemälde aus dem Besitz des Seefahrtsmuseums, Malta, fotographiert mit freundlicher Genehmigung des Kurators, Foto Marquis Cassar de Sain; **408:** Metropolitan Chapter of Malta (Gemälde aus der Sakristei der Johanneskirche in La Valetta); **410:** Archives Générales du Royaume, Brüssel; **416:** Heeresgeschichtliches Museum, Wien; **421:** The Trustees of the Imperial War Museum, London; **427:** Index/ Fototeca Galleria Nazionale d'Arte Moderna, Rom; **428:** The Trustees of the Wallace Collection, London; **429:** Städelsches Kunstinstitut, Frankfurt am Main, Foto © Ursula Edelmann; **430:** Dinmore Manor Estate Ltd, Foto Peter Mitchell; **434:** aus den Sammlungen des Theatermuseums, by courtesy of the Trustees of the Victoria and Albert Museum; **435 (rechts):** Swissair; **438:** Museo Teatrale alla Scala; **439:** Mansell Collection; **440 (links):** Dr. Elizabeth Siberry; **440 (rechts):** National Museum of Wales, Cardiff; **443 (oben):** Karim Daher/ Gamma/ Frank Spooner Pictures; **444 (unten):** Andes Press Agency; **445:** St John Ambulance, London; **446 (links):** Philip Way; **446 (rechts):** Zentralarchiv des Deutschen Ordens, Wien; **447:** Ridderlijke Duitsche Orde, Balije van Utrecht, Foto S. J. Ramakers.

In einigen wenigen Fällen ist es uns nicht gelungen, die Rechteinhaber ausfindig zu machen. Falls der Verlag von den Betreffenden Kenntnis erhält, wird die Nennung der Rechteinhaber in künftigen Auflagen berücksichtigt.

Bildbeschaffung: Sandra Assersohn.

REGISTER

Abbasiden 199, 253, 262, 267, 277 f.
Abd al-Latif al-Baghdadi 270
Abd al-Mumin 282
Ablass 17, 61, 86, 99, 100 f., 321, 323 f., 328, 332 f., 337, 345, 347
Ablösung des Kreuzzugsgelübdes 63 f., 73, 81, 83
Abu Ghosch, Auferstehungskirche 150, 175, 198
Abu Said, Ilchan 285
Abu Sulaiman Daud 272
Abu Tamman, *Kitab al-Hamasa* 271
Abud, Marienkirche 190
Acciaiuoli, Antonio 355, 362
Acciaiuoli, Nerio 352 f., 355, 362
Acciaiuoli, Niccolo 352
Achaia, Fürstentum 134, 159, 338, 349–354, 363, 366, 371, 390
Adam, Philippe Villiers de l'Isle 401
Adana 207
Adhémar von Monteil, Bischof von Le Puy 9, 46
Al-Adil, Saif ad-Din, Sultan 274
Adramyttion (Edremit), Golf von 312
Adrianopel 289
Al-Afdal, Wesier 259
Ägypten 51, 75, 77, 79, 136, 146, 148, 159, 161, 164, 259, 267, 278, 296, 329, 344
Aidin, Beylikat 289, 389
Aigina 359
Aigues Mortes 69, 78
Aijubiden 51, 161, 164, 267 f., 271, 274–277
Ain Dschalut, Schlacht (1260) 165, 278

Ain Karim, Johanneskirche 190, 197
Airasca, Ferlino d' 389
Akkon 12, 50, 135, 140–142, 158–161, 164–166, 177, 181, 184 f., 187 f., 198–200, 216, 243, 257, 280, 303, 338 f., 365, 425
Akkon, Deutsches Hospital 216
Akkon, Hospital des hl. Lazarus 217
Alamut, Assassinenfestung 255, 277
Alarcos, Schlacht (1195) 225, 235, 283
Albanien 321, 358
Albigenserkreuzzug 12, 18, 55, 72, 81, 111, 114 f., 130, 132
Albornoz, Gil 272, 311
Albrecht von Brandenburg-Ansbach 398
Albrecht von Johansdorf 121
Albrecht von Österreich 317
Albrecht von Livland 219
Alcántaraorden 218, 241, 336, 378 f., 399 f., 415
Aleccio Matteo Pérez d' 400
Aleman, Rodrigo 327
Aleppo 137, 146, 164, 257 f., 265, 267, 273, 277
Alexander III., Papst 58, 230
Alexander VI., Papst 321
Alexandria 159, 285 f., 313 f., 344, 389
Alexis Kallergis 359
Alexios I. Komnenos, byzantinischer Kaiser 9, 48, 76, 259
Alfons II. von Aragonien 218, 224
Alfons V. von Aragonien 377
Alfons VI. von León-Kastilien 281

Alfons VIII. von Kastilien 54, 217, 283
Alfons X. von Kastilien 57, 218, 283
Alfons XI. von Kastilien 309, 312, 320, 378
Alfons von Poitiers 69 f., 80
Algeçiras 284, 30, 378
Algier 296, 415
Alhama 327
Ali ibn Tahir as-Sulami 261
Alice von Zypern 162
Alice von Jerusalem 144
Allenby, Edmund 439
Almohaden 225, 282, 284, 326
Almorawiden 282, 284, 326
Alp Arslan 278
Amadeus VI. von Savoyen 272, 289, 313
Amalrich von Franclieu 201
Amalrich, König von Jerusalem 142, 146, 148, 151, 161, 171, 173 f., 176, 189, 192, 210, 229, 272, 340
Amalrich von Nesle 172
Amalrich von Tyros 362 f.
Amorosa, Daimberto de 404
Ampringen, Johann Kaspar 414
Amselfeld, Schlacht (1389) 291, 317
Amundsen, Roald 424
Anatolien 289, 291, 341, 374
Anavarza 205-207
Al-Andalus 25, 281–284
Andalusien 222, 384
Andravidha 159
Andravidha, Dominikanerkirche 349
Andreas II. von Ungarn 180, 219
Andronikos II. Palaiologos 361

Anjou, französisches Herr-
  schergeschlecht 116, 311,
  339 f., 350–352, 354.f, 363 f.,
  371
Ankara, Schlacht (1402) 321,
  348
Antalya 342 f.
Antequera 378
Antequera, Fernando de 379
Antiochia 49, 98, 185, 198, 436
Antiochia, Fürstentum 48,
  134 f., 138, 144, 148, 150,
  162, 167 f., 178, 190–204,
  223, 257, 259
Antiochia, Kathedrale 192
Apameia 180
Apulien 380
Al-Aqsa-Moschee 189, 215
Aqua Bella, Johanniterhospital
  139, 200
Araber 25, 28
Aragonesen, Aragonien 12, 218,
  224, 227, 230, 246 f., 284, 309,
  329, 340, 350, 354 f., 363 f.,
  371, 379, 409
Archidona 378
Archonten 157
Arezzo, Kathedrale 304
Argos 353, 359
Armada (1588) 336
Armenien, kilikisches König-
  reich 135, 152, 162,
  204–208, 285, 307, 340, 343,
  356, 362 f., 389
Armenier 135, 138, 190, 204,
  209
Arnolfo di Cambio 306
Arrangel, Rabbi Moses 377
Arsenal-Bibel 178, 181, 183, 209
Arsuf 135, 199, 269
Arudsch ad-Din Barbarossa
  296
asabijja 284
Al-Aschraf Barsbai, Sultan 287
Al-Aschraf Chalil, Mamluken-
  sultan 165, 280
Al-Aschraf Schaban, Sultan 286
Askalon 135, 173, 185, 198,
  201, 259, 267

Assassinen 254, 257, 264 f.,
  277 f.
Assises de Jérusalem 13
Assise sur la ligece 142, 161
Astley, Philip 433 f.
Atabeg 256 f., 265
Athen, lateinisches Herzogtum
  338, 352, 354 f., 359 f.,
  362–364, 366, 371
Atsis, türkischer General 257
Aubusson, Pierre d' 391
audita tremendi 102
Aufklärung 412
Auger von St. Pierre de la
  Réole 91
Augsburg, Religionsfrieden
  (1555) 334
Augustinus 25
Augustiner 168, 190, 196, 210,
  397
Autun, Kathedrale 104
Autun, Konzil (1095) 10
Avignon 311, 376, 390
Avis, Orden von 218, 224,
  241, 379 f., 399
Ayas 356, 363, 371

Bacon, Roger 244
Badr ad-Din Baktut al-Ram-
  mah 279
Bagdad 164, 253, 260, 277
Baghras, Festung 162, 206, 221
Baha ad-Din ibn Schaddad
  273
Baha ad-Din Suhair 271, 275
Bahr al-Fawaid 262 f., 265,
  272
Bahris 276
Baibars, as-Sahir, Sultan 156,
  165 f., 192, 200, 278, 280
Bajesid I., Sultan 291, 319
Bajesid II., Sultan 294, 322,
  350
Balduin von Alna 229
Balduin von Ford 60
Balduin I. von Boulogne, Kö-
  nig von Jerusalem 48, 135 f.
Balduin I. von Flandern,
  lateinischer Kaiser 156

Balduin II. von Jerusalem 143,
  146, 171
Balduin III. von Jerusalem
  143 f., 146, 148, 171, 173 f.,
  192
Balduin IV. von Jerusalem 142,
  148, 150, 160, 176, 272
Balduin V. von Jerusalem 149,
  176
Balduin von Vern d'Anjou 90
Balkan 290–292, 296 f., 311 f.,
  317, 321 f., 338
Ballei Brandenburg
  (Johanniter) 446
Ballei Utrecht (Deutscher
  Orden) 447
Baltikum 12, 51, 55, 227, 244,
  246, 315, 320, 376, 382, 415
Banu Munqidh 257, 263, 270
Barkayaruq, Sultan 252, 260
Barletta 170
Barquq, Sultan 287
Basilius, Buchmaler 170
Baza 328
Bazán, Alvaro 401
Beaugency, Festung 23
Beduinen 266, 268
Beirut 135, 162, 198, 257
Beirut, Kathedrale 194
Beit Dschibrin, Festung, 198,
  201, 223
Beit Itab, Saalbau 200
Bela IV. von Ungarn 219
Belen Keslik Kalesi, Haus 206
Belgrad, Niederlage der Tür-
  ken (1456) 12, 322
Belgrad, von Türken erobert
  (1521) 296, 329
Bell, Gertrude 207
Bellapais, Kloster 153, 210, 342
Bellini, Gentile 302
Belmont, Festung 201, 204
Belmont, Zisterzienserabtei
  197
Belval, Priorei 85, 87
Belvoir, Festung 175, 188, 198,
  201, 204, 211, 224 f.
Benedikt von Nursia 33
Benedikt XII., Papst 389

Benediktiner 190, 196 f., 426
Berber, Korsaren 25, 281 f., 284, 296, 408
Bergues, Kloster 37–39
Bernhard von Clairvaux 58 f., 84 f., 100–102, 215, 333
Berthold von Sperberseck 93
Bertrand von Le Poujet 311
Bertrandon de la Brocquière 291
Bessarion, Kardinal 323
Bethanien, Lazaruskonvent 171, 175, 197
Bethlehem, Orden von 404
Bethlehem, Eliaskirche 192
Bethlehem, Geburtskirche 168 f., 173–175, 180 f., 186, 189, 192
Bevin, Odo 96
Bewaffnung 266
Al-Bira 200
Blanche Garde, Festung 201, 203
Blondel 131
Bodonitsa 351
Bodrum, Festung 348, 391 f.
Böhmen 12, 324–326, 409
Bogomilen 55
Bohemund III. von Antiochia 221
Bohemund IV. von Antiochia und Tripolis 162
Bohemund VI. von Antiochia und Tripolis 164
Bohemund von Tarent 48, 86, 148
Bongars, Jakob 426
Bonaiuti, Andrea 272
Bonifatius von Montferrat 79, 115
Bonifatius VIII., Papst 305–307
Bosnien, Kreuzzug gegen Häretiker 12, 55
Bourchier, Basil 437
Boysset, Bertran 111
Brahms, Johannes 428
Brétigny, Frieden von (1360) 311

Breydenbach, Bernhard von 168
Brooke, Rupert 438
Bruderschaften 70, 446–448
Brunet von Treuil 96
Brunus, Aimery 95
Buchan, John 424
Bulgarien 157, 291
Bull, Marcus 20
Bullen 56, 58, 60–62, 311, 328, 330, 335, 399
Buondelmonti, Christoforo 353
Burgund 323
Bursa 289
Buße 43, 95 f., 98 f., 101, 107 f.
Butler, Lionel 294
Byzantinisches Reich 10, 49, 77, 134, 148, 156, 173, 321, 338, 350, 354

Cabaret, Johann von Orville 317
Cäsarea 135, 164, 181, 188, 198 f., 204
Cäsarea, Kathedrale 193
Cäsarea (Syrien), siehe Schaizar
Calatrava, Orden von 217 f., 220, 224 f., 235, 238, 240–242, 377–379, 393, 399 f.
Calixtus II., Papst 10, 105
Calixtus III., Papst 379
Calvinismus 331, 414
Camoccio, Giovanni Francesco 346, 358
Candir, Kirche 208
Cangrande della Scala 310
Canso de la Crotzada 111
Cantigas de Santa Maria 132
Carpenel, Galdemar von Dargoire 103
Cassar, Girolamo 405
Castiglione, Sabba di 411
Cercamon 113, 121
Ceuta 330 f., 380
Chair ad-Din Barbarossa 296
Chaldiran, Schlacht (1514) 296
chanaqah 265

Chanson d'Antioche 111
chanson de femme 124 f.
Chanson de Roland 111 f., 129
chanson de geste 112
Charlotte von Zypern 210, 346
Chastelain von Couci 113
Chastel-Blanc (Burdsch Safitha) 162, 198
Château Pèlerin (Athlith) 180, 198–200, 203 f., 224
Chateaubriand, François-René 419 f., 426
Chevalier du Cygne 103
Chios 338, 356, 361 f., 365
Chirbat al-Burdsch, Saalbau 200
Choziba, orthodoxes Kloster 190, 192
Christenheit, lateinische 81 f.
Christentum und Islam 25 f., 81, 252, 261, 271 f., 280, 298, 363, 372
Christian von Preußen 219
Christusorden 379–381
Chwarizmier 128, 164, 181, 226, 264
Clare, Eleanor de 145
Clarke, Edward Daniel 419
Clemens IV., Papst 220
Clemens V., Papst 246 f., 307, 373, 375
Clemens VI., Papst 312 f.
Clemens VII., Papst 401
Clermont, Konzil (1095) 9 f., 32, 46, 56, 62, 86, 99, 167
Clermont-Ferrand, Goldene Madonna 41
Clinton, Roger de 424
Cluny, Kirche 32, 43
Coeur, Jacques 288
Cogniet, Léon 428, 430
Conon de Béthune 103, 115, 125
Constable, Gilles 19
Cor nostrum 58
Córdoba 12, 281, 283
Cornaro, Katharina 342, 346
Cornaro, venezian. Patriziergeschlecht 369, 372

corso 391 f., 403, 405–409
Cosimo I. de Medici 334, 402, 404
Cressac-sur-Charente, Templerkirche 227
Cressing Temple 233
Cresson, Schlacht (1187) 226, 228
Crispi, venezian. Patriziergeschlecht 357

Damaskus 136, 146, 257, 266 f., 277, 287
Damiette 51, 75, 83, 89, 133, 154, 274 f., 286, 438
Daniel von Tschernigow 168
Danischmendiden 259
Danzig 383
Darum, Festung 203
Dashwood, Sir Francis 418
De Quincey, Thomas 428
Delacroix, Eugène 435
Despenser, Henry 311
Despenser, Hugh 145
Deutscher Kreuzzug (1197–98) 10
Deutscher Orden 12, 19, 161, 180, 203, 216, 218 f., 221, 223–228, 230, 232, 235, 237 f., 240, 242, 244–246, 315–317, 321, 374, 376, 379–387, 390–392, 394–401, 410, 413–416, 443, 446 f.
Deutschland 12, 55, 410
Devol, Vertrag (1108) 148
devschirme 290
Digby, Kenelm Henry 423, 428
Disraeli, Benjamin 420, 434
Djerba 314, 401
Dobrin, Orden von 219
Dodo von Consla-Grandville 91
Dominikaner 60
Douglas, William 317
Dritter Kreuzzug 10, 49, 51, 53, 60, 63, 68, 72, 74–79, 85, 97, 103, 114, 177, 273
Drusen 135, 254

Dschabala 257
Dschanah ad-Daulah, Atabeg 257
Dschem, Bruder Bajesids II. 294, 391
Dschiddin 203
Dschihad 149, 260–267, 270, 278 f., 282 f., 285 f., 296, 298, 442
Dschubail, Kathedrale 193 f.
Dubois, Pierre 245 f., 302
Duffield, Peter 90
Duqaq 257
Durand, William 301

Edessa, Grafschaft 48 f., 134, 138 f., 145, 148, 167 f., 190–204, 266
Eduard I. von England 72, 80, 151, 303, 305
Eduard VII. von England 423
Edwards, Rupert 205
Eisenhower, Dwight 441
Eleonore von Aquitanien 116
Elisabeth von Ungarn 431
Emmanuel Philibert von Savoyen 404
Emmaus 150
England 12, 52, 72, 412
Enlart, Camille 196
Epiros 338
Episkopi 368 f., 372
Erasmus von Rotterdam 333 f.
Erster Kreuzzug 10, 19, 22, 26, 28, 30 f., 35 f., 43, 46–50, 56, 62 f., 70, 76, 83, 86, 95, 98–100, 105, 167
Erster Weltkrieg 440
Eschatologie 251 f.
Estland 12, 51, 383, 385–387
L'estoire de Eracles 135
Euboia 156, 338, 347, 349, 352, 357
Eugen III., Papst 10, 51
Eugen IV., Papst 321
Eustorge von Montaigu 208
Evêque de la Cassière, Jean 409
excusado 335

Al-Fadil, al-Qadi 268, 271, 274
Faidit, Gaucelm 113, 117, 126, 130
Famagusta 152, 208, 213, 313, 344 f., 347 f., 356, 363, 365–367, 371
Famagusta, Kathedrale des heiligen Nikolaus 209, 341
Farnese, Alexander 337
Fatimiden 146, 173, 188, 190, 199, 252, 255, 257, 259, 263, 266 f., 280, 287
Favray, Antoine de 408
Felbrigg, Roger de 316
Fellin 413
Ferdinand von Aragonien 326, 332, 399 f.
Ferdinand von Kastilien 378
Ferdinand von Mallorca 350
Fernández, Pedro 217
Feuchtwangen, Siegfried von 382
Fidenzio von Padua 300
Fiennes, Ingelram von 424
Filangieri, Richard 155, 162
Finanzierung 69–73, 231–235, 328, 334–336, 392 f., 397, 412
Finn, James 422
Finnland 12, 51
Flandern 12, 89, 311
Fleury, Kloster 36
Florent von Hainault 350
Florenz 311, 402
Florenz, Santa Maria Novella 272
Flottenliegen 312–315, 334, 406
Folquet, Bischof von Toulouse 115
Fonseca, Manoel Pinto de 408 f.
Fontevrault, Abtei 116
Fordington (Dorset), Georgskirche 98
Forey, Alan 19
Forster, Edward Morgan 422
Foulques von Villaret 374
Fourneau de Cruquembourg, Charles de 410

Franco, Francisco 441
Franco, Jacomo 340
Franken 134–136, 140 f., 148, 158, 165, 188, 190, 196, 204, 269 f., 280
Frankreich, Franzosen 9, 45, 55 f., 61, 68, 72, 86, 246, 249, 323, 363 f., 366, 408–412, 422
Franz I. von Frankreich 329, 331
Franziskus von Assisi 178
Franziskaner 60, 178, 196, 330, 376, 397
Freimaurer 412
Friedrich I. Barbarossa, Kaiser 49, 53, 66, 77, 97, 125, 331
Friedrich II., Kaiser 11, 55, 77, 128, 153, 155, 160–162, 180, 183, 219, 255, 275
Friedrich von Hausen 125
Führich, Joseph von 427 f.
Fünfter Kreuzzug 11, 51, 59, 72, 75, 154, 160, 274
Fulcher von Chartres 169, 427
Fulko Doon von Châteaurenard 85
Fulko I. von Matheflon 91 f.
Fulko von Le Plessis-Macé 90
Fulko von Neuilly 59, 61
Fulko, König von Jerusalem 135, 143 f., 169–171, 197, 269
furusijja 279, 286

Gallipoli 289
Gastria, Templerfestung 152, 211
Gattilusio, Francesco 356
Gavaudan 129
Gaza 173, 201, 223, 225
Gegenreformation 334 f., 411
Genua 76, 140, 152, 160, 162, 204, 285, 314 f., 340 f., 344, 353, 356, 358, 361–365, 371
Gerald von Aurillac 35
Gerald von Landeron 91
Gerald von Schaffhausen 93
Gerhard von Ridefort 228

Gérôme, Jean-Léon 418
Gervers, Michael 19
Géza von Ungarn 77
ghasi 262 f., 268, 289, 296
Ghasan, Ilchan von Persien 303
Ghidath-ad-Din Muhammad 260
Gibbon, Edward 298, 419
Gibraltar 310
Gilbert, Vivian 438
Gilden 70
Giovanni del Conte 208
Gislebertus 104
Goldenes Vlies, Orden 322
Golgatha 192
Góngora, Luis de 401
Gothman, John 200
Gotland 382
Gottfried von Bouillon 48, 70, 105, 168, 297, 315, 420–423, 431, 435, 441
Gottfried von Charney 256
Gottfried und Guy von Signes 95
Gottfried I. von Villehardouin 103, 111, 117, 155, 159, 427, 435
Gottfried II. von Villehardouin 67 f.
Gottfried von Issoudon 91
Gottfried IV. von Chateaubriand 419
Gottfried von Le Louet 90
Gottfried Le Râle 92 f.
Gottfried von Sergines 103
Gottfried von Thoisy 322
Gozo 401 f., 406
Granada 12, 54, 283 f., 308 f., 313, 326 f., 330, 378, 399
Grandclaude, Maurice 14
Greco, El 367
Gregor VII., Papst 33, 96
Gregor IX., Papst 160, 255
Gregor X., Papst 59, 73, 75, 300, 304 f., 318
Gregor XI., Papst 376, 389
Gregorianische Reform 20, 33 f.

Gregorios Palamas 289
Griechen 134, 157–159, 190, 219
Griechenland 12, 134, 156, 178, 189, 321, 338, 348, 350, 401
Griechische Orthodoxie 135, 138, 152 f., 158, 192, 209, 366–368
Grieg, Edvard 437
Grimald, Ritter 91
Grossi, Tomasso 437
Guadix, Schlacht (1361) 378
Guibert von Nogent 22–24, 40, 45, 96, 135
Guido II. von Athen 354
Guido von Lusignan, König von Jerusalem 50, 150 f., 273
Guilhelm Figueira 132 f.
Guillebert de Lannoy 323
Guiot de Dijon 124
Gurney, Jason 441
Gutenberg, Johannes 345, 348
Guy von Bré 91
Guy von Coucy 115
Guy von Flandern 80
Guy von Rochefort 90 f.
Guzmán, Luís de 377

Habsburger 296, 331
Hadrian VI., Papst 399
Hadwig von Chiny 91
Häretiker 55
Hagenmeyer, Heinrich 426
Haifa 135
Al-Hakim, Kalif 190, 192
Hakon VII. von Norwegen 437
Al-Harawi, Kadi 260
Hartmann von Aue 12 f., 126
Harun ar-Raschid 262
Hasan-i Sabbah 255
Hattin, Schlacht (1187) 10, 50, 121, 130, 150, 177, 223, 225 f., 273, 320, 421
Hebron, Kathedrale 194
Heeren, A. H. L. 426
Heilige Liga 298, 335, 337, 360

Heiliger Krieg 17, 62, 96, 98, 262, 329, 336 f., 373, 378, 380, 384 f., 402, 406, 415, 417, 437
Heinrich I., Kaiser 158
Heinrich I., König von Zypern 151–155
Heinrich II.,König von England 65 f., 68, 72, 116 f., 148 f.
Heinrich II., König von Zypern und Jerusalem 154, 166, 300, 339 f., 342, 364
Heinrich III., Kaiser 33
Heinrich III., König von England 66 f., 383
Heinrich IV., Kaiser 33, 52
Heinrich IV. von Kastilien 379
Heinrich VI., Kaiser 66, 131, 151
Heinrich VIII., König von England 329, 331
Heinrich von Livland 222
Heinrich, Prinz von Portugal 380
Heinrich, Propst von Schäftlarn 53
Hélion von Villeneuve 376
Herbert, Aubrey 424
Herbert von Thouars 99
Heredia, Juan Fernández de 272, 376, 390
Hethum I. von Armenien 204, 206
Hethumiden 204 f.
Heym, Stefan 441
Hildegard von Anjou 91
Hillary, Sir William 425 f., 433
Hodeng, Ralph 90
Holbein, Hans d. J. 333
Homedes, Juan de 401
Hompesch, Ferdinand von 412
Homs 257
Honorius III., Papst 73
Hospital des Heiligen Erlösers von Teruel, Orden 218, 229
Hostiensis, Kardinal 18
Housley, Norman 19
Hugo von Chaumont-sur-Loire 106

Hugo von Cluny 32
Hugo von Gallardon 91
Hugo II. von Le Puiset 86
Hugo III., König von Zypern 156, 166, 210
Hugo IV., König von Zypern 211, 340–342
Hugo Rufus von Champallement 90
Hugo von St.-Pol 70
Hugo von Troyes 100
Hugo von Vermandois 48
Hülegü, Ilchan der Mongolen 277
Humbert von Beaujeu 102
Humbert von Romans 21, 62, 308
Hume, David 419
Hundertjähriger Krieg 299 f., 309, 329, 389
Hunyadi, Johann 292, 321 f.
hurub as-Salibijja 298
Hus, Jan 324
Hussitenkreuzzüge 12, 324–326

Ibelin, Dynastie 161 f.
Ibelin, Festung (Yibna) 201, 203
Ibn Abd al-Rahim 261
Ibn al-Abiwardi 260
Ibn al-Arabi 252
Ibn al-Athir 112, 228, 261, 265 f.
Ibn Chaldun 284, 298
Ibn al-Chaschschab, Kadi, 260
Ibn Ijas 284
Ibn Dschubair 140, 264, 271, 282
Ibn Kathir 251
Ibn Matruh 271
Ibn Taimijja 285
Ibn Taschfin 281 f.
Ibn Tumart 282
Ibn Unain 275
Ibn Wasil 276
Ibn al-Wasiti 280
iktaa 268, 274
Ilghasi, muslimischer Fürst 265

Imad ad-Din al-Isfahani 177, 268, 270
Inab, Schlacht (1149) 146
Inghirami, Jacopo 403
Inness, George 431
Innozenz II., Papst 52
Innozenz III., Papst 52, 55, 59–61, 72–75, 81, 83, 101, 144, 178, 233, 300, 304
Innozenz IV., Papst 59, 155, 316
Innozenz VIII., Papst 323
Innozenz XI., Papst 360
Irak 166, 296
Iraklion 338 f., 359 f.
Iran 255, 296
Isaak Komnenos 151
Isabella von Achaia 350
Isabella von Angoulême 116
Isabella von Kastilien 326
Isabella I. von Jerusalem 151
Isabella II. von Jerusalem 160
Islam 26, 112, 138, 251–256, 261–265
Ismail, Schah 294, 296
Ismailiten 254
Italien 12, 55, 308–311, 376, 409 f.
Ivo von Chartres 86
Iwan der Schreckliche 413

Jacques de Milly, Großmeister des Johanniterordens 211
Jadwiga von Polen 321
Jaffa 159, 164, 181, 188, 198
Jaghi Siyan, Emir 257
Jagiello von Litauen 320 f.
Jakob I., König von Aragonien 224
Jakob I., König von Zypern 213, 363
Jakob I., König von Mallorca 350
Jakob II., König von Aragonien 248
Jakob II., König von Zypern 346, 366
Jakob von Molay, Großmeister des Templerordens 228, 247, 256, 300

Jakob von Vitry 18
Jakobiten 135, 138, 190, 256
Janitscharen 290 f.
Janus, König von Zypern 210, 287, 344, 390
Jerosolimitanus 86
Jerusalem 10, 47 f., 138, 161, 164, 180 f., 198 f., 204, 258, 263, 439
Jerusalem, Berg Tabor 197
Jerusalem, Davidsturm 173 f.
Jerusalem, Deutsches Hospital 198
Jerusalem, Erlöserkirche 197, 422
Jerusalem, Felsendom 171, 189, 196, 258
Jerusalem, Grabmal der Jungfrau Maria, Tal von Jehosaphat 172 f., 196
Jerusalem, Grabmal des Propheten Samuel auf dem Berg Joy (Kirche der Prämonstratenser) 198
Jerusalem, Heiliges Grab (Grabeskirche) 58, 93–95, 137 f., 160 f., 168, 170–173, 188, 190–192, 224, 427
Jerusalem, Himmelfahrtskirche auf dem Ölberg (Kirche der Benediktiner) 196
Jerusalem, Hospital des hl. Johannes 216
Jerusalem, Jakobskathedrale 190
Jerusalem, Johanniter-Begräbniskirche von Acheldamach 106
Jerusalem, Kirche der heiligen Anna 146, 171, 196, 198
Jerusalem, Kirche der lateinischen Maria 190
Jerusalem, Kirche der Maria Magdalena 190
Jerusalem, Kirche der Maria vom Zionsberg
Jerusalem, Templum Salomonis 175

Jerusalem, Königreich 13 f., 48, 50, 134 f., 141, 144 f., 149, 151, 153, 160, 165 f., 168, 173, 177, 181, 190–204, 216, 220 f., 223, 273, 339, 363
Johann von Brienne, König von Jerusalem 154, 158
Johann von England 52
Johann von Frankreich 313 f.
Johann von Gaunt 318
Johann von Gravina 350 f.
Johann von Ibelin 103, 154 f., 185
Johann II., König von Zypern 344
Johann von Joinville 65–67, 69, 78 f., 85, 102 f., 427, 437
Johann von Mâcon 70
Johann le Maingre (Marschall Boucicaut) 319, 383
Johann von Nevers 318–320
Johann I., König von Portugal 380
Johann von Saarbrücken 67, 79
Johann von Würzburg 230
Johanna von Neapel 352
Johannes V. Palaiologos, byzantinischer Kaiser 361
Johannes VI. Kantakuzenos, byzantinischer Kaiser 352, 356, 361 f.
Johannes XXII., Papst 376
Johannes XXIII., Papst 390
Johanniterorden 12, 19 f., 103, 107, 152, 173, 175, 177, 179 f., 185 f., 198, 201, 211, 216–226, 228–231, 233–239, 241–244, 246, 288, 313, 331, 348 f., 352, 354, 264, 369 f., 372, 374–376, 378–380, 384 f., 387–399, 401–403, 405–413, 415–417, 425, 445 f.
Johanniter Orde in Nederland 447
Johanniterorden i Sverige 447
Jones, Henry Arthur 433

jongleurs 114
Juden, Auswirkungen der Kreuzzüge 46, 81, 138
San Julián de Pereiro, Orden 218
Julius II., Papst 329
Justinian I., Kaiser 189
Justus van Gent 101

Kaab ibn al-Achbar 251
Kaffa, Krim 356
Kairo, Zitadelle 280
Kalopanagiotis, Klosterkirche 210
Kalvarienberg 168, 171 f. 192
Al-Kamil, Sultan 161, 180, 274 f., 276
Kapetinger 302
Al-Karak, Kathedrale 194
Karbuqah, Atabeg von Mossul 256 f.
Karl der Große 26, 111 f., 331
Karl von Anjou 68 f., 107, 166, 219, 350
Karl von Gonzaga 404
Karl der Gute von Flandern 103
Karl II. von Neapel 300
Karl IV., Kaiser 272, 304
Karl V., Kaiser 296, 331, 334, 399–401
Karl VI. von Frankreich 315, 318
Karl VIII. von Frankreich 322
Karlowitz, Frieden (1699) 298, 360, 418
Karmel (Berg), Nonnenkloster 198
Karmeliter 198
Karolinger 28 f.
Kastilien 217, 224, 229, 246, 284, 309, 326, 329, 375, 377–380, 399, 415
Katalanen, Katalonien 152, 224, 344, 352, 354 f., 364, 415
Katalanische Kompanie 350, 354 f., 363 f., 366
Katharer 55, 81

Katharina von Valois 352
Katholiken, Katholizismus 33, 35, 158, 326, 332, 334 f., 337, 412
Kephissos, Schlacht (1311) 354
Ketteler, Gotthard 413
Khirokitia, Schlacht (1426) 344
Kidna, Saalbau 200
Kilidsch Arslan I., Sultan 259
Kilikien s. Armenien, kilikisches Königreich
Kingsley, Charles 431
Kinderkreuzzug 11, 62, 83
Kiptschaken 276, 279, 285–287
Kirchenstaat 311
Kitab al-Itibar 269
Kniprode, Winrich von 317, 383
Königsberg in Preußen 384, 398
Kolonialismus, Kolonisierung 135, 204, 339, 371 f., 384
Kolossi, Festung 152, 211, 369 f.
Kolumbus, Christoph 330
Komtur 237, 411
Konrad III., deutscher König 49, 59, 76 f., 102, 145
Konrad IV., deutscher König 160, 162
Konrad von Masowien 219
Konrad von Thüringen 238
Konradin 55
Konstantin der Große 192
Konstantinopel 11, 20, 47 f., 76 f., 93, 134, 156, 158, 252, 272, 291, 293, 308, 353, 359, 365, 371
Konstantinopel, Akataleptos-Kloster 178 f.
Konstanz, Konzil (1414–1418) 321, 324, 390
Korfu 357
Korinth 352 f., 406
Koron 157, 338, 352, 357, 359
Korykos, Festung 206, 342 f.
Kosten der Kreuzzüge 69–72, 90–92

Kotzebue, August von 433
Kouklia (Alt-Paphos) 211, 368
Krak des Chevaliers 162, 166, 180, 198, 204, 223–225
Kreta 134, 157 f., 337 f., 352, 357, 359, 365, 367 f., 371 f., 391, 403, 406, 414
Kreuzfahrerkunst 167–187
Kreuznahme 9, 46, 51, 56, 58, 63, 65, 84, 86, 100, 102
Kreuzzugsaufruf 56, 58 f., 62, 89, 99
Kreuzzugsgelübde 17, 51, 59, 62 f., 65 f., 69, 84, 87, 100, 373
Kreuzzugskritik 18 f., 89, 299–303, 308, 322 f., 423
Krimkrieg 441
Kumanen 219
Kurden 268, 277 f.
Kyrenia, Festung 211, 213, 344, 347 f.
Kythera 357, 360

La Forbie, Schlacht (1244) 164, 217, 226, 236, 320
Ladislaus, König von Neapel 352, 355
Lamartine, Alphonse de 418
Lambert, Balduin 209
Lampsakos, Schlacht (1359) 389
Languedoc 18, 55, 81, 378
Las Navas de Tolosa, Schlacht (1212) 12, 54, 283
Lateinischer Orient 10, 13 f., 82, 134–150, 159–166, 338–372
Lateinisches Kaiserreich von Konstantinopel 49, 178 f., 219, 352, 356
Laterankonzil, erstes (1123) 85
Laterankonzil, viertes (1215) 59
Laterankonzil, fünftes (1512–1517) 329
La Valletta 20, 393, 400, 405 f., 411 f.
Lawrence, G. A. 425

Lawrence, Thomas Edward 421 f., 424
Lazarusorden 216, 246, 404
Lear, Edward 418
Legras, Anne-Marie 19
Lemnos 404
Leo I., König von Armenien 205 f.
Leo II., König von Armenien 206, 221
Leo X., Papst 329
León 217 f., 224
Leopold VI. von Österreich 107, 115, 180
Lepanto, Schlacht (1571) 12, 20, 296 f., 334 f., 359, 401 f., 406, 415
Le Ronceray d'Angers, Kloster 91–93
Lesbos 349, 356, 361 f.
Lessing, Karl Friedrich 429 f.
Libanon 280
Limassol 152
Lister, Charles 424
Litauen 51, 316, 321, 382–384, 390
Livland 12, 107, 219, 221, 224 f., 228 f., 316 f., 321, 373 f., 380, 382 f., 385–387, 413
Livländische Reimchronik 227
Livorno 403
Livre de Jean d'Ibelin 161
Lloyd, George David 437
Lloyd, Simon 20
London, Templerkirche 232
Louis Philippe, König von Frankreich 16, 424, 437
Ludwig VII., König von Frankreich 49, 59, 72, 76 f., 84, 102, 118, 145 f.
Ludwig VIII., König von Frankreich 133
Ludwig IX. der Heilige, König von Frankreich 11, 51 f., 59, 66 f., 69–71, 73, 77–79, 102, 107, 116, 133, 151, 164 f., 179, 181, 184, 209, 228, 230, 276, 297, 301, 304, 314 f., 327, 344, 420, 423, 435, 437

Ludwig von Blois 68
Ludwig von Burgund 350
Ludwig II. von Bourbon 315
Ludwig von Orléans 318
Ludwig von Thüringen 431
Lullus, Raimundus 245, 299, 302, 307, 323
Lusignan, Dynastie 151 f., 211, 213, 342, 344, 346, 362, 365
Luther, Martin 334, 398
Luttrell, Anthony 307
Luttrell-Psalter 66
Lydda, Georgskathedrale 180, 192, 194
Lyon, Erstes Konzil (1245) 59
Lyon, Zweites Konzil (1274) 59, 75, 128, 244, 299 f., 303 f., 307

Maarrat an-Numan 260
Machpelah, Höhle 194
madrasa (Medrese) 265, 267
Magna Charta 52
Mahaut von Achaia 350
Mahdi 251 f., 282, 296
Mahdia, französisch-genuesischer Kreuzzug 12, 314 f.
Makhairas, Leontios 368
Malikiten 282
Malikschah 252, 256 f.
Mallorca 227 f.
Malta 12, 20, 296, 377, 388, 392 f., 400–403, 405–408, 410–415, 417, 425
Malteser siehe Johanniterorden
Mamluken 164–166, 184, 196, 204, 207, 221, 225, 233, 253, 257, 268 f., 274, 277–280, 284–288, 296 f., 303, 314 f., 329, 338 f., 344, 349, 391
Manners, Lord John 423
Manolada, Schlacht (1316) 350
Al-Mansura, Schlacht (1250) 276
Mantua, Kongress von (1459) 319
Manuel I. Komnenos, byzantinischer Kaiser 77, 148, 173, 189, 192

Manuel II. Palaiologos, byzantinischer Kaiser 415
Manzikert, Schlacht (1071) 278
Maraclea 280
Marcabru 113, 119–121, 123, 126, 129
Mardsch Dabiq, Schlacht (1516) 288
Margareta, Frau Ludwigs des Heiligen 181, 209
Margat, Festung 162, 166, 179 f., 198, 204, 223, 225, 280
Maria von Antiochia 148
Maria von Jerusalem 158
Maria Komnena 173
Maria von Oignies 18
Marienburg 246, 374, 381 f., 384, 394, 398
Marina von Syrien 184
Mardsch Dabiq, Schlacht (1516) 288
Markward von Anweiler 52
Marmoutier, Abtei 96
Marochetti, Carlo 434 f.
Marokko 380
Maroniten 135, 138, 256, 280, 442 f.
Marseille 76
Marshal, William Lord Pembroke 232
Martin von Aragonien 377
Martin V., Papst 325, 380
Martyrium, Märtyrer 97
Masmuda-Bruderschaft 282
Masyaf, Festung 254
Mathilde von Tuszien 96
Mathilde von England 144
Mauren 376–378, 380
Mauritius, Orden 404
Maximilian I., Kaiser 329, 413 f.
Mayer, Hans E. 14, 18, 20
Mazdaisten (Parsen) 135
Megara 352
Mehmed I., Sultan 291
Mehmed II., Sultan 293 f., 321 f., 349

Mehmet Ali 433
Melisande, Königin von Jerusalem 143 f., 169–173, 197, 199
Melkiten 256
Mentesche, Beylikat 289, 389
Mergentheim 413 f.
Meriniden 283 f.
Merxadrus, Barzella 83
Messina 76
Mevlevi (Derwische) 289
Mewe, Ordensburg 223
Meyerbeer, Giacomo 437 f.
Michael der Syrer 266
Michael VIII. Palaiologos, byzantinischer Kaiser 158, 356
Michaud, Joseph 426 f.
Miiliya, Festung 200, 203
miles 30, 32 f.
Mills, Charles 429
Minnesänger 114, 122
miraculum 37, 89
Miravet, Templerfestung 248
Moclín, Schlacht (1280) 218, 227
Modon 157, 338, 352, 357–359, 401
Mönch von Montaudon 114, 115, 117
Mohács, Schlacht (1526) 294, 296
Mohammed 251, 259
Mohammed V. von Granada 284
Mohammed XI. von Granada (Boabdil) 284
Moissac, Abtei 45
Monembasia 359
Monfragüe 218, 234
Mongolen 12, 51, 158, 164–166, 204, 264, 277 f., 280, 285
Monophysiten 138, 256
Montagu, Lady Mary Wortley 418
Monte Cassino, Chronik 96
Montegaudio, Orden 218, 224, 229, 236, 241

Montesa, Orden 375–378, 384, 392, 399, 414 f.
Montfort (Qalaat Qurain), Festung 180, 203
Morea 354 f., 361 f., 391
Morphou 210
Mossul 256, 268, 273
Mozart, Wolfgang Amadeus 418
Al-Muaijad Schaich, Sultan 287
Muin ad-Din Unur 266, 269
Murad I., Sultan 290 f., 362
Murad II., Sultan 291, 293
Murray, Richard Hollins 431
Muslime siehe Islam, Schiiten, Sunniten
Mustafa, Bruder Murads II. 362
Al-Mustashir, Kalif 253, 256, 260
Al-Mutamid, Herrscher von Sevilla 282
mutation féodale 29 f.

Nablus 199
Napoleon Bonaparte 12, 297, 403 f., 412, 417 f., 425, 446
Naser-e Chosrou 257
Al-Nasir Faradsch 287
Al-Nasir Jusuf 277
Al-Nasir Mohammed, Sultan 285
Nasriden 283 f.
Nauplia 359
Navarino 359
Navarresische Kompanie 352, 355
Nazareth, Verkündigungskirche 175 f., 180 f., 187, 190, 192
Neapel 311, 409
Negroponte siehe Euboea
Neidhart von Reuental 128
Nerval, Gérard de 418
Nestorianer 135, 209, 256
Neu-Phokaia 356
Nikäa 49, 77, 158, 338
Nikolaus IV., Papst 245, 305

Nikolaus V., Papst 321
Nikopeia, Ikone 93
Nikopolis, Schlacht (1396) 12, 291, 317–320, 390
Nikosia 208 f., 213, 334, 345–348
Nikosia, Sophienkathedrale 208–210
Nizari-Ismailiten siehe Assassinen
Nordafrika 12, 20, 330 f., 400 f.
Norfolk, Kirche der hl. Margareta von Felbrigg 316
Normannen 25, 28
Novella, Guillem Augier 132
Nubien 285
Nur ad-Din 146, 148 f., 262, 267 f., 274

Odo von Deuil 75
Odo I. von Burgund 102
Österreich 298, 360, 415–417, 422
Okzitanien, okzitanisch 132
Olivier von Lastours 91
Omar Talib 298
Orkhan, Osmanenherrscher 289, 362
Orden der gesegneten Jungfrau Maria 219
Ordensstaat 19 f., 321, 362, 373, 379, 383–390, 396–399, 405–413, 417
Ordre de la Milice Chrétienne 404
Orseln, Werner von 382
Orthodoxie siehe griechische, russische Orthodoxie
Ortokiden 265
Osman, Herrscher 338
Osmanen, Osmanisches Reich 11 f., 27, 213, 252, 257, 268 f., 274, 277–279, 284, 288–298, 311, 317, 321, 329, 331, 334, 338, 341 f., 347, 349 f., 352, 356, 358 f., 362, 390 f., 398, 402, 404, 406–408, 414 f.
Ottokar II., König von Böhmen 228

Palästina 12, 49, 264, 299, 338
Papsttum 18, 25–27, 33, 52, 55 f., 62 f., 72, 81, 300, 305, 307–311, 313, 315, 323, 329–331, 334, 373 f., 411
Paris, Matthew 18, 50, 159, 236, 244
Paris, Sainte-Chapelle 181
parlement (Jerusalem) 142
Paschalis II., Papst 98 f.
passagium generale 300, 307, 312 f.
passagium particulare 300, 302, 313, 318, 389
Passarowitz, Frieden (1718) 360
pastorela 113, 123, 126
Paul I. von Rußland 446
Paolo di San Leocadio 375
Payn de Chaworth 80
Pegalotti, Francesco Balducci 342
Peirol 130
Pelagonia, Schlacht (1259) 159, 350
Pera 353, 356, 362
Perugia, Missale 181
Peter I. von Portugal 380
Peter I., König von Zypern 272, 285, 313–315, 342–344, 365, 380
Peter II., König von Zypern 213, 344
Peter der Einsiedler 10, 46, 422
Peter von Les Roches 108, 217
Peter von San Superan 352, 354, 362
Philibert von Naillac 390
Philipp I., König von Frankreich 70
Philipp II. August, König von Frankreich 49, 68, 72, 75 f., 129–131, 149, 159
Philipp II., König von Spanien 273, 335 f.
Philipp III., König von Frankreich 78

Philipp IV. der Schöne, König von Frankreich 246 f., 249 f., 307
Philipp VI., König von Frankreich 303 f., 307 f., 312, 320
Philipp IV. von Spanien 414
Philipp von Aubigny 180
Philipp von Gloucester 102
Philipp der Gute von Burgund 303, 322
Philipp der Kühne von Burgund 318 f.
Philipp von Ibelin 153
Philipp von Mézières 301, 308, 396
Philipp von Novara 162
Phokaia 356, 371
Piacenza, Konzil (1095) 9
Pilgerschaft 35, 37, 39, 43, 95 f., 98–100
Pillart, Peter 107
Pinturicchio 319
Piraterie 391 f., 406–409
Pisa 76, 140 f., 152, 160, 402
Pius II., Papst 20, 319, 322 f., 331, 404
Pius V., Papst 334
Plauen, Heinrich von 397
Plettenberg, Wolter von 387
Polen 12, 51, 298, 360, 384, 390, 398
Pomerellen 383
Pommern 51
Portugal, Portugiesen 55, 218, 224, 239, 288, 309, 330, 379 f., 415
Powell, James 20
Prämonstratenser 153, 198, 210, 342
Präzeptor 237
Prag, Rebellion (1419) 324 f.
Predigtwesen 20, 35, 56, 58–62, 324
Preußen 12, 51, 161, 219, 221, 224 f., 245, 315–317, 372, 379–384, 387, 398, 410, 413
Prevéza, Schlacht (1538) 296, 334

Privilegien 56, 58, 62 f., 86, 140, 316, 376, 380
Protestanten, Protestantismus 331, 334, 398, 404, 413 f., 446–448
Psalter der Melisande 170
Pulgar, Ferdinand del 328

Qalaat Dschiddin (Dschudyn) 189, 201
Qalaat Yahmur (Chastel Rouge) 189
Qalawun, al-Mansur, Sultan 258, 280
Qaramanen 291
quantum praedecessores (1145) 58
Al-Qubaiba 200
Qutus, Mamlukenführer 278

Radegunde, Heilige 42
Raidanijja, Schlacht (1517) 288
Raimbaut von Vaqueiras 115
Raimund II. von Tripolis 9, 46, 48
Raimund IV. von Toulouse 144, 146
Raimund von Poitiers und Antiochia 144, 146
Rainald von Châtillon 272
Rainald von Sidon 272
Ralph von Bethlehem 173
Ar-Ramla, Hofgebäude 200 f.
Ramleh 173, 259
Ranulf von Chester 89
Raschid ad-Din 255
Rajdanijja, Schlacht (1517) 288
Reconquista 10, 49, 51, 54, 57, 113, 130, 217, 220, 246, 283 f., 309, 312, 323, 375, 378, 380, 399, 415
Reformation 398 f., 447 f.
Reims, Kathedrale 97, 209
Rekrutierung 45, 62–68, 73, 99 f., 105 f., 227 f., 235–241, 303, 392–396, 398
Reliquien 170, 180
Requesens, Luis de 401
Rethymnon 359, 361

Rhodos 186, 246, 288, 294, 296, 312, 338, 348–350, 361 f., 374, 376, 379, 387–392, 394, 402, 407, 410, 415, 417, 447
Riant, Paul 426
ribat 214, 282
Riccardiana-Psalter 180, 183
Richard, Graf von Cornwall 70
Richard I. Löwenherz, König von England 49, 66, 70, 75–77, 79, 113, 115–117, 120, 129–131, 151, 159, 177, 270, 287, 301, 420–422, 425, 430 f., 434 f., 439, 441
Richard II., König von England 310, 318
Richard, Jean 13 f.
Ridderlijke Duitse Orde Balije van Utrecht 447
Ridwan 257
Riley-Smith, Jonathan 19 f.
Rinaldo d'Aquino 126
Ritter, Rittertum 30–32, 64 f., 103, 145, 159, 303, 317, 411
Robert von Artois 80
Robert von Cléry 103, 111
Robert von Flandern 48, 89, 99
Robert von Neapel 350
Robert von der Normandie 48, 71
Robert von Reims 53
Robert von Rochecorbon 106
Robert von Tarent 351 f.
Roberts, David 418
Robertson, William 419
Robles, Melchior de 400
Roger von Antiochia 265
Roger II., König von Sizilien 52, 76 f.
Röhricht, Reinhold 426
Roland, Herzog der Bretagne 111, 315
Rolandslied siehe *Chanson de Roland*
Rolfe, Frederick (Baron Corvo) 432

Roman d'Arles 111
Romania 338, 357–372
Rom, päpstlicher Kongress (1490) 322
Roscher, Helmut 18
Rosette 286
Rosetti, Dante Gabriel 431
Rossi, Angelo 415
Rossini, Gioacchino 428, 430 f.
Rotrou, Graf von Mortagne 86
routiers 311, 314
Rubeniden 204 f.
Rumseldschuken 259
Runciman, Steven 13, 15, 20
Russland 12, 356, 387, 407, 412
russische Orthodoxie 413
Rutebeuf 113, 115, f., 133

Sabastiya, Kirche am Jakobsbrunnen 195
Sabastiya, Kirche Johannes des Täufers 173, 190, 195
Safawiden 288, 296
Safed, Templerfestung 198, 224
Sagrejas, Schlacht (1086) 282
As-Sahir Dschaqmaq 288
Sahjun, Festung 202, 204
Saint-Sabas, Krieg (1256) 160, 229, 365
Sankt Elias, Festung 201
Saladin (Salah ad-Din) 49–51, 66, 102, 121, 149 f., 152, 159, 176 f., 225, 228, 264, 267 f., 270 f., 273 f., 278–280, 283, 339, 421 f., 430, 433
Saladin-Zehnter 72
Salado, Schlacht (1340) 310, 378, 380
As-Salih Aijub 271, 276 f.
Salimbene von Adam 308
Salvatierra, Burg des Calatravaordens 225
Samland 228
Samson, Abt 65
Sanhadscha 282

San Jorge de Alfama, Orden 218, 377
Sanmicheli, Giangirolamo 213
Sanmicheli, Micheli 213
Santa María de España, Orden 218, 222, 227, 241
Santiago, Orden 217 f., 220, 222, 224, 227, 230, 235, 237–241, 353, 377–379, 396, 400–402, 414 f.
Sanudi, venezian. Patriziergeschlecht 357
Sanudo, Marino 141
Saranda Kolones, Festung 211
Sardinien 422
Savaric von Vergy 106
Savorgnano, Giulio 213
Schäferkreuzzug 11, 62, 83
Schaizar (Cäsarea) 257
Al-Schaubak, (Krak de Montreal), Festung 135 f.
Schein, Sylvia 300
Schiiten 135, 253–255, 259, 263–265, 288, 296
Schisma (1378–1417) 12, 311, 323, 367, 390
Schlumberger, Gustave 13
Schopin, H. F. 436
Schreinmadonna 161
Schwarzes Meer 294, 322, 356, 362, 365, 371
Schwertbrüder 219, 221 f., 240, 245
Scorel, Jan van 168
Scott, Sir Walter 425, 427 f., 430 f., 433, 441
Scott, William Bell 431
Segura de la Sierra, Festung 222
Seldschuken 48, 135, 252–254, 256 f., 264 f., 268, 278
Selim I., Sultan 288, 296
Selim II., Sultan 297
Sens, Kathedrale 195
Serbien 291
Setton, Kenneth 13, 20
Sevilla, Eroberung (1248) 12, 283
Siberry, Elizabeth 19

Sidon 135, 164, 181, 188, 198 f., 257
Siebenbürgen 298
Siebenerschiismus 267
Siena 402
Siena, Kathedrale 319
Sigebert von Gembloux 99
Sigena, Konvent 238, 241
Sigismund von Luxemburg, König von Ungarn, römischer Kaiser 319, 324–326, 390, 398
Signol, E. 436
Sigurd I. von Norwegen 437
Silifke, Festung 206
Simon Magus 34
Simon von Montfort 132
Simonie 34
Simonis, L. E. 435
Sinai, Katharinenkloster 181, 183 f.
sipahi 291, 298
Siphinos 357
sirventes 113, 133
Sis, Festung 205, 207
Sizilianische Vesper (1282) 350, 354
Sizilien 25, 27, 55, 380, 409
Slawen 51
Smith, Sir Sydney 425
Smyrna 12, 289, 313, 348, 389 f.
Smythe, George Lord Strangford 423
Société de l'Orient Latin 426
Southey, Robert 428
Spanien 10, 12, 19 f., 25, 27, 51, 55, 217, 222, 224 f., 229, 246, 281 f., 309 f., 326–329, 331, 334–336, 376, 410, 412, 415
Spanischer Bürgerkrieg 441
Spohr, Louis 433
Stedinger 55
Steenbergen, Schlacht (1583) 336 f.
Stefan von Blois 48, 89
Stefansorden 334, 402–404, 414, 416

Steuern 72–74, 82, 304 f., 307, 329, 334 f., 337
subsidio 335 f.
Sufis 260, 263, 265, 267, 280, 282, 296
Süleyman II. der Prächtige, Sultan 294–296, 350
Sullivan, Sir Arthur 430
Sunniten 135, 253–255, 259, 262, 264 f., 267, 282, 296
Suttinger, Daniel 11
Sykes, Sir Mark 440
Syrien 12, 55, 146, 152, 166, 252, 254–257, 264, 278, 280, 285, 329, 338
Syros 404

Taifa 281 f.
Tankred 96, 106, 421, 423
Tankred, Prinz von Antiochia 136
Tannenberg, Schlacht (1410) 321, 384, 387, 397
Tarsos, Paulskirche 207
Al-Tarsusi 279
Tasso, Torquato 420, 424, 427 f., 441
Tavant, Nikolauskirche 95
Temple Church, London 137
Templer, Orden 19, 100, 107, 137, 152, 173, 175–177, 180, 186, 198, 203, 211, 214–219, 221–228, 230 f., 233–237, 240–242, 244, 246–250, 256, 308, 333, 374–376, 380, 396, 425, 443
Tenedos 358, 361, 365
Tennyson d'Eyncourt, Charles 425
Tenos 357, 360
Tewkesbury, Abtei 145
Theben 352, 355
Theoderich (Pilger) 199, 215
Theodoros Palaiologos 352–354
Thessalonike (Saloniki) 359
Thibaut III. von Champagne 79, 103

Thibaut IV. von Champagne 68, 115
Thibaut von Ploasme 105
Thierry von Nikosia 210
Thomas von Akkon, Orden 216 f., 246, 376
Thomas von Marle 22–24
Thomas, Peter 314
Thorn, Ordensfestung 414
Thrakien 158, 354
Timur Lenk (Tamerlan) 287, 291 f., 321, 348, 354, 391
Tinnis 286
Tizian 273
Toledo 25, 281 f.
Toledo, Kathedrale 327
Toledo, García de 402
Tomar 380 f.
Toron 161
Toros I. von Armenien 206–208
Torres, Camilo 442–444
Torsello, Marino Sanudo 302
Tortosa, Festung 162, 198, 204
Tortosa, Kathedrale 149, 194, 196
Tortosa, Templerkapelle 198
Transjordanien 135 f.
Trenceval, Raymond Roger 132
Trient, Konzil 335, 341
Trier, Karl von 382
Tripolis, Grafschaft 48, 134, 144, 150, 162, 166–168, 190–204, 257, 280
Tripolis (Libyen) 12, 296, 330, 400–402, 407
Trollope, Anthony 418
Troubadours 113 f., 122
Troyes, Konzil (1129) 215
Troyes, Stiftskirche Saint-Urbain 209
Trussel, William 90
Tscherkessen 279, 286 f.
Türken, Türkei siehe Osmanen, Osmanisches Reich
Tukla, Festung 189
Tumanbai, Sultan 288
Tunis 51 f., 68, 296, 330 f., 334, 400 f., 406

Turanschah 277
Turkmenen 257, 264 f., 268, 288, 291, 347
Turkopolen 220
Twain, Mark 421
Tybetot, Robert 80
Tyerman, Christopher 20
Tynan, Katherine 438
Tyrus 140, 142, 150, 159 f., 162, 177, 198 f., 294, 257, 273
Tyrus, Kathedrale 192

Ubeda, Belagerung (1233) 229
Uclés, Festung 217, 222
Umaijaden (Spanien) 281
Umur von Aidin 289, 389
Ungarn 51, 219, 245, 294, 296, 298, 323, 331, 413f.
Urban II., Papst 9 f., 26, 33, 35, 37, 43, 45 f., 48, 51, 55 f.,58, 62 f., 83, 85, 89, 96, 99, 138, 167, 187
Urban V., Papst 272, 313 f.
Urban VIII., Papst 404
Urbanus, türkischer Geschützgießer 293
Urraca von León-Kastilien 144
Usama ibn Munqidh, *Kitab al-Itibar* 137, 269 f., 271
Utraquisten 325
Uzun Hasan 347

Valencia, Belagerung (1232–1253) 12, 283
Valencia, Königreich 224, 376
Valette, Jean de la 402, 405
Vasari, Giorgio 402
Vavassore, Giovanni Andrea 330
Venedig 76 f., 93, 134, 140 f., 152, 156 f., 160, 162, 204, 213, 246, 285, 298, 312 f., 321, 323, 329 f., 334, 338, 340 f., 346–348, 352 f., 355–372, 374, 391, 404, 406 f., 414
Verdi, Giuseppe 431, 437

Versailles, *salles des croisades* 16, 424, 435 f.
Victoria von England 447
Vidal, Peire 121
Vienne, Konzil (1311–1312) 247, 300, 307
Vierter Kreuzzug 11, 49, 51, 59, 61, 67 f., 70, 72, 79, 93, 103, 114, 156, 356
Vilhena, Antonio Manoel de 409
Villehardouin, Fürstengeschlecht 159, 350
Visconti, Bernabo 310
Volkskreuzzug (1309/20) 12, 46, 83
Voltaire 419
Vonitza 389 f.
Vostitsa 352

Walachei 321
Wales 60
Walter von Brienne 354, 363
Walter II. von Brienne 355
Walter Habenichts 46
Ward, F. W. Orde 438
Warna, Kreuzzug (1444) 12, 292, 321
Weissenstein, Deutschordensburg 385
Wenden, Kreuzzug 10, 51, 85
Wenzeslaus von Ungarn 324
Weyden, Rogier van der 322
Wien, Belagerung (1529) 296, 331
Wien, Belagerung (1683) 11, 298, 337
Wiffen, J. H. 429
Wigand von Marburg 317
Wignacourt, Adrien de 409
Wikinger siehe Normannen
Wilhelm II., Kaiser 421 f.
Wilhelm II. von Achaia 159, 350
Wilhelm IX. von Aquitanien 116, 126
Wilhelm II. Rufus, König von England 71 f.
Wilhelm V. von Montpellier 103
Wilhelm von Nogaret 300, 302
Wilhelm Tête-Hardi, Graf von Burgund 100, 105
Wilhelm von Tyros 143, 145 f., 158, 165, 171, 173, 185, 201
Wilken, Friedrich 426
Williams, Gertrude Alice Meredith 440
Winchester Cathedral, Heiliges Grab 108
Winnington-Ingram, Arthur Foley 437
Winnoc 37 ff.
Woethuss, Johann 387
Wordsworth, William 428, 432

Yalbugha al-Chassaki 285 f.
Yañez de la Barbuda, Martín 378
Yilan Kale, Festung 162

Zaccaria, Benedetto 356
Zaccaria, Centurione 354
Zangi, Imad ad-Din, Atabeg von Mossul 49, 145 f., 261, 265 ff., 274
Al-Zib 200
Ziska, Jan 326
Zisterzienser 197 f., 241, 399
Zweiter Kreuzzug 10, 18, 49, 55, 58 f., 63, 75 ff., 84, 99 f., 112 f.
Zweiter Weltkrieg 441
Zwölferschiiten 253 f., 263, 296
Zypern 13, 78, 134, 151–156, 166, 177–186, 208 ff., 220, 246, 287 f., 296 f., 307, 312, 338–348, 359, 362–372, 376, 389, 406 f.